9급 국가직·지방직·고졸 채용을 위한 **기술직 공무원** 합격 완벽 대비서

전기기기
한권으로 끝내기

TECH
BIBLE

SD에듀
(주)시대고시기획

TECH BIBLE

Always with you

사람이 길에서 우연하게 만나거나 함께 살아가는 것만이 인연은 아니라고 생각합니다.
책을 펴내는 출판사와 그 책을 읽는 독자의 만남도 소중한 인연입니다.
SD에듀는 항상 독자의 마음을 헤아리기 위해 노력하고 있습니다.
늘 독자와 함께하겠습니다.

본서는

기술직 공무원 9급 국가직, 지방직 그리고 고졸경채 준비를 위한 전기기기 과목에 대한 대비서이다. 공무원이 되기 위해 준비하고 도전하는 개개인의 사정과 이유는 모두 다를 수 있지만, 합격이라는 목표는 모두 동일할 것이다.

따라서

저자는 다년간 출제되었던 실전문제들을 분석하여 그 문제들을 이해하고 해석하기 위한 1편 핵심이론편과 실전 감각을 키우기 위한 2편 기출문제편으로 구성하였으며, 수험생들의 고득점을 위한 개념 이해와 실전문제 풀이에 많은 부분을 할애하였다. 제한된 시간 내에 효과적인 성과를 위해서는 기출문제 풀이를 통한 개념의 이해가 바람직하며, 시간 여유가 있다면 1편의 내용을 자세히 이해하면서 그에 해당하는 기출문제를 2편에서 찾아 풀어보면서 실전 감각을 익히는 방법을 추천한다.

또한,

핵심이론은 지금까지의 출제경향을 파악하고, 최신 출제경향을 반영하여 중요한 내용을 수록하였고, 기출문제는 국가직 2007~2022년과 지방직 2009~2012년, 2016~2022년, 그리고 2021년을 포함하여 5회 시행된 고졸경채 기출문제를 총망라하여 수험생들이 고득점을 취득하는 데 도움이 되도록 구성하였다.

부디, 본서를 통하여 수험생들이 합격이라는 목표에 도달할 수 있기를 진심으로 바란다.

편저자 씀

기술직 공무원의 업무

기계, 전기, 화공, 농업, 토목, 건축, 전산 등 각 분야에 대한 전문적이고 기술적인 업무를 수행

응시자격

▶ 9급채용 응시연령 : 18세 이상(고졸자 경력경쟁임용시험은 조기 입학한 17세 해당자도 응시 가능)

▶ 국가공무원법 제33조 및 지방공무원법 제31조(결격사유), 국가공무원법 제74조 및 지방공무원법 제66조(정년)에 해당되는 자 또는 지방공무원 임용령 제65조(부정행위자 등에 대한 조치) 및 부패방지 및 국민권익위원회의 설치와 운영에 관한 법률 제82조(비위면직자 등의 취업제한) 등 관계법령에 의하여 응시자격이 정지된 자는 응시할 수 없음

국가공무원법 제33조, 지방공무원법 제31조(결격사유)

- 피성년후견인
- 파산선고를 받고 복권되지 아니한 자
- 금고 이상의 형을 선고받고 그 집행이 종료되거나 집행을 받지 아니하기로 확정된 후 5년이 지나지 아니한 자
- 금고 이상의 형을 선고받고 그 집행유예 기간이 끝난 날부터 2년이 지나지 아니한 자
- 금고 이상의 형의 선고유예를 선고받고 그 선고유예 기간 중에 있는 자
- 법원의 판결 또는 다른 법률에 따라 자격이 상실되거나 정지된 자
- 공무원으로 재직기간 중 직무와 관련하여 형법 제355조(횡령, 배임) 및 제356조(업무상의 횡령과 배임)에 규정된 죄를 범한 사람으로서 300만원 이상의 벌금형을 선고받고 그 형이 확정된 후 2년이 지나지 아니한 자
- 성폭력범죄의 처벌 등에 관한 특례법 제2조에 규정된 죄를 범한 사람으로서 100만원 이상의 벌금형을 선고받고 그 형이 확정된 후 3년이 지나지 아니한 자
- 미성년자에 대한 다음의 어느 하나에 해당하는 죄를 저질러 파면 · 해임되거나 형 또는 치료감호를 선고받아 그 형 또는 치료감호가 확정된 자(집행유예를 선고받은 후 그 집행유예 기간이 경과한 자를 포함한다)
  - 성폭력범죄의 처벌 등에 관한 특례법 제2조에 따른 성폭력범죄
  - 아동 · 청소년의 성보호에 관한 법률 제2조제2호에 따른 아동 · 청소년대상 성범죄
- 징계로 파면처분을 받은 때부터 5년이 지나지 아니한 자
- 징계로 해임처분을 받은 때부터 3년이 지나지 아니한 자

▶ 거주지 제한(지방직 공무원, 아래의 요건 중 하나를 충족하여야 함)

- 매년 1월 1일 이전부터 최종시험(면접시험)일까지 계속하여 응시지역에 주민등록상 주소지 또는 국내거소신고(재외국민에 한함)가 되어 있는 자
  - 📢 동 기간 중 주민등록의 말소 및 거주 불명으로 등록된 사실이 없어야 함
  - 📢 재외국민(해외영주권자)의 경우 위 요건과 같고 주민등록 또는 국내거소신고 사실증명으로 거주한 사실을 증명함
- 매년 1월 1일 이전까지 주민등록상 주소지 또는 국내거소신고(재외국민에 한함)가 응시지역으로 되어 있었던 기간을 모두 합산하여 총 3년 이상인 자
  - 📢 각 시 · 도에 따라 다를 수 있음

💡 시험방법

▶ 제1 · 2차 시험(병합실시) : 선택형 필기시험(과목별 20문항, 4지택일형)
- 📢 서류전형 : 필기시험 합격자에 한해 서면으로 실시(응시자격, 가산점 등)

▶ 제3차 시험 : 면접시험(필기시험 합격자 중 서류전형 합격자)

💡 가산점

▶ 가산점 적용대상자 및 가산점 비율표

구 분	가산비율	비 고
취업지원대상자	과목별 만점의 10% 또는 5%	• 취업지원대상자 가점과 의사상자 등 가점은 1개만 적용 • 취업지원대상자/의사상자 등 가점과 자격증 가산점은 각각 적용
의사상자 등	과목별 만점의 5% 또는 3%	
직렬별 가산대상 자격증 소지자	과목별 만점의 3~5% (1개의 자격증만 인정)	

📢 세부 사항은 변경될 수 있으니 원서접수 홈페이지를 확인하시기 바랍니다.

▶ 기술직 가산점

구 분	9급	
	기술사, 기능장, 기사, 산업기사	기능사
가산비율	5%	3%

📢 폐지된 자격증으로서 국가기술자격법령 등에 따라 그 자격이 계속 인정되는 자격증은 가산대상 자격으로 인정됨

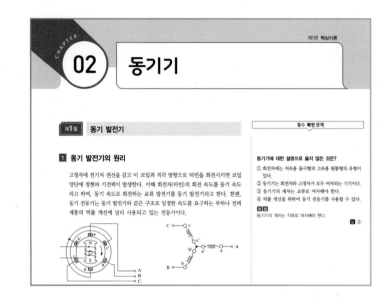

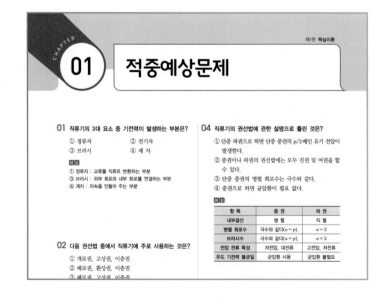

GUIDE

01

핵심이론/필수확인문제

필수적으로 학습해야 하는 중요한 이론들을 한눈에 이해할 수 있도록 각 단원별로 체계적으로 정리하여 수록하였습니다.
시험 출제경향을 완벽하게 분석하여 핵심이론당 필수적으로 풀어보아야 할 문제를 수록하였습니다.

02

적중예상문제

각 단원별로 기본문제에서부터 심화문제까지, 시험에 출제될 가능성이 높은 문제들을 풀어봄으로써 광범위한 이론의 핵심을 빠른 시간 안에 습득할 수 있습니다.

SECTION 16

제2편 기출문제

2022년 국가직 전기기기

01 이상적인 변압기의 특징에 대한 설명으로 옳지 않은 것은?

① 누설 자속은 0이다.
② 권선의 저항은 0이다.
③ 철심의 히스테리시스 현상이 있다.
④ 철심의 자속을 발생시키기 위한 자화 전류는 0이다.

해설

이상적인 변압기는 실제 변압기와 다르게 철손(와류손, 히스테리시스손)이 없다고 가정하므로, 히스테리시스 현상이 일어나지 않는다.

이상적인 변압기의 특징
• 여자 전류(자화 전류 + 철손 전류)가 없다.
• 권선의 저항이 없다.
• 누설 자속이 없다.
• 철손이 없다.

03 정격 출력 50[MVA]인 3상 동기 발전기의 주파수가 50[Hz]일 때, 동기 속도는 1,000[rpm]이다. 이 발전기의 주파수가 60[Hz]일 때, 동기 속도[rpm]는?

① 900
② 1,000
③ 1,200
④ 1,500

해설

동기 속도 $N_s = \frac{120f}{p}$[rpm]이므로 $N_s \propto f$이다.

$50[\text{Hz}] : 1{,}000[\text{rpm}] = 60[\text{Hz}] : x$

$\therefore x = \frac{1{,}000[\text{rpm}] \times 60[\text{Hz}]}{50[\text{Hz}]} = 1{,}200[\text{rpm}]$

SECTION 20

제2편 기출문제

2022년 지방직 전기기기

01 자기 저항에 대한 설명으로 옳지 않은 것은?

① 투자율에 비례한다.
② 전기 회로의 전기 저항에 대응한다.
③ 자기 저항이 클수록 동일 기자력을 인가할 경우 발생하는 자속은 감소한다.
④ 직렬 연결된 자기 저항들의 등가 자기 저항값은 개개의 자기 저항을 모두 합한 값과 같다.

해설

① 자기 저항(R_m) = $\frac{\text{자로의 길이}(l)}{\text{투자율}(\mu) \times \text{자성체 단면적}(A)}$

→ 자기 저항 ∝ $\frac{1}{\text{투자율}}$

② 자기 회로 : 기자력(F) = 자속(ϕ) × 자기 저항(R_m)

  ↕   ↕   ↕

  전기 회로 : 기전력(V) = 전류(I) × 전기 저항(R_t)

③ 자기 저항(R_m) = $\frac{\text{기자력}(F)}{\text{자속}(\phi)}$ → 자기 저항 ∝ $\frac{1}{\text{자속}}$

④ 직렬 연결된 자기 저항(R_m)들의 등가 자기 저항값(R_{m-eq})

03 12극 동기 발전기의 회전자가 터빈에 의해 300[rpm]으로 회전할 때, 발전 전압 주파수[Hz]는?

① 20
② 30
③ 40
④ 50

해설

동기 발전기의 동기 속도

$N_s = \frac{120f}{p}$[rpm]

$\therefore f = \frac{N_s \times p}{120} = \frac{300 \times 12}{120} = 30[\text{Hz}]$

03

국가직·지방직 기출문제

과년도부터 최근까지 시행된 기출문제를 수록했습니다. 과년도 기출문제와 최근에 실시된 기출문제를 풀어보며 최신의 출제경향을 파악할 수 있습니다.

GUIDE

기술직 공무원 [전기기기] 목 차

TECH BIBLE

제 1 편 핵심이론

9급 국가직 · 지방직 · 고졸 채용을 위한

합격 완벽 대비서

기술직
전기기기

합격의 공식
온라인 강의

잠깐!

혼자 공부하기 힘드시다면 방법이 있습니다.
SD에듀의 동영상강의를 이용하시면 됩니다.
www.sdedu.co.kr ➜ 회원가입(로그인) ➜ 강의 살펴보기

01 직류기

CHAPTER

제1절 직류기의 이해

1 전기기기의 개요

전기기기(Electric Machines)는 기계 에너지를 전기 에너지로 변환시키는 발전기, 전기 에너지를 기계 에너지로 변환시키는 전동기, 전기 에너지의 크기를 변환시키는 변압기와 전력 변환기를 총칭하는 것이다.

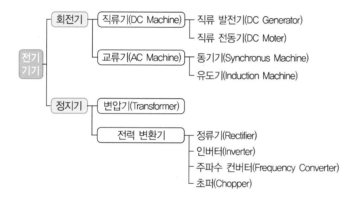

2 직류기(DC Machine)

직류기는 직류 전기를 발생시키는 직류 발전기와 직류 전기를 사용하는 직류 전동기가 있다.

제**2**절　**직류 발전기**

1 직류 발전기의 원리와 구조

(1) 교류 발전기의 원리

직류 발전기의 원리와 구조를 이해하기 위해서는 교류 발전기가 어떻게 교류 전압을 발생시키는지에 대한 원리를 이해하고 있어야 한다. 직류 발전기의 출력 전압이 직류라고 하더라도 코일에 유도된 전압은 교류 전압이고, 그 전압을 정류 과정을 통해서 직류 전압으로 정류시킨 것이기 때문이다. 교류 발전기(전동기)에는 없지만, 직류 발전기(전동기)에는 정류를 위한 정류자라는 부속품이 추가된다. 다음 그림은 교류 발전기의 원리와 1주기 동안 발생하는 기전력을 파형으로 나타낸 것이다.

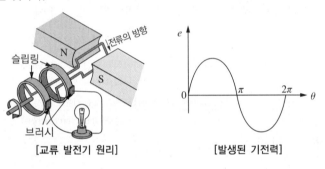

[교류 발전기 원리]　　　　　　[발생된 기전력]

(2) 직류 발전기의 원리

직류 발전기는 교류 발전기의 슬립링 대신 정류 작용을 위한 정류자가 코일에 유도된 교류 전압을 직류 전압으로 정류시켜 준다. 다음 그림은 교류 발전기의 원리와 1주기 동안 발생하는 기전력을 파형으로 나타낸 것이다.

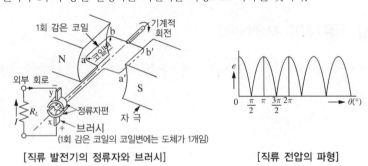

[직류 발전기의 정류자와 브러시]　　　　[직류 전압의 파형]

(3) 유도 기전력과 전자력

그림[직류 발전기의 원리 P.4]에서 직류 발전기의 자속 밀도가 $B[\text{Wb/m}^2]$인 자기장 안에 자속 $\phi[\text{Wb}]$와 직각으로 길이가 같고, 운동 방향이 반대인 $a-b$, $a'-b'$인 도체에는 크기가 같고, 방향이 반대인 유기 기전력(e)이 발생된다. 또한 각 유기 기전력 e는 직렬 연결된 형태로 $a-a'$에는 총 $2e$의 기전력이 나타난다. 같은 원리로 직류 전동기에 전압을 걸고, 전류를 흘려주면, $a-b$, $a'-b'$인 도체에는 크기는 같고 방향은 서로 다른 전자력이 발생하게 되는데, 이 힘이 바로 전동기의 토크(T)가 된다. 다음 표는 도체 1개에서 발생하는 유도 기전력과 전자력의 크기를 나타낸다.

구 분	원 리	$a-b(L)$
발전기의 유도 기전력(e)	자계에서 도체가 움직이면 도체에 전압이 유기된다.	$e=Blv[\text{V}]$
전동기의 전자력(F)	자계에서 전류가 흐르는 도체가 있으면 도체에 기계적인 힘이 작용한다.	$F=BIl[\text{N}]$

(4) 직류 발전기의 구조

직류 발전기의 주요 구성요소는 자기력선속을 발생시키는 계자, 회전하면서 기전력을 발생시키는 전기자, 전기자에서 발생된 교류를 직류로 변환시키는 정류자, 그리고 발전기 외부 회로를 연결해 주는 브러시가 있다.

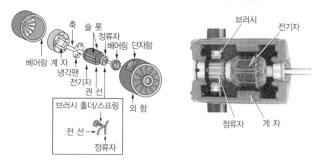

[직류 발전기 분해도]

① 계자 : 계자는 자속을 발생시키는 역할을 하는 부분으로 다음 그림과 같이 계자 철심에 계자 권선을 감아 자극편에 자속을 집중시키는 형태를 하고 있으며, 계자 철심은 철손을 감소시키기 위해 규소 강판을 성층하여 제작한다.

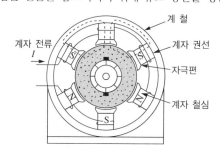

[6극 직류 발전기의 계자]

관계식 $e=Blv$를 설명하는 법칙은?(단, e는 유도 기전력, B는 자속 밀도, l은 자기장 내 도체의 길이, v는 도체 이동속도이다)

① 렌츠의 법칙
② 플레밍의 왼손 법칙
③ 플레밍의 오른손 법칙
④ 패러데이의 법칙

해설

플레밍의 오른손 법칙

N극에서 S극 방향으로 자기력선속이 발생하고 있는 자기장 공간에서 자기력선속의 진행방향에 대하여 도체를 직각으로 움직이면 도체에는 기전력이 발생한다. 이때 발생하는 기전력의 방향은 오른손을 이용하여 엄지를 도체가 움직이는 방향으로, 검지를 자기장의 방향으로 향하게 하면 중지는 유도전압의 방향을 나타낸다. 이러한 법칙을 플레밍의 오른손 법칙이라고 한다. 기전력을 $e[\text{V}]$, 자석의 자기력선속 밀도를 $B[\text{Wb/m}^2]$, 도체의 길이를 $l[\text{m}]$, 도체의 운동속도를 $v[\text{m/s}]$라고 할 때, 플레밍의 오른손 법칙에 의해 발생되는 기전력의 세기는 다음과 같다.

$$e=Blv[\text{V}]$$

여기서, B : 자속 밀도의 크기$[\text{Wb/m}^2]$
　　　　v : 도체의 운동 속도$[\text{m/s}]$
　　　　l : 도체 길이$[\text{m}]$

답 ③

직류 발전기의 구성 요소에 대한 설명으로 옳지 않은 것은?

① 계자(Field) : 전기자가 쇄교하는 자속을 만드는 부분
② 브러시(Brush) : 정류자면에 접촉하여 전기자 권선 과 외부 회로를 연결하는 부분
③ 전기자(Armature) : 원동기로 회전시켜 자속을 끊으 면서 기전력을 유도하는 부분
④ 정류자(Commutator) : 브러시와 접촉하여 전기자 권선에 유도되는 기전력을 교류로 변환하는 부분

해설
정류자(Commutator)는 브러시와 접촉하여 전기자 권선에 유 도되는 기전력을 직류로 변환하는 부분이다.

답 ④

② **전기자** : 전기자는 기전력을 발생시키는 곳으로 다음 그림과 같이 전기자 철 심에 전기자 권선을 감아 놓은 형태를 하고 있다. 전기자 철심 또한 철손을 감소시키기 위해 규소 강판을 성층하여 제작한다.

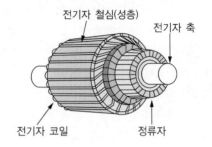

[전기자 및 정류자의 구조]

③ **정류자** : 정류자는 직류기를 구분 짓는 가장 특징적인 부분으로 전기자의 코 일이 회전하면서 자리를 서로 바꾸어도 브러시는 항상 고정된 위치에서 전기 자 코일과 접촉하기 때문에 발생된 전류의 방향은 바뀌지 않는 직류를 얻을 수 있다.

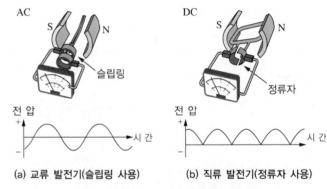

(a) 교류 발전기(슬립링 사용)   (b) 직류 발전기(정류자 사용)

[교류 발전기와 직류 발전기의 전압 파형]

④ **브러시** : 브러시는 정류자면에 접촉하여 전기자 권선과 외부 회로를 연결시 켜 주는 것으로, 접촉 저항이 적당하고, 마모성이 작으며, 정류자편을 손상시 키지 않고, 기계적으로 튼튼해야 한다.

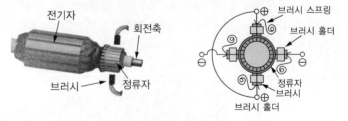

[브러시와 브러시 홀더]

(5) 전기자 권선법

전기자 철심의 슬롯에 도체를 감아 놓은 것을 전기자 권선이라고 하며, 도체를 감는 방법, 배열 방법 등에 따라 여러 가지 명칭이 있다. 일반적으로 직류기의 전기자 권선은 고상권, 폐로권, 이층권을 채택하며, 용도에 따라 중권(저전압, 대전류)과 파권(고전압, 소전류)를 채택한다.

```
┌─ 환상권
│
└─ 고상권 ─┬─ 개로권
           │
           └─ 폐로권 ─┬─ 단층권
                       │
                       └─ 이층권 ─┬─ 중권(병렬권)
                                   │
                                   └─ 파권(직렬권)
```

① 권선의 종류

권선의 종류	요 약
환상권	도선을 전기자 철심 안팎으로 고리 모양으로 감겨서 배치
고상권	도선을 전기자 철심 표면으로 배치
개로권	여러 개의 각 독립된 코일이 철심에 감겨 있음
폐로권	하나의 코일이 하나의 폐회로를 구성함
단층권	각 슬롯에 1개의 코일변을 배치
이층권	각 슬롯에 2개의 코일변을 상하 2층으로 배치
집중권	1개의 코일을 2개의 슬롯에만 집중적으로 감아서 1개의 자극을 형성
분포권	다수의 슬롯에 코일들이 분포되도록 구성하여 개별 코일들이 서로 연결됨

② 중권과 파권

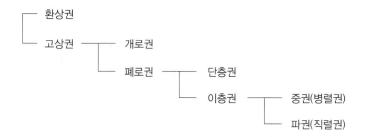

[중 권]　　　　　　　　[파 권]

위 그림은 코일변을 연결하는 방법으로 이층권(상층, 하층)인 중권과 파권을 나타낸다. 중권의 경우에는 자극 밑에 여러 개의 코일변이 같은 전압의 극성을 가지면서 병렬로 놓이게 되므로, 이들 코일변들을 자극수 p와 같은 병렬 회로수 a가 되도록 결선하면 전지를 병렬로 연결하는 것과 같으며, 브러시 양단자에는 저전압, 대전류가 얻어진다. 파권의 경우에는 브러시의 양단자에서 볼 때 자극수 p에 관계없이 2개의 병렬 회로수 a가 되도록 결선하면, 전지를 직렬로 연결하는 것과 같이 되므로 브러시 양단에는 고전압, 저전류를 얻을 수 있다.

직류기의 전기자 권선 중 단중 중권의 설명으로 옳은 것은?

① 병렬 회로수는 항상 2이다.
② 브러시수는 극수와 같다.
③ 저전류, 고전압을 얻을 수 있다.
④ 균압결선이 필요없다.

해설

중권과 파권의 특징

항 목	중권(병렬권)	파권(직렬권)
병렬 회로수	극수(p)와 같다.	2
브러시수	극수(p)와 같다.	2
균압환	필요하다.	필요없다.
용 도	대전류, 저전압	소전류, 고전압
다중도 m인 경우 병렬 회로수	$a = mp$	$a = 2m$

답 ②

2중 중권 6극 직류기의 전기자 권선의 병렬 회로수는?

① 2　　　　　　　　② 4

③ 6　　　　　　　　④ 12

해설

단중 중권일 경우 병렬 회로수는 극수와 같다. 따라서, 2중으로 권선을 감을 경우 병렬 회로수는 2×6 = 12개이다.

전기자 권선법 : 고상권, 폐로권, 이층권(중권, 파권)

구 분	중 권	파 권
전기자 병렬 회로수	p(극수)	2
브러시수	p(극수)	2
용도	저전압, 대전류	고전압, 소전류
균압 접속	4극 이상 균압환 필요	불필요

답 ④

극수 4극, 전기자 총도체수 250개이며 1,200[rpm]으로 회전하는 직류 분권 발전기가 있다. 파권 권선일 경우 발전기에서 발생하는 유기 기전력이 1,200[V]일 때, 필요한 매극당 자속[Wb]은?

① 0.06　　　　　　② 0.12

③ 0.18　　　　　　④ 0.24

해설

$E = \dfrac{pZ}{a} \phi \dfrac{N}{60}$ 식에서 파권이므로 $a = 2$, 극수 $p = 4$

$\therefore \phi = \dfrac{Ea60}{pZN} = \dfrac{1,200 \times 2 \times 60}{4 \times 250 \times 1,200} = 0.12[\text{Wb}]$

답 ②

극수 6, 전기자 도체수 300, 극당 자속 0.04[Wb], 회전속도 1,200[rpm]인 직류 분권 발전기가 있다. 전기자 권선 방법이 단중 중권일 때 유기 기전력 E_A[V]와 단중 파권일 때 유기 기전력 E_B[V]는?

	E_A[V]	E_B[V]
①	240	720
②	120	360
③	720	240
④	360	120

해설

직류 분권 발전기 유기 기전력 $E = \dfrac{pz}{60a} \cdot \phi \cdot N[\text{V}]$이며,

중권 $a = p$, 파권 $a = 2$, a(전기자 병렬 회로수)

중권일 경우 $E_A = \dfrac{pz}{60a} \cdot \phi \cdot N[\text{V}]$

$\qquad = \dfrac{6 \times 300}{60 \times 6} \times 0.04 \times 1,200 = 240[\text{V}]$

파권일 경우 $E_B = \dfrac{pz}{60a} \cdot \phi \cdot N[\text{V}]$

$\qquad = \dfrac{6 \times 300}{60 \times 2} \times 0.04 \times 1,200 = 720[\text{V}]$

답 ①

항 목	중권(병렬권)	파권(직렬권)
전기자 병렬 회로수(a)	p(극수) = a	2
브러시수	p(극수)	2
용 도	저전압, 대전류	고전압, 소전류
균압환(균압고리)	4극 이상 필요	불필요

※ 균압환 : 중권 결선 방식에서는 공극, 자극의 저항 불균일 등으로 인해 코일에서 기전력이 불평형이 되는 경우가 있다. 이 경우에 순환전류가 흘러 브러시에서 불꽃이 발생되거나 전기자의 국부적 과열로 전기자의 절연 파괴가 발생할 수 있다. 이러한 문제점을 방지하기 위해서 같은 전위의 권선을 저항이 작은 도선으로 접속하여 불평형 기전력의 전류가 순환하도록 만든 고리를 균압환이라 한다.

2 직류 발전기 이론

(1) 전기자 도체 1개에 유기되는 유기 기전력(e)

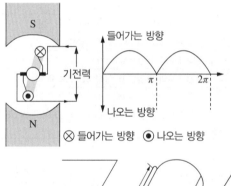

$\otimes$ 들어가는 방향　$\odot$ 나오는 방향

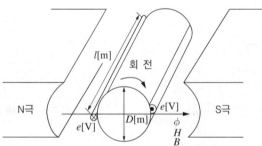

위 그림을 참고하여 전기자 도체 1개에 유기되는 유기 기전력(e)을 유도해 본다.

전기자 면적 $S = \pi Dl\,[\text{m}^2]$

총자속 $p\phi = BS[\text{Wb}]$

평균 자속 밀도 $B = \dfrac{p\phi}{S}[\text{Wb}]$

전기자의 회전 속도가 n[rps]일 경우 회전자 주변속도 $v = \pi Dn$[m/s]가 되며, 도체 한 개의 평균 자속 밀도에 대한 유기 기전력(e)은 다음 식과 같이 정리할 수 있다.

$$e = B l v = \frac{p\phi}{\pi Dl} \times l \times \pi Dn = p\phi n \,[\mathrm{V}]$$

또한, $n[\mathrm{rps}] = \frac{N[\mathrm{rpm}]}{60}$ 이므로, $e = p\phi \frac{N}{60}[\mathrm{V}]$으로도 나타낼 수 있다.

(2) 전체 도체수가 Z인 발전기의 유기 기전력(E)

$$E = e \times \frac{Z}{a} = \frac{pZ}{60a} \phi N = K\phi N [\mathrm{V}]$$

여기서, $K = \frac{pZ}{60a}$, a : 내부 병렬 회로수, N : 분당 회전수

(3) 전기각 θ_e = 기계각 $\theta \times \frac{p}{2}$

여기서, p : 극수

(4) 전기자 반작용 및 정류

전기자 반작용이란 전기자 권선에 전류가 흐르면 전기자 전류에 의한 기자력에 의해 주자극의 자속 분포와 크기가 변화한다. 이와 같이 전기자 전류에 의한 기자력이 주자속의 분포에 영향을 미치는 작용을 전기자 반작용이라 한다. 다음 그림은 시계 방향으로 회전하는 발전기의 주자속, 전기자 전류에 의한 자속 그리고 합성된 자속의 형태를 나타낸다.

[주자속]　　　　[전기자 전류에 의한 자속]　　　　[합성 자속]

① 전기자 반작용에 의한 영향

　㉠ 편자작용 발생(중성축 이동)

　　• 발전기 : 회전 방향과 일치

　　• 전동기 : 회전 방향과 반대

　㉡ 감자작용 발생 : 주자속의 감소로 전압강하로 인한 유기 기전력이 감소한다.

　㉢ 정류자 편간 전압이 불균일하여 불꽃이 발생한다.

　㉣ 속도가 증가하고 토크가 감소한다.

② 방지 대책

　㉠ 보상 권선 설치 : 주자속의 편중 및 감소를 방지한다.

　㉡ 보극 : 공극에서 자속 밀도를 균일화한다.

　㉢ 계자 기자력과 자기저항을 크게 한다.

　㉣ 브러시를 이동하여 중성축을 이동한다.

전기자 권선방법이 중권, 극수 6, 전기자 도체수 600, 각 자극의 자속 0.04[Wb], 회전수 1,200[rpm]으로 운전되고 있는 직류 발전기의 유기 기전력[V]은?

① 480　　　　　　　② 520

③ 560　　　　　　　④ 600

해설

유기 기전력 $E = \dfrac{pZ}{60a}\phi N = \dfrac{6 \times 600}{60 \times 6} \times 0.04 \times 1{,}200$
　　　　　　$= 480[\mathrm{V}]$

답 ①

직류기의 전기자 반작용에 대한 설명으로 옳지 않은 것은?

① 전기자 전류값이 매우 큰 경우는 반작용에 대한 보상을 할 필요가 없다.

② 전기자 반작용으로 정류자와 브러시의 조기 마모를 가져올 수 있다.

③ 발전기의 경우 유효 공극 자속을 감소시켜 출력 전압의 크기를 저하하는 원인이 된다.

④ 전기자 반작용을 보상하기 위하여 보상 권선과 보극을 설치한다.

해설

전기자 반작용은 전기자 전류에 의한 자속이 주자속에 영향을 주는 현상으로 전기자 전류가 크면 전기자 반작용이 커지므로 보상 권선이나 보극을 설치하여 보상한다.

답 ①

보극이 없는 직류 전동기의 브러시 위치를 무부하 중성점으로부터 이동시키는 이유와 이동 방향은?

① 정류작용이 잘되게 하기 위하여 전동기 회전 방향으로 브러시를 이동한다.

② 정류작용이 잘되게 하기 위하여 전동기 회전 반대 방향으로 브러시를 이동한다.

③ 유기 기전력을 증가시키기 위하여 전동기 회전 방향으로 브러시를 이동한다.

④ 유기 기전력을 증가시키기 위하여 전동기 회전 반대 방향으로 브러시를 이동한다.

해설

정류작용이 잘되게 하기 위해서 전동기 회전 반대 방향으로 브러시를 이동한다.

전기자 반작용의 영향

• 발전기

　- 주자속이 감소 : 유기 기전력의 감소

　- 중성축이 이동 : 회전 방향이 같음

　- 정류자 편과 브러시 사이에 불꽃이 발생 : 정류 불량

• 전동기

　- 주자속이 감소 : 토크 감소, 속도 증가

　- 중성축이 이동 : 회전 방향과 반대

　- 정류자 편과 브러시 사이에 불꽃이 발생 : 정류 불량

※ 보극이 없는 직류 전동기는 정류작용이 잘되게 하기 위해서 전동기 회전 반대 방향으로 브러시를 이동하고 직류 발전기는 브러시를 회전 방향으로 이동한다.

답 ②

전기자 총도체수 Z, 병렬 회로수 a, 극수 p, 브러시 이동각 θ[rad], 전기자 전류 I_a[A]인 직류 발전기의 교차 기자력[AT/pole]은?

① $\left(\dfrac{ZI_a}{2ap}\right) \cdot \left(\dfrac{\pi-\theta}{\pi}\right)$　② $\left(\dfrac{ZI_a}{2ap}\right) \cdot \left(\dfrac{\pi-2\theta}{\pi}\right)$

③ $\left(\dfrac{ZI_a}{2ap}\right) \cdot \left(\dfrac{\theta}{\pi}\right)$　④ $\left(\dfrac{ZI_a}{2ap}\right) \cdot \left(\dfrac{2\theta}{\pi}\right)$

해설

교차 기자력 $AT_c = \dfrac{Z \cdot I_a}{2ap} \cdot \dfrac{\pi-2\theta}{\pi}\,[\mathrm{AT/pole}]$

감자 기자력 $AT_d = \dfrac{Z \cdot I_a}{2ap} \cdot \dfrac{2\theta}{\pi}\,[\mathrm{AT/pole}]$

답 ②

직류기의 보상 권선에 대한 설명으로 가장 옳지 않은 것은?

① 정류를 원활하게 한다.
② 보극을 설치하는 방법에 비해 전기자 반작용 상쇄효과가 작다.
③ 전기자 반작용에 의한 기자력과 전기적으로 180° 위상이 되도록 설치한다.
④ 주로 대형 직류기에 많이 사용된다.

해설

직류기의 보상 권선(Compensation Winding)
전기자 반작용의 문제점으로, 주자속 감소(효율 감소)와 중성축 이동으로 인한 편자작용과 불꽃 발생, 정류 불량 등이 있으며, 전기자 반작용을 없애기 위해 보상 권선 설치, 보극 설치, 브러시 이동을 한다. 이 중에 보상 권선은 전기자 반작용을 감소시키는 가장 좋은 방법으로, 주자극편의 표면에 전기자 도체와 평행으로 홈을 만들어 도체를 넣고, 전기자 전류와 반대 방향의 전류(180° 위상차)가 흐르도록 전기자 권선과 직렬로 접속 권선하여 부하 변동에 따른 전기자 반작용 기자력을 상쇄시킨다.

직류 발전기의 정류를 좋게 하는 방법
- 자속 변화를 줄이기 위해 자극편의 모양을 좋게 하고 전기자 교차 기자력에 대한 자기 저항을 크게 하여 반작용 자속을 줄인다.
- 보상 권선을 설치하여 반작용을 보상한다.
- 보극을 설치하여 정류 전압을 얻어 리액턴스 전압을 보상한다.
- 저항 정류를 위하여 브러시의 접촉 저항이 큰 것을 선정한다.
- 브러시의 접촉 저항이 작으면 리액턴스 전압이 커지고 직선 정류가 되지 않아 정류 불량이 된다. 브러시의 선정과 브러시의 접촉 불량, 압력 부적당, 진동, 위치 변동, 정류자 편심 등에 유의하여 정류자와 브러시의 접촉면의 전류 밀도를 고르게 분포시킨다.

답 ②

③ 전기자 기자력 : 다음 그림과 같이 브러시를 기계적 중성축에서 α만큼 이동할 경우, 기자력은 감자 기자력과 교차 기자력으로 구분하여 나타낼 수 있다.

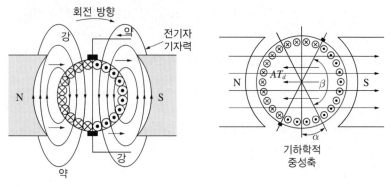

㉠ 감자 기자력(주자속 감소) : $AT_d = \dfrac{ZI_a}{2ap} \times \dfrac{2\alpha}{\pi}\,[\mathrm{AT/극}]$

㉡ 교차 기자력(중성축 이동) : $AT_c = \dfrac{ZI_a}{2ap} \times \dfrac{\beta}{\pi}\,[\mathrm{AT/극}]$

④ 정류 : 직류 발전기의 전기자 권선에 유기되는 기전력 교류를 브러시를 통하여 직류로 변환하는 작용

㉠ 정류 곡선

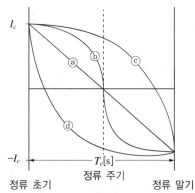

ⓐ 직선 정류 : 이상적인 정류 곡선
ⓑ 정현 정류 : 양호한 정류 곡선
ⓒ 부족 정류 : 정류 말기에 불꽃 발생
ⓓ 과정류 : 정류 초기에 불꽃 발생

㉡ 평균 리액턴스 전압 : 불꽃발생이 되는 역기전력

$$V_L = -L\frac{di}{dt} = -L\frac{-I_c-I_c}{T_c} = L\frac{2I_c}{T_c}\,[\mathrm{V}]$$

ⓒ 정류개선 대책
- 브러시 접촉저항이 큰 탄소 브러시를 사용한다(저항 정류).
- 보극을 설치하여 평균 리액턴스 전압을 작게 한다(전압 정류).
- 정류주기를 길게 하여 회전속도를 느리게 한다(회전속도를 낮춘다).
- 불꽃 없는 정류를 위하여 브러시 접촉면 전압강하를 평균 리액턴스 전압보다 크게 한다.

ⓔ 정류자 편수 : $K = \dfrac{\mu}{2} N$

　여기서, μ : 슬롯 내부의 코일 변수, N : 슬롯수

ⓓ 정류자 편간 평균 전압 : $e = \dfrac{pE}{K} [\text{V}]$

　여기서, E : 유기 기전력, K : 정류자 편수, p : 극수

3 　직류 발전기의 종류와 특성

직류 발전기의 종류는 전기자와 계자의 연결 방법에 따라 다음과 같이 구분할 수 있다.

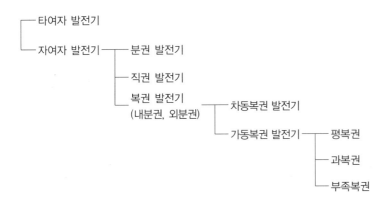

※ 전기기기 특성 곡선의 종류와 조건

유기 기전력 $E[\text{V}]$, 단자 전압 $V[\text{V}]$, 전기자 전류 $I_a[\text{A}]$, 부하 전류 $I[\text{A}]$, 계자 전류 $I_f[\text{A}]$, 회전자 속도 $n[\text{rps}]$ 등의 관계를 나타내는 곡선을 특성 곡선이라 한다.

구 분	x축	y축	조 건
무부하 포화 곡선	I_f	E or V	$n =$ 일정, $I = 0$
외부 특성 곡선	I	V	$n =$ 일정, $R_f =$ 일정
내부 특성 곡선	I	E	$n =$ 일정, $R_f =$ 일정
부하 특성 곡선	I_f	V	$n =$ 일정, $I =$ 일정
계자 조정 곡선	I	I_f	$n =$ 일정, $V =$ 일정

직류기에서 양호한 정류를 얻을 수 있는 조건이 아닌 것은?

① 정류주기를 크게 한다.
② 브러시의 접촉 저항을 크게 한다.
③ 리액턴스 전압을 크게 한다.
④ 전기자 코일의 자기 인덕턴스를 작게 한다.

해설
직류기에서 양호한 정류를 얻을 수 있는 조건
- 정류주기를 크게 한다.
- 저항 정류 : 접촉 저항이 큰 탄소 브러시를 설치한다.
- 전압 정류 : 보극을 설치한다.
- 전기자 코일의 자기 인덕턴스를 작게 한다(단절권).
- 리액턴스 전압을 작게 한다.

답 ③

직류 분권 발전기의 정격 전압이 220[V], 정격 출력이 11[kW], 계자 전류는 2[A]이다. 발전기의 유기 기전력 [V]은?(단, 전기자 저항은 0.5[Ω]이고, 전기자 반작용 및 브러시 접촉에 의한 전압 강하는 무시한다)

① 174　　　　② 194
③ 226　　　　④ 246

해설
직류 분권 발전기의 유기 기전력

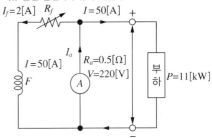

부하에서의 출력이 11[kW]이고, 단자 전압 $V = 220[\text{V}]$이므로, 정격 출력 $P = VI$에서,

부하 전류 $I = \dfrac{P}{V} = \dfrac{11,000}{220} = 50[\text{A}]$ 이다.

위의 회로에서 $I_a = I + I_f = 50 + 2 = 52[\text{A}]$ 이므로,
분권 발전기의 유기 기전력
$E = V + I_a R_a = 220 + 52 \times 0.5 = 220 + 26 = 246[\text{V}]$

답 ④

40[kW], 200[V], 1,700[rpm] 정격의 보상 권선이 있는 타여자 직류 발전기가 있다. 전기자 저항은 0.05[Ω], 보상 권선 저항은 0.01[Ω], 계자권선 저항은 100[Ω]일 때, 정격 운전 시 유기 기전력[V]은?(단, 전기자 반작용과 브러시의 전압 강하는 무시한다)

① 208　　　　　　　② 210
③ 212　　　　　　　④ 214

해설

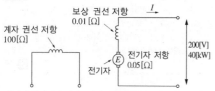

타여자 발전기의 결선도에서 정격 전압이 200[V]이고, 정격 용량이 40[kW]이므로, 발전기의 회전자측 전류 $I = \dfrac{40,000[\mathrm{W}]}{200[\mathrm{V}]}$
= 200[A] 이다.
보상 권선 저항과 전기자 저항의 합이 0.01[Ω] + 0.05[Ω] = 0.06[Ω]이므로, 발전기의 저항 성분에서 발생하는 전압 강하는 200[A] × 0.06[Ω] = 12[V]이다.
따라서, 보상 권선 설치 후 정격 운전 시 유기 기전력
E = 200[V] + 12[V] = 212[V]이다.

타여자 직류 발전기의 보상권선
• 보상 권선 : 주자극의 표면에 파인 슬롯 안에 설치
 – 보상 권선에 의한 기자력은 전기자 기자력과 반대 방향으로 발생하도록 배열
 – 보상 권선에 의한 기자력이 전기자 기자력에 비례하도록 전기자 권선과 직렬연결

[보상 권선 펼친 그림]

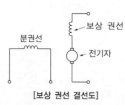

[보상 권선 결선도]

답 ③

---

(1) 타여자 발전기

외부 직류 전원을 이용하여 계자를 여자시키는 방식이다.

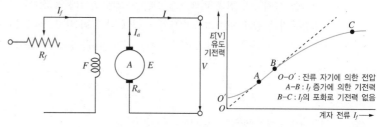

[타여자 발전기 접속도]　　　[무부하 특성 곡선($E-I_f$ 곡선)]

① 유도 기전력 $E = V + I_a R_a = \dfrac{p}{a} Z n \phi = k n \phi [\mathrm{V}]$

여기서, V : 단자전압　　　　E : 역기전력
　　　　I_a : 전기자 전류　　R_a : 전기자 저항
　　　　p : 극수　　　　　　a : 전기자 병렬 회로수
　　　　Z : 전기자 총도체수　n : 회전수[rps]
　　　　ϕ : 매극당 자속수[Wb]　k : 기계적 정수

② 단자전압 $V = E - I_a R_a [\mathrm{V}]$

③ 전기자 전류 $I_a = I$

④ 외부 특성 곡선($V-I$ 곡선)

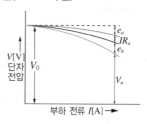

여기서, IR_a : 전기자 권선에 의한 전압 강하
　　　　e_a : 전기자 반작용에 의한 전압 강하
　　　　e_b : 브러시에 의한 전압 강하
　　　　V_0 : 전압 강하를 고려한 실제 단자 전압

[타여자 발전기 외부 특성 곡선]

단자 전압 $V_n = E - I_a R_a - e_a - e_b [\mathrm{V}]$로 나타낼 수 있다.

⑤ 특징 및 용도
　㉠ 잔류자기가 없어도 발전이 가능하다.
　㉡ 전기자 회전 방향을 반대로 하면 +, -의 극성이 반대로 발전된다.
　㉢ 전기화학공업의 저전압 대전류용 전원용으로 사용
　㉣ 직류 전동기의 속도 조정 전원용 발전기로 사용
　㉤ 대형 직류기 및 교류 발전기의 여자기로 사용

(2) 직권 발전기

계자 권선과 전기자 권선이 직렬 접속

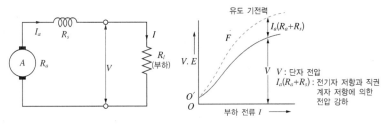

[직권 발전기 접속도]　　[직권 발전기 부하 특성 곡선($V-I$ 곡선)]

① 유기 기전력 $E = V + I_a(R_a + R_f) = V + I(R_a + R_f)[\text{V}]$

② 단자전압 $V = E - I_a(R_a + R_f) = E - I(R_a + R_f)[\text{V}]$

③ 전기자 전류 $I_a = I = I_f$(정상상태)

④ 무부하 상태 : 계자전류 $I_f = 0$이 되어 발전을 할 수 없다.

⑤ 특성 및 용도

　㉠ 잔류자기가 없으면 발전이 불가능하다.

　㉡ 전기자의 회전 방향을 반대로 하면, 잔류자기를 소멸시켜 발전이 불가능하다.

　㉢ 단자전압이 현저히 변동하므로 직류 전원으로 사용하지 않는다.

　㉣ 특성 곡선에서와 같이 전류에 비례하여 전압이 상승하므로 장거리 송전선에 직렬 접속하여 승압기로 사용한다.

(3) 분권 발전기

계자 권선과 전기자 권선이 병렬 접속

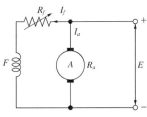 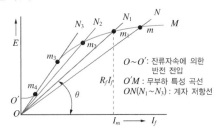

[분권 발전기 접속도]　　[분권 발전기 무부하 특성 곡선($E-I_f$ 곡선)]

① 유기 기전력 $E = V + I_a R_a = V + (I + I_f)R_a[\text{V}]$

② 단자 전압 $V = E - I_a R_a = E - (I + I_f)R_a[\text{V}]$

③ 전기자 전류 $I_a = I + I_f$, $I_f = \dfrac{V}{R_f}$

직권 발전기에 대한 설명으로 옳지 않은 것은?

① 직권 발전기는 부하 변동에도 단자 전압이 거의 변하지 않는다.

② 계자 권선이 전기자와 직렬로 연결된 발전기이다.

③ 계자 권선의 저항은 가능한 한 작게 설계해야 한다.

④ 무부하일 때 계자 전류가 흐르지 않으므로 발전할 수 없다.

[해설]

직권 발전기의 특징

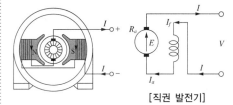

[직권 발전기]

- 직권(Series) 발전기는 계자 권선과 전기자 권선이 직렬로 연결되어 있어서 계자 권선에 흐르는 전류의 세기가 크기 때문에 계자권선은 지름이 굵은 것을 사용하며 감는 횟수는 적게 해야 하며, 계자 권선의 저항은 가능한 작은 것으로 해야 한다.
- 부하 저항이 과대해지면 운전이 곤란하며, $I_a = I_f$이고 무부하일 때 $I_a = I_f = 0$이므로, 자여자되지 않아 발전할 수 없다.

[답] ①

부하 전류 50[A]일 때, 단자 전압이 100[V]인 직류 직권 발전기의 부하 전류가 80[A]로 되면 단자 전압[V]은 얼마인가?(단, 전기자 저항 및 직권 계자 저항은 각 0.1[Ω]이고, 전기자 반작용과 브러시의 접촉 저항 및 자기 포화는 모두 무시한다)

① 100　　　　　② 120

③ 140　　　　　④ 160

[해설]

직류 직권 발전기의 단자 전압

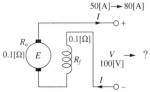

- 부하 전류 50[A]와 80[A]에서의 유도 기전력을 각각 E_{50}, E_{80}이라고 하면 $E_{50} = V + I_a(R_f + R_a)$에서 $E_{50} = 100 + 50 \times (0.1 + 0.1) = 110[\text{V}]$
- 직류 직권 발전기는 $I_a = I = I_f(= I_s)$이고 $I_f \propto \phi$이므로, $E = k\phi N$에서 $I_f \propto E$
  $E_{50} : E_{80} = 50 : 80$,
  $E_{80} = \dfrac{80}{50}E_{50} = \dfrac{80}{50} \times 110 = 176[\text{V}]$
- ∴ 부하 전류 80[A]일 때의 단자 전압
  $V_{80} = E_{80} - I_{80}(R_f + R_a)$
  $= 176 - 80 \times (0.1 + 0.1) = 176 - 16 = 160[\text{V}]$

[답] ④

직류 분권 발전기의 전기자 저항이 0.2[Ω], 계자 저항이 50[Ω], 전기자 전류가 50[A], 유도 기전력이 210[V]일 때 부하출력은?

① 8.6[kW]　　　　　　② 9.2[kW]
③ 9.8[kW]　　　　　　④ 10.4[kW]

해설

• $V = E - I_a R_a = 210 - 50 \times 0.2 = 210 - 10 = 200[V]$
• $I_a = I + I_f$에서, $I = I_a - I_f = 50 - 4 = 46[A]$

분권 발전기 회로

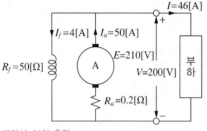

따라서, 부하 출력
$P = VI = 200 \times 46 = 9,200[W] = 9.2[kW]$

답 ②

전기자 저항이 0.1[Ω]이며 단자 전압이 200[V], 부하 전류가 90[A], 계자 전류가 10[A]인 직류 분권 발전기의 유기 기전력[V]은?

① 190　　　　　　② 199
③ 201　　　　　　④ 210

해설

전기자 전류 I_a = 부하 전류+ 계자 전류= $90 + 10 = 100[A]$
이고, 직류 발전기의 유기 기전력 $E = V + I_a R_a [V]$에서,
$E = 200 + 100 \times 0.1 = 210[V]$ 이다.

답 ④

분권 직류 발전기에 대한 설명으로 옳지 않은 것은?

① 잔류자속에 의하여 전압을 확립한다.
② 부하 전류가 증가하면 타여자 직류 발전기보다 전압 강하가 커진다.
③ 단자 전압이 내려가면 계자 전류가 증가한다.
④ 계자 저항을 증가시키면 유기 기전력은 감소한다.

해설

외부 특성 곡선에서와 같이 단자 전압이 내려가면 계자 전류 I_f도 작아진다.

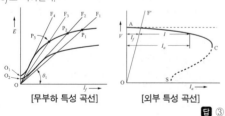

[무부하 특성 곡선]　　　[외부 특성 곡선]

답 ③

④ 전압 확립 조건

　㉠ 잔류자기가 존재할 것
　㉡ 임계 저항 > 계자 저항
　㉢ 기전력은 잔류자속을 증가시키는 방향으로 유기된다(역회전하여 잔류자기가 소멸되면 발전되지 않는다).
　㉣ 무부하 특성 곡선

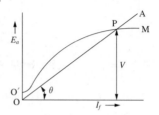

여기서, O'M : 무부하 포화 곡선　　OO' : 잔류전압
　　　　OA : 계자 저항선　　　　P : 정상 전압

• 직선 $\overline{OA}$ 는 계자 저항선으로 저항선의 기울기는 $\tan\theta = \dfrac{V}{I_f} = R_f$

• 잔류자기에 의하여 곡선 O'M에 기전력이 생기면 이 기전력에 의하여 계자 전류가 흐르고, 기자력이 커져서 자속이 증가하고 계자 전류가 커져서 점 P까지 전압이 상승한다.

• 곡선 O'M은 분권 발전기를 타여자 발전기로 했을 때 무부하 포화 곡선으로부터 I_f에 의하여 전기자에 발생하는 전압 강하를 뺀 것이다.

• 분권 발전기의 용도 : 전기화학용 전원, 전기의 충전용, 동기기의 여자용 등

• 여자 전류가 작아지면 전기자의 전압 강하도 작아지므로 분권 발전기의 무부하 특성은 타여자 발전기의 무부하 특성과 일치한다.

⑤ 분권 발전기의 외부 특성 곡선 : 그림 (a)와 같은 분권 발전기에서 부하를 증가시키면 (b)와 같이 단자 전압은 점차 감소하게 된다. 부하를 계속 증가시켜 과부하가 되면 전압 강하는 급격히 증가하게 되고, 최대 부하 전류의 점인 N을 넘으면 부하 전류는 오히려 감소하여 S점에 도달한다. S점에서의 전류는 단락 전류로 잔류 자속에 의한 전압에 의하여 흐른다.

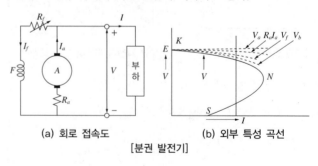

(a) 회로 접속도　　　　　　(b) 외부 특성 곡선

[분권 발전기]

(4) 복권 발전기

분권 계자와 직권 계자를 조합한 발전이다.

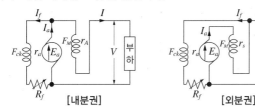

[내분권]　　　　　[외분권]

① **가동 복권 발전기** : 전기자와 직권 계자가 직렬로 연결되어 두 기자력이 합쳐져서 유도기자력이 증가한다.

ㄱ 과복권 : 정격 전압 > 무부하 전압

ㄴ 평복권 : 정격 전압 = 무부하 전압

ㄷ 부족 복권 : 정격 전압 < 무부하 전압

② **차동 복권 발전기** : 분권 계자의 기자력이 직권 계자의 기자력에 의하여 유도 기자력이 감소(용접용 전원)

③ 전압 변동률 $\varepsilon = \dfrac{V_0 - V}{V} \times 100$

여기서, V : 정격 전압, V_0 : 무부하 전압

④ 복권 발전기의 외부 특성 곡선

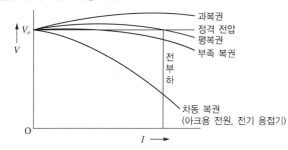

다음 회로를 갖는 직류 발전기는?

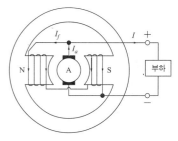

① 분권 발전기　　　② 직권 발전기

③ 차동 복권 발전기　④ 화동 복권 발전기

해설

계자 권선과 전기자 권선이 병렬로 연결되어 있는 분권 발전기이다.

답 ①

외분권 가동 복권 발전기의 전기자 권선 저항은 0.08[Ω], 직권 계자 권선 저항은 0.02[Ω], 분권 계자 권선 저항은 200[Ω]이다. 부하 전류가 48.5[A]이고, 단자 전압이 300[V]일 때, 유도 기전력[V]은?(단, 전기자 반작용에 의한 전압 강하와 브러시의 접촉에 의한 전압 강하는 무시한다)

① 295　　② 297　　③ 303　　④ 305

해설

$I_a = I + I_f$ 에서 $I_f = \dfrac{V}{R_f} = \dfrac{300}{200} = 1.5$ 이고,

부하 전류 $I = 48.5$ 이므로,

$I_a = 48.5 + 1.5 = 50[\text{A}]$

$E = V + I_a(r_a + r_f) = 300 + 50(0.08 + 0.02) = 305[\text{V}]$

답 ④

다음은 복권 발전기의 외부 특성 곡선을 나타낸 것이다. (가) 곡선에 해당하는 복권 발전기의 특성에 대한 설명으로 옳지 않은 것은?

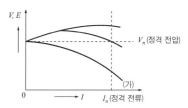

① 전압 변동률은 (−)값이다.

② 정전류를 만드는 데 사용된다.

③ 부하의 증가에 따라 현저하게 전압이 저하된다.

④ 수하 특성을 가지고 있다.

해설

전압 변동률 $\varepsilon = \dfrac{V_0 - V_n}{V_n} \times 100$ 이고, 무부하속도가 정격속도보다 크므로 전압 변동률은 (+)값을 가진다.

답 ①

직류 발전기의 병렬 운전조건에 대한 설명으로 옳지 않은 것은?

① 발전기의 전압 크기를 일치시킨다.
② 발전기의 극성을 같은 극성끼리 연결한다.
③ 발전기의 용량이 항상 같아야 한다.
④ 직권 발전기인 경우 균압선을 이용하여 부하를 균등하게 분담시킨다.

해설

직류 발전기의 병렬 운전
한 대의 발전기로 부하에 공급하는 전력용량이 부족하거나, 발전기가 갖고 있는 용량 이상으로 부하가 걸릴 때에는 또 다른 발전기를 동일한 모선에 병렬로 접속하여 공통 부하에 전력을 공급하는 방법

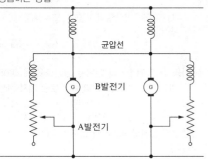

• 병렬 운전을 위한 조건
 – 발전기의 전압 크기를 일치시켜야 한다.
 – 발전기의 극성을 구분하여 같은 극성끼리 연결하여 준다.
 – 두 대의 발전기 직권 계자를 병렬로 접속하는 균압선을 설치한다.

답 ③

4 직류 발전기의 병렬 운전

(1) 병렬 운전 조건

① 극성이 일치할 것
② 단자 전압이 같을 것(용량과는 무관)
③ 외부 특성 곡선이 일치하고 수하 특성을 가질 것
④ 수하 특성이 다른 경우에는 균압선을 설치할 것
⑤ 부하 분담 시에는 용량에 비례할 것

(2) 안전운전 조건

① 균압모선 설치 : 직권, 복권 발전기
② 계자 권선을 교차 접속

(3) 병렬 운전의 목적

① 1대의 발전기로는 용량이 부족할 경우
② 부하의 변동폭이 큰 경우, 경부하에서 효율적인 운전을 위하여
③ 예비기를 설치한 경우

(4) 분권 발전기의 병렬 운전 조건

① $V = V_1 = V_2$

② $I = I_1 + I_2$

　여기서, V : 모선의 전압
　　　　　V_1 : G_1기의 단자 전압
　　　　　V_2 : G_2기의 단자 전압
　　　　　I : 모선의 전류
　　　　　I_1 : G_1기의 부하 전류
　　　　　I_2 : G_2기의 부하 전류

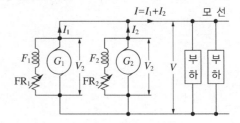

③ 이상적인 병렬 운전에 의한 외부 특성 곡선
　G_1, G_2 발전기의 외부 특성이 비슷하여 분담 전류 I_1, I_2의 비는 단자전압을 변화시켜도 일정하다.

(5) 직권 발전기와 복권 발전기의 병렬 운전

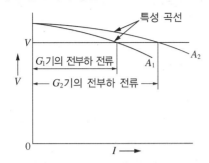

특성 곡선

G_1기의 전부하 전류

G_2기의 전부하 전류

① 부하가 증가할수록 단자 전압이 증가하므로 안정된 병렬 운전을 할 수 없다.

② 다음 그림 (a)처럼 균압선을 설치하여 F_1, F_2를 병렬로 한다.

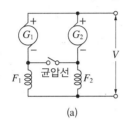

(a)

③ 다음 그림 (b)처럼 계자 권선을 서로 교환하여 교차 접속한다.

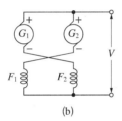

(b)

④ 균압 모선을 설치한다.

⑤ 병렬 운전 중 한 대를 정지하려면 정지하려는 발전기의 부하를 다른 발전기로 옮기고, 이 발전기에 속하는 개폐기를 닫은 다음 정지한다.

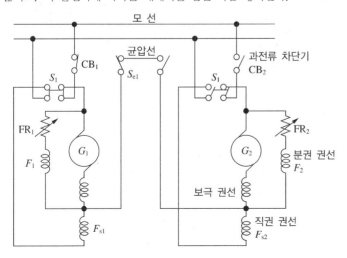

두 대의 직류 분권 발전기 A, B를 병렬로 연결하여 운전하는 경우, 부하에 흐르는 전류가 50[A]이고, 각 발전기의 유도 기전력과 전기자 저항이 각각 220[V], 0.04[Ω] 및 222[V], 0.06[Ω]이다. A발전기의 단자 전압[V]은? (단, A, B발전기의 계자 전류는 무시한다)

① 218.6   ② 219.6
③ 220.6   ④ 221.6

해설

직류 분권 발전기의 병렬 운전

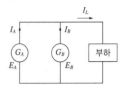

I_f가 무시될 때, 병렬 운전하는 분권 발전기 A, B의 단자 전압은 $V = E - I_a R_a$에서

$V_A = 220 - 0.04 \times I_A$, $V_B = 222 - 0.06 \times I_B$, $V_A = V_B$.

부하 전류 $I_L = I_A + I_B = 50[A]$ 이다.

따라서, $220 - 0.04 I_A = 222 - 0.06(50 - I_A)$ 이므로,

$I_A = 10[A]$, $I_B = 40[A]$

∴ 단자 전압 $V_A = 220 - 0.04 \times 10 = 219.6[V]$

답 ②

플레밍의 오른손 법칙과 왼손 법칙에 대한 설명으로 옳지
않은 것은?

① 두 법칙 모두 엄지손가락의 방향은 힘의 방향을 나타
   낸다.
② 오른손 법칙은 발전기의 원리에 적용된다.
③ 두 법칙에서 힘, 자속 그리고 전류의 방향이 모두 각
   각 90°를 이룬다.
④ 힘과 자속의 방향이 동일할 경우, 오른손 법칙에 의한
   전류의 방향과 왼손 법칙에 의한 전류의 방향은 서로
   동일하다.

해설
오른손 법칙과 왼손 법칙의 전류방향은 반대이다.

답 ④

| 제**3**절 | **직류 전동기** |

1   직류 전동기 이론

(1) 플레밍의 왼손 법칙

다음 그림에서 코일변에는 시계방향으로 코일을 회전시키려는 힘 F가 작용하고
있다. 이 힘 F에 의하여 코일이 90° 회전했을 때 브러시와 정류자의 작용에 의해
코일에 흐르는 전류의 방향이 반대로 되고, 이 코일에는 다시 동일한 방향의 힘
F가 계속해서 작용하여 코일은 시계방향으로 회전을 계속하게 된다.

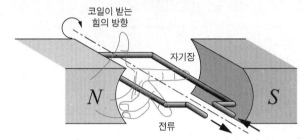

여기서, $F = BlI$[N] F[N] : 전자력
         B[Wb/m²] : 자속밀도 l[m] : 코일의 길이
         I[A] : 코일에 흐르는 전류

(2) 직류 전동기의 원리

자석 사이의 코일에 전류가 흐를 때 자석과 코일 사이에 작용하는 자기력에 의해
코일이 회전하게 되며, 코일이 회전하여 코일의 면이 자기장에 수직으로 되는
순간 정류자에 의하여 전류의 방향이 바뀌므로 코일은 계속해서 한쪽방향으로
회전한다.

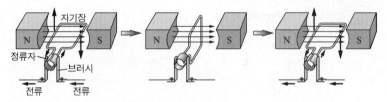

(3) 직류 전동기의 역기전력과 전기자 전류

① 전동기가 회전하면 코일은 자속을 끊으므로 발전기와 같이 기전력을 유기한다.

② 이때 유기되는 기전력은 플레밍의 오른손 법칙에 의해서 공급되는 단자 전압 V와는 반대로 전기자 전류를 방해하는 방향이 되므로 이를 역기전력이라고 한다.

③ 역기전력이 감소하면 동일한 단자 전압에서 I_a가 증가하여 전동기의 입력이 증가하며 자동적으로 부하의 증가에 대응하게 된다.

④ 역기전력 E는 회전 속도에 비례하므로 전동기의 기계적 부하가 커져서 회전 속도가 감소하면 역기전력 E도 감소한다.

⑤ 역기전력 $E = K\phi N = \dfrac{p}{a}Z\phi\dfrac{N}{60} = V - I_a R_a [\mathrm{V}]\left(K = \dfrac{pZ}{60a}\right)$

여기서, p : 자극수[개] ϕ : 자속[Wb]

　　　a : 전기자 병렬 회로수 Z : 도체수

　　　N : 회전수[rpm] K : 비례상수

⑥ 전압 강하(e_b)를 포함한 역기전력 및 단자 전압

ㄱ 역기전력 $E = (V - I_a R_a - e_b)$

ㄴ 단자 전압 $V = (E + I_a R_a + e_b)$

(4) 회전속도

① 직류 전동기의 회전 속도 N은 $E = K\phi N = \dfrac{p}{a}Z\phi\dfrac{N}{60}[\mathrm{V}]$와

$E = (V - I_a R_a - e_b)$를 이용하면

$N = \dfrac{E}{K\phi} = \dfrac{V - I_a R_a - e_b}{K\phi}[\mathrm{rpm}]$

여기서, $I_a R_a$: 전기자 전압 강하 e_b : 브러시 전압 강하

② 전기자 전압 강하와 브러시 전압 강하를 무시하면 $N \propto \dfrac{V}{\phi}$ 이다(전동기 회전 속도 N은 단자 전압 V에 비례하고, 1극당 자속 ϕ에 반비례한다).

단자전압 150[V], 전기자 전류 10[A], 전기자 저항 2[Ω], 회전속도 1,800[rpm]인 직류 전동기의 역기전력[V]은?

① 100

② 110

③ 120

④ 130

해설

직류 전동기의 역기전력(E)

$E = V - I_a R_a$에서 $E = 150 - 10 \times 2 = 130[\mathrm{V}]$

(E : 역기전력, V : 단자 전압, I_a : 전기자 전류, R_a : 전기자 저항)

답 ④

직류 전동기에서 전기자 총도체수를 Z로, 극수를 p로, 전기자 병렬 회로수를 a로, 1극당 자속을 ϕ로, 전기자 전류를 I_A로 나타낼 때, 토크 $T[\mathrm{N \cdot m}]$를 나타내는 것은?

① $\dfrac{Za}{2\pi p}\phi I_A$

② $\dfrac{Zp}{2\pi a}\phi I_A$

③ $\dfrac{Zp}{2\pi\phi}a I_A$

④ $\dfrac{Zp}{2\pi I_A}a\phi$

해설

전동기의 역기전력 $E = \dfrac{p}{a}Z\phi \cdot \dfrac{N}{60} = K_E\phi N[\mathrm{V}]$에서

속도 N은 $N = \dfrac{E}{K_E\phi} = K\dfrac{E}{\phi} = K\dfrac{V - I_a R_a}{\phi}[\mathrm{rpm}]$

전기자 반지름 $r[\mathrm{m}]$, 공극 자속 밀도 $B[\mathrm{Wb/m^2}]$, 도체 길이 $l[\mathrm{m}]$, 병렬 회로수 a개, 전기자 전류 $I_A[\mathrm{A}]$, 1극당 자속 $\phi[\mathrm{Wb}]$, 자극수 p개, 전기자 도체수 Z개, 전자력 $F = BIl$, 토크 $T = F_r$, 전기자 표면적 $2\pi r \cdot l[\mathrm{m^2}]$, 전체자속 $p \cdot \phi[\mathrm{Wb}]$에서

$T = Z \cdot F \cdot r = Z \cdot B \cdot l \cdot \dfrac{I_A}{a} \cdot r$

$\quad = Z \cdot \dfrac{p\phi}{2\pi r \cdot l} \cdot l \cdot \dfrac{I_A}{a} \cdot r$

$\quad = \dfrac{pZ}{2\pi a}\phi I_A = K_T\phi I_A$

$\therefore\ T = K_T\phi I_A[\mathrm{N \cdot m}] \cdots \left(K_T = \dfrac{pZ}{2\pi a}\right)$

답 ②

직류기의 전기자 반작용에 대한 설명으로 옳지 않은 것은?

① 전기자 반작용은 무부하 상태에서도 일어난다.
② 전기자 반작용은 전기자 전류의 크기에 의존한다.
③ 전기자 반작용에 의해 공극의 자속 분포가 일그러진다.
④ 전기자 반작용에 의해 주자속이 감소한다.

해설

전기자 전류에 의한 자속이 주자속에 영향을 주는 현상으로 무부하 시에는 전기자 반작용은 일어나지 않는다.

답 ①

---

(5) 토크

전동기를 회전시키는 데 필요한 힘

$$T = K_T\phi I_a = \dfrac{pZ}{2a\pi}\phi I_a[\mathrm{N \cdot m}]$$

(전기자 전류 I_a에 비례하고 1극당 자속 ϕ에 비례한다)

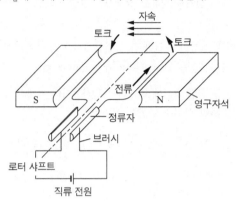

(6) 기계적 출력

① 전기자에 입력되는 전력 $P_a = VI_a[\mathrm{W}]$와 전압 강하를 무시한 단자 전압 $V = E + I_a R_a[\mathrm{V}]$에서

$$P_a = VI_a = (E + I_a R_a)I_a = EI_a + I_a^2 R_a[\mathrm{W}]$$

($I_a^2 R_a$는 전기자에서 소비되는 열손실)

② 따라서 전동기의 기계적 출력 $P_m = EI_a[\mathrm{W}]$

③ 최종 출력 $P_m = EI_a - ($철손 $+$ 기계손$)[\mathrm{W}]$

(7) 전기자 반작용

① 편자작용 발생(중성축 이동)
　　㉠ 발전기 : 회전 방향과 일치
　　㉡ 전동기 : 회전 방향과 반대
② 감자작용 발생 : 주자속의 감소로 전압 강하로 인한 유기 기전력이 감소한다.
③ 정류자 편간 전압이 불균일하여 불꽃이 발생한다.
④ 속도가 증가하고 토크가 감소한다.
⑤ 보극과 보상 권선을 전기자 권선과 직렬로 연결하며 직류 발전기의 극성과는 반대이다.

2 직류 전동기의 구조

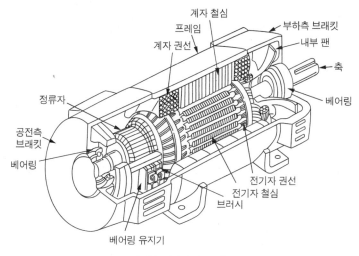

[직류 전동기의 구조]

직류 전동기의 주요한 구성 부분은 계자, 전기자 및 정류자의 3가지로 나누어 진다.

(1) 계자 부분

계자 철심 두께 0.8~1.6[mm]의 연강판을 성층한 것에 계자 권선을 감고 그것에 직류를 흘려 전기자와 쇄교하는 자속을 만들며 계자 권선, 계자 철심 및 Yoke로 구성되어 있다. 또 계철은 계자 철심을 지지하고 기계의 Frame과 자로의 통로를 겸하고 있다.

① **계자 권선** : 자속을 발생시킨다.

② **계자 철심** : 계자권선에 발생시켰던 자속을 통과시킨다.

③ **Yoke** : 계자 철심을 고정하고 보호하며 자속의 통로를 만든다.

(2) 전기자 부분

전기자 철심 두께 0.35~0.5[mm]의 규소 강판을 성층한 것의 홈에 권선을 집어 넣고 거기서 나오는 선을 정류자편에 접속한다. 직류기에서는 회전하는 부분을 전기자라고 하며 전기자 도체에 발생하는 전자력에 의해 동력을 발생시키는 역할을 한다. 즉, 계자에 발생했던 자속을 끊음으로써 전압을 유기하여 전류를 흘린다.

① 전기자 권선 : 전압을 유기하여 전류를 흘리는 부분으로 일반적으로 2층 2권 선으로 되어 있고 권선방식에 따라 중권과 파권이 있다.

② 전기자 철심 : 전기자 권선을 고정시키고 토크를 전달하는 부분이다.

(3) 정류자와 브러시

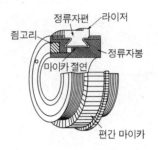

[정류자의 구조]

정류자와 브러시는 정류 작용을 하는 부분으로서 직류기에서는 매우 중요한 요소이다. 정류자는 그림과 같이 순동으로 된 편 사이에 마이카로 절연하여 원형으로 만든 구조이다. 브러시는 정류자와 접촉하여 전류를 전기자 코일에 공급하는 부분이다. 재료는 소형에서는 천연 탄소 브러시, 일반용에서는 전기 흑연 브러시, 대전류용으로는 금속 흑연 브러시를 사용한다. 브러시는 좋은 정류 특성과 기계적 특성을 가져야 한다.

(4) 철 심

① 철심(Core)은 계철(프레임), 전기자 철심, 계자 철심으로 구성되어 있다. 계철은 그림과 같이 계자 철심을 고정시키는 부분이며 브래킷과 함께 전동기의 몸체를 구성한다.

② 소용량의 전동기는 계철과 계자 철심이 하나로 이루어져 있다. 대용량에서는 계철에 계자 철심을 볼트나 스크루로 고정한다.

③ 사용 재료는 주철, 강판, 알루미늄, 절연성 수지 등을 사용하기도 한다.

④ 주자속이 통과하는 전기자 철심과 계자 철심은 와전류손을 방지하기 위하여 규소강판을 성층하여 만든다.

⑤ 전기자 철심에는 그림과 같이 코일이 들어가는 슬롯이 파여져 있는데, 직선 홈과 비틀어져 있는 홈이 있다.

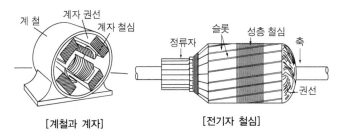

[계철과 계자] [전기자 철심]

(5) 권 선

[계자 권선]

권선에는 전기자 권선과 계자 권선이 있다. 이들 권선에서 발생한 자기력선의 상호 작용에 의해 회전력이 발생된다. 전기자 권선(회전자 권선)은 슬롯에 직접 감거나 미리 감은 권선을 끼워 넣는다. 극수, 전압의 크기, 용량 등의 조건에 따라 감는 방법과 슬롯에 들어가는 코일수가 달라진다. 계자권선(고정자 권선)은 그림과 같이 절연 전선으로 권선한 후 테이프로 감아 절연하여 계자 철심에 끼워 넣는다.

(6) 브래킷과 베어링

앞의 직류 전동기 구조에서 브래킷은 계철(프레임)의 양쪽에 결합되어 계자 권선을 보호한다. 또한 회전자 축에 삽입된 베어링을 유지하고 회전자를 지지한다. 베어링은 고정 부분과 회전 부분을 연결하는 역할을 한다.

인가전압이 100[V]인 타여자 직류 전동기가 전기자 전류 40[A], 회전수 1,800[rpm]으로 운전 중에 부하 토크가 $\frac{1}{2}$로 줄었을 경우 회전수[rpm]는?(단, 전기자 저항은 0.25[Ω]이고, 계자 자속은 일정하다)

① 1,700　　　　　② 1,750
③ 1,850　　　　　④ 1,900

해설
직류 전동기에서 ⓐ 부하 토크는 전기자 전류에 비례하고 ⓑ 회전수는 역기전력에 비례한다.
ⓐ에서 $E = V - I_a R_a = 100 - 40 \times 0.25 = 90[V]$
$E' = V - I_a' R_a = 100 - 20 \times 0.25 = 95[V]$
ⓑ에서 $N' = N\frac{E'}{E} = 1,800 \times \frac{95}{90} = 1,900[\mathrm{rpm}]$

답 ④

직류 타여자 전동기에서 토크 T를 나타낸 관계로 옳은 것은?(단, 자속은 ϕ, 전기자 전류는 I_a, 회전속도는 N이다)

① $T \propto I_a \phi N$
② $T \propto I_a N$
③ $T \propto \phi N$
④ $T \propto I_a \phi$

해설
토크 $T = \frac{Pz}{60a}\phi I_a = K\phi I_a$

답 ④

3 직류 전동기의 종류와 특성

(1) 직류 전동기의 종류

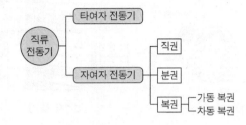

(2) 타여자 전동기

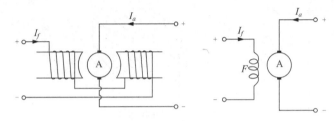

① 전기자 전류 $I_a = I$

② 역기전력 $E = V - I_a R_a = \frac{Z}{a}P\phi\frac{N}{60} = k\phi N[\mathrm{V}]$

③ 속도 특성 $N = \frac{E}{k\phi} = \frac{V - I_a R_a}{k\phi}[\mathrm{rpm}]$

④ 토크 특성 $T = K\phi I_a[\mathrm{N \cdot m}] = 9.55\frac{P}{N}[\mathrm{N \cdot m}]$
　　　　　　$= 0.975\frac{P}{N}[\mathrm{kg \cdot m}]$
　　　　$(T \propto \phi \propto I_a$ 단, 직권 $T \propto I_a^2)$

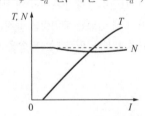

[타여자 전동기의 속도-토크 특성 곡선]

⑤ 용도 : 광범위한 속도를 조정할 수 있는 압연기나 엘리베이터 등

(3) 분권 전동기

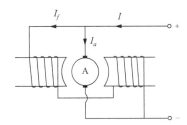 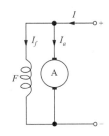

① 전기자 전류 $I_a = I - I_f$

② 역기전력 $E = V - I_a R_a = \dfrac{Z}{a} P \phi \dfrac{N}{60} = k \phi N [\text{V}]$

③ 속도 특성 $N = \dfrac{E}{k\phi} = \dfrac{V - I_a R_a}{k\phi} [\text{rpm}]$

④ 토크 특성 $T = K\phi I_a [\text{N} \cdot \text{m}] = 9.55 \dfrac{P}{N} [\text{N} \cdot \text{m}]$

$$= 0.975 \dfrac{P}{N} [\text{kg} \cdot \text{m}]$$

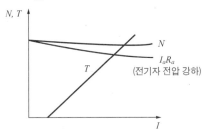

[분권 전동기의 속도-토크 특성 곡선]

⑤ 용도 : 일정속도 및 가변속도를 다 같이 필요로 하는 펌프, 송풍기, 선반 등에 적당하다.

단자 전압 150[V], 단자 전류 11[A], 정격 회전속도 2,500 [rpm]으로 전부하 운전되는 직류 분권 전동기의 전기자 권선에 저항 $R_S[\Omega]$를 삽입하여 회전속도를 1,500[rpm]으로 조정하려고 할 때, 저항 $R_S[\Omega]$는?(단, 토크는 일정하며, 전기자 저항은 0.5[Ω], 계자 저항은 150[Ω]이다)

① 5.1   ② 5.5

③ 5.8   ④ 6.1

해설

 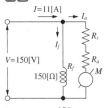

계자전류 $I_f = \dfrac{150}{150} = 1[\text{A}]$, 전기자 전류 $I_a = I - I_f = 11 - 1$

$= 10[\text{A}]$이며, 2,500[rpm]일 때, 전동기의 역기전력은

$E = V - I_a R_a = 150 - 10 \cdot 0.5 = 145[\text{V}]$이며,

$E = K \cdot \phi \cdot N \rightarrow E \propto N$이므로

$2,500 : 145 = 1,500 : E' \rightarrow E' = \dfrac{1,500}{2,500} \cdot 145 = 87[\text{V}]$

1,500[rpm]일 때, 전동기의 역기전력은

$E' = V - I_a (R_a + R_s) = 150 - 10(0.5 + R_s) = 87[\text{V}]$

$\therefore R_s = 5.8[\Omega]$

답 ③

직류 분권 전동기의 정격전압은 200[V], 전부하 시 전기자전류는 40[A], 전기자 저항은 0.3[Ω]이다. 이 전동기의 기동 시 전기자 전류를 전부하 시 전기자 전류의 125[%]로 제한하기 위한 전기자 회로에 삽입할 기동 저항 [Ω]은?

① 3.7   ② 3.8

③ 3.9   ④ 4.0

해설

직류 분권 전동기의 기동 저항

계자 전류(I_f)를 무시하면 $I_s = \dfrac{V}{R_a + R} = 1.25 I_a$이므로

$1.25 \times 40 = \dfrac{200}{0.3 + R}$

$\therefore R = 3.7[\Omega]$

답 ①

전동기의 토크(T)가 전기자 전류(I_a)의 제곱에 비례 ($T \propto I_a^2$)하는 토크 특성을 갖는 직류 전동기는?

① 복권 전동기
② 분권 전동기
③ 직권 전동기
④ 타여자 전동기

[해][설]
직권 전동기 토크 $T = K \cdot \phi \cdot I_a$, $I_a = I_f = I$, $I_f \propto \phi$이므로
$T = K \cdot I_a^2 [\text{N} \cdot \text{m}]$

[답] ③

부하 전류 80[A], 발생 토크 240[N·m], 회전 속도 2,500[rpm]으로 운전하고 있는 직류 직권 전동기의 부하전류가 60[A]로 되었을 때의 발생 토크[N·m]는?(단, 자기포화 및 전기자 반작용은 무시한다)

① 427
② 320
③ 180
④ 135

[해][설]
직류 전동기의 토크는 부하 전류의 제곱에 비례한다.
$$T' = \left(\frac{60}{80}\right)^2 \times T = \left(\frac{60}{80}\right)^2 \times 240 = 135 [\text{N} \cdot \text{m}]$$

[답] ④

(4) 직권 전동기

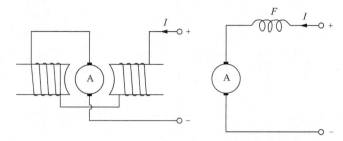

① 전기자 전류 $I_a = I = I_f$

② 역기전력 $E = V - I_a R_a - I_f R_f = V - I_a (R_a + R_f)$
$$= \frac{Z}{a} P \phi \frac{N}{60} = k\phi N [\text{V}]$$

③ 속도 특성 $N = \dfrac{E}{k\phi} = \dfrac{V - I_a (R_a + R_f)}{k\phi} [\text{rpm}]$

④ 토크 특성 $T = K\phi I_a [\text{N} \cdot \text{m}] = 9.55 \dfrac{P}{N} [\text{N} \cdot \text{m}]$
$$= 0.975 \frac{P}{N} [\text{kg} \cdot \text{m}]$$
$$(T = K\phi I_a = K I_a^2 \quad \because I_a = I_f = \phi)$$

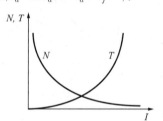

[직권 전동기의 속도-토크 특성 곡선]

⑤ 용도 : 토크의 변화에 비하면 출력의 변화가 작다. 전차, 전기 기관차, 기중기 등에 적당하다.

(5) 복권 전동기

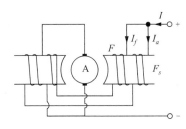 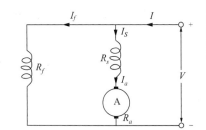

① 전기자 전류 $I_a = I_s = I - I_f$

② 역기전력 $E = V - I_a R_a - I_s R_s = V - I_a(R_a + R_f)$

$$= \frac{Z}{a} P \phi \frac{N}{60} = k\phi N[\mathrm{V}]$$

③ 속도 특성 $N = \dfrac{E}{k\phi} = \dfrac{V - I_a(R_a + R_s)}{k\phi}[\mathrm{rpm}]$

④ 토크 특성 $T = K\phi I_a[\mathrm{N \cdot m}] = 9.55\dfrac{P}{N}[\mathrm{N \cdot m}]$

$$= 0.975\frac{P}{N}[\mathrm{kg \cdot m}]$$

⑤ 용도 : 기중기, 윈치, 분쇄기 등에 사용한다.

⑥ 속도 변동률 $\varepsilon = \dfrac{N_0 - N}{N} \times 100[\%]$

여기서, N_0 : 무부하 시 속도, N : 정격부하 시 속도

(6) 속도 특성 곡선

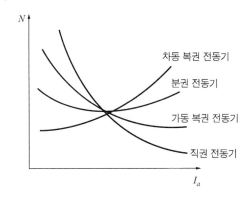

속도 변동률이 큰 순서 : 직권 > 가동 복권 > 분권 > 차동 복권

(7) 토크 특성 곡선

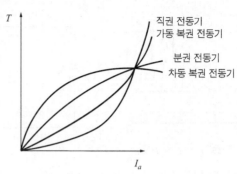

토크 변동률이 큰 순서 : 직권 > 가동 복권 > 분권 > 차동 복권

직류 전동기의 속도 제어에 대한 설명으로 옳지 않은 것은?

① 전압 제어는 단자 전압을 가감하는 방법으로 광범위한 속도제어가 가능하다.

② 계자 제어는 분권 전동기에서 제어하는 전류가 작으므로 손실이 적다.

③ 저항 제어는 효율이 좋고 부하 변화에 따른 회전속도의 변동이 작다.

④ 워드 레오나드 방식과 일그너 방식은 전압 제어의 일종이다.

해설

저항에 의한 속도 제어

직류 전동기의 속도 $N = \dfrac{V-I_aR_a}{k\phi}[\mathrm{rpm}]$ 에서 전기자 저항 값을 속도조절의 목적으로 증가시킬 경우 저항에 흐르는 전류에 의하여 필연적으로 동손이 발생하게 되어 전체적인 손실을 증가시키게 되는 근본적인 문제점을 가지고 있다.

답 ③

직류 전동기의 속도 제어법으로 옳은 것만을 모두 고르면?

```
ㄱ. 저항 제어법
ㄴ. 전압 제어법
ㄷ. 계자 제어법
ㄹ. 주파수 제어법
```

① ㄱ, ㄴ

② ㄷ, ㄹ

③ ㄱ, ㄴ, ㄷ

④ ㄱ, ㄴ, ㄷ, ㄹ

해설

ㄱ. 저항 제어법 : 전기자 저항을 조절하는 방법으로 전력손실률과 속도변동률이 커서 운전효율이 나쁘다.

ㄴ. 전압 제어법 : 효율이 좋고 광범위한 속도제어가 가능하며 정토크제어를 한다.

ㄷ. 계자 제어법 : 자속을 변화시키는 방법으로 전기자 전류가 작아 손실이 적은 정출력 제어방식이다.

답 ③

4 직류 전동기의 운전

(1) 기동

정지상태에 있는 전동기를 운전상태로 전환하는 것을 기동이라 한다. 직류 전동기가 운전 중에 흐르는 전기자 전류 $I_a[\mathrm{A}]$는 다음 식과 같다.

$$I_a = \frac{V-E_0}{R_a} = \frac{V-K\phi N}{R_a}[\mathrm{A}]$$

① 전동기가 기동하는 순간에는 역기전력(E_0)는 0[V]가 됨으로 전원 전압이 그대로 전기자 회로에 인가되어 순간적으로 큰 기동 전류가 전기자 권선, 정류자와 브러시에 흘러 손상을 줄 우려가 있다. 이것을 방지하기 위해 전기자 회로에 직렬로 전기자 전류를 제한하는 저항을 넣어 기동 전류를 전부하 전류의 1.5~2배 내로 제한하고 속도가 증가함에 따라 단계별로 천천히 저항을 감소시켜 주는 저항기를 설치한다.

② 기동 시 토크를 최대로 하기 위해 계자 저항을 최소로 한다.

③ 계자 저항을 최소로 하여 계자전류를 크게 한다.

(2) 속도 제어

전동기의 속도(N)를 변화시키기 위해서는 다음 식과 같이 계자의 자속(ϕ), 단자 전압(V), 전기자와 직렬로 연결시킨 저항(R)을 변화시켜 주면 된다. 이 중에 어느 것을 변화시켜서 속도를 제어하느냐에 따라 저항 제어법, 계자 제어법, 전압 제어법이 있다.

$$N = \frac{E}{K\phi} = \frac{V-I_aR_a}{K\phi}[\mathrm{rpm}]$$

① 저항 제어법 : 전기자 저항을 조절하는 방법으로 전력 손실률과 속도 변동률이 커서 운전효율이 나쁘다.

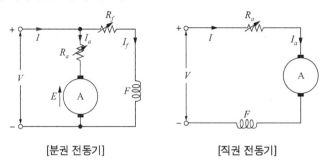

[분권 전동기]   [직권 전동기]

② 계자 제어법 : 자속을 변화시키는 방법으로 전기자 전류가 작아 손실이 적은 정출력 제어방식이다.

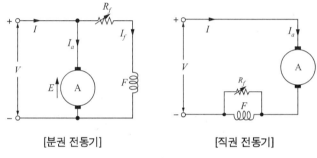

[분권 전동기]   [직권 전동기]

③ 전압 제어법 : 효율이 좋고 광범위한 속도 제어가 가능하며 정토크 제어를 한다.

(3) 정지(제동)

① 발전제동 : 운전 중인 전동기를 전원에서 분리하여 발전기로 작용시켜 운동에너지를 전기에너지로 변환하는 방법이다.

② 회생제동(Regenerating Braking) : 전동기를 발전기로 변환시켜 전력을 전원에 공급하는 방법이다.

③ 역전제동(Plugging) : 전원의 극성을 회전 방향과 반대 방향으로 전환하여 급제동하는 방법이다.

직류 전동기의 발전제동에 대한 설명으로 옳지 않은 것은?

① 전동기를 전원에서 분리하고 단자 사이에 저항을 연결하여 전류를 흐르게 해서 운동에너지를 열에너지로 소비하는 방법이다.

② 분권 전동기의 경우 계자를 전원에 접속한 상태에서 전기자 회로를 분리하여 양단에 저항을 접속하면 열에너지로 소비된다.

③ 복권 전동기의 경우 전기자를 반대로 접속하면 전기자 전류가 반대로 되어 회전 방향과 역방향의 토크를 발생시키는 방법이다.

④ 직권 전동기의 경우 전동기를 전원에서 분리함과 동시에 계자 권선과 전기자의 접속을 반대로 하고 전기자에 저항을 접속하면 열에너지로 소비된다.

[해][설]
전동기의 제동방법
전동기가 즉시 정지하는 것을 제동이라고 하며, 직류 전동기의 제동방법에는 기계적 방법과 전기적 방법이 있다. 기계적 방법은 자전거나 자동차와 같이 브레이크를 이용하여 회전장치와 마찰시켜 회전력을 감소시킨다.
회전하고 있는 전동기는 전원을 차단시켜도 즉시 정지하지 않고 관성에 의해 일정시간 회전하게 되며 이를 이용하는 전기적 방법에는 발전제동, 회생제동, 역전제동 방법이 있다.
• 발전제동 : 운전 중인 전동기를 전원에서 분리한 후에 발전기로 작용시켜 회전체의 운동에너지를 전기에너지로 변환하고, 저항체에서 줄열로 소비시켜 제동하는 방법이다.
• 회생제동 : 전동기를 발전기처럼 사용하여 발생되는 전력을 전원에 반환하여 제동하는 방법이다. 엘리베이터의 하강과 전기기관차가 언덕을 내려가는 경우에 사용한다.
• 역전(상)제동(플러깅) : 전동기를 전원에 접속시킨 상태에서 전동기의 전기자 접속을 반대로 바꾸어 원래 회전하던 방향과 반대인 토크를 발생시켜 전동기를 급속히 정지시키는 방법이다.

[답] ③

다음 그림은 크레인에서 일정한 속도로 하중을 감아 내리는 것을 표현하고 있다. 이 상황에서 회생제동으로 전력을 회수하려고 한다. 부하 하중의 중량이 612[kg]이고 전동기의 감아서 내리는 속도가 10[m/min]일 때 회생제동으로 회수되는 전력[kW]은?(단, 권상장치의 효율은 100[%]이다)

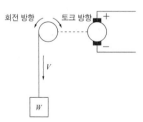

① 약 1   ② 약 6.12   ③ 약 10   ④ 약 61.2

[해][설]

$$P = \frac{kWV}{6.12\,\eta} = \frac{0.612 \times 10}{6.12 \times 1} = 1[\text{kW}]$$

k : 손실계수, W : 무게[ton], V : 속도[m/min]

[답] ①

직류기 손실 중 기계손이 아닌 것은?

① 베어링손　　　　　② 와전류손

③ 브러시 마찰손　　　④ 풍 손

직류기 손실 및 효율

• 고정손(무부하손)

　- 철손 : 히스테리시스손, 와류손

　- 기계손 : 마찰손(베어링, 브러시), 풍손

• 가변손(부하손)

　- 동 손

　- 표유부하손

　- 총손실 = 철손 + 동손 + 기계손 + 표유부하손

답 ②

직류기에서 계자와 전기자 권선에 흐르는 전류에 의한 줄(Joule)열로 발생하는 손실은?

① 히스테리시스손　　② 기계손

③ 표유부하손　　　　④ 동 손

전손실 P_l

• 무부하손(고정손) P_o

　- 철손 P_i : 히스테리시스손 P_h, 와류손 P_e

　- 기계손 P_m : 베어링 마찰손, 풍손, 브러시 마찰손

• 부하손(가변손) P_c

　- 동손 P_c : 전기자 저항손($I_a^2 R$), 계자 저항손($I_f^2 R$)

　- 표류부하손 : 전기자 반작용, 누설자속

답 ④

정격 출력 15[kW], 정격 전압 200[V]의 타여자 직류 발전기가 있다. 전기자 권선 저항 0.08[Ω], 브러시 전압 강하 2[V]라 하면 이 발전기의 전압 변동률[%]은?(단, 발전기의 회전수, 여자 전류는 부하의 대소에 관계없이 일정하다)

① 2　　　　　　　　② 3

③ 4　　　　　　　　④ 5

부하 전류 $I = \dfrac{P}{V} = \dfrac{15 \times 10^3}{200} = 75[\mathrm{A}]$ 이고

유기 기전력

$E = V + I_a R_a + e_b = 200 + 75 \times 0.08 + 2 = 208[\mathrm{V}]$

전압 변동률 $\varepsilon = \dfrac{V_0 - V}{V} \times 100 = \dfrac{208 - 200}{200} \times 100 = 4[\%]$

답 ③

---

⑤ 직류기의 손실, 효율, 정격

(1) 고정손(무부하손)

① 철손 : 히스테리시스손, 와류손

② 기계손 : 마찰손(베어링, 브러시), 풍손

(2) 가변손(부하손)

① 동 손

② 표유부하손

③ 총손실 = 철손 + 동손 + 기계손 + 표유부하손

(3) 효 율

① 실측 효율 : $\eta = \dfrac{출력}{입력} \times 100[\%]$

② 규약 효율(발전기) : $\eta_G = \dfrac{출력}{출력 + 손실} \times 100[\%]$

③ 규약 효율(전동기) : $\eta_M = \dfrac{입력 - 손실}{입력} \times 100[\%]$

④ 최대 효율 조건 : 고정손 = 가변손

(4) 전압 변동률과 속도 변동률

① 전압 변동률 $\varepsilon = \dfrac{V_0 - V_n}{V_n} \times 100[\%]$

　여기서, V_0 : 무부하전압, V_n : 정격전압

② 속도 변동률 $\varepsilon = \dfrac{N_0 - N}{N} \times 100[\%]$

　여기서, N_0 : 무부하 시 속도, N : 정격부하 시 속도

(5) 정격(Rating)

발전기, 전동기의 전압, 전류, 속도 등에는 일정한 사용 한도가 있으며, 이 한도는 넘으면 손실, 온도, 전압 및 속도 변동률이 증가하고, 효율도 떨어지는 등 운전이 불안정해진다. 따라서 사용 제한 범위 내에서 최대 출력을 낼 수 있는 전압, 전류, 속도 등을 그 기계의 정격이라 한다.

6 특수 직류기

(1) 전기 동력계

전기 동력계는 전동기와 같은 원동기의 출력을 측정하는데 널리 이용된다. 다음 그림은 전기 동력계의 구조를 나타낸다. 전기 동력계의 전기자는 출력을 측정하고자 하는 원동기의 축에 직접 연결하고, 원동기를 회전시키면 동력계의 전기자도 함께 돌게 된다. 이때 저항 부하 $R[\Omega]$을 그림과 같이 동력계의 전기자에 연결하면 전기자에는 전류가 흐르게 된다. 이때 계자 계철에서 발생되는 토크는 스프링 저울로 측정하고, 동시에 회전수를 측정하면 동력계가 원동기로부터 흡수한 동력을 실측할 수 있다.

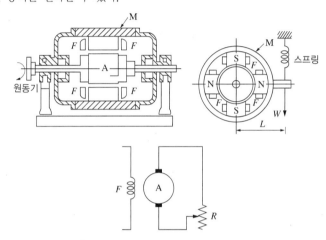

여기서, A : 전기자
F : 계자 권선
M : 계자 계철
W : 저울로 측정한 값[kg]
L : 축에서 스프링 저울까지의 수평거리[m]
N : 원동기의 회전수[rpm]

$\Rightarrow$

T : 원동기의 토크[N·m]
$= 9.8WL[\text{N·m}]$

P : 원동기의 출력[W]
$= 2\pi \dfrac{N}{60} T \fallingdotseq 1.026nWL[\text{W}]$

원동기를 사용하는 효율 0.9인 동기 발전기가 900[kVA], 역률 0.81의 부하에 전류를 공급하고 있을 때, 이 원동기의 입력[kW]은?(단, 원동기의 효율은 0.81이다)

① 1,000 ② 900
③ 810 ④ 730

해설

발전기의 입력 $P_G = \dfrac{900 \times 0.81}{0.9} = 810[\text{W}]$ 이고

이것은 원동기의 출력이므로 효율이 0.81인

원동기의 입력 $P = \dfrac{P_G}{0.81} = \dfrac{810}{0.81} = 1,000[\text{kW}]$ 이다.

답 ①

효율 90[%]인 3상 동기 발전기가 200[kVA], 역률 90[%]의 전력을 부하에 공급할 때, 이 발전기를 운전하기 위한 원동기의 입력[kW]은?(단, 원동기의 효율은 80[%]이다)

① 220 ② 230
③ 240 ④ 250

해설

효율식 $\eta = \dfrac{\text{입력}}{\text{출력}}$에서,

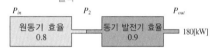

동기 발전기의 효율이 90[%]이므로
발전기의 출력 $P_{out} = 200 \times 0.9 = 180[\text{kW}]$ 이다.

원동기의 출력(= 발전기의 입력) $P_2 = \dfrac{P_{out}}{\eta_{발전기}} = \dfrac{180}{0.9} = 200[\text{kW}]$

따라서, 원동기의 입력 $P_{in} = \dfrac{P_2}{\eta_{원동기}} = \dfrac{200}{0.8} = 250[\text{kW}]$

답 ④

자동제어 장치에 쓰이는 서보모터의 특성으로 옳지 않은 것은?

① 발생토크는 입력 신호에 비례하고 그 비가 크다.

② 빈번한 시동, 정지, 역전 등의 가혹한 상태를 견뎌야 한다.

③ 시동토크는 크나, 회전부의 관성모멘트와 전기적 시 정수가 작다.

④ 직류 서보모터에 비하여 교류 서보모터의 시동토크가 매우 크다.

해설

종 류	장 점	단 점
DC서보 모터	• 기동 토크가 크다. • 효율이 높다. • 제어성이 좋다. • 속도제어 범위가 넓다.	• 브러시 마찰로 기계적 손실이 크다. • 정류에 한계가 있다. • 방열이 나쁘다. • 사용환경에 제한이 있다.

답 ④

(2) 직류 서보 전동기

직류 서보 전동기는 아주 세밀하게 제어되는 속도 및 위치 제어에 주로 사용되며, 기동, 운전, 제동 그리고 정·역회전이 연속적으로 이루어지는 제어에 적합하도록 설계·제작된 전동기이다. 다음 그림은 직류 서보 전동기의 기본 구조를 나타낸 것이다.

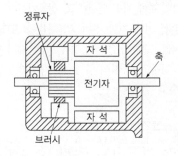

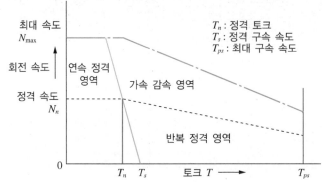

위 그래프는 직류 서보 전동기의 토크-속도 특성을 나타내며, 운전 조건에 정격을 3개의 영역으로 나누어 나타낸다. 이와 같이 토크-속도 곡선의 기울기가 큰 것은 서보 전동기가 저속에서는 큰 토크를 발생시키고, 고속에서는 작은 토크를 발생시키는 것을 말해 준다.

① **연속 정격 영역** : 최고 회전 속도(N_{max}) 이하로 연속 운전하면서 전동기의 발생 온도가 허용 온도를 초과하지 않는 토크와 회전 속도 범위

② **반복 정격 영역** : 최고 회전 속도(N_{max}) 이하로 정지, 운전, 회전 방향의 변경 등을 연속적으로 반복 운전하면서 전동기의 발생 온도가 허용 온도를 초과하지 않는 토크와 회전 속도 범위

③ **가속 감속 영역** : 과도적으로 가속, 감속이 허용되는 토크와 회전 속도 범위

(3) 직류 스테핑 전동기

스테핑 전동기는 입력되는 펄스의 값에 의해 일정한 각도만큼 회전하도록 만든 전동기로서 정밀한 서보 기구에 많이 사용된다. 정해진 각도만큼 회전하는 각도를 스텝각이라 한다.

① 스테핑 전동기의 회전 원리

스테핑 전동기는 고정자와 회전자 상호 간에 자기장에 의한 인력과 척력을 이용하여 회전한다. 다음 그림은 1상 여자 방식에 따른 스테핑 전동기의 회전 원리를 나타낸다. $A \to B \to \overline{A} \to \overline{B}$의 순서로 1개의 고정자 권선에만 전류를 흘려 회전자를 회전시키는 방법으로 소비전력이 적고, 스텝당 정밀도가 높지만 난조가 발생할 우려가 있기 때문에 2상 여자 방식($A+B \to B+\overline{A} \to \overline{A}+\overline{B} \to \overline{B}+A$)을 널리 사용한다.

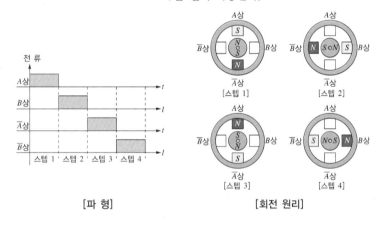

[파 형]   [회전 원리]

② 스테핑 전동기의 속도

스테핑 전동기의 회전 속도는 초당 입력되는 주파수에 비례한다. 스테핑 전동기를 1회전시키는데 필요한 펄스의 횟수를 s, 입력되는 구동 주파수를 f라 할 때 전동기의 회전 속도 N는 다음과 같이 나타낸다.

$$N = \frac{60f}{s}[\text{rpm}], \; \left(s = \frac{360°}{\text{스텝각}(°)}\right)$$

스테핑 전동기의 특성이 아닌 것은?

① 슬립 제어를 통해 광범위한 속도 제어가 가능하다.
② 입력 펄스의 제어를 통해 정밀한 운전이 가능하다.
③ 정류자, 브러시 등의 접촉 부분이 없어 수명이 길다.
④ 기동, 정지, 정역회전이 이루어지는 제어에 적합하다.

해설
슬립 제어는 유도 전동기의 특징이다.

답 ①

직류 스테핑 전동기(DC Stepping Motor)에 대한 설명으로 옳지 않은 것은?

① 펄스 한 개당 회전 각도가 2°인 스테핑 전동기에 주파수 60[Hz]의 입력 펄스를 인가하면 회전 속도는 20[rpm]이 된다.
② 브러시 등의 접촉 부분이 없어 수명이 길다.
③ 기동, 정지, 정역회전이 용이하며, 공작기계 및 로봇 등의 정밀 제어용으로 사용이 가능하다.
④ 회전각 및 속도를 제어하기 위한 검출기가 필요하다.

해설
스테핑 모터
① $N = \dfrac{60f}{s}[\text{rpm}], \; \left(s = \dfrac{360°}{\text{스텝각}(°)}\right)$으로 회전 속도는 20[rpm]
④ 스테핑 전동기는 입력되는 펄스의 값에 의해 일정한 각도만큼 회전하도록 만든 전동기로서 정밀한 서보 기구에 많이 사용되며, 검출기가 필요하지 않기 때문에 제어계가 아주 단순하다.

답 ④

적중예상문제

01 직류기의 3대 요소 중 기전력이 발생하는 부분은?

① 정류자 ② 전기자
③ 브러시 ④ 계 자

해설

① 정류자 : 교류를 직류로 변환하는 부분
③ 브러시 : 외부 회로와 내부 회로를 연결하는 부분
④ 계자 : 자속을 만들어 주는 부분

02 다음 권선법 중에서 직류기에 주로 사용하는 것은?

① 개로권, 고상권, 이층권
② 폐로권, 환상권, 이층권
③ 폐로권, 고상권, 이층권
④ 개로권, 환상권, 단층권

해설

직류기에는 이층권, 고상권, 폐로권이 사용된다.

03 자극수 4, 슬롯수 40, 슬롯 내부의 코일 변수 4인 단중 중권 직류기의 정류자 편수는?

① 20 ② 30
③ 50 ④ 80

해설

정류자 편수 $K = \dfrac{\mu_s}{2} N = \dfrac{4}{2} \times 40 = 80$

04 직류기의 권선법에 관한 설명으로 틀린 것은?

① 단중 파권으로 하면 단중 중권의 $p/2$배인 유기 전압이 발생한다.
② 중권이나 파권의 권선법에는 모두 진권 및 여권을 할 수 있다.
③ 단중 중권의 병렬 회로수는 극수와 같다.
④ 중권으로 하면 균압환이 필요 없다.

해설

항 목	중 권	파 권
내부결선	병 렬	직 렬
병렬 회로수	극수와 같다($a=p$).	$a=2$
브러시수	극수와 같다($a=p$).	$a=2$
전압 전류 특성	저전압, 대전류	고전압, 저전류
유도 기전력 불균일	균압환 사용	균압환 불필요

05 직류기의 다중 중권 권선법에서 전기자 병렬 회로수 a와 극수 p는 어떤 관계인가?(단, 다중도(Multy)는 m이다)

① $a = 2$
② $a = 2m$
③ $a = p$
④ $a = mp$

해설

단중 중권일 때 $a = p$, m중 중권이면 $a = mp$

06 극수 p인 전기기계에서 전기 각도 $X_e°$와 기하학적 각도 $X°$ 사이의 관계는?

① $X = \dfrac{X_e}{p}$ ② $X = \dfrac{2X_e}{p}$

③ $X = \dfrac{X_e}{2p}$ ④ $X = 2pX_e$

해설

전기각 = 기하각 $\times \dfrac{p}{2}$

$\therefore$ 기하각 = 전기각 $\times \dfrac{2}{p}$

07 전기자 지름 D[m], 길이 l[m]가 되는 전기자에 권선을 감은 직류 발전기가 있다. 자극의 수 p, 각각의 자속수 ϕ[Wb]일 때 전기자 표면의 자속 밀도[Wb/m²]는?

① $\dfrac{\pi D p}{60}$ ② $\dfrac{p\phi}{\pi D l}$

③ $\dfrac{\pi D l}{p\phi}$ ④ $\dfrac{\pi D l}{p}$

해설

$p\phi = BS = B\pi D l$

$\therefore B = \dfrac{p\phi}{\pi D l}$ [Wb/m²]

08 전기자 지름 0.2[m]의 직류 발전기가 1.5[kW]의 출력에서 1,800[rpm]으로 회전하고 있을 때 전기자 주변 속도 [m/s]는?

① 18.84 ② 21.96
③ 32.74 ④ 42.85

해설

주변 속도 $v = \dfrac{\pi D N}{60} = \dfrac{\pi \times 0.2 \times 1,800}{60} = 18.85$ [m/s]

09 정현 파형의 회전 자계 중에서 정류자가 있는 회전자를 놓으면 각 정류자편 사이에 연결되어 있는 회전자 권선에는 크기가 같고 위상이 다른 전압이 유기된다. 정류자 편수를 K라 하면 정류자편 사이의 위상차는?

① $\dfrac{\pi}{K}$

② $\dfrac{2\pi}{K}$

③ $\dfrac{K}{\pi}$

④ $\dfrac{K}{2\pi}$

해설

$\alpha = \dfrac{2\pi}{K}$

10 직류기에서 전기자 반작용이란 전기자 권선에 흐르는 전류로 인하여 생긴 자속이 무엇에 영향을 주는 현상인가?

① 모든 부분에 영향을 주는 현상
② 계자극에 영향을 주는 현상
③ 감자 작용만을 하는 현상
④ 편자 작용만을 하는 현상

해설

전기자 반작용에 의한 영향
• 편자 작용 발생(중성축 이동)
 – 발전기 : 회전 방향과 일치
 – 전동기 : 회전 방향과 반대
• 감자 작용 발생 : 주자속의 감소로 전압 강하로 인한 유기 기전력이 감소한다.
• 정류자 편간 전압이 불균일하여 불꽃이 발생한다.
• 속도가 증가하고 토크가 감소한다.

11 전기자 반작용이 직류 발전기에 영향을 주는 것을 설명한 것이다. 틀린 것은?

① 전기적 중성축을 이동시킨다.
② 전류의 파형은 찌그러지나 출력에는 변화가 없다.
③ 정류자 편간 전압이 불균일하게 되어 섬락의 원인이 된다.
④ 자속을 감소시켜 부하 시 전압 강하의 원인이 된다.

해설

전기자 반작용에 의한 영향
• 전기자 반작용의 방지책으로 보상 권선이나 보극을 설치한다.
• 편자 작용 발생(중성축 이동)
 – 발전기 : 회전 방향과 일치
 – 전동기 : 회전 방향과 반대
• 감자 작용 발생 : 주자속의 감소로 전압 강하로 인한 유기 기전력이 감소한다.
• 정류자 편간 전압이 불균일하여 불꽃이 발생한다.
• 속도가 증가하고 토크가 감소한다.

12 직류 발전기의 극수가 10이고 전기자 도체수가 500이며 단중 파권일 때 매극의 자속수가 0.01[Wb]이면 600[rpm]일 때의 기전력[V]은?

① 150
② 200
③ 250
④ 300

해설

파권이므로 $a = 2$이다.

$E = \dfrac{p\phi ZN}{60a} = \dfrac{10 \times 0.01 \times 500 \times 600}{60 \times 2} = 250[\text{V}]$

13 자극수 6, 파권, 전기자 도체수 400인 직류 발전기를 600[rpm]의 회전 속도로 무부하 운전할 때 기전력은 120[V]이다. 1극당의 주자속[Wb]은?

① 0.01
② 0.09
③ 0.47
④ 0.89

해설

파권이므로 $a = 2$, $E = \dfrac{p\phi ZN}{60\,a}[\text{V}]$

$\therefore \ \phi = \dfrac{60\,aE}{pZN} = \dfrac{60 \times 2 \times 120}{6 \times 400 \times 600} = 0.01[\text{Wb}]$

14 8극 중권 발전기의 전기자 도체수 500, 매극의 자속수 0.02[Wb], 회전수 600[rpm]일 때 유기 기전력[V]은?

① 50
② 100
③ 200
④ 250

해설

중권이므로 $a = p$

$E = \dfrac{p\phi ZN}{60a} = \dfrac{8 \times 0.02 \times 500 \times 600}{60 \times 8} = 100[\text{V}]$

15 직류 분권 발전기의 극수 8, 전기자 총도체수 600으로 매분 800회전할 때 유기 기전력이 110[V]라 한다. 전기자 권선은 중권일 때 매극의 자속수[Wb]는?

① 0.01375
② 0.02375
③ 0.01014
④ 0.03104

해설

중권이므로 $a = p$, $E = \dfrac{p}{a}Z\phi\dfrac{N}{60}$

$\therefore \ \phi = \dfrac{60\,aE}{pZN} = \dfrac{60 \times 8 \times 110}{8 \times 600 \times 800} = 0.01375[\text{Wb}]$

16 포화되어 있지 않은 직류 발전기의 회전수가 $\frac{1}{2}$로 감소되었을 때 기전력을 전과 같은 값으로 하자면 여자를 속도 변화 전에 비해 몇 배로 해야 하는가?

① $\frac{1}{2}$ ② 1

③ 2   ④ 4

해설

$$E = \frac{p\phi ZN}{60a} = k\phi N$$

유기 기전력은 자속에 비례, 회전수에 비례하므로 일정 전압 시 자속과 회전수는 반비례한다.

17 직류 발전기에서 기하학적 중성축과 α[rad]만큼 브러시의 위치가 이동되었을 때 극당 감자 기자력은 몇 [AT/극]인가?(단, 극수 p, 전기자 전류 I_a, 전기자 도체수 Z, 병렬 회로수 a이다)

① $\frac{I_a Z}{2pa} \cdot \frac{2\alpha}{180}$ ② $\frac{I_a Z}{2pa} \cdot \frac{\alpha}{180}$

③ $\frac{2pa}{I_a Z} \cdot \frac{\alpha}{180}$ ④ $\frac{2pa}{I_a Z} \cdot \frac{2\alpha}{180}$

해설

$$AT_d = \frac{I_a Z}{2pa} \cdot \frac{2\alpha}{180}$$

18 직류기에서 전기자 반작용에 의한 극의 짝수당 감자 기자력[AT/pole pair]은 어떻게 표시되는가?(단, α는 브러시 이동각, Z는 전기자 도체수, I_a는 전기자 전류, A는 전기자 병렬 회로수이다)

① $\frac{\alpha}{180} \cdot Z \cdot \frac{I_a}{A}$ ② $\frac{90-\alpha}{180} \cdot Z \cdot \frac{I_a}{A}$

③ $\frac{180}{\alpha} \cdot Z \cdot \frac{I_a}{A}$ ④ $\frac{180}{90-\alpha} \cdot Z \cdot \frac{I_a}{A}$

해설

$$AT_d = \frac{\alpha}{180} \cdot Z \cdot \frac{I_a}{A} \text{[AT/짝극수]}$$

19 직류 발전기의 정류 개선을 위한 가장 좋은 방법이 아닌 것은?

① 브러시 이동
② 탄소 브러시
③ 균압 접속
④ 보극 및 보상 권선

해설

전기자 반작용에서 브러시에 불꽃을 방지하기 위해 브러시의 위치를 발전기는 회전 방향, 전동기는 회전 반대 방향으로 이동시킨다.

20 직류 발전기의 전기자 반작용을 설명함에 있어서 그 영향을 없애는데 가장 유효한 것은?

① 탄소 브러시   ② 보 극
③ 균압환   ④ 보상 권선

해설

보극은 중성대 부근의 반작용을 없애는 데는 유효하지만 전기자 전면에 분포되어 있는 보상 권선에는 비교가 되지 않는다. 균압환은 국부 전류가 브러시를 통하여 흐르지 못하게 하는 작용을 하며 탄소 브러시는 저항 정류 시에 사용되는 것이다.

21 직류기에서 전기자 반작용을 방지하기 위한 보상 권선의 전류 방향은?

① 계자 전류 방향과 같다.
② 계자 전류 방향과 반대이다.
③ 전기자 전류 방향과 같다.
④ 전기자 전류 방향과 반대이다.

해설

보상 권선은 전기자 권선과 직렬로 접속하여 전기자 전류에 반대 방향으로 전류를 통해서 전기자 기자력을 상쇄시키도록 한다.

22 직류기에서 정류 코일의 자기 인덕턴스를 L이라 할 때 정류 코일의 전류가 정류 기간 T_c 사이에 I_c에서 $-I_c$로 변한다면 정류 코일의 리액턴스 전압(평균값)은?

① $L\dfrac{2I_c}{T_c}$

② $L\dfrac{I_c}{T_c}$

③ $L\dfrac{2T_c}{I_c}$

④ $L\dfrac{T_c}{I_c}$

해설

$I_c - (-I_c) = 2I_c$이므로 $e_L = L\dfrac{di}{dt} = L\dfrac{2I_c}{T_c}\,[\mathrm{V}]$

23 6극 직류 발전기의 정류자 편수가 132, 전압이 220[V], 직렬 도체수가 132개이고 중권이다. 정류자 편간 전압은?

① 5
② 10
③ 30
④ 40

해설

$$e_{sa} = \frac{pE}{k} = \frac{6 \times 220}{132} = 10[\mathrm{V}]$$

e_{sa} : 정류자 편간 전압, E : 유기 기전력, k : 정류자 편수, p : 극수

24 다음은 직류 발전기의 정류 곡선이다. 이 중에서 정류 말기에 상태가 좋지 않은 것은?

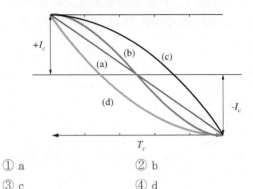

① a
② b
③ c
④ d

해설

③ 부족 정류(c) : 정류 말기에 전류변화가 매우 큰 정류곡선이다.
① 직선 정류(a) : 정류가 직선 모양으로 균등하게 변환되는 모양이며 가장 이상적인 정류 곡선이다.
② 정현파 정류(b) : 정류의 시작부터 끝까지 전류의 변화가 0인 양호한 전류이다.
④ 과정류(d) : 정류 초기에 전류변화가 매우 큰 정류 곡선이다.

25 직류기 정류 작용에서 전압 정류의 역할을 하는 것은?

① 탄소 브러시
② 전기자 반작용
③ 보상 권선
④ 보 극

해설

불꽃없는 정류를 얻기 위한 방법
• 브러시 접촉 저항이 큰 탄소브러시를 사용한다.
• 보극을 설치하여 평균 리액턴스 전압을 작게 한다.
• 정류주기를 길게 하여 회전 속도를 느리게 한다.
• 브러시 접촉면 전압 강하 > 평균 리액턴스 전압

26 보극이 없는 직류 발전기의 경우 부하의 증가에 따른 브러시 위치는?

① 직각으로 추가하여 더 설치한다.
② 회전 방향과 반대로 이동한다.
③ 회전 방향으로 이동한다.
④ 극의 중간에 놓는다.

해설
보극이 없는 직류기에서는 정류를 잘되게 하기 위하여 브러시를 이동시켜야 하는데 발전기의 경우에는 그 회전 방향으로 브러시를 이동시키고 전동기에서는 그 회전 방향과 반대 방향으로 이동시킨다.

27 직류기에 보극을 설치하는 목적이 아닌 것은?

① 정류자의 불꽃 방지
② 브러시의 이동 방지
③ 정류 기전력의 발생
④ 난조의 방지

해설
각 주자극의 중간에 보극을 설치하고 보극 권선으로 전기자 권선과 직렬로 접속하면 보극에 의한 자속은 전기자 전류에 비례하여 변화하기 때문에 정류로 발생되는 리액턴스 전압을 효과적으로 상쇄시킬 수 있으므로 불꽃이 없는 정류를 할 수 있고 보극 부근의 전기자 반작용도 상쇄되어 전기적 중성축의 이동을 방지할 수 있다.

28 직류기에서 정류 불량의 원인이 아닌 것은?

① 브러시의 불량
② 리액턴스 전압의 과대
③ 회전속도의 감소
④ 전기자 공극 길이의 불균일

해설
회전속도를 적게 하면 정류 주기가 크게 되어 전류의 변화율이 작아져서 불꽃 발생의 원인이 작아지므로 양호한 정류가 된다.

29 계자 철심에 잔류 자기가 없어도 발전이 되는 직류기는?

① 직권기
② 타여자기
③ 분권기
④ 복권기

해설
타여자 발전기는 자여자 발전기(직권 발전기, 분권 발전기, 복권 발전기)와 달리 다른 직류 전원(축전지 또는 다른 직류 발전기)으로부터 계자 전류를 받아서 계자 자속을 만들기 때문에 계자 철심에 잔류자기가 없어도 발전할 수 있다.

30 직류 발전기의 무부하 포화 곡선은 다음 중 어느 관계를 표시한 것인가?

① 계자 전류 대 부하 전류
② 부하 전류 대 단자 전압
③ 계자 전류 대 유기 기전력
④ 단자 전압과 계자 전류

해설
• 무부하 특성곡선 (무부하 포화곡선) : 정격 속도에서 무부하 상태의 계자 전류 I_f와 유기 기전력 E의 관계를 나타내는 곡선
• 부하 포화 곡선 : 정격 속도에서 부하 전류 I를 정격값으로 유지했을 때 계자 전류 I_f와 단자 전압 V의 관계를 나타내는 곡선

31 그림과 같은 직류 발전기의 포화 특성 곡선에서 포화율은?

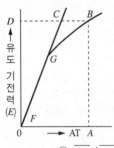

① $\overline{OF}\,/\,\overline{OG}$
② $\overline{OE}\,/\,\overline{DE}$
③ $\overline{BC}\,/\,\overline{CD}$
④ $\overline{CD}\,/\,\overline{CO}$

해설

포화율 $\delta = \dfrac{BC}{CD}$ (공극선, 무부하 포화 곡선으로부터 구할 수 있다)

32 타여자 발전기가 있다. 여자 전류 2[A]로 매분 600회 회전할 때 120[V]의 기전력을 유기한다. 여자 전류 2[A]는 그대로 두고 매분 500회 회전할 때의 유기 기전력[V]은 얼마인가?

① 100
② 110
③ 120
④ 140

해설

타여자 발전기이므로 $I_f = \phi$이다.
$E = k\phi N = k I_f N$에서 전압은 회전수에 비례하므로
$\therefore\ E' = 120 \times \dfrac{500}{600} = 100[\text{V}]$

33 정격이 5[kW], 100[V], 50[A], 1,800[rpm]인 타여자 직류 발전기가 있다. 무부하 시의 단자 전압[V]은 얼마인가?(단, 계자 전압은 50[V], 계자 전류 5[A], 전기자 저항은 0.2[Ω]이고 브러시의 전압 강하는 2[V]이다)

① 100
② 112
③ 120
④ 200

해설

$R_f = \dfrac{V_f}{I_f} = \dfrac{50}{5} = 10[\Omega]$

$I = I_a = \dfrac{P}{V} = \dfrac{5 \times 10^3}{100} = 50[\text{A}]$

$\therefore\ E = V + I_a R_a + e_b = 100 + 50 \times 0.2 + 2 = 112[\text{V}]$

34 전기자 저항이 0.3[Ω]이며 단자 전압이 210[V], 부하 전류가 95[A], 계자 전류가 5[A]인 직류 분권 발전기의 유기 기전력[V]은?

① 180
② 200
③ 240
④ 280

해설

$I_a = I + I_f = 95 + 5 = 100[\text{A}]$
$\therefore\ E = V + I_a R_a = 210 + 100 \times 0.3 = 240[\text{V}]$

35 무부하 때에 105[V]인 분권 발전기가 전압 변동률이 5[%]이다. 전부하 단자 전압[V]은?

① 94
② 100
③ 106
④ 112

해설

전압 변동률 $\varepsilon = \dfrac{V_0 - V_n}{V_n} \times 100[\%]$

$V_n = \dfrac{V_0}{1 + \dfrac{\varepsilon}{100}} = \dfrac{105}{1.05} = 100[\text{V}]$

36 정격 속도로 회전하고 있는 무부하의 분권 발전기가 있다. 계자 권선의 저항이 50[Ω], 계자 전류 2[A], 전기자 저항 1.5[Ω]일 때 유기 기전력[V]은?

① 95   ② 100
③ 103   ④ 105

해설
단자 전압 V는 계자 회로의 전압 강하 $I_f R_f$와 같으므로
$V = I_f R_f = 2 \times 50 = 100[V]$
$I_a = I_f$이므로
$E = V + I_a R_a = 100 + 2 \times 1.5 = 103[V]$

37 직류 분권 발전기를 병렬 운전하기 위해서는 발전기 용량 P와 정격 전압 V는?

① P는 같아야 하고 V는 임의
② P는 임의, V는 같아야 함
③ P와 V는 같아야 함
④ P와 V는 임의

해설
병렬 운전에서의 정격 전압은 같아야 하고 용량은 달라도 된다.

38 수하 특성을 가진 직류기는?

① 평복권 발전기
② 차동 복권 발전기
③ 분권 발전기
④ 과복권 발전기

해설
• 차동 복권 발전기 : 분권 계자 권선의 기자력과 직권 계자 권선의 기자력이 서로 감해지는 방향으로 되어 있는 발전기로서 수하 특성을 가지며 전기 용접용 발전기로 사용한다.
• 분권 발전기 : 정전압 발전기이다.

39 평복권 발전기의 용도로서 가장 적합한 것은?

① 여자기용
② 용접기용
③ 축전지 충전용
④ 전철용

해설
각 발전기의 용도
② 용접기 : 차동복권
③ 축전지 충전용 : 분권, 복권
④ 전철용 : 과복권

40 가동 복권 발전기의 내부 결선을 바꾸어 분권 발전기로 하려면 어떻게 하여야 하는가?

① 분권 계자를 단락시킨다.
② 내분권 복권형으로 한다.
③ 외분권 복권형으로 한다.
④ 직권 계자를 단락시킨다.

해설
직권 계자만 없으면 분권이 된다.

41 직류 분권 전동기의 공급 전압 극성을 반대로 하면 회전 방향은?

① 변하지 않는다.
② 반대로 된다.
③ 회전하지 않는다.
④ 발전기로 된다.

해설

직류 분권 전동기의 공급 전압 극성을 반대로 해도 회전 방향은 변하지 않는다.

42 정격 전압 120[V], 전류 100[A], 전기자 회로 저항 0.05 [Ω], 회전수 1,800[rpm]의 직류 발전기에서 전동기로 운전하여 전부하에서 발전기와 같은 속도로 회전시킬 때 전동기의 역기전력[V]은?

① 120
② 125
③ 130
④ 135

해설

발전기의 유기 기전력 = 전동기의 역기전력
$\therefore E = V + I_a R_a = 120 + 100 \times 0.05 = 125 [\text{V}]$

43 출력 5[kW], 회전수 1,800[rpm]으로 회전하는 전동기의 토크[N · m]는?

① 29.29
② 26.53
③ 20.12
④ 19.15

해설

$P_n = E I_a = 2\pi n \tau$

$\therefore T = \dfrac{P}{\omega} = \dfrac{P}{2\pi \dfrac{N}{60}} = \dfrac{5 \times 10^3}{2\pi \times \dfrac{1,800}{60}} = 26.53$

44 직류기 회전수 n[rps], 토크 T[N · m]일 때 기계 동력 P[W]와의 관계는?

① $2\pi n T$
② $\dfrac{nT}{2\pi}$
③ $\dfrac{T}{2\pi n}$
④ $\dfrac{2\pi n}{T}$

해설

$P = \omega T = 2\pi n T$

45 정격 전압 100[V], 전류 10[A], 전기자 회로 저항 1[Ω], 속도 1,750[rpm]으로 전부하 운전하는 직류 전동기의 역기전력[V]은?

① 80
② 90
③ 100
④ 110

해설

$E = V - I_a R_a = 100 - 10 \times 1 = 90 [\text{V}]$

46 직류 직권 전동기에서 단자 전압이 일정할 때 부하 전류가 $\frac{1}{4}$이 되면 부하 토크는?

① 불변이다.

② $\frac{1}{2}$ 배

③ $\frac{1}{4}$ 배

④ $\frac{1}{16}$ 배

해설

$$T = \frac{P\phi I_a Z}{2\pi a} = K\phi I_a \propto I_a^2$$

$(I = I_f = I_a \propto \phi)$ $T = K' I_a^2$, $T \propto K'\left(\frac{1}{4}\right)^2$ 이므로 $\frac{1}{16}$ 에 비례한다.

47 직류 분권 전동기의 토크 T와 회전수 N과의 관계는?

① $T \propto N$

② $T \propto N^2$

③ $T \propto \frac{1}{N}$

④ $T \propto \frac{1}{N^2}$

해설

$$N = \frac{V - I_a R_a}{K\phi}$$ 에서 $\phi \propto \frac{1}{N}$, $T = K\phi I \propto K' \frac{1}{N}$

∴ 토크는 속도에 반비례한다.

48 분권 전동기의 기동 시 전류를 작게 하기 위하여 저항을 넣는 방법으로 옳은 것은?

① 계자에 병렬

② 전기자에 병렬

③ 계자에 직렬

④ 전기자에 직렬

해설

기동 시 과전류를 작게 하기 위하여 가동 저항을 전기자에 직렬로 연결하고 계자 전류가 최대, 계자 저항기의 최소로 된다.

49 직류 전동기의 운전 중 계자 저항을 증가하면?

① 전기자 전류 증가

② 역기전력 감소

③ 회전속도 증가

④ 여자 전류 증가

해설

$$n = k\frac{V - I_a R_a}{\phi} = k'\frac{V - I_a R_a}{I}$$

계자 저항이 증가하면 계자 전류가 감소하므로 주자속도 감소하여 회전속도는 증가한다.
$E = V - I_a R_a$ 에서 전기자 전류가 작아지므로 역기전력은 커진다.

50 전 부하 속도 1,500[rpm], 속도 변동률이 5[%]인 전동기의 무부하 속도[rpm]은?

① 1,425

② 1,500

③ 1,575

④ 1,650

해설

$$\varepsilon = \frac{N_0 - N}{N}, \ \varepsilon N = N_0 - N, \ N_0 = \varepsilon N + N$$

$$N_0 = \varepsilon N + N = 0.05 \times 1,500 + 1,500 = 1,575[\text{rpm}]$$

51 직류 분권 전동기의 속도 제어 중 이상적인 제어법은?

① 전압 제어
② 계자 제어
③ 직·병렬 제어
④ 저항 제어

해설

전압 제어가 가장 효율이 좋고 광범위한 속도 조절이 가능하다.

52 워드 레오나드 방식의 목적은?

① 계자 자속 조정
② 정류 개선
③ 속도 제어
④ 병렬운전

해설

가장 대표적인 전압 제어 속도 제어법이다.

53 전기철도에서 가장 많이 사용하고 있는 속도 제어법은?

① 계자 제어
② 전압 제어
③ 저항 제어
④ 직·병렬 제어

해설

짝수의 전동기를 운전할 때 전동기의 직·병렬 접속에 의한 전압 제어로서 저항 제어를 병용하여 전차용으로 사용한다.

54 직류 발전기의 규약 효율을 구하는 식은?

① $\dfrac{출력}{입력} \times 100[\%]$

② $\dfrac{입력 - 손실}{입력} \times 100[\%]$

③ $\dfrac{출력}{출력 + 손실} \times 100[\%]$

④ $\dfrac{입력}{출력 + 손실} \times 100[\%]$

해설

• 실측 효율 : $\dfrac{출력}{입력} \times 100[\%]$

• 전동기 규약 효율 : $\dfrac{입력 - 손실}{입력} \times 100[\%]$

55 직류기의 효율이 최대가 되는 조건은?

① 와류손 = 히스테리시스손
② 동손 = 철손
③ 기계손 = 동손
④ 부하손 = 고정손

해설

직류기에서 최대효율이 되는 조건은 부하손과 고정손이 같을 때이다.

$P_c = P_i$ ∴ 최대효율일 때 전류 $I = \sqrt{\dfrac{P_i}{P_c}}$

56 직류 분권 전동기가 있다. 총도체수 100, 단중 파권으로 자극수는 4, 자속수는 3.14[Wb], 부하를 가하여 전기자에 5[A]가 흐르고 있을 때 이 전동기의 토크[N · m]는?

① 400
② 450
③ 500
④ 550

해설
단중 파권이므로 $a=2$

$$\tau = \frac{p\phi ZI_a}{2\pi a} = \frac{4\times 3.14 \times 100 \times 5}{2\pi \times 2} = 500[\text{N} \cdot \text{m}]$$

57 120[V], 전기자 전류 100[A], 전기자 저항이 0.2[Ω]인 분권 전동기의 발생 동력[kW]은?

① 1
② 2
③ 5
④ 10

해설
$$P = EI_a = (V - I_a R_a) \times I_a$$
$$= (120 - 100 \times 0.2) \times 100$$
$$= 10,000[\text{W}]$$
$$= 10[\text{kW}]$$

58 직류 전동기의 속도제어법에서 정출력 제어에 속하는 것은?

① 전압 제어법
② 계자 제어법
③ 워드 레오나드 제어법
④ 전기자 저항제어법

해설
전동기의 출력 P와 토크 τ, 회전수 N과의 사이에는 $P \propto \tau N$의 관계가 있고 ϕ가 변화할 경우 토크 τ는 ϕ에 비례하나 회전수 N은 ϕ에 반비례하므로 계자 제어법은 정출력 제어로 된다. 또한 전압 제어법에서는 계자 자속은 거의 일정하고 전기자 공급 전압만을 변화시키므로 정토크 제어법이 된다.

59 일정 전압으로 운전하고 있는 직류 발전기의 손실이 $a+bI^2$으로 표시될 때 효율이 최대가 되는 전류는?(단, a, b는 정수이다)

① $\sqrt{\dfrac{a}{b}}$
② $\sqrt{\dfrac{b}{a}}$
③ $\dfrac{a}{b}$
④ $\dfrac{b}{a}$

해설
$a+bI^2$에서 a는 고정손, bI^2은 부하손이다.

최대 효율 조건은 고정손=부하손이므로 $I=\sqrt{\dfrac{a}{b}}$ 로 주어진다.

60 직류 직권 전동기에서 벨트(Belt)를 걸고 운전하면 안 되는 이유는?

① 손실이 많아진다.
② 직결하지 않으면 속도 제어가 곤란하다.
③ 벨트가 벗겨지면 위험 속도에 도달한다.
④ 벨트가 마모하여 보수가 곤란하다.

해설
직류 전동기의 속도특성에서 무부하 시(벨트가 벗겨지는 것)에는 고속도가 되어 위험하다.

61 직류 전동기에 대한 설명으로 옳지 않은 것은?

① 분권 전동기는 계자 저항기로 쉽게 회전 속도를 조정할 수 있으므로, 공작 기계, 압연기 등에 주로 쓰인다.

② 직권 전동기의 기동 토크는 부하 전류 I[A]의 제곱에 반비례함으로 부하 변동이 심하고, 큰 기동 토크가 요구되는 전동차나 크레인과 같은 부하에 주로 쓰인다.

③ 타여자 전동기의 속도는 계자 전류, 전기자 전압, 전기자 저항을 변화시킴으로써 조절이 가능하다.

④ 가동 복권 전동기의 토크 특성은 직권 전동기와 분권 전동기의 중간적 특성을 갖는다.

해설

직권 전동기의 기동 토크는 부하전류의 제곱에 비례한다.
$T = K\phi I_a = K(K_1 I_a)I_a = K_2 I_a^2$, I_a(전기자 전류)$=I$(부하 전류)

62 240[V] 전원으로 구동되는 분권 전동기의 전기자 저항이 0.25[Ω], 정격 부하 전류가 24[A]이다. 자속이 2.5[%] 감소되었다면, 토크의 크기는 처음의 몇 배가 되는가?

① 약 0.52배

② 약 1.93배

③ 약 2.25배

④ 약 2.74배

해설

1. 자속 감소 전 토크 $T = K\phi I_a = K\phi \cdot 24[\text{N} \cdot \text{m}]$
2. 자속 감소 전 역기전력
   $E_0 = V - I_a R_a = 240 - 24 \cdot 0.25 = 234[\text{V}]$
3. 자속 감소 후 역기전력
   $E_0' = K_1 \phi N = E_0 \cdot (1 - 0.025) = 228.15[\text{V}]$
4. 전기자 전류 $I_a' = \dfrac{V - E_0'}{R_a} = \dfrac{240 - 228.15}{0.25} = 47.4[\text{A}]$
5. 자속 감소 후 토크
   $T' = K\phi' I_a' = K(0.975\phi) \cdot 47.4 = K\phi 46.21[\text{N} \cdot \text{m}]$
6. $\dfrac{T'}{T} = \dfrac{K\phi 46.21}{K\phi 24} = 1.925$

63 전기자 저항이 0.3[Ω]이고, 무부하 0.5[A]의 계자 전류에서 153[V]를 유기하는 타여자 발전기가 부하 전류를 0[A]에서 60[A]로 증가시켰을 경우의 전압 변동률(ε)은 얼마인가?

① 약 11.3[%]

② 약 12.3[%]

③ 약 13.3[%]

④ 약 14.3[%]

해설

전기자 전류 60[A]에서 단자 전압은
$V = E - I_a R_a = 153 - 60 \cdot 0.3 = 135[\text{V}]$,

전압 변동률(ε) $= \dfrac{V_0 - V_n}{V_n} \cdot 100 = \dfrac{153 - 135}{135} \cdot 100 = 13.333[\%]$

64 정격 전압 230[V], 정격 전류 25[A]에서 직류 전동기의 속도가 1,655[rpm]이다. 무부하에서의 속도가 1,750[rpm]일 때, 이 전동기의 속도 변동률(ε)은 얼마인가?

① 약 5.74[%]　　　② 약 6.25[%]

③ 약 7.12[%]　　　④ 약 7.58[%]

해설

속도 변동률(ε)
$= \varepsilon = \dfrac{N_0 - N_n}{N_n} \cdot 100 = \dfrac{1,750 - 1,655}{1,655} \cdot 100 = 5.74[\%]$

65 스테핑 모터를 1회전시키는데 필요한 펄스의 횟수를 4회, 입력되는 구동 주파수가 60[Hz]라고 할 때, 이 모터의 회전 속도[rpm]는 얼마인가?

① 240　　　　　　② 480

③ 720　　　　　　④ 900

해설

속도 변동률(ε)
$= N = \dfrac{\text{스텝각}}{360} \cdot 60 \cdot f = \dfrac{60f}{s} = \dfrac{60 \cdot 60}{4} = 900[\text{rpm}]$

CHAPTER 02 동기기

제1절 동기 발전기

1 동기 발전기의 원리

고정자에 전기자 권선을 감고 이 코일과 직각 방향으로 터빈을 회전시키면 코일 양단에 정현파 기전력이 발생한다. 이때 회전자(터빈)의 회전 속도를 동기 속도라고 하며, 동기 속도로 회전하는 교류 발전기를 동기 발전기라고 한다. 한편, 동기 전동기는 동기 발전기와 같은 구조로 일정한 속도를 요구하는 부하나 전력 계통의 역률 개선에 널리 사용되고 있는 전동기이다.

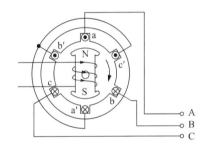

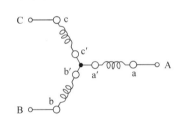

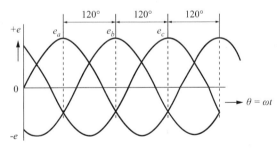

[3상 교류 기전력의 발생]

동기기에 대한 설명으로 옳지 않은 것은?

① 회전자에는 저속용 돌극형과 고속용 원통형의 유형이 있다.
② 동기기는 회전자와 고정자가 모두 여자되는 기기이다.
③ 동기기의 계자는 교류로 여자해야 한다.
④ 역률 개선을 위하여 동기 전동기를 사용할 수 있다.

해설
동기기의 계자는 직류로 여자해야 한다.

답 ③

극수 8, 동기 속도 3,000[rpm]인 동기 발전기와 병렬 운전하는 극수가 6인 동기 발전기의 회전수[rpm]는?

① 3,600

② 3,800

③ 4,000

④ 4,200

해설

$N_s = \dfrac{120f}{p}$ 에서, 회전 속도 N_s와 극수 p는 서로 반비례 관계이므로, 극수가 8에서 6으로 변했다면 8극일 때의 회전 속도는 $3,000\,[\mathrm{r\,pm}] \times \dfrac{8}{6} = 4,000\,[\mathrm{r\,pm}]$

답 ③

극수가 8극이고 회전수가 900[rpm]인 동기 발전기와 병렬 운전하는 동기 발전기의 극수가 12극이라면 회전수는?

① 400[rpm]

② 500[rpm]

③ 600[rpm]

④ 700[rpm]

해설

동기속도 $N_s = \dfrac{120f}{p}\,[\mathrm{r\,pm}]$ 이므로, 극수는 속도(회전수)와 반비례 관계이다. 문제에서 극수가 8극에서 12극으로 1.5배 증가하였으므로, 회전수는 1.5배로 줄어든 $\dfrac{900}{1.5} = 600\,[\mathrm{r\,pm}]$ 이다.

답 ③

(1) 동기 속도와 극수

2극의 형태로 전기자 권선을 감은 고정자에 계자(회전자)를 1초에 1바퀴 돌리면 유도 기전력의 주파수는 1[Hz]가 된다. 즉, 2극 : 1[Hz] = p극 : f[Hz]에 관계가 있다는 것을 알 수 있다.

또한 회전자가 1초에 몇 바퀴 돌아가느냐는 것은 회전속도 n[rps]을 의미한다. 이것을 그림과 식으로 정리하면 다음과 같다.

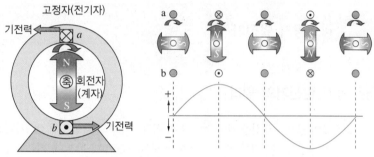

[계자의 회전에 따른 기전력의 발생]

$2극 : 1[\mathrm{Hz}] = p극 : f[\mathrm{Hz}] \Rightarrow f = \dfrac{p}{2}n[\mathrm{Hz}] \Rightarrow n = \dfrac{2f}{p}[\mathrm{rps}]$

$\therefore$ 동기속도 $N_s = \dfrac{2f}{p} \times 60 = \dfrac{120f}{p}[\mathrm{rpm}]$

즉, 극수가 2극인 동기 발전기의 경우 60[Hz] 주파수를 가지는 전압을 생산하고자 한다면, 회전자의 속도를 3,600[rpm]으로 운전해야 하며, 극수가 4극인 동기 발전기의 경우는 1,800[rpm]으로 운전해야 한다. 이런 이유로 회전자의 속도가 높은 원자력, 화력 발전소 등에서는 극수가 적은 발전기를 채택하며, 회전자의 속도가 낮은 수력 발전소 등의 경우에는 극수가 많은 발전기를 채택한다.

2 동기 발전기의 종류와 구조

(1) 회전자형에 따른 분류

① 회전계자형

　㉠ 전기자를 고정자, 계자를 회전자로 하는 전력용 3상 동기 발전기

　㉡ 전기자가 고정자이므로 고압 대전류용에 좋고 절연이 쉽다.

　㉢ 계자가 회전자이지만 저압 소용량의 직류이므로 구조가 간단하다.

　㉣ 회전계자형의 특징

　　• 내구성이 강하다.

　　• 절연이 용이하다.

　　• 계자 회로는 직류 저전압으로 소요전력이 작다.

② 회전전기자형 : 전기자가 회전자, 계자가 고정자이며 특수한 소용량기에 쓰인다.

③ 유도자형 : 계자와 전기자를 고정자로 하고 유도자를 회전자로 한 것으로 고조파 발전기에 쓰인다.

(2) 원동기에 따른 분류

① 수차 발전기

   ㉠ 6극 이상 저속 회전

   ㉡ 철극형 계자

   ㉢ 공기냉각

   ㉣ 단락비가 큰 철기계

② 터빈 발전기

   ㉠ 2~4극 고속 회전

   ㉡ 원통형 계자

   ㉢ 수소냉각

   ㉣ 단락비가 작은 동기계

③ 기관 발전

   ㉠ 내연기관으로 저속운전

   ㉡ 운전, 보수가 간단하여 비상용으로 사용

④ 수소냉각 발전기

   ㉠ 풍손이 공기냉각의 1/10로 감소

   ㉡ 비열이 크므로 냉각효과가 큼

   ㉢ 아크가 발생하여도 연소하지 않음

   ㉣ 방폭 구조로 설비비가 많이 듦

(3) 고정자(전기자)의 구조

① 전기자 철심 : 0.35~0.5[mm]의 얇은 규소 강판 사용으로 히스테리시스손과 맴돌이 전류손이 적다.

② 전기자 권선 : 고정된 전기자의 절연이 용이하다.

   ㉠ Y결선을 사용하므로 중성점 접지로 이상전압을 방지한다.

   ㉡ 상전압이 낮아 코로나 및 열화를 방지한다.

   ㉢ 고조파 순환 전류가 흐르지 않는다.

3상 동기 발전기에 대한 설명으로 옳은 것은?

① 무한대 모선에 동기 발전기를 병렬 운전하기 위해서는 발전기들의 전압, 주파수가 같아야 하며 상 회전 방향과는 무관하다.

② 12극 동기 발전기의 출력 전압 주파수를 60[Hz]로 하면 회전자 속도는 600[rpm]이 된다.

③ 돌극형 회전자보다 원통형 회전자가 저속용에 더 적합하다.

④ 회전자 계자 권선에는 교류 전류가 흐른다.

해 설

① 동기 발전기를 병렬 운전하기 위해서는 각 발전기의 전압, 주파수, 상 회전 방향이 같아야 한다.

② $N_s = \dfrac{120f}{p} = \dfrac{120 \times 60}{12} = 600[\mathrm{rpm}]$

③ 돌극기는 외부로 자극이 나와 있어서 회전 저항을 받게 되므로 원통형보다 저속에 적합하다.

④ 동기 발전기의 회전 계자는 항상 직류 전류가 흐른다.

답 ②

동기 발전기 출력이 400[kVA]이고 발전기의 운전용 원동기의 입력이 500[kW]인 경우 동기 발전기의 효율은? (단, 동기 발전기의 역률은 0.9이며, 원동기의 효율은 0.80이다)

① 0.72　　　　② 0.81

③ 0.90　　　　④ 0.92

해 설

원동기의 효율이 0.80이므로, 원동기에서 나오는 출력(동기 발전기에 들어가는 입력)은 500[kW] × 0.8 = 400[kW]이다.

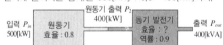

동기 발전기에서 나오는 출력은 400[kVA]로 역률을 고려할 때 400[kVA] × 0.9 = 360[kW]이므로,

∴ 동기 발전기의 효율 $\eta = \dfrac{360[\mathrm{kW}]}{400[\mathrm{kW}]} = 0.9$

답 ③

3상 동기 발전기에서 회전 계자형이 많이 채택되는 이유로 적절하지 않은 것은?

① 고조파를 제거하여 기전력의 파형을 개선할 수 있다.
② 회전 전기자형에 비해 결선 구조가 간단하다.
③ 회전 전기자형에 비해 적은 수의 슬립링과 브러시가 필요하다.
④ 계자 회로가 직류 저압이므로 절연이 용이하고 소모 전력이 적다.

해설

회전자를 계자로 사용하면 구조가 간단하고 기계적으로 튼튼하며 계자에 저압 직류가 흐르므로 절연이 용이하다. 기전력의 파형 개선은 분포권과 단절권을 사용한다.

답 ①

(4) 회전자(계자)의 구조

자계를 만드는 부분으로 직류 저압인 계자를 회전시키는 것이 안전하고 계자 철심, 계자 권선, 회전자 계철 축으로 이루어졌다.

① **돌극형(철극형)**

　㉠ 저속의 수차 발전기에 사용한다.

　㉡ 극수가 많고 단락비가 크다.

　㉢ 공극이 불균형하다.

② **비돌극형(원통형)**

　㉠ 고속의 터빈 발전기에 사용한다.

　㉡ 극수가 적고 단락비가 작다.

　㉢ 공극이 균일하다.

③ **여자기** : 계자 권선에 직류전원을 공급한다.

④ **슬립링** : 회전 부분에 전류를 도입하기 위한 부분이다.

⑤ **브러시** : 코일 단자에 슬립링을 접속하고 교류 전압을 외부로 인출하고 있다.

⑥ **기타** : 베어링, 통풍장치, 급유장치, 제동권선 등

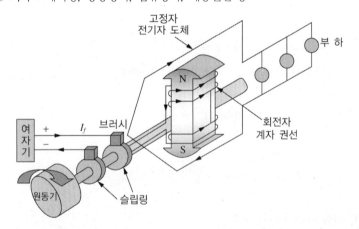

3 동기 발전기 이론

(1) 유기 기전력

전기자 도체 1개에 유도되는 기전력의 순시값 $e = Blv$ [V]이며,

회전자의 주변 속도 $v = \pi D \dfrac{N_s}{60}$ [m/s], $N_s = \dfrac{120f}{p}$ [rpm]이다.

정리하면 $e = 2f \dfrac{\pi DlB}{p}$ [V]

여기서, B : 자속 밀도[Wb/m²], l : 도체 유효길이[m], v : 이동 속도[m/s],
D : 회전자의 지름[m], N_s : 동기 속도

(2) 유기 기전력 평균값(E_m)

유기 기전력 순시값 $e = 2f \dfrac{\pi DlB}{p}$ [V]에서 $\dfrac{\pi Dl}{p}$ 은

자극 1극당 전기자 표면적이다.

따라서, $\phi = \dfrac{\pi Dl}{p} \cdot B_m$ 으로 나타낼 수 있다.

$\therefore E_m = 2\phi f$ [V]

(3) 유기 기전력 실횻값(E)

유기 기전력의 실횻값은 파형률 × 평균값이므로 $1.11 \times 2\phi f$ [V]가 되며, 코일 권수 1개당 코일변이 2개이므로 권수 n 에 유기되는 기전력의 실횻값은 다음과 같다.

$\therefore E = 4.44 kfn\phi = 4.44 k_d k_p fn\phi$ [V]

여기서, n : 직렬로 접속된 코일의 권수, ϕ : 1극의 자속[Wb], k : 권선 계수, k_d : 분포 계수,
k_p : 단절 계수

(4) 발전기의 단자 전압(V)

3상 동기 발전기 단자 전압 $V = \sqrt{3}\,E$ [V]

주파수 60[Hz], 극수 40인 동기 발전기의 회전자 지름이 8[m]일 때, 그 주변 속도[m/s]는?(단, $\pi = 3.14$로 계산한다)

① 7.536   ② 75.36
③ 128.8   ④ 12.88

해설

$V = \pi D \dfrac{N}{60}$, $N = \dfrac{120f}{P} = \dfrac{120 \times 60}{40} = 180$

$V = 3.14 \times 8 \times \dfrac{180}{60} = 75.36$

답 ②

동기 발전기에서 출력 전압의 주파수는 어떻게 결정되는가?(단, f_e = 전기적 주파수[Hz], n_m = 동기기 회전자의 기계적 속도[rpm], p = 극수)

① $f_e = \dfrac{n_m}{120p}$ ② $f_e = \dfrac{n_m p}{60}$

③ $f_e = \dfrac{n_m p}{120}$ ④ $f_e = \dfrac{n_m}{60p}$

해설

동기 발전기의 동기 속도 $N_s = \dfrac{120f}{p}$ [rpm]에서

$f = \dfrac{N_s \times p}{120}$ [Hz]

답 ③

6극, 회전 속도 1,000[rpm]인 3상 동기 발전기가 Y결선으로 운전하고 있을 때, 발전기 단자 전압의 실횻값[V]은?(단, 발전기의 극당 자속 0.2[Wb], 권선수 100, 권선 계수는 0.65이다)

① $650\sqrt{2}\,\pi$ ② $650\sqrt{3}\,\pi$
③ $650\sqrt{6}\,\pi$ ④ $1,300\pi$

해설

동기 발전기 유기 기전력

$E = 4.44 fN\phi K_\omega = \dfrac{2\pi}{\sqrt{2}} fN\phi K_\omega$

$= \dfrac{2\pi}{\sqrt{2}} \times 50 \times 100 \times 0.2 \times 0.65$

$= 650\sqrt{2}\,\pi \left(\because f = \dfrac{1,000 \times 6}{120} = 50 \right)$

Y결선의 단자 전압은 상전압의 $\sqrt{3}$ 배이므로
$650\sqrt{2}\,\pi \times \sqrt{3} = 650\sqrt{6}\,\pi$ [V]

답 ③

3상 동기 발전기에 무부하 전압보다 90° 뒤진 전기자 전류가 흐를 때, 전기자 반작용으로 가장 옳은 것은?

① 감자 작용을 받는다.
② 증자 작용을 받는다.
③ 교차 자화 작용을 받는다.
④ 자기여자 작용을 받는다.

해설

동기 발전기의 부하를 $Z_L = \omega L$의 인덕턴스 부하로 접속하였을 경우, 전기자 전류는 유도 기전력 E에 대하여 90° 지상이므로 감자 작용을 한다.

답 ①

어떤 비돌극형 동기 발전기가 1상의 단자 전압 V는 280[V], 유도 기전력 E는 288[V], 부하각 60°로 운전 중에 있다. 이 발전기의 동기 리액턴스 X_s는 1.2[Ω]일 때, 이 발전기가 가질 수 있는 1상의 최대 출력의 값[kW]은?(단, 전기자 저항은 무시한다)

① 67.2[kW]　　　　　② 58.2[kW]
③ 33.6[kW]　　　　　④ 25.4[kW]

해설

동기 발전기 출력 $P_s = VI\cos\theta = \dfrac{E \cdot V}{x_s}\sin\delta$[W]에서

• 운전 중일 때 출력($\delta = 60°$)

$P_s = \dfrac{E \cdot V}{x_s}\sin\delta = \dfrac{288 \cdot 280}{1.2} \cdot \sin 60° ≒ 58.2$[kW]

• 최대 출력일 때($\delta = 90°$)

$P_s = \dfrac{E \cdot V}{x_s}\sin\delta = \dfrac{288 \cdot 280}{1.2} \cdot \sin 90° = 67,200$[W]

$= 67.2$[kW]

답 ①

(5) 전기자 반작용

발전기에 부하가 접속된 경우 전류가 흐르게 되며, 이때 흐르는 전류로 인하여 발생된 전기자 자속이 계자 자속에 영향을 주는 현상을 전기자 반작용이라 한다. 이때 흐르는 전류가 전압과 위상이 동일한 경우, 뒤진 경우(지상 전류), 앞선 경우(진상 전류)가 있으며 각 경우에 따라 전기자 반작용이 달라진다.

역률	부하	전류와 전압의 위상 관계	전기자 반작용
역률 1	저항	I_a가 E와 동상인 경우	교차 자화작용 (횡축 반작용)
뒤진 역률 0	유도성 부하	I_a가 E보다 $\dfrac{\pi}{2}$ 뒤지는 경우	감자작용 (직축 반작용)
앞선 역률 0	용량성 부하	I_a가 E보다 $\dfrac{\pi}{2}$ 앞서는 경우	증자작용 (자화작용)

여기서, I_a : 전기자 전류, E : 유기 기전력

4 동기 발전기 특성

(1) 동기 발전기 등가 회로

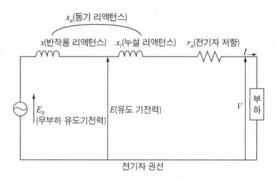

① 동기 리액턴스 : $x_s = x_a + x_l$

② 동기 임피던스

$Z_s = r_a + jx_s = r_a + j(x_a + x_l) = \sqrt{r_a^2 + (x_a + x_l)^2}$ [Ω]

③ 유기 기전력 : $E = V + I(r_a + jx_s) ≒ V + jIx_s$[V]

④ 동기 발전기 출력

　㉠ 단상　$P = \dfrac{EV}{x_s}\sin\delta$[W]

　㉡ 3상　$P_0 = 3P = \dfrac{3EV}{x_s}\sin\delta$[W]

(2) 무부하 포화 곡선과 단락 곡선 및 동기 임피던스

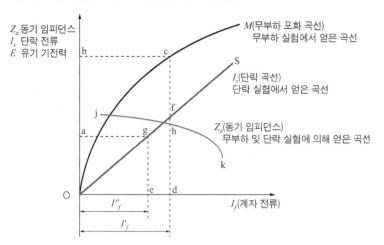

① 무부하 포화 곡선($E - I_f$ 곡선) : 무부하 상태에서 정격속도로 운전한 경우 계자 전류와 단자 전압과의 관계를 나타내는 곡선을 말한다. 전압이 낮은 동안 단자 전압은 계자 전류에 비례하지만 전압이 높게 되면 점차 계자 전류에 대해서 전압 증가 비율은 줄어든다. 즉, 계자 전류를 증가시킨 경우와 감소시킨 경우는 히스테리시스 현상 때문에 이 곡선은 동일 곡선으로 되지 않는다.

② 단락 곡선 : 발전기를 단락시키고 정격속도로 운전 시 발전기에 정격 전류가 흐를 때까지의 계자 전류와 단락 전류와의 관계를 나타낸 전류 특성 곡선이다.

ⓐ 단락 전류 : $I_s = \dfrac{E}{Z_s}$[A](단락 전류 제한 : 한류 리액터)

ⓑ 단락비 : $K_s = \dfrac{I_s}{I_n} = \dfrac{100}{\%Z_s}$

ⓒ 퍼센트 동기 임피던스 : $\%Z_s = \dfrac{1}{K_s} = \dfrac{Z_s I_n}{E_n} \times 100 = \dfrac{Z_s P}{10 V_n^2}$[%]

ⓓ 단락비가 큰 기계(철기계)의 특징
- 동기 임피던스가 작으며, 전압 강하와 전압 변동률이 작다.
- 전기자 반작용이 작고, 안정도가 향상되며, 출력이 증가한다.
- 과부하 내량이 증가하여 선로의 충전 용량이 증가한다.
- 철손의 증가하여 효율이 떨어지고, 철이 많이 사용되어 철기계라고 한다.
- 공극이 크며, 기계의 형태 및 중량이 커진다.

정격 전압 6,600[V], 정격 전류 300[A]인 3상 동기 발전기에서 계자 전류 180[A]일 때 무부하 시험에 의한 무부하 단자 전압은 6,600[V]이고, 단락 시험에 의한 3상 단락 전류가 300[A]일 때 계자 전류는 120[A]이다. 이 발전기의 단락비는?

① $\dfrac{3}{5}$ ② $\dfrac{5}{3}$

③ $\dfrac{2}{3}$ ④ $\dfrac{3}{2}$

해 설
단락비

$k_s = \dfrac{\text{무부하 시 정격 전압 } V_n \text{을 유지시키는데 필요한 계자 전류 } I_f}{\text{단락 시 정격 전류와 같은 단락 전류를 흘리는데 필요한 계자 전류 } I_f}$

$= \dfrac{I_s}{I_n} = \dfrac{180}{120} = \dfrac{3}{2}$

답 ④

다음 괄호 안에 들어갈 말로 옳은 것은?

동기 발전기의 동기 임피던스는 (㉠)과 (㉡)을 통해 구할 수 있다. (㉠)은 개방회로시험이라고도 하며 무부하 상태에서 계자 전류를 증가시키면서 계자 전류에 대한 무부하 유도 기전력을 측정한다. (㉡)은 부하측을 단락시키고 계자전류의 변화에 따라 단락 전류를 측정하는 시험이다.

	㉠	㉡
①	무부하 시험	단락 시험
②	단락 시험	무부하 시험
③	유도 기전력 측정 시험	전류 측정 시험
④	무부하 시험	병렬 운전 시험

해 설
동기 발전기의 동기 임피던스는 무부하 시험과 단락 시험을 통해 구할 수 있다. 무부하 시험은 개방회로시험이라고도 하며, 무부하 상태에서 계자 전류를 증가시키면서 계자 전류에 대한 무부하 유도 기전력을 측정할 수 있다. 단락 시험은 부하측을 단락시키고 계자 전류의 변화에 따라 단락 전류를 측정하는 시험이다.

답 ①

동기 발전기 병렬 운전 중 유도 기전력의 위상이 다른 경우 발생하는 현상은?

① 교차 자화 작용　　　② 영구단락 전류
③ 동기화 전력　　　　④ 무효순환 전류

해설

동기 발전기의 병렬 운전(위상이 다를 경우 발생하는 현상)

두 대의 발전기 G_1, G_2의 유도 기전력 E_1, E_2의 크기가 같고, 모선에 대하여 같은 위상으로 병렬 운전을 하고 있다가 만약 G_1의 속도가 상승하였을 경우

• 기전력 E_1은 그림과 같이 진위상의 $E_1{}'$으로 되어 그 차이인 E_s만큼 기전력이 발생한다.

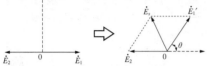

• 따라서, 기전력 E_s에 의하여 I_s가 흐르고 출력 $E_1{}'I_1{}'$가 증가하므로 G_1의 회전속도는 감소한다. 이때 G_2쪽의 출력은 E_2I_s만큼 출력 부담이 감소되므로 회전속도는 상승한다. 즉, G_1이 G_2에 전력을 공급하게 되며, 이때의 I_s를 동기화 전류(Synchronizing Current)라고 하며, 전력을 동기화 전력(Synchronizing Power)이라고 한다.

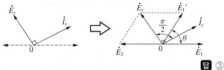

답 ③

2대의 동기 발전기가 병렬 운전하고 있다. 한쪽 발전기의 계자 전류가 증가했을 때 두 발전기 사이에 일어나는 현상으로 옳은 것은?

① 무효 순환 전류가 흐른다.
② 기전력의 위상이 변한다.
③ 동기화 전류가 흐른다.
④ 속도 조정률이 변한다.

해설

한쪽 발전기의 계자를 변화시키면 전압이 변하여 두 발전기 사이의 기전력이 달라지게 되며, 이로 인해 무효 순환 전류가 흘러 권선이 과열된다. 또한 전압이 높은 쪽은 무효 전류에 의한 감자작용이 일어난다.

답 ①

3상 동기 발전기의 자기여자 작용에 대한 설명으로 옳지 않은 것은?

① 단락비가 작으면 자기여자 작용이 방지된다.
② 커패시터가 부하로 접속되어 있을 때 발생한다.
③ 증자 작용이 일어난다.
④ 2대 이상의 동기 발전기를 병렬 운전하면 자기여자 작용이 방지된다.

해설

단락비가 커야 자기여자 작용이 방지된다.

답 ①

(3) 동기 발전기의 병렬운전

① 기전력의 크기가 같을 것 : 불일치 시 무효순환 전류 발생하여 손실증가, 온도상승

② 기전력의 위상이 같을 것 : 불일치 시 유효순환 전류 발생

③ 기전력의 주파수가 같을 것 : 불일치 시 동기화 전류가 발생하여 난조의 원인, 단자전압 변동

④ 기전력의 파형이 같을 것 : 불일치 시 고조파 무효순환 전류에 의해 동손증가, 과열 발생

⑤ 기전력의 상회전이 일치할 것

(4) 동기 발전기의 자기여자

① 자기여자 현상 : 발전기에 여자 전류가 공급되지 않더라도 발전기와 연결된 송전선로의 충전 전류의 영향으로 발전기에 전압이 발생하거나 발전기 단자 전압이 상승하는 현상을 말한다. 운전 중인 발전기에 무부하 또는 경부하 상태의 송전 선로를 연결하면 송전 선로에 충전 전류가 흐르게 된다. 이 충전 전류는 정전 용량이라는 특성으로 인해 발전기 전압보다 위상이 90° 앞선 진상 전류이므로 교류 발전기의 전기자 반작용(증자 작용)을 일으켜 발전기 단자 전압의 상승 원인이 된다. 이때 발전기의 용량이 충분히 크지 않으면 발전기의 여자 회로를 개방하여도 발전기 단자 전압이 순식간에 이상상승할 수 있다. 이 현상을 발전기의 자기여자(Self-excitation)라고 한다.

② 자기여자현상 방지법(안정도 향상 대책)
　㉠ 발전기 2대 이상 병렬 운전한다.
　㉡ 단락비가 큰 발전기를 채용한다.
　㉢ 충전 전압을 낮게 한다.
　㉣ 수전단에 변압기를 접속한다.
　㉤ 수전단에 리액턴스를 병렬로 접속한다.
　㉥ 수전단에 동기 조상기를 접속하여 부족여자로 운전한다.

(5) 난 조

① 난조현상 : 발전기 부하가 갑자기 변화할 때 회전자의 속도가 관성으로 인하여 생기는 진동현상

② 난조 발생 원인과 방지법

　㉠ 조속기의 감도가 예민한 경우 : 조속기를 적당히 조정한다.

　㉡ 계자에 고조파가 유기된 경우 : 관성 모멘트(플라이휠 이용)를 크게 한다.

　㉢ 부하변동이 심한 경우 : 플라이 휠 효과를 사용한다.

　㉣ 전기자 회로의 저항이 큰 경우 : 회로 저항을 작게 하거나 리액턴스를 삽입한다.

　㉤ 속도가 변화할 때 : 제동 권선을 설치하고 자속을 끊어 제동력을 발생시킨다.

제2절　동기 전동기

1　동기 전동기 기동법

(1) 자기기동법

제동 권선을 설치한다.

① 회전자 자극 N, S의 표면에 설치한 기동 권선(제동 권선)에 의하여 발생하는 토크를 이용한다.

② 저전압으로 기동하고 정상 운전 시 전 전압을 가한다.

(2) 유도 전동기법

기동용 전동기를 사용한다(유도 전동기, 직류 전동기).

(3) 주파수 변환에 의한 기동법

동기화 장치를 사용하여 공급되는 전력의 주파수를 낮추어 고정자의 회전자기장 속도를 줄이는 방법이다.

동기 발전기를 병렬 운전할 때 발생하는 난조를 방지하기 위하여 설치하는 것은?

① 보극 권선　　　　　② 보상 권선
③ 분로 권선　　　　　④ 제동 권선

해설

동기기의 난조

부하가 변하면 속도가 변하고, 부하각이 변하여 회전자의 관성으로 부하각이 진동하여 속도가 동기속도 전후로 진동하는 현상으로서 전류계, 전력계 등의 지침이 흔들리며, 심하면 동기속도를 벗어나 탈조(동기 이탈)가 된다.

· 원인 : 조속기 감도가 예민하거나 전기자 저항 및 계통의 저항이 클 때, 계통에 고조파가 생겨서 동기화력이 약해질 때 발생한다.

· 방지대책 : 관성 모멘트를 늘리고 제동 권선을 설치한다.

· 제동권선 : 자극면에 홈을 파고 농형 권선을 설치하여 속도가 변화할 때, 자속을 끊어 제동력을 발생시킨다.

답 ④

3상 동기기의 제동 권선의 효과에 대한 설명으로 옳지 않은 것은?

① 동기 발전기에서 불평형 부하 시의 전류와 전압 파형 개선

② 동기 전동기에서 회전자가 동기 속도로 회전 시 출력 증가

③ 동기 발전기에서 난조 시 안정도 향상

④ 동기 전동기에서 기동 토크 발생

해설

제동 권선의 역할

· 난조 방지
· 기동 토크 발생
· 불평형 부하 시 전류와 전압 파형 개선

답 ②

동기 전동기에서 공급 전압 및 부하를 일정하게 유지하면서 계자 전류를 크게 하면 과여자 상태로 된다. 이 전동기는 과여자 상태에서는 어떤 상태로 운전되고 있는가?

① 유도성　　　　　② 저항성
③ 용량성　　　　　④ 보존성

해설

과여자 상태에서는 용량성이 된다.

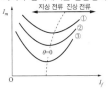

그래프에서 ③은 무부하이고 ② → ①는 부하를 점차 증가한 경우이다. 점선은 역률이 1인 선이고 점선의 오른쪽은 계자의 과여자로 인한 진상 역률이고, 왼쪽은 부족여자로 인한 지상 역률이다.

답 ③

동기 전동기가 전력 계통에 접속되어 일정 단자 전압과 일정 출력으로 운전하고 있을 때, 동기 전동기의 여자 전류를 증가시키면 일어나는 현상으로 옳은 것은?(단, 동기 전동기의 운전 속도는 일정하다)

① 토크가 증가한다.
② 난조가 발생한다.
③ 동기 발전기로 동작하게 된다.
④ 전기자 전류의 위상이 달라진다.

해설

위상 특성 곡선(Phase Characteristic Curve)

• 공급 전압과 부하를 일정히 하고 여자(계자) 전류 I_f를 변화시킬 때 전기자 전류 I_a의 변화 곡선을 V–곡선 또는 위상 특성 곡선이라 하며, 역률 1에서 전기자전류가 최소이다.

• 역률 1을 기준으로 왼쪽, 즉 I_f가 줄어들면 뒤진 역률이고 오른쪽, 즉 I_f가 증가하면 앞선 역률이다.

• 따라서 여자 전류를 변화시키면 전기자 전류의 위상(진상, 지상)이 변화한다.

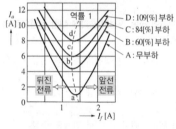

답 ④

무부하 상태의 전동기를 송전 계통에 접속하여 전력 계통의 전압 조정 및 역률 개선에 사용할 수 있는 것은?

① 히스테리시스 전동기　　② 스테핑 전동기
③ 유도 전동기　　　　　　④ 동기 조상기

해설

동기 조상기(Synchronous Phase Modifier)

동기 전동기는 위상 특성 곡선(V곡선)을 이용하여 역률을 임의로 조정하고, 진상 및 지상 전류를 흘릴 수 있다. 이 특징을 이용하여 무부하 운전의 동기 전동기를 송전선의 수전단에 접속하여 여자 전류를 조정하면, 송전선 계통의 전류의 위상과 크기가 변화하여 계통 전압을 조정할 수 있어서 정전압 송전이 된다. 이 전동기를 동기 조상기라고 하며, 앞선 무효 전력은 물론 뒤진 무효 전력도 변화시킬 수 있어서 정전 콘덴서에 비하여 특성이 우수하다.

답 ④

2 위상 특성 곡선(V곡선)

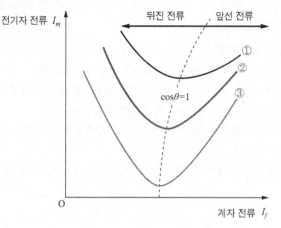

(1) ① 부하가 많이 증가, ② 부하가 조금 증가, ③ 무부하일 때

(2) 출력 크기

① > ② > ③

(3) 동기 조상기

무부하로 운전되는 동기 전동기이다.

3 동기 전동기의 특성

(1) 장 점

① 속도가 일정하다(동기 속도로 운전).
② 역률 조정이 가능하다(지상–진상 조정).
③ 유도 전동기에 비해 효율이 좋다.
④ 공극이 크고 기계적으로 튼튼하다.
⑤ 역률이 가장 좋다.
⑥ 항상 역률 1로 운전할 수 있다.

(2) 단 점

① 속도 제어가 어렵다.

② 기동 토크가 작다.

③ 직류 전원 설비가 필요하다.

④ 구조가 복잡하다.

⑤ 난조가 일어나기 쉽다.

4 회전 속도

철극형 회전 계자형 구조이며 동기 속도로 회전하는 전동기

$$N_s = \frac{120f}{p}[\text{rpm}]$$

5 동기 전동기의 전기자 반작용

(1) I와 V가 동상인 경우

교차 자화 작용

(2) I가 V보다 $\frac{\pi}{2}$ 뒤지는 경우

증자 작용

(3) I가 V보다 $\frac{\pi}{2}$ 앞서는 경우

감자 작용

역률	부하	전류와 전압의 위상관계	전기자 반작용
역률 1	저 항	I_a가 E와 동상인 경우	교차 자화작용 (횡축 반작용)
뒤진 역률 0	유도성 부하	I_a가 E보다 $\frac{\pi}{2}$ 뒤지는 경우	증자작용 (자화작용)
앞선 역률 0	용량성 부하	I_a가 E보다 $\frac{\pi}{2}$ 앞서는 경우	감자작용 (직축 반작용)

동기기에 대한 설명으로 옳지 않은 것은?

① 동기 발전기에서 동기 이탈을 방지하기 위하여 제동 권선을 설치한다.

② 동기 전동기는 무부하 조건에서 기동 토크가 없으므로 기동 장치가 필요하다.

③ 영구자석 동기 전동기는 릴럭턴스 전동기에 비해서 역률과 효율이 낮다.

④ 원통형 3상 동기 발전기에서 부하각이 90°일 때 출력이 최대가 된다.

해설

• 동기 전동기의 특징

  주로 화학 공장과 시멘트 공장용 등 대형 전동기용으로 쓰이는 모터로 역률이 좋고, 대용량 전동기에 적합하며, 계통의 역률 조정을 할 수 있다.

  – 교류 전원의 주파수와 극수로 결정되는 동기 속도에 완전히 동기되어 일정한 속도로 회전한다.

  – 일정한 범위 내에서의 부하 증감으로 속도가 변하지 않는다.

  – 회전 계자에 인가하는 직류 전류를 가감하여 역률을 조정할 수 있고 효율이 좋다.

  – 일정범위 이상으로 부하가 올라가면 동기 속도를 이탈하게 되어 큰 전류가 흐르고 권선이 소손될 가능성이 크다.

  – 동기 전동기는 구조가 복잡하고 유지 보수의 비용 상승으로 이어질 수가 있고 고가이다.

  – 시동 전류가 크기 때문에 시동 장치가 없으면 운전을 개시할 수 없다.

  – 동기 전동기는 허용 이상의 부하가 커지면 동기화 속도가 유지하지 못하고 중지 '동기 이탈(탈조)' 현상이 발생하여 제동권선을 설치한다.

• 소형 동기 전동기

  – 릴럭턴스 전동기(반작용 전동기, 리액션 전동기)

    ⓐ 고정자는 원리적으로 단상 동기 전동기와 같고 구조 간단

    ⓑ 역률과 효율이 나쁘고 토크가 작다.

    ⓒ 반작용을 이용하기 때문에 직류 여자기가 없어도 된다.

    ⓓ 시계, 타이머, 컴퓨터 주변기기에 사용

  – 영구 자석 전동기

    ⓐ 구조 간단, 릴럭턴스 전동기에 비해 역률과 효율 좋음

    ⓑ 음향기기, 컴퓨터 주변기기, 의료기기 등 일정 회전 속도를 필요로 하는 곳에 사용

답 ③

3상 동기 전동기의 전기자 반작용은 부하의 특성에 따라 다르다. 다음 중 옳지 않은 것은?

① 전압과 전류가 동상일 때는 교차 자화 작용을 한다.

② 전류가 전압보다 90° 뒤질 때는 증자 작용을 한다.

③ 전류가 전압보다 90° 앞설 때는 감자 작용을 한다.

④ 전류가 전압보다 ϕ만큼 뒤질 때는 감자 작용을 한다.

해설

동기 전동기의 전기자 반작용

• I_a가 V와 동상인 경우 : 교차 자화 작용

• I_a가 V보다 $\frac{\pi}{2}$ 뒤지는 경우 : 증자 작용

• I_a가 V보다 $\frac{\pi}{2}$ 앞서는 경우 : 감자 작용

답 ④

CHAPTER 02 적중예상문제

01 다음 중 2극 동기기가 1회전하였을 때 전기각은 몇 [rad]인가?

① π ② 2π

③ 3π ④ 4π

해설
전기각 = 자극쌍의 수 × 기계각

$$\theta_e = \frac{P}{2}\theta_m = \frac{2}{2} \times 360° = 2\pi\,[\mathrm{rad}]$$

02 극수 8, 60[Hz]의 주파수일 때 동기 발전기의 회전수는 몇 [rpm]인가?

① 600   ② 900

③ 1,200   ④ 1,500

해설

$$N_s = \frac{120f}{p} = \frac{120 \times 60}{8} = 900\,[\mathrm{rpm}]$$

03 극수 6, 회전수 1,200[rpm]의 교류 발전기와 병행 운전하는 극수 8의 교류 발전기의 회전수는 몇 [rpm]인가?

① 800   ② 900

③ 1,100   ④ 1,200

해설

$N_s = \dfrac{120f}{p}$ 에서 주파수는

$$1,200 = \frac{120 \times f}{6} \quad \therefore f = \frac{1,200 \times 6}{120} = 60\,[\mathrm{Hz}]$$

$$\therefore N = \frac{120 \times 60}{8} = 900\,[\mathrm{rpm}]$$

04 동기 발전기에서 극수 4, 1극의 자속수 0.058[Wb], 1분간의 회전 속도 1,800, 코일의 권수가 100일 때 코일의 유기 기전력의 실횻값[V]은?(단, 권선 계수는 1.0이다)

① 482

② 1,368

③ 1,545

④ 2,321

해설

$$f = \frac{PN_s}{120} = \frac{4 \times 1,800}{120} = 60\,[\mathrm{Hz}]$$

유기 기전력 $E = 4.44fWk_\omega\phi$

$$= 4.44 \times 60 \times 100 \times 1 \times 0.058$$

$$= 1,545\,[\mathrm{V}]$$

05 6극 성형 접속의 3상 교류 발전기가 있다. 1극의 자속이 0.16[Wb], 회전수 1,000[rpm], 1상의 권수 186, 권선계수 0.96이면 주파수[Hz]와 단자 전압[V]은?

① 50, 6,320

② 60, 6,340

③ 50, 11,000

④ 60, 11,000

해설

$$N_s = \frac{120f}{p}\,[\mathrm{rpm}]$$

$$f = \frac{pN_s}{120} = \frac{6 \times 1,000}{120} = 50\,[\mathrm{Hz}]$$

1상의 기전력 $E = 4.44k_\omega fW\phi$

$$= 4.44 \times 0.96 \times 50 \times 186 \times 0.16$$

$$= 6,342\,[\mathrm{V}]$$

단자 전압(선간 전압) $= \sqrt{3}\,E = 10,985\,[\mathrm{V}] \doteqdot 11,000\,[\mathrm{V}]$

06 4극 60[Hz]의 3상 동기 발전기가 있다. 회전자의 주변 속도를 200[m/s] 이하로 하려면 회전자의 최대 지름을 약 몇 [m]로 하여야 하는가?

① 1.5   ② 1.8

③ 2.1   ④ 2.8

해설

$$N_s = \frac{120f}{p} = \frac{120 \times 60}{4} = 1,800[\mathrm{rpm}]$$

회전자의 주변 속도 $v = \pi D \cdot \dfrac{N_s}{60}[\mathrm{m/s}]$

$$\therefore D = \frac{60v}{\pi N_s} = \frac{60 \times 200}{3.14 \times 1,800} = 2.12$$

07 동기 발전기에 회전 계자형을 사용하는 경우가 많다. 그 이유로 적합하지 않는 것은?

① 전기자보다 계자극을 회전자로 하는 것이 기계적으로 튼튼하다.
② 기전력의 파형을 개선한다.
③ 전기자 권선은 고전압으로 결선이 복잡하다.
④ 계자 회로는 직류 저전압으로 소요 전력이 작다.

해설

회전 계자형을 사용하는 이유
• 전기자 권선은 전압이 높고 결선이 복잡하며 대용량으로 되면 전류도 커지고 3상 권선의 경우에는 4개의 도선을 인출하여야 한다.
• 계자 회로는 직류의 저전압 회로이므로 소요 동력도 작으며 인출 도선이 2개만 있어도 된다.
• 계자극은 기계적으로 내구성이 강하다.
• 회전자의 관성을 크게 하여 과도 안정도를 높인다.

08 동기 발전기에서 전기자와 계자의 권선이 모두 고정되고 유도자가 회전하는 것은?

① 수차 발전기   ② 고주파 발전기
③ 터빈 발전기   ④ 엔진 발전기

해설

고주파 발전기는 동기 발전기를 고속회전시켜서 고주파 전압을 얻기 때문에 구조가 튼튼하고 극수가 많은 유도자형 동기기를 사용한다.

09 3상 동기 발전기의 전기자 권선을 Y결선으로 하는 이유로서 적당하지 않는 것은?

① 고조파 순환 전류가 흐르지 않는다.
② 이상전압 방지의 대책이 용이하다.
③ 전기자 반작용이 감소한다.
④ 코일의 코로나, 열화 등이 감소된다.

해설

3상 동기 발전기의 전기자 권선을 Y결선으로 하는 이유
• 권선의 불평형 및 제 3고조파에 의한 순환 전류가 흐르지 않는다.
• 중성점 접지에 의한 이상전압의 방지가 가능하다.
• 상전압이 낮아 코일의 코로나 열화 등이 작으나 발전기 권선의 전류는 크다.

10 3상 동기 발전기의 전기자 권선을 Y결선으로 하는 이유 중 △결선과 비교할 때 적당하지 않는 것은?

① 출력을 더 증대 할 수 있다.
② 권선의 코로나 현상이 작다.
③ 고조파 순환 전류가 흐르지 않는다.
④ 권선의 보호 및 이상 전압의 방지 대책이 용이하다.

해설

• Y결선은 중성점을 이용하여 접지보호 계전기를 동작시키는데 용이하다.
• 단자 전압이 같은 경우 △결선에 비해 선간 전압이 $\dfrac{1}{\sqrt{3}}$ 로 낮아진다.
• 제3고조파의 순환 전류가 흐르지 않는다.

11 슬롯수 36의 고정자 철심이 있다. 여기에 3상 4극의 2층 권을 시행할 때 매극 매상의 슬롯수와 총코일수는?

① 3, 18 ② 9, 36
③ 3, 36 ④ 9, 18

해설

매상 슬롯수 $=\dfrac{\text{총슬롯수}}{\text{상수}\times\text{극수}}=\dfrac{36}{3\times4}=3$

코일수 $=\dfrac{\text{총슬롯수}\times m}{2}=\dfrac{36\times2}{2}=36$

단, m은 코일 층수

12 동기기에서 집중권에 비해 분포권의 이점에 속하지 않는 것은?

① 파형이 좋아진다.
② 권선의 누설 리액턴스가 감소한다.
③ 권선의 발생열을 발산시킨다.
④ 기전력을 높인다.

해설

분포권의 장점
• 기전력의 파형률 및 철심의 이용률이 좋다.
• 권선의 누설 리액턴스가 감소된다.
• 전기자 권선의 열을 고르게 분포시켜 과열을 방지한다.
• 집중권에 비하여 분포권의 기전력이 낮다.

13 매극 매상의 슬롯수 3, 상수 3인 권선의 분포 계수는 얼마인가?

① 0.66 ② 0.76
③ 0.86 ④ 0.96

해설

$q=3$, $m=3$, $n=1$이므로

$$K_d=\dfrac{\sin\dfrac{n\pi}{2m}}{q\sin\dfrac{n\pi}{2mq}}=\dfrac{\sin\dfrac{1\times\pi}{2\times3}}{3\sin\dfrac{1\times\pi}{2\times3\times3}}=0.96$$

14 동기기의 전기자 권선법 중 단절권, 분포권으로 하는 이유 중 가장 중요한 것은?

① 높은 전압을 얻기 위해서
② 좋은 파형을 얻기 위해서
③ 일정한 주파수를 얻기 위해서
④ 효율을 좋게 하기 위해서

해설

단절권의 장점
• 고조파를 제거하여 기전력의 파형을 좋게 한다.
• 코일 끝부분의 길이가 단축되어 기계 전체의 길이가 축소된다.
• 구리의 양이 적게 든다.
분포권의 장점
• 기전력의 고조파가 감소하여 파형이 좋아진다.
• 권선의 누설 리액턴스가 감소한다.
• 전기자 권선에 의한 열을 고르게 분포시켜 과열을 방지한다.

15 3상 동기 발전기에서 권선 피치와 자극 피치의 비를 $\dfrac{13}{15}$의 단절권으로 하였을 때 단절권 계수는 얼마인가?

① $\sin\dfrac{13}{15}\pi$ ② $\sin\dfrac{15}{26}\pi$
③ $\sin\dfrac{13}{30}\pi$ ④ $\sin\dfrac{15}{13}\pi$

해설

단절권 계수 $K_s=\sin\dfrac{\beta\pi}{2}=\sin\left(\dfrac{13}{15}\times\dfrac{\pi}{2}\right)=\sin\dfrac{13}{30}\pi$

16 60[Hz], 12극의 동기 전동기 회전자계의 주변 속도 [m/s]는?(단, 회전자계의 극 간격은 1[m]이다)

① 12   ② 33
③ 120   ④ 360

해설

동기 속도 $N_s = \dfrac{120f}{p} = \dfrac{120 \times 60}{12} = 600[\mathrm{rpm}]$

회전자 둘레 $\pi D = $ 극수 $\times$ 극간격 $= 12 \times 1 = 12[\mathrm{m}]$

회전자의 주변 속도 $v = \pi D \dfrac{N_s}{60}[\mathrm{m/s}]$

$\therefore v = 12 \times \dfrac{600}{60} = 120[\mathrm{m/s}]$

18 비돌극형 동기 발전기에서 단자 전압(1상) V, 유도 기전력(1상) E, 동기 리액턴스는 x_s, 부하각이 δ라고 하면 1상의 출력은 대략 얼마인가?

① $\dfrac{E^2 V}{x_s} \sin\delta$ ② $\dfrac{EV^2}{x_s} \sin\delta$

③ $\dfrac{EV}{x_s} \sin\delta$ ④ $\dfrac{EV}{x_s} \cos\delta$

해설

$P = \dfrac{EV}{x_s} \sin\delta$ 이고 비돌극기(원통형 회전자)는 90°에서 최대가 된다.

19 1극의 자속수가 0.06[Wb], 극수 4극, 회전 속도 1,800 [rpm], 코일 권수가 100인 동기 발전기의 실횻값은 몇 [V]인가?(단 권선 계수는 0.96이다)

① 1,500   ② 1,535
③ 1,570   ④ 1,600

해설

$E = 4.44\,kfN\phi = 4.44 \times 0.96 \times 60 \times 100 \times 0.06 = 1,535[\mathrm{V}]$

$\therefore f = \dfrac{N_s p}{120} = \dfrac{1,800 \times 4}{120} = 60[\mathrm{Hz}]$

17 교류 발전기의 고조파 발생을 방지하는데 적합하지 않은 것은?

① 전기자 슬롯을 스큐 슬롯으로 한다.
② 전기자 권선의 결선을 성형으로 한다.
③ 전기자 반작용을 작게 한다.
④ 전기자 권선을 전절권으로 감는다.

해설

고조파 기전력을 소거하는 방법
• 매극 매상의 슬롯수를 크게 한다.
• 부정수 슬롯권을 채택한다.
• 단절권 및 분포권으로 한다.
• 반폐 슬롯을 사용한다.
• 전기자 철심을 스큐 슬롯으로 한다.
• 공극의 길이를 크게 한다.

20 수차 발전기를 수축형(수직형)으로 할 때의 장점이 아닌 것은?

① 낙차를 유효하게 한다.
② 홍수위에 안전하다.
③ 원동형 회전자로 고속이다.
④ 구조가 간단하다.

해설

수직형 발전기 특성
• 낙차를 유효하게 이용할 수 있다.
• 홍수위에 안전하다.
• 돌극형으로 구조가 간단하다.

21 동기 발전기의 전기자 권선을 단절권으로 하면?

① 고조파를 제거한다.
② 절연이 잘된다.
③ 역률이 좋아진다.
④ 기전력을 높인다.

해설
단절권은 전절권에 비해서 고조파를 제거해 파형이 좋아진다.

22 그림은 3상 동기 발전기의 무부하 포화 곡선이다. 이 발전기의 포화율은 얼마인가?

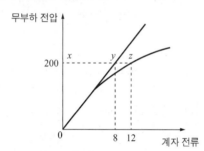

① 0.5
② 0.67
③ 0.8
④ 1.5

해설
포화율 $\sigma = \dfrac{\overline{yz}}{\overline{xy}} = \dfrac{4}{8} = 0.5$

23 3상 동기 발전기의 상간 접속을 Y결선으로 하는 이유가 아닌 것은?

① 중성점을 이용할 수 있다.
② 같은 선간 전압의 결선에 비해 절연이 어렵다.
③ 선간 전압이 상전압의 $\sqrt{3}$ 배이다.
④ 선간 전압에 제3고조파가 나타나지 않는다.

해설
Y결선으로 하는 이유
• 중성점을 이용할 수 있다.
• 절연이 용이하다.
• 제3고조파를 없앤다.
• 선간 전압이 상전압의 $\sqrt{3}$ 배이다.

24 동기 발전기가 운전 중 3상 돌발 단락 사고가 생겼을 때 단락 전류를 주로 제한하는 것은 어느 것인가?

① 전기자 누설 리액턴스
② 동기 리액턴스
③ 역상 리액턴스
④ 권선 저항

해설
동기기에서 저항은 누설 리액턴스에 비하여 작으며 전기자 반작용은 단락 전류가 흐른 후에 작용하므로 돌발 단락 전류를 제한하는 것은 누설 리액턴스이다.

25 동기 발전기는 부하각 δ가 몇 °일 때 최대 출력을 낼 수 있는가?

① 0°
② 30°
③ 45°
④ 90°

해설
$P = \dfrac{EV}{x_s}\sin\delta$에서 $\delta = 90°$이면 $P_m = \dfrac{EV}{x_s}$[W]로 최대이다.
비돌극형 : $\delta = 90°$, 돌극형 : $\delta = 60°$

26 동기기의 3상 단락 곡선이 직선이 되는 이유는?

① 무부하 상태
② 제3고조파
③ 전기자 반작용
④ 누설 리액턴스

해설
전기자 반작용이 커서 감자 작용으로 자기 포화를 시키지 않기 때문이다.

27 2대의 동기 발전기를 병렬 운전할 때 무효 횡류(무효 순환 전류)가 흐르는 경우는?

① 부하 분담의 차가 있을 때
② 기전력의 파형에 차가 있을 때
③ 기전력의 위상차가 있을 때
④ 기전력 크기에 차가 있을 때

해설
동기 발전기의 병렬운전
- 기전력의 크기가 같을 것 : 불일치 시 무효 순환 전류가 발생하여 손실 증가, 온도 상승
- 기전력의 위상이 같을 것 : 불일치 시 유효 순환 전류 발생
- 기전력의 주파수가 같을 것 : 불일치 시 동기화 전류가 발생, 난조의 원인
- 기전력의 파형이 같을 것 : 불일치 시 고조파 무효 순환 전류에 의해 동손 증가, 과열 발생
- 기전력의 상회전이 일치할 것

28 A, B 2대의 동기 발전기를 병렬 운전 중 계통 주파수를 바꾸지 않고 B기의 역률을 좋게 하는 것은?

① A기의 여자 전류를 증대
② A기의 원동기 출력을 증대
③ B기의 여자 전류를 증대
④ B기의 원동기 출력을 증대

해설
동기 발전기의 병렬운전 중 여자 전류를 증가시키면 그 발전기의 역률은 나빠지고 다른 발전기의 역률은 좋아진다.

29 3상 동기 발전기의 여자 전류 5[A]에 대한 1상의 유기기전력이 600[V]이고 3상 단락 전류는 30[A]이다. 이 발전기의 동기 임피던스[Ω]는 얼마인가?

① 5
② 10
③ 20
④ 30

해설

$$Z_S = \frac{V}{\sqrt{3}\,I_S} = \frac{E}{I_S} = \frac{600}{30} = 20[\Omega]$$

30 3,000[V], 1,500[kVA], 동기 임피던스 3[Ω]인 동일 정격의 두 동기 발전기를 병렬 운전하던 중 한 쪽 계자 전류가 증가해서 각상 유도 기전력 사이에 300[V]의 전압차가 발생했다면 두 발전기 사이에 흐르는 무효 횡류는 몇 [A]인가?

① 20 ② 30
③ 40 ④ 50

해설

$Z_s = 3[\Omega]$, $E_s = E_A - E_B = 300[\mathrm{V}]$

$$I_s = \frac{E_A - E_B}{2Z_s} = \frac{E_s}{2Z_s} = \frac{300}{2\times 3} = 50[\mathrm{A}]$$

정답 26 ③ 27 ④ 28 ① 29 ③ 30 ④

31 2대의 3상 동기 발전기가 무부하로 병렬 운전하고 있을 때 대응하는 기전력 사이에 30°의 위상차가 있다면 한쪽 발전기에서 다른 쪽 발전기에 공급되는 유효 전력은 몇 [kW]인가?(단, 각 발전기의 기전력은 1,000[V], 동기 리액턴스는 4[Ω], 전기자 저항은 무시한다)

① 62.5   ② $62.5\sqrt{3}$

③ 125.5   ④ $125.5\sqrt{3}$

해설

$$P = \frac{E^2}{2Z_s}\sin\delta = \frac{E_0^{\,2}}{2x_s}\sin\delta$$
$$= \frac{1,000^2}{2\times 4}\sin 30°$$
$$= 62.5[\mathrm{kW}]$$

32 단락비가 1.25인 동기 발전기의 %동기 임피던스는?

① 70   ② 80

③ 90   ④ 125

해설

$$Z_s = \frac{1}{K_s}\times 100 = \frac{1}{1.25}\times 100 = 80[\%]$$

33 같은 정격인 2대의 동기 발전기가 병렬로 운전하여 뒤진 역률 0.8, 전류 350[A]를 취하는 부하에 전력을 공급하고 있다. 각 발전기가 분담하는 유효 전력이 같고 한 발전기의 역률이 0.7(뒤진)일 때 다른 발전기의 전류는 대략 몇 [A]인가?

① 140   ② 150

③ 200   ④ 300

해설

2대의 출력 $P = EI\cos\theta = E\times 350\times 0.8$이고 각 발전기의 유효 분담 전력은 같다. 각 발전기의 전류와 역률을 각각 I_A, I_B 및 $\cos\theta_A$, $\cos\theta_B$라고 하면 양기의 유효 전류는 같으므로

$$I_A\cos\theta_A = I_B\cos\theta_B = \frac{1}{2}I\cos\theta$$

$$I_A\times 0.7 = \frac{1}{2}\times 350\times 0.8 = 140[\mathrm{A}]$$

$$\therefore\ I_A = \frac{140}{0.7} = 200[\mathrm{A}]\ \text{그러므로}\ I_B = 350-200 = 150[\mathrm{A}]$$

34 동기기의 과도 안정도를 증가시키는 방법이 아닌 것은?

① 회전자의 플라이 휠 효과를 작게 할 것
② 동기 리액턴스를 작게 할 것
③ 속응 여자방식을 채용할 것
④ 발전기의 조속기 동작을 신속하게 할 것

해설

안정도 향상 대책
• 단락비를 크게 한다.
• 발전기를 병렬 접속한다.
• 리액턴스를 작게 한다.
• 조속기의 동작을 신속하게 한다.
• 회전자의 플라이 휠을 크게 하여 관성 모멘트를 크게 한다.

35 4극 60[Hz]의 3상 동기 발전기가 있다. 회전자의 주변 속도를 200[m/s] 이하로 하려면 회전자의 최대 직경을 약 몇 [m]로 하여야 하는가?

① 1.5
② 1.8
③ 2.1
④ 2.8

해설

$$N_s = \frac{120f}{p} = \frac{120\times 60}{4} = 1,800[\mathrm{rpm}]$$

회전자의 주변 속도 $v = \pi D\dfrac{N_s}{60}[\mathrm{m/s}]$

$$\therefore\ D = \frac{60v}{\pi N_s} = \frac{60\times 200}{3.14\times 1,800} = 2.12[\mathrm{m}]$$

31 ①   32 ②   33 ②   34 ①   35 ③   **정답**

36 다음 그림의 동기 검정등에서 동기 상태는?

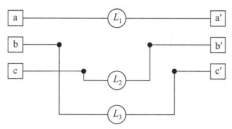

① L_1은 꺼지고 L_2, L_3는 밝다.
② L_1, L_2, L_3 모두 꺼진다.
③ L_2, L_3, L_1 순으로 밝다.
④ L_1, L_2, L_3 순서대로 명멸한다.

해설
① L_1은 꺼지고 L_2, L_3는 밝은 경우 동기 상태이면 $L_1 = 0$, $L_2 = L_3$
② 모두 꺼지는 경우는 상회전 방향이 반대일 때 각 등의 전압은 0이라서 소등
③ 부하각이 작을 때
④ 부하각이 클 때

37 동기 전동기의 V곡선(위상 특성 곡선)에서 부하가 가장 큰 경우는?

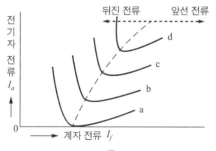

① a   ② b
③ c   ④ d

해설
동기 전동기는 계자 전류를 가감하여 전류의 크기와 위상을 조정할 수 있다. 부하가 클수록 V곡선은 위로 이동한다.

38 6,000[V], 60[Hz], 360[rpm], 500[kW] 3상 동기 전동기의 전부하 토크[N·m]는?

① 8,700   ② 10,230
③ 13,260   ④ 16,340

해설
$$T = \frac{60P}{2\pi N_s} = \frac{60 \times 500 \times 10^3}{2\pi \times 360} = 13,260[\text{N} \cdot \text{m}]$$

39 동기 조상기를 부족 여자로 사용하면 어떻게 되는가?

① 리액터로 작용
② 저항손의 보상
③ 일반 부하의 뒤진 전류의 보상
④ 콘덴서로 작용

해설
부족 여자로 사용하면 리액터 작용으로 늦은 역률이 된다.

40 동기 전동기의 장점이 아닌 것은?

① 전부하 효율이 양호하다.
② 역률 1로 운전할 수 있다.
③ 직류 여자가 필요하다.
④ 동기 속도를 얻을 수 있다.

해설
동기 전동기의 장점
• 속도가 일정하고 불변이다.
• 항상 역률 1로 운전할 수 있다.
• 필요시 앞선 전류를 통할 수 있다.
• 유도 전동기에 비하여 효율이 좋다.
동기 전동기의 단점
• 보통 구조의 것은 기동 토크가 적고 속도 조정을 할 수 없다.
• 난조를 일으킬 염려가 있다.
• 여자용의 직류 전원을 필요로 하여 설비비가 많이 든다.

41 3상, 6극, 슬롯수 54의 동기 발전기가 있다. 어떤 전기자 코일의 두 변이 제1슬롯과 제8슬롯에 들어 있다면 단절권 계수는?

① 0.9397　　　　　② 0.9567

③ 0.9337　　　　　④ 0.9117

해설

극간격 : $\dfrac{54}{6} = 9$

슬롯으로 표시된 코일 피치 : $8 - 1 = 7$

극간격으로 표시한 코일 피치 : $\beta = \dfrac{7}{9}$

단절권 계수 $K_{Pn} = \sin \dfrac{n\beta\pi}{2}$[rad]($n$은 고조파 차수)

$\therefore K_{P1} = \sin\left(\dfrac{7}{2 \times 9}\pi\right) = \sin\left(\dfrac{7}{18}\pi\right) = \sin 70° = 0.9397$

42 동기 발전기에서 유기 기전력과 전기자 전류가 동상인 경우의 전기자 반작용은?

① 교차 자화 작용　　② 증자 작용

③ 감자 작용　　　　④ 직축 반작용

해설

계자에 의한 기전력과 전기자 권선에 흐르는 부하 전류가 동상인 경우의 전기자 반작용은 횡축 반작용(교차 자화 작용)이라 한다.

43 3상 동기 발전기에 무부하전압보다 90° 뒤진 전기자 전류가 흐를 때 전기자 반작용은?

① 교차 자화 작용을 한다.

② 증자 작용을 한다.

③ 감자 작용을 한다.

④ 직축 반작용을 한다.

해설

전류가 기전력보다 90° 뒤진 경우의 전기자 반작용은 감자 작용이라 한다.

44 3상 동기 발전기의 3상 유도 기전력 120[V], 반작용 리액턴스 0.2[Ω]이고 90° 진상 전류 20[A]일 때 발전기의 단자 전압[V]은 얼마인가?

① 112　　　　　　② 120

③ 124　　　　　　④ 160

해설

$E = V + I_a R_a$

$120 + 20 \times 0.2 = 124$[V]

45 동기 발전기에서 전기자 전류를 I, 유기 기전력과 전기자 전류와의 위상각을 θ라 하면 횡축 반작용을 하는 성분은?

① $I\tan\theta$　　　　　② $I\cot\theta$

③ $I\sin\theta$　　　　　④ $I\cos\theta$

해설

$I\cos\theta$는 기전력과 같은 위상의 전류 성분으로서 횡축 반작용을 하고, 무효분 $I\sin\theta$는 90° 앞서거나 뒤지기 때문에 직축 반작용을 한다.

46 동기 발전기의 단락 시험, 무부하 시험으로부터 구할 수 없는 것은?

① 철 손
② 단락비
③ 전기자 반작용
④ 동기 임피던스

해설

단락 시험에서는 동기 임피던스와 동기 리액턴스, 무부하 시험에서는 철손과 기계손 등을 구할 수 있고 단락비는 3상 단락 시험과 무부하 포화 시험이 필요하다.

47 단락비가 큰 동기기는?

① 안정도가 높다.
② 전압 변동률이 크다.
③ 기계가 소형이다.
④ 반작용이 크다.

해설

단락비가 큰 기계(철기계)의 특징
• 동기 임피던스가 작으며, 전압 강하와 전압 변동률이 작다.
• 전기자 반작용이 작고, 안정도가 향상되며, 출력이 증가한다.
• 과부하 내량이 증가하여 선로의 충전 용량이 증가한다.
• 철손의 증가하여 효율이 떨어지고, 철이 많이 사용되어 철기계라고 한다.
• 공극이 크며, 기계의 형태 및 중량이 커진다.

48 3상 동기 발전기를 정격 속도로 운전하고 무부하 정격 전압을 유기하는 계자 전류를 i_1, 3상 단락에 의하여 정격 전류 I를 흘리는데 필요한 계자 전류를 i_2라 할 때 단락비는?

① $\dfrac{I}{i_1}$
② $\dfrac{i_2}{i_1}$
③ $\dfrac{I}{i_2}$
④ $\dfrac{i_1}{i_2}$

해설

$$K_s = \frac{I_s}{I_n} = \frac{i_1}{i_2}$$

49 단락비가 1.2인 발전기의 %동기 임피던스는 얼마인가?

① 42
② 60
③ 83
④ 100

해설

$$K_s = \frac{1}{\%Z} \times 100, \quad \%Z = \frac{100}{K_s}$$

$$\%Z = \frac{1}{1.2} \times 100 = 83$$

50 정격 전압을 E[V], 정격 전류 I[A], 동기 임피던스 Z_s[Ω]이라 할 때 퍼센트 동기 임피던스 $Z_s{}'$는?

① $\dfrac{IZ_s}{\sqrt{3}\,E} \times 100\,[\%]$

② $\dfrac{IZ_s}{3E} \times 100\,[\%]$

③ $\dfrac{\sqrt{3}\,IZ_s}{E} \times 100\,[\%]$

④ $\dfrac{IZ_s}{E} \times 100\,[\%]$

해설

$$Z_s{}' = \frac{IZ_s}{E_n} \times 100\,[\%] = \frac{IZ_s}{\dfrac{E}{\sqrt{3}}} \times 100\,[\%] = \frac{\sqrt{3}\,IZ_s}{E} \times 100\,[\%]$$

51 정격 용량 10,000[kVA], 정격 전압 6,000[V], 극수 24, 주파수 60[Hz], 단락비 1.2인 3상 동기 발전기 1상의 동기 임피던스[Ω]는?

① 3 　　　　　　　② 4
③ 6 　　　　　　　④ 8

해설

$$Z_s' = \frac{1}{K_s} = \frac{1}{1.2}, \quad I_n = \frac{10{,}000 \times 10^3}{\sqrt{3} \times 6{,}000}[\text{A}]$$

$$\therefore \; Z_s = \frac{Z_s' E_n}{I_n} = \frac{\dfrac{1}{1.2} \times \dfrac{6{,}000}{\sqrt{3}}}{\dfrac{10{,}000 \times 10^3}{\sqrt{3} \times 6{,}000}} = 3[\Omega]$$

52 동기 리액턴스 X_s = 10[Ω], 전기자 권선 저항 r_a = 0.1[Ω], 유도 기전력 E = 6,400[V], 단자 전압 V = 4,000[V], 부하각 δ = 30°이다. 3상 동기 발전기의 출력[kW]은?(단, 1상 값이다)

① 1,280 　　　　　② 2,880
③ 3,620 　　　　　④ 4,840

해설

$$\frac{EV}{x_s} \sin\delta_s = \frac{6{,}400 \times 4{,}000}{10} \times \sin 30° \times 10^{-3} = 1{,}280[\text{kW}]$$

53 원통형 회전자를 가진 동기 발전기는 부하각 몇 °일 때 최대 출력을 낼 수 있는가?

① 30 　　　　　　　② 45
③ 60 　　　　　　　④ 90

해설
• 돌극형은 부하각 δ = 60°에서 최대 출력
• 비돌극형(원통형 회전자)은 δ = 90°에서 최대 출력

54 3상 비철극 동기 발전기가 있다 정격 출력 10,000[kVA], 정격전압 6,000[V], 역률 0.8이다. 여자를 정격 상태로 유지할 때 이 발전기의 최대 출력[kW]은?(단, 1상의 동기 리액턴스는 0.9이며 저항은 무시한다)

① 6,224 　　　　　② 10,900
③ 18,889 　　　　　④ 46,250

해설

발전기 출력은 $P = \dfrac{e_0 V}{X_d} \sin\theta$ 이고

$$e_0 = \sqrt{(0.8)^2 + (0.6 + 0.9)^2} = 1.7$$

$$P = \frac{1.7 \times 1}{0.9} \sin\theta \text{에서 최댓값일 조건은 } \theta = 90° \text{일 때이므로}$$

$$P_{\max} = P \times 3VI = 1.8889 \times 10{,}000 = 18{,}889[\text{kW}]$$

55 동기기의 전압 변동률이 용량 부하이면 어떻게 되는가? (단, V_0 : 무부하로 하였을 때의 전압, V : 정격 단자 전압이다)

① $-(V_0 < V)$ 　　　　② $+(V_0 < V)$
③ $-(V_0 > V)$ 　　　　④ $+(V_0 > V)$

해설
외부 특성 곡선에서 전압 변동률
• 유도 부하일 때 : $+(V_0 > V)$
• 용량성 부하일 때 : $-(V_0 < V)$

56 3상 동기 발전기를 병렬 운전시킬 때 고려하지 않아도 되는 조건은?

① 전압이 같을 것
② 전압 파형이 같을 것
③ 회전수가 같을 것
④ 상회전의 방향이 같을 것

해설
동기 발전기의 병렬 운전 조건
• 기전력의 크기가 같을 것
• 전압 파형이 같을 것
• 기전력의 위상이 같을 것
• 기전력의 주파수가 같을 것
• 상회전 방향이 같을 것

57 동기 전동기의 공급 전압에 대하여 앞선 전류의 전기자 반작용은?

① 감자 작용
② 증자 작용
③ 교차 자화 작용
④ 자화 작용

해설
전동기에서는 앞선 전류는 감자 작용, 뒤진 전류는 증자 작용을 하며, 역률 1에서 교차 자화 작용을 한다.

58 동기 전동기의 토크 중에서 가장 작은 것은?

① 기동 토크
② 인입 토크
③ 전부하 토크
④ 동기 이탈 토크

해설
동기 전동기는 기동 토크가 없고 제동 권선을 이용한 자기 기동 시 전부하 토크의 50[%] 정도이다.

59 동기 전동기의 자기 기동에서 계자 권선을 단락하는 이유는?

① 기동이 쉽다.
② 기동 권선을 이용한다.
③ 고전압 유도를 방지한다.
④ 전기자 반작용을 방지한다.

해설
계자 권선을 기동 시 개방하면 회전 자속이 쇄교하여 고전압이 유도되어 절연 파괴의 위험이 있어 저항을 통하여 단락시킨다.

60 다음 중 동기 전동기의 공급 전압과 부하가 일정할 때 여자 전류를 변화시켜도 변하지 않는 것은?

① 전기자 전류
② 역 률
③ 전동기 속도
④ 역기전력

해설
동기 전동기는 동기 속도로 회전하는 정속도 전동기이다.

61 계자 전류를 가감함으로써 역률을 개선할 수 있는 전동기는 다음 중 어느 것인가?

① 동기 전동기   ② 유도 전동기
③ 복권 전동기   ④ 분권 전동기

해설

동기 전동기는 위상 특성 곡선의 성질을 이용하여 부하의 역률을 개선할 수 있는 즉, 동기 조상 설비로 사용한다.

62 동기 전동기의 특징으로 잘못된 것은?

① 일정한 속도로 운전이 가능하다.
② 난조가 발생하기 쉽다.
③ 역률은 조정하기 힘들다.
④ 공극이 넓어 기계적으로 견고하다.

해설

동기 전동기는 부하의 역률을 개선할 수 있는 동기 조상 설비로 사용한다.

63 다음 보기는 동기 발전기에서 단락비가 큰 기계에 대한 설명들이다. 옳은 것으로만 짝지어진 것은?

〈보 기〉
㉠ 동기 임피던스가 작으며, 전압 강하와 전압 변동률이 작다.
㉡ 전기자 반작용이 크고, 출력이 증가한다.
㉢ 공극이 크며 기계의 형태 및 중량이 커진다.
㉣ 철손이 증가하여 효율이 떨어진다.
㉤ 과부하 내량이 감소하여 선로의 충전 용량이 감소한다.

① ㉠, ㉡, ㉢
② ㉠, ㉢, ㉣
③ ㉡, ㉣, ㉤
④ ㉡, ㉢, ㉣

해설

㉠ 동기 임피던스가 작으며, 전압 강하와 전압 변동률이 작다.
㉡ 전기자 반작용이 작고, 안정도가 향상되며, 출력이 증가한다.
㉢ 공극이 크며, 기계의 형태 및 중량이 커진다.
㉣ 철손이 증가하여 효율이 떨어진다.
㉤ 과부하 내량이 증가하여 선로의 충전 용량이 증가한다.

64 동기 발전기의 병렬 운전 조건과 조건을 만족하지 않을 경우 발생하는 현상에 대한 설명으로 옳지 않은 것은?

① 기전력의 파형이 같을 것 – 고조파 무효 순환 전류가 흘러 권선의 저항손이 증가하여 열이 많이 발생한다.
② 기전력의 위상이 같을 것 – 동기화 전류가 발생한다.
③ 기전력의 주파수가 같을 것 – 동기화 전류가 발생한다.
④ 발전기의 용량이 같을 것 – 무효 순환 전류가 흐르게 된다.

해설

동기 발전기의 병렬 운전 조건
• 기전력의 파형이 같을 것 → 다르면 고조파 무효 순환 전류가 흘러 권선의 저항손이 증가 과열된다.
• 기전력의 크기가 같을 것 → 다르면 무효 순환 전류가 흐른다.
• 기전력의 주파수가 같을 것 → 다르면 동기화 전류에 의한 난조 발생
• 기전력의 위상이 같을 것 → 다르면 동기화 전류(유효 횡류)가 흐른다.

CHAPTER 03 유도기

제1절 유도 전동기의 원리

1 회전 원리

유도 전동기는 (a) 그림 아라고의 원판(Arago's Disk) 실험으로 그 원리를 쉽게 설명할 수 있다.

(b) 그림에서 영구 자석을 시계방향으로 회전시키면 원판의 입장에서는 영구자 석이 정지하고, 원판이 반시계 방향으로 회전하는 것을 확인할 수 있다. 이때 플레밍의 오른손 법칙에 의해서 원판의 중심으로 향하는 와전류가 발생하고, 이 전류와 영구 자석에 의해서 플레밍 왼손 법칙에 따라 (c) 그림과 같이 원판은 시계 방향으로 힘이 작용하게 된다. 따라서 영구 자석을 따라 원판이 회전하게 되는데, 이것이 유도 전동기의 회전 원리이다. 그리고 이와 같은 영구 자석(자계) 의 회전 속도와 영구 자석을 따라 돌아가는 회전자의 회전 속도의 차이로 인해 슬립(Slip)이라는 개념이 도입되는데, 이것은 유도기를 특정 짓는 아주 중요한 개념이다.

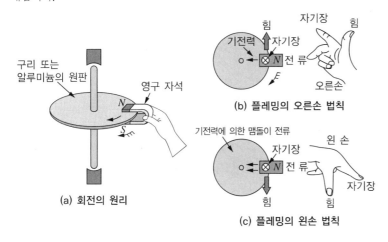

(a) 회전의 원리

(b) 플레밍의 오른손 법칙

(c) 플레밍의 왼손 법칙

필수 **확인** 문제

전기기기에 적용되는 물리법칙에 대한 설명으로 옳지 않 은 것은?

① 아라고의 원판에서 플레밍의 오른손 법칙으로 기전력 방향을, 플레밍의 왼손 법칙으로 힘의 방향을 결정한다.

② 렌츠 법칙에서 시간의 변화에 따른 자속 변화량은 자속 의 변화와 같은 방향으로 유도 기전력을 발생시킨다.

③ 플레밍의 오른손 법칙은 발전기 원리에 적용되고, 플 레밍의 왼손 법칙은 전동기 원리에 적용된다.

④ 플레밍의 왼손 및 오른손 법칙에서 힘과 자속의 방향 이 동일한 경우, 두 법칙에서 나타나는 각각의 전류 방향은 다르다.

해 설

렌츠(Lenz)의 법칙

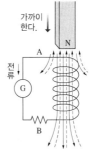
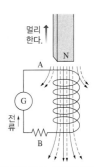

패러데이의 전자기 유도법칙에 방향을 고려하여 발표한 법칙 이다. 자속이란 '어떤 면을 지나는 자기력선의 수'로서, 코일을 향하여 자석을 움직이면 코일 속을 지나는 자속은 증가한다. 이때 코일에 유도되는 전류는 자속의 증가를 방해하는 방향으 로 흐르며, 전자기 유도에 의해 만들어지는 전류는 자속의 변화 를 방해하는 방향으로 흐른다.

답 ②

2 회전 자기장

(1) 회전 자기장

① 그림과 같이 코일 aa', bb', cc' 를 $\dfrac{2\pi}{3}$ [rad]씩 배치를 하고 교류를 흘리면 각 코일에 회전 자기장이 발생한다.

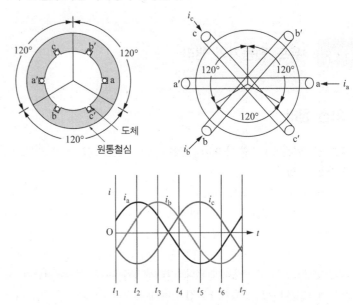

② 3상 전력에 의하여 회전 자장이 발생되도록 한 것을 3상 유도 전동기라 한다.

(2) 평형 3상 교류에 의한 2극 회전 자기장

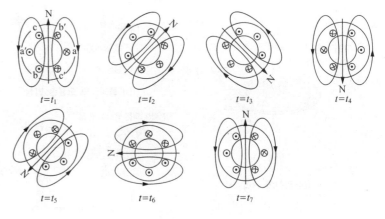

[3상 교류에 의한 회전 자기장]

(3) 동기 속도

$$N_s = \frac{120f}{p}\,[\mathrm{rpm}]$$

(4) 유도 전동기의 장점

① 전원을 쉽게 얻을 수 있다.

② 구조가 간단하고 고장이 적다.

③ 쉽게 운전할 수 있다.

④ 정속도로 운전되고 부하가 변화하여도 속도 변동이 작다.

제2절 유도 전동기의 구조

유도 전동기의 구조는 다음 그림과 같은 형태로 되어 있으며, 전원의 상수에 따라 단상 유도 전동기와 3상 유도 전동기로 구분되며, 원리 및 구조에 따라 다음과 같이 분류된다.

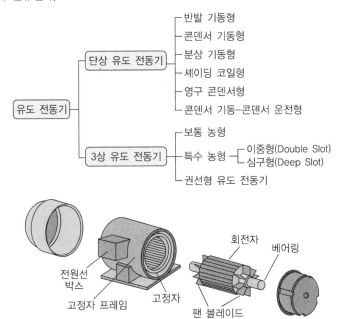

유도 전동기에서 심구(Deep Bar) 농형 회전자에 대한 설명으로 옳지 않은 것은?

① 회전자 저항이 운전속도에 따라 변동한다.

② 기동 토크를 크게 할 수 있다.

③ 회전자의 주파수 변동을 이용한 것이다.

④ 운전 주파수가 증가하면 회전자 저항이 증가한다.

해설

운전 속도(운전 주파수)가 증가할수록 회전자 주파수는 감소하고 회전자 저항이 감소한다.

답 ④

3상 유도 전동기에서 회전자 도체 바를 2중 농형으로 하는 이유로 적절한 것은?

① 기동 토크를 크게 하고, 정격 운전 슬립을 작게 하기 위하여
② 기동 토크를 크게 하고, 정격 운전 슬립을 크게 하기 위하여
③ 기동 전류를 크게 하고, 기동 토크를 크게 하기 위하여
④ 기동 전류를 작게 하고, 정격 운전 슬립을 크게 하기 위하여

해설
기동할 때에는 저항이 높은 외측 도체로 흐르는 전류에 의하여 큰 기동 토크를 얻고 운전 시에는 내부 도체로 많은 전류가 흘러 정격 운전 슬립을 작게 할 수 있다.
∴ 농형 유동 전동기는 기동 전류는 작고 기동 토크는 크다.

답 ①

심구형 및 2중 농형 3상 유도 전동기의 회전자에 대한 설명으로 옳지 않은 것은?

① 적절한 회전자 도체의 형상과 배치를 이용하여 기동 시 실효 저항이 직류 저항의 수배가 되도록 하는 것이다.
② 2중 농형 회전자의 경우 슬롯의 외측 도체는 내측 도체보다 저항이 낮다.
③ 심구형 회전자의 경우 고정자측으로 환산된 실효저항과 누설 리액턴스는 회전자 속도에 따라 변한다.
④ 심구형 회전자의 경우 슬롯 안의 도체에 전류가 흐르면 슬롯 아랫부분에 가까운 도체일수록 많은 누설자속과 쇄교된다.

해설
2중 농형 유도 전동기의 외측 도체는 내측 도체보다 저항이 높은 도체를 사용한다.
2중 농형 유도 전동기

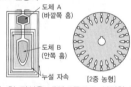

• 회전자의 농형 권선을 내외 2중으로 설치한 것
• 도체
 – 외측 도체 : 저항이 높은 황동 또는 동니켈 합금의 도체를 사용
 – 내측 도체 : 저항이 낮은 전기동 사용
• 기동 시에는 저항이 높은 외측 도체로 흐르는 전류에 의해 큰 기동 토크를 얻고 기동 완료 후에는 저항이 작은 내측 도체로 전류가 흘러 우수한 운전 특성을 얻는 전동기
• 보통 농형 유도 전동기에 비해 기동 토크는 크고, 기동 전류는 작다.
딥슬롯 농형 유도 전동기(심구형)

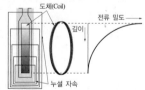

• 기동 시 : 슬롯 밑 부분에 가까운 도체 부분은 누설 리액턴스가 커 전류는 회전자 표면 부분의 도체에 집중되어(표피 효과) 기동 특성이 향상된다.
• 기동 완료 후 : 전류 분포는 전 도체에 균일하게 분포
• 2중 농형에 비해 냉각 효과가 크다.
• 2중 농형에 비해 기동 특성은 떨어지나 운전 특성은 우수하다.

답 ②

1 고정자

(1) 고정자 프레임

전동기의 가장 바깥쪽에 있는 부분

(2) 고정자 철심

① 소형 : 0.35~0.5[mm]의 규소 강판 성층
② 대형 : 부채꼴의 규소 강판 성층

(3) 고정자 권선

① 고정자 권선은 2층권, 분포권, 중권으로 제작하는 것이 일반적이다.
② 일반적으로 1차 권선은 고정자에 있게 된다.

2 회전자

(1) 농형 회전자와 권선형 회전자

① 농형 회전자
  ㉠ 구리나 알루미늄 사용
  ㉡ 비뚤어진 홈 : 소음 억제 및 파형 개선
② 권선형 회전자
  ㉠ 규소 강판 적층한 원통형
  ㉡ 반폐슬롯 사용

(2) 회전자의 구성

① 축, 철심, 권선으로 구성
② 회전자 철심 : 규소 강판을 성층
③ 일반적으로 2차 권선은 회전자에 있게 된다.

3 공극

(1) 유도 전동기는 공극을 작게 하여 역률 및 효율을 높인다.

(2) 공극이 크면 여자전류가 커져서 역률이 떨어진다.

(3) 유도 전동기의 공극

　0.3~2.5[mm]

제3절　유도 전동기 이론

1 슬립(Slip)

(1) 슬립

전동기의 실제 속도가 동기 속도보다 뒤지게 되는 비율

$$s = \frac{N_s - N}{N_s}$$

여기서, N_s : 회전자계의 속도(동기 속도), N : 전동기의 실제 회전 속도

① 정지 상태 : $s = 1(N=0)$

② 동기 속도 회전 : $s = 0(N = N_s)$

③ 상대 속도 : $s\,N_s = N_s - N$

④ 역회전 시 슬립 : $s' = \dfrac{N_s - (-N)}{N_s}$

(2) 슬립의 범위

① 유도 전동기 : $0 < s < 1$

　㉠ $s = 1$이면 $N = 0$이므로, 전동기는 정지 상태이다.

　㉡ $s = 0$이면 $N = N_s$이므로, 전동기가 동기 속도로 회전하고 있는 상태이다.

② 유도 발전기(비동기 발전기) : $s < 0$

　$N > N_s$로 회전자의 회전 속도가 회전 자계의 회전 속도보다 빠른 비동기 발전기로 사용한다.

③ 유도 제동기 : $s > 1$

　전원 3상 중 2상을 바꾸어 역방향으로 회전력을 발생시키면 회전자의 회전 방향이 자계의 회전 방향과 반대로 되어 제동기로 작용한다.

(3) 회전자 속도

① $N = N_s(1-s) = \dfrac{120f}{p}(1-s)\,[\text{rpm}]$

② 동기 회전수 : 전원 주파수와 모터의 극수로 결정되어지는 회전수

$$N_s = \frac{120f}{p}\,[\text{rpm}]$$

여기서, N_s : 동기 회전수[rpm], f : 전원 주파수[Hz], p : 극수

60[Hz] 8극인 3상 유도 전동기의 전부하에서 슬립이 5[%]일 때 회전자의 속도[rpm]는?

① 855　　　　　② 870

③ 885　　　　　④ 900

해설

$$s = \frac{N_s - N}{N_s} \rightarrow N = (1-s)N_s$$

$$= (1-s)\frac{120f}{p} = 0.95\frac{120\cdot60}{8} = 855\,[\text{rpm}]$$

답 ①

유도 전동기의 슬립에 대한 설명으로 옳지 않은 것은? (단, 동기 속도는 N_s이고, 회전자 속도는 N이다)

① $N=0$으로 정지 상태일 때의 슬립은 -1이다.

② $N = \dfrac{1}{2}N_s$로 정회전할 때의 슬립은 0.5이다.

③ $N = N_s$로 정회전할 때의 슬립은 0이다.

④ $N = -N_s$로 역회전할 때의 슬립은 2이다.

해설

슬립 $s = \dfrac{N_s - N}{N_s}$로 회전 속도(N)이 0일 때 슬립은 1이 된다.

답 ①

극수 8, 주파수 50[Hz]일 때, 회전자 속도가 735[rpm]인 단상 유도 전동기의 동기 속도[rpm]와 슬립[%]은?

	동기 속도	슬 립
①	750	2
②	750	8
③	800	2
④	800	8

해설

유도 전동기의 동기 속도와 슬립

극수 8, 주파수 50[Hz]일 때, 유도 전동기의 동기 속도는

$N_s = \dfrac{120f}{p} = \dfrac{120 \times 50}{8} = 750\,[\text{rpm}]$ 이다.

회전자 속도가 735[rpm]이므로, 이때의 슬립

$s = \dfrac{N_s - N}{N_s} = \dfrac{750 - 735}{750} = 0.02$, 2[%]이다.

답 ①

유도 전동기가 정지할 때 회전자의 임피던스가 $1+j5$ [Ω]이다. 이 전동기가 슬립 0.2로 운전할 경우 회전자의 임피던스 크기[Ω]는?

① 1   ② $\sqrt{2}$

③ 2   ④ $2\sqrt{2}$

해설

유도 전동기의 등가 회로

- 정지할 때 $s=1$이므로 2차측 전류 $I_2 = \dfrac{E_2}{\sqrt{r_2^2 + x_2^2}}$ [A]

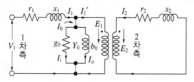

[정지 중인 유도 전동기 회로]

- 슬립 s로 회전중인 유도 전동기의 2차 유도 기전력은 sE_2, 2차 리액턴스는 sx_2이고, 2차 저항은 r_2이다.

(이때 2차 전류 $I_2 = \dfrac{sE_2}{\sqrt{r_2^2 + (sx_2)^2}} = \dfrac{E_2}{\sqrt{\left(\dfrac{r_2}{s}\right)^2 + x_2^2}}$ [A]

이다)

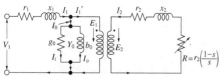

[운전 중인 유도 전동기 회로]

따라서, 슬립 0.2로 운전할 경우 회전자의 임피던스 $Z = r_2 + jsx_2 = 1 + j0.2 \times 5 = 1 + j1$ [Ω]이며, 임피던스의 크기 $|Z| = \sqrt{1^2 + 1^2} = \sqrt{2}$ 이다.

답 ②

3상 유도 전동기의 고정자 권선의 자기장이 매초 60회전하고 있다. 이때 회전자는 매초 45회전하고 있다면, 회전자에 유기되는 유도 기전력의 주파수[Hz]는?

① 15   ② 30

③ 45   ④ 60

해설

회전 시 유도 기전력과 주파수

- 유도 전동기의 고정자 권선의 자기장이 매초 60회전하므로, 전원(1차) 주파수 $f = 60$ [Hz] 이다.
- 주파수와 회전수는 비례하므로 상대 속도 $n_s - n$ 이 회전자 회전자기장의 속도이며 $n_s - n = sn_s$ 에서 $60 - 45 = s \times 60$, $s = \dfrac{15}{60} = \dfrac{1}{4}$ 이다.
- 회전자 주파수(슬립 주파수) f_2는 전원(1차) 주파수 f 일 때, $f : f_2 = n_s : sn_s$ 의 관계를 가진다.

따라서, $f_2 = sf$ [Hz]이므로 $f_2 = \dfrac{1}{4} \times 60 = 15$ [Hz] 이다.

답 ①

---

(4) 유도 전동기 등가 회로와 유도 기전력

① 정지 상태의 등가 회로

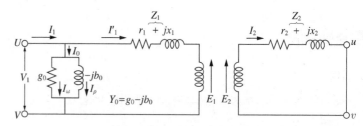

[유도 전동기 정지 상태 등가 회로]

V_1 : 1차 단자 전압[V] $I_1,\ I_2$: 1차, 2차 단자 전류[A]

$I_1{}'$: 1차 부하 전류[A] $Z_1,\ Z_2$: 1차, 2차 임피던스[A]

$E_1,\ E_2$: 1차, 2차 유도 기전력[V] $r_1,\ r_2$: 1차, 2차 저항[Ω]

$x_1,\ x_2$: 1차, 2차 리액턴스[Ω] Y_0 : 여자 어드미턴스[℧]

g_0 : 여자 컨덕턴스[℧] b_0 : 여자 서셉턴스[℧]

I_0 : 여자 전류[A] I_w : 철손 전류[A]

I_μ : 자화 전류[A]

㉠ 2차측 전류 $I_2 = \dfrac{E_2}{Z_2} = \dfrac{E_2}{\sqrt{r_2^2 + x_2^2}}$ [A]

㉡ 여자 전류 $I_0 = \sqrt{I_w^2 + I_\mu^2}$

㉢ 1차 단자 전류 $\vec{I_1} = \vec{I_0} + \vec{I_1{}'}$

② 정지 상태의 1차 유도 기전력 E_1 : 1차 유도 기전력은 정지 또는 운전과 무관하게 항상 일정하다.

$$E_1 = 4.44 k_1 f_1 N_1 \phi \text{[V]}$$

k_1 : 1차 권선의 권선계수

f_1 : 공급 전압의 주파수[Hz]

N_1 : 1차 1상의 코일 권수

ϕ : 1극의 평균 자속[Wb]

③ 정지 상태의 2차 유도 기전력 E_2 : 2차 유도 기전력은 정지 상태이므로 1차의 회전자계 주파수가 2차에 그대로 전달된다.

$$E_2 = 4.44 k_2 f_1 N_2 \phi \text{[V]}$$

k_2 : 2차 권선의 권선 계수

f_1 : 공급 전압의 주파수(1차 주파수)[Hz]

N_2 : 2차 1상의 코일 권수

ϕ : 1극의 평균 자속[Wb]

④ 운전 상태의 기본 등가 회로

운전 상태에서는 1차측의 회전 자계 회전 속도와 2차측의 회전자 회전 속도차에 의해 슬립이 발생한다. 이 속도 차이는 운전 중인 회전자가 겪는 회전 자계의 회전수가 되고, 2차 회로의 주파수가 되며, 다음과 같이 나타낼 수 있다.

$$f_2 = sf_1 [\text{Hz}]$$

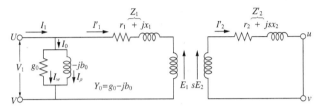

[유도 전동기 운전 상태 등가 회로(1)]

위 그림에서와 같이 운전 상태에서는 2차 회로의 주파수가 변화함에 따라, 유도성 리액턴스(정지 시 : $x_2 = 2\pi f_2 L$, 회전 시 : $sx_2 = 2\pi sf_1 L$) 성분이 변화하게 된다. 이러한 영향으로 2차 유도 기전력 또한 sE_2로 변화하게 된다.

㉠ 2차측 전류

$$I_2' = \frac{sE_2}{Z_2'} = \frac{sE_2}{\sqrt{r_2^2 + (sx_2)^2}} [\text{A}] \Rightarrow \frac{E_2}{\sqrt{\left(\dfrac{r_2}{s}\right)^2 + (x_2)^2}} [\text{A}]$$

⑤ 운전 상태의 변형된 등가 회로

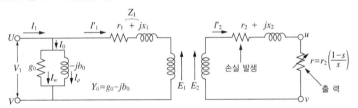

[유도 전동기 운전 상태 등가 회로(2)]

위의 식에서 $\dfrac{r_2}{s}$ 항을 다음과 같이 수학적으로 변형시키고,

$$\frac{r_2}{s} = r_2 + \frac{r_2}{s} - r_2 = r_2 + \frac{(1-s)}{s}r_2$$

변형된 등가회로를 반영하면 그림과 같은 회로로 나타낼 수 있다. 즉, 2차측 저항$\left(\dfrac{r_2}{s}\right)$을 슬립의 영향을 받지 않는 r_2와 영향을 받는 $r = \dfrac{(1-s)}{s}r_2$로 구분하여 표현할 수 있으며, 2차측 동손과 출력식을 얻을 때 매우 유용하게 사용된다.

6극, 60[Hz], 200[V], 7.5[kW]인 3상 유도 전동기가 960[rpm]으로 회전하고 있을 때, 2차 주파수[Hz]는?

① 6   ② 8
③ 10   ④ 12

해설

$$N_s = \frac{120f}{p} = \frac{120 \cdot 60}{6} = 1,200 [\text{rpm}]$$

$$f_2 = sf_1 = \frac{N_s - N}{N_s} \cdot f_1 = \frac{1,200 - 960}{1,200} \cdot 60 = 12 [\text{Hz}]$$

답 ④

보기는 3상 4극 60[Hz] 유도 전동기의 1상에 대한 등가회로이다. 2차 저항 r_2는 0.02[Ω], 2차 리액턴스 x_2는 0.1[Ω]이고 회전자의 회전 속도가 1,710[rpm]일 때, 등가 부하 저항 R_L'은?(단, 권선비 $\alpha = 4$, 상수비 $\beta = 10$이다)

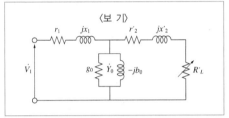

〈보 기〉

① 0.38[Ω]   ② 1.52[Ω]
③ 5.12[Ω]   ④ 6.08[Ω]

해설

유도 전동기의 등가 회로

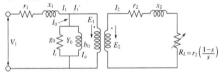

[운전 중인 유도 전동기 회로]

• $N_s = \dfrac{120f}{p} = \dfrac{120 \times 60}{4} = 1,800 [\text{rpm}]$ 이고, 문제에서 회전자 회전 속도가 1,710[rpm]으로 주어졌으므로, 슬립 $s = \dfrac{N_s - N}{N_s} = \dfrac{1,800 - 1,710}{1,800} = \dfrac{90}{1,800} = 0.05$ 가 된다.

• 2차 저항 $r_2 = 0.02[\Omega]$ 이므로 부하측 $R_L = r_2\left(\dfrac{1-s}{s}\right) = 0.02 \times \dfrac{(1-0.05)}{0.05} = 0.38[\Omega]$ 이다.

따라서, 2차측을 1차측으로 환산한 등가 부하 저항 $R_L' = \alpha^2 R_L = 4^2 \times 0.38 = 6.08[\Omega]$ 이 된다.

답 ④

정격 출력 9[kW], 60[Hz] 4극 3상 유도 전동기의 전부하 회전수가 1,620[rpm]이다. 전부하로 운전할 때 2차 동손 [W]은?(단, 기계손은 무시한다)

① 800　　　　　　　　② 1,000
③ 1,200　　　　　　　④ 1,400

해설

동기 속도 $N_s = \dfrac{120 \cdot f}{p} = \dfrac{120 \cdot 60}{4} = 1,800[\mathrm{r\,pm}]$

슬립 $s = \dfrac{N_s - N}{N_s} = \dfrac{1,800 - 1,620}{1,800} = 0.1$

2차 입력(P_2) : 동손(P_{c2}) : 2차 출력(P_0) $= 1 : s : 1-s$

$P_{2c} = \dfrac{P_0 \cdot s}{1-s} = \dfrac{9 \cdot 10^3 \cdot 0.1}{1 - 0.1} = 1,000[\mathrm{W}]$

답 ②

유도 전동기는 공극을 통하여 전력이 회전자에 전달되므로 그 전력을 변환 전력(회전자 동손을 제외한 전력)이라고도 한다. 유도 전동기의 변환 전력은 속도와 관계되며 속도는 슬립(s)으로 표현된다. 변환 전력과 슬립의 관계를 설명한 것으로 옳은 것은?

① 변환 전력은 s에 비례한다.
② 변환 전력은 $(1-s)$에 비례한다.
③ 변환 전력은 $\dfrac{1}{s}$에 비례한다.
④ 변환 전력은 $\left(\dfrac{1}{s} - 1\right)$에 비례한다.

해설

변환 전력 즉, 2차 출력=2차 입력−2차 동손

$P_0 = P_2 - P_{c2} = I_2^2 \dfrac{r_2}{s} - I_2^2 r_2 = I_2^2 r_2 \left(\dfrac{1}{s} - 1\right)$

답 ④

60[Hz], 4극, 30[kW]인 3상 유도 전동기의 전부하 운전 시에 슬립이 6.25[%]일 때, 2차측 동손[kW]은?

① 0.5　　　　　　　　② 0.94
③ 2　　　　　　　　　④ 14.1

해설

2차 입력 P_2, 출력 P_0, 2차 동손 P_{c2}라 하면

$P_{c2} = s P_2 = \dfrac{s}{1-s} P_0 = \dfrac{0.0625}{1 - 0.0625} \times 30 = 2[\mathrm{kW}]$

답 ③

㉠ 2차측 동손

$P_{2c} = (I_2')^2 r_2 [\mathrm{W}]$

㉡ 2차측 출력

$P_0 = (I_2')^2 r [\mathrm{W}] = (I_2')^2 \dfrac{(1-s)}{s} r_2 [\mathrm{W}]$

㉢ 2차측 입력 = 2차측 출력 + 2차측 동손

$P_2 = P_0 + P_{c2} = (I_2')^2 \dfrac{(1-s)}{s} r_2 + (I_2')^2 r = (I_2')^2 \dfrac{r_2}{s} [\mathrm{W}]$

㉣ 2차측 입력, 출력, 동손의 관계식

$P_2 : P_{2c} : P_0 = 1 : s : 1-s$

㉤ 2차 효율

$\eta_2 = \dfrac{\text{출력}}{\text{입력}} \times 100 = \dfrac{P_0}{P_2} \times 100 = (1-s) \times 100$

(5) 유도 전동기 토크

유도 전동기에서 2차측 출력(P_0)에 해당하는 부분은 토크 $T[\mathrm{N \cdot m}]$와 각속도 $\omega = 2\pi n[\mathrm{rad/min}]$로 다음과 같이 나타낼 수 있다.

$$P_0 = \omega T [\mathrm{W}] = 2\pi \dfrac{n}{60} T [\mathrm{W}] \qquad \left(\because \omega = 2\pi \dfrac{n}{60}[\mathrm{rad/s}]\right)$$

위 식을 변형하면 토크는 다음과 같이 나타낼 수 있다.

$$T = \dfrac{60}{2\pi} \cdot \dfrac{P_0}{n} = 9.55 \cdot \dfrac{(1-s)P_2}{(1-s)n_s} = 9.55 \cdot \dfrac{P_2}{n_s} [\mathrm{N \cdot m}]$$

① 토크식

$$T = \dfrac{60 P_0}{2\pi n} = 9.55 \dfrac{P_0}{n} = 9.55 \dfrac{(1-s)P_2}{(1-s)n_s} = 9.55 \dfrac{P_2}{n_s} [\mathrm{N \cdot m}]$$

$$T = \dfrac{60 P_0}{2\pi n} = 0.975 \dfrac{P_0}{n} = 0.975 \dfrac{(1-s)P_2}{(1-s)n_s} = 0.975 \dfrac{P_2}{n_s} [\mathrm{kg \cdot m}]$$

$(\because 1[\mathrm{kg \cdot f}] \fallingdotseq 9.8[\mathrm{N}])$

② 슬립과 토크식

$$\left(\because P_0 = (I_2')^2 \cdot r = \left(\dfrac{E_2}{\sqrt{\left(\dfrac{r_2}{s}\right)^2 + (x_2)^2}} \right)^2 \cdot \dfrac{1-s}{s} r_2 [\mathrm{W}] \right)$$

$$\Rightarrow T = \dfrac{P_0}{\omega} = \dfrac{60 P_0}{2\pi n} = \dfrac{60}{2\pi n} \left(\dfrac{s r_2 E_2^2}{r_2^2 + (s x_2)^2} \right) [\mathrm{N \cdot m}]$$

③ 동기 와트(P_2) : 동기 속도로 회전할 때 2차 입력을 토크로 표현한 것을 말한다.

$$P_2 = 2\pi \cdot \frac{n_s}{60} \cdot T[\text{W}]$$

$$P_2 = P_0 + P_{c2} + P_m = 출력 + 2차 동손 + 기계손$$

④ 최대 토크(T_m)

$$T_m = K_0 \frac{E_2^2}{2x_2}[\text{N} \cdot \text{m}](K_0 : 상수, \ (sx_2)^2 = r_2^2 일 때 최대 토크)$$

⑤ 최대 토크 시 슬립(S_{T_m})

$$S_{T_m} = \frac{r_2^{'}}{\sqrt{r_1^2 + (x_1 + x_2^{'})^2}} \fallingdotseq \frac{r_2^{'}}{x_1 + x_2^{'}} \fallingdotseq \frac{r_2}{x_2}$$

3상 유도 전동기의 최대 토크에 관련한 설명으로 옳지 않은 것은?

① 최대 토크는 입력 전압의 제곱에 비례한다.

② 최대 토크가 발생하는 슬립은 회전자 저항에 비례한다.

③ 최대 토크는 회전자 저항에 반비례한다.

④ 최대 토크가 발생하는 슬립은 누설 리액턴스에 반비례한다.

해설

3상 유도 전동기의 최대 토크는 회전자 저항과 무관하며 항상 일정하다.

답 ③

제4절 유도 전동기 특성

1 속도-토크 특성 곡선

3상 유도 전동기에서 전원 전압을 일정하게 유지하고, 속도(슬립)을 변화시킬 때 속도에 대한 토크의 변화를 속도-토크 특성이라 한다.

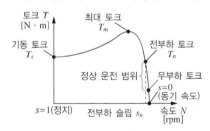

[속도-토크 특성 곡선(농형 유도 전동기)]

2 비례추이

권선형 회전자로 구성된 3상 유도 전동기는 내부가 권선으로 이루어져 있고, 대부분 Y 결선을 이루고 있다. Y 결선된 회전자의 권선을 슬립링을 통하여 전동기 외부의 저항과 직렬로 연결하면 권선에 흐르는 전류의 크기를 제어할 수 있고, 토크의 크기도 제어할 수 있다.

3상 유도 전동기의 비례추이에 대한 설명으로 옳지 않은 것은?

① 권선형 유도 전동기에 있어서 2차 회로의 저항을 변화시킨다.

② 속도-토크 특성에서 최대 토크는 증가하지 않는다.

③ 비례추이를 이용하여 기동전류를 감소시킬 수 있다.

④ 비례추이를 이용하여 출력과 효율을 증가시킬 수 있다.

해설
유도 전동기의 비례추이
• 최대 토크는 항상 일정
• 2차 저항 r_2가 증가할수록 슬립이 증가하고, 속도가 감소하면서 기동 토크가 증가한다.
• 슬립 s는 2차 저항 r_2에 비례한다.

$$\frac{r_2}{s} = \frac{r_2 + R_2}{s^{'}}$$

• 비례추이 할 수 없는 것 : 출력, 효율, 2차 동선

• 최대 토크 시 슬립의 크기 $S_{T_m} = \dfrac{r_2}{x_2}$

답 ④

권선형 유도 전동기의 2차측 단자에 외부 저항 R을 삽입하였다. 이 저항 R을 증가시킨 경우의 설명으로 옳지 않은 것은?

① 최대 토크 발생 슬립이 증가한다.

② 최대 토크가 감소한다.

③ 기동 토크가 증가한다.

④ 기동 전류가 감소한다.

해설

권선형 유도 전동기의 비례추이(Proportional Shifting)

- 권선형 유도 전동기의 2차측 저항을 r, $2r$, $3r$로 증가시킴에 따라, 토크의 최댓값이 곡선의 왼쪽($s=1$)으로 이동하는 현상을 권선형 유도 전동기의 토크 비례추이 곡선이라고 한다.
- 기동 시 토크를 높이기 위해서 권선형 유도 전동기 2차 저항을 증가시키고(기동 전류 감소), 속도 증가에 따라 토크의 최댓값을 일정하게 유지하기 위해 2차 저항을 감소시켜 속도 변화에 따라 2차 저항을 조절한다(최대 토크 시 슬립 증가).
- 2차 저항으로 임의의 최대, 최소 토크를 선택할 수 있지만, 운전 시에 손실이 크고 효율이 떨어진다.

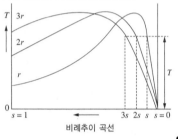

비례추이 곡선

답 ②

3상 유도 전동기의 비례추이에 대한 설명으로 옳지 않은 것은?

① 2차 저항이 증가하면 최대 토크가 발생하는 슬립이 증가한다.

② 2차 저항이 증가하면 슬립은 증가하지만 최대 토크는 일정하다.

③ 유도 전동기의 역률은 비례추이를 할 수 있다.

④ 유도 전동기의 효율은 비례추이를 할 수 있다.

해설

비례추이를 할 수 없는 것 : 효율, 출력, 동손

답 ④

(1) 토크의 비례추이

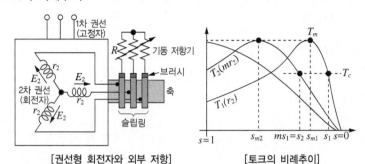

[권선형 회전자와 외부 저항]　　　　[토크의 비례추이]

T_1 : r_2일 때의 토크 곡선　　　　T_2 : mr_2일 때의 토크 곡선

T_m : 최대 토크　　　　s : 슬립

그림[토크의 비례추이 P.80]은 외부 저항과 연결하지 않은 r_2의 저항을 외부 저항 R과 연결하여 r_2의 m배인 mr_2로 변화시킨 뒤 변화된 슬립에 대한 토크 곡선이다. 그림과 같이 합성 저항이 클수록 최대 토크의 변화는 없으나, 작은 기동 전류에서 큰 기동 토크를 얻을 수 있는 장점이 있다. 또한 r_2의 저항을 mr_2로 변경하면, r_2일 때의 s_1 또한 m배인 ms_1 슬립으로 변화하는 것을 확인할 수 있다. 따라서 다음과 같은 관계식을 얻을 수 있다.

$$\frac{r_2}{s} = \frac{2r_2}{2s} = \frac{3r_2}{3s} = \frac{mr_2}{ms}$$

(2) 전류의 비례추이

1차 전류도 $\dfrac{r_2}{s}$의 함수로 되어 있으므로 저항의 크기에 비례하여 기동 전류도 낮게 되는 비례추이의 성질을 가진다. 또한 이 부분은 권선형 유도 전동기가 농형 유도 전동기보다 고가이기는 하지만 큰 장점이라고 할 수 있다.

(3) 특 징

① r_2를 변화시켜도 최대 토크 T_m는 변화하지 않는다.

② r_2를 증가시키면 비례하여 슬립(s)도 증가한다.

③ r_2를 증가시키면 기동 전류는 감소하고, 기동 토크는 증가한다.

④ 비례추이가 가능한 부분은 운전 토크(τ), 1차 전류(I_1), 2차 전류(I_2), 역률($\cos\theta$), 1차 입력(P_1)

⑤ 비례추이가 불가능한 부분은 출력(P_0), 효율(η), 2차 동손(P_{c2})

3 원선도

유도 전동기의 1차 부하 전류의 증감과 더불어 그릴 수 있는 궤적이 항상 반원주 상에 있는 것을 이용하여 유도 전동기의 효율 및 역률 등을 구하기 위한 원선도

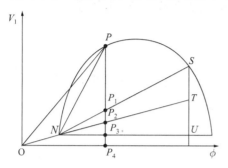

(1) 원선도 작성 시 필요한 시험

① 저항 측정 시험 : 1차 동손($\overline{P_2P_3}$)

② 무부하 시험 : 여자 전류, 철손($\overline{P_3P_4}$)

③ 구속 시험(단락 시험) : 2차 동손($\overline{P_1P_2}$)

(2) 원선도 특성

① 전부하 효율 : $\eta = \dfrac{2차\ 출력}{전\ 입력} = \dfrac{\overline{PP_1}}{\overline{PP_4}}$

② 2차 효율 : $\eta_2 = \dfrac{2차\ 출력}{2차\ 입력} = \dfrac{\overline{PP_1}}{\overline{PP_2}}$

③ 슬립 : $s = \dfrac{2차\ 동손}{2차\ 입력} = \dfrac{\overline{P_1P_2}}{\overline{PP_2}}$

보기는 4극, 정격 200[V], 60[Hz]인 3상 유도 전동기의 원선도이다. 이 전동기가 P점에서 운전 중일 때 슬립과 동기 와트 각각의 값은?(단, $\overline{Pa} = 80$[mm], $\overline{ab} = 20$[mm], $\overline{bc} = 12$[mm], $\overline{cd} = 18$[mm]이며, 전류 척도 1[A]는 10[mm]이다)

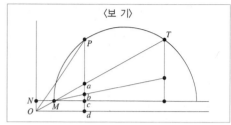

〈보 기〉

① 0.2, $2\sqrt{3}$ [kW] 　② 0.02, $20\sqrt{3}$ [kW]

③ 0.02, $2\sqrt{3}$ [kW] 　④ 0.2, $20\sqrt{3}$ [kW]

해설

헤일랜드 원선도(Hayland Circuit Diagram)

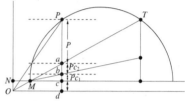

2차 구리손 : $P_{c2} = sP_2$일 때,

$s = \dfrac{P_{c2}}{P_2} = \dfrac{P_{c2}}{P + P_{c2}} = \dfrac{\overline{ab}}{\overline{Pa} + \overline{ab}}$

$= \dfrac{20[\mathrm{mm}]}{80[\mathrm{mm}] + 20[\mathrm{mm}]} = \dfrac{20[\mathrm{mm}]}{100[\mathrm{mm}]} = 0.2$ 이고,

전류 척도가 1[A]당 10[mm]이므로, 유도 전동기의 P_2가 100[mm]이므로, 전류 $I = 10$[A]

따라서, $P_2 = \sqrt{3}\,VI = \sqrt{3} \times 200 \times 10 \times 10^{-3}$
$= 2\sqrt{3}$ [kW]

유도 전동기의 1차 부하 전류의 벡터 선단이 부하의 증감과 더불어 그리는 자취가 항상 반원주상에 있는 것을 이용하여 간이 등가 회로의 해석에 이용한 것으로, 유도 전동기의 실부하 시험을 하지 않고 전동기의 특성을 쉽게 구할 수 있는 방법이다.
• 원선도 지름 : 전압에 비례, 리액턴스에 반비례
• 원선도 작성에 필요한 시험
  – 저항 측정 시험 및 구속 시험 : 1차 동손 및 2차 동손
  – 무부하 시험 : 여자 전류, 철손
• 원선도에서 알 수 있는 것 : 1차 동손, 2차 동손, 1차 입력, 철손, 여자 전류

답 ①

유도 전동기 원선도를 그리기 위해 실행하는 시험으로 옳지 않은 것은?

① 무부하 시험   　② 부하 시험
③ 구속 시험   　　④ 저항 측정

해설

유도 전동기의 시험법 – 헤일랜드 원선도(Hayland Circle Diagram)
• 원선도의 지름은 전압에 비례, 리액턴스에 반비례
• 원선도 작성 시 필요한 시험 : 저항 측정, 무부하 시험, 구속 시험

답 ②

유도 전동기의 속도 제어법에 대한 설명으로 가장 옳지 않은 것은?

① 전압 제어법은 토크 변동이 크고, 좁은 범위에서 속도 제어가 가능하다.

② 일정 자속 제어법은 주파수와 전압의 비를 일정하게 함으로써 자속을 일정하게 유지하여 전압 제한 범위까지 속도 제어가 가능하다.

③ 2차 저항 제어법은 권선형 유도기에서 회전자 권선 저항을 제어하여 속도 제어가 가능하지만 2차 저항이 커지면 효율이 나빠진다.

④ 농형 유도기의 극수 절환법을 사용하기 위해서는 회전자의 극수도 고정자의 극수 변화에 따라 맞추어 바꿔 줘야 한다.

해설

유도 전동기 속도 제어법

④ 극수 변환(Pole Changing)법 : 부하의 종류나 주위환경의 변화에 따라 외부기기 부착 없이 극수를 변화시켜 전동기의 회전 속도를 제어할 수 있는데, $N_s = \dfrac{120f}{p}$ 에서와 같이 f(주파수)를 일정하게 할 때 극수 p를 변화시키면 동기 속도가 변화함에 따라 회전자의 속도도 변화하는 원리를 이용하여, 속도를 변화시킨다. 이때 속도를 변화시킬 수 있는 것은 4단계 정도이고 그 이상은 사용하지 않는다. 극수 변경에 의한 속도 변화에는 동일 철심에 극수가 다른 2개의 독립된 권선을 넣는 것과 단일 권선을 사용하는 두 가지 방법이 있으며, 전자는 주로 다단속도에, 후자는 2 : 1의 경우에 사용하는 경우가 많다. 따라서, 극수 변환에 의한 속도 제어를 위해서는 농형인 회전자에 고정자 권선의 코일 연결을 바꾸어 극을 바꿀 수 있도록 구성하여야 하며, 극수 변화에 따라 바꾸지 않는다.

① 1차 전압 제어 : 사이리스터(Thyristor) 회로 등을 이용해서 1차 전압을 증감시키면 토크가 변화하는 것을 이용해 슬립을 변화시켜 속도를 제어하는 방법이다. 유도 전동기의 발생 토크는 1차 전압(고정자 권선 전압)의 2승에 비례하므로, 토크 변동률이 크고 좁은 범위에서 속도 제어가 가능하다.

② 일정 자속 제어법(일정 V/f 제어법) : 주파수 변동에 따라 자속, 전류 및 토크가 변동하므로, 주파수 변동에 관계없이 자속을 일정하게 제어하여야 한다. 따라서, 속도와 관계없이 자속을 일정하게 제어하려면 주파수 증가에 따라 고정자 전압을 증가시켜야 하는데, 이를 일정 V/f 제어라고 한다. 일정 V/f 제어 시 전류와 토크는 주파수에 독립적이며, 낮은 슬립으로 운전되므로 효율이 높고, 최대 토크로 기동시킬 수 있다.

③ 2차 저항 제어법 : 권선형 유도 전동기에만 적용할 수 있는 방법으로, 비례추이의 원리를 이용하여 권선형 유도 전동기의 2차측에 접속한 외부 저항값을 조정하여 슬립을 변화시킴으로써 속도를 제어하는 방법이나, 2차측에 접속한 저항값이 커지면서 손실도 증가하여 효율이 나빠진다.

답 ②

---

1 농형 유도 전동기의 속도 제어법

(1) 극수 변환법

① 극수(p)를 변환시켜 $N_s = \dfrac{120f}{p}$[rpm] 속도를 제어하는 방법

② 비교적 효율이 양호하다.

③ 단계적 속도 제어가 가능하고, 연속적인 속도 제어에는 부적합하다.

(2) 주파수 제어법

① 인버터를 이용하여 주파수(f)를 변환시켜 $N_s = \dfrac{120f}{p}$[rpm] 속도를 제어하는 방법

② 자속을 일정하게 유지할 수 있다($\because \dfrac{V_1}{f} =$ 일정).

③ 선박 추진기, 방직기용 모터 등에 사용

(3) 전원 전압 제어법

① 토크가 전원 전압의 제곱에 비례하는 특성을 이용하여 속도를 제어하는 방법

② $\left(s \propto \dfrac{1}{V^2} \rightarrow \dfrac{s_2}{s_1} = \dfrac{V_1^{\,2}}{V_2^{\,2}} \right)$

③ 선풍기 모터 등에 사용

2 권선형 유도 전동기의 속도 제어법

(1) 저항 제어법

비례추이를 이용하여 속도를 제어한다.

(2) 2차 여자법

회전자 권선의 2차측 기전력 sE_2와 동일한 주파수의 전압 E'를 인가하여 속도를 제어한다.

(3) 종속 접속법

① 직렬 접속 : $N = \dfrac{120f}{p_1 + p_2}$

② 차동 접속 : $N = \dfrac{120f}{p_1 - p_2}$

③ 병렬 접속 : $N = \dfrac{120f}{\dfrac{p_1 + p_2}{2}} = \dfrac{240f}{p_1 + p_2}$

3 권선형 유도 전동기의 기동 방식

(1) 2차 저항 기동법(기동 저항기법)

2차 회로에 외부 저항(가변 저항기)를 접속하고 비례추이의 원리를 이용해 기동 전류를 억제하고 기동 토크를 크게 하는 방법

(2) 게르게스법

회전자에 소권수의 코일 2개를 설치하고 이를 병렬로 사용하여 기동 시의 기동 전류를 제한하고 기동 후에는 각상의 권선을 단락하여 큰 토크를 발생시키는 방법

4 농형 유도 전동기의 기동 방식

(1) 전전압 기동

① 5마력 이하의 소형 전동기에서 주로 이용

② 기동 전류 : 정격전류의 3~6배

다음과 같은 회로를 적용하여 속도 제어를 하는데 가장 적합한 전동기는?

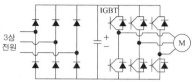

① 직류 전동기   ② 유도 전동기
③ 리니어 직류 전동기   ④ 스테핑 모터

해 설
3상 인버터를 이용한 유도 전동기 속도 제어 회로이다.

답 ②

농형 유도 전동기의 기동법에 대한 설명으로 옳지 않은 것은?

① 전전압 기동은 5[kW] 이하의 소용량 전동기에 정격전 압을 직접 가하여 기동하는 방법이다.
② Y−△ 기동은 기동 시에는 고정자 권선을 Y결선하여 기동하고 운전 상태에서는 고정자 권선을 △결선으로 변경하는 방법이다.
③ 워드 레오나드(Ward Leonard) 기동은 전동기의 2차 회로에 기동 저항을 접속하여 기동 전류를 제한하여 기동하고 서서히 기동 저항을 변경하는 방법이다.
④ 리액터 기동은 전동기의 1차측에 가변 리액터를 접속하여 기동 전류를 제한하고 가속 후 가변 리액터를 단락하는 방법이다.

해 설
워드 레오나드(Ward Leonard)는 직류 전동기 속도 제어 방식 중 하나이다.
농형 유도 전동기 기동법은 전전압 기동법, Y−△ 기동법, 리액터 기동법, 기동 보상기법이 있다.

답 ③

△결선으로 운전하는 유도 전동기를 기동하기 위하여 Y 결선으로 바꾸었을 때, 전전압 기동 시에 비하여 1차 전류와 토크의 변화량은?

① 1차 전류는 $\frac{1}{\sqrt{3}}$ 로 감소하고 토크는 $\frac{1}{\sqrt{3}}$ 로 감소한다.

② 1차 전류는 $\frac{1}{\sqrt{3}}$ 로 감소하고 토크는 $\frac{1}{3}$ 로 감소한다.

③ 1차 전류는 $\frac{1}{3}$ 로 감소하고 토크는 $\frac{1}{\sqrt{3}}$ 로 감소한다.

④ 1차 전류는 $\frac{1}{3}$ 로 감소하고 토크는 $\frac{1}{3}$ 로 감소한다.

[해][설]
유도 전동기의 Y−△기동 특성

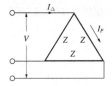 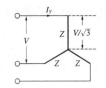

한 상 임피던스 Z, 선간 전압 V일 때, 기동 전류는 선전류 I_Y 이므로 전전압 기동 전류 $I_\triangle$에 비하여

$$I_\triangle = \sqrt{3}\,I_P = \sqrt{3}\,\frac{V}{Z}, \quad I_Y = \frac{\frac{V}{\sqrt{3}}}{Z} = \frac{V}{\sqrt{3}\,Z},$$

$$\frac{V}{Z} = \frac{I_\triangle}{\sqrt{3}} = \sqrt{3}\,I_Y$$

$$\therefore\ I_Y = \frac{1}{3}I_\triangle$$

기동 전류는 $\frac{1}{3}$ 이 되며, $T \propto I \propto V^2$이므로 토크도 $\frac{1}{3}$ 이 된다.

[답] ④

전동기와 전력 변환 장치로 구성된 전동기 구동 시스템이 어떤 관성 부하로 운전 중에 있다. 이를 제동하는 방법에 관한 설명으로 옳지 않은 것은?

① 전기식 제동 시 전동기는 발전기 영역에서 동작할 수 있다.
② 제동은 크게 기계식 제동과 전기식 제동으로 분류한다.
③ 빈번한 가속과 정지를 행하는 관성 부하는 에너지 절약을 위해 발전제동을 사용한다.
④ 회생 제동은 발전 제동보다 에너지 절약측면에서 더 유리하다.

[해][설]
발전 제동은 에너지를 저항부하에서 열로 소모하므로 비효율적이고, 에너지 절약을 위해서는 회생 제동을 사용한다.

[답] ③

(2) 감전압 기동

① Y−△ 기동법

　㉠ 기동 시 Y형태로, 운전 시 △ 형태로 변경시켜 공급 전압을 조정하는 방식

　㉡ 기동 전류 $\frac{1}{3}$ 배 감소, 기동토크 $\frac{1}{3}$ 배 감소

　㉢ 5~15[kW]에서 사용

② 기동 보상 기법

　㉠ 3상 단권 변압기를 Y결선 이용하여 공급 전압을 조정하는 방식

　㉡ 15[kW] 이상

③ 리액터 기동법 : 전원과 전동기 사이에 직렬 리액터를 삽입하고 전동기에 인가되는 전압을 제어함으로서 기동 전류 및 기동 토크를 제어하는 방식

④ 1차 저항 기동법

5 유도 전동기 제동법

(1) 전기적 제동

① 회생 제동 : 유도 전동기를 유도 발전기로 변환시켜 그 발생 전력을 전원에 반환하는 원리를 이용하여 제동하는 방법

② 발전 제동 : 전동기를 전원으로부터 분리한 뒤 1차측에 직류 전원을 공급하여 발전기로 동작시킨 후 발생된 전력을 저항에서 열로 소비시키는 방법

③ 역전 제동 : 회전중인 전동기의 1차 권선 3단자 중 임의의 2단자의 접속을 바꾸어 역방향의 토크를 발생시켜 제동하는 방법으로 급제동이 요구되는 경우 사용된다.

④ 단상 제동 : 권선형 유도 전동기의 1차측을 단상 교류로 여자하고, 2차측에 적당한 크기의 저항을 넣어 전동기의 회전과는 역방향으로 토크를 발생시켜 제동하는 방법

(2) 기계적 제동

회전자와의 기계적 마찰을 이용하여 제동하는 방법

제6절 유도 전동기의 이상현상

1 크롤링(차동기 운전) 현상

(1) 고조파에 의해 낮은 속도에서 안정상태가 되어 더 이상 가속되지 않는 현상

(2) 농형 유도 전동기에서 발생

(3) 회전자 권선과 슬롯수가 적당치 않을 경우 발생

(4) 방지 대책으로 경사 슬롯(Skewed Slot)을 채용

2 고조파에 의한 회전 자계의 방향과 속도의 영향

(1) 기본파와 같은 방향의 회전 자계 발생($h = 2nm + 1$)

(2) 회전 자계가 발생하지 않음($h = 3n$)

(3) 기본파와 반대 방향의 회전 자계 발생($h = 2nm - 1$)

  ※ h(고조파의 차수), n(자연수), m(상수)

3 게르게스 현상

(1) 권선형 회전자 권선 중 1상이 차단된 경우 회전자가 단상화되어 정상·역상 회전 자계가 나타난다.

(2) 최대 50[%] 속도에서 더 이상 가속되지 않는다.

소형 유도 전동기의 슬롯을 사구(Skew Slot)로 하는 이유로 옳은 것은?

① 회전자의 발열 방지

② 크롤링(Crawling) 현상 방지

③ 자기여자 현상 방지

④ 게르게스(Gorges) 현상 방지

해설

• 크롤링(Crawling) 현상 : 농형 유도 전동기에서 일어나는 현상으로 농형 유도 전동기 계자에 고조파가 유기되거나 공극이 일정하지 않을 때 전동기 회전자가 정격속도에 이르지 못하고 도중에 멈추는 현상을 말하며 사구 슬롯(Skew Slot)을 채용하여 방지한다. 사구 슬롯을 적용함으로써 저속에서 토크가 맥동하는 코깅(Cogging) 현상을 방지하고 균일한 회전력을 얻으며, 회전자의 저항을 크게 하고, 고조파의 영향을 최소화할 수 있다.

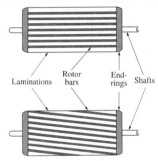

Laminations   Rotor bars   End-rings   Shafts

• 게르게스(Gorges) 현상 : 권선형 유도 전동기에서 전동기가 무부하 또는 경부하로 운전 중 회전자 한 상이 결상되어도 전동기가 소손되지 않고 정격 속도의 1/2배의 속도에서 운전되는 현상을 말한다.

답 ②

3상 권선에 의한 회전 자계의 고조파 성분 중에서 제5고조파에 대한 설명으로 옳은 것은?

① 기본파와 같은 방향으로 5배의 속도로 회전한다.

② 기본파와 반대 방향으로 5배의 속도로 회전한다.

③ 기본파와 같은 방향으로 $\frac{1}{5}$배의 속도로 회전한다.

④ 기본파와 반대 방향으로 $\frac{1}{5}$배의 속도로 회전한다.

해설

고조파 발생 차수를 나타내는 식은 다음과 같다.

$h = np \pm 1$

h : 고조파 발생차

n : 정수(1, 2, 3, 4, 5, …)

p : 정류기 상수(단상 정류기 : 2, 6상 정류기 : 6, 12상 정류기 : 12)

$h = 2np + 1$ 고조파는 기본파와 동일한 방향의 회전 자계로 $\frac{1}{h}$의 회전 속도

$h = 2np - 1$ 고조파는 기본파와 반대 방향의 회전 자계로 $\frac{1}{h}$의 회전 속도

답 ④

단상 유도 전동기의 기동 방식에 따른 종류에 해당하지 않는 것은?

① 분상 기동형 단상 유도 전동기
② 커패시터 기동형 단상 유도 전동기
③ 셰이딩 코일형 단상 유도 전동기
④ 제동 권선 기동형 단상 유도 전동기

해설
종류 및 기동 토크 순서
반발 기동형 > 반발 유도형 > 콘덴서 기동형 > 분상 기동형 > 셰이딩 코일형

답 ④

주권선과 전기적으로 90°의 위치에 보조 권선을 설치하고, 두 권선의 전류 위상차를 이용하여 기동 토크를 발생시키는 단상 유도 전동기는?

① 반발 기동형 단상 유도 전동기
② 반발 유도형 단상 유도 전동기
③ 분상 기동형 단상 유도 전동기
④ 셰이딩 코일형 단상 유도 전동기

해설

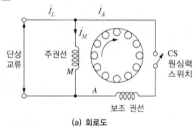

(a) 회로도

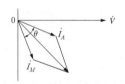

(b) 벡터도

분상 기동형 유도 전동기에서 주권선과 보조 권선은 공간적으로 90°의 위상차를 갖도록 권선되어 있다.
분상(Split-phase) 유도 전동기
• 분상 유도 전동기는 상을 분리하여 기동 특성을 얻어내는 방식의 단상 유도 전동기이다.
• 가장 많이 사용되는 형태로서 냉장고, 세탁기, 송풍기, 선풍기, 원심 펌프 등에 사용된다.

답 ③

제7절　**단상 유도 전동기**

1 단상 유도 전동기의 특성

(1) 단상에서는 회전 자장이 생기지 않으므로 기동 장치가 필요하다.

(2) 2차 저항이 증가되면 최대 토크는 감소한다(비례추이 할 수 없다).

(3) 슬립이 0이 되기 전에 토크가 감소한다.

(4) 슬립이 0이 되면 토크는 부(−)가 된다.

2 종류 및 기동 토크 순서

반발 기동형 > 반발 유도형 > 콘덴서 기동형 > 분상 기동형 > 셰이딩 코일형

제8절　**유도 전압 조정기**

유도 전동기와 단권 변압기의 원리를 이용한 전압 조정기

1 단상 유도 전압 조정기

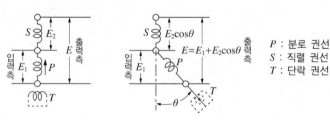

P : 분로 권선
S : 직렬 권선
T : 단락 권선

① 1차 권선 : 회전자
② 2차 권선 : 고정자

(1) 교번 자계를 이용한다.

(2) 입력 전압과 출력전압 간의 위상차가 없다.

(3) 단락 권선이 필요하다.

(4) 전압조정 범위 : $E = E_1 \pm E_2 \text{[V]}$

(5) 출력측 전압 : $E = E_1 + E_2 \cos\theta \text{[V]}$

(6) 정격 출력 : $P_a = E_2 I_2 \times 10^{-3} \text{[kVA]}$

2 3상 유도 전압 조정기

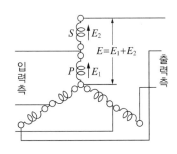

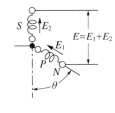

P : 분로 권선
S : 직렬 권선

① 1차 권선 : 회전자
② 2차 권선 : 고정자

(1) 회전 자계를 이용한다.

(2) 입력 전압과 출력 전압 간의 위상차가 있다.

(3) 단락 권선이 필요 없다.

(4) 전압 조정 범위 : $E = \sqrt{3}\,(E_1 \pm E_2)\,\text{[V]}$

(5) 출력측 전압 : $E = \sqrt{(E_1 + E_2\cos\theta)^2 + (E_2\sin\theta)^2}$

(6) 정격 출력 : $P_a = \sqrt{3}\,E_2 I_2 \times 10^{-3}\text{[kVA]}$

단상 유도 전동기의 기동을 위한 기동 장치에 해당하지 않는 것은?

① 셰이딩 코일형　　　② 분상 기동형
③ 콘덴서 기동형　　　④ Y-△ 기동형

해설

단상 유도 전동기의 기동방식

• 분상 기동형 단상 유도 전동기(Split Phase Induction Motor)는 전동기의 원활한 기동을 위하여 전기각을 $p/2$의 차이를 두고 주권선과 기동 권선을 설치한 전동기이다.

• 콘덴서 기동형 단상 유도 전동기(Capacitor Start Induction Motor)는 교류 전동기로 그 용도가 다양하다. 냉장고, 공기 압축기, 중유 원소기, 전기 세탁기, 펌프, 에어컨 등에 사용된다. 구조면에서는 분상 기동형 전동기와 비슷하나 기동용 콘덴서가 기동 권선과 직렬로 연결된 점이 다르다.

• 콘덴서 기동 콘덴서 운전 단상 유도 전동기(Single-value Capacitor-run Motor)는 기동 시에는 큰 정전 용량의 콘덴서를 사용하고 기동 후에는 작은 용량의 콘덴서를 계속 사용하는 전동기이다. 특징은 운전 콘덴서와 기동 권선은 언제나 회로에 접속되어 있다. 이 전동기는 비교적 낮은 기동 토크에서도 소음 없이 부드럽게 작동한다.

• 셰이딩 코일형 단상 유도 전동기(Shaded-pole Type Single Phase Induction Motor)는 회전자가 농형의 구조이고, 고정자의 주극을 돌극(Salient Pole)으로 하고 끝 부분에서 세돌극을 둔다. 세돌극에는 굵은 구리선으로 두 번 정도 감아 단락시킨 셰이딩 코일(Shading Coil)을 설치하여 계속적으로 변화하는 자기력선속을 회전자에 통과시킨다.

답 ④

03 적중예상문제

01 극수가 6극인 50[Hz]용 3상 유도 전동기일 때 이 전동기의 동기 속도[rpm]는 얼마인가?

① 600   ② 1,000

③ 1,200   ④ 2,400

해설

동기 속도 $N_s = \dfrac{120f}{P} = \dfrac{120 \times 50}{6} = 1,000[\mathrm{rpm}]$

02 극수가 6극인 60[Hz]용 3상 유도 전동기가 955[rpm]으로 회전하고 있다. 이 전동기의 슬립[%]은?

① 0.1   ② 0.2

③ 0.3   ④ 0.5

해설

- 동기 속도 $N_s = \dfrac{120f}{P} = \dfrac{120 \times 60}{6} = 1,200[\mathrm{rpm}]$
- 슬립 $S = \dfrac{N_s - N}{N_s} = \dfrac{1,200 - 955}{1,200} \times 100 = 0.2[\%]$

03 전부하 슬립 5[%], 2차 저항손 6[kW]인 3상 유도 전동기의 2차 입력은 몇 [kW]인가?

① 80   ② 100

③ 120   ④ 180

해설

2차 동손 $P_{c2} = s P_2$ 에서

$P_2 = \dfrac{P_{c2}}{s} = \dfrac{6}{0.05} = 120[\mathrm{kW}]$

04 60[Hz] 4극 유도 전동기의 2차 주파수가 15[Hz]가 되었다고 하면 회전자 속도[rpm]은?

① 1,050   ② 1,100

③ 1,150   ④ 1,350

해설

2차 주파수 $f_{2s} = sf_1$, $s = \dfrac{f_{2s}}{f_1} = \dfrac{15}{60} = 0.25$

∴ 회전자 속도 $N = N_s(1-s)$ 이므로

$N = \dfrac{120 \times 60}{4}(1 - 0.25) = 1,350[\mathrm{rpm}]$

05 3상 유도 전동기의 1차에 60[Hz]를 공급하고 회전자를 상순과 반대 방향으로 동기 속도 20[%]의 속도로 회전 시 2차 주파수[Hz]는?

① 20   ② 55

③ 72   ④ 80

해설

2차 주파수는 sf_1으로 회전 자계와는 반대 방향으로 동기 속도의 20[%]로 회전시키면 슬립은 1.20이므로

∴ $f_{2s} = 60 \times 1.2 = 72[\mathrm{Hz}]$

06 슬립 s인 유도 전동기가 유도 발전기로 동작하려면?

① $s > 0$
② $s < 0$
③ $s = 1$
④ $0 < s < 1$

해설
유도 전동기가 유도 발전기로 동작하려면 회전 자장과 같은 방향으로 회전자를 동기 속도보다 높은 속도로 돌려야 하므로 슬립은 (−)의 값이 된다.

07 3상 유도 전동기의 전부하 슬립은 동기 속도의 약 몇 [%]인가?

① 1~5
② 3~8
③ 10~16
④ 16~20

해설
전부하 슬립은 용량이 작은 전동기는 5~10[%], 중용량 및 대용량의 전동기는 2.5~5[%]이다.

08 시라게 전동기의 전원 주파수를 60[Hz], 극수를 4극이라 하면 최대 회전수[rpm]는 얼마인가?

① 970
② 1,800
③ 2,700
④ 3,600

해설
속도 조정 범위는 50[%] 정도이다.
동기 속도는 $N_s = \dfrac{120f}{P}[\text{rpm}] = \dfrac{120 \times 60}{4} = 1,800$
∴ $1,800 + 900 = 2,700$

09 3상 유도 전동기의 회전자 입력을 P_2, 슬립을 s라 하면 2차 동손은?

① $\dfrac{P_s}{s}$
② $s^2 P_2$
③ $s P_2$
④ $P_2(1-s)$

해설
회전자 입력 = 2차 동손 + 출력
$P_2 = I_1'^2 r_2' + I_1'^2 R' = I_1'^2 \dfrac{r_2'}{s}$
∴ $sP_2 = I_1'^2 r_2' = P_{2c}$

10 3상 유도 전동기의 슬립을 s, 회전자 입력을 P_2라 할 때 기계적 출력은?

① $P_2(1+s)$
② $P_2(1-s)$
③ $s P_2$
④ $(1-s)/P_2$

해설
기계적 출력 = 2차 입력 − 2차 동손
$P_2 - P_{2c} = P_2 - sP_2 = P_2(1-s)$

11 정격 출력 10[kW]인 3상 유도 전동기를 전부하로 운전하고 있을 때 2차 동손이 500[W]이면 이때의 슬립[%]은 대략 얼마인가?

① 2
② 3
③ 4
④ 5

해설

2차 입력 = 2차 동손 + 출력
$P_2 = 500 + 10,000 = 10,500 [\mathrm{W}]$

$\therefore \ s = \dfrac{P_{2c}}{P_2} = \dfrac{500}{10,500} = 0.048 = 4.8[\%] \fallingdotseq 5[\%]$

13 유도 전동기의 회전 자장과 회전자의 속도를 각각 N_s, N이라 할 때 회전자의 전류 주파수를 f_2는?

① $f_2 \propto (N_s - N)^2$

② $f_2 \propto \dfrac{1}{N_s - N}$

③ $f_2 \propto (N_s - N)$

④ $f_2 \propto (N - N_s)^2$

해설

회전자 전류의 주파수 f_2는 회전 자장과 회전자의 상대 속도에 비례한다.
$f_2 \propto (N_s - N)$

14 3상 유도 전동기에서 슬립을 s라 하면 2차 입력은?

① s에 비례
② s에 반비례
③ s^2에 반비례
④ s^2에 비례

해설

$s = \dfrac{P_{2c}}{P_2} = \dfrac{2\text{차 저항손}}{2\text{차 전입력}}$

따라서, 2차 입력은 s에 반비례한다.

12 슬립 3[%]로 운전하고 있는 2차 입력 1,500[W]인 3상 유도 전동기의 회전자 동손[W]은?

① 45
② 100
③ 150
④ 450

해설

$P_{2c} = sP_2 = 0.03 \times 1,500 = 45[\mathrm{W}]$

15 8극 3상 유도 전동기를 50[Hz]의 전원에 접속하여 운전 시 720[rpm]의 속도에서 37.2[kW]의 기계적 출력을 내고 있다면 이때의 동기 와트[kW]는?

① 52.3
② 38.7
③ 27.5
④ 21.5

해설

동기 속도 $N_2 = \dfrac{120f}{P} = \dfrac{120 \times 50}{8} = 750[\mathrm{rpm}]$

$\dfrac{P_0}{P_2} = \dfrac{N}{N_s}$ 이므로

$P_2 = \dfrac{N_s}{N} P_0 = \dfrac{750}{720} \times 37.2 \fallingdotseq 38.7[\mathrm{kW}]$

16 동기 와트로 표시되는 것은?

① 1차 입력

② 2차 효율

③ 토 크

④ 효 율

해설

동기 와트란 [W]로 표현된 토크를 말한다.

$$T = \frac{60(1-s)P_2}{2\pi(1-s)N_s} = \frac{60P_2}{2\pi N_s} = \frac{P_2}{W_s} = \frac{P_2}{\frac{4\pi f}{P}} [\text{N} \cdot \text{m}]$$

17 유도 전동기의 회전자 효율은?

① $\dfrac{\text{동기 속도}}{\text{회전 속도}}$

② $\dfrac{\text{회전 속도}}{\text{동기 속도}}$

③ $\dfrac{\text{동기 속도} - \text{회전 속도}}{\text{동기 속도}}$

④ $\dfrac{\text{동기 속도} - \text{회전 속도}}{\text{회전 속도}}$

18 출력 50[kW], 효율 95[%]의 펌프를 효율 95[%], 역률 90[%]의 유도 전동기에 직결하여 사용할 때 전동기의 입력[kVA]은?

① 40

② 54

③ 61

④ 78

해설

전동기 입력 $VI = \dfrac{50}{0.95 \times 0.95 \times 0.9} = 61[\text{kVA}]$

19 효율과 역률이 각각 85[%]인 10[kW], 200[V] 3상 유동 전동기의 전부하 전류[A]는?

① 30

② 40

③ 50

④ 60

해설

$P = \sqrt{3} \, VI \cos\theta \, \eta$에서

$$I = \frac{P}{\sqrt{3} \, V\cos\theta \, \eta} = \frac{10 \times 10^3}{\sqrt{3} \times 200 \times 0.85 \times 0.85} = 40[\text{A}]$$

20 출력 3[kW], 1,500[rpm]으로 회전하는 전동기의 토크 [kg · m]는?

① 30.4

② 12.5

③ 8.55

④ 1.95

해설

$$P = \omega\tau = 2\pi \times \frac{N}{60} \times \tau$$

$$\therefore \ \tau = \frac{60P}{2\pi N} = \frac{60 \times 3,000}{2 \times 3.14 \times 1,500} = 19.1[\text{N}]$$

$1[\text{kg} \cdot \text{m}] = 9.8[\text{N} \cdot \text{m}]$ 이므로 $\tau = \dfrac{19.1}{9.8} = 1.95[\text{kg} \cdot \text{m}]$

21 권선형 유도 전동기의 2차 회로에 저항을 접속하여 40[%]의 속도 제어를 한다면 몇 [%]의 효율이 상실되는가?

① 20 　　　　　　② 30
③ 40 　　　　　　④ 60

해설

$\eta_2 = (1-s) \times 100 = (1-0.4) \times 100 = 60[\%]$

22 3상 유도 전동기의 효율이 90[%], 출력 120[kW]의 전 손실[kW]은?

① 8 　　　　　　② 11
③ 13 　　　　　　④ 16

해설

효율 $= \dfrac{\text{출력}}{\text{입력}} = \dfrac{P_2}{P_1} = \dfrac{P_2}{P_a + \text{손실}}$

입력 $= \dfrac{120}{0.9} = 133[\text{kW}]$

∴ $133 - 120 = 13[\text{kW}]$

23 유도 전동기의 2차측 저항을 2배로 하면 그 최대 회전력은?

① $\dfrac{1}{2}$ 배 　　　　② $\sqrt{2}$ 배
③ 2배 　　　　　　④ 불변

해설

비례추이로서 최대 토크가 이동했다 하더라도 불변이다.

24 3상 유도 전동기의 전압이 10[%]로 저하하면 기동 토크는 몇 [%] 감소하는가?

① 5 　　　　　　② 10
③ 15 　　　　　　④ 20

해설

전압이 10[%] 감소하므로 기동 토크는 $(1-0.1)^2 = 0.81$
∴ $1 - 0.81 ≒ 0.2$
따라서, 약 20[%] 감소한다.

25 $Y-\triangle$ 기동기를 사용하면 유도 전동기의 기동 토크는 전전압 기동 시의 몇 배가 되는가?

① $\dfrac{1}{2}$

② $\dfrac{1}{3}$

③ $\dfrac{1}{4}$

④ $\dfrac{1}{\sqrt{3}}$

해설

기동 시에는 1차가 Y결선이 되므로 1차 각 상에는 정격 전압의 $\dfrac{1}{\sqrt{3}}$

의 전압이 가해지고 토크는 전압의 2승에 비례하므로 $\left(\dfrac{1}{\sqrt{3}}\right)^2 = \dfrac{1}{3}$

배이다.

26 3상 유도 전동기의 고정자 권선이 △으로 되어 있는 것을 Y로 바꾸면 저항값은 몇 배나 되는가?

① $\frac{1}{2}$

② $\frac{1}{3}$

③ 1

④ 2

해설

각 상의 저항이 r이면 Y로 환산한 1상의 값은 $\frac{r}{3}$이다.

△의 2단자에서 측정한 값은 $\frac{2r}{3}$로 되기 때문에 $\frac{1}{2}$이 된다.

27 유도 전동기의 기동법에 쓰이는 기동 보상기의 구조는?

① 직입 기동형

② Y−△ 기동기형

③ 가변 저항기형

④ 단권 변압기형

해설

단권 변압기를 써서 기동 전압을 낮게 공급하여 기동 전류를 제한하도록 한다.

28 3상 농형 유도 전동기의 기동법으로써 기동 전류를 제한하는 방법은?

① 전압 조정

② 회전수 조정

③ 주파수 조정

④ 저항 조정

해설

Y−△ 기동, 리액터 기동, 기동 보상기법 등은 전동기의 공급 전압을 강하시키는 방법이다.

29 권선형 3상 유도 전동기의 기동법은?

① 2차 저항법

② 기동 보상기법

③ 리액터 기동법

④ Y−△ 기동법

해설

권선형은 비례추이를 이용한 2차 저항 가변법이다.

30 기동 토크가 가장 큰 전동기는?

① 농형 유도 전동기

② 동기 전동기

③ 권선형 유도 전동기

④ 분권 정류자 전동기

해설

기동 토크의 큰 것부터 크기 순서
반발 기동형 > 반발 유도형 > 콘덴서 기동형 > 분산 기동형 >
셰이딩 코일형

31 유도 전동기의 원선도를 작성하는데 필요한 시험이 아닌 것은?

① 구속 시험
② 슬립 측정
③ 무부하 시험
④ 저항 측정

해설

유도 전동기의 원선도를 그리려면 저항 측정, 무부하 시험, 구속 시험을 하여 계산한다.

32 단상 전압 220[V]에 소형 전동기를 접속하였더니 2.5[A]의 전류가 흘렀다. 이때 역률이 80[%]였다. 이 전동기의 소비 전력은?

① 220
② 250
③ 380
④ 440

해설

$P = VI\cos\theta = 220 \times 2.5 \times 0.8 = 440[\mathrm{W}]$

33 주파수 50[Hz]용의 3상 유도 전동기를 60[Hz] 전원에 접속하여 사용하면 그 회전 속도는 어떻게 되는가?

① 20[%]로 늦어진다.
② 변하지 않는다.
③ 10[%]로 빠르다.
④ 20[%]로 빠르다.

해설

동기 속도는 $N_s = \dfrac{120f}{P}[\mathrm{rpm}]$에서 f에 비례한다.

∴ $\dfrac{f'}{f} = \dfrac{60}{50} = 1.2$배로 속도는 20[%]로 빠르다.

34 유도 전동기의 권선법 중 가장 많이 쓰이는 것은?

① 단층 집중권
② 단층 분포권
③ 2층 집중권
④ 2층 분포권

해설

유도 전동기의 고정자 권선법 사용 : 분포권, 2층권, 중권

35 4극 24홈 유도 전동기의 1회전 시 전기각[rad]은?

① π
② 2π
③ 3π
④ 4π

해설

전기각 = 자극쌍의 수 × 기계각

$\theta_e = \dfrac{P}{2}\theta_m = \dfrac{4}{2} \times 360° = 4\pi[\mathrm{rad}]$

36 유도 전동기의 공극을 작게 하는 이유는?

① 효율 증대
② 기동 전류 감소
③ 역률 증대
④ 토크 증대

해설
공극이 크면 자기 저항이 커지고 여자 전류를 증대시키므로 역률이 떨어진다.

37 회전수 1,728[rpm]인 유도 전동기의 슬립[%]은 얼마인가?(단, 동기 속도는 1,800[rpm]이다)

① 2
② 3
③ 4
④ 5

해설
$$s = \frac{N_s - N}{N_s} = \frac{1,800 - 1,728}{1,800} = 0.04$$
$$\therefore \ 4[\%]$$

38 3상 유도 전동기가 정지하고 있는 상태를 나타낸 것은?

① $s = 0$
② $0 < s < 1$
③ $0 > s > 1$
④ $s = 1$

해설
유도 전동기의 특성
• 정지 상태 : $s = 1(N = 0)$
• 동기속도 회전 : $s = 0(N = N_s)$
• 정격 부하 운전 : $0 < s < 1$

39 4극 3상 유도 전동기가 60[Hz]의 전원에 접속되어 4[%]의 슬립으로 회전할 때 회전수[rpm]는?

① 1,900
② 1,828
③ 1,800
④ 1,728

해설
• 동기 속도 $N_s = \dfrac{120f}{P} = \dfrac{120 \times 60}{4} = 1,800[\mathrm{rpm}]$
• 회전수 $N = (1-s)N_s = (1-0.04) \times 1,800 = 1,728[\mathrm{rpm}]$

40 50[Hz] 슬립 0.2인 회전자 속도가 600[rpm]이 되는 유도 전동기의 극수는?

① 16극
② 12극
③ 8극
④ 4극

해설
$N = (1-s)N_s$ 에서
$$N_s = \frac{N}{1-s} = \frac{600}{1-0.2} = 750[\mathrm{rpm}]$$
$$p = \frac{120f}{N_s} = \frac{120 \times 50}{750} = 8\mathrm{극}$$

41 유도 전동기의 회전자가 동기 속도로 회전하면 회전자에는 어떤 주파수가 유기 되는가?

① 전원 주파수와 같은 주파수
② 전원 주파수에 권수비를 나눈 주파수
③ 전원 주파수에 슬립을 나눈 주파수
④ 주파수가 나타나지 않는다.

해설
• 동기 속도로 회전 : $s = 0$
• 회전자 주파수 : $f_2 = sf = 0$
∴ 주파수가 나타나지 않는다.

42 60[Hz], 슬립 3[%]인 유도 전동기의 회전자 주파수[Hz]는?

① 1.2
② 1.8
③ 2.5
④ 4.6

해설
회전자 주파수 $f_2 = sf_1 = 0.03 \times 60 = 1.8[\mathrm{Hz}]$

43 4극 60[Hz], 7.5[kW]의 3상 유도 전동기가 1,728[rpm]으로 회전하고 있을 때 2차 유기 기전력의 주파수[Hz]는?

① 1.8
② 2.4
③ 3.2
④ 6.3

해설
$N_s = \dfrac{120f}{P} = \dfrac{120 \times 60}{4} = 1,800[\mathrm{rpm}]$ 이므로

$s = \dfrac{N_s - N}{N_s} = \dfrac{1,800 - 1,728}{1,800} = 4[\%]$

$f_2 = sf_1 = 0.04 \times 60 = 2.4[\mathrm{Hz}]$

44 유도 전동기의 2차 저항 r_2, 슬립 s일 때 기계적 출력에 상당한 등가 저항은?

① r_2
② $\dfrac{1-s}{s} r_2$
③ $\dfrac{r_2}{s}$
④ $\dfrac{s}{1-s} r_2$

해설
부하 저항 $R = \dfrac{r_2}{s} - r_2 = \dfrac{r_2}{s} - \dfrac{s\,r_2}{s} = \dfrac{1-s}{s} r_2$

45 슬립 4[%]인 유도 전동기의 등가 부하 저항은 2차 저항의 몇 배인가?

① 4
② 8
③ 12
④ 24

해설
$R = \dfrac{1-s}{s} r_2 = \dfrac{1-0.04}{0.04} \times r_2 = 24 r_2$

46 유도 전동기의 2차에 있어 $E_2 = 127[V]$, $r_2 = 0.03[\Omega]$, $x_2 = 0.05[\Omega]$, $s = 5[\%]$로 운전하고 있다. 이 전동기의 2차 전류 $I_2[A]$는?

① 약 182

② 약 211

③ 약 222

④ 약 240

해설

$$I_2 = \frac{sE_2}{\sqrt{r_2^2(sx_2)^2}} = \frac{0.05 \times 127}{\sqrt{0.03^2 + (0.05 \times 0.05)^2}} \fallingdotseq 211[A]$$

47 회전자 입력 10[kW], 슬립 4[%]인 3상 유도 전동기의 2차 동손은 몇 [kW]인가?

① 0.4

② 1.6

③ 4

④ 6

해설

$$P_{c2} = sP_2 = 0.04 \times 10 = 0.4[kW]$$

48 출력 10[kW], 슬립 4[%]로 운전되고 있는 3상 유도 전동기의 2차 동손[W]은?

① 약 250

② 약 315

③ 약 417

④ 약 620

해설

출력 $P_0 = (1-s)P_2$에서

2차 입력 $P_2 = \dfrac{P_0}{1-s} = \dfrac{10}{1-0.04} = 10.4[kW]$

2차 동손 $P_{c2} = sP_2 = 0.04 \times 10,400 \fallingdotseq 417[W]$

49 3상 유도 전동기의 1차 입력이 60[kW], 1차 손실이 1[kW], 슬립이 3[%]일 때 기계적 출력[kW]은 얼마인가?

① 80

② 77

③ 50

④ 57

해설

2차 입력 P_2=1차 입력－1차 손실=$60-1=59[kW]$

기계적 출력 $P_0 = (1-s)P_2 = (1-0.03) \times 59 \fallingdotseq 57[kW]$

50 유도 전동기의 2차 입력 : 2차 동손 : 기계적 출력 간의 비는?

① $1 : s : 1-s$

② $1 : 1-s : s$

③ $s : \dfrac{s}{1-s} : 1$

④ $1 : s : s^2$

해설

(2차 입력 P_2) : (2차 저항손 P_{c2}) : (기계적 출력 P_0)
$= P_2 : P_{c2} : P_0 = P_2 : sP_2 : (1-s)P_2 = 1 : s : 1-s$

51 출력 15[kW], 1,500[rpm]으로 회전하는 전동기의 토크는 약 몇 [kg·m]인가?

① 7.54
② 9.75
③ 12.75
④ 25.75

해설

$$T = 975\frac{P_0}{N} = 975 \times \frac{15}{1,500} = 9.75[\text{kg} \cdot \text{m}]$$

52 유도 전동기의 회전력은?

① 단자 전압의 2승에 비례한다.
② 단자 전압에 비례한다.
③ 단자 전압에 무관하다.
④ 단자 전압의 $\frac{1}{2}$승에 비례한다.

해설

$$T \propto V_1^2$$

53 다음 중 비례추이의 성질을 이용할 수 있는 전동기는?

① 직권 전동기　　② 단상 동기 전동기
③ 권선형 유도 전동기　　④ 농형 유도 전동기

해설

권선형 유도 전동기는 비례 추이를 이용하여 기동 토크를 크게 하거나 속도를 제어할 수 있다.

54 3상 유도 전동기의 속도 특성 곡선이다. 효율을 나타내는 곡선은?

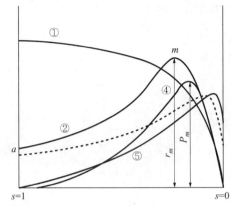

① ⑤번　　② ①번
③ ④번　　④ ②번

해설

유도 전동기 속도 특성 곡선
① : 1차 전류
② : 토크
④ : 기계적 출력
⑤ : 효율

55 단자 전압 200[V], 전류 50[A], 역률 86[%], 효율 84[%]인 3상 유도 전동기는 몇 마력[HP]인가?(단, 1마력은 746[W]이다)

① 13.8　　② 14.8
③ 15.8　　④ 16.8

해설

$$P = \sqrt{3}\,VI\cos\theta \cdot \eta$$
$$= \sqrt{3} \times 200 \times 50 \times 0.86 \times 0.84$$
$$= 12,512[\text{W}]$$
$$\therefore\ P_H = \frac{12,512}{746} = 16.8[\text{HP}]$$

56 200[V], 15[kW]의 3상 유도 전동기가 슬립 0.04로 운전할 때 2차 효율 η_2[%]는?

① 90　　　　　　　② 92

③ 94　　　　　　　④ 96

해설

$$\eta_2 = \frac{P_0}{P_2} \times 100 = (1-s) \times 100 = (1-0.04) \times 100 = 96[\%]$$

57 200[V], 50[Hz], 8극, 15[kW]의 3상 유도 전동기에서 전부하 회전수가 720[rpm]이라면 이 전동기의 2차 효율[%]은?

① 86　　　　　　　② 96

③ 98　　　　　　　④ 100

해설

$$N_s = 120 \times \frac{f}{p} = 120 \times \frac{50}{8} = 750[\mathrm{rpm}]$$

$$\therefore \text{2차 효율 } \eta_2 = \frac{N}{N_s} \times 100 = \frac{720}{750} \times 100 = 96[\%]$$

58 무부하 시 유도 전동기는 역률이 낮지만 부하가 증가하면 역률이 높아지는 이유는?

① 전압이 떨어지므로
② 효율이 좋아지므로
③ 부하 전류가 증가하므로
④ 2차측의 저항이 증가하므로

해설

무부하 시 여자 전류는 대부분 무효 전류이고 일정하므로 역률이 매우 낮다.

59 다음 중 권선형에서 비례추이를 이용한 기동법은?

① 리액터 기동법　　　② 기동 보상기법
③ 2차 저항법　　　　④ Y−△ 기동법

해설

$$\frac{r_2}{s} = \frac{r_2 + R_2}{s'}$$

60 220[V]/60[Hz], 4극의 3상 유도 전동기가 있다. 전부하에서의 출력은 10[kW]이고, 회전수가 1,750[rpm]인 경우, 동기 와트[W]는 얼마인가?

① 약 98,462.4[W]　　② 약 99,512.5[W]
③ 약 10,286.2[W]　　④ 약 12,143.3[W]

해설

동기 속도 $n_s = \frac{120f}{p} = \frac{120 \cdot 60}{4} = 1,800[\mathrm{rpm}]$

2. 회전 토크 $T = 9.55 \frac{P_0}{n} = 9.55 \frac{10 \cdot 10^3}{1,750} = 54.57[\mathrm{N} \cdot \mathrm{m}]$

3. 동기 와트(2차 입력)

$$P_2 = 2\pi \cdot \frac{n_s}{60} \cdot T = 2\pi \cdot \frac{1,800}{60} \cdot 54.57 = 10,286.20[\mathrm{W}]$$

61 60[Hz], 6극의 권선형 유도 전동기가 있다. 전부하에서 회전수가 1,140[rpm]일 때, 공급 전압과 토크를 변화시키지 않고, 전동기의 회전수를 960[rpm]으로 제어하려면, 2차 회로의 각 상에 몇 [Ω]의 저항을 접속해야 하는가?(단, 유도 전동기 2차 1상의 저항 $r_2' = 0.2[\Omega]$이다)

① 0.2[Ω] ② 0.4[Ω]

③ 0.6[Ω] ④ 0.8[Ω]

해설

1. 동기 속도 $n_s = \dfrac{120f}{p} = \dfrac{120 \cdot 60}{6} = 1,200[\mathrm{rpm}]$

2. 슬립 $s = \dfrac{n_s - n}{n_s} = \dfrac{1,200 - 1,140}{1,200} = 0.05$

3. 조정된 슬립 $s' = \dfrac{1,200 - 960}{1,200} = 0.2$

$\dfrac{s'}{s} = \dfrac{0.2}{0.05} = 4$이므로, 2차 1상의 저항($r_2'$)값도 원래의 4배인 0.8[Ω]이 되어야 한다. 따라서, $r_2' = 0.2[\Omega]$에 직렬로 0.6[Ω]을 각 상에 접속해 주면 된다.

62 정격 출력 60[kW], 정격 전압 220[V], 주파수 60[Hz], 극수 4인 3상 유도 전동기가 있다. 이 전동기가 전부하에서 슬립 $s = 0.05$, 효율 90[%]로 운전하고 있을 때, 해당하는 데이터가 아닌 것은?

① 1차 입력은 약 66.67[kW]이다.

② 2차 입력은 약 62.03[kW]이다.

③ 2차 효율은 95[%]이다.

④ 회전자 동손은 3.16[kW]이다.

해설

1. 1차 입력 $P_1 = \dfrac{P_0}{0.9} \fallingdotseq 66.67[\mathrm{kW}]$

2. 2차 효율 $\eta_2 = (1-s) = 1 - 0.05 = 0.95 = 95[\%]$

3. 회전자 입력 $P_2 = \dfrac{1}{1-s}P_0 = \dfrac{1}{1-0.05} \times 60 \fallingdotseq 63.16[\mathrm{kW}]$

4. 회전자 동손

$P_{c2} = sP_2 = \dfrac{s}{1-s}P_0 = \dfrac{0.05}{1-0.05} \times 60 \fallingdotseq 3.16[\mathrm{kW}]$

63 4극 60[Hz]의 유도 전동기가 슬립 5[%]로 전부하 운전하고 있을 때 2차 권선의 손실이 92.05[W]라고 하면 토크[N·m]는?

① 약 9.55[N·m] ② 약 9.77[N·m]

③ 약 9.96[N·m] ④ 약 10.51[N·m]

해설

1. 동기 속도 $N_s = \dfrac{120f}{p} = \dfrac{120 \cdot 60}{4} = 1,800[\mathrm{rpm}]$

2. 2차 입력 $P_2 = \dfrac{P_{c2}}{s} = \dfrac{92.05}{0.05} = 1,841[\mathrm{W}]$

$\therefore T = 9.55\dfrac{P_2}{N_s} = 9.55\dfrac{1,841}{1,800} \fallingdotseq 9.768[\mathrm{N \cdot m}]$

04 변압기

제1절 변압기의 동작 원리

1 변압의 원리

변압기는 한쪽의 권선에 공급된 교류 전력을 전자 유도 작용에 의해 다른 쪽의 권선에 동일한 주파수의 교류 전력으로 변성하는 장치이다. 전원이 있는 쪽을 1차, 부하가 연결되는 쪽을 2차라고 한다.

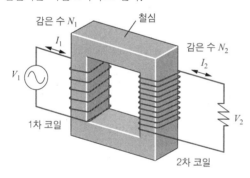

(1) 유도 기전력

1차측에 전원 전압 $v_1 = \sqrt{2}\,V_1\sin\omega t[\mathrm{V}]$를 공급하면 위상이 $90°$ 뒤지는 자속 $\phi = \phi_m\sin(\omega t - 90)[\mathrm{Wb}]$가 발생한다. 패러데이 전자 유도 법칙에 의하여 1차측에 유기되는 기전력의 크기는 다음과 같이 구할 수 있다.

$$e_1 = -N_1\frac{d\phi}{dt} = -N_1\frac{d}{dt}[\phi_m\sin(\omega t - 90°)] = -N_1\omega\phi_m\sin\omega t$$

$$= -E_{m1}\sin\omega t$$

위에서 유도된 식에 의하면 유도 기전력의 방향은 자속의 변화를 방해하는 방향으로 유기되며, 그 크기의 최댓값은 $E_{m1} = N_1\omega\phi_m$가 된다.

유기 기전력의 실횻값은 $E_1 = \dfrac{1}{\sqrt{2}}E_{m1} = \dfrac{1}{\sqrt{2}}2\pi f N_1\phi_m = 4.44f N_1\phi_m[\mathrm{V}]$로 나타낼 수 있다.

철심 단면적이 0.1[m²], 최대 자속 밀도가 2.0[Wb/m²], 1차 권수가 10회, 2차 권수가 100회인 단상 변압기의 2차측 교류 전압이 8,880[V]가 되기 위한 인가 전압의 주파수[Hz]는?(단, 철심 내에서 자속 밀도는 균일하고, $\dfrac{2\pi}{\sqrt{2}} = 4.44$이다)

① 600   ② 100
③ 60   ④ 10

해설
변압기 유기 기전력 $E_2 = 4.44f N_2\phi$, $\phi = B \cdot S$,
$$f = \frac{E_2}{4.44N_2\phi} = \frac{8,880}{4.44 \cdot 100 \cdot 0.1 \cdot 2.0} = 100[\mathrm{Hz}]$$

답 ②

변압기를 60[Hz]로 운전할 때 철심의 자속 밀도는 1[T]였다. 인가 전압의 변동없이 이 변압기를 50[Hz]로 운전한다면 철심의 자속 밀도[T]는?(단, 자기 포화는 무시한다)

① 0.83   ② 1.2
③ 0.69   ④ 1.44

해설
변압기의 기전력 $E = 4.44f_1 N\phi_m = 4.44f_2 NB_m A$
기전력이 일정할 때 주파수와 자속 밀도는 반비례하므로 주파수가 $\dfrac{5}{6}$배이면 자속은 $\dfrac{6}{5}$배가 되어 1.2[T]가 된다.

답 ②

권수비 $\dfrac{N_1}{N_2}$ 이 60인 변압기의 1차측에 교류 전압 6,000[V] 를 인가하고, 2차측에 저항 0.5[Ω]을 연결하였을 때, 변압기 2차측 전류[A]는?(단, 1차측 권선수는 N_1, 2차측 권선수는 N_2이고, 변압기의 손실은 무시한다)

① 100　　　　　　② 110
③ 200　　　　　　④ 220

해설

권수비 $a = \dfrac{N_1}{N_2} = \dfrac{V_1}{V_2} = \dfrac{I_2}{I_1} = \sqrt{\dfrac{Z_1}{Z_2}}$ 에서

$I_2 = aI_1$, $I_1 = \dfrac{V_1}{Z_1}$, $Z_1 = a^2 Z_2$이므로

$I_2 = a\left(\dfrac{V_1}{a^2 Z_2}\right) = \dfrac{V_1}{aZ_2} = \dfrac{6,000}{60 \cdot 0.5} = 200$

답 ③

그림과 같은 이상변압기가 있다. R_2에 주어지는 전력이 최대가 되는 권선비 a는?

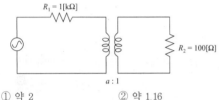

① 약 2　　　　　　② 약 1.16
③ 약 2.16　　　　　④ 약 3.16

해설

$R_1 = a^2 R_2$이므로 $a = \sqrt{\dfrac{R_1}{R_2}} = \sqrt{\dfrac{1,000}{100}} = \sqrt{10} = 3.16$

답 ④

60[Hz], 5[kVA], 440/220[V], 정격을 갖는 단상 변압기가 있다. 이 변압기의 2차측 부하에 22[A]의 전류가 흐를 때 1차측으로 환산된 부하 임피던스 값[Ω]은?(단, 변압기는 이상적(Ideal)이라고 가정한다)

① 40　　　　　　② 20
③ 10　　　　　　④ 2.5

해설

권수비 $a = \dfrac{440}{220} = 2$, 2차 임피던스 $Z_2 = \dfrac{V_2}{I_2} = \dfrac{220}{22} = 10[\Omega]$

∴ 1차 임피던스 $Z_1' = a^2 Z_2 = 2^2 \times 10 = 40[\Omega]$

답 ①

또한, 1차측에서 발생된 자속이 2차측의 철심에도 쇄교함으로 똑같은 방법으로 2차측 유기 기전력의 실횻값 $E_2 = \dfrac{1}{\sqrt{2}} E_{m2} = \dfrac{1}{\sqrt{2}} 2\pi f N_2 \phi_m = 4.44 f N_2 \phi_m [\mathrm{V}]$ 를 유도할 수 있다.

이 과정에서 1차측과 2차측의 유기 기전력의 비는 코일의 권수비와 동일하다는 사실을 알 수 있으며, 이러한 비를 권수비(a)라고 하며, 권수비에 역수를 취하면 변류비$\left(\dfrac{1}{a} = \dfrac{I_1}{I_2}\right)$ 또한 확인할 수 있다.

$$a = \dfrac{N_1}{N_2} = \dfrac{E_1}{E_2} = \dfrac{I_2}{I_1} = \sqrt{\dfrac{Z_1}{Z_2}}$$

(2) 권선의 방향과 극성

변압기 1차측과 2차측 전압의 극성은 철심에 권선을 어떤 방향으로 감았는지에 따라 달라진다. 1차측과 2차측의 권선을 같은 방향으로 감으면 동상인 전압의 극성이 유기되며, 반대 방향으로 감으면 180° 위상이 차이나는 반대 극성의 전압이 유기된다.

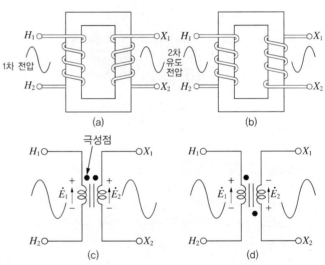

그림과 같이 1차측 $H_1 - H_2$, 2차측 $X_1 - X_2$, 단자 간에 유기되는 전압의 방향이 같은 곳에 dot(·)로 표시한다. (c)와 같은 형태를 감극성 변압기, (d)와 같은 형태를 가극성 변압기라 한다. 실제 변압기의 권선은 외함에 내장되어 있기 때문에 권선의 방향을 쉽게 확인하기 위해 변압기 단자에 dot(·)를 표시하여 전압의 극성을 외부에서도 확인할 수 있도록 하고 있다.

2 변압기의 구조와 종류

(1) 변압기 형식

① 내철형과 외철형

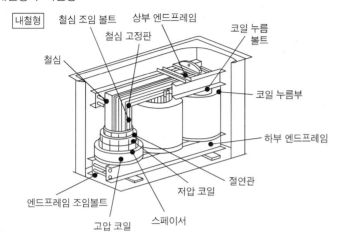

[내철형]
철심 조임 볼트 · 상부 엔드프레임 · 철심 고정판 · 코일 누름 볼트 · 철심 · 코일 누름부 · 하부 엔드프레임 · 절연관 · 저압 코일 · 엔드프레임 조임볼트 · 스페이서 · 고압 코일

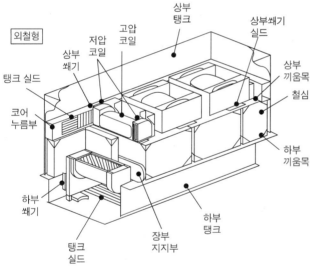

[외철형]
상부 탱크 · 상부쐐기 실드 · 고압 코일 · 저압 코일 · 상부 쐐기 · 탱크 실드 · 상부 끼움목 · 철심 · 코어 누름부 · 하부 끼움목 · 하부 쐐기 · 탱크 실드 · 장부 지지부 · 하부 탱크

(2) 철 심

① 연강판 성층 철심

② 전력용 변압기 : 두께 0.35[mm]

③ 점적률 : 실제 단면적의 95[%]

변압기의 철심을 비자성체인 플라스틱으로 교체한 경우 발생하는 현상으로 옳지 않은 것은?

① 2차측 유기 기전력에는 변화가 없다.

② 1차측 입력 전류의 고조파 성분이 감소한다.

③ 1차측 입력 전류가 크게 증가한다.

④ 변압기 코일에서의 발열은 증가하나 플라스틱에는 직접적인 발열이 없다.

해설

투자율(Magnetic Permeability)

- 투자율은 자기적 성질을 가지는 비율을 말하며, 철심을 대체하여 자기적 성질이 낮은 비투자율 1 미만인 플라스틱을 사용할 경우 자속 발생이 매우 낮아져 2차측의 유기 기전력 $E_2 = 4.44 f N_2 \phi_m [\text{V}]$ 에 의해 2차측에는 유기 기전력이 매우 낮아지게 된다.
- 투자율은 매질의 두께에 반비례하고, 자속 밀도에 비례하며, 비투자율은 진공 투자율에 대한 매질 투자율의 비를 나타낸 것이다.
- 진공 상태의 투자율 $\mu_0 = 4\pi \times 10^{-7} [\text{H/m}]$, 매질의 투자율 $\mu = \mu_s \mu_0 [\text{H/m}]$, 비투자율 $\mu_s = \dfrac{\mu}{\mu_0}$

물 질	비투자율	물 질	비투자율
구 리	0.99991	선 철	60
비스무트	0.9999986	코발트	60
파라핀	0.99999942	철 분	100
나 무	0.9999995	페라이트	1,000
은	0.99999981	퍼멀로이 45	2,500
진 공	1	변압기 용철	3,000
알루미늄	1.00000065	규소강	4,000
베릴륨	1.00000079	순 철	4,000
공 기	1.0000004	뮤메탈	20,000
염화니켈	1.00004	센더스트	20,000
유화망간	1.0001	초합금	1,000,000

② 철심으로 인해 발생하는 히스테리시스 현상이 줄어들게 되어 고조파 성분이 감소한다.

③ $i(t) = \dfrac{V_m}{L\omega}\sin\omega t = \dfrac{l V_m}{\mu S N}\sin\omega t \cdots \left(L = \dfrac{\mu S}{l}N^2\right)$ 이므로, 비자성체인 플라스틱을 사용할 경우 투자율 μ 가 낮아져 전류가 증가한다.

④ 변압기 코일의 전류량이 증가함에 따라 발열(줄열, $H = 0.24 I^2 R t [\text{cal}]$)는 증가하며, 자성체가 아닌 플라스틱이므로 와전류나 히스테리시스 현상에 의한 발열은 없다)

답 ①

변압기에 대한 설명으로 옳지 않은 것은?

① 전압 변동률은 누설 리액턴스와 권선 저항에 의해 영향을 받으며, 일반적으로 클수록 좋다.
② 변압기의 동손은 전류의 제곱에 비례하고, 철손은 전압의 제곱에 거의 비례한다.
③ 자화 전류는 인가된 전압과 90° 위상차를 가지고, 철손 전류는 인가된 전압과 동상이다.
④ 철심의 저항률을 높이고 적층된 철심을 사용하면 와전류손을 줄일 수 있다.

[해설]
일반적으로 전력용 변압기에는 리액턴스가 저항보다 크므로 전압과 전류는 임피던스에 대하여 역률이 나쁘므로 전압 변동이 크게 된다. 전압 변동률은 작을수록 좋으나 임피던스에 관련되므로 무리하게 작게 하는 것은 임피던스가 작게 되므로 비경제적이다.

[답] ①

변압기유가 갖춰야 할 조건으로 옳은 것은?

① 절연 내력이 커야 한다.
② 인화점이 낮아야 한다.
③ 응고점이 높아야 한다.
④ 비열과 열 전도도가 낮아야 한다.

[해설]
절연유의 구비 조건
• 절연 내력이 클 것
• 인화점이 높을 것
• 응고점이 낮을 것
• 고온에서 화학적으로 안정할 것(절연 재료와 접촉 시 산화하지 않을 것)
• 점도가 낮고 냉각 효과가 클 것
• 침전물이 생기지 않을 것

[답] ①

(3) 권 선

① 도체 : 둥근 구리선(소형), 평각선(대형)
② 직권 : 소형 내철형
③ 형 권
  ㉠ 원통 코일 : 내철형
  ㉡ 원판 코일 : 일반적인 제품
  ㉢ 사각형 평판 코일 : 외철형

(4) 부 싱

① 단일형 부싱 : 도체에 애관을 끼운 것
② 컴파운드 부싱 : 고전압 변압기에 사용
③ 유입 부싱
④ 콘덴서형 부싱 : 고압계기의 분압기로 사용

(5) 변압기의 종류(냉각 방식)

① 건식 자랭식
② 건식 풍랭식
③ 유입 자랭식
④ 유입 풍랭식
⑤ 유입 수랭식
⑥ 송유 자랭식
⑦ 송유 풍랭식
⑧ 송유 수랭식

(6) 극성에 의한 분류

① 감극성 변압기
② 가극성 변압기

(7) 용량에 의한 분류

① 소형 변압기 : 1~15[kVA]
② 중형 변압기 : 75~500[kVA]
③ 대형 변압기 : 500[kVA] 이상

3 변압기 이론

(1) 변압기의 전압과 전류의 관계

이상적인 변압기는 1차측과 2차측에서 발생하는 권선의 저항(r_1, r_2)과 누설 자기력선속에 의한 누설 리액턴스(x_1, x_2)가 없다고 가정하고 해석하지만 실제 변압기에서는 모두 포함하여 다음의 그림과 같이 해석한다.

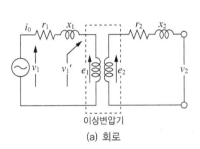 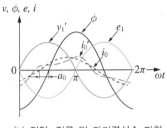

(a) 회로　　(b) 전압, 전류 및 자기력선속 파형

[무부하일 때, 실제 변압기의 전압, 전류, 자기력선속, 여자 전류]

여기서, v_1 : 전원 전압, v_1' : 단자 전압, ϕ : 자기력선속, a_0 : 철손각, $e_{1,2}$: 유도 기전력, $r_{1,2}$: 권선의 저항, $x_{1,2}$: 누설 리액턴스, i_0' : 실제 여자 전류, i_0 : 해석 시 여자 전류

(2) 변압기 등가회로

① 등가회로

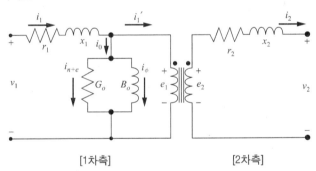

[1차측]　　　　[2차측]

② 1, 2차 환산표

구 분	2차를 1차로 환산	1차를 2차로 환산
저 항	$r_1' = a^2 r_2$	$r_2' = \dfrac{1}{a^2} r_1$
리액턴스	$x_1' = a^2 x_2$	$x_2' = \dfrac{1}{a^2} x_1$
임피던스	$Z_1' = a^2 Z_2$	$Z_2' = \dfrac{1}{a^2} Z_1$
전 류	$I_1' = \dfrac{1}{a} I_2$	$I_2' = a I_1$
전 압	$E_1' = a E_2$	$E_2' = \dfrac{1}{a} E_1$

다음과 같은 변압기 회로에서 2차측 전압[V], 2차측 전류[A] 및 1차로 환산한 임피던스[Ω]는?(단, 변압기는 이상변압기이다)

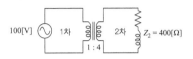

	2차측 전압[V]	2차측 전류[A]	1차로 환산한 임피던스[Ω]
①	200	1	100
②	200	1	25
③	400	1	100
④	400	1	25

해설

$a = \dfrac{n_1}{n_2} = \dfrac{V_1}{V_2} = \dfrac{I_2}{I_1} = \dfrac{1}{4}$

2차 전압 $V_2 = \dfrac{1}{a} V_1 = 4 \times 100 = 400[\text{V}]$

2차 전류 $I_2 = \dfrac{E_2}{Z_2} = \dfrac{400}{400} = 1[\text{A}]$

1차 임피던스 $Z_1 = a^2 Z_2 = \left(\dfrac{1}{4}\right)^2 \times 400 = 25[\Omega]$

답 ④

이상적인 변압기의 특징에 대한 설명으로 옳지 않은 것은?

① 누설 자속은 0이다.
② 권선의 저항은 0이다.
③ 철심의 히스테리시스 현상이 있다.
④ 철심의 자속을 발생시키기 위한 자화 전류는 0이다.

해설

이상적인 변압기는 실제 변압기와 다르게 철손(와류손, 히스테리시스손)이 없다고 가정하므로, 히스테리시스 현상이 일어나지 않는다.

이상적인 변압기의 특징
• 여자 전류(자화 전류 + 철손 전류)가 없다.
• 권선의 저항이 없다.
• 누설 자속이 없다.
• 철손이 없다.

답 ③

변압기 등가 회로의 정수를 결정하기 위해 필요한 시험으로 옳지 않은 것은?

① 무효 전력 측정 시험　② 단락 회로 시험
③ 권선 저항 측정 시험　④ 개방 회로 시험

해설
변압기 등가 회로 작성 시 필요한 시험
• 권선 저항 측정 시험
• 단락 시험
• 개방 시험(무부하 시험)

답 ①

다음 ㉠, ㉡, ㉢에 들어갈 용어를 바르게 나열한 것은?

> 변압기의 무부하 전류를 (㉠) 전류라 한다. 이 무부하 전류는 변압기 철심에 자속을 생성하는 데 사용되는 (㉡) 전류와 히스테리시스 손실과 와전류 손실에 사용되는 (㉢) 전류의 합이다.

	㉠	㉡	㉢
①	자 화	여 자	철 손
②	여 자	자 화	철 손
③	자 화	철 손	동 손
④	동 손	자 화	철 손

해설
무부하 전류(여자 전류)
여자 전류는 2차 권선에 기전력을 유도하는 자속을 생성하는 전류이다. 그러나 자기포화와 히스테리시스 곡선 및 맴돌이 전류로 인해 에너지 손실이 생기며, 이를 총괄해서 철손이라 한다.

답 ②

③ 변압기 등가 회로 작성 시 필요한 실험
　㉠ 권선의 저항측정
　㉡ 무부하 시험 : 여자 전류, 여자 어드미턴스, 철손을 구할 수 있다.
　㉢ 단락 시험 : 변압기 임피던스, 동손, 임피던스 전압, 단락 전류, 전압 변동률을 구할 수 있다.

④ 여자 전류 I_2 : 변압기 무부하 시 1차에 흐르는 전류
　㉠ 여자 전류 : $I_0 = \sqrt{I_i^2 + I_\phi^2}\,[\text{A}]$
　㉡ 철손 전류 : $I_i = \dfrac{V_1}{R} = G_0 V_1\,[\text{A}]$
　㉢ 자화 전류 : $I_\phi = \dfrac{V_1}{X} = B_0 V_1\,[\text{A}]$
　㉣ 철손 : $P_i = V_1 I_i = \dfrac{V_1^2}{R} = G_0 V_1^2\,[\text{W}]$

⑤ 여자 전류와 여자 어드미턴스
　㉠ 1차 권선에 흐르는 총전류는 부하 전류와 무부하 전류(여자 전류)이다.
　　• 부하 전류는 2차 권선에 부하가 있을 때 발생하며, 여자 전류는 2차 권선에 기전력을 유도하는 자속을 생성하는 전류이다.
　　• 자기 포화와 히스테리시스 곡선 및 맴돌이 전류로 인해 에너지 손실이 생기며, 이를 총괄해서 철손이라 한다. 따라서 여자 전류 = 자화 전류 + 철손 전류(자화 전류는 순수하게 기전력을 유도하는 자속을 생성하는 전류)이다.

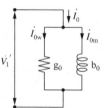

g_0 : 여자 컨덕턴스
b_0 : 여자 서셉턴스
I_{0m} : 자화 전류는 회로에 자속을 유도하는 전류로 에너지 손은 없다.
$I_{0\omega}$: 철손 전류는 히스테리시스와 맴돌이 전류 등으로 1차 권선에 열을 발생시켜 에너지를 소모한다.

⑥ 여자 전류 벡터 관계도

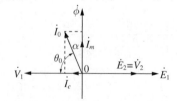

θ_0 : $\dot{V}_1, \dot{V}_2$ 의 위상차　　$\dot{I}_c$: 철손 전류
α : 철손각　　　　　　　$\dot{V}_1$: 공급 전압
$\dot{I}_0$: 여자 전류　　　　　　$\dot{V}_2$: 2차 단자 전압
$\dot{I}_m$: 자화 전류　　　　　　$\dot{E}_1$: 1차 유도 기전력

4 변압기의 정격과 특성

(1) 변압기의 정격

① 정 격

변압기를 사용할 때에 보증된 사용 한도를 정격이라 하며, 용량, 전압, 전류, 주파수 및 역률 등이 있다.

㉠ 연속 정격 : 연속 사용의 변압기에 적용한다.

㉡ 단시간 정격 : 단시간 사용의 변압기에 적용한다.

㉢ 연속 여자 단시간 정격 : 단시간 부하 연속 사용의 변압기에 적용한다.

㉣ 정격의 종류가 특별히 지정되어 있지 않을 때에는 연속 정격으로 본다.

(2) 정격 용량

① 정격 2차 전압, 정격 주파수 및 정격 역률에서 지정된 온도 상승 한도를 초과하지 않고 2차 단자 간에 얻을 수 있는 피상 전력을 말하며, [kVA] 또는 [MVA]로 표시한다.

② 권선이 3개 이상 있는 변압기에서는 각 권선 용량 중 최대의 것을 정격 용량으로 한다.

③ 직렬 변압기를 가진 변압기, 전압 조정기 또는 단권 변압기 등으로 그 크기가 같은 정격 용량을 가진 2권선 변압기와 현저한 차이가 있을 때에는 그 출력 회로의 정격 전압과 전류에서 산출되는 피상 전력을 선로 용량이라고 하고, 등가의 2권선 변압기로 환산한 용량을 자기 용량이라고 하여 구별한다.

④ 정격 전압 및 정격 전류

㉠ 모두 권선별로 지정하여 실효값으로 표시된 사용 한도 전압, 전류이다.

㉡ 3상 변압기 등 다상 변압기의 경우 선로 단자 간의 전압을 사용한다.

㉢ 미리 Y결선으로서 3상에서 사용하는 것이 결정되어 있는 단상 변압기의 경우에는 'Y결선 시 선간 전압/$\sqrt{3}$'과 같이 표시한다.

⑤ 정격 주파수 및 정격 역률

㉠ 변압기가 그 값으로 사용할 수 있도록 만들어진 주파수·역률값의 정격 역률이 특별히 지정되어 있지 않을 때에는 100[%]로 간주한다.

㉡ 주파수는 50[Hz], 60[Hz]의 2종류가 표준이다.

㉢ 60[Hz] 전용기는 50[Hz]에서 사용할 수 없는데 50[Hz] 전용기는 임피던스 전압이 20[%] 높아지는 것을 고려한다면 60[Hz]에서 사용할 수 있다.

㉣ 유도 부하의 경우에는 역률이 나빠지는데 따라 전압 변동률이 커진다. 또한 정격 역률이 낮으면 효율도 나빠진다.

다음은 무부하일 때 변압기 벡터도이다. 이때 $\dot{I}_1$은?(단, $\dot{\phi}$는 자속, $\dot{E}_1$은 1차 유도 기전력이다)

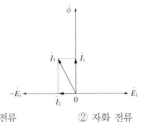

① 철손 전류
② 자화 전류
③ 여자 전류
④ 부하 전류

해설

문제에서 제시된 무부하 상태의 변압기 벡터도에서 $\dot{I}_1[A]$는 자화 전류 $\dot{I}_m[A]$에 해당한다. $\dot{I}_2[A]$는 철손 전류 $\dot{I}_c[A]$이며, $\dot{I}_3[A]$는 여자 전류 $\dot{I}_0[A]$이다.

무부하 상태의 변압기 벡터

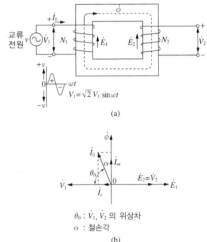

θ_0 : $\dot{V}_1$, $\dot{V}_2$의 위상차
α : 철손각

(b)

• 2차 권선에 부하를 연결하지 않고, 1차 권선에 교류 전원의 순시 전압 $v[V]$를 벡터로 나타낸 교류 전원 전압 $\dot{V}_1[V]$를 가해 주면 1차 권선에는 $\dot{V}_1[V]$보다 위상이 90° 뒤진 여자 전류(Exciting Current) $\dot{I}_0[A]$가 흐른다.

• 여자 전류는 자기력선속을 발생하는 자화 전류 $\dot{I}_{ml}[A]$와 철손을 공급하는 철손 전류 $\dot{I}_c[A]$로 나뉘어진다. 1차 권선이 코일 회로이므로 인덕턴스 $L[H]$의 작용에 의하여 자화 전류가 전원 전압보다 90° 위상이 뒤지게 된다. 이때, 자기력선속 $\dot{\phi}[Wb]$는 자화 전류 $\dot{I}_m[A]$와 동상이다. 자화 전류 $\dot{I}_m[A]$가 발생시킨 자기력선속 $\dot{\phi}[Wb]$는 철심을 통해서 1차 권선과 2차 권선을 통과하게 되므로 1차, 2차 권선에는 벡터로 나타낸 1차 유도 기전력 $\dot{E}_1[V]$, 2차 유도 기전력 $\dot{E}_2[V]$가 동상으로 발생한다. 그리고 유도 기전력 $\dot{E}_1[V]$과 $\dot{E}_2[V]$의 위상은 공급 전압 $\dot{V}_1[V]$보다 $\pi[rad]$만큼 뒤진다.

• 무부하일 때 변압기의 전원 전압, 1차 유도 기전력, 2차 유도 기전력 및 여자 전류의 벡터값 $\dot{V}_1[V]$, $\dot{E}_1[V]$, $\dot{E}_2[V]$ 및 여자 전류 $\dot{I}_0[A]$과 자기력선속 벡터 $\dot{\phi}[Wb]$의 관계를 벡터도로 나타내면 위의 그림 (b)와 같다.

답 ②

변압기의 단위 체적당 와전류손이 1[W/m³]일 때, 이 변압기의 적층 길이를 2배로 하면, 단위 체적당 와전류손[W/m³]의 값은?

① 0.5　　　　　　　② 1
③ 2　　　　　　　④ 4

해설
- 와류손(와전류, Eddy Current) : 와류손은 와류 전류에 의해 발생하는 손실로, 회전자와 같은 철판에 유기되는 자기장이 시간에 따라 변화하여 전류가 발생하는 것이다.
- 와전류손 $P_e = K_e(B_{최대} \times t \times f)^2[\text{W/m}^3] \cdots (K_e$: 재료 상수, t : 두께)이므로, 문제에서 적층 길이를 2배로 했다는 것은 두께를 두 배, 즉 $t=2$가 된다. 따라서, 증가된 와전류손 값은 4배이다.

답 ④

5[kVA], 3,300/200[V]인 단상 변압기의 %저항 강하와 %리액턴스 강하가 각각 3[%], 4[%]이다. 이 변압기에 지상 역률 0.8의 정격 부하를 걸었을 때, 전압 변동률[%]은?(단, 소수점 첫째 자리까지만 구할 것)

① 0.1　　　　　　　② 4.8
③ 5.0　　　　　　　④ 5.6

해설
변압기 전압 변동률
$\varepsilon = p\cos\theta + q\sin\theta = 3 \times 0.8 + 4 \times 0.6 = 4.8[\%]$
※ 진상 부하일 경우 $\varepsilon = p\cos\theta - q\sin\theta$

답 ②

단상 변압기의 2차 무부하 전압이 220[V]이고 정격 부하 시의 2차 단자 전압이 210[V]이다. 전압 변동률[%]은?

① 4.34　　　　　　　② 4.54
③ 4.76　　　　　　　④ 4.96

해설
$\varepsilon = \dfrac{220-210}{210} \times 100 = 4.76[\%]$

답 ③

저항 강하와 리액턴스 강하가 각각 3[%] 및 4[%]인 단상 변압기에 저항 부하가 연결되어 정격 전류가 흐르고 있을 때, 전압 변동률[%]은?

① 3.0　　　　　　　② 4.0
③ 5.0　　　　　　　④ 7.0

해설
순저항 부하의 역률 $\cos\theta = 1$, $\sin\theta = 0$
전압 변동률 $\varepsilon = p\cos\theta + q\sin\theta = 3 \times 1 + 4 \times 0 = 3[\%]$

답 ①

---

(3) 변압기의 손실

① 철손(무부하손)

$$P_i = P_h + P_e[\text{W}]$$

여기서, $P_h = \sigma_h f B_m^{1.6}$: 히스테리시스손

$\quad\quad\quad P_e = \sigma(tfk_f B_m)^2[\text{W/kg}]$: 맴돌이 전류손

$\quad\quad\quad \sigma_h, \sigma_e$: 상수

$\quad\quad\quad f$: 주파수

$\quad\quad\quad B_m$: 최대 자속 밀도[Wb/m²]

$\quad\quad\quad t$: 강판 두께[m]

$\quad\quad\quad k_f$: 기전력의 파형률

② 부하손

$$P_c = (r_1 + r_2')I_1^2 + P_f \risingdotseq (r_1 + r_2')I_1^2[\text{W}]$$

여기서, P_f : 표유부하손

(4) 전압 변동률 및 전압 강하율

① 전압 변동률 : 변압기에 부하를 걸어 줄 때 2차 단자 전압이 떨어지는 비율을 말한다.

㉠ $\varepsilon = \dfrac{V_{20} - V_{2n}}{V_{2n}} \times 100[\%]$

㉡ 지상 부하(유도성) : $\varepsilon = p\cos\theta + q\sin\theta$

㉢ 진상 부하(용량성) : $\varepsilon = p\cos\theta - q\sin\theta$

㉣ 변압기를 전부하 상태에서 무부하로 하면, 2차 단자 전압은 상승한다. 이 전압의 변동값과 정격 2차 전압과의 비를 전압 변동률이라 한다.

㉤ 임피던스 전압이 큰 변압기일수록 전압 변동률이 크게 된다. 즉 전류, 역률 및 정격 주파수에서 2차 단자 전압을 정격으로 유지하다가 변압기를 무부하로 한 경우 2차 단자 전압의 변동된 값을 정격 2차 전압에 대한 백분율로 표시한다.

㉥ 전압 변동률은 변압기에 정격 전류를 흘릴 때의 내부 전압 강하분을 정격 전압으로 나누어 백분율로 표시한 값으로서, 변압기 내부의 (누설)리액턴스 및 저항, 부하 역률 등에 따라 변하게 되므로, 용량에 따른 전압 변동률의 변화다.

㉦ 전력용 변압기에는 리액턴스가 저항보다 크므로 전압과 동사의 전류는 임피던스에 대하여 역률이 나쁘므로 전압변동이 크게 된다. 전압 변동률은 작을수록 좋으나 임피던스에 관련되므로 무리하게 작게 하는 것은 임피던스가 작게 되므로 비경제적이다.

㉧ 변압기 용량이 커질수록 변압기 내부 저항은 작아지도록 하여 저항 손실을 줄여 효율이 높은 변압기로 제작한다. 따라서 변압기량이 커질수록 부하 역률 1에서 전압 변동률은 작다.

② 전압 강하율

변압기의 중요 특성의 하나로, 변압기에 부하를 걸면 변압기 내부 임피던스에 의해서 전압 강하가 생겨 단자 전압이 변화하는데 그 변화량은 변압기의 저항 및 누설 리액턴스에 관계되고 또 부하의 역률에도 관계되며, 이 변동률은 임피던스 강하에 결정된다.

㉠ %전압 강하 $p = \dfrac{I_{2n} r_2}{V_{2n}} \times 100 = \dfrac{I_{1n} r_{12}}{V_{1n}} \times 100 [\%]$

㉡ %리액턴스 강하 $q = \dfrac{I_{2n} x_2}{V_{2n}} \times 100 = \dfrac{I_{1n} x_{12}}{V_{1n}} \times 100 [\%]$

㉢ 임피던스 강하

$$p = \dfrac{I_{2n} Z_2}{V_{2n}} \times 100 = \dfrac{I_{1n} Z_{12}}{V_{1n}} \times 100 = \dfrac{V_s}{V_{12}} \times 100 = \sqrt{p^2 + q^2} [\%]$$

㉣ 최대 전압 변동률

$\varepsilon = p \cos\theta + q \sin\theta$에서 $\varepsilon_{max} = \sqrt{p^2 + q^2}$

$\cos\theta = \dfrac{p}{\sqrt{p^2 + q^2}}$

(5) 변압기 효율 및 손실

① 전부하

㉠ 최대 효율 조건 : $P_i = P_c$

㉡ 전손실 : $P_i + P_c$

② m 부하

㉠ 최대 효율 조건 : $P_i = m^2 P_c$

㉡ 전손실 : $P_i + m^2 P_c$

③ 전부하 효율

㉠ $\eta = \dfrac{출력}{출력 + 손실} \times 100 = \dfrac{P_n \cos\theta}{P_n \cos\theta + P_i + P_c} \times 100 [\%]$

㉡ $\eta = \dfrac{V_{2n} I_{2n} \cos\theta}{V_{2n} I_{2n} \cos\theta + P_i + P_c} \times 100 [\%]$

여기서, P_i : 무부하손(철손)

$P_c = r_{12} I_{2n}^2$ (동손)

r_{12} : 2차쪽에서 환산한 전체 저항

V_{2n}, I_{2n} : 정격 2차 전압 및 전류

$\cos\theta$: 부하 역률

30[kVA], 6,000/200[V] 정격인 3상 변압기의 %임피던스 전압 강하가 3[%]라 할 때, 2차측에 3상 단락이 생긴 경우 단락 전류[kA]는?

① $\dfrac{10}{\sqrt{2}}$ ② $\dfrac{5}{\sqrt{2}}$

③ $\dfrac{10}{\sqrt{3}}$ ④ $\dfrac{5}{\sqrt{3}}$

해설

$I_{2n} = \dfrac{P}{\sqrt{3} \, V_2} = \dfrac{30 \times 10^3}{\sqrt{3} \times 200} = 50\sqrt{3} \, [A]$

$I_{2s} = \dfrac{100}{\% Z} I_{2n} = \dfrac{100}{3} \times 50\sqrt{3}$

$\quad = \dfrac{5,000}{\sqrt{3}} [A] = \dfrac{5}{\sqrt{3}} [kA]$

답 ④

3,300/220[V], 10[kVA]의 단상 변압기의 임피던스 전압은 66[V]이고 임피던스 와트는 100[W]이다. 이 변압기에 정격 전류가 흐르는 경우 전압 변동률이 최대로 되는 부하역률[%]은?

① 50 ② 58

③ 71 ④ 87

해설

최대 전압 변동률 $\varepsilon_{max} = \sqrt{p^2 + q^2}$

최대 전압 변동률일 때 역률 $\cos\theta = \dfrac{R}{Z} = \dfrac{p}{\sqrt{p^2 + q^2}}$

$p = \dfrac{동손}{출력} = \dfrac{100}{10 \times 10^3} \times 100 = 1 [\%]$

$\% Z = \dfrac{V_s}{V_n} \times 100 = \dfrac{66}{3,300} \times 100 = 2 [\%]$

$\therefore \cos\theta = \dfrac{p}{\% Z} = \dfrac{1}{2} = 0.5, \, 50 [\%]$

답 ①

정격에서 철손이 1[kVA], 전부하 동손이 4[kVA]인 상태로 운전하는 30[kVA] 단상 변압기가 있다. 이 변압기를 최대 효율로 운전할 때의 변압기 출력[kVA]은?(단, 역률은 1로 가정한다)

① 7.5 ② 15

③ 30 ④ 60

해설

최대효율은 철손과 동손이 같을 때이다.

$P_i = m^2 P_c$에서 부하율 $m = \sqrt{\dfrac{P_i}{P_c}} = \sqrt{\dfrac{1}{4}} = \dfrac{1}{2}$

변압기 출력 $P' = mP = \dfrac{1}{2} \times 30 = 15 [kVA]$

답 ②

정격 용량 100[kVA]의 변압기가 있다. 이 변압기의 전부하 동손은 2[kW]이고, 철손이 1[kW]일 때, 역률 0.8이고 부하율 $\frac{1}{2}$인 부하의 효율[%]은?

① 80　　　　　　　　② 86
③ 90　　　　　　　　④ 96

해설

$\frac{1}{m}$ 부하 효율 $= \dfrac{\frac{1}{m}P\cos\theta}{\frac{1}{m}P\cos\theta + P_i + \left(\frac{1}{m}\right)^2 P_c} \times 100\,[\%]$

여기서, $\frac{1}{m}P\cos\theta$: 출력, $P_i + \left(\frac{1}{m}\right)^2 P_c$: 전손실

$\therefore \frac{1}{2}$ 부하 효율 $= \dfrac{\frac{1}{2} \times 100 \times 0.8}{\frac{1}{2} \times 100 \times 0.8 + 1 + \left(\frac{1}{2}\right)^2 \times 2} \times 100\,[\%]$

$\quad\quad = 96.39\,[\%]$

답 ④

④ $\frac{1}{m}$ 부하 효율 $= \dfrac{\frac{1}{m}P\cos\theta}{\frac{1}{m}P\cos\theta + P_i + \left(\frac{1}{m}\right)^2 P_c} \times 100\,[\%]$

여기서, 출력 : $\frac{1}{m}P\cos\theta$　　　　전손실 : $P_i + \left(\frac{1}{m}\right)^2 P_c$

⑤ 규약 효율(표준 효율)

$\varepsilon = \dfrac{출력[\text{kW}]}{출력[\text{kW}] + 손실[\text{kW}]} \times 100\,[\%]$

⑥ 전일 효율 : 변압기가 1일 중 T시간 운전일 때

$\eta_d = \dfrac{V_2 I_2 \cos\theta \times T}{V_2 I_2 \cos\theta \times T + 24P + r_{21}I_2^2 \times T} \times 100\,[\%]$

⑦ 전일 효율을 좋게 하려면 P_i(무부하손=철손) $<$ P_c(부하손=동손)

5 변압기의 병렬 운전과 결선

(1) 변압기의 병렬 운전 조건

부하가 증가하여 변압기의 용량을 증가시킬 필요가 있을 경우, 새로운 변압기를 추가하여 병렬 운전할 수 있다. 하지만 다음과 같은 조건을 만족하지 않을 경우 문제가 발생할 수 있음으로 주의해야 한다.

① 극성이 같아야 한다.

　전압을 극성이 다른 부분으로 결선하게 되면, 2차 권선에 큰 순환 전류가 흘러 변압기가 소손될 우려가 있다.

② 권수비 및 1, 2차의 정격 전압이 같아야 한다.

　권수비가 다를 경우 2차 유도 기전력의 크기가 서로 달라짐으로 2차 권선에서 순환 전류가 흐르게 되며, 이로 인해서 권선이 가열되어 소손될 우려가 있다.

③ 각 변압기의 %임피던스 강하가 같아야 한다(각 변압기의 임피던스는 정격 용량에 반비례해야 한다).

　변압기 용량에 비례하여 부하를 분담하기 위해서는 %임피던스 강하가 같아야 한다.

④ 위 조건 외에 3상 변압기의 병렬 운전을 위해서는 상회전 방향과 각 변위가 같아야 한다.

※ 각 변위 : 1차 유기 전압과 2차 유기 전압의 위상차(일반적으로 지상임)

(2) 변압기의 3상 결선

필요에 따라 단독으로 3상 변압기를 운영할 수 있으나, 단상 변압기 3대를 몇 가지 방법으로 결선하면 3상 변압기와 같은 역할을 할 수 있다. 다만, 각 변압기의 용량, 주파수, 정격 전압, 권선 저항, 누설 리액턴스, 여자 전류가 서로 같아야 한다.

① Y−Y 결선

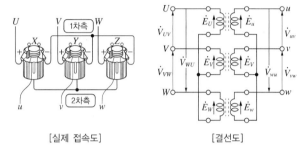

[실제 접속도]   [결선도]

㉠ 선간 전압(V_l)는 상전압(V_p)에 비해 크기가 $\sqrt{3}$ 배이고, 위상은 30° 앞선다. $V_l = \sqrt{3}\, V_p \angle 30°$

㉡ 선전류(I_l)는 상전류(I_p)와 크기가 같고, 위상은 동상이다. $I_l = I_p \angle 0°$

㉢ 1, 2차 전압의 위상차가 없다.

㉣ 1, 2차 모두 중성점 접지가 가능하기 때문에 고압의 경우 이상 전압을 감소시킬 수 있다.

㉤ 선간 전압과 상전압이 $\sqrt{3}$ 배 차이가 있기 때문에 절연에 용이하고, 고전압을 얻기에 유리하다.

㉥ 만약 중성점 접지가 되지 않으면, 제3고조파의 통로가 없어져 기전력 파형은 제3고조파를 포함하는 왜형파가 된다.

㉦ 만약 중성점 접지가 되어 있으면, 접지선을 통해 제3고조파가 흘러 통신 장애를 유발한다.

그림과 같이 단상 변압기 3대를 이용한 3상 결선 방식에 대한 설명으로 옳은 것은?

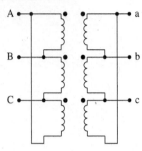

① 상전압이 선간 전압의 $\frac{1}{\sqrt{3}}$ 배이므로 절연이 용이하다.

② 1차측 선간 전압과 2차측 선간 전압 사이에 30° 위상 차가 발생한다.

③ 접지선을 통해 제3고조파가 흐르므로 통신선에 유도 장해가 발생한다.

④ 변압기 한대가 고장이 나도 V – V 결선으로 운전을 계속할 수 있다.

해설

변압기 △ – △ 결선 특징

• 선간 전압(V_l)는 상전압(V_p)와 크기가 같고, 위상은 동상이 다. $V_l = V_p \angle 0°$

• 선전류(I_l)는 상전류(I_p)에 비해 크기가 $\sqrt{3}$ 배이고, 위상은 30° 뒤진다. $I_l = \sqrt{3} I_p \angle -30°$

• 1, 2차 전압의 위상차가 없다.

• 제3고조파 여자 전류 통로를 가지게 됨으로 기전력의 파형이 왜곡되지 않는다.

• 변압기 외부에 제3고조파가 발생하지 않아 통신 장애가 없다.

• 변압기 1대가 고장이 나도 V – V 결선으로 운전이 가능하다.

• 중성점 접지가 안 되어 사고 시 보호가 곤란하다.

• 상부하가 불평형일 때 순환 전류가 흐른다. 또한 선간 전압과 상전압이 동일함으로 고압인 경우 절연에 문제가 있기 때문에 60[kV] 이하의 저전압, 대전류용인 배전용 변압기에 주로 사용된다.

답 ④

② △ – △ 결선

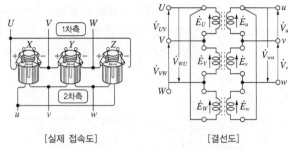

[실제 접속도]   [결선도]

㉠ 선간전압(V_l)는 상전압(V_p)와 크기가 같고, 위상은 동상이다.

$V_l = V_p \angle 0°$

㉡ 선전류(I_l)는 상전류(I_p)에 비해 크기가 $\sqrt{3}$ 배이고, 위상은 30° 뒤진다.

$I_l = \sqrt{3} I_p \angle -30°$

㉢ 1, 2차 전압의 위상차가 없다.

㉣ 제3고조파 여자 전류 통로를 가지게 됨으로 기전력의 파형이 왜곡되지 않는다.

㉤ 변압기 외부에 제3고조파가 발생하지 않아 통신 장애가 없다.

㉥ 변압기 1대가 고장이 나도 V – V 결선으로 운전이 가능하다.

㉦ 중성점 접지가 안 되어 사고 시 보호가 곤란하다.

㉧ 상부하가 불평형일 때 순환 전류가 흐른다. 또한 선간 전압과 상전압이 동일함으로 고압인 경우 절연에 문제가 있기 때문에 60[kV] 이하의 저전압, 대전류용인 배전용 변압기에 주로 사용된다.

③ △ – Y 결선

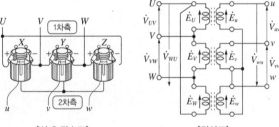

[실제 접속도]   [결선도]

㉠ 2차측 선간 전압이 상전압의 $\sqrt{3}$ 배가 되므로 승압용으로 특별 고압 송전선의 송전단측에 쓰인다.

㉡ 1차측 △ 권선 내에서 3고조파 전류가 순환하므로 3고조파 전압이 제거된다.

㉢ 2차측 중성점 접지가 가능하고 4선식 부하의 공급이 가능하다.

㉣ 불평형의 4선식 부하를 공급할 수 있으며 그에 따른 전압 불평형은 상대적으로 작게 나타난다.

④ Y - △ 결선

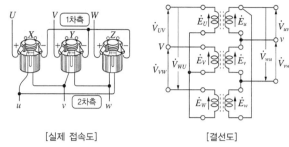

[실제 접속도]　　　[결선도]

㉠ 1차측 Y결선의 중성점을 접지할 수 있다.

㉡ 2차측 △ 결선 내에서 3고조파 전류가 순환하므로 3고조파 전압이 제거된다.

㉢ △ - Y 결선이 승압용 변압기로 송전단 변전소용으로 사용되듯이, Y - △ 결선은 강압용 변압기로 수전단 변전소용에 사용한다.

㉣ 1, 2차측 선간 전압 사이에 30°의 위상차가 발생한다.

㉤ 1상에 고장 발생 시 운영할 수 없다.

⑤ V - V 결선

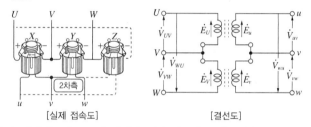

[실제 접속도]　　　[결선도]

㉠ 단상 변압기 2대로 3상 전압을 얻을 수 있는 결선이다.

㉡ △ - △ 결선에서 1상이 고장이 났을 때, V - V 결선으로 사용할 수 있다.

㉢ 출력률은 △ - △ 결선일 때 보다 57.7[%] 저하되며, 이용률은 86.6[%] 저하된다.

㉣ 부하의 상태에 따라 2차 단자 전압이 불평형이 될 수 있다.

3상 변압기의 결선 방법 중 수전단 변전소용 변압기와 같이 고전압을 저전압으로 강압할 때, 주로 사용되는 것은?

① △ - △ 결선　　② Y - Y 결선

③ Y - △ 결선　　④ △ - Y 결선

해 설

• △ - Y결선 : 이 결선은 △결선의 장점에 Y결선의 장점을 채용한 결선으로서, 주로 발전소의 승압 변압기로 이용되고 있다.

• Y - △결선 : △ - Y결선과 같은 장점을 가지고 있으며, 일반적으로 강압 변압기의 결선으로 이용되나, 국내에서는 154[kV]/66[kV]와 같은 곳에 이용된다.

• △ - △결선 : 1상의 권선에 고장이 발생하더라도 출력은 감소하나 V결선으로 운전이 가능하며, 이때에도 △결선 정격 용량의 57[%]의 출력을 송전할 수 있다. 또한 여자 전류 중에 제3고조파가 포함되므로 자속은 정현파가 되고 1차, 2차 유기 전압도 정현파가 되어 선로에 제3고조파 전압이 나타나지 않는다는 장점이 있다.

• Y - Y결선 : 1차, 2차측 모두 중성점을 접지하지 않은 경우로, 각 상 권선에는 제3고조파를 포함한 첨두 파형의 전압이 유기되어 층간 절연에 좋지 않은 영향을 미치며, 발전기 권선에 제3고조파 전류가 흘러서 발전기 권선을 가열시킨다. 또한, 중성점의 전압은 영이 아니고 대지에 대하여 3배 주파수의 진동 전위를 갖게 되며, 선로와 대지 사이의 정전 용량에 의하여 제3고조파 충전 전류가 흘러 부근의 통신선에 유도 장해를 준다.

답 ③

△결선 변압기의 한 상이 고장으로 제거되어 V결선으로 운전하였다. 고장 전 최대 공급 전력이 1,000[kW]이었다면 고장 후 최대 공급 전력[kW]은?

① 577　　　　　　② 667
③ 750　　　　　　④ 866

해설

$$\frac{V \text{ 결선의 출력}}{\triangle \text{ 결선의 출력}} = \frac{\sqrt{3}\, VI}{3\, VI} = \frac{\sqrt{3}}{3} = 0.577$$

V 결선의 출력 = △ 결선의 출력 × 0.577
　　　　　　 = $1,000 \times 10^3 \times 0.577 = 577[kW]$

답 ①

단상 변압기 2대로 V−V결선하여 3상에서 사용하는 경우 V−V결선의 특징으로 옳지 않은 것은?

① 변압기의 이용률이 86.6[%]로 저하된다.
② 유효 출력 용량은 △−△결선일 경우의 57.7[%]로 된다.
③ 부하측에 대칭 3상 전압을 공급할 수 있다.
④ 다른 결선에 비해 설치 방법이 복잡하다.

해설

V결선은 다른 결선에 비하여 설치 방법이 간단하다.

답 ④

변압기의 3상 결선법에서 병렬 운전이 불가능한 경우는?

① △−Y와 △−Y　　② △−Y와 △−△
③ Y−Y와 △−△　　④ △−△와 △−△

해설

변압기의 병렬 운전 조건

각 변위가 △−Y는 30°, Y−Y는 0°이므로 순환 전류가 흘러 병렬 운전이 불가능하다.
(Y의 개수나 △의 개수가 짝수일 경우 병렬 운전 가능, 홀수일 경우 병렬 운전 불가능)

답 ②

단상 배전선 전압 200[V]를 220[V]로 승압하는 단권 변압기의 자기 용량[kVA]은?(단, 부하 용량은 110[kVA]이다)

① 90　　　　　　② 100
③ 9　　　　　　④ 10

해설

단권 변압기의 자기 용량

$$P = \frac{V_H - V_L}{V_H} \times \text{부하 용량} = \frac{220 - 200}{220} \times 110 = 10[kVA]$$

답 ④

(3) 3상 변압기 병렬 운전 조합

병렬 결선 가능	병렬 결선 불가능
• △−Y와 △−Y	• △−△와 △−Y
• Y−△와 Y−△	• △−Y와 Y−Y
• Y−Y와 Y−Y	
• △−Y와 Y−△	
• △−△와 Y−Y	
• △−△와 △−△	

6 특수 변압기

(1) 단권 변압기

1, 2차측 권선의 회로를 철심에 직렬로 감고, 1, 2차 전압을 공통 권선으로부터 얻는 변압기를 단권 변압기라 한다. 누설 자속이 거의 발생하지 않기 때문에 전압 변동률이 매우 작은 특징이 있다.

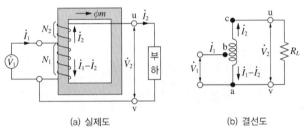

(a) 실제도　　　　　　(b) 결선도
[단권 변압기(승압)]

① 변압비 : $a = \dfrac{V_1}{V_2} = \dfrac{N_1}{N_1 + N_2}$

② 전류비 : $N_1(I_1 - I_2) = N_2 I_2,\ N_1 I_1 = (N_1 + N_2)I_2$

③ 위 식을 정리하면 $\dfrac{I_1}{I_2} = \dfrac{N_1 + N_2}{N_1} = \dfrac{1}{a}$ 가 되며, 분로 권선에 흐르는 전류 $I = I_1 - I_2 = (1-a)I_1[A]$

④ 변압기의 용량

자기 용량 $= (V_2 - V_1)I_2 = V_2 I_2\left(1 - \dfrac{V_1}{V_2}\right) = (1-a)V_2 I_2$
　　　　　 $= (1-a) \cdot \text{부하 용량}[VA]$

(2) 누설 변압기

누설 변압기는 자기 회로의 일부에 공극이 있는 누설 자속 통로를 구성하여 1차 권선과 2차 권선 부하 전류에 의한 누설 자속이 많이 발생하도록 설계된 변압기이다.

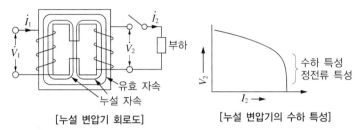

[누설 변압기 회로도]　　　　[누설 변압기의 수하 특성]

위 그림과 같이 기동 순간에는 높은 전압을 필요로 하고, 운전 중에는 낮은 전압이 요구되는 곳이나, 수하 특성(정전류 특성)이 요구되는 곳에 사용된다. 즉, 아크등, 방전등, 아크 용접기 등과 같이 부하가 변화하여도 전류를 일정하게 유지할 필요가 있는 곳에 사용된다.

(3) 계기용 변성기

계기용 변성기는 고전압과 대전류의 전기량을 계측하기 위하여 저전압과 소전류로 변성하는 기기이다. 계기용 변압기는 Potential Transformer라고 하며, 계기용 변성기는 Current Transformer라고 한다. 회로 내에 다음과 같이 결선하여 이용한다.

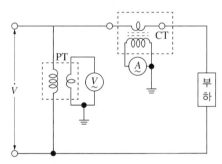

① 계기용 변압기(PT) 변압비 $a = \dfrac{V_1}{V_2} = \dfrac{N_1}{N_2}$

② 계기용 변류기(CT) 변류비 $\dfrac{1}{a} = \dfrac{I_1}{I_2} = \dfrac{N_2}{N_1}$

계기용 변성기에 대한 설명으로 가장 옳은 것은?

① 계기용 변성기는 고전압이나 대전류를 측정하기 위하여 1차 권선과 2차 권선의 임피던스 강하를 최대한 높여야 한다.

② 계기용 변성기는 변압비와 변류비를 정확하게 하기 위하여 철심 재료의 투자율이 큰 강판을 사용해 여자 전류를 적게 한다.

③ 계기용 변성기 중 P.T는 1차측을 측정하려는 회로에 병렬로 접속하고 2차측을 단락하여 피측정 회로의 전압을 측정한다.

④ 계기용 변성기 중 C.T는 1차측을 측정하려는 회로에 직렬로 접속하고 2차측을 개방하여 피측정 회로의 전류를 측정한다.

해설

계기용 변성기(MOF ; Metering Out Fit)

계기용 변압기(PT ; Potential Transformer)와 계기용 변류기(CT ; Current Transformer)를 하나의 함에 구성하여 계통으로부터 수전 받은 고전압, 대전류를 계측이 가능하도록 저전압 소전류로 변압 변류하여 전력량계에 공급하는 역할을 담당한다.

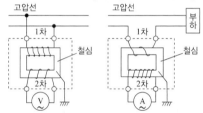

(a) 계기용 변압기　　　(b) 계기용 변류기

① 고전압과 대전류를 저전압과 소전류로 변성하기 위해서는 1, 2차 권선의 임피던스 강하와는 무관하며 임피던스 강하 비와 관련이 있다. 즉, 전압비와 전류비를 고려한 1차와 2차의 권수비가 중요하다.

② 변압기와 변류기의 철심은 투자율이 높은 재료를 사용하여 측정의 정확도를 향상 시킨다. 즉, 여자 전류를 작게 만들 수 있다.

③ PT는 1차측을 측정하고자 하는 회로에 병렬로 접속하고 2차측을 개방하여 피측정 회로의 전압을 측정한다.

④ CT는 1차측을 측정하고자 하는 회로에 직렬로 접속하고 2차측을 단락하여 피측정 회로의 전류를 측정한다.

답 ②

04 적중예상문제

01 변압기의 원리와 관계 있는 것은?

① 전자 유도 작용   ② 표피 작용
③ 전기자 작용   ④ 편자 작용

해설

변압기는 전자 유도 작용에 의해 크기가 다른 교류 전압을 부하에 공급하는 역할을 한다.

02 13,200/220[V] 단상 변압기가 전등 부하에 120[A]를 공급할 때 1차 전류[A]는?

① 1   ② 2
③ 100   ④ 600

해설

$a = \dfrac{13,200}{220} = 60$

$I_1 = \dfrac{I_2}{a} = \dfrac{120}{60} = 2[\text{A}]$

03 50[Hz]용 변압기에 60[Hz]의 같은 전압을 가하면 자속 밀도는 50[Hz]의 몇 배인가?

① $\dfrac{6}{5}$ ② $\dfrac{5}{6}$
③ $\left(\dfrac{5}{6}\right)^{1.6}$ ④ $\left(\dfrac{6}{5}\right)^2$

해설

$E = 4.44 f\pi N\phi_m$ 에서 전압이 같으면 자속 밀도는 주파수에 반비례한다.

∴ 주파수가 $\dfrac{6}{5}$ 배로 증가하면 자속 밀도는 $\dfrac{5}{6}$ 배로 감소한다.

04 주파수 f, 권수 N, 자속 ϕ_m일 때 변압기 유도 기전력 E는?

① $4.44 f N\phi_m$ ② $4.44\pi f N^2 \phi_m$
③ $2\pi f N\phi_m$ ④ $2\sqrt{2}\pi^2 f N\phi_m$

해설

변압기의 유도 기전력

$E = \dfrac{1}{\sqrt{2}}\omega N\phi_m = \sqrt{2}\,\pi f N\phi_m = 4.44 f N\phi_m$

05 변압기의 자속을 만드는 전류는?

① 자화 전류   ② 철손 전류
③ 여자 전류   ④ 정격 전류

해설

자화 전류
• 여자 전류 중 순수한 자속을 만드는 데만 소요되는 전류
• 자속과 동위상의 무효 전류

06 변압기 1차 권수 210, 2차 권수 250일 때 1차측 전압이 100[V]이면 2차측 전압[V]은 얼마인가?

① 110   ② 114
③ 119   ④ 124

해설

권수비 $a = \dfrac{V_1}{V_2} = \dfrac{N_1}{N_2} = \dfrac{I_2}{I_1}$ 에서

$V_2 = V_1 \times \dfrac{N_2}{N_1} = 100 \times \dfrac{250}{210} = 119[\text{V}]$

07 권수비가 100인 변압기에 있어서 2차측의 전류가 1,000[A]일 때, 이것을 1차측으로 환산하면 몇 [A]인가?

① 5   ② 9
③ 10   ④ 18

해설

1차측으로 환산하면

권수비 $a = \dfrac{V_1}{V_2} = \dfrac{N_1}{N_2} = \dfrac{I_2}{I_1}$ 에서

$I_1 = \dfrac{I_2}{a} = \dfrac{1,000}{100} = 10[\text{A}]$

08 변압기의 권선 저항을 무시할 수 있다면 1차 유도 기전력과 1차 공급 전압과의 위상차는 몇 [rad]만큼 뒤지는가?

① $\dfrac{\pi}{2}$ ② $\dfrac{3}{2}\pi$
③ 2π ④ π

해설

유도 기전력 E_1과 E_2는 동위상이며 1차 공급 전압 V_1보다 180°, 즉 π만큼 뒤진다.

09 변압기의 일정한 전압, 일정한 주파수에서 권수를 2배로 하고 같은 자속을 얻자면 여자 전류는 약 몇 배인가?

① 0.5   ② 1
③ 2   ④ 4

해설

유도 기전력 $E = 4.44fN\phi_m[\text{V}]$에서 전압과 주파수가 일정하므로 N과 ϕ_m은 반비례한다.

∴ 권수를 2배하면 여자 전류는 $\dfrac{1}{2}$배로 된다.

10 변압기의 여자 전류를 구성하는 전류인 것은?

① 부하 전류, 철손 전류
② 철손 전류, 자화 전류
③ 정격 전류, 철손 전류
④ 부하 전류, 자화 전류

해설

• 여자 전류 = 철손 전류 + 자화 전류
• 철손 전류는 히스테리시스 손실 및 맴돌이 전류 손실에 해당하는 전류이다. 전원 전압의 위상과 동상이다.
• 자화 전류는 여자 전류 중 순수하게 자속만을 만드는데 소요되는 전류이다. 자속의 위상과 동상이다.

11 변압기의 권수비가 60일 때 2차측 저항이 0.1[Ω]이다. 이것을 1차로 환산하면 몇 [Ω]이 되는가?

① 310 ② 390

③ 410 ④ 360

해설

$r_1' = a^2 r_2 = 60^2 \times 0.1 = 360[\Omega]$

12 어떤 변압기의 1차 환산 임피던스 Z_{12} = 225[Ω]이고 이것을 2차로 환산하면 Z_{21} = 1[Ω]이다. 2차 전압이 400[V]이면 1차 전압[V]는?

① 1,500 ② 3,000

③ 4,500 ④ 6,000

해설

$Z_{12} = a^2 \cdot Z_2 = 225[\Omega], \ Z_{21} = \dfrac{Z_1}{a^2} = 1$

$a^2 = 225, \ a = \sqrt{225} = 15$

$\therefore \ E_1' = a \times E_2 = 15 \times 400 = 6,000[V]$

13 권수비 10의 변압기가 있다. 그것의 1차, 2차 저항이 8[Ω], 0.078[Ω]이고 리액턴스는 9[Ω], 0.07[Ω]이다. 이 변압기의 1차 쪽으로 환산한 저항과 리액턴스를 구하면?

① $R = 12.3, \ X = 10$

② $R = 15.8, \ X = 16$

③ $R = 17.2, \ X = 18$

④ $R = 18.0, \ X = 20$

해설

1차로 환산한 값

$R = r_1 + a^2 r_2 = 8 + 10^2 \times 0.078 = 15.8[\Omega]$

$X = x_1 + a^2 x_2 = 9 + 10^2 \times 0.07 = 16[\Omega]$

14 3,000/200[V] 변압기의 1차 임피던스가 225[Ω]이면 2차 환산[Ω]은 얼마인가?

① 0.1

② 1.0

③ 1.5

④ 15

해설

권수비 $a = \dfrac{V_1}{V_2} = \dfrac{3,000}{200} = 15$

$Z_2' = \dfrac{Z_1}{a^2} = \dfrac{225}{15^2} = 1[\Omega]$

15 1차 900[Ω], 2차 100[Ω]인 회로의 임피던스 정합용 변압기의 권수비는?

① 1

② 3

③ 9

④ 81

해설

권수비 $a = \dfrac{\sqrt{Z_1}}{\sqrt{Z_2}} = \dfrac{\sqrt{900}}{\sqrt{100}} = 3$

16 다음 중 변압기의 무부하손으로 대부분을 차지하는 것은?

① 유전체손

② 동 손

③ 철 손

④ 표류 부하손

해설

철손 = 히스테리시스손 + 와류손

17 변압기의 철심으로 규소 강판을 포개서 성층하여 사용하는 이유는?

① 무게를 줄이기 위해서
② 냉각을 좋게 하기 위해서
③ 철손을 줄이기 위해서
④ 수명을 늘이기 위해서

해설
철심에 규소 함량 3~4[%] 정도의 규소 강판을 얇게 표면 처리하여 성층으로 만들면 철손인 히스테리시스 손실과 맴돌이 전류(와류) 손을 줄일 수 있다.

18 변압기 부하손의 대부분을 차지하는 것은?

① 풍 손
② 표류 부하손
③ 동 손
④ 철 손

해설
변압기 부하손의 대부분은 동손이다.

19 변압기 철심의 점적률은 약 몇 [%]인가?

① 80
② 85
③ 95
④ 99

해설
점적률 : 철의 단면적과 철심의 단면적과의 비를 말하며, 일반적으로 유효 단면적은 실제 단면적의 95[%]이다.

20 다음 중 변압기의 여자 전류, 철손을 알 수 있는 시험은?

① 부하 시험
② 무부하 시험
③ 단락 시험
④ 유도 시험

해설
무부하 시험 : 고압측을 개방하여 저압측에 정격 전압을 걸어 여자 전류와 철손을 구하고 여자 어드미턴스를 구한다.

21 다음 중 변압기의 무부하손으로 대부분을 차지하는 것은?

① 유전체손
② 동 손
③ 철 손
④ 표유부하손

해설
무부하손은 철손(히스테리시스손 + 맴돌이손)이다.

22 주상 변압기의 철손과 동손의 비는?

① 2 : 1
② 1 : 4
③ 1 : 2
④ 4 : 1

해설

철손과 동손의 비는 부하 70[%]에서 효율이 최대가 되므로

$$P_i = \left(\frac{1}{m}\right)^2 P_c = 0.7^2 \times P_c$$

$P_i : P_c = 1 : 2$이다.

23 일정 전압 및 일정 파형에서 주파수가 상승하면 변압기 철손은 어떻게 변하는가?

① 증가한다.
② 불변이다.
③ 감소한다.
④ 일정 기간 증가한다.

해설

정격 전압이 일정할 때 철손 중에 히스테리시스 손이 주파수에 반비례하므로 감소한다.

24 변압기의 등가 회로도 작성에 필요 없는 시험은?

① 단락 시험
② 반환 부하법
③ 무부하 시험
④ 저항 측정 시험

해설

변압기 등가 회로도 작성에 필요한 시험 : 저항 측정 시험, 단락 시험, 무부하 시험

25 200[kVA] 단상 변압기가 있다. 철손은 1.6[kW]이고, 전부하 동손은 2.4[kW]이다. 역률 0.8에서의 효율[%]은?

① 94.4
② 95.6
③ 96.4
④ 97.6

해설

출력 $P = P_a \cos\theta = 200 \times 0.8 = 160[\text{kW}]$
손실 $P_l = P_c + P_i = 2.4 + 1.6 = 4[\text{kW}]$

$$\therefore \eta = \frac{출력}{출력 + 손실} \times 100 = \frac{160}{164} \times 100 = 97.56[\%]$$

26 변압기의 임피던스 전압을 걸어 구하는 시험은?

① 극성 시험
② 무부하 시험
③ 단락 시험
④ 유도 시험

해설

단락 시험
저압 단락, 고압측에 정격 전류를 흘리는 전압이 임피던스 전압이므로 단락 시험이 된다.

27 철손 900[W], $\frac{3}{4}$ 부하에서 최대 효율이 되는 변압기의 전부하 동손[W]은?

① 450
② 900
③ 1,600
④ 3,200

해설

$$P_i = m^2 P_c = \left(\frac{3}{4}\right)^2 P_c$$

$$\therefore P_c = \left(\frac{4}{3}\right)^2 P_i = \frac{16}{9} \times 900 = 1,600[\text{W}]$$

28 150[kVA] 단상 변압기의 철손이 1[kW], 전부하 동손이 4[kW]이다. 이 변압기의 최대 효율은 몇 [kVA]의 부하에서 나타나는가?

① 25   ② 75

③ 10   ④ 125

해설

$P_i = m^2 P_c$ 에서

$$m = \sqrt{\frac{P_i}{P_c}} = \sqrt{\frac{1}{4}} = \frac{1}{2}$$

$$P' = m \times P = \frac{1}{2} \times 150 = 75[\text{kVA}]$$

29 다음 중 변압기의 등가 회로도 작성에 필요 없는 시험은?

① 단락 시험   ② 반환 부하법

③ 무부하 시험   ④ 저항 측정 시험

해설

② 반환 부하법은 변압기 온도 시험 방법이다.
변압기 등가 회로도 시험에 필요한 시험
• 저항 측정 시험
• 단락 시험
• 무부하 시험

30 어느 변압기의 백분율 저항 강하가 2[%], 백분율 리액턴스 강하가 3[%]일 때 지역률 80[%]인 경우의 전압 변동률[%]은?

① 0.1   ② 2.6

③ 3.4   ④ 4.2

해설

지상 부하(유도성) $\varepsilon = p\cos\theta + q\sin\theta = 2 \times 0.8 + 3 \times 0.6 = 3.4[\%]$

31 퍼센트 저항 강하 3[%], 리액턴스 강하 4[%], 역률 80[%]인 경우 변압기의 최대 전압 변동률[%]은?(단, 지상이다)

① 3   ② 4

③ 5   ④ 6

해설

$\varepsilon = \sqrt{p^2 + q^2} = \sqrt{3^2 + 4^2} = 5[\%]$

32 동손 P_c, 철손 P_i인 변압기의 $\frac{1}{m}$ 부하에서의 최대 효율 조건은?

① $P_i = P_c$

② $P_i = m P_c$

③ $P_i = \left(\frac{1}{m}\right) P_c$

④ $P_i = \left(\frac{1}{m}\right)^2 P_c$

해설

최대 효율 조건은 철손＝동손

$\therefore P_i = \left(\frac{1}{m}\right)^2 P_c$

33 임피던스 전압 강하 4[%]의 변압기가 운전 중에 단락되었다. 단락 전류의 몇 배가 흐르는가?

① 20   ② 25

③ 30   ④ 35

해설

단락 전류 $I_s = \frac{100}{Z} I_{1n} = \frac{100}{4} \times I_{1n} = 25 \times I_{1n}$

$\therefore$ 25배

34 변압기유로 쓰이는 절연유에 요구되는 특성이 아닌 것은?

① 점도가 클 것
② 비열이 커 냉각 효과가 클 것
③ 화학 작용을 일으키지 않을 것
④ 인화점이 높고 응고점이 낮을 것

해설

변압기유의 구비 조건
• 절연 저항 및 절연 내력이 클 것
• 비열 및 열전도율이 커서 냉각 효과가 크고 점도가 낮을 것
• 인화점이 높고 응고점이 낮을 것
• 석출물이 생기지 않고 산화하지 않으며 화학 작용을 일으키지 않을 것

35 변압기 콘서베이터의 사용 목적은?

① 일정한 유압의 유지
② 과부하로부터의 변압기 보호
③ 냉각 장치의 효과를 높임
④ 변압기 기름의 열화 방지

해설

콘서베이터는 공기의 접촉을 차단해 변압기의 기름의 열화를 방지할 목적으로 변압기 위에 설치한다.

36 권수비가 30인 변압기의 저압측 전압이 8[V]인 경우 극성 시험에서 합성 전압의 차이는 감극성의 경우 가극성의 경우보다 몇 [V] 작은가?

① 4   ② 8
③ 16   ④ 20

해설

가극성 $V_+ = V_1 + V_2$, 감극성 $V_- = V_1 - V_2$
$\therefore V = V_+ - V_-$
$\quad = V_1 + V_2 - (V_1 - V_2)$
$\quad = 2V_2$
$\quad = 2 \times 8$
$\quad = 16[V]$

37 다음 중 $Y-\triangle$ 변압기 결선의 특징으로 옳은 사항은?

① 1, 2차 간 정류, 정압의 위상 변화가 없다.
② 1상에 고장이 일어나도 송전을 계속할 수 있다.
③ 저압에서 고압으로 송전하는 전력용 변압기에 주로 사용된다.
④ 3상과 단상 부하를 공급하는 강압 배전용 변압기에 주로 사용된다.

해설

$Y-\triangle$ 변압기 결선의 특징
• 강압용으로 특별 고압 송전단의 수전단 측에 쓰인다.
• 2차 결선 $\triangle$내에서 3고조파 전류가 순환하므로 3고조파 전압이 제거된다.
• 1차의 중성점 접지가 가능하다.
• 1차의 중성점이 2차 $\triangle$권선에 의해 안정적으로 유지된다.
• 1, 2차에 각 변위가 30°가 생긴다.

38 다음 중 발전소용 변압기와 같이 낮은 전압을 높은 전압으로 승압하는 데 적당한 결선 방법으로 옳은 것은?

① $\triangle-Y$ ② $Y-Y$
③ $\triangle-\triangle$ ④ $V-V$

해설

$\triangle-Y$ 변압기 결선의 특징
• 승압용으로 특별 고압 송전선의 송전단 측에 쓰인다.
• 1차 $\triangle$권선 내에서 3고조파 전류가 순환하므로 3고조파 전압이 제거된다.
• 2차 중성점 접지가 가능하고 4선식 부하의 공급이 가능하다.
• 불평형의 4선식 부하를 공급할 수 있으며, 그에 따른 전압 불평형은 상대적으로 작다.

39 변압기를 △ − Y로 결선할 때 1, 2차 간의 위상차는 몇 °인가?

① 0   ② 30

③ 60   ④ 90

해설

△ − Y의 각 변위는 30°이다(중성점에 대한 전류와 전압의 위상차).

40 150[kVA], 13,200/440[V] 변압기 3대를 △ − △ 결선하여 150[kVA], 역률 80[%]의 부하에 접속하였다. 이 변압기 1대당 부하 분담[kW]은?

① 30   ② 40

③ 50   ④ 60

해설

1대당 50[kVA]

$P = P_a \cos\theta = 50 \times 0.8 = 40 [\text{kW}]$

41 7.5[kVA], 3,000/100[V] 단상 변압기 3대를 △ − △ 결선하여 3상 평형 부하 9[kVA]를 걸 때 변압기 1차 상전류는?

① 1

② $\sqrt{3}$

③ 30

④ $30\sqrt{3}$

해설

1대당 3[kVA]

$I_1 = \dfrac{P}{V_1} = \dfrac{3,000}{3,000} = 1 [\text{A}]$

42 3,150/105[V] 단상 변압기 3대를 Y − △ 접속하고 1차에 3,000[V]를 가할 때 2[A]가 흘렀다. 2차 전압[V]과 전류[A]는?

① 57.7[V], 104[A]

② 73[V], 104[A]

③ 57.7[V], 65[A]

④ 108[V], 58[A]

해설

$a = \dfrac{3,150}{105} = 30$

$E_2 = \dfrac{E}{a} = \dfrac{\frac{3,000}{\sqrt{3}}}{30} = 57.7 [\text{V}]$

$I_2 = \sqrt{3} \, I_2 = \sqrt{3} \, a I_{p1} = \sqrt{3} \times 30 \times 2 = 60\sqrt{3} = 104 [\text{A}]$

43 다음 중 변압기를 병렬 운전하기 위한 조건이 아닌 것은?

① 극성이 같을 것

② 권수비가 같을 것

③ 중량이 같을 것

④ 백분율 임피던스 전압이 같을 것

해설

변압기 병렬 운전 조건
• 극성이 같을 것
• 1, 2차 정격 전압 및 권수비가 같을 것
• 저항과 리액턴스의 비율이 같을 것
• 상회전 방향과 위상 변위가 같을 것
• 용량이 같을 것
• %Z가 같을 것

44 50[kVA], $Z_a = 7[\Omega]$인 A변압기와 150[kVA], $Z_b = 3$[Ω]인 B변압기를 병렬 운전하여 부하 200[kVA], 역률 1에 접속시킬 때 B기의 분담[kVA]은?

① 40　　　　　　② 80
③ 120　　　　　　④ 140

해설

병렬 운전의 부하 분담과 과부하
- 부하 분담은 내부 임피던스에 반비례한다.

$$P_B = P\frac{Z_a}{Z_a + Z_b} = 200 \times \frac{7}{7+3} = 140[\text{kVA}]$$

- A기는 60[kVA]이므로 과부하가 되어 병렬 운전이 곤란하다.

$$P_A = P\frac{Z_b}{Z_a + Z_b} = 200 \times \frac{3}{7+3} = 60[\text{kVA}]$$

45 3[kVA]의 단상 변압기 3대를 사용하여 △결선으로 운전 중 1대가 소손했다면 3상 출력[kVA]은?

① 2.5　　　　　　② 4
③ 4.5　　　　　　④ 5.2

해설

$$P_v = \sqrt{3}\,P = \sqrt{3} \times 3 = 5.2[\text{kVA}]$$

46 3상 배전선에 접속된 V결선 변압기의 전부하 출력 P[kVA]라 하면 변압기 1대를 증설하여 △결선하였을 때의 정격 출력[kVA]은?

① $3P$
② $\sqrt{3}\,P$
③ $2P$
④ $2\sqrt{3}\,P$

해설

P_0가 변압기 1대의 용량이라면
- V결선 출력 $P_v = P = \sqrt{3}\,P_0$
- △결선 출력 $P_\triangle = 3P_0 = \sqrt{3}\,P$

※ $P = \sqrt{3}\,P_0$에서 $P_0 = \dfrac{P}{\sqrt{3}} = \dfrac{\sqrt{3}}{3}P$

47 3상–2상 상수 변환의 스코트 결선의 2차측에 평형 2상을 얻을 때 외선의 전류가 각각 10[A]면 중선 선전류[A]는?

① 6　　　　　　② 8
③ 14　　　　　　④ 21

해설

90° 위상차(2상)이므로
$$I_0 = \sqrt{I_1^2 + I_2^2} = \sqrt{10^2 + 10^2} = 10\sqrt{2} = 14.14[\text{A}]$$

48 변압기의 온도 상승 시험법은?

① 무부하 시험법
② 절연 내력 시험법
③ 반환 부하법
④ 유도 시험법

해설

반환 부하법은 변압기 온도 시험 방법이다.

49 100[kVA]의 단상 변압기를 3대 △ – △ 결선하여 300[kVA]의 3상 평형 부하에 전력을 공급하던 중 1대가 고장 나서 2대로 송전을 하려면 몇 [kVA]까지 송전할 수 있는가?

① 173.2　　　　　　② 86.6
③ 77.3　　　　　　④ 56

해설

$$P_v = \sqrt{3}\,P = \sqrt{3} \times 100 = 173.2[\text{kVA}]$$

50 3상 배전선에 V−V결선으로 운전되는 변압기에서 전부하 시의 출력이 100[kVA]라면 변압기 1대를 증설하여 △−△결선으로 하였을 때 정격 출력은?

① 60
② 160
③ 173
④ 210

해설

$P_v = 100[\text{kVA}]$ 이므로

$P_\triangle = \sqrt{3}\,P_v = \sqrt{3} \times 100 = 173[\text{kVA}]$

51 단상 변압기의 2차 무부하 전압이 240[V]이고, 정격 부하 시의 2차 단자 전압이 200[V]이다. 전압 변동률은?

① 10
② 20
③ 30
④ 50

해설

전압 변동률 $\varepsilon = \dfrac{V_{20} - V_{2n}}{V_{2n}} \times 100 = \dfrac{240 - 200}{200} \times 100 = 20[\%]$

52 1차 전압이 6,600[V], 2차 전압이 220[V], 주파수가 60[Hz]인 단상 변압기가 있다. 다음 그림과 같이 결선하고, 1차측에 150[V]의 전압을 인가하였을 때, 전압계의 지시값과 2차측의 주파수는 얼마인가?(단, U와 v(V와 u) 단자 극성이 동일하다)

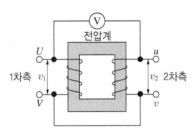

① 145[V], 12[Hz]
② 145[V], 60[Hz]
③ 155[V], 12[Hz]
④ 155[V], 60[Hz]

해설

U와 v(V와 u) 단자 극성이 동일하다는 것은 1차 권선과 2차 권선이 가극성으로 감겨 있다는 뜻으로 1차측 전압(150[V])과 2차측 유기 전압(5[V])은 서로 더해진다. 따라서, 전압계의 지시값은 155[V]이다. 변압기의 주파수는 1차측과 2차측 모두 동일하다.

53 1차 전압 2,000[V], 2차 전압 200[V], 용량 20[kVA]의 단상 변압기가 있다. 이 변압기에 역률 1인 전부하를 연결했을 때의 효율은 얼마인가?(단, 1차 권선 저항은 5[Ω], 2차 권선 저항은 0.015[Ω], 철손은 200[W] 으로 한다)

① 약 95.92[%]
② 약 96.82[%]
③ 약 97.29[%]
④ 약 99.03[%]

해설

$r_{21} = \dfrac{r_1}{a^2} + r_2 = \dfrac{5}{10^2} + 0.015 = 0.065[\Omega]$,

$I_{2n} = \dfrac{20 \times 10^3}{200} = 100[\text{A}]$

효율 $\eta = \dfrac{V_{2n} \cdot I_{2n}}{V_{2n} \cdot I_{2n} + P_1 + r_{21} \cdot I_{2n}^2} \times 100$

$= \dfrac{200 \cdot 100}{200 \cdot 100 + 200 + 0.065 \cdot 100^2} \times 100 = 95.923[\%]$

54 단상 주상 변압기 2차측 110[V]인 단자에 1[Ω]의 저항을 접속하고, 1차측에 1[A]의 전류가 흘렀을 때 1차 단자 전압이 900[V]였다. 1차측 V_T(탭 전압[V])과 I_2(2차 전류[A])는 각각 얼마인가?

① 900[V], 1[A]   ② 900[V], 30[A]
③ 3,300[V], 1[A]   ④ 3,300[V], 30[A]

해설

1차측 저항 $R_1 = a^2 R_2 = a^2 \cdot 1 = a^2[\Omega]$

1차측 전류 $I_1 = \dfrac{V_1}{R_1} = \dfrac{900}{a^2} = 1[A]$, 이므로 $a = 30$

∴ $V_T = a V_2 = 30 \cdot 110 = 3,300[V]$, $I_2 = a I_1 = 30 \cdot 1 = 30[A]$

55 어떤 변압기의 전압비가 무부하 시에는 14.3 : 1이고, 정격 부하의 어느 역률에서는 15 : 1이다. 이 변압기의 동일 역률에서의 전압 변동률은 얼마인가?

① 약 3.2[%]   ② 약 3.7[%]
③ 약 4.9[%]   ④ 약 5.3[%]

해설

권수비는 무부하시의 전압비와 동일함으로

$\dfrac{V_1}{V_{20}} = 14.3$, $\dfrac{V_1}{V_{2n}} = 15$, $\dfrac{V_{20}}{V_{2n}} = \dfrac{15}{14.3} \fallingdotseq 1.049$

∴ $\varepsilon = \dfrac{V_{20} - V_{2n}}{V_{2n}} \times 100 = \left(\dfrac{V_{20}}{V_{2n}} - 1 \right) \times 100 = 4.9[\%]$

56 60[Hz], 6,600/220[V], 15[kVA] 단상 변압기의 임피던스 전압이 190[V], 임피던스 와트는 200[W]라고 한다. 이 변압기에 10[kVA], 역률이 0.8인 지상 부하를 걸었을 경우 전압 변동률은 얼마인가?

① 약 1.73[%]
② 약 1.82[%]
③ 약 1.94[%]
④ 약 2.24[%]

해설

1. 정격 출력일 때의 %임피던스(z), %저항(p), %리액턴스(q)는 각각

$z = \dfrac{V_s}{V_{1n}} = \dfrac{190}{6,600} \times 100 \fallingdotseq 2.88[\%]$

$p = \dfrac{(r_1 + a^2 r_2)I_{1n}}{V_{1n}} \times 100 = \dfrac{P_s}{V_{1n}I_{1n}} \times 100$

$\quad = \dfrac{200}{15 \times 10^3} \times 100 \fallingdotseq 1.33[\%]$

$q = \sqrt{z^2 - p^2} \fallingdotseq 2.55[\%]$

2. 출력 10[kVA]일 때의 %저항(p'), %리액턴스(q')는 각각

$p' = \dfrac{10}{15}p$, $q' = \dfrac{10}{15}q$

∴ $\varepsilon' = \dfrac{10}{15}(p \cdot \cos\phi + q \cdot \sin\phi)$

$\quad = \dfrac{2}{3}(1.33 \cdot 0.85 + 2.55 \cdot 0.6) \fallingdotseq 1.73[\%]$

CHAPTER 05 전기기기 응용

제1절 전력 변환용 반도체 소자

명 칭	기 호	이상적인 동작 극성	특 성
Diode (1955)	A ▷ K	i On / Off v	• On/Off 제어 불가 • 매우 작은 On 방향 전압 강하 • 단방향 전압 저지, 단방향 전류 소자
SCR Thyristor (1958)	A ▷ K G	i On / Off v	• Off 제어 불가 • Gate의 전류 펄스에 의하여 On 제어 • 양방향 전압 저지, 단방향 전류 소자
TRIAC (1958)	T₂ T₁ G	i On / Off / Off / On v	• Off 제어 불가 • SCR보다 Gate 전류에 대한 민감도가 떨어져서 Off 시간이 길다. • 양방향 전압 저지, 양방향 전류 소자
GTO (1980)	A ▷ K +G	i On / Off v	• On/Off 제어 가능 • On 유지를 위한 Gate 전류가 낮음 • 음의 Gate 전류로 Off 가능 • 양방향 전압 저지, 단방향 전류 소자
BJT (1975)	B C E	i On / Off v	• Base 전류에 의하여 On 결정 • Base 전류 크기에 따라 도통 전류 최대치 결정 • 단방향 전압 저지, 단방향 전류 소자
MOSFET (1975)	G D S	i On / Off v	• Gate와 Source 사이에 전압을 인가하여 On/Off 결정 • On 시 도통 전류에 따라 전압 강하 변동 • 단방향 전압 저지, 단방향 전류 소자
IGBT (1985)	G C E	i On / Off v	• Gate와 Emitter 사이에 전압을 인가하여 구동하는 전압 구동형 • On 시 전압 강하는 거의 일정 • 양방향 전압 저지, 단방향 전류 소자
IGCT (1996)	A ▷ K +G	i On / Off v	• Gate에 도통 전류와 크기가 같고 음의 전류를 흘려서 빠른 Off 가능 • IGBT보다 도통 시 전압 강하가 낮다. • 양방향 전압 저지, 단방향 전류 소자

다음 중 제어 신호를 인가하여 도통(Turn On) 상태로 점호(또는 트리거)한 후, 제어 신호를 제거해도 도통 상태를 계속 유지할 수 있는 래치형 반도체 소자만을 모두 고르면?

ㄱ. IGBT
ㄴ. 트라이액(TRIAC)
ㄷ. 사이리스터(Thyristor)
ㄹ. MOSFET

① ㄱ ② ㄱ, ㄴ
③ ㄴ, ㄷ ④ ㄱ, ㄴ, ㄷ, ㄹ

해설
SCR과 TRIAC은 Off 제어가 불가하다. 즉, 도통되면 제어 신호를 제거해도 도통 상태를 유지한다.

답 ③

다음 중 베이스에 전류를 흘렸을 때만 컬렉터 전류가 흐르고, 스위치용 파워 디바이스는 턴 오프(Turn Off)를 빨리하기 위해 오프(Off) 시에 역전압을 인가하며, 인버터 제어와 초퍼 제어에 사용되는 소자로 가장 적합한 것은?

① 바이폴러 트랜지스터(Bipolar Transistor)
② TRIAC(Triode AC Switch)
③ 다이오드(Diode)
④ SCR(Silicon Controlled Rectifier)

해설
① 트랜지스터 : On–Off 제어 가능
② TRIAC : On만 가능
③ 다이오드 : On–Off 제어 불가능
④ SCR : On만 가능

답 ①

1 다이오드

다이오드는 서로 성질이 다른 두 가지의 반도체(p형, n형)를 결합하여 한쪽 방향으로만 전류가 흐를 수 있도록 만들어진 소자이다.

(1) 다이오드의 동작

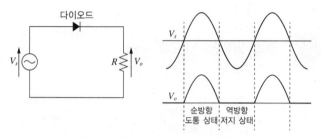

(2) 다이오드의 특성

① 교류를 직류로 변환시켜 주는 정류 소자이다.

② 고온에서 역방향 누설 전류로 특성이 나쁘며 일정 온도 이상에서는 절연파괴가 일어난다.

③ 온도 상승 시 정방향 전류가 감소하고 역방향 전류가 증가한다.

④ 실리콘 재질은 온도가 높고 전류 밀도가 크고 역방향 전압이 높다.

⑤ 직렬 접속하여 과전압으로부터 회로를 보호할 수 있다.

⑥ 병렬 접속하여 과전류로부터 회로를 보호할 수 있다.

2 SCR(Silicon Controlled Rectifier Thyristor)

SCR은 다이오드와 달리, 순방향 저지 상태와 역방향 저지 상태가 존재하여, 순방향으로 전압이 걸리더라도 도통하지 않는다. 도통을 위하여 게이트 단자에 전류를 흐르게 하면 순방향으로 도통하게 되며, 이것을 점호 또는 트리거라고 한다. 또한 역방향으로 전압을 걸었을 때(역방향 저지 상태)는 게이트 단자에 전류를 흘리더라도 도통하지 않는다.

(1) SCR의 동작

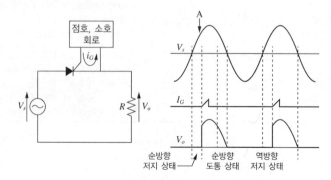

전력용 반도체로 이용되는 사이리스터(SCR)에 대한 설명으로 옳지 않은 것은?

① 한 번 턴-온되면 항상 온 상태를 유지하는 래치형 소자이다.
② 순방향 전압을 인가하여도 제어 신호를 주지 않으면 턴-온되지 않는 특성을 가지고 있다.
③ 사이리스터를 끄게 할 때 게이트에 역전압을 인가하여 소호하는 것을 강제 전류(Forced Commutation)라고 한다.
④ 게이트 전류를 가하여 도통 완료 시까지의 시간을 턴-온 시간이라고 하며 이 시간이 길면 소자가 파괴되는 수가 있다.

해설
SCR의 특성
• 턴-온 조건
  – 양극과 음극 간에 브레이크 오버 전압 이상의 전압 인가
  – 게이트에 래칭 전류 이상의 전류 인가
• 턴-오프 조건 : SCR을 오프 상태로 만들기 위한 방법은 양극 전류 차단법과 강제 전환법이 있다.
  – 양극 전류 차단법 : 애노드의 극성을 부(-)로 한다.
  – 강제 전환법 : 강제로 SCR 내의 순방향 전류의 반대 방향으로 전류가 흐르도록 하는 방법이다.
• 래칭 전류 : 사이리스터가 턴-온하기 시작하는 순전류
• 도통 시간이 짧다.
• 직류 교류 전력 제어용

답 ①

(2) SCR의 특징

① On 제어 가능, Off 제어 불가능

② 전원 전압의 위상 0~180° 범위 안에서 점호가 가능

③ 위상 제어로 활용

④ 양극 전류 차단법 : 애노드극의 직렬 스위치를 개방하여 Off하는 방법

⑤ 강제 전환법 : 강제로 SCR 내의 순방향 전류를 역방향으로 흐르도록 하여 Off하는 방법

3 GTO(Gate Turn Off Thyristor)

GTO는 도통하는 것은 임의의 시점에서 할 수 있으나, 임의의 시점에서 소호시키는 것은 불가한 SCR의 단점을 보완하여 개량된 사이리스터이다. GTO는 순방향 저지 상태와 순방향 도통 상태를 게이트 전류를 통해 임의의 시점에서 자유롭게 제어가 가능하다.

(1) GTO의 동작

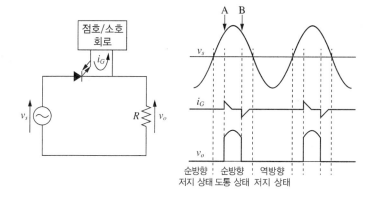

순방향 | 순방향 | 역방향
저지 상태 도통 상태 저지 상태

(2) GTO의 특징

① On/Off 제어 가능

② 전원 전압의 위상 0~180° 범위 안에서 점호 및 소호가 가능

③ 위상 제어로 활용

전력용 반도체 스위치의 온-오프 특성에 대한 설명으로 옳은 것은?

① GTO는 음의 게이트 전류 펄스에 의하여 턴 오프가 가능하다.

② SCR은 게이트에 트리거 전압 이상의 충분한 전압을 인가해 주면 턴온된다.

③ MOSFET는 드레인 전류로 제어하고, 스위칭 속도가 느리며 수백 [Hz] 이하이다.

④ IGBT는 전류 제어 소자로서 게이트와 이미터 사이의 전류 크기로 컬렉터 전류를 스위칭한다.

해설

전력용 반도체

• GTO(Gate Turn-Off Thyristor) : SCR에서 음의 게이트 펄스로 SCR을 턴오프시키는 자기소호 기능을 갖도록 양극 측 N층을 양극과 단락시키는 이미터 단락 구조이며, 역방향 전압과 순방향 전압이 모두 낮고 누설 전류가 작으며, 턴 오프 특성, 온도 특성이 좋다.

• SCR(Silicon Controlled Rectifier, 실리콘 제어 정류기) : Thyristor(사이리스터)라고 불리며, 제어 단자(G)로부터 음극(K)에 전류를 흘리는 것으로, 양극(A)과 음극(K) 사이를 도통시킬 수 있는 3단자의 반도체 소자이다. PNPN의 4중 구조를 하고 있으며, 게이트에 일정한 전류를 통과시키면 양극과 음극 간에 도통(導通 Turn on)한다. 도통을 정지(턴오프)하기 위해서는 양극과 음극 간의 전류를 일정치 이하로 할 필요가 있다. 이러한 특징으로 한 번 도통시키면 통과 전류가 0이 될 때까지 도통 상태를 유지해야 하는 곳에 사용된다.

• MOSFET(Metal-Oxide-Semiconductor Field-Effect Transistor, 금속 산화막 반도체 전계 효과 트랜지스터) : 디지털 회로와 아날로그 회로에서 가장 일반적인 전계 효과 트랜지스터(FET)로, 게이트의 전압으로 소스와 드레인 사이의 전류를 제어하는 것이 MOSFET의 기본 원리이다(N형의 경우 상대적으로 전압이 더 낮은 곳이 소스(S)가 되고, 전압이 더 높은 곳이 드레인(D)이 된다).

• IGBT(Insulated Gate Bipolar Transistor, 절연 게이트 양극성 트랜지스터) : 금속 산화막 반도체 전계 효과 트랜지스터(MOSFET)를 게이트부에 넣은 접합형 트랜지스터로 게이트-이미터 간의 전압이 구동되어 입력신호에 의해서 온/오프가 생기는 자기 소호형이므로, MOSFET과 비교하면 대전력의 저속 스위칭이 가능한 반도체 소자이다.

답 ①

정현파 교류 전압을 입력하여 그림과 같은 출력 전압 파형을 만들 경우, 사용할 수 있는 전력용 반도체 소자는?

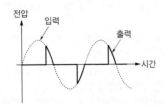

① 다이오드
② 트라이액
③ 슬립링
④ 제너 다이오드

해설

트라이액(Triac)

양방향성의 전류(교류) 제어가 행하여지는 반도체 제어 부품으로, 규소의 5층 pn접합으로 구성된다. 2개의 주전극과 1개의 게이트(제어 전극)가 있으며, 게이트 신호가 없으면 어느 방향으로도 Off이지만 게이트 신호가 있으면 주전극의 극성에 관계없이 턴 온(Turn-on)할 수 있다.

답 ②

다음 설명에 해당하는 전력용 반도체 소자는?

전력용 스위칭을 목적으로 사용되며 스위칭 시 발생하는 손실을 줄이기 위하여 포화 영역에서 On, 차단 영역에서 Off가 되도록 하고 활성 영역은 사용하지 않는다. 충분한 베이스 전류를 흘려 동작시키며 각종 서보 모터 드라이버, 초퍼 회로에 사용한다.

① 사이리스터(SCR)
② 트라이액(TRIAC)
③ 전력용 트랜지스터(바이폴러형)
④ 전력용 MOSFET

해설

전력용 트랜지스터(Electric Transistor)

전력용으로서 사용되는 대출력 트랜지스터를 말하며, 일반 트랜지스터와 원리적으로는 다르지 않다. 트랜지스터의 동작은 전기적으로 포화 영역과 활성 영역으로 구분되는데 증폭 작용은 포화 영역, 논리 회로에서와 같이 스위칭 작용은 활성화 영역에서 동작시킴으로서 가능하다. 초기의 트랜지스터는 바이폴라트랜지스터(BJT)를 지칭하는 용어였으며, 전계 효과형 트랜지스터(FET)의 등장으로 그 용어 구사에 변화가 생겼다. 지금은 전계 효과형 트랜지스터의 종류만도 JFET, MOSFET, SIT, IGBT를 비롯하여 수많은 종류의 트랜지스터가 있다. 전력용으로 사용되는 대부분의 트랜지스터는 증폭 작용보다는 대부분의 경우 스위칭을 목적으로 사용된다.

답 ③

4 TRIAC(Trielectrode AC Switch)

SCR, GTO 사이리스터는 한 방향으로만 도통할 수 있는데 반하여 TRIAC 사이리스터는 양방향으로도 도통할 수 있는 특징이 있다. 따라서 애노드, 캐소드의 극 구분이 없다. 구조는 SCR을 등가 역병렬한 형태이다.

(1) TRIAC의 동작

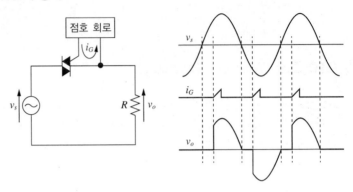

(2) TRIAC의 특징

① On/Off 제어 가능
② 전원 전압의 위상 0~360° 범위 안에서 점호 및 소호가 가능
③ 위상 제어로 활용
④ 교류 전력 제어에 활용

5 전력용 트랜지스터(BJT), MOSFET, IGBT

전력용 트랜지스터 BJT(Bipolar Junction Transistor)는 npn 접합형 트랜지스터를 이용한다. 컬렉터(Collector), 이미터(Emitter), 베이스(Base)로 이루어진 3개의 단자가 있으며, 전류는 컬렉터에서 이미터쪽으로 흐르며 역방향으로는 흐를 수 없다. 또한, 이 전류는 베이스 단자의 전류 크기에 의해 제어될 수 있다. SCR, GTO, TRIAC는 게이트 전류를 지속적으로 흘려주지 않고 트리거 역할만 하면 도통이 지속되었지만, 트랜지스터의 베이스 전류가 0에 가까워지면 컬렉터에서 이미터쪽으로 전류가 흐르지 않는다. 따라서 도통을 위해서는 일정값 이상의 베이스 전류를 지속적으로 흐르게 해야 한다. 이 점은 사이리스터와 비교하여 유의할 필요가 있다.

MOSFET(Metal Oxide Silicon Field Effect Transistor)는 드레인, 소스, 게이트로 이루어진 3개의 단자가 있다. 기본적 특성과 외관 모두 BJT와 유사하지만 BJT는 베이스에 흐르는 전류로 제어되는 반면에 MOSFET는 게이트와 소스 사이에 걸리는 전압에 의해 제어된다는 점이 가장 큰 차이점이다.

IGBT(Insulated Gate Bipolar Transistor)는 MOSFET의 장점인 구동이 용이하고 속도가 빠른 장점과 BJT의 대용량 전력에 사용할 수 있는 장점을 적극 활용하여 만든 트랜지스터이다.

(1) 전력용 트랜지스터(BJT)의 동작

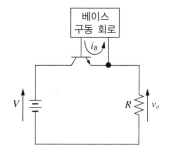
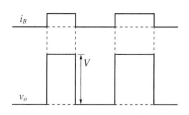

(2) BJT, MOSFET, IGBT의 기호

구 분	BJT	MOSFET	IGBT
기 호	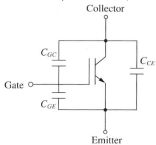C 컬렉터 B 베이스 E 이미터	D 드레인 G 게이트 S 소 스	C 컬렉터 G 게이트 E 이미터
구동 방식	전 류	전 압	전 압
구동 단자	베이스	게이트	게이트
구동 회로	복 잡	단 순	단 순
스위칭 손실	큰 편	작은 편	작은 편
구 조	베이스 비절연	게이트 절연	게이트 절연

전력용 반도체 소자에 대한 설명 중 옳지 않은 것은?

① MOSFET는 게이트 전류에 의해 드레인 전류를 제어하는 반도체 소자이다.
② IGBT는 게이트-이미터 간 전압으로 컬렉터 전류의 흐름을 제어할 수 있다.
③ SCR 사이리스터는 게이트 전류에 의해 트리거 온시킬 수 있다.
④ 바이폴라 트랜지스터는 베이스 전류에 의해 컬렉터 전류를 제어하는 반도체 소자이다.

[해설]
MOSFET는 게이트 전압을 제어한다.

[답] ①

고속 스위칭, 전압 구동 특성과 바이폴라 트랜지스터의 낮은 On 전압 특성을 복합한 전력 변환 소자는?

① IGBT
② IGCT
③ Triac
④ Thyristor

[해설]
IGBT(Insulated Gate Bipolar Transistor)

- 전력용 MOSFET와 전력용 BJT의 장점을 가지는 고전압 대전류용 전력용 반도체 소자이다.
- 스위칭 동작 속도는 BJT보다 빠르고 MOSFET보다 느리다.
- 구동, 출력 특성은 BJT보다 유리하다.
- 전압 구동 특성을 가지기 때문에 전류 구동 특성 소자들보다 손실이 적다.

[답] ①

단상 반파 정류 회로 정류기에서 입력 교류 전압의 실횻값을 E[V]라고 할 때, 직류 전류 평균값 [A]은?(단, 정류기의 전압 강하는 e [V]이고, 부하 저항은 R[Ω]이다)

① $\left(\dfrac{\sqrt{2}}{\pi}E-e\right)\times\dfrac{1}{R}$　　② $\left(\dfrac{2}{\pi}E-e\right)\times\dfrac{1}{R}$

③ $\left(\dfrac{2\sqrt{2}}{\pi}E-e\right)\times\dfrac{1}{R}$　　④ $\left(\dfrac{1}{\pi}E-e\right)\times\dfrac{1}{R}$

해설

단상 반파 정류 회로 출력 전압 $\dfrac{\sqrt{2}}{\pi}E$에서 정류자(다이오드) 전압 강하 e를 빼 준 값이 부하 저항 양단에 걸리게 되며, 그 저항을 나누어 주면 옴의 법칙에 의해 전류값이 나오게 된다.

$$\dfrac{\left(\dfrac{\sqrt{2}}{\pi}E-e\right)}{R}$$

답 ①

단상 반파 정류 회로에서 출력 직류 전압 135[V]를 얻는 데 필요한 입력 교류 전압의 실횻값[V]은?(단, 정류 소자의 전압 강하는 무시한다)

① 150　　② 300
③ 380　　④ 405

해설

단상 반파 정류

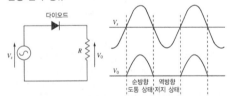

직류 출력

$E_d=\dfrac{E_m}{\pi}=\dfrac{\sqrt{2}}{\pi}E_{rms}=0.45E_{rms}$ 이므로(이때, E_{rms}은 교류 실효치)

$E_s=\dfrac{E_d}{0.45}=\dfrac{135}{0.45}=300[\mathrm{V}]$

답 ②

제2절　정류 회로

1　다이오드 정류 회로

(1) 단상 반파 정류 회로(순저항 부하일 때)

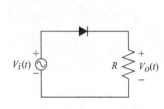
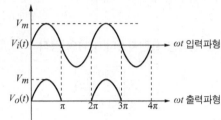

ωt 입력파형

ωt 출력파형

① 직류 전압 $E_d=\dfrac{\sqrt{2}}{\pi}E=0.45E$

② 직류 전류 $I_d=\dfrac{\sqrt{2}}{\pi}I=0.45I$

(2) 단상 전파 정류 회로

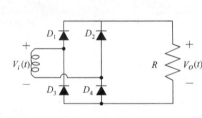
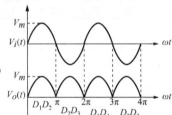

① 직류 전압 $E_d=\dfrac{2\sqrt{2}}{\pi}E=0.9E$

② 직류 전류 $I_d=\dfrac{2\sqrt{2}}{\pi}\times I=0.9I$

(3) 3상 반파 정류 회로

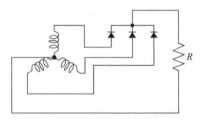
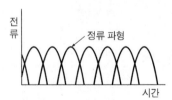

정류 파형

직류 전압 $E_d=\dfrac{3\sqrt{6}}{2\pi}E=1.17E$

(4) 3상 전파 정류 회로

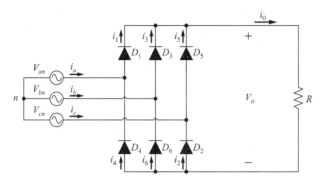

직류 전압 $E_d = \dfrac{3\sqrt{6}}{\pi}E = 2.34E$

2 위상 제어 정류 회로

(1) 단상 반파 정류 회로

① 부하가 저항일 때

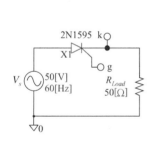
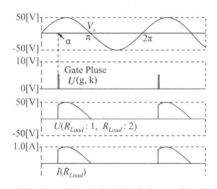

㉠ 회로 동작 원리 : 직류 평균 전압의 크기를 제어하기 위해 SCR을 전원 전압의 $\omega t = 0$에서 점호각 α만큼 지연시켜 턴-온시킨다.

- 직류 전압의 평균값 $E_d = \dfrac{\sqrt{2}E}{2\pi}(1 + \cos\alpha)$

- 직류 전류의 평균값 $I_d = \dfrac{\sqrt{2}E}{2\pi R}(1 + \cos\alpha)$

㉡ 평균 직류 출력 전압 : 지연각 α는 0~180° 범위 내에서 제어 가능하므로 출력 전압은 $0 \sim \dfrac{\sqrt{2}}{\pi}$[V]까지 가변 가능하다.

그림과 같이 3상 전파 정류 회로에서 3상 전원이

$v_{an} = V_m \sin\omega t$[V], $v_{bn} = V_m \sin\left(\omega t - \dfrac{2\pi}{3}\right)$[V],

$v_{cn} = V_m \sin\left(\omega t - \dfrac{4\pi}{3}\right)$[V]일 때, 출력 전압 v_{out}의 평균값[V]은?(단, V_m은 상전압 최댓값이다)

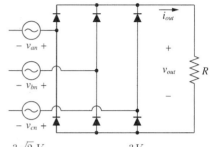

① $\dfrac{3\sqrt{2}\,V_m}{\pi}$　　② $\dfrac{3V_m}{\pi}$

③ $\dfrac{3\sqrt{6}\,V_m}{\pi}$　　④ $\dfrac{3\sqrt{3}\,V_m}{\pi}$

해설

다이오드 3상 전파 정류 회로에서 출력 전압의 평균은 $E_d = \dfrac{3\sqrt{2}}{\pi}E = 1.35E$[V]에서 E는 선간 전압이며, 실횻값이다. V_m은 상전압이며, 최댓값으로 주어졌으니, 위 식에서 $E = \sqrt{3}\cdot\left(\dfrac{V_m}{\sqrt{2}}\right)$으로 변환하면 $E_d = \dfrac{3\sqrt{3}\,V_m}{\pi}$[V]

답 ④

다음 (a)와 같이 단상 반파 제어 정류기가 $R-L$ 직렬 유도성 부하와 연결되어 이상적으로 동작할 때, (b)와 같이 사이리스터가 트리거-온되는 경우 출력 전류 i_0의 파형으로 옳은 것은?

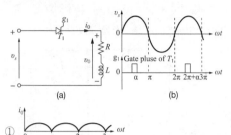

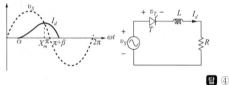

해설

사이리스터에 의하여 α에서 전류가 흐르기 시작하고 인덕턴스 L에 흐르는 전류는 β만큼 뒤진 위상각에서 전류가 0이 된다.

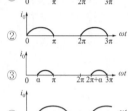

답 ④

전원 전압이 단상 220[V]/60[Hz]인 사이리스터(SCR) 4개로 구성된 단상 전파 위상 제어 정류 회로에 5[Ω]의 순저항 부하가 연결되어 있다. 이 사이리스터의 지연각(점호각) $\alpha = 30°$일 때, 출력 전류의 평균값을 구하는 식으로 옳은 것은?

① $\dfrac{44\sqrt{2}}{\pi}(1+\sin 30°)$　　② $\dfrac{44\sqrt{2}}{\pi}(1+\cos 30°)$

③ $\dfrac{220\sqrt{2}}{\pi}(1+\sin 30°)$　　④ $\dfrac{220\sqrt{2}}{\pi}(1+\cos 30°)$

해설

순저항 회로의 전파 정류 직류 회로 평균값

$E_{dc} = \dfrac{\sqrt{2}\,E}{\pi}(1+\cos\alpha) = \dfrac{220\sqrt{2}}{\pi}(1+\cos 30°)$

출력 전류의 평균값

$I_{dc} = \dfrac{E_{dc}}{R} = \dfrac{220\sqrt{2}}{5\pi}(1+\cos 30°)$

$\quad = \dfrac{44\sqrt{2}}{\pi}(1+\cos 30°)$

답 ②

② $R-L$ 직렬 유도성 부하

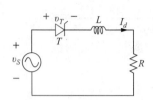 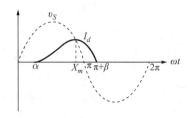

㉠ 직류 전류의 평균값

$$I_d = \frac{\sqrt{2}\,V_S}{Z}\left(\sin(\omega t - \phi) - \sin(\alpha - \phi)e^{-\frac{\omega t - \alpha}{\tan\phi}}\right)$$

㉡ 사이리스터에 의하여 위상각 α에서 전류가 흐르기 시작하고 인덕턴스 L에 흐르는 전류는 β만큼 뒤진 위상각에서 전류가 0이 된다.

㉢ 인덕턴스 L이 크면 클수록 완전한 직류가 된다.

(2) 단상 전파 정류 회로

① 저항 부하

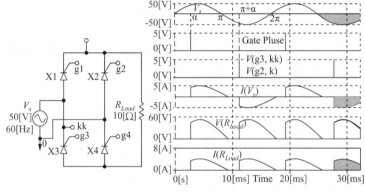

㉠ 직류 전압의 평균값 $E_d = \dfrac{\sqrt{2}\,E}{\pi}(1+\cos\alpha) = 0.45E(1+\cos\alpha)$

㉡ 직류 전류의 평균값 $I_d = \dfrac{\sqrt{2}\,E}{\pi R}(1+\cos\alpha)$

㉢ 점호각 α의 범위 : $\pi \geq \alpha \geq 0$

㉣ SCR은 항상 부하의 역률각 보다 큰 범위에서만 제어 가능($\alpha > \theta$)

② $R-L$ 부하

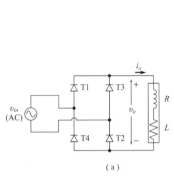

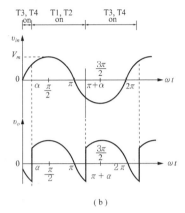

(a)　　　　　　　　　(b)

지연각 α는 0~180° 범위 내에서 제어가 가능하므로 출력 전압은

$0 \sim \dfrac{2\sqrt{2}}{\pi}$[V]까지 가변 가능

직류 전압의 평균값 $E_d = \dfrac{2\sqrt{2}\,E}{\pi}\cos\alpha$

(3) 3상 반파 위상제어 정류 회로

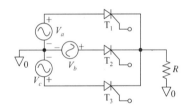

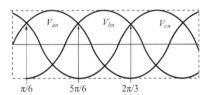

직류 전압의 평균값 $E_d = \dfrac{3\sqrt{6}\,E}{2\pi} = 1.17\,E\cos\alpha$

(4) 3상 전파 위상제어 정류 회로

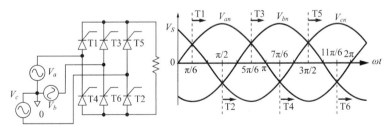

① 각 SCR은 60°마다 순서대로 Turn On됨(T1 → T2 → T3 → T4 → T5 → T6 → T1 …)

② 직류 전압의 평균값 $E_d = \dfrac{3\sqrt{2}\,E}{\pi}\cos\alpha$

다음 그림의 단상 전파 정류 회로에서 입력 전압이 $v_{in} = \sqrt{2}\,V_{rms}\sin\omega t$, 지연각 $\alpha = \dfrac{\pi}{3}$일 때, 출력 전압 v_o[V]의 평균 전압[V]은?

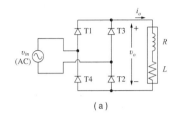

(a)

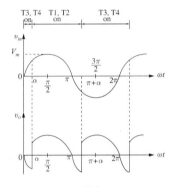

(b)

① $\dfrac{\sqrt{6}\,V_{rms}}{\pi}$　　② $\dfrac{\sqrt{2}\,V_{rms}}{\pi}$

③ $\dfrac{\sqrt{6}\,V_{rms}}{2\pi}$　　④ $\dfrac{V_{rms}}{\sqrt{2}\,\pi}$

해설
단상 전파 정류 회로 $R-L$ 부하 직류 전압
$E_{dc} = \dfrac{2\sqrt{2}\,E}{\pi}\cos\alpha = \dfrac{2\sqrt{2}\,E}{\pi}\cos60° = \dfrac{\sqrt{2}\,E}{\pi}$[V]

답 ②

강압 초퍼 회로에 인가된 전압이 400[V]이고, 스위칭 주파수가 2[kHz]로 동작할 때, 출력 전압은 300[V]이다. 이때 스위치가 온(ON)된 시간[ms]은?

① 0.325   ② 0.375
③ 0.425   ④ 0.475

해설

듀티비 $D = \dfrac{\text{스위치 온 상태}}{\text{주기}} = \dfrac{t_{on}}{T}$ 이고

주기 $T = \dfrac{1}{f} = \dfrac{1}{2 \times 10^3}[\text{Hz}]$

강압 컨버터(Buck Converter) 평균 출력 전압은

$V_o = D V_i = \dfrac{t_{on}}{T} V_i$ 이므로

$300 = \dfrac{t_{on}}{\dfrac{1}{2 \times 10^3}} \times 400$

$\therefore\ t_{on} = \dfrac{300}{400} \times \dfrac{1}{2 \times 10^3} = 0.375[\text{ms}]$

답 ②

스위칭 주파수 1[kHz], DC 입력 전압이 200[V]인 초퍼로, 정격 전압 150[V]인 전동기를 구동하려고 한다. 온-타임[ms]과 오프-타임[ms]을 구하면?

	온-타임[ms]	오프-타임[ms]
①	1.0	1.0
②	0.5	0.5
③	0.5	0.75
④	0.75	0.25

해설

평균 출력 전압 $V_o = D V_i$에서 듀티비 $D = \dfrac{V_o}{V_i} = \dfrac{150}{200} = 0.75$

$T = \dfrac{1}{f} = \dfrac{1}{1 \times 10^3} = 1[\text{ms}]$

온 타임 $D T = 0.75 \times 1 = 0.75[\text{ms}]$

오프 타임 $(1-D)T = (1-0.75) \times 1 = 0.25[\text{ms}]$

답 ④

380[V]의 입력 전압을 갖는 직류 초퍼 회로가 저항 부하에 전력을 공급하기 위해 일정한 스위칭 주파수로 작동되고 있다. 스위치의 온-시간이 15[ms], 오프-시간이 5[ms]일 때, 출력 전압의 평균값[V]은?

① 95   ② 285
③ 320   ④ 507

해설

주기 $T = t_{on} + t_{off} = 15 + 5 = 20[\text{ms}]$

듀티비 $D = \dfrac{t_{on}}{T} = \dfrac{15}{20} = 0.75$

출력 전압 $V_o = D V_i = 0.75 \times 380 = 285[\text{V}]$

답 ②

제3절 **직류 초퍼**

직류 전압을 크기가 다른 직류 전압으로 변환시키는 회로를 직류 초퍼(DC Chopper) 회로라고 한다. 전압을 낮추는 경우 강압형 초퍼(Step Down Chopper), 강압 컨버터(Buck Converter) 등으로 불리며, 전압을 높이는 경우 승압형 초퍼(Step Up Chopper), 승압 컨버터(Boost Converter) 등으로 불린다. 또한, 듀티비에 따라 강압과 승압을 모두 할 수 있는 초퍼인 강압-승압 컨버터(Buck-boost Converter)가 있다.

1 강압형 초퍼

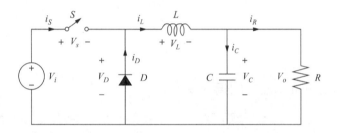

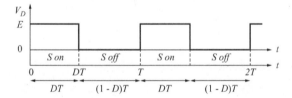

(1) 평균 출력 전압

$$V_o = D V_i$$

(2) 평균 부하 전류

$$I_0 = \dfrac{V_o}{R}$$

(3) 인덕터의 평균 전류값

$$I_L = I_0 = \dfrac{V_o}{R}$$

(4) 인덕터의 최대 전류값

$$I_{\max} = I_L + \frac{V_o}{2L}(1-D)\,T$$

(5) 인덕터의 최소 전류값

$$I_{\min} = I_L - \frac{V_o}{2L}(1-D)\,T$$

※ 듀티비 $D = \dfrac{\text{스위치 온 상태}}{\text{주기}} = \dfrac{t_{on}}{T}$

(6) 출력 전압의 맥동성분 첨두값

$$\Delta V_o = \frac{1}{C}(I_{\max} - I_{\min})\frac{T}{8} = \frac{1}{LC} \times \frac{(1-D)\,T^2 V_o}{8}$$

2 승압형 초퍼

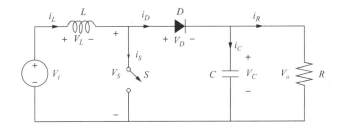

(1) 평균 출력 전압

$$V_o = \frac{1}{1-D}\,V_i$$

(2) 인덕터의 평균 전류값

$$I_L = \frac{V_o\,I_0}{V_i} = \frac{I_0}{1-D} = \frac{V_o}{R(1-D)} = \frac{V_i}{R(1-D)^2}$$

손실이 없는 정상상태의 벅(Buck) 컨버터가 출력 평균 전압을 유지하면서 출력 전압 리플을 줄이는 방법으로 옳은 것은?(단, 출력 인덕터 전류는 연속적이고, 입력 전압은 출력 평균 전압보다 크며 일정하다)

① 듀티비를 증가시킨다.
② 듀티비를 감소시킨다.
③ 출력 커패시터의 용량을 감소시킨다.
④ 듀티비를 유지하며 스위칭 주파수를 증가시킨다.

해설
• 출력 전압 $V_o = DV_i$: 출력 전압을 일정하게 유지하기 위해 듀티비 D는 일정해야 한다.
• 출력 전압의 맥동성분 첨두값

$$\Delta V_o = \frac{1}{C}(I_{\max} - I_{\min})\frac{T}{8} = \frac{1}{LC} \times \frac{(1-D)\,T^2 V_o}{8}$$

  – 출력 전압의 리플을 줄이는 방법 : $L\uparrow$, $C\uparrow$, $(1-D)\downarrow$, $T^2\downarrow$, $V_o\downarrow$
  – $f \propto \dfrac{1}{T}$이므로 스위칭 주파수를 증가시키면 T^2이 감소하므로 리플이 줄어든다.

답 ④

직류 전원 전압 E, 스위칭 주기 T, on 시간 T_{on}인 직류 초퍼의 평균 출력 전압 V_d에 관한 설명으로 옳지 않은 것은?

① 강압 초퍼의 경우 V_d는 이론적으로는 $0 \sim E$의 범위 내에서 연속적으로 제어할 수 있다.

② 강압 초퍼에서는 $\dfrac{T_{on}}{T}$이 $\dfrac{1}{2}$일 때, V_d는 $\dfrac{1}{4}E$가 된다.

③ 승압 초퍼의 경우 V_d는 직류 전원 전압 E보다 낮은 값에서는 제어할 수 없다.

④ 승압 초퍼에서는 $\dfrac{T_{on}}{T}$이 $\dfrac{1}{2}$일 때, V_d는 $2E$가 된다.

해설
강압 초퍼에서 $\dfrac{T_{on}}{T}$가 $\dfrac{1}{2}$일 때, V_d도 $\dfrac{1}{2}E$가 된다.

직류/직류 변환기 종류
• 벅 컨버터(Buck Converter) : 강압형(입력 전압 > 출력 전압),
  $$V_d = DV_i = \frac{T_{on}}{T}\,V_i$$
• 부스터 컨버터(Boost Converter) : 승압형(입력 전압 < 출력 전압), $V_d = \dfrac{1}{1-D}\,V_i$

답 ②

다음 그림의 컨버터에 대한 설명으로 옳지 않은 것은?

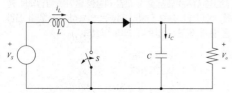

① C를 증가시키면 출력 전압의 리플이 감소한다.
② L을 증가시키면 인덕터 전류의 리플이 감소한다.
③ Boost 컨버터로 DC 전압을 승압하기 위한 컨버터이다.
④ 입력 전압이 10[V]이고 듀티비가 25[%]일 경우 출력 전압은 2.5[V]이다.

해설

승압 컨버터(Boost Converter)

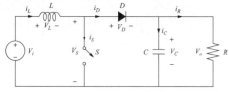

평균 출력 전압 $V_o = \dfrac{1}{1-D} V_i$

$$= \dfrac{1}{1-0.25} \times 10 = 13.3[\mathrm{V}]$$

답 ④

(3) 인덕터의 최대 전류값

$$I_{\max} = I_L + \dfrac{V_i}{2L} DT$$

(4) 인덕터의 최소 전류값

$$I_{\min} = I_L - \dfrac{V_i}{2L} DT$$

3 강압-승압 컨버터(Buck-boost Converter)

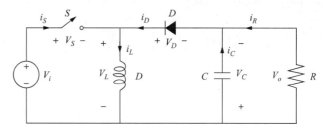

(1) 평균 출력 전압

$$V_o = \dfrac{D}{1-D} V_i$$

(2) 인덕터의 평균 전류값

$$I_L = \dfrac{I_0}{1-D} = \dfrac{V_o}{R(1-D)} = \dfrac{V_i}{R(1-D)^2}$$

(3) 인덕터의 최대 전류값

$$I_{\max} = I_L + \dfrac{V_o}{2L} (1-D) T$$

(4) 인덕터의 최소 전류값

$$I_{\min} = I_L - \dfrac{V_o}{2L} (1-D) T$$

4 PWM(Pulse Width Modulation)

PWM 제어는 컨버터부에서 AC 전압을 DC 전압으로 정류시켜 콘덴서로 평활시킨 후, 인버터부에서 직류 전압을 Chopping하여 펄스폭을 변화시켜서 인버터 출력 전압을 변화시키며, 동시에 주파수를 제어하는 방식이다.

장 점	단 점
• 응답성이 좋다. • 전원 역률이 높다. • 주회로가 간단하다. • 모터 효율이 높다. • 저속 진동 영향이 작다. • 고속 운전이 가능하다.	• 고차 Noise가 크다. • 과부하 내량이 적다. • 전원 이용률이 낮다. • 저속에서 진동이 크다.

제4절 인버터

인버터(Inverter)는 직류 입력 전원을 교류 출력 전원으로 변환하는 장치이다. 인버터는 가변속 교류 전동기 제어를 비롯한 유도 가열, UPS, CVCF(Constant Voltage Constant Frequency), VVVF(Variable Voltage Variable Frequency) 시스템에 활용된다.

1 인버터의 작동 원리

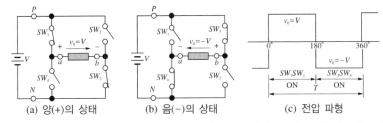

(a) 양(+)의 상태　(b) 음(−)의 상태　(c) 전압 파형

그림 (a)에서 SW_1과 SW_2를 닫고, SW_3를 SW_4 열면, 부하에서는 (+)전압이 걸리고, 그림 (b)와 같이 SW_3과 SW_4를 닫고, SW_1과 SW_2를 열면, 부하에서는 (−)전압이 걸리게 된다. 이 과정을 주기적으로 반복하면 그림 (c)와 같은 사각 파형을 얻을 수 있다. 또한 스위칭의 속도에 따라 원하는 주파수를 가지는 파형을 만들 수 있다.

2 단상 인버터

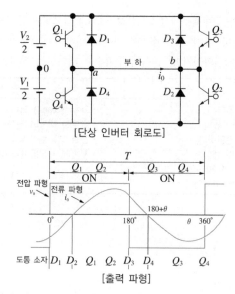

[단상 인버터 회로도]

[출력 파형]

그림[단상 인버터 회로도 P.140]와 같이 트랜지스터를 이용하여 스위칭 회로를 구성한다. 트랜지스터 외에 GTO, MOSFET, IGBT 등의 전력용 반도체 소자로 대체할 수 있다. 부하는 대부분 순수 저항성 부하로 구성되지 않음으로 전압과 전류의 위상이 차이가 나게 된다. 따라서 스위칭 소자는 양방향성을 가져야 하므로 트랜지스터와 반대 방향으로 흐르는 전류들을 위해 다이오드를 연결하여 사용한다. 그림에서 $0 \sim \theta°$, $180 \sim 180 + \theta°$ 구간이 바로 전압의 위상과 전류의 위상이 서로 반대가 되는 구간으로 다이오드가 전압의 위상과 반대인 전류가 흐를 수 있게 하는 역할을 한다. 전압과 전류의 방향이 같은 $\theta \sim 180°$까지는 Q_1, Q_2를 통해 전류가 흐르고, 전압과 전류의 방향이 반대인 $0 \sim \theta°$ 구간에서는 D_1, D_2를 통하여 전류가 흐르게 된다.

3 3상 인버터

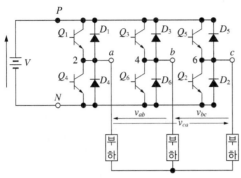

[3상 인버터 회로도]

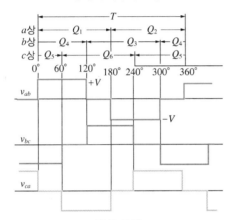

[출력 파형]

3상 인버터는 인버터의 원리를 이용하여 3상의 교류 출력을 얻고자 할 때 위 그림과 같이 여섯 개의 트랜지스터와 다이오드 스위치쌍으로 이루어진 브리지 회로를 사용하며, 각 a, b, c 상은 전압의 크기는 같고, 위상이 120°씩 차이가 나는 3상 교류 출력을 얻을 수 있다.

출력 전압이 직류 전압인 것은?

① 단상 인버터   ② 초퍼형 컨버터
③ 사이클로 컨버터   ④ 3상 인버터

해설
전력 변환 장치
• 초퍼형 컨버터(Chopper Converter) : 전류의 On-Off를 반복하는 것을 통해 직류 또는 교류의 전원으로부터 직류형태의 임의의 전압이나 전류를 인위적으로 만들어 내는 장치이다.
• 인버터(Inverter) : 직류를 교류로 바꾸어 장비에 전원을 공급하는 장치로, 역변환 장치라고도 한다. 스위치의 온(On)·오프(Off)에 따라 직류를 단속(斷續)시킴으로써 교류를 얻고, 직류의 단속 동작 및 동작의 메커니즘 차이에 따라 단상 인버터, 3상 인버터, PWM 인버터 등으로 구별된다.
• 사이클로 컨버터(Cyclo Converter) : 교류 전원으로 전류(轉流) 동작하는 사이리스터를 써서 교류 전력의 주파수 변환을 하는 전력 변환 장치이다.

답 ②

적중예상문제

01 반도체 내에서 정공은 어떻게 생성되는가?

① 결합 전자의 이탈
② 자유 전자의 이동
③ 접합 불량
④ 확산 용량

해설

정 공
• 반도체에서 가전자 구조에서 공위를 나타내며 결합 전자의 이탈에 의해 생성된다.
• 가전자가 나간 뒤 빈 정공이 남아서 전기를 운반하는 캐리어로서 활동한다.

02 반도체 정류 소자로 사용할 수 없는 것은?

① 게르마늄
② 비스무트
③ 실리콘
④ 산화구리

해설

② 비스무트는 금속 원소로 전기나 열을 잘 전하지 못하며 의약품으로 사용한다.
불순물의 유무에 따른 반도체의 구분
• 진성 반도체 : 불순물이 없는 반도체(실리콘(Si), 게르마늄(Ge))
• 불순물 반도체(N형, P형 반도체) : 인(P), 안티몬(Sb), 비소(As), 인듐(In), 붕소(B), 알루미늄(Al)

03 수은 정류기의 상수를 6상으로 할 때 직류 전압 E_d와 직류 권선 1상의 전압 실횻값 E의 비는?

① 0.8
② 1.14
③ 1.35
④ 1.45

해설

$$\frac{E_d}{E} = \frac{\sqrt{2}\sin\frac{\pi}{m}}{\frac{\pi}{m}} = \frac{\sqrt{2}\sin\frac{\pi}{6}}{\frac{\pi}{6}}$$

$$= \frac{\sqrt{2}\sin 30°}{\frac{3.14}{6}} = \frac{\sqrt{2}\times\frac{1}{2}}{\frac{3.14}{6}} = 1.35$$

04 3상 회전 변류기의 교류쪽의 전류가 10[A]인 경우의 출력 전류[A]는?(역률은 1이다)

① 6.6
② 8.6
③ 10.6
④ 12.6

해설

$$I_d = \frac{m\cos\theta}{2\sqrt{2}}I_a = \frac{3\times1}{2\sqrt{2}}\times10 = \frac{30}{2.828} = 10.6$$

1 ① 2 ② 3 ③ 4 ③ 　**정답**

05 다이오드를 사용한 정류 회로에서 다이오드를 여러 개 직렬로 연결하여 사용하는 경우의 설명으로 가장 옳은 것은?

① 다이오드를 과전류로부터 보호할 수 있다.
② 다이오드를 과전압으로부터 보호할 수 있다.
③ 부하 출력의 맥동률을 감소시킬 수 있다.
④ 낮은 전압, 전류에 적합하다.

해설
직렬 연결로 분압에 의해 과전압을 피할 수 있다.

06 3상식 정류기에서 직류쪽 전력이 1,000[kW]일 때 변압기 직류 권선의 용량[kVA]은?

① 1,160
② 1,280
③ 1,420
④ 1,480

해설

$$\frac{P_2}{P_a} = \frac{\frac{\pi}{m}\sqrt{\frac{m}{2}}}{\sin\frac{\pi}{2}} = \frac{\frac{\pi}{3}\times\sqrt{\frac{3}{2}}}{\sin\frac{\pi}{2}} = 1.28$$

$$\therefore \ P_2 = 1.28\times P_d = 1.28\times1,000 = 1.28[\text{kVA}]$$

07 다음 중 자기 소호 제어용 소자는 어느 것인가?

① SCR
② GTO
③ TRIAC
④ MOSFET

해설
GTO
• 역저지 3단자 사이리스터로 전압·전류 특성은 SCR과 동일하여 Off 상태에서는 양방향, On 상태에서는 단일 방향 전류 특성을 갖는다.
• 게이트 신호가 양(+)이면 턴-온, 음(−)이면 턴-오프된다.
• 과전류 내량이 크며 자기 소호성이 좋다.

08 SCR의 설명으로 적당하지 않은 것은?

① 게이트 전류로 통전 전압을 가변시킨다.
② 주전류를 차단하려면 게이트 전압을 0 또는 (−)로 해야 한다.
③ 게이트 전류의 위상각으로 통전 전류의 평균값을 제어시킬 수 있다.
④ 대전류 제어 정류용으로 이용된다.

해설
주전류를 차단하려면 애노드 전압을 (0) 또는 (−)로 해야 한다.

09 다음 중 초퍼나 인버터용 소자가 아닌 것은?

① SCR
② GTO
③ TRIAC
④ BJT

해설
• 초퍼나 인버터용 소자 : GTO, SCR, BJT
• 교류 스위치 위상 제어용 소자 : TRIAC

10 단상파 정류 회로의 전원 전압이 200[V], 부하 저항이 10[Ω]이면 부하 전류 몇 [A]인가?

① 4   ② 9

③ 15   ④ 18

해설

직류 평균 전압 $E_d = \dfrac{\sqrt{2}}{\pi} V = 0.45[V]$

∴ 직류 평균 전류 $I_d = \dfrac{E_d}{R} = \dfrac{\dfrac{\sqrt{2}}{\pi} V}{R} = \dfrac{0.45 \times 200}{10} = 9[A]$

11 다음 정류 방식 중 맥동률이 가장 작은 방식은?

① 단상 반파식   ② 단상 전파식

③ 3상 반파식   ④ 3상 전파식

해설

맥동률은 정류된 직류 속에 포함된 교류 성분의 비를 나타내며, 3상 전파 정류가 가장 작다.

3상 전파식 < 3상 반파식 < 단상 전파식 < 단상 반파식

12 60[Hz] 3상 반파 정류 회로의 맥동 주파수[Hz]는?

① 50

② 60

③ 180

④ 360

해설

맥동 주파수 $f_r = 3f = 3 \times 60 = 180[Hz]$

13 3상 반파 제어 정류 회로에서 점호각의 최댓값은 몇 °인가?

① 30°

② 90°

③ 120°

④ 150°

해설

3상 반파 제어 정류 회로에서 3상은 120° 차이이고 각 상이 30° 겹치므로 점호각의 최댓값은 180° − 30° = 150°이다.

14 직류을 교류로 변환하는 장치는?

① 정류기

② 충전기

③ 순변환 장치

④ 역변환 장치

해설

• 순변환 장치(컨버터) : 교류를 직류로 변환
• 역변환 장치(인버터) : 직류를 교류로 변환

15 스위칭 주기 10[μs], 온 시간 5[μs]일 때 강압형 초퍼의 출력 전압 E_2와 입력 전압 E_1의 관계는?

① $E_2 = 3E_1$

② $E_2 = 2E_1$

③ $E_2 = E_1$

④ $E_2 = 0.5E_1$

해설

초퍼 직류 – 직류 변환기

$$E_2 = \frac{T_{on}}{T_{on} + T_{off}} \times E_1 = \frac{T_{on}}{T} \times E_1 = \frac{5}{10} \times E_1 = 0.5E_1$$

16 다음 그림은 반파 정류 회로이다. 변압기 2차 전압의 실 훗값을 E[V]라 할 때 직류 전류의 평균값은?(단, 정류 기의 전압 강하는 무시한다)

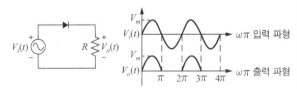

① $\dfrac{E}{R}$

② $\dfrac{1}{2} \dfrac{E}{R}$

③ $\dfrac{2\sqrt{2}}{\pi} \dfrac{E}{R}$

④ $\dfrac{\sqrt{2}}{\pi} \dfrac{E}{R}$

해설

• 직류 평균 전압 $E_d = \dfrac{\sqrt{2}}{\pi} E$

• 직류 평균 전류 $I_d = \dfrac{E_d}{R} = \dfrac{\frac{\sqrt{2}}{\pi} E}{R} = \dfrac{\sqrt{2}\,E}{\pi R}$

17 단상 반파 정류 회로에서 변압기 2차 전압의 실훗값을 E[V]라 할 때 직류 전류 평균값은 얼마인가?(단, 정류 기의 전압 강하는 e[V]이다)

① $\dfrac{\frac{\sqrt{2}}{\pi} E - e}{R}$

② $\dfrac{1}{2} \cdot \dfrac{E - e}{R}$

③ $\dfrac{2\sqrt{2}}{\pi} \cdot \dfrac{E}{R}$

④ $\dfrac{\sqrt{2}}{\pi} \cdot \dfrac{E - e}{R}$

해설

직류 전압 평균값 $E_d = \dfrac{\frac{\sqrt{2}}{\pi} E - e}{R}$ [V]

18 단상 반파 정류 회로에서 직류 전압 150[V]를 얻으려고 한다. 최대 역전압은 몇 [V] 이상의 다이오드를 사용하 여야 하는가?(단, 정류 회로 및 변압기의 전압 강하는 무시한다)

① 150

② 166

③ 333

④ 470

해설

• 반파일 때 직류 전압 $E_d = 0.45E$에서

$$E = \frac{E_d}{0.45} = \frac{150}{0.45} = 333[\text{V}]$$

• 반파일 때 역전압 첨두값 $PIV = \sqrt{2}\,E = \sqrt{2} \times 333 = 471[\text{V}]$

19 그림에서 E를 교류 전압 v_s의 실횻값이라 할 때 단상 전파 정류에서 얻을 수 있는 직류 전압 e_d의 평균값[V]은?

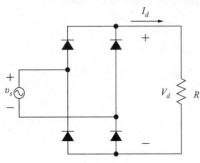

① $2E$ ② $1.5E$

③ $1E$ ④ $0.9E$

해설

• 직류 전압 $E_d = \dfrac{2\sqrt{2}}{\pi}E = 0.9E$

• 직류 전류 $I_d = \dfrac{2\sqrt{2}}{\pi} \times I = 0.9I$

20 그림과 같은 단상 전파 정류 회로에서 첨두 역전압[V]은?(단, 변압기 2차측 a, b 간의 전압은 200[V]이고, 정류기의 전압 강하는 20[V]이다)

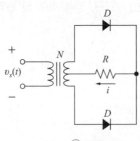

① 100   ② 200

③ 262   ④ 282

해설

$PIV = 2\sqrt{2}\,E = (2\sqrt{2}\times100) - 20 = 262\,[\mathrm{V}]$

21 위상 제어를 하지 않는 단상 반파 정류 회로에서 소자의 전압 강하를 무시할 때 직류 평균값 E_d는?(단, E는 직류 권선의 상전압(실횻값))

① $E_d = 0.45E$

② $E_d = 0.9E$

③ $E_d = 1.17E$

④ $E_d = 1.46E$

해설

• 직류 전압 $E_d = \dfrac{\sqrt{2}}{\pi}E = 0.45E$

• 직류 전류 $I_d = \dfrac{\sqrt{2}}{\pi}I = 0.45I$

22 2방향성 3단자 사이리스터의 대표적인 것은?

① SCR   ② SSS

③ SCS   ④ TRIAC

해설

사이리스터의 동작 방향과 단자

④ TRIAC : 쌍방향성 3단자

① SCR : 단방향성 3단자

② SSS : 쌍방향성 2단자

③ SCS : 단방향성 4단자

23 SCR 2개를 사용한 단상 전파 정류 회로에서 직류 전압 100[V]를 얻으려면 1차에 몇 [V]의 교류 전압이 필요하며 역전압 첨두값(PIV)은 몇 [V]인 다이오드를 사용하면 되는가?

① $111[V]$,　$PIV = 222[V]$

② $111[V]$,　$PIV = 314[V]$

③ $166[V]$,　$PIV = 222[V]$

④ $166[V]$,　$PIV = 314[V]$

해설

- 전파일 때 $E_d = 0.9E$이므로 $E = \dfrac{E_d}{0.9} = \dfrac{100}{0.9} = 111[V]$
- 전파일 때 역전압 첨두값 $PIV = 2\sqrt{2}\,E = 2\sqrt{2} \times 111 = 314[V]$

24 다이오드를 사용한 정류 회로에서 과대한 부하 전류에 의해 다이오드가 파손될 우려가 있을 때의 조치로 가장 적합한 것은?

① 다이오드를 병렬로 추가한다.

② 다이오드를 직렬로 추가한다.

③ 다이오드 양단에 적당한 값의 저항을 추가한다.

④ 다이오드 양단에 적당한 값의 콘덴서를 추가한다.

해설

다이오드 연결
- 병렬 접속 : 과전류로부터 보호
- 직렬 접속 : 과전압으로부터 보호

25 상전압 300[V]의 3상 반파 정류 회로의 직류 전압은 약 몇 [V]인가?

① 520　　　　　　② 350

③ 260　　　　　　④ 50

해설

직류 전압의 평균값 $E_d = 1.17\,V = 1.17 \times 300 ≒ 350[V]$

26 단상 전파 사이리스터 정류 회로에서 부하가 큰 인덕턴스가 있는 경우, 점호각이 60°일 때의 정류 전압은 약 몇 [V]인가?(단, 전원측 전압의 실횻값은 100[V]이고 직류측 전류는 연속이다)

① 140　　　　　　② 100

③ 85　　　　　　　④ 45

해설

- 최댓값 $V_m = \sqrt{2} \times 100 = 141.42[V]$
- 단상 전파 사이리스터 정류 전압

$$V_d = \frac{2V_m}{\pi}\cos\alpha$$
$$= \frac{2 \times 141.4}{3.14} \times \cos 60°$$
$$= 90.06 \times \frac{1}{2}$$
$$≒ 45[V]$$

27 다음 중 유도 전동기의 속도 제어에 사용되는 인버터 장치의 약호는?

① CVCF
② VVVF
③ CVVF
④ VVCF

해설
- VVVF : 인버터에 의해 가변 전압, 가변 주파수의 교류 전력을 발생하는 전원 장치로서 주파수 제어에 의한 유도 전동기 속도 제어에 많이 쓰인다.
- CVCF : 일정 전압, 주파수를 발생하는 교류 전원 장치

28 교류 전동기를 직류 전동기처럼 속도를 제어하려면 가변 주파수의 전원이 필요하다. 주파수 f_1에서 직류로 변환하지 않고 바로 주파수 f_2로 변환하는 변환기는?

① 사이클로 컨버터
② 주파수원 인버터
③ 전압·전류원 인버터
④ 사이리스터 컨버터

해설
사이클로 컨버터 : 교류 전동기의 속도 제어를 위한 교류 전력의 주파수 변환 장치

9급 국가직 · 지방직 · 고졸 채용을 위한 합격 완벽 대비서

제 **2** 편

기출문제

9급 국가직 · 지방직 · 고졸 채용을 위한

합격 완벽 대비서 TECH BIBLE

기술직
전기기기

합격의 공식
온라인 강의

잠깐!

혼자 공부하기 힘드시다면 방법이 있습니다.
SD에듀의 동영상강의를 이용하시면 됩니다.
www.sdedu.co.kr ➔ 회원가입(로그인) ➔ 강의 살펴보기

9급 국가직 · 지방직 · 고졸 채용을 위한 합격 완벽 대비서

제 **1** 장

국가직
기출문제

2007~2022년   국가직 전기기기

9급 국가직 · 지방직 · 고졸 채용을 위한

합격 완벽 대비서

기술직
전기기기

합격의 공식
온라인 강의

잠깐!

혼자 공부하기 힘드시다면 방법이 있습니다.
SD에듀의 동영상강의를 이용하시면 됩니다.
www.sdedu.co.kr → 회원가입(로그인) → 강의 살펴보기

SECTION 01 2007년 국가직 전기기기

01 다음 중 스테핑 모터(Stepping Motor)의 자기 회로 형식에 따른 종류로 옳지 않은 것은?

① 단계적 구동형(Step by Step Drive Type)
② 복합형(Hybrid Type)
③ 영구 자석형(Permanent Magnet Type)
④ 가변 릴럭턴스형(Variable Reluctance Type)

해설

스테핑 모터의 종류

권선의 상수	2상, 3상, 4상, 5상 등
자기 회로 형식	영구 자석형(PM형)
	가변 릴럭턴스형(VR형)
	복합형(HB형)
기계적 구조	다층형
	단층형

02 전기자 저항이 0.1[Ω]이며 단자 전압이 200[V], 부하 전류가 90[A], 계자 전류가 10[A]인 직류 분권 발전기의 유기 기전력[V]은?

① 190
② 199
③ 201
④ 210

해설

전기자 전류 I_a=부하 전류+계자 전류=$90+10=100$[A]이고,
직류 발전기의 유기 기전력 $E = V + I_a R_a$[V]에서
$E = 200 + 100 \times 0.1 = 210$[V]이다.

03 역률 1로 운전하고 있는 동기 전동기에서 여자 전류를 증가시키면 전동기의 역률 및 전기자 전류는 어떻게 되는가?

① 역률은 앞서고(진상) 전기자 전류는 감소한다.
② 역률은 앞서고(진상) 전기자 전류는 증가한다.
③ 역률은 뒤지고(지상) 전기자 전류는 감소한다.
④ 역률은 뒤지고(지상) 전기자 전류는 증가한다.

해설

과여자 시 역률은 앞서고 전기자 전류는 증가한다. 부족 여자 시 역률은 뒤지며 전기자 전류는 감소한다.

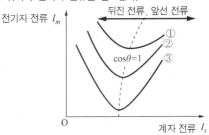

04 3상 동기 발전기에서 여자 전류 6[A]에 대한 1상의 유기 기전력이 600[V]이고 3상 단락 전류는 15[A]이다. 이 발전기의 동기 임피던스[Ω]는?

① 23
② 40
③ 100
④ 120

해설

동기 임피던스 $Z_s = \dfrac{E}{I_s} = \dfrac{600}{15} = 40$[Ω]

05 단상 변압기 2대를 V결선으로 3상 부하에 전력을 공급하고 있다. 변압기 한 대가 추가되어 △결선으로 부하에 전력을 공급한다면, V결선에 비해서 몇 배의 전력을 공급할 수 있는가?

① $\sqrt{2}$
② 1.5
③ $\sqrt{3}$
④ 2

해설

$\dfrac{\triangle\text{결선 시 3상 출력}}{V\text{결선 시 3상 출력}} = \dfrac{3P_1}{\sqrt{3}\,P_1} = \sqrt{3}$ 이므로 △결선은 V결선 보다 $\sqrt{3}$ 배 만큼 전력을 더 공급할 수 있다.

06 일정 전압 및 일정 파형에서 주파수가 상승하면 변압기 철손은 어떻게 변하는가?

① 증가한다.
② 불변한다.
③ 감소한다.
④ 일정 기간 동안 증가한다.

해설

전압이 일정할 때 철손은 주파수에 반비례하여 주파수가 증가하면 철손은 감소한다. 그러나 와류손은 주파수와 무관하다.

$P_h(\text{히스테리시스손}) \propto \dfrac{E^2}{f}$, $P_i(\text{철손}) \propto \dfrac{E^2}{f}$, $P_e(\text{와류손}) \propto E^2$

07 유도 전동기는 공극을 통하여 전력이 회전자에 전달되므로 그 전력을 변환 전력(회전자 동손을 제외한 전력)이라고도 한다. 유도 전동기의 변환 전력은 속도와 관계되며 속도는 슬립(s)으로 표현된다. 변환 전력과 슬립의 관계를 설명한 것으로 옳은 것은?

① 변환 전력은 s에 비례한다.
② 변환 전력은 $(1-s)$에 비례한다.
③ 변환 전력은 $\dfrac{1}{s}$에 비례한다.
④ 변환 전력은 $\left(\dfrac{1}{s}-1\right)$에 비례한다.

해설

변환 전력, 즉 2차 출력 = 2차 입력 − 2차 동손

$P_0 = P_2 - P_{c2} = I_2^2 \dfrac{r_2}{s} - I_2^2 r_2 = I_2^2 r_2 \left(\dfrac{1}{s}-1\right)$

08 20[kW], 100[V], 1,500[rpm]의 직류 전동기가 있다. 전기자 저항 $R_a = 0.2[\Omega]$이고 100[V] 직류 전원에 연결되어 있다. 기동 전류를 정격 전류의 2배 이내로 제한하기 위한 기동 저항[Ω]은?

① 0.25
② 0.20
③ 0.05
④ 0.15

해설

• 정격 전류 $I_n = \dfrac{P}{V} = \dfrac{20\times10^3}{100} = 200[\mathrm{A}]$
• 기동 전류 $I_s = 2I_n = 2\times200 = 400[\mathrm{A}]$

$I_s = \dfrac{V}{R_a + R} = \dfrac{100}{0.2 + R} = 400[\mathrm{A}]$ 에서 $R = 0.05[\Omega]$

09 다음 그림과 같은 플라이백(Flyback) 컨버터에서 입력 전압이 100[V], 출력 전압이 60[V]이다. 여기서 L_m은 자화 인덕턴스이며, 변압기는 $\dfrac{N_1}{N_2} = 2$인 이상변압기이다. 이 컨버터에서 듀티비(Duty Ratio)는?

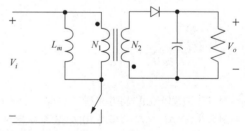

① 0.60
② 0.54
③ 0.46
④ 0.40

해설

$\dfrac{N_1}{N_2} = 2$, $\dfrac{V_o}{V_i} = \dfrac{N_2}{N_1} \times \dfrac{DT}{(1-D)T}$ 에서

$\dfrac{60}{100} = \dfrac{1}{2} \times \dfrac{D}{1-D}$

$\therefore D = 0.545$

10 4극, 단중 중권이고 유효 도체수가 600개, 회전 속도가 600[rpm]인 직류 발전기에서 발생하는 유기 기전력 [V]은?(단, 도체에 가해지는 자속은 40[mWb]이다)

① 960   ② 480

③ 360   ④ 240

해설

유도 기전력 $E = \dfrac{PZ}{60a}\phi N$

$\quad = \dfrac{4 \times 600}{60 \times 4} \times 40 \times 10^{-3} \times 600$

$\quad = 240[\text{V}]$

11 6극, 60[Hz]의 3상 유도 전동기가 1,080[rpm]으로 회전하고 있을 때 회전자 전류의 주파수[Hz]는?

① 8   ② 6

③ 4   ④ 2

해설

회전자 주파수 $f_2 = sf_1$

동기 속도 $N_s = \dfrac{120f}{P} = \dfrac{120 \times 60}{6} = 1,200[\text{rpm}]$

슬립 $s = \dfrac{N_s - N}{N_s} = \dfrac{1,200 - 1,080}{1,200} = 0.1$

$\therefore f_2 = sf = 0.1 \times 60 = 6[\text{Hz}]$

12 3상 유도 전동기의 속도 제어법 중 동기 속도보다 빠르게 제어할 수 있는 방법은?

① 극수 변환법

② 주파수 변환법

③ 2차 저항 변환법

④ 2차 여자법

해설

2차 여자법

권선형 유도 전동기의 회전자에 유도 기전력과 같은 주파수의 전압을 공급하여 속도를 제어하는 방식으로 슬립 주파수 전압 E_c를 sE_2와 같은 방향으로 공급하면 2차 합성 저항은 $sE_2 + E_c$가 되어 속도가 상승되며 반대 방향으로 공급하면 속도는 감소된다.

13 3상 유도 전동기에 대한 설명으로 옳지 않은 것은?

① 회전 자계의 속도는 동기 속도와 같다.

② 전동기의 부하가 증가하면 슬립이 증가한다.

③ 무부하 시에 비해 부하가 증가하면 역률이 좋아진다.

④ 회전자 저항이 크면 최대 토크를 발생하는 속도는 커진다.

해설

3상 유도 전동기의 특징

④ 회전자 저항이 증가하면 회전 속도는 감소한다.

① 회전 자계의 속도는 동기 속도와 같다.

② 부하가 증가하면 속도는 감소하고 슬립은 증가한다.

③ 부하가 증가하면 부하 전류가 증가하고 역률이 좋아진다.

14 다음 중 영구 자석 동기 전동기의 구동에서 속응성이 가장 우수한 것은?

① CSI 구동   ② VSI 구동

③ 벡터 제어   ④ 스칼라 제어

해설

벡터 제어는 속응성(고응답성) 제어로서 엔코더가 모터에 장착되어야 한다.

15 다음 중 베이스에 전류를 흘렸을 때만 컬렉터 전류가 흐르고, 스위치용 파워 디바이스는 턴 오프(Turn Off)를 빨리하기 위해 오프(Off) 시에 역전압을 인가하며, 인버터 제어와 초퍼 제어에 사용되는 소자로 가장 적합한 것은?

① 바이폴러 트랜지스터(Bipolar Transistor)

② TRIAC(Triode AC Switch)

③ 다이오드(Diode)

④ SCR(Silicon Controlled Rectifier)

해설

① 트랜지스터 : On-Off 제어 가능

② TRIAC : On만 가능

③ 다이오드 : On-Off 제어 불가능

④ SCR : On만 가능

16 영구 자석 전동기에서 전기자 전류가 증가하면 전동기의 토크는 어떻게 변화하는가?

① 전기자 전류에 비례하여 직선적으로 감소한다.
② 전기자 전류에 비례하여 직선적으로 증가한다.
③ 전기자 전류의 제곱에 반비례하여 감소한다.
④ 전기자 전류의 제곱에 비례하여 증가한다.

해설
영구 자석 전동기의 토크 $T = K\phi I_a$ 이고, 토크 T가 증가하면 전기자 전류 I_a는 비례하여 직선적으로 증가한다.

17 일정 전력을 공급하고 있는 3상 동기기의 여자 전압은 E이고 부하각 δ는 30°이다. 공급 전력은 동일한 상태에서 계자 전류가 변동하여 여자 전압은 E'가 되고 부하각 δ는 45°가 되었다. 이 경우에 옳은 것은?

① 여자 전압 E'는 E의 $\frac{1}{\sqrt{2}}$배로 되었다.
② 여자 전압 E'는 E의 $\sqrt{2}$배로 되었다.
③ 여자 전압 E'는 E의 $\frac{1}{2}$배로 되었다.
④ 여자 전압 E'는 E의 2배로 되었다.

해설
$P = \dfrac{EV}{X}\sin\theta [\text{W}]$에서
전력값이 일정하므로 E와 $\sin\theta$값은 반비례한다.
$P \propto \sin 30° = \dfrac{1}{2}$, $P \propto \sin 45° = \dfrac{1}{\sqrt{2}}$

$\dfrac{E_2}{E_1} = \dfrac{\sin\theta_1}{\sin\theta_2} = \dfrac{\sin 30°}{\sin 45°} = \dfrac{\frac{1}{2}}{\frac{1}{\sqrt{2}}} = \dfrac{\sqrt{2}}{2} = \dfrac{1}{\sqrt{2}}$

(반비례임에 주의)
$\therefore E_2 = \dfrac{1}{\sqrt{2}} E_1$

18 100[kVA], 2,000/200[V], 60[Hz]의 단상 변압기를 개방 회로 시험을 하기 위해 2차측을 개방하고, 1차측에 전압 2,000[V]를 인가했을 때 입력 전류가 0.06[A]이고 입력 전력이 400[W]라고 한다. 이 변압기의 여자 컨덕턴스[S]는?

① 0.0001   ② 0.0003
③ 0.0015   ④ 0.2

해설
2차측 개방 시 입력 전력은 철손을 의미한다.
철손 $P_i = V_1 I_i = 400[\text{W}]$에서

철손 전류 $I_i = \dfrac{P_i}{V_1} = \dfrac{400}{2,000} = 0.2[\text{A}]$

컨덕턴스 $g_0 = \dfrac{I_i}{V_1} = \dfrac{0.2}{2,000} = 0.0001[\text{S}]$

19 어느 공장에서 설비를 증설하고 단상 변압기를 추가 설치하여 병렬 운전하려고 한다. 부하 전류의 분담은 어떻게 되는가?

① 변압기의 정격 용량에 비례하고 누설 임피던스에 비례한다.
② 변압기의 정격 용량에 반비례하고 누설 임피던스에 비례한다.
③ 변압기의 정격 용량에 비례하고 누설 임피던스에 반비례한다.
④ 변압기의 정격 용량에 반비례하고 누설 임피던스에 반비례한다.

해설
변압기의 부하 분담은 정격 용량에 비례하고 임피던스에 반비례한다.

20 3상 사이리스터 브리지 컨버터가 위상 제어각을 $\dfrac{\pi}{6}$로 출력 전압을 제어하고 있다. 입력 변위율(Displacement Factor)은?(단, 출력 전류는 연속이고 크기가 일정하다)

① 0.866   ② 0.707
③ 0.577   ④ 0.5

해설
변위율 $\text{DPF} = \cos\alpha = \cos 30° = \dfrac{\sqrt{3}}{2} = 0.866$

2008년 국가직 전기기기

01 3상 동기 발전기의 동기 리액턴스가 5[Ω]이고, 단자 전압 2,000[V]이며, 유기 기전력 3,000[V]이다. 이 발전기의 출력이 1.8[MW]일 때 부하각[°]은?(단, 전압은 상전압이다)

① 30 ② 45
③ 60 ④ 90

해설

$P = 3\dfrac{EV}{X}\sin\delta[\mathrm{W}]$ 에서

$\sin\delta = \dfrac{PX}{3EV} = \dfrac{1.8 \times 10^6 \times 5}{3 \times 3,000 \times 2,000} = 0.5$

∴ $\delta = 30°$

02 다음 그림은 3상 전파 정류 회로이다. 부하에 약 513[V]의 평균 직류 전압을 얻기 위해 입력해야 하는 교류 입력 선간 전압[V]은?

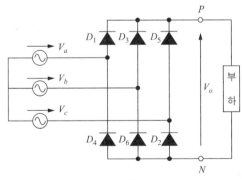

① 220 ② 330
③ 380 ④ 440

해설

3상 전파 정류 입력 선간 전압(실효치)과 출력 평균값과의 관계

출력 평균값 $E_{dc} = 1.35E$ 에서 $E = \dfrac{E_{dc}}{1.35} = \dfrac{513}{1.35} = 380[\mathrm{V}]$

03 직류 분권 전동기의 토크와 회전 속도와의 관계에서 단자 전압이 일정하고 부하 토크가 영에서 증가할 때 회전 속도는 어떻게 되는가?(단, 자기 포화 및 전기자 반작용은 무시한다)

① 선형적으로 증가한다.
② 변하지 않는다.
③ 부하 토크의 제곱근에 반비례한다.
④ 일정한 기울기로 감소한다.

해설

직류 분권 전동기의 토크와 회전 속도와의 관계 : $T \propto \dfrac{P}{N}$

∴ 토크가 증가하면 회전 속도는 감소한다.

04 3상 유도 전동기의 최대 토크에 관련한 설명으로 옳지 않은 것은?

① 최대 토크는 입력 전압의 제곱에 비례한다.
② 최대 토크가 발생하는 슬립은 회전자 저항에 비례한다.
③ 최대 토크는 회전자 저항에 반비례한다.
④ 최대 토크가 발생하는 슬립은 누설 리액턴스에 반비례한다.

해설

3상 유도 전동기의 최대 토크는 회전자 저항과 무관하며 항상 일정하다.

05 3상 4극 유도 전동기를 60[Hz]의 전원에 접속하고 전부하로 운전할 때 2차 회로의 주파수가 3[Hz]였다. 이때의 2차 동손이 400[W]였다면 기계적 출력[kW]은?

① 7.2   ② 7.6
③ 8.0   ④ 8.4

해설

슬립 $s = \dfrac{f_2}{f_1} = \dfrac{3}{60} = 0.05$

2차 출력 $P_0 = \dfrac{1-s}{s} P_{c2} = \dfrac{1-0.05}{0.05} \times 400 \times 10^{-3} = 7.6[\text{kW}]$

06 출력 25[kW], 6,000[rpm]의 정격으로 회전하는 동기 전동기를 바퀴당 1대씩 설치하여 운전되는 전기 자동차가 있다. 이 자동차에 효율 90[%]인 10 : 1 감속기를 설치하였으며, 바퀴의 반경이 25[cm]일 때 정격 조건에서 각 바퀴에 가해지는 추진력[N]은?

① 약 40   ② 약 360
③ 약 1,440   ④ 약 2,500

해설

동기 전동기에서 힘 $F = \dfrac{T}{r}$ 이고, 토크 $T = 9.55 \dfrac{P}{N}$ 이다.

실제 출력 $P' = P\eta = 25 \times 10^3 \times 0.9 = 22,500[\text{W}]$

실제 회전수 $N' = N \times \dfrac{1}{10} = 6,000 \times \dfrac{1}{10} = 600[\text{rpm}]$

$\therefore$ 힘 $F = \dfrac{T}{r} = \dfrac{9.55 \times \dfrac{P'}{N'}}{r} = \dfrac{9.55 \times \dfrac{22,500}{600}}{0.25} = 1,432.5[\text{N}]$

07 SCR 4개를 사용한 단상 전파 정류 회로로 입력 100[V] 단상 교류를 정류하려고 한다. 이때 인가되는 SCR의 최대 역전압[V]은?

① 50.0   ② 70.7
③ 100.0   ④ 141.4

해설

브리지 정류 회로의 PIV
$PIV = V_m = \sqrt{2} V = \sqrt{2} \times 100 = 141.4[\text{V}]$

08 직류기의 전기자 반작용의 영향은?

① 전기적 중성축은 변동하지 않는다.
② 주자극의 자속과 전기자 반작용 자속이 더해져서 공극 자속이 전체적으로 증가한다.
③ 공극 자속이 왜곡된다.
④ 직류 분권 전동기의 경우 속도를 감소시킨다.

해설

전기자 반작용 : 전기자 전류에 의한 자속이 주자속에 영향을 주어 공극 자속이 왜곡되는 현상으로 편자 작용과 감자 작용이 있다.
• 편자 작용 : 주자속을 한쪽 방향으로 편중시켜 중성축이 이동하는 현상
• 감자 작용 : 주자속이 상쇄되어 감소하는 현상
전기자 반작용의 영향
• 주자속이 감소하며, 유기 기전력이 감소한다.
• 중성축이 발전기는 회전 방향 전동기는 회전 반대 방향으로 이동한다.
• 브러시에 불꽃이 발생하며, 정류 불량이 발생한다.

09 권선비 100인 변압기 1차에 22,000[V]의 전압을 인가하고, 66[kW]의 저항 부하를 2차에 연결하였다. 이 경우 변압기 2차의 전압[V]과 전류[A]는?(단, 변압기의 손실은 무시한다)

① 110, 150
② 110, 300
③ 220, 150
④ 220, 300

해설

권선비 $a = \dfrac{V_1}{V_2} = 100$ 이므로

2차 전압 $V_2 = \dfrac{V_1}{a} = \dfrac{22,000}{100} = 220[\text{V}]$

2차 전류 $I_2 = \dfrac{P}{V_2} = \dfrac{66,000}{220} = 300[\text{A}]$

10 그림과 같은 이상변압기가 있다. R_2에 주어지는 전력이 최대가 되는 권선비 a는?

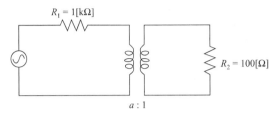

① 약 2
② 약 1.16
③ 약 2.16
④ 약 3.16

해설

$R_1 = a^2 R_2$이므로 $a = \sqrt{\dfrac{R_1}{R_2}} = \sqrt{\dfrac{1,000}{100}} = \sqrt{10} = 3.16$

11 영구 자석형 직류 전동기의 속도 제어 방법 중 초퍼(Chopper)를 사용하여 한쪽 방향 또는 정역 양쪽 방향으로 제어가 가능한 제어법은?

① 계자 제어법
② 전압 제어법
③ 저항 제어법
④ 주파수 제어법

해설

초퍼는 직류 전압을 가변하는 방법이다.

12 변압기 등가 회로의 정수를 결정하기 위해 필요한 시험으로 옳지 않은 것은?

① 무효 전력 측정 시험
② 단락 회로 시험
③ 권선 저항 측정 시험
④ 개방 회로 시험

해설

변압기 등가 회로 작성시 필요한 시험
• 권선 저항 측정 시험
• 단락 시험
• 개방 시험(무부하 시험)

13 실리콘 제어 정류기(SCR)에 대한 설명 중 옳지 않은 것은?

① 직류 출력 전압의 크기를 조절할 수 있는 정류기에 사용된다.
② 짧은 시간의 전류 펄스로 SCR은 점호된다.
③ 게이트 신호를 이용하여 턴-온과 턴-오프가 가능한 소자이다.
④ 인버터 회로에 이용될 수 있다.

해설

• SCR : 게이트 신호를 이용 턴-온만 가능
• GTO : 턴-온과 턴-오프가 가능

14 릴럭턴스 토크를 이용하여 전동력을 발생하지 않는 전동기는?

① 스위치드 릴럭턴스 전동기
② 돌극형 동기 전동기
③ 스테핑 모터
④ 분상 기동형 단상 유도 전동기

해설

릴럭턴스(자계저항) 모터 : 영구 자석을 사용하지 않고 고정자와 회전자는 적층된 규소 강판으로 되어 있으며, 고정자 회전자 모두 돌극 구조이며 결선은 고정자만 집중권으로 되어 있다. 릴럭턴스 전동기는 동기 릴럭턴스 전동기와 스위치드 릴럭턴스 전동기로 구분된다.

15 인가 전압이 100[V]인 타여자 직류 전동기가 전기자 전류 40[A], 회전수 1,800[rpm]으로 운전 중에 부하 토크가 $\dfrac{1}{2}$로 줄었을 경우 회전수[rpm]는?(단, 전기자 저항은 0.25[Ω]이고, 계자 자속은 일정하다)

① 1,700
② 1,750
③ 1,850
④ 1,900

해설

직류 전동기에서 ⓐ 부하 토크는 전기자 전류에 비례하고 ⓑ 회전수는 역기전력에 비례한다.
ⓐ 에서 $E = V - I_a R_a = 100 - 40 \times 0.25 = 90[V]$
$E' = V - I_a' R_a = 100 - 20 \times 0.25 = 95[V]$
ⓑ 에서 $N' = N\dfrac{E'}{E} = 1,800 \times \dfrac{95}{90} = 1,900[\mathrm{rpm}]$

16 변압기를 60[Hz]로 운전할 때 철심의 자속 밀도는 1[T] 였다. 인가 전압의 변동없이 이 변압기를 50[Hz]로 운전한다면 철심의 자속 밀도[T]는?(단, 자기 포화는 무시한다)

① 0.83 ② 1.2
③ 0.69 ④ 1.44

해설
변압기의 기전력 $E = 4.44 f_1 N \phi_m = 4.44 f_2 N B_m A$
기전력이 일정할 때 주파수와 자속 밀도는 반비례하므로 주파수가 $\frac{5}{6}$ 배이면 자속은 $\frac{6}{5}$ 배가 되어 1.2[T]가 된다.

17 전기자의 권선 저항이 1[Ω]이고, 500[rpm]에서 50[V]를 발생시키는 영구 자석형 직류 발전기가 있다. 이 발전기를 전동기로 사용하기 위해 100[V]를 인가하였다면 기동 전류[A]는?

① 50 ② 100
③ 150 ④ 200

해설
기동 전류 $I_s = \frac{V}{R_a} = \frac{100}{1} = 100[\text{A}]$

18 다음 빈칸 안에 들어갈 내용이 바르게 연결된 것은?

3상 유도 전동기에서 기동 시 기동 전류는 작게 하면서 기동 토크를 크게 하기 위해서는 회전자 저항을 (㉠) 해야 하고, 또한 정상운전 시 효율이 좋고 온도 상승이 작게 되려면 회전자 저항을 (㉡) 해야 한다.

	㉠	㉡
①	크 게	작 게
②	작 게	크 게
③	크 게	크 게
④	작 게	작 게

해설
3상 유도 전동기는 기동 시 기동 전류는 작고 기동 토크는 크게 해야 하므로 기동 시 회전자 저항은 최대가 되게 하고 운전 시 최소가 되게 한다.

19 정격 용량 15[kW]의 4극 3상 유도 전동기가 60[Hz], 220[V]의 전원에 접속되어 운전 중에 있다. 회전자 권선의 주파수가 3[Hz]라면 이 전동기의 회전수[rpm]는?

① 1,710 ② 1,728
③ 1,746 ④ 1,800

해설
슬립 $s = \frac{f_2}{f_1} = \frac{3}{60} = 0.05$

회전자 속도 $N = (1-s)\frac{120 f}{P} = (1-0.05) \times \frac{120 \times 60}{4}$
$= 1,710[\text{rpm}]$

20 펌프, 송풍기 등의 기계적 부하를 적절한 속도로 제어해 주면 에너지 절감효과가 뚜렷해진다. 그 이유를 옳게 설명하는 것은?

① 정토크 부하에서는 속도를 조정한 만큼 에너지가 절약되기 때문이다.
② 유체 부하에서는 토크가 속도의 제곱에 비례하기 때문이다.
③ 출력이 토크의 제곱에 비례하는 부하이기 때문이다.
④ 정출력 부하에서는 출력이 속도의 제곱에 비례하기 때문이다.

해설
유체 부하에서는 토크가 속도의 제곱에 비례하므로 속도 제어를 통하여 에너지를 절감할 수 있다.

2009년 국가직 전기기기

01 A, B 두 대의 직류 발전기가 병렬 운전 조건을 만족하며 운전하여 총 100[A]의 부하 전류를 공급하고 있다. 직류 발전기 A의 유기 기전력은 113.2[V]이고 내부 저항은 0.12[Ω]이며, 직류 발전기 B의 유기 기전력은 110[V]이고 내부 저항은 0.1[Ω]이다. 직류 발전기 A의 분담 전류[A]는?

① 30　　　　　　　② 40
③ 60　　　　　　　④ 70

해설

병렬 운전 부하 전류의 합 $I_A + I_B = 100$에서

$I_B = 100 - I_A$ ⋯⋯⋯⋯⋯⋯ ㉠

$V = E_A - I_A R_A = E_B - I_B R_B$ ⋯⋯⋯⋯⋯ ㉡

㉠ 식을 ㉡ 식에 대입

$$113.2 - I_A \times 0.12 = 110 - I_B \times 0.1$$
$$= 110 - 0.1(100 - I_A)$$
$$= 110 - 10 + 0.1 I_A$$
$$= 100 + 0.1 I_A$$

$0.22 I_A = 13.2$

$\therefore\ I_A = 60[\mathrm{A}]$

02 3상 전원의 수전단에서 전압 3,300[V], 전류 1,000[A], 뒤진 역률 0.8의 전력을 받고 있을 때 동기 조상기로 역률을 개선하여 1로 하고자 한다. 필요한 동기 조상기의 용량[kVA]은?

① 약 315　　　　　② 약 350
③ 약 3,150　　　　④ 약 3,500

해설

역률＝1(무효 전력＝0)이 되기 위해 공급해야 할 동기 조상기의 용량[kVA]은 무효 전력량과 동일하다.

$\therefore$ 무효 전력 $P_r = \sqrt{3}\,VI\sin\theta$
$$= \sqrt{3} \times 3,300 \times 1,000 \times 0.6 \times 10^{-3}$$
$$= 3,429.46[\mathrm{kVar}]$$

03 3,300/220[V], 10[kVA]의 단상 변압기의 임피던스 전압은 66[V]이고 임피던스 와트는 100[W]이다. 이 변압기에 정격 전류가 흐르는 경우 전압 변동률이 최대로 되는 부하 역률[%]은?

① 50　　　　　　　② 58
③ 71　　　　　　　④ 87

해설

최대 전압 변동률 $\varepsilon_{\max} = \sqrt{p^2 + q^2}$

최대 전압 변동률일 때 역률 $\cos\theta = \dfrac{R}{Z} = \dfrac{p}{\sqrt{p^2+q^2}}$

$p = \dfrac{\text{동손}}{\text{출력}} = \dfrac{100}{10 \times 10^3} \times 100 = 1[\%]$

$\%Z = \dfrac{V_s}{V_n} \times 100 = \dfrac{66}{3,300} \times 100 = 2[\%]$

$\therefore\ \cos\theta = \dfrac{p}{\%Z} = \dfrac{1}{2} = 0.5,\ 50[\%]$

04 정지 시 2차 1상의 전압이 220[V]이고 4극, 60[Hz]인 유도 전동기가 1,260[rpm]으로 회전할 경우 2차 전압[V]과 슬립 주파수[Hz]는?

	2차 전압	슬립 주파수
①	22	6
②	44	12
③	66	18
④	110	30

해설

동기 속도 $N_s = \dfrac{120f}{P} = \dfrac{120 \times 60}{4} = 1,800[\mathrm{rpm}]$

슬립 $s = \dfrac{N_s - N}{N_s} = \dfrac{1,800 - 1,260}{1,800} = 0.3$

$\therefore$ 2차 전압 $E_2{}' = sE_2 = 0.3 \times 220 = 66[\mathrm{V}]$

슬립 주파수 $f_2 = sf_1 = 0.3 \times 60 = 18[\mathrm{Hz}]$

05 3상 200[V]의 교류 전원을 6개의 역저지 3단자 사이리스터에 의해 구성되는 브리지 회로로 정류 시 제어각 α를 $\frac{\pi}{3}$[rad]로 할 때, 직류 측의 평균전압[V]은?(단, 직류 측의 전류는 연속이고, 교류 측의 임피던스는 무시한다)

① 105 　　　　　② 120

③ 135 　　　　　④ 150

해설

$$V_{dc} = 1.35\,V\cos\alpha = 1.35 \times 200 \times \cos 60°$$
$$= 1.35 \times 200 \times 0.5 = 135[V]$$

06 어떤 타여자 직류 발전기가 800[rpm]으로 회전할 때 120[V]의 기전력을 유도하는데 4[A]의 여자 전류를 필요로 한다. 이 발전기를 640[rpm]으로 회전하여 140[V]의 유도 기전력을 얻으려 할 때 필요한 여자 전류[A]는?(단, 자기 회로의 포화 현상은 무시한다)

① $\frac{35}{6}$ 　　　　　② $\frac{6}{35}$

③ $\frac{14}{3}$ 　　　　　④ $\frac{3}{14}$

해설

$$E = KI_f N \text{에서} \quad K = \frac{E}{I_f N} = \frac{120}{4 \times 800}$$

$$I_f{'} = \frac{E'}{KN'} = \frac{140}{\frac{30}{800} \times 640} = \frac{35}{6}$$

07 정격 전압 6,000[V], 정격 용량 $3,000\sqrt{3}$[kVA], 정격 주파수 60[Hz]의 Y결선 3상 동기 발전기가 있다. 여자 전류 300[A]에서 무부하 단자 전압은 6,000[V]이고, 단락 전류는 600[A]일 때 이 발전기의 단락비는?

① 0.83 　　　　　② 1.0

③ 1.2 　　　　　④ 1.25

해설

정격 전류 $I_n = \dfrac{P}{\sqrt{3}\,V} = \dfrac{3,000\sqrt{3} \times 10^3}{\sqrt{3} \times 6,000} = 500[A]$

단락비 $K_s = \dfrac{I_s}{I_n} = \dfrac{600}{500} = 1.2$

08 60[kVA], 4,000/200[V]인 단상 변압기의 %임피던스 강하가 2[%]일 때 1차 단락 전류[A]는?

① 825 　　　　　② 750

③ 650 　　　　　④ 625

해설

$$I_s = \frac{100}{\%Z} \times I_n = \frac{100}{2} \times \frac{60 \times 10^3}{4,000} = 750[A]$$

09 3상 유도 전동기 출력이 P_0, 2차 동손이 P_{c2}일 때의 슬립 s는?(단, 기계손은 무시한다)

① $s = \dfrac{P_{c2}}{P_0}$ 　　　　　② $s = \dfrac{P_0}{P_{c2}}$

③ $s = \dfrac{P_{c2}}{P_0 - P_{c2}}$ 　　　　　④ $s = \dfrac{P_{c2}}{P_0 + P_{c2}}$

해설

$$s = \frac{P_{c2}}{P_2} = \frac{P_{c2}}{P_0 + P_{c2}}$$

10 다음 그림은 크레인에서 일정한 속도로 하중을 감아 내리는 것을 나타내고 있다. 이 상황에서 회생 제동으로 전력을 회수하려고 한다. 부하 하중의 중량이 612[kg]이고 전동기의 감아서 내리는 속도가 10[m/min]일 때 회생 제동으로 회수되는 전력[kW]은?(단, 권상 장치의 효율은 100[%]이다)

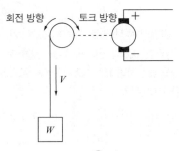

① 약 1 　　　　　② 약 6.12

③ 약 10 　　　　　④ 약 61.2

해설

$$P = \frac{kWV}{6.12\,\eta} = \frac{0.612 \times 10}{6.12 \times 1} = 1[kW]$$

k : 손실 계수, W : 무게[ton], V : 속도[m/min]

11 직류 분권 전동기의 계자 전류를 정격값으로 일정하게 유지하고 정격 속도의 1.2배의 속도로 정격 토크의 1.2배의 토크를 발생하도록 하는 데 필요한 전력은?(단, 전기자 저항 강하 및 전기자 반작용은 무시한다)

① 정격 전력
② 정격 전력의 1.2배
③ 정격 전력의 1.44배
④ 정격 전력의 2.4배

해설

$$P = \omega T = \frac{2\pi N T}{60} \text{에서} \quad P' = \frac{2\pi \times 1.2N \times 1.2T}{60} \fallingdotseq 1.44P$$

12 정격이 400[VA]인 단상 변압기의 철손이 6[W], 전부하 동손이 24[W]이다. 효율이 최대가 되기 위한 부하 [VA]는?

① 100
② 200
③ 300
④ $\frac{400}{\sqrt{2}}$

해설

최대 효율 시 부하율 $m = \sqrt{\dfrac{P_i}{P_c}} = \sqrt{\dfrac{6}{24}} = \sqrt{\dfrac{1}{2^2}} = \dfrac{1}{2} = 0.5$

최대 효율 시 부하 $P_m = mP = 0.5 \times 400 = 200[\text{VA}]$

13 정격 출력 15[kW], 단자 전압 220[V], 4극, 60[Hz]인 3상 유도 전동기가 정격 부하에서 1,728[rpm]으로 회전한다. 2차 저항을 2.5배로 증가시키면 같은 부하 토크에서 회전수[rpm]는?

① 1,530
② 1,620
③ 1,710
④ 1,728

해설

동기 속도 $N_s = \dfrac{120f}{P} = \dfrac{120 \times 60}{4} = 1,800[\text{rpm}]$

슬립 $s = \dfrac{N_s - N}{N_s} = \dfrac{1,800 - 1,728}{1,800} = 0.04$

$\dfrac{r_2}{s} = \dfrac{2.5r_2}{s'}$ 에서 $s' = 2.5 \times 0.04 = 0.1$

$N' = (1-s')N_s = (1-0.1) \times 1,800 = 1,620[\text{rpm}]$

14 다음 그림과 같은 승압형 직류 초퍼가 부하 저항 2[Ω], 커패시터 0.01[F]일 때, 커패시터 전압의 맥동을 4[%] 이내로 하기 위한 최소 스위칭 주파수[Hz]는?(단, 듀티비는 0.4이다)

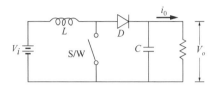

① 1,250
② 750
③ 625
④ 500

해설

맥동률 $\varepsilon = \dfrac{D}{RCf}$

$\therefore f = \dfrac{0.4}{2 \times 0.01 \times 0.04} = 500[\text{Hz}]$

15 단자 전압 220[V], 부하 전류 46[A], 계자 전류 4[A]인 직류 분권 발전기의 유기 기전력이 240[V]이다. 전기자 저항[Ω]은?

① 2.5
② 2.3
③ 0.43
④ 0.4

해설

직류 분권 발전기의 $E = V + I_a R_a$, 전기자 전류 $I_a = I + I_f$에서

$R_a = \dfrac{E - V}{I_a} = \dfrac{240 - 220}{46 + 4} = 0.4[\Omega]$

16 병렬 운전중인 2대의 동기 발전기의 대응하는 기전력 상호 간에 60°의 위상차가 있을 때 두 발전기 사이의 동기화력[kW/rad]은?(단, 각 발전기의 상전압 3,000[V], 동기 리액턴스 5[Ω]이고, 전기자 저항은 무시한다)

① 260
② 450
③ 600
④ 780

해설

동기화력 $P_s = \dfrac{E^2}{2Z_s} \cos\delta$

$= \dfrac{3,000^2}{2 \times 5} \times \cos 60° \times 10^{-3}$

$= 450[\text{kW/rad}]$

17 1차 전압이 3,000[V], 권수비 20인 단상 변압기가 전등 부하에 10[A]의 전류를 공급할 때 입력[kW]은?(단, 변압기는 이상변압기이다)

① 0.5 　　　　② 1.0

③ 1.5 　　　　④ 2.0

해설

$$I_1 = \frac{1}{a} I_2 = \frac{1}{20} \times 10 = 0.5[\text{A}]$$
$$P = V_1 I_1 = 3,000 \times 0.5 \times 10^{-3} = 1.5[\text{kW}]$$

19 명판에 기재된 사양이 31.4[kW], 300[V], 1,200[rpm]인 타여자 직류 전동기가 있다. 이 전동기의 정격 토크 [N · m]는?(단, π는 3.14로 계산한다)

① 250

② 260

③ 270

④ 280

해설

$$T = 9.55 \frac{P}{N} = 9.55 \times \frac{31,400}{1,200} = 250[\text{N} \cdot \text{m}]$$

18 4극, 60[Hz] 3상 유도 전동기의 전전압 기동 토크가 전부하 토크의 1.6배이다. 전전압의 $\frac{1}{\sqrt{2}}$ 배의 전압으로 기동하면 기동 토크는 전부하 토크의 몇 배인가?

① 0.8배

② $\frac{1.6}{\sqrt{2}}$ 배

③ $1.6\sqrt{2}$ 배

④ 3.2배

해설

토크 $T \propto V^2$ 이므로

$$T' = \left(\frac{1}{\sqrt{2}}\right)^2 \times 1.6\,T = \frac{1}{2} \times 1.6\,T = 0.8\,T$$

20 다음 그림과 같은 벅 직류-직류 변환기는 전원 전압 60[V], 주파수 24[kHz], 듀티비 0.4, 인덕터 600 [μH], 커패시터 100[μF], 저항 24[Ω]의 파라미터로 구성되어 있다. 소자들이 이상적이라고 가정하면 인덕터 전류의 최댓값[A]은?

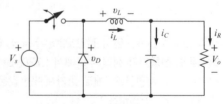

① 1.0 　　　　② 1.5

③ 2.0 　　　　④ 2.5

해설

$$V_0 = D V_i = 0.4 \times 60 = 24[\text{V}]$$
$$I_0 = \frac{V_0}{R} = \frac{24}{24} = 1[\text{A}], \quad T = \frac{1}{f}$$
$$\therefore \text{최대 전류 } I_{\max} = I_L + \frac{V_0}{2L}(1-D)T$$
$$= 1 + \frac{24}{2 \times 600 \times 10^{-6}}(1-0.4) \times \frac{1}{24 \times 10^3}$$
$$= 1.5$$

2010년 국가직 전기기기

01 직류 직권 전동기의 입력단자에 단상 교류를 인가했을 때의 설명으로 옳은 것은?

① 전동기가 회전을 하지 않는다.

② 회전 방향이 바뀐다.

③ 직류 전압 인가 시와 동일한 방향으로 회전한다.

④ 교류 전압을 인가하여 운전하는 경우가 직류 운전보다 진동, 소음이 작아진다.

해설

직류 직권 전동기는 직류, 교류 사용이 가능하며 회전 방향이 변하지 않는다.

02 30[kVA], 6,000/200[V] 정격인 3상 변압기의 %임피던스 전압 강하가 3[%]라 할 때, 2차측에 3상 단락이 생긴 경우 단락 전류[kA]는?

① $\dfrac{10}{\sqrt{2}}$

② $\dfrac{5}{\sqrt{2}}$

③ $\dfrac{10}{\sqrt{3}}$

④ $\dfrac{5}{\sqrt{3}}$

해설

$$I_{2n} = \frac{P}{\sqrt{3}\, V_2} = \frac{30 \times 10^3}{\sqrt{3} \times 200} = 50\sqrt{3}\,[\text{A}]$$

$$I_{2s} = \frac{100}{\%Z} I_{2n} = \frac{100}{3} \times 50\sqrt{3} = \frac{5,000}{\sqrt{3}}\,[\text{A}] = \frac{5}{\sqrt{3}}\,[\text{kA}]$$

03 60[Hz], 5[kVA], 440/220[V], 정격을 갖는 단상 변압기가 있다. 이 변압기의 2차측 부하에 22[A]의 전류가 흐를 때 1차측으로 환산된 부하 임피던스 값[Ω]은? (단, 변압기는 이상적(Ideal)이라고 가정한다)

① 40

② 20

③ 10

④ 2.5

해설

권수비 $a = \dfrac{440}{220} = 2$, 2차 임피던스 $Z_2 = \dfrac{V_2}{I_2} = \dfrac{220}{22} = 10\,[\Omega]$

∴ 1차 임피던스 $Z_1' = a^2 Z_2 = 2^2 \times 10 = 40\,[\Omega]$

04 전기자 권선 방법이 중권, 극수 6, 전기자 도체수 600, 각 자극의 자속 0.04[Wb], 회전수 1,200[rpm]으로 운전되고 있는 직류 발전기의 유기 기전력[V]은?

① 480

② 520

③ 560

④ 600

해설

유기 기전력 $E = \dfrac{PZ}{60a} \phi N = \dfrac{6 \times 600}{60 \times 6} \times 0.04 \times 1,200 = 480\,[\text{V}]$

05 직류-직류 변환기(DC/DC Converter) 중 출력 전압을 입력 전압보다 크거나 작게 조절할 수 있으며, 출력의 극성이 반대인 변환기는?

① 벅 변환기, 축 변환기

② 부스트 변환기, 벅 변환기

③ 벅-부스트 변환기, 부스트 변환기

④ 축 변환기, 벅-부스트 변환기

해설

• 강압 변환기 : 벅 변환기

• 승압 변환기 : 부스트 변환기

• 강압-승압 변환기 : 벅-부스트 변환기, 축 변환기

06 △ 결선된 3상 유도 전동기에 기본파 주파수가 60[Hz] 이고, 다음 식과 같이 고조파가 포함된 순시 상전압 v_a [V]을 인가했을 때 a상에 순시 전류 i_a[A]가 흐르는 경우, 평균 입력 전력 P_{in}[W] 및 발생 토크 T[N·m] 는?(단, 3상 유도 전동기의 입력 전력에 대한 기계적 출력 변환 효율은 80[%]이다)

$$v_a = 100\sin(\omega t + 30°) + 60\sin 3\omega t$$
$$i_a = 20\sin(\omega t - 30°) + 10\sin 5\omega t$$

① $P_{in} = 1,500$, $T = \dfrac{10}{\pi}$ ② $P_{in} = 1,500$, $T = \dfrac{25}{2\pi}$

③ $P_{in} = 500$, $T = \dfrac{10}{3\pi}$ ④ $P_{in} = 500$, $T = \dfrac{25}{6\pi}$

해설

입력 전력 $P_i = 3V_p I_p \cos\theta$

$\qquad = 3 \times \dfrac{100}{\sqrt{2}} \times \dfrac{20}{\sqrt{2}} \times \cos 60°$

$\qquad = 1,500[\mathrm{W}]$

동기 속도 $N_s = \dfrac{120}{P} = \dfrac{120 \times 60}{2} = 3,600[\mathrm{rpm}]$

토크 $T = \dfrac{P}{\omega} = \dfrac{60}{2\pi N}P = \dfrac{60}{2\pi \times 3,600} \times 1,500 \times 0.8$

$\qquad = \dfrac{10}{\pi}[\mathrm{N \cdot m}]$

07 전동기와 전력 변환 장치로 구성된 전동기 구동 시스템 이 어떤 관성 부하로 운전 중에 있다. 이를 제동하는 방법에 관한 설명으로 옳지 않은 것은?

① 전기식 제동 시 전동기는 발전기 영역에서 동작할 수 있다.
② 제동은 크게 기계식 제동과 전기식 제동으로 분류한다.
③ 빈번한 가속과 정지를 행하는 관성 부하는 에너지 절약을 위해 발전 제동을 사용한다.
④ 회생 제동은 발전 제동보다 에너지 절약 측면에서 더 유리하다.

해설

발전 제동은 에너지를 저항 부하에서 열로 소모하므로 비효율적이고 에너지 절약을 위해서는 회생 제동을 사용한다.

08 부하 전류 80[A], 발생 토크 240[N·m], 회전 속도 2,500[rpm]으로 운전하고 있는 직류 직권 전동기의 부하 전류가 60[A]로 되었을 때의 발생 토크[N·m] 는?(단, 자기 포화 및 전기자 반작용은 무시한다)

① 427 ② 320
③ 180 ④ 135

해설

직류 전동기의 토크는 부하 전류의 제곱에 비례한다.

$$T' = \left(\frac{60}{80}\right)^2 \times T = \left(\frac{60}{80}\right)^2 \times 240 = 135[\mathrm{N \cdot m}]$$

09 다음 중 실제 변압기에 대한 설명으로 옳지 않은 것은?

① 변압기의 실제 운전 시 철심의 자기 포화로 인해 2차 전류에 고조파 성분이 포함된다.
② 1차와 2차측의 권선 저항과 누설 리액턴스에 의해 손실과 전압 강하가 발생된다.
③ 단락 회로 시험은 2차측을 단락시킨 후 1차측에 정격 전압을 인가하여 행하는 시험이다.
④ 단락 회로 시험을 통해 권선 저항과 누설 리액턴스 성분을 알 수 있다.

해설

단락 시험은 2차측을 단락시킨 후 1차측에 시험 전압을 가하여 1차 전류가 정격 전류와 같을 때 1차측 전압을 전압계로 측정하는 시험

10 어느 지방자치단체에서 경전철 열차의 추진 동력 장치로 3상 선형 유도 전동기를 선정하려고 한다. 경전철의 최대 동기 속도를 108[km/h]로 운전하려 할 때, 선형 유도 전동기의 효율을 고려하여 극수는 12, 자극 피치는 25[cm], 정격 전압 380[V]의 사양으로 설계하려면 최대 동기 주파수[Hz]는?

① 50 　　　　　② 60
③ 90 　　　　　④ 120

해설

$v = 108[\mathrm{km/h}] = \dfrac{108 \times 10^3}{60} = 1,800[\mathrm{m/min}]$

$\pi D = l = 0.25 \times 12 = 3[\mathrm{m}]$

화전수 $N = \dfrac{v}{\pi D} = \dfrac{1,800}{3} = 600[\mathrm{rpm}]$

주파수 $f = \dfrac{NP}{120} = \dfrac{600 \times 12}{120} = 60[\mathrm{Hz}]$

11 영구 자석형 직류 전동기에 관한 설명으로 옳지 않은 것은?

① 계자가 영구 자석으로 되어 있으며, 전기자는 철심과 권선으로 이루어져 있다.
② 약계자 제어를 통한 고속 영역에서의 속도 제어가 가능하다.
③ 직권 결선과 분권 결선이 불가능하다.
④ 2상한 초퍼를 사용한 속도 제어가 가능하다.

해설

영구 자석은 계자 제어가 불가능하다.

12 3상 동기 전동기의 전기자 반작용은 부하의 특성에 따라 다르다. 다음 중 옳지 않은 것은?

① 전압과 전류가 동상일 때는 교차 자화 작용을 한다.
② 전류가 전압보다 90° 뒤질 때는 증자 작용을 한다.
③ 전류가 전압보다 90° 앞설 때는 감자 작용을 한다.
④ 전류가 전압보다 ϕ만큼 뒤질 때는 감자 작용을 한다.

해설

동기 전동기의 전기자 반작용
- I_a가 V와 동상인 경우 : 교차 자화 작용
- I_a가 V보다 $\dfrac{\pi}{2}$ 뒤지는 경우 : 증자 작용
- I_a가 V보다 $\dfrac{\pi}{2}$ 앞서는 경우 : 감자 작용

13 슬립 s로 운전 중인 3상 유도 전동기의 등가 회로에서 2차 전류 I_2[A]의 크기 및 위상각은?(단, 2차 권선 1상의 저항은 r_2[Ω], 2차 권선 1상의 리액턴스는 x_2[Ω], 2차에 유기되는 전압은 E_2[V]이다)

① $|I_2| = \dfrac{E_2}{\sqrt{\left(\dfrac{r_2}{s}\right)^2 + x_2^2}}$, $\cos\theta_2 = \dfrac{r_2}{\sqrt{r_2^2 + (sx_2)^2}}$

② $|I_2| = \dfrac{E_2}{\sqrt{r_2^2 + \left(\dfrac{x_2}{s}\right)^2}}$, $\cos\theta_2 = \dfrac{r_2}{\sqrt{r_2^2 + (sx_2)^2}}$

③ $|I_2| = \dfrac{E_2}{\sqrt{\left(\dfrac{r_2}{s}\right)^2 + x_2^2}}$, $\cos\theta_2 = \dfrac{x_2}{\sqrt{\left(\dfrac{r_2}{s}\right)^2 + x_2^2}}$

④ $|I_2| = \dfrac{E_2}{\sqrt{r_2^2 + \left(\dfrac{x_2}{s}\right)^2}}$, $\cos\theta_2 = \dfrac{r_2}{\sqrt{\left(\dfrac{r_2}{s}\right)^2 + x_2^2}}$

해설

원식 $I = \dfrac{E}{\sqrt{r^2 + x^2}}$ 형식에서

$I_2 = \dfrac{E_2}{\sqrt{\left(\dfrac{r_2}{s}\right)^2 + (x_2)^2}} = \dfrac{sE_2}{\sqrt{(r_2)^2 + (sx_2)^2}}$

$\cos\theta_2 = \dfrac{r_2}{\sqrt{(r_2)^2 + (sx_2)^2}} = \dfrac{\dfrac{r_2}{s}}{\sqrt{\left(\dfrac{r_2}{s}\right)^2 + (x_2)^2}}$

14 2[kVA]의 단상 변압기 3대를 △−△ 결선하여 급전 중 1대가 소손되어 2대로 V−V 결선하여 운전하였다. 각 변압기가 30[%]의 과부하에 견딜 수 있다면 공급 가능한 최대 3상 부하[kVA]는?

① 3.5 ② 4.0

③ 4.5 ④ 5.2

해설

$P = 2 \times \sqrt{3} \times 1.3 = 4.5[kVA]$

15 3상 2극 10[kW]의 농형 유도 전동기를 200[V]로 전전압 기동하면 기동 전류는 정격 전류의 400[%], 기동 토크는 전부하 토크의 150[%]이다. 기동 전류를 200[%]로 제한하기 위한 인가 전압[V]과 이때의 기동 토크[%]는?

① 50, 37.5 ② 50, 75.0

③ 100, 37.5 ④ 100, 75.0

해설

$V \propto I$, $T \propto V^2$에서 기동 전류가 400[%]에서 200[%]로 $\frac{1}{2}$ 작아지면 인가 전압도 200[V]에서 100[V]로 작아지고

토크 $T = \left(\frac{1}{2}\right)^2 \times 150 = 37.5[\%]$

16 다음 그림의 단상 전파 정류 회로에서 입력 전압이 $v_{in} = \sqrt{2}\, V_{rms} \sin\omega t$, 지연각 $\alpha = \frac{\pi}{3}$ 일 때, 출력 전압 v_o[V]의 평균 전압[V]은?

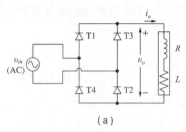

(a)

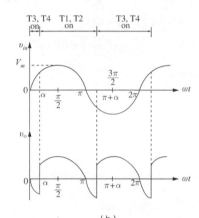

(b)

① $\dfrac{\sqrt{6}\, V_{rms}}{\pi}$ ② $\dfrac{\sqrt{2}\, V_{rms}}{\pi}$

③ $\dfrac{\sqrt{6}\, V_{rms}}{2\pi}$ ④ $\dfrac{V_{rms}}{\sqrt{2}\,\pi}$

해설

단상 전파 정류 회로 $R-L$ 부하 직류 전압

$E_{dc} = \dfrac{2\sqrt{2}\,E}{\pi} \cos\alpha = \dfrac{2\sqrt{2}\,E}{\pi} \cos 60° = \dfrac{\sqrt{2}\,E}{\pi}[V]$

17 3상 유도 전동기를 정격 전압 200[V]로 운전 시 전부하 슬립이 4[%]이다. 공급 전압이 10[%] 저하된 경우의 전부하 슬립은?

① 0.03 ② 0.04

③ 0.05 ④ 0.06

해설

$s \propto \dfrac{1}{V^2}$ 이므로 $s' = s \times \left(\dfrac{V}{V'}\right)^2 = 0.04 \times \left(\dfrac{1}{0.9}\right)^2 = 0.049$

18 1[MVA], 3[kV], 동기 임피던스 5[Ω]인 동일 정격 2대의 동기 발전기를 병렬 운전하던 중, 한 쪽 계자 전류가 증가하여 각 상의 유기 기전력 사이에 150[V]의 전압차가 발생하였다면, 두 발전기 사이에 흐르는 무효 횡류[A]는?

① 20   ② 15

③ 10   ④ 5

해설

$$I = \frac{E}{2Z} = \frac{150}{2 \times 5} = 15[A]$$

20 3상 동기 발전기의 자기 여자 작용에 대한 설명으로 옳지 않은 것은?

① 단락비가 작으면 자기 여자 작용이 방지된다.
② 커패시터가 부하로 접속되어 있을 때 발생한다.
③ 증자 작용이 일어난다.
④ 2대 이상의 동기 발전기를 병렬 운전하면 자기 여자 작용이 방지된다.

해설

단락비가 커야 자기 여자 작용이 방지된다.

19 단상 전파 정류 회로의 정류 효율[%]은?

① 40.6   ② 70.8

③ 81.2   ④ 91.4

해설

단상 전파 정류 회로의 정류 효율 : 81.2[%]

$$정류\ 효율비 = \frac{단상\ 반파\ 정류\ 효율}{단상\ 전파\ 정류\ 효율} = \frac{0.40528}{0.81056} = \frac{1}{2}$$

구 분	평균값	실횻값	파형률	맥동률	정류 효율
단상 반파	$\frac{\sqrt{2}}{\pi}E$	$\frac{E}{\sqrt{2}}$	$\frac{\pi}{2}$	1.213	0.40528
단상 전파	$\frac{2\sqrt{2}}{\pi}E$	E	$\frac{\pi}{2\sqrt{2}}$	0.484	0.81056
3상 반파	$\frac{3\sqrt{6}}{2\pi}E$	$\sqrt{1 + \frac{3\sqrt{3}}{4\pi}}E$	1.01655	0.182	0.96769
3상 전파	$\frac{3\sqrt{6}}{\pi}E$	$\sqrt{3 + \frac{9\sqrt{3}}{2\pi}}E$	1.00088	0.042	0.99824

$$파형률 = \frac{실횻값}{평균값}$$

$$맥동률 = \frac{\sqrt{실횻값^2 - 평균값^2}}{평균값}$$

$$정류\ 효율 = \frac{출력}{입력} = \left(\frac{평균값}{실횻값}\right)^2 = \left(\frac{1}{파형률}\right)^2$$

05 2011년 국가직 전기기기

01 무부하 상태로 운전되고 있는 직류 분권 전동기의 계자 회로가 갑자기 단선되면 나타나는 현상은?

① 회전 방향이 역전된다.
② 속도가 서서히 감소한다.
③ 입력 전류가 급격하게 증가한다.
④ 속도가 급격히 상승한다.

해설

분권 전동기 속도 $N = k\dfrac{E}{\phi}$ 에서 계자 회로가 단선되면 자속 $\phi = 0$ 이 되므로 회전 속도는 무한대가 되어 위험하다.

02 유도 전동기의 속도 제어 방법이 아닌 것은?

① 1차 저항 제어법
② 전원 전압 제어법
③ 전원 주파수 제어법
④ 2차 여자 제어법

해설

• 농형 : 극수 제어, 주파수 제어, 전압 제어
• 권선형 : 2차 저항, 2차 여자법, 종속법

03 정전압의 모선에 연결되어 역률 1로 운전 중인 동기 전동기의 여자 전류를 감소시키면 전동기는 어떻게 되는가?

① 역률은 앞서고 전기자 전류는 감소한다.
② 역률은 앞서고 전기자 전류는 증가한다.
③ 역률은 뒤지고 전기자 전류는 감소한다.
④ 역률은 뒤지고 전기자 전류는 증가한다.

해설

V곡선에서 여자 전류를 감소시키면 역률은 뒤지고 전기자 전류는 증가한다.

04 주파수 60[Hz], 극수 40인 동기 발전기의 회전자 지름이 8[m]일 때, 그 주변 속도[m/s]는?(단, $\pi = 3.14$로 계산한다)

① 7.536
② 75.36
③ 128.8
④ 12.88

해설

$$V = \pi D \frac{N}{60}, \quad N = \frac{120f}{P} = \frac{120 \times 60}{40} = 180$$

$$V = 3.14 \times 8 \times \frac{180}{60} = 75.36$$

05 다음 그림은 직류 전동기의 부하 전류에 대한 토크 특성을 보여 주고 있다. 전동기와 특성이 바르게 연결된 것은?(단, 자기 포화와 전기자 반작용은 무시한다)

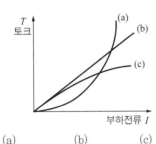

	(a)	(b)	(c)
①	차동 복권	분권	직권
②	화동 복권	직권	분권
③	직권	분권	차동 복권
④	분권	직권	화동 복권

해설

직권 전동기 $T \propto I^2$, 분권 전동기 $T \propto I$

06 4극, 3상, 50[Hz] 유도 전동기의 정격 슬립이 5[%]이다. 정격 운전 시 전동기 회전 자계의 회전 속도[rpm], 전동기 회전자 회전 속도[rpm] 및 회전자 주파수[Hz]는 각각 얼마인가?

① 1,500 − 1,415 − 2.0
② 1,500 − 1,425 − 2.5
③ 1,800 − 1,710 − 3.5
④ 1,800 − 1,740 − 4.5

해설

회전 자계 속도 $N_s = \dfrac{120f}{P} = \dfrac{120 \times 50}{4} = 1,500[\mathrm{rpm}]$

회전자 속도 $N = (1-s)N_s = (1-0.05) \times 1,500 = 1,425[\mathrm{rpm}]$

회전자 주파수 $f_2 = sf_1 = 0.05 \times 50 = 2.5[\mathrm{Hz}]$

07 정격 주파수 50[Hz]의 변압기를 같은 정격 전압 90[Hz]의 전원에 연결하였을 때 여자 전류, 철손 및 리액턴스의 변화는?

① 여자 전류와 철손은 $\dfrac{5}{9}$ 로 감소, 리액턴스는 $\dfrac{9}{5}$ 로 증가

② 여자 전류와 철손은 $\dfrac{5}{9}$ 로 감소, 리액턴스는 $\dfrac{5}{9}$ 로 감소

③ 여자 전류와 철손은 $\dfrac{9}{5}$ 로 증가, 리액턴스는 $\dfrac{9}{5}$ 로 증가

④ 여자 전류와 철손은 $\dfrac{9}{5}$ 로 증가, 리액턴스는 $\dfrac{5}{9}$ 로 감소

해설

철손 $P_i \propto \dfrac{E^2}{f}$, $I_\phi = \dfrac{E}{2\pi f L}$, 리액턴스 $X_L = 2\pi f L$에서 철손과 여자 전류는 주파수에 반비례하고 리액턴스는 주파수에 비례한다.

08 3상 유도 전동기의 비례추이에 대한 설명으로 옳지 않은 것은?

① 2차 저항이 증가하면 최대 토크가 발생하는 슬립이 증가한다.
② 2차 저항이 증가하면 슬립은 증가하지만 최대 토크는 일정하다.
③ 유도 전동기의 역률은 비례추이를 할 수 있다.
④ 유도 전동기의 효율은 비례추이를 할 수 있다.

해설

비례추이를 할 수 없는 것 : 효율, 출력, 동손

09 Boost 컨버터의 입력 전압 V_{in}과 출력 전압 V_{out}의 관계는?(단, D는 듀티비이다)

① $V_{out} = D \times V_{in}$

② $V_{out} = \dfrac{V_{in}}{D}$

③ $V_{out} = (1-D) \times V_{in}$

④ $V_{out} = \dfrac{1}{(1-D)} \times V_{in}$

해설

Boost 컨버터의 출력 전압

$$V_{out} = \frac{1}{(1-D)} \times V_{in}$$

10 2대의 직류 발전기를 병렬 운전하여 부하에 100[A]를 공급하고 있다. 각 발전기의 유기 기전력과 내부 저항이 각각 E_1 =110[V], R_1 =0.03[Ω], E_2 =112[V], R_2 =0.07[Ω]일 경우, 각 발전기에 흐르는 전류 I_1[A], I_2[A]는?

① 50, 50

② 40, 60

③ 30, 70

④ 20, 80

해설

$I_1 + I_2 = 100[\mathrm{A}]$이고, 병렬 운전하려면 단자 전압이 같으므로
$110 - 0.03 I_1 = 112 - 0.07 I_2 = 112 - 0.07(100 - I_1)$에서
$I_1 = 50[\mathrm{A}]$, $I_2 = 50[\mathrm{A}]$

11 250[V]를 인가할 때 정격 계자 전류에서 무부하 속도가 1,000[rpm]인 직류 분권 전동기가 있다. 같은 계자 전류에서 전기자 전류가 500[A]일 때 회전 속도[rpm]는?(단, 전기자 저항은 0.1[Ω]이다)

① 500

② 800

③ 900

④ 1,000

해설

$E = V - I_a R_a = 250 - 500 \times 0.1 = 200[\mathrm{V}]$
회전수는 역기전력에 비례하므로
$$N' = \left(\frac{200}{250}\right) \times 1,000 = 800[\mathrm{rpm}]$$

12 SCR(Silicon Controlled Rectifier)에 대한 설명으로 옳지 않은 것은?

① 대전류 제어 정류용으로 이용된다.

② 게이트 전류(I_G)로 통전 전압을 가변시킨다.

③ 주전류를 차단하려면 게이트 전압(V_G)을 0 또는 (−)로 해야 한다.

④ 게이트 전류(I_G)의 위상각으로 통전 전류의 평균값을 제어시킬 수 있다.

해설

SCR의 주전류 차단법

• 양극 전류 차단법 : 애노드의 직렬 스위치를 개방시키는 방법과 애노드의 병렬 스위치를 단락시키는 방법이 있으며, 두 가지 모두 애노드 전류가 0이 되어 SCR이 오프 상태로 된다.

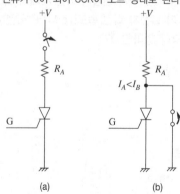

(a)   (b)

• 강제 전환법 : 강제로 SCR 내의 순방향 전류의 반대 방향으로 전류가 흐르도록 하는 방법이다.

13 단상 반파 정류 회로에서 전원 전압 v_s는 314[V]이고, 부하 저항 R은 100[Ω]이다. SCR의 점호각이 45°인 경우 출력 전압의 평균값[V]은?(단, $\sqrt{2}=1.4$, $\sqrt{3}=1.7$, $\pi=3.14$로 계산한다)

① 20 ② 60
③ 120 ④ 157

해설

$$E_{dc} = \frac{\sqrt{2}\,E}{\pi}\left(\frac{1+\cos 45°}{2}\right) = \frac{\sqrt{2}\times314}{3.14}\times\frac{1+\frac{1}{\sqrt{2}}}{2}$$

$$= 100\times\frac{1+\left(\frac{1.4}{2}\right)}{\sqrt{2}} = 100\times\frac{1.7}{1.4} \risingdotseq 120[\text{V}]$$

15 권선비 30 : 1인 단상 변압기의 전부하 시 2차 단자 전압이 100[V]이며, 전압 변동률은 5[%]이다. 이때 1차측 단자 전압[V]은?

① 2,950 ② 3,050
③ 3,150 ④ 3,250

해설

$$E_2 = (1+\varepsilon)\,V_{2n} = (1+0.05)\times100 = 105[\text{V}]$$

$$\therefore\ E_1 = a E_2 = 30\times105 = 3,150[\text{V}]$$

14 정격 용량 50[kVA]의 단상 변압기를 이용하여 V−V 결선으로 3상 변압을 하는 경우에 최대 부하 용량은 몇 [kVA]인가?

① 70.6 ② 77.6
③ 86.6 ④ 96.6

해설

$$P_V = \sqrt{3}\,P = 50\sqrt{3} = 86.6[\text{kVA}]$$

16 2대의 3상 동기 발전기가 병렬 운전을 하고 있다. 두 발전기의 기전력 사이에 위상차가 30°일 때, 한쪽 발전기에서 다른 쪽 발전기로 공급하는 1상당 전력[kW]은?(단, 각 발전기의 1상의 기전력은 2[kV], 동기 리액턴스는 4[Ω]이고 전기자 저항은 무시한다)

① 200 ② 250
③ 300 ④ 350

해설

$$P = \frac{E^2}{2X_s}\sin\delta = \frac{2,000^2}{2\times4}\times\frac{1}{2} = 250[\text{kW}]$$

17 12극, 3상, 60[Hz] 유도 전동기가 정격 전압에서 5.5[kW]의 출력을 내고 있다. 회전자 동손이 500[W]일 때 회전수 [rpm]는?

① 500

② 550

③ 600

④ 640

해설

방법 1)

$$N_s = \frac{120f}{P} = \frac{120 \times 60}{12} = 600[\text{rpm}]$$

$$P_2 = P_0 + P_{c2} = 5.5 + 0.5 = 6[\text{kW}]$$

$$s = \frac{P_{c2}}{P_2} = \frac{0.5}{6} = 0.083$$

$$N = (1-s)N_s = (1-0.083) \times 600 = 550[\text{rpm}]$$

방법 2)

입력 : 출력 : 손실 = 입력 : 5,500 : 500 = $N_s : (1-s)N_s : sN_s$

$$s = \frac{500}{6,000} = \frac{1}{12} \qquad \therefore N = (1-s)N_s = 550[\text{rpm}]$$

18 단면적 10[cm²]인 철심에 200회의 권선을 하고 60[Hz], 60[V]인 교류 전압을 인가하였을 때 철심의 자속 밀도[T]는?

① 1.126×10^{-3}

② 1.126

③ 2.252×10^{-3}

④ 2.252

해설

$E = 4.44 \phi N f$, $\phi = BS$에서

$$\phi = \frac{E}{4.44fN} = \frac{60}{4.44 \times 60 \times 200} = 1.126 \times 10^{-3}[\text{Wb}]$$

$$B = \frac{\phi}{A} = \frac{1.126 \times 10^{-3}}{10 \times 10^{-4}} = 1.126[\text{T}]$$

19 다음 그림과 같이 반경 r이 1[m]인 실린더에 $F = 10\sqrt{2}$[N]을 인가하였다면, 실린더에 작용하는 토크 [N·m]의 크기와 방향은? 또한, 반경이 2[m]로 증가하는 경우 동일한 토크[N·m]를 갖기 위해 요구되는 힘은 몇 배가 필요한가?

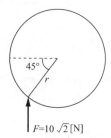

$F=10\sqrt{2}$[N]

① 10 - 시계 방향 - 0.5배

② 10 - 반시계 방향 - 2배

③ $10\sqrt{2}$ - 시계 방향 - 0.5배

④ $10\sqrt{2}$ - 반시계 방향 - 2배

해설

$$T = F \cdot r \cdot \sin\theta = 10\sqrt{2} \times 1 \times \frac{1}{\sqrt{2}} = 10[\text{N·m}]$$

시계 방향 $F \propto \frac{1}{r} = \frac{1}{2}$ ∴ 0.5배

20 단상 전파 정류 회로에서 전원 전압 v_s가 314[V], 60[Hz]이고, 부하 저항 R이 10[Ω]일 때 출력 전압 평균값 V_d[V] 및 출력 전류 평균값 I_d[A]과 출력 전류 실횻값 I_{rms}[A]은 각각 얼마인가?(단, $\sqrt{2}=1.4$, $\pi=3.14$로 계산한다)

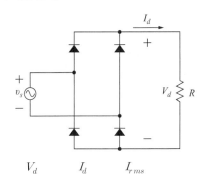

	V_d	I_d	I_{rms}
①	140	14	14
②	140	14	15.7
③	280	28	28
④	280	28	31.4

해설

$$E_{dc} = \frac{2\sqrt{2}}{\pi} V_s = \frac{2\times1.4}{3.14}\times314 = 280[\text{V}]$$

$$I_{dc} = \frac{E_{dc}}{R} = \frac{280}{10} = 28[\text{A}]$$

$$I_s = \frac{V_s}{R} = \frac{314}{10} = 31.4[\text{A}]$$

2012년 국가직 전기기기

01 8극의 직류 발전기가 있다. 이 발전기의 전기자 권선을 중권과 파권으로 하였다. 파권으로 권선하였을 때 유기되는 유기 기전력은?

① 중권에 비해 2배 낮다.
② 중권에 비해 2배 높다.
③ 중권에 비해 4배 낮다.
④ 중권에 비해 4배 높다.

해설

유기 기전력 $E = \dfrac{PZ}{60a}\phi N\,[\mathrm{V}]$에서 병렬 회로수 a는 중권은 극수와 동일하고 파권은 2이다.
∴ 파권이 중권에 비해 4배가 높다.

02 정격 용량 1,700[kVA], 정격 전압 2,000[V]의 3상 동기 발전기에서 계자 전류 350[A]일 때, 무부하 단자 전압 2,000[V]이고 3상 단락 전류는 700[A]이다. 이 발전기의 단락비는?(단, $\sqrt{3} = 1.7$이다)

① 1.2
② 1.4
③ 1.6
④ 1.8

해설

정격 전류 $I_n = \dfrac{P}{\sqrt{3}\,V} = \dfrac{1,700}{1.7 \times 2} = 500\,[\mathrm{V}]$

단락비 $K = \dfrac{I_s}{I_n} = \dfrac{700}{500} = 1.4$

03 다음과 같은 변압기 회로에서 2차측 전압[V], 2차측 전류[A] 및 1차로 환산한 임피던스[Ω]는?(단, 변압기는 이상변압기이다)

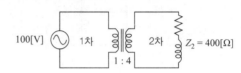

	2차측 전압[V]	2차측 전류[A]	1차로 환산한 임피던스[Ω]
①	200	1	100
②	200	1	25
③	400	1	100
④	400	1	25

해설

$a = \dfrac{n_1}{n_2} = \dfrac{V_1}{V_2} = \dfrac{I_2}{I_1} = \dfrac{1}{4}$

2차 전압 $V_2 = \dfrac{1}{a}V_1 = 4 \times 100 = 400\,[\mathrm{V}]$

2차 전류 $I_2 = \dfrac{E_2}{Z_2} = \dfrac{400}{400} = 1\,[\mathrm{A}]$

1차 임피던스 $Z_1 = a^2 Z_2 = \left(\dfrac{1}{4}\right)^2 \times 400 = 25\,[\Omega]$

04 2차 동손 500[W], 슬립 5[%]인 유도 전동기의 2차 입력[kW]은?

① 2.5 　　　　 ② 4.75

③ 10.0 　　　　 ④ 12.5

해설

$$P_{c2} = s\,P_2 \text{에서 } P_2 = \frac{P_{c2}}{s} = \frac{500 \times 10^{-3}}{0.05} = 10[\text{kW}]$$

06 다음 (a)와 같이 단상 반파 제어 정류기가 $R-L$ 직렬 유도성 부하와 연결되어 이상적으로 동작할 때, (b)와 같이 사이리스터가 트리거-온되는 경우 출력 전류 i_0의 파형으로 옳은 것은?

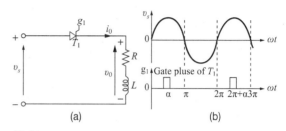

(a) 　　　　　　　　　　 (b)

①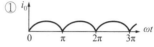

②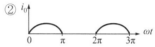

③

④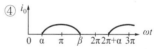

해설

사이리스터에 의하여 α에서 전류가 흐르기 시작하고 인덕턴스 L에 흐르는 전류는 β만큼 뒤진 위상각에서 전류가 0이 된다.

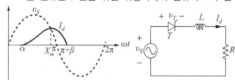

05 다음과 같은 특성을 갖는 팬부하를 전동기로 구동하고 있다. 부하의 속도가 현재 속도의 $\frac{1}{2}$로 낮아진 경우 부하의 구동에 요구되는 전력은?

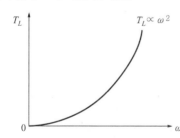

① 동일하다.

② $\frac{1}{8}$로 작아진다.

③ $\frac{1}{4}$로 작아진다.

④ $\frac{1}{2}$로 작아진다.

해설

$P \propto N^3$이므로 속도를 $\frac{1}{2}$로 낮추면 부하 구동 요구 전력은 $\frac{1}{8}$이다.

07 일정 전압으로 운전되고 있는 직류 발전기의 손실이 부하 변화에 따라 aI^2+b로 발생되었다. 효율이 최대가 되는 전류는?(단, I는 부하 전류, a와 b는 상수이다)

① $\sqrt{\dfrac{a}{b}}$ ② $\dfrac{a}{b}$

③ $\sqrt{\dfrac{b}{a}}$ ④ $\dfrac{b}{a}$

해설

aI^2+b중 aI^2은 가변손, b는 전류에 관계없는 고정손이다.

최대 효율 조건은 고정손=부하손으로 $aI^2=b$에서

∴ $I=\sqrt{\dfrac{b}{a}}\,[\mathrm{A}]$

08 5,000[V], 15,000[kVA], 상당 동기 리액턴스 2[Ω]인 동일 정격의 A, B 2대의 동기 발전기를 병렬 운전하던 중 A 발전기의 계자 전류가 증가하여 두 발전기의 같은 상 유기 기전력의 전압차가 250[V] 발생하였다. 이 두 발전기 사이에 흐르는 순환 전류의 크기[A]와 전압에 대한 위상은?(단, 두 발전기의 전기자 저항은 무시한다)

① 62.5, 동상
② 62.5, 90° 지상
③ 125.0, 동상
④ 125.0, 90° 지상

해설

순환 전류 $I_c=\dfrac{E_s}{2X_s}=\dfrac{250}{2\times2}=62.5[\mathrm{A}]$

유도성 리액터에 흐르는 무효 횡류는 90° 지상이다.

09 저항 강하와 리액턴스 강하가 각각 3[%] 및 4[%]인 단상 변압기에 저항 부하가 연결되어 정격 전류가 흐르고 있을 때, 전압 변동률[%]은?

① 3.0   ② 4.0
③ 5.0   ④ 7.0

해설

순저항 부하의 역률 $\cos\theta=1$, $\sin\theta=0$

전압 변동률 $\varepsilon=p\cos\theta+q\sin\theta=3\times1+4\times0=3[\%]$

10 정격 부하 시 회전수 1,140[rpm], 슬립 0.05로 회전하는 3상 60[Hz] 권선형 유도 전동기가 있다. 이 전동기를 동일 전압으로 기동할 때, 전부하 토크를 발생시키기 위해 회전자에 삽입해야 하는 상당 저항[Ω]은?(단, 회전자 권선은 Y결선이고, 슬립링 간의 저항은 0.1[Ω]이다)

① 0.95   ② 1.0
③ 1.9   ④ 3.8

해설

Y결선의 선간 저항값인 $2\times r_2$값이 0.1[Ω]이므로 r_2는 0.05[Ω]이다. 전부하 토크로 기동하기 위한 저항값

$R=\dfrac{1-s}{s}r_2=\dfrac{1-0.05}{0.05}\times0.05=0.95[\Omega]$

11 3상 PWM 인버터에 대한 설명으로 옳지 않은 것은?

① 히스테리시스 전류 제어 방식은 스위칭 주파수가 항상 일정하다.
② 정현파 PWM은 기본파 출력 전압이 낮다는 결점이 있다.
③ 전압형 인버터에서 DC link는 큰 커패시터로 구현한다.
④ 출력의 기준 주파수는 기준파와 동일하다.

해설
PWM 제어 : 컨버터부에서 AC 전압을 DC 전압으로 정류시켜 콘덴서로 평활시킨 다음, 인버터부에서 직류 전압을 Chopping하여 펄스폭을 변화시켜서 인버터 출력 전압을 변화시키며, 동시에 주파수를 제어하는 방식이다.

13 3상 동기기의 제동 권선의 효과에 대한 설명으로 옳지 않은 것은?

① 동기 발전기에서 불평형 부하 시의 전류와 전압 파형 개선
② 동기 전동기에서 회전자가 동기 속도로 회전 시 출력 증가
③ 동기 발전기에서 난조 시 안정도 향상
④ 동기 전동기에서 기동 토크 발생

해설
제동 권선의 역할
• 난조방지
• 기동 토크 발생
• 불평형 부하 시 전류와 전압 파형 개선

12 전기자 저항이 0.2[Ω]인 직류 분권 발전기의 회전수가 1,100[rpm], 단자 전압 200[V]일 때, 전기자 전류는 100[A]이다. 이 발전기의 단자 전압 및 전기자 전류를 같게 하여 전동기로 운전할 때의 회전수[rpm]는? (단, 전기자 반작용은 무시한다)

① 900
② 1,000
③ 1,210
④ 1,344

해설
$E = V + I_a R_a = K\phi N$에서 회전수는 유기 기전력에 비례한다.

$N' = N \times \dfrac{E'}{E} = 1,100 \times \dfrac{180}{220} = 900[\mathrm{rpm}]$

14 임피던스 전압 강하가 4[%]인 변압기가 운전 중 단락된 경우 단락 전류는 정격 전류의 몇 배인가?

① 45
② 40
③ 25
④ 20

해설
$I_s = \dfrac{100}{\%Z} I_n = \dfrac{100}{4} I_n = 25\, I_n$

15 3상 60[Hz] 전원에 의해 여자되는 4극 권선형 유도 전동기가 600[rpm]의 속도로 회전 자계와 반대 방향으로 회전하고 있다. 이 전동기의 회전자 전류의 주파수[Hz]는?

① 20
② 40
③ 80
④ 120

해설

동기 속도 $N_s = \dfrac{120f}{P} = \dfrac{120 \times 60}{4} = 1,800[\mathrm{rpm}]$

슬립 $s = \dfrac{N_s - N}{N_s} = \dfrac{1,800 - (-600)}{1,800} = \dfrac{4}{3}$

회전자 주파수 $f_2 = sf_1 = \dfrac{4}{3} \times 60 = 80[\mathrm{Hz}]$

16 3상 권선에 의한 회전 자계의 고조파 성분 중에서 제5 고조파에 대한 설명으로 옳은 것은?

① 기본파와 같은 방향으로 5배의 속도로 회전한다.
② 기본파와 반대 방향으로 5배의 속도로 회전한다.
③ 기본파와 같은 방향으로 $\dfrac{1}{5}$배의 속도로 회전한다.
④ 기본파와 반대 방향으로 $\dfrac{1}{5}$배의 속도로 회전한다.

해설

고조파 발생차수를 나타내는 식은 다음과 같다.

$h = np \pm 1$

h : 고조파 발생차

n : 정수$(1, 2, 3, 4, 5, \cdots)$

p : 정류기 상수(단상 정류기 : 2, 6상 정류기 : 6, 12상 정류기 : 12)

$h = 2np + 1$ 고조파는 기본파와 동일한 방향의 회전 자계로 $\dfrac{1}{h}$의 회전 속도

$h = 2np - 1$ 고조파는 기본파와 반대 방향의 회전 자계로 $\dfrac{1}{h}$의 회전 속도

17 계자가 영구 자석인 직류 전동기의 형상 및 치수 변경 없이 영구 자석의 잔류 자속 밀도를 2배로 증가시키고, 전기자 권선수를 반으로 줄였을 때의 설명으로 옳은 것은?(단, 인가 전압 및 전기자 도체의 굵기는 같고, 자성체의 자기 포화는 무시한다)

① 무부하 회전 속도는 4배로 증가하고, 토크는 같다.
② 무부하 회전 속도는 같고, 토크는 4배로 증가한다.
③ 무부하 회전 속도는 2배로 증가하고, 토크는 같다.
④ 무부하 회전 속도는 같고, 토크는 2배로 증가한다.

해설

$E = \dfrac{pZ}{a}\phi\dfrac{N}{60}$ 에서 회전 속도는 일정, $T = K\phi N$에서 토크는 2배 증가

18 동일한 용량의 단상 변압기를 병렬 운전할 때, 부하 전류의 분담과 백분율 임피던스 %Z와의 관계는?

① %Z에 반비례
② %Z에 비례
③ %Z의 제곱에 반비례
④ %Z의 제곱에 비례

해설

부하분담은 정격 용량에 비례하고 퍼센트 임피던스에 반비례한다.

19 3상 유도 전동기가 갖는 속도-토크 특성에 대한 설명으로 옳지 않은 것은?

① 동기 속도 부근에서의 출력 토크는 슬립에 거의 비례한다.

② 회전자 저항을 증가시키면 최대 토크를 발생하는 속도도 증가한다.

③ 전동기의 부하가 증가하면 슬립은 증가한다.

④ 최대 토크는 단자 전압의 제곱에 비례한다.

해설

$s \propto r_2$

$N = (1-s)N_s$ 이므로 회전자 저항이 증가하면 슬립이 증가하고, 속도는 감소한다.

20 다음과 같은 전력 변환 회로에서 스위치를 주기적으로 열고 닫는 경우 정상 상태에서 입력 전압에 대한 출력 전압의 비 $\dfrac{V_o}{V_s}$ 는?(단, T는 주기, T_{on}은 스위치-온 시간, $D = \dfrac{T_{on}}{T}$ 이다)

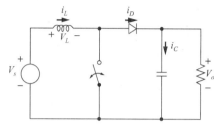

① $1-D$

② D

③ $\dfrac{1}{1-D}$

④ $\dfrac{1}{D}$

해설

$$\frac{V_o}{V_i} = \frac{1}{1-D}$$

01 플레밍의 오른손 법칙과 왼손 법칙에 대한 설명으로 옳지 않은 것은?

① 두 법칙 모두 엄지손가락의 방향은 힘의 방향을 나타낸다.

② 오른손 법칙은 발전기의 원리에 적용된다.

③ 두 법칙에서 힘, 자속 그리고 전류의 방향이 모두 각각 90°를 이룬다.

④ 힘과 자속의 방향이 동일할 경우, 오른손 법칙에 의한 전류의 방향과 왼손 법칙에 의한 전류의 방향은 서로 동일하다.

해설

오른손 법칙과 왼손 법칙의 전류 방향은 반대이다.

02 다음 AC – AC 컨버터에서 SCR T_1의 제어각 α의 제어 가능 범위는?(단, 부하는 순저항 부하이다)

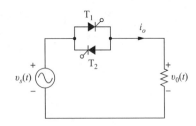

① $0 \leq \alpha \leq \dfrac{\pi}{6}$ ② $0 \leq \alpha \leq \dfrac{\pi}{3}$

③ $0 \leq \alpha \leq \dfrac{\pi}{2}$ ④ $0 \leq \alpha \leq \pi$

해설

순저항 부하에서는 $0 \leq \alpha \leq \pi$의 제어 가능 범위를 갖는다.

03 정격 용량 3,000[kVA], 정격 전압 3,000[V], 단락비 1.2인 3상 동기 발전기의 1상당 동기 임피던스[Ω]는?

① 0.83 ② 1.2

③ 2.5 ④ 3.6

해설

$$Z' = \frac{Z_s I_n}{E} = \frac{Z_s \dfrac{3,000 \times 10^3}{\sqrt{3} \times 3,000}}{\dfrac{3,000}{\sqrt{3}}} = \frac{1}{K_s} = \frac{1}{1.2} \text{에서} \frac{Z_s}{3} = \frac{1}{1.2}$$

$$\therefore \ Z_s = \frac{3}{1.2} = 2.5[\Omega]$$

04 유도 전동기에서 심구(Deep Bar) 농형 회전자에 대한 설명으로 옳지 않은 것은?

① 회전자 저항이 운전 속도에 따라 변동한다.

② 기동 토크를 크게 할 수 있다.

③ 회전자의 주파수 변동을 이용한 것이다.

④ 운전 주파수가 증가하면 회전자 저항이 증가한다.

해설

운전 속도(운전 주파수)가 증가할수록 회전자 주파수는 감소하고 회전자 저항이 감소한다.

05 전동기 회전자의 관성 모멘트(Moment of Inertia)에 대한 설명으로 옳지 않은 것은?

① 회전자의 반지름이 커지면 관성 모멘트가 커진다.

② 관성 모멘트에 따라 시스템의 가감속 성능이 달라진다.

③ 전동차나 전기 자동차와 같은 견인 구동 시스템에서는 회전자의 관성 모멘트가 커야 좋다.

④ 회전자의 질량이 같으면 동일한 관성 모멘트를 갖는다.

해설

관성 모멘트[kg · m²]는 질량에 비례하고 반지름의 제곱에 비례한다.

06 100[kVA], 4,000/200[V]인 단상 변압기가 운전 중 단락되었을 때, 1차측 고장 단락 전류[A]는?(단, %임피던스 강하는 5[%]이다)

① 250
② 500
③ 750
④ 1,000

해설

단락 전류 $I_n = \dfrac{100}{\%Z} I_n = \dfrac{100}{5} \times \dfrac{100 \times 10^3}{4,000} = 500[\text{A}]$

08 2[MVA], 6,000[V]인 3상 교류 발전기의 동기 임피던스가 14.4[Ω]일 때, 이 발전기의 %동기 임피던스와 단락비는?

	%동기 임피던스[%]	단락비
①	40	1.25
②	40	2.5
③	80	1.25
④	80	2.5

해설

$\%Z = \dfrac{PZ}{10 V^2} = \dfrac{2 \times 10^3 \times 14.4}{10 \times 6^2} = 80[\%]$

단락비 $K = \dfrac{100}{\%Z} = \dfrac{100}{80} = 1.25$

07 다음 DC - DC 컨버터는 정상 상태에서 동작하고 있다. 이 컨버터의 명칭과 입출력 관계는?(단, T는 TR의 스위칭 주기, T_{on}은 온(ON) 시간, $D = \dfrac{T_{on}}{T}$ 이다)

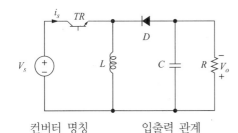

    컨버터 명칭   입출력 관계

① Buck-boost Converter $V_o = \dfrac{D}{(1-D)} V_s$

② Step-up Converter $V_o = (1-D) V_s$

③ Step-down Converter $V_o = DV_s$

④ Boost Converter $V_o = \dfrac{(1-D)}{D} V_s$

해설

Buck-boost Converter(강압-승압 변환기)로 출력값은

$V_o = \dfrac{D}{1-D} V_s$

09 극수 4극, 전기자 총도체수 250개이며 1,200[rpm]으로 회전하는 직류 분권 발전기가 있다. 파권 권선일 경우 발전기에서 발생하는 유기 기전력이 1,200[V]일 때, 필요한 매극당 자속[Wb]은?

① 0.06
② 0.12
③ 0.18
④ 0.24

해설

$E = \dfrac{pZ}{a} \phi \dfrac{N}{60}$ 식에서 파권이므로 $a = 2$, 극수 $p = 4$

$\therefore \phi = \dfrac{Ea60}{pZN} = \dfrac{1,200 \times 2 \times 60}{4 \times 250 \times 1,200} = 0.12[\text{Wb}]$

10 극수 6극을 가진 동기 발전기 A의 회전수가 1,200 [rpm]으로 회전하고 있는데, 발전기 부하의 증가로 인하여 추가적인 극수 4극의 동기 발전기 B를 투입하려고 한다. 이때 발전기 A의 출력 주파수와 요구되는 발전기 B의 회전수는?

	A의 출력 주파수[Hz]	B의 회전수[rpm]
①	30	1,200
②	60	1,200
③	30	1,800
④	60	1,800

해설

동기 발전기가 병렬 운전을 하려면 주파수가 동일해야 한다.

$N_s = \dfrac{120f}{P}$ 에서 주파수 $f = \dfrac{1,200 \times 6}{120} = 60[\mathrm{Hz}]$

회전수는 극수에 반비례하므로 $N' = 1,200 \times \dfrac{6}{4} = 1,800[\mathrm{rpm}]$

11 유도 전동기의 정격 부하에서 속도를 N_1, 무부하 속도를 N_0이라 할 때, 전동기의 속도 변동률 ε과 슬립 s는?

	속도 변동률 $\varepsilon[\%]$	슬립 s
①	$\dfrac{N_0 - N_1}{N_0} \times 100$	$\dfrac{N_0 - N_1}{N_1}$
②	$\dfrac{N_0 - N_1}{N_0} \times 100$	$\dfrac{N_0 - N_1}{N_0}$
③	$\dfrac{N_0 - N_1}{N_1} \times 100$	$\dfrac{N_0 - N_1}{N_0}$
④	$\dfrac{N_0 - N_1}{N_1} \times 100$	$\dfrac{N_0 - N_1}{N_1}$

해설

속도 변동률 $\varepsilon = \dfrac{N_0 - N_1}{N_1} \times 100$, 슬립 $s = \dfrac{N_0 - N_1}{N_0}$

12 다음 회로를 갖는 직류 발전기는?

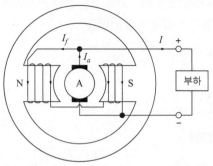

① 분권 발전기   ② 직권 발전기
③ 차동 복권 발전기   ④ 화동 복권 발전기

해설

계자 권선과 전기자 권선이 병렬로 연결되어 있는 분권 발전기이다.

13 60[Hz], 4극, 30[kW]인 3상 유도 전동기의 전부하 운전 시에 슬립이 6.25[%]일 때, 2차측 동손[kW]은?

① 0.5   ② 0.94
③ 2   ④ 14.1

해설

2차 입력 P_2, 출력 P_0, 2차 동손 P_{c2}라 하면

$P_{c2} = sP_2 = \dfrac{s}{1-s}P_0 = \dfrac{0.0625}{1-0.0625} \times 30 = 2[\mathrm{kW}]$

14 정격에서 철손이 1[kVA], 전부하 동손이 4[kVA]인 상태로 운전하는 30[kVA] 단상 변압기가 있다. 이 변압기를 최대 효율로 운전할 때의 변압기 출력[kVA]은? (단, 역률은 1로 가정한다)

① 7.5 　　　　　　　② 15
③ 30 　　　　　　　　④ 60

해설
최대 효율은 철손과 동손이 같을 때이다.

$P_i = m^2 P_c$에서 부하율 $m = \sqrt{\dfrac{P_i}{P_c}} = \sqrt{\dfrac{1}{4}} = \dfrac{1}{2}$

변압기 출력 $P' = mP = \dfrac{1}{2} \times 30 = 15[\text{kVA}]$

15 3상 유도 전동기가 4극, 460[V], 100[HP], 60[Hz], 슬립 $s = 0.05$에서 운전되고 있을 때, 전동기의 속도[rpm]는?

① 1,600 　　　　　　② 1,710
③ 1,750 　　　　　　④ 1,820

해설
$N_s = \dfrac{120f}{P} = \dfrac{120 \times 60}{4} = 1,800[\text{rpm}]$
$N = (1-s)N_s = (1-0.05) \times 1,800 = 1,710[\text{rpm}]$

16 변압기의 주파수를 증가시킬 경우, 변압기 철심의 와전류손 변화는?(단, 공급 전압의 크기는 일정하다)

① 변화 없다.
② 주파수에 비례해서 증가한다.
③ 주파수의 제곱에 비례해서 증가한다.
④ 주파수의 세제곱에 비례해서 증가한다.

해설
공급 전압의 크기가 일정할 경우 와류손과는 무관하다.

17 60[Hz], 4극, 10[kW]인 3상 유도 전동기가 1,440[rpm]으로 회전할 때, 회전자 효율[%]은?(단, 기계손은 무시한다)

① 60 　　　　　　　　② 70
③ 80 　　　　　　　　④ 90

해설
동기 속도 $N_s = \dfrac{120f}{P} = \dfrac{120 \times 60}{4} = 1,800[\text{rpm}]$

회전자 효율 $\eta_2 = \dfrac{P_0}{P_2} = 1-s = \dfrac{N}{N_s} = \dfrac{1,440}{1,800} = 0.8 = 80[\%]$

18 다음은 복권 발전기의 외부 특성 곡선을 나타낸 것이다. (가) 곡선에 해당하는 복권 발전기의 특성에 대한 설명으로 옳지 않은 것은?

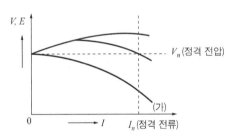

① 전압 변동률은 (−)값이다.
② 정전류를 만드는 데 사용된다.
③ 부하의 증가에 따라 현저하게 전압이 저하된다.
④ 수하 특성을 가지고 있다.

해설
전압 변동률 $\varepsilon = \dfrac{V_0 - V_n}{V_n} \times 100$이고 무부하 속도가 정격 속도보다 크므로 전압 변동률은 (+)값을 가진다.

19 두 변압기 A, B의 1차 코일 권수가 각각 N, $2N$이다. 두 변압기의 공급 전압이 일정할 때, 변압기 A에 대한 B의 최대 자속의 비 $\left(\dfrac{\phi_B}{\phi_A}\right)$ 및 여자 전류의 비 $\left(\dfrac{I_{OB}}{I_{OA}}\right)$ 는?(단, 철심은 포화되지 않는다)

	최대 자속비	여자 전류비
①	$\dfrac{1}{2}$	$\dfrac{1}{4}$
②	$\dfrac{1}{2}$	4
③	2	$\dfrac{1}{4}$
④	2	4

해설

유기 기전력 $E = 4.44fN\phi$에서 전압이 일정할 때 자속과 권수는 반비례하므로 $\dfrac{\phi_B}{\phi_A} = \dfrac{N_A}{N_B} = \dfrac{1}{2}$ 이고, B변압기의 권수가 2배이고 자속은 $\dfrac{1}{2}$ 이므로 $\dfrac{I_{OB}}{I_{OA}} = \dfrac{1}{2} \times \dfrac{1}{2} = \dfrac{1}{4}$ 이다.

20 다음과 같은 회로를 적용하여 속도 제어를 하는데 가장 적합한 전동기는?

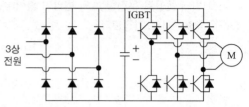

① 직류 전동기
② 유도 전동기
③ 리니어 직류 전동기
④ 스테핑 모터

해설

3상 인버터를 이용한 유도 전동기 속도 제어 회로이다.

2014년 국가직 전기기기

01 전원 주파수 50[Hz], 슬립 0.2인 3상 유도 전동기의 회전자 속도가 600[rpm]일 때 전동기의 극수는?

① 4 ② 8

③ 12 ④ 16

해설

회전자 속도 $N = (1-s)\dfrac{120f}{P}$ 에서

$P = (1-s)\dfrac{120f}{N} = (1-0.2)\dfrac{120 \times 50}{600} = 8$극

02 자기 회로의 구조와 인덕턴스의 관계에 대한 설명으로 옳지 않은 것은?

① 자기 회로의 단면적에 비례

② 자기 회로 경로의 길이에 반비례

③ 코일의 전류에 비례

④ 자성체의 투자율에 비례

해설

$L = \dfrac{N\phi}{I} = \dfrac{N\dfrac{NI}{R_m}}{I} = \dfrac{N^2}{R_m} = \dfrac{N^2}{\dfrac{l}{\mu S}} = \dfrac{N^2 \mu S}{l}$

03 3상 유도 전동기에서 회전자 도체 바를 2중 농형으로 하는 이유로 적절한 것은?

① 기동 토크를 크게 하고, 정격 운전 슬립을 작게 하기 위하여

② 기동 토크를 크게 하고, 정격 운전 슬립을 크게 하기 위하여

③ 기동 전류를 크게 하고, 기동 토크를 크게 하기 위하여

④ 기동 전류를 작게 하고, 정격 운전 슬립을 크게 하기 위하여

해설

기동할 때에는 저항이 높은 외측 도체로 흐르는 전류에 의하여 큰 기동 토크를 얻고 운전 시에는 내부 도체로 많은 전류가 흘러 정격 운전 슬립을 작게 할 수 있다.

∴ 농형 유도 전동기는 기동 전류는 작고 기동 토크는 크다.

04 극수 6, 회전수 1,200[rpm]인 3상 동기 발전기 A와 병렬 운전하는 3상 동기 발전기 B의 극수가 8일 때 발전기 B의 회전수[rpm]는?

① 800 ② 900

③ 1,050 ④ 1,100

해설

동기 발전기는 병렬 운전 시 주파수가 일치해야 한다.

$N_s = \dfrac{120f}{P}$ 에서 $f = \dfrac{1,200 \times 6}{120} = 60[\text{Hz}]$

∴ $N = \dfrac{120 \times 60}{8} = 900[\text{rpm}]$

05 직류기의 전기자 반작용에 대한 설명으로 옳지 않은 것은?

① 전기자 반작용은 무부하 상태에서도 일어난다.
② 전기자 반작용은 전기자 전류의 크기에 의존한다.
③ 전기자 반작용에 의해 공극의 자속 분포가 일그러진다.
④ 전기자 반작용에 의해 주자속이 감소한다.

해설

전기자 전류에 의한 자속이 주자속에 영향을 주는 현상으로 무부하 시에는 전기자 반작용은 일어나지 않는다.

06 전부하로 운전할 때 단자 전압 300[V], 출력 300[kW] 인 직류 분권 발전기가 있다. 전기자 권선의 저항이 0.01[Ω], 분권 계자 권선 저항이 15[Ω]일 때 유도 기전력[V]은?

① 300.2
② 310.2
③ 320.2
④ 330.2

해설

$E = V + I_a R_a$, $I_a = I + I_f$, $I_f = \dfrac{V}{R_f}$, $I = \dfrac{P}{V}$ 에서

계자 전류 $I_f = \dfrac{V}{R_f} = \dfrac{300}{15} = 20[\mathrm{A}]$

부하 전류 $I = \dfrac{P}{V} = \dfrac{300 \times 10^3}{300} = 1,000[\mathrm{A}]$

전기자 전류 $I_a = I + I_f = 1,000 + 20 = 1,020[\mathrm{A}]$

유기 기전력 $E = V + I_a R_a = 300 + 1,020 \times 0.01 = 310.2[\mathrm{V}]$

07 자극당 유효 자속이 0.2[Wb], 전기자의 총도체수가 50 인 4극 중권 직류 전동기가 600[rpm]의 속도로 회전할 때 유도 기전력[V]은?

① 50
② 100
③ 200
④ 400

해설

병렬 회로수 $a = p = 4$

$E = \dfrac{pZ}{a}\phi n = \dfrac{pZ}{a}\phi\dfrac{N}{60} = \dfrac{4 \times 50}{4} \times 0.2 \times \dfrac{600}{60} = 100[\mathrm{V}]$

08 권선형 3상 유도 전동기의 슬립이 s일 때 회전자 전류의 크기는?(단, E_2는 전동기 정지 시의 회전자 유도전압, x_2는 전동기 정지 시의 회전자 누설 리액턴스, r_2는 회전자 저항이다)

① $\dfrac{E_2}{\left(\dfrac{r_2}{1-s}\right)^2 + x_2}$

② $\dfrac{E_2}{\sqrt{(sr_2)^2 + x_2^2}}$

③ $\dfrac{E_2}{\sqrt{\left(\dfrac{r_2}{s}\right)^2 + x_2^2}}$

④ $\dfrac{sE_2}{\sqrt{r_2^2 + \dfrac{x_2^2}{s}}}$

해설

슬립 s일 때 회전자 전류

$I_2 = \dfrac{sE_2}{\sqrt{r_2^2 + (sx_2)^2}} = \dfrac{E_2}{\sqrt{\left(\dfrac{r_2}{s}\right)^2 + x_2^2}}[\mathrm{A}]$

09 그림의 회로에서 스위치 S를 시간 $t=0$일 때 닫고 $t=t_1$일 때 개방한 경우의 파형으로 옳지 않은 것은? (단, 인덕터 초기 전류는 0이며, 모든 소자는 이상적으로 동작한다)

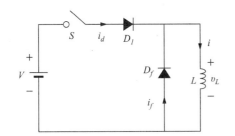

①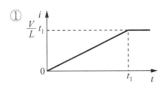

②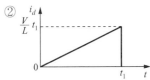

③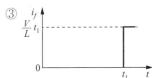

④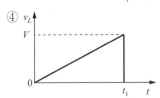

해설

스위치 개방 시 인턱턴스의 양단에는 역기전력이 발생한다.

10 단상 변압기의 2차측을 단락하고 1차측에서 1,000[V]로 단락 시험을 한 결과, 1차측 전류는 2[A]이고 입력 전력은 1,200[W]이었다. 이 변압기의 1차측 환산 등가회로의 누설 리액턴스[Ω]는?

① 400

② 450

③ 500

④ 550

해설

$P_a = V_1 I_1 = 1,000 \times 2 = 2,000[\text{VA}]$, $P = 1,200[\text{W}]$에서

$\cos\theta = \dfrac{P}{P_a} = \dfrac{1,200}{2,000} = 0.6$

$\sin\theta = \sqrt{1-\cos^2\theta} = \sqrt{1-0.6^2} = 0.8$

$Z = \dfrac{V}{I} = \dfrac{1,000}{2} = 500[\Omega]$, $X = Z\sin\theta = 500 \times 0.8 = 400[\Omega]$

11 정격 전류가 2[A]인 변압기의 백분율 임피던스 강하가 10[%]이다. 이 변압기가 운전 중 단락되었을 때 단락 전류[A]는?

① 0.2

② 1

③ 20

④ 40

해설

단락 전류 $I_s = \dfrac{100}{\%Z} I_n = \dfrac{100}{10} \times 2 = 20[\text{A}]$

12 다음 전력 변환기 중 교류 전력을 직접 교류 전력으로 변환하는 장치는?

① 정류기   ② 초 퍼
③ 인버터   ④ 사이클로 컨버터

해설
교류를 직접 교류로 변환하는 것은 사이클로 컨버터이다.

13 각 권선수가 N인 중간 탭 단상 변압기의 입력 측에 200[V]를 인가하고, 2차 회로는 그림과 같이 다이오드를 이용하여 전파 정류 회로를 구성하였다. 부하 전류 i의 평균값이 10[A]일 때 저항 $R[\Omega]$은?(단, 다이오드의 저항은 무시한다)

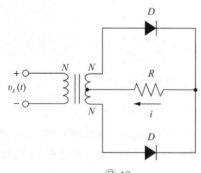

① 17   ② 18
③ 19   ④ 20

해설
$E_{dc} = 0.9\,E = 0.9 \times 200 = 180[\text{V}]$

2차측 부하 저항 $R = \dfrac{V_{dc}}{I_{dc}} = \dfrac{180}{10} = 18[\Omega]$

14 직류 직권 전동기의 특징에 대한 설명으로 옳지 않은 것은?

① 계자와 전기자가 직렬로 연결되어 있다.
② 정격 운전에서 전기자 전류와 계자 전류가 동일하다.
③ 역기전력의 크기는 전기자 전류의 크기에 비례한다.
④ 무부하 운전에서 최대 속도로 정상운전한다.

해설
직류 직권 전동기는 무부하 시 속도가 무한대가 되어 위험하다.

15 유도 전동기의 회로 정수 계측 시험에 대한 설명으로 옳지 않은 것은?

① 유도 전동기의 특성 시험에는 무부하 시험, 회전자 구속 시험, 고정자 저항 시험 등이 있다.
② 무부하 시험에서의 입력 전력은 고정자 동손, 철손, 기계손 등을 포함한 것이다.
③ 회전자 구속 시험과 고정자 저항 시험을 통하여 회전자 저항과 전체 누설 리액턴스를 유추할 수 있다.
④ 무부하 시험에서 측정된 입력 전력, 전류, 전압을 이용하여 회전자 저항을 유추할 수 있다.

해설
회전자 저항은 회전자 구속 시험에서 측정할 수 있다.

16 다음 특성 곡선에서 교점 P가 안정 운전점일 경우에 요구되는 식은?(단, n은 속도, T는 토크, T_M은 전동기 발생 토크, T_L은 부하 토크이다)

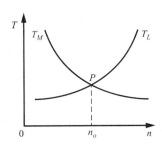

① $\dfrac{d^2 T_M}{dn^2} < \dfrac{d^2 T_L}{dn^2}$

② $\dfrac{d^2 T_M}{dn^2} > \dfrac{d^2 T_L}{dn^2}$

③ $\dfrac{d T_M}{dn} < \dfrac{d T_L}{dn}$

④ $\dfrac{d T_M}{dn} > \dfrac{d T_L}{dn}$

해설

안정적인 운전을 위해서는 두 곡선이 만나는 교점 P에서

$\dfrac{d T_M}{dn} < \dfrac{d T_L}{dn}$ 이 되어야 한다.

17 △결선 변압기의 한 상이 고장으로 제거되어 V결선으로 운전하였다. 고장 전 최대 공급 전력이 1,000[kW] 이었다면 고장 후 최대 공급 전력[kW]은?

① 577　　　　　② 667

③ 750　　　　　④ 866

해설

$\dfrac{\text{V결선의 출력}}{\triangle\text{결선의 출력}} = \dfrac{\sqrt{3}\,VI}{3\,VI} = \dfrac{\sqrt{3}}{3} = 0.577$

V결선의 출력 = △결선의 출력 × 0.577

$= 1,000 \times 10^3 \times 0.577 = 577[\text{kW}]$

18 3상 동기 발전기의 자기 여자 작용에 대한 설명으로 옳지 않은 것은?

① 부하가 커패시터일 때 발생한다.

② 단락비가 작은 발전기에서 그 영향이 감소한다.

③ 장거리 송전선의 수전단에 부족 여자인 동기 조상기를 설치하여 그 영향을 저감할 수 있다.

④ 유도 기전력이 정격 전압을 초과하여 위험할 수 있다.

해설

단락비가 작으면 자기 여자 작용이 증가한다.

19 권수비 40인 단상 변압기의 1차측 전압이 8[kV]이고 2차측에 지상 역률 0.8의 부하를 연결할 때, 공급 전력이 6.4[kW]라면 2차측에 흐르는 전류[A]는?(단, 변압기의 손실은 무시한다)

① 0.4
② 4
③ 40
④ 400

해설

$$I_1 = \frac{P}{V_1 \cos\theta} = \frac{6,400}{8,000 \times 0.8} = 1[\text{A}]$$
$$\therefore I_2 = a I_1 = 40 \times 1 = 40[\text{A}]$$

20 3상 동기 발전기에서 회전 계자형이 많이 채택되는 이유로 적절하지 않은 것은?

① 고조파를 제거하여 기전력의 파형을 개선할 수 있다.
② 회전 전기자형에 비해 결선 구조가 간단하다.
③ 회전 전기자형에 비해 적은 수의 슬립링과 브러시가 필요하다.
④ 계자 회로가 직류 저압이므로 절연이 용이하고 소모 전력이 적다.

해설

회전자를 계자로 사용하면 구조가 간단하고 기계적으로 튼튼하며 계자에 저압 직류가 흐르므로 절연이 용이하다. 기전력의 파형 개선은 분포권과 단절권을 사용한다.

2015년 국가직 전기기기

01 자여자 직류 발전기에서 회전 속도가 빨라지면 일어나는 현상으로 옳지 않은 것은?

① 리액턴스 전압이 작아진다.
② 정류 특성이 부족 정류로 바뀔 수 있다.
③ 계자 회로의 절연이 파괴될 수 있다.
④ 정류자와 브러시 사이에 불꽃이 발생할 수 있다.

해설

$V_L = L\dfrac{2I_c}{T}$ 에서 직류 발전기의 회전 속도가 빨라지면 주기 T가 감소하고 리액턴스 전압은 증가한다.

02 자동제어 장치에 쓰이는 서보 모터의 특성으로 옳지 않은 것은?

① 발생 토크는 입력 신호에 비례하고 그 비가 크다.
② 빈번한 시동, 정지, 역전 등의 가혹한 상태를 견뎌야 한다.
③ 시동 토크는 크나, 회전부의 관성 모멘트와 전기적 시정수가 작다.
④ 직류 서보 모터에 비하여 교류 서보 모터의 시동 토크가 매우 크다.

해설

종 류	장 점	단 점
DC서보 모터	• 기동 토크가 크다. • 효율이 높다. • 제어성이 좋다. • 속도 제어 범위가 넓다.	• 브러시 마찰로 기계적 손실이 크다. • 정류에 한계가 있다. • 방열이 나쁘다. • 사용 환경에 제한이 있다.
AC서보 모터	• 브러시가 없어 보수가 용이하다. • 신뢰성이 높다. • 고속 토크에 이용 가능하다. • 방열이 좋다.	• 시스템이 복잡하고 고가이다. • 전기적 시정수가 크다. • 회전 검출기가 필요하다.

03 동일 정격인 동기기에서 단락비가 큰 기계에 대한 설명으로 옳지 않은 것은?

① 극수가 적은 고속기이다.
② 과부하 내량이 크고 안정도가 좋다.
③ 기계의 형태와 중량이 크고 가격이 비싸다.
④ 전압 변동률이 작고 송전선 충전 용량이 크다.

해설

단락비가 큰 기계의 특징
• 안정도가 증진된다.
• 효율이 나쁘다.
• 전압 변동률이 작다.
• 공극이 크다.
• 전기자 반작용이 작다.
• 단락 전류가 커진다.
• 출력이 향상되며 과부하 내량이 크다.
• 철손이 크다.
• 설비비가 고가이다.
• 속도가 저속이며 극수가 많다.

04 동일한 전압의 전원에 대해 60[Hz]용 변압기를 50[Hz] 전원에 사용할 경우 발생하는 현상으로 옳은 것은?

① 철심의 단면적을 $\dfrac{1}{1.2}$ 배로 감소시켜도 동일한 변압 특성을 얻을 수 있다.
② 자속 밀도가 1.2배로 증가하여 변압기의 자속이 포화될 수 있다.
③ 변압기 철심의 온도가 낮아진다.
④ 가청 소음이 감소한다.

해설

유도 기전력 $E = 4.44fNB_mA$에서 주파수와 자속 밀도는 반비례한다.
$\therefore B_m = \dfrac{60}{50} = 1.20$이다.

05 동일한 단상 변압기 2대를 이용하여 V결선한 변압기의 전부하 시 출력은 10[kVA]이다. 동일한 단상 변압기 1대를 추가하여 △결선한 경우의 정격 출력 [kVA]은?

① $\dfrac{10}{\sqrt{3}}$ ② 10

③ 15   ④ $10\sqrt{3}$

해설

$\dfrac{\text{V결선의 출력}}{\text{△결선의 출력}} = \dfrac{3\,VI}{\sqrt{3}\,VI} = \sqrt{3}$

V결선의 출력 = △결선의 출력 × $\sqrt{3}$ = $10\sqrt{3}\,[\text{kVA}]$

06 정격 출력 15[kW], 정격 전압 200[V]의 타여자 직류 발전기가 있다. 전기자 권선 저항 0.08[Ω], 브러시 전압 강하 2[V]라 하면 이 발전기의 전압 변동률[%]은? (단, 발전기의 회전수, 여자 전류는 부하의 대소에 관계 없이 일정하다)

① 2   ② 3

③ 4   ④ 5

해설

부하 전류 $I = \dfrac{P}{V} = \dfrac{15 \times 10^3}{200} = 75[\text{A}]$ 이고

유기 기전력 $E = V + I_a R_a + e_b = 200 + 75 \times 0.08 + 2 = 208[\text{V}]$

전압 변동률 $\varepsilon = \dfrac{V_0 - V}{V} \times 100 = \dfrac{208 - 200}{200} \times 100 = 4[\%]$

07 전부하 슬립 2[%], 1상의 저항 0.1[Ω]인 3상 권선형 유도 전동기의 기동 토크를 전부하 토크와 같게 하기 위하여 슬립링을 통해 2차 회로에 삽입해야 하는 저항 [Ω]은?

① 4.7   ② 4.8

③ 4.9   ④ 5.0

해설

기동 토크와 전부하 토크를 같게 하기 위하여 2차 회로에 삽입하는 저항

$R = \dfrac{1-s}{s} r_2 = \dfrac{1 - 0.02}{0.02} \times 0.1 = 4.9[\Omega]$

08 수동 부하 계통에서 전동기와 부하의 속도-토크 특성에 대한 설명으로 옳지 않은 것은?(단, T_M : 전동기 토크, T_L : 부하 토크, n : 운전점에서의 속도이다)

① $T_M > T_L$ 조건에서 가속 작용이 일어난다.

② $T_M = T_L$ 조건에서 정속도 운전이 이루어진다.

③ 가속 토크는 전동기-부하 계통의 관성 모멘트에 비례한다.

④ 전동기와 부하의 속도-토크 곡선의 교점에서 안정 운전이 이루어지기 위해서는 $\dfrac{dT_M}{dn} > \dfrac{dT_L}{dn}$ 을 만족하여야 한다.

해설

안정적인 운전을 위해서는 두 곡선이 만나는 교점 P에서 $\dfrac{dT_M}{dn} < \dfrac{dT_L}{dn}$ 이 되어야 한다.

09 정격 전압 300[V], 전부하 전류 30[A], 전기자 저항 0.3[Ω]인 직류 분권 전동기가 있다. 이 전동기에 정격 전압을 인가하여 기동시킬 때, 기동 전류를 정격 전류의 2배로 제한하고자 하는 경우 전기자 회로에 연결해야 할 저항[Ω]은?(단, 계자 전류는 무시한다)

① 4.4

② 4.7

③ 5.3

④ 5.6

해설

기동 전류 $I_s = 2I_n = 2 \times 30 = 60[\text{A}]$

$I_s = \dfrac{V}{R_a + R} = \dfrac{300}{0.3 + R} = 60[\text{A}]$ 에서 $R = 4.7[\Omega]$

10 전원 전압이 단상 220[V]/60[Hz]인 사이리스터(SCR) 4개로 구성된 단상 전파 위상제어 정류 회로에 5[Ω]의 순저항 부하가 연결되어 있다. 이 사이리스터의 지연각(점호각) $\alpha = 30°$일 때, 출력 전류의 평균값을 구하는 식으로 옳은 것은?

① $\dfrac{44\sqrt{2}}{\pi}(1+\sin 30°)$

② $\dfrac{44\sqrt{2}}{\pi}(1+\cos 30°)$

③ $\dfrac{220\sqrt{2}}{\pi}(1+\sin 30°)$

④ $\dfrac{220\sqrt{2}}{\pi}(1+\cos 30°)$

해설
순저항 회로의 전파 정류 직류 회로 평균값
$$E_{dc} = \frac{\sqrt{2}\,E}{\pi}(1+\cos\alpha) = \frac{220\sqrt{2}}{\pi}(1+\cos 30°)$$
출력 전류의 평균값
$$I_{dc} = \frac{E_{dc}}{R} = \frac{220\sqrt{2}}{5\pi}(1+\cos 30°) = \frac{44\sqrt{2}}{\pi}(1+\cos 30°)$$

11 신재생 에너지 중 풍력 발전기에 사용되는 전기기기에 대한 설명으로 옳은 것은?

① 동기 발전기는 유효전력 제어만 가능하다.
② 권선형 유도 발전기는 슬립링이 필요 없어 구조가 견고하다.
③ 영구 자석형 동기 발전기의 경우 모든 속도 영역에서 발전이 가능하다.
④ 권선형 유도 발전기는 축의 회전 속도를 낮추기 위해 감속 기어가 필요하다.

해설
① 동기 발전기는 여자 전류에 의해 유효전력·무효 전력 제어가 가능하다.
② 권선형 유도 발전기는 슬립링이 필요하다.
④ 유도 발전기와 동기 발전기는 증속기를 개입시켜 풍차에 직결한다.

12 4극, 60[Hz]의 3상 유도 전동기가 1,740[rpm]으로 회전할 때, 회전자에 흐르는 전류의 주파수[Hz]는?

① 1   ② 2
③ 3   ④ 6

해설
$$N_s = \frac{120f}{P} = \frac{120 \times 60}{4} = 1,800[\mathrm{rpm}]$$
$$s = \frac{N_s - n}{N_s} = \frac{1,800 - 1,740}{1,800} = \frac{1}{30}$$
∴ 회전자 주파수 $f_2 = s f_1 = \frac{1}{30} \times 60 = 2[\mathrm{Hz}]$

13 3상 동기 전동기의 최대 출력에 대한 설명으로 옳지 않은 것은?(단, 고정자의 저항은 무시한다)

① 인가 전압에 비례
② 역기전력에 비례
③ 계자 전류에 비례
④ 동기 리액턴스에 비례

해설
출력 $P_2 = EI_m\cos\phi = \dfrac{EV\sin\alpha}{x_s}[\mathrm{W}]$에서 동기 리액턴스에 반비례한다.

14 임의로 설계된 동기 발전기가 있다. 이 발전기의 모든 설계 사양은 동일하게 유지하면서 철심의 단면적을 증가시킬 경우 동기 발전기의 출력 특성 변화로 옳은 것은?

① 전기자 반작용의 영향이 커진다.
② 백분율 동기 임피던스가 커진다.
③ 과부하 대응 능력이 커진다.
④ 전압 변동률이 커진다.

해설
동기 발전기의 철심의 단면적을 증가시킬 경우
• 주자속이 증가
• 전기자 반작용 감소
• 동기 임피던스 감소
• 전압 변동률 감소

15 변압기의 단락 시험과 관계없는 것은?

① 전압 변동률

② 여자 어드미턴스

③ 임피던스 와트

④ 임피던스 전압

해설

• 단락 시험 : 임피던스 전압, 임피던스 와트, 전압 변동률

• 개방 시험 : 여자 어드미턴스, 여자 전류, 철손 전류, 자화 전류 등

17 변압기 자기 회로 재료로 가장 적합한 $B-H$ 곡선의 특성으로 옳은 것은?

	보자력	비투자율
①	작다.	작다.
②	크다.	작다.
③	작다.	크다.
④	크다.	크다.

해설

• 철심에는 비투자율과 저항률이 크고 히스테리시스손이 작은 규소 강판을 사용한다.

• 전자석과 같이 잔류 자속은 크고 보자력은 작아야 한다.

16 정격 전압 200[V]인 타여자 직류 전동기에 계자 전류 1[A]와 전기자 전류 50[A]가 흘러서 4[N·m]의 토크가 발생되고 있다. 계자 전류를 1.25[A]로, 전기자 전류를 80[A]로 증가시킬 경우 전동기에 발생하는 토크[N·m]는?(단, 전기자 반작용 및 자기 포화는 무시한다)

① 2.5

② 5.0

③ 6.4

④ 8.0

해설

타여자 전동기의 토크 $T = k\phi I_a$ 이므로

$$T' = T \times \left(\frac{I_f{}'}{I_f}\right) \times \left(\frac{I_a{}'}{I_a}\right) = 4 \times \left(\frac{1.25}{1}\right) \times \left(\frac{80}{50}\right) = 8[\text{N} \cdot \text{m}]$$

18 3상 유도기의 동작 모드에 대한 설명으로 옳은 것은?

① 회생 제동의 경우 운동 에너지는 전원측으로 공급되며 슬립이 0보다 작다.

② 역상 제동의 경우 고정자 회전 자계는 회전자 운동 방향과 동일하다.

③ 전동기로 작용하는 경우 회전자 속도는 동기 속도보다 빠르다.

④ 발전기로 작용하는 경우 회전자 속도는 동기 속도보다 느리다.

해설

① 회생 제동의 경우 운동 에너지는 전원측으로 공급되며 슬립이 0보다 작다.

② 역상 제동의 경우 고정자 회전 자계는 회전자 운동 방향과 반대이다.

③ 전동기로 작용하는 경우 회전자 속도는 동기 속도보다 느리다.

④ 발전기로 작용하는 경우 회전자 속도는 동기 속도보다 빠르다.

19 전력용 반도체로 이용되는 사이리스터(SCR)에 대한 설명으로 옳지 않은 것은?

① 한 번 턴-온되면 항상 온 상태를 유지하는 래치형 소자이다.

② 순방향 전압을 인가하여도 제어 신호를 주지 않으면 턴-온되지 않는 특성을 가지고 있다.

③ 사이리스터를 꺼지게 할 때 게이트에 역전압을 인가하여 소호하는 것을 강제 전류(Forced Commutation)라고 한다.

④ 게이트 전류를 가하여 도통 완료 시까지의 시간을 턴-온시간이라고 하며 이 시간이 길면 소자가 파괴되는 수가 있다.

해설

SCR의 특성
- 턴-온 조건
  - 양극과 음극 간에 브레이크 오버 전압 이상의 전압 인가
  - 게이트에 래칭 전류 이상의 전류 인가
- 턴-오프 조건 : SCR을 오프 상태로 만들기 위한 방법은 양극 전류 차단법과 강제 전환법이 있다.
  - 양극 전류차단법 : 애노드의 극성을 부(-)로 한다.
  - 강제 전환법 : 강제로 SCR 내의 순방향 전류의 반대 방향으로 전류가 흐르도록 하는 방법이다.
- 래칭 전류 : 사이리스터가 턴-온하기 시작하는 순전류
- 도통 시간이 짧다.
- 직류 교류 전력 제어용

20 변압기를 사용한 DC-DC 컨버터에서 직류 초퍼 회로의 역할로 옳은 것은?

① 시간적으로 변하는 전압이나 전류를 얻기 위해

② 외부로부터 서지 전압의 침입을 막기 위해

③ 1차측과 2차측의 안전을 위해

④ 에너지 효율을 올리기 위해

해설

온-오프를 고속으로 반복하여 직류 변압기로 사용 가능하다.

10 2016년 국가직 전기기기

01 돌극형 동기 발전기의 직축(Direct Axis)과 횡축(Qua-drature Axis)에 대한 설명으로 옳지 않은 것은?

① 횡축은 계자 권선의 자속축과 전기각으로 90° 차이가 있다.
② 횡축 방향의 공극 길이가 직축 방향의 공극 길이보다 길다.
③ 횡축 동기 리액턴스가 직축 동기 리액턴스보다 크다.
④ 횡축 동기 리액턴스는 횡축 자화 리액턴스와 전기자 누설 리액턴스의 합이다.

해설
돌극형 동기 발전기에서 직축 동기 리액턴스를 X_d, 횡축 동기 리액턴스를 X_q라 할 때의 관계는 $X_d > X_q$ 이다.

02 원동기를 사용하는 효율 0.9인 동기 발전기가 900[kVA], 역률 0.81의 부하에 전류를 공급하고 있을 때, 이 원동기의 입력[kW]은?(단, 원동기의 효율은 0.81이다)

① 1,000
② 900
③ 810
④ 730

해설
발전기의 입력 $P_G = \dfrac{900 \times 0.81}{0.9} = 810[\mathrm{W}]$ 이고

이것은 원동기의 출력이므로 효율이 0.81인

원동기의 입력 $P = \dfrac{P_G}{0.81} = \dfrac{810}{0.81} = 1,000[\mathrm{kW}]$ 이다.

03 직류 전동기에 대한 설명으로 옳지 않은 것은?

① 분권 직류 전동기는 단자 전압 및 계자 전류가 일정하고 전기자 반작용을 무시할 때, 속도-토크 특성이 선형적으로 변한다.
② 타여자 직류 전동기의 속도는 계자 전류, 전기자 전압, 전기자 저항을 변화시킴으로써 조절할 수 있다.
③ 직권 직류 전동기는 직류 전동기 중에서 가장 작은 기동 토크를 가진다.
④ 가동 복권 직류 전동기는 직권과 분권의 결합 형태로서 각각의 장점들을 포함하고 있다.

해설
직권 전동기는 직류 전동기 중에서 기동 토크가 가장 크고 무부하 운전 시 속도가 현저하게 상승하여 전차, 전동차, 크레인 등에 사용된다.

04 Y결선, 선간 전압 1,200[V], 주파수 50[Hz]의 6극 3상 동기 발전기가 있다. 이 발전기의 주파수가 60[Hz]일 때, 선간 전압[V]은?(단, 계자 전류는 5[A]로 일정하다)

① 1,000
② 1,200
③ 1,440
④ 1,728

해설
주파수 60[Hz]일 때 선간 전압은 $50[\mathrm{Hz}] : 1,200[\mathrm{V}] = 60[\mathrm{Hz}] : E$
$\therefore E = \dfrac{1,200 \times 60}{50} = 1,440[\mathrm{V}]$

05 분권 직류 발전기에 대한 설명으로 옳지 않은 것은?

① 잔류 자속에 의하여 전압을 확립한다.

② 부하 전류가 증가하면 타여자 직류 발전기보다 전압 강하가 커진다.

③ 단자 전압이 내려가면 계자 전류가 증가한다.

④ 계자 저항을 증가시키면 유기 기전력은 감소한다.

해설

외부 특성 곡선에서와 같이 단자 전압이 내려가면 계자 전류 I_f도 작아진다.

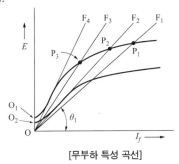

[무부하 특성 곡선]

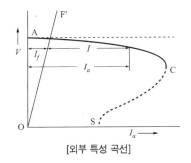

[외부 특성 곡선]

06 4극, 7.5[kW], 60[Hz]의 3상 유도 전동기가 있다. 전부 하로 운전 시에 전동기의 회전 속도가 1,692[rpm]이라고 할 때, 2차 입력[W]은?(단, 전동기의 기계손은 무시한다)

① 6,679　　　　　② 7,500

③ 7,769　　　　　④ 7,979

해설

기계적 출력 $P_0 = P_2 - P_{c2} = P_2 - sP_2 = (1-s)P_2 = \dfrac{N}{N_s}P_2$ 에서

(P_0 : 기계적 출력, P_2 : 2차 입력, P_{c2} : 2차 저항손)

$N_s = \dfrac{120f}{p} = \dfrac{120 \times 60}{4} = 1,800[\mathrm{rpm}]$

$\therefore$ 2차 입력 $P_2 = \dfrac{N_s}{N}P_0 = \dfrac{1,800}{1,692} \times 7.5 \times 10^3 \fallingdotseq 7,979[\mathrm{W}]$

07 3상 유도 전동기의 비례추이에 대한 설명으로 옳지 않은 것은?

① 권선형 유도 전동기에 있어서 2차 회로의 저항을 변화시킨다.

② 속도-토크 특성에서 최대 토크는 증가하지 않는다.

③ 비례추이를 이용하여 기동 전류를 감소시킬 수 있다.

④ 비례추이를 이용하여 출력과 효율을 증가시킬 수 있다.

해설

유도 전동기의 비례추이

• 최대 토크는 항상 일정

• 2차 저항 r_2가 증가할수록 슬립이 증가하고 속도가 감소하면서 기동 토크가 증가한다.

• 슬립 s는 2차 저항 r_2에 비례한다.

$\dfrac{r_2}{s} = \dfrac{r_2 + R_2}{s'}$

• 비례추이 할 수 없는 것 : 출력, 효율, 2차 동선

• 최대 토크 시 슬립의 크기

$S_{T_m} = \dfrac{r_2}{x_2}$

08 자기 회로와 전기 회로의 유사성을 비교한 것 중 옳지 않은 것은?

	자기 회로	전기 회로
①	자속(Flux)	전류(Current)
②	기자력(Mmf)	기전력(Emf)
③	자기 저항 (Magnetic Reluctance)	전기 저항 (Electric Resistance)
④	퍼미언스(Permeance)	서셉턴스(Susceptance)

해설

- 퍼미언스(자기 저항의 역수) $P = \dfrac{1}{R_m}$

- 컨덕턴스(전기 저항의 역수) $G = \dfrac{1}{R}$

- 지멘스(전기 저항의 역수) $S = \dfrac{1}{\Omega}$ (SI 단위계)

  ※ 모(Mho) $= \dfrac{1}{\Omega}$ (미국식 표기)

- 어드미턴스(임피던스의 역수) $Y = \dfrac{1}{Z}$

- 서셉턴스(리액턴스의 역수) $B = \dfrac{1}{X}$

09 정격 출력이 4.8[kW], 1,250[rpm]인 분권 직류 발전기가 있다. 이 발전기의 전기자 저항이 0.2[Ω], 계자 전류가 2[A]라고 할 때, 전부하 효율[%]은?(단, 단자 전압은 100[V], 철손 및 기계손의 합은 500[W]이다. 브러시의 전기손 및 표류 부하손은 무시한다)

① 75.0　　　　② 77.5
③ 80.0　　　　④ 82.7

해설

$I_f = 2[\text{A}]$

$R_f = \dfrac{V_f}{I_f} = \dfrac{V}{I_f} = \dfrac{100}{2} = 50[\Omega]$

$I = \dfrac{P}{V} = \dfrac{4,800}{100} = 48[\text{A}]$

$I_a = I_f + I = 2 + 48 = 50[\text{A}]$

$\therefore\ \eta = \dfrac{출력}{출력 + 철손 + 기계손 + 동손} \times 100$

$= \dfrac{4,800}{4,800 + 500 + (I_f^2 R_f + I_a^2 R_a)} \times 100$

$= \dfrac{4,800}{4,800 + 500 + (2^2 \times 50 + 50^2 \times 0.2)} \times 100 = 80[\%]$

10 단상 유도 전동기의 기동 방식에 따른 종류에 해당하지 않는 것은?

① 분상 기동형 단상 유도 전동기
② 커패시터 기동형 단상 유도 전동기
③ 셰이딩 코일형 단상 유도 전동기
④ 제동 권선 기동형 단상 유도 전동기

해설

종류 및 기동 토크순서
반발 기동형 > 반발 유도형 > 콘덴서 기동형 > 분상 기동형 > 셰이딩 코일형

11 변압기에 연결된 부하가 증가하면 일어나는 현상으로 옳지 않은 것은?

① 동손이 증가한다.
② 온도가 상승한다.
③ 철손은 거의 변화가 없다.
④ 여자 전류는 감소한다.

해설

부하가 증가하면 부하손(동손, 와전류손, 표유부하손, 순환 전류손)이 증가하고 온도가 상승한다. 여자 전류는 정격 전류의 5[%]로 무시한다.

12 다음 그림의 회로에서 부하 전류 i_o는 10[A]이고 연속 전류이다. 입력 전압은 $v_s = 120\sin(120\pi t)$[V]일 때, 출력 전압 v_o와 입력 전류 i_s의 파형으로 옳은 것은? (단, 다이오드는 이상적이며, L은 충분히 커서 부하 전류의 리플 성분을 무시할 수 있다)

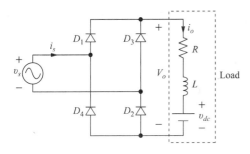

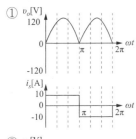

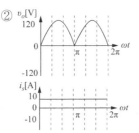

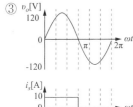

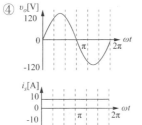

해설

유도성 부하를 갖는 단상 전파 정류 회로
- $0 \leq \omega t \leq \pi$인 경우 다이오드 D_1과 D_4가 도통이 되고 $\pi \leq \omega t \leq 2\pi$ 동안에는 D_2와 D_3가 도통된다.
- 전원측의 전류는 구형파의 교류가 되며 그 크기는 출력 전류와 같다.
- 출력 전압의 파형은 저항만의 부하를 갖는 전파 정류 회로의 출력 전압 모양과 같다.

13 Boost 컨버터로 속도 제어를 할 수 있는 전동기는?

① 직권 직류 전동기　　② 유도 전동기
③ 3상 동기 전동기　　④ 동기 릴럭턴스 전동기

해설

DC-DC 컨버터의 종류
- 강압 변환기(Buck Converter)
- 승압 변환기(Boost Converter)
- 강압-승압 변환기(Buck-Boost Converter)

14 계기용 변류기(CT)와 계기용 변압기(PT)의 2차측에 연결된 계기를 교체하려고 할 때, 옳은 것은?

① CT는 2차측을 단락해야 하고, PT는 2차측을 단락해야 한다.
② CT는 2차측을 단락해야 하고, PT는 2차측을 개방해야 한다.
③ CT는 2차측을 개방해야 하고, PT는 2차측을 단락해야 한다.
④ CT는 2차측을 개방해야 하고, PT는 2차측을 개방해야 한다.

해설

수전반 전력량계가 고장나서 전력량계를 교체하려고 할 때 CT는 단락(쇼트)시키고 개방시키면 절대 안 된다. PT는 개방시키고 작업을 해야 하며 단락시키면 절대 안 된다. CT는 전원에 연결되는 게 아니고 2차측은 5[A]로 제한되어 단락시켜도 이상이 없다(단락 시 5[A]의 전류만 흐르므로 안전하다). 하지만 PT(Potential Transformer)는 전원에 연결되기 때문에 단락시키면 폭발할 수도 있으므로 개방해야 한다. CT가 100/5라면 1차 전류가 가령 전체 부하 전류가 100[A]가 흐르고 있다면 2차를 단락하더라도 2차 회로에는 변류비에 의해 5[A]를 넘지 않는다. 그래서 CT 2차측에는 5[A]를 흘릴 수 있는 적정 굵기의 전선으로 배선되어 있다면 단락시키더라도 아무런 문제가 없다.

15 정격 용량 100[kVA]의 변압기가 있다. 이 변압기의 전부하 동손은 2[kW]이고, 철손이 1[kW]일 때, 역률 0.8 이고 부하율 $\frac{1}{2}$인 부하의 효율[%]은?

① 80　　　　　　② 86
③ 90　　　　　　④ 96

해설

$\frac{1}{m}$ 부하 효율 $= \dfrac{\frac{1}{m}P\cos\theta}{\frac{1}{m}P\cos\theta + P_i + \left(\frac{1}{m}\right)^2 P_c} \times 100[\%]$

여기서, $\frac{1}{m}P\cos\theta$: 출력, $P_i + \left(\frac{1}{m}\right)^2 P_c$: 전손실

$\therefore \frac{1}{2}$ 부하 효율 $= \dfrac{\frac{1}{2}\times 100 \times 0.8}{\frac{1}{2}\times 100 \times 0.8 + 1 + \left(\frac{1}{2}\right)^2 \times 2} \times 100[\%]$

$= 96.39[\%]$

16 직권 직류 전동기를 단상 직권 정류자 전동기로 사용하기 위하여 교류를 인가하였을 때 옳지 않은 것은?

① 효율이 나빠진다.
② 계자 권선이 필요 없다.
③ 정류가 불량하다.
④ 역률이 떨어진다.

해설
• 단상 직권 정류자 전동기는 계자 권선과 전기자 권선이 직렬 연결되어 있어 교류 전원이 인가되어도 계자와 전기자 권선이 함께 자극이 변하므로 회전 방향은 변하지 않고 계속 같은 방향으로 회전하는 전동기이다.
• 단상 정류자 전동기는 교류 전원 사용 시 정류자와 브러시 접촉 사이에서 심하게 불꽃이 발생한다.
• 회전하며 많은 고조파를 발생하여 악영향을 발생시킨다.
• 단상 직권 정류자 전동기는 이 고조파 성분을 줄이려는 목적으로 병렬로 콘덴서를 전원에 병렬로 연결한다.

17 스테핑 모터에 대한 설명으로 옳지 않은 것은?

① 양방향 회전이 가능하다.
② 위치, 속도 및 방향 제어에 사용될 수 있다.
③ 스텝각이 작을수록 1회전당 스텝수는 적어진다.
④ 전기적 신호에 의해 특정 각 변위를 회전할 수 있다.

해설
스테핑 모터의 장점
• 디지털 신호로 직접 오픈 루프 제어 가능
• 시스템 전체가 간단함
• 펄스 신호의 주파수에 비례한 회전 속도 발생
• 광범위한 속도 제어 가능
• 기동, 정지, 정-역회전, 변속이 용이하며 응답 특성 우수
• 모터의 회전각이 입력 펄스수에 비례
• 모터의 속도는 1초간의 입력 펄스수에 비례
• 1스텝당 각도 오차가 5[%] 이내이며 회전각 오차가 스텝마다 누적되지 않음
• 정지 시에 높은 유지 토크로 위치 유지 가능, 기동 및 정지 응답성
스테핑 모터의 단점
• 특정 주파수에서 진동, 공진 현상 발생 가능
• 관성이 있는 부하에 취약
• 보통의 드라이버로 구동 시 인덕턴스 영향으로 인하여 펄스비가 상승함에 따른 토크의 저하로 DC 모터에 비해 효율이 떨어짐

18 1차 전압 6,600[V], 2차 전압 220[V], 주파수 60[Hz]의 단상 변압기가 있다. 다음 그림과 같이 결선하고 1차 측에 120[V]의 전압을 인가하였을 때, 전압계의 지시 값[V]은?

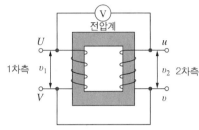

① 100
② 116
③ 120
④ 124

해설

$6,600 : 220 = 120 : x \quad \therefore \ x = 4[\text{V}]$

여기서, 1차측이 120[V]이고 2차측이 4[V]이면 전압계의 전압차는 116[V]이다.

19 부하 전류가 40[A]일 때, 1,800[rpm]으로 20[kg·m]의 토크를 발생하는 직권 직류 전동기가 있다. 이 전동기의 부하를 감소시켜 부하 전류가 20[A]일 때, 토크[kg·m]는?(단, 자기 회로는 불포화 상태이다)

① 5
② 10
③ 20
④ 40

해설

$T = K\phi I_a = K I_a^2 (\because \ I_a = I_f = \phi)$

$40^2 : 20 = 20^2 : T_2$ 에서

$T_2 = \dfrac{20 \times 20^2}{40^2} = 5[\text{kg·m}]$

20 강압 초퍼 회로에 인가된 전압이 400[V]이고, 스위칭 주파수가 2[kHz]로 동작할 때, 출력 전압은 300[V]이다. 이때, 스위치가 온(On)된 시간[ms]은?

① 0.325
② 0.375
③ 0.425
④ 0.475

해설

듀티비 $D = \dfrac{\text{스위치 온 상태}}{\text{주기}} = \dfrac{t_{on}}{T}$ 이고

주기 $T = \dfrac{1}{f} = \dfrac{1}{2 \times 10^3}[\text{Hz}]$

강압 컨버터(Buck Converter) 평균 출력 전압은

$V_o = D V_i = \dfrac{t_{on}}{T} V_i$ 이므로

$300 = \dfrac{t_{on}}{\dfrac{1}{2 \times 10^3}} \times 400$

$\therefore \ t_{on} = \dfrac{300}{400} \times \dfrac{1}{2 \times 10^3} = 0.375[\text{ms}]$

2017년 국가직 전기기기

01 동기기에서의 부하각이란?

① 부하 전류와 여자 전압 사이의 위상각
② 부하 전류와 계자 전류 사이의 위상각
③ 부하 전류와 단자 전압 사이의 위상각
④ 단자 전압과 여자 전압 사이의 위상각

해설

부하각(Load Angle)
동기 전동기에서 축에 부하가 증가하면 전기자 전류가 증가하여 축의 부하 변화에 대응하게 되는데, 이때 기계적 에너지의 증가를 전기적 에너지가 자동적으로 맞추어 조절하는 현상을 설명하는 개념이다. 부하각은 단자 전압과 역기전력(여자 전압) 사이의 각도를 말하며, 회전자와 회전 자계는 모두 동기 속도로 돌지만 둘 사이에는 일정한 위상차를 가지고 앞서거나 뒤서거나 하면서 운전을 한다(경부하 시에는 부하각이 작고 위상차가 거의 없고, 부하가 증가하면 부하각이 커져 둘 사이의 위상차가 늘어난다).

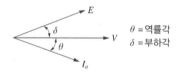

θ = 역률각
δ = 부하각

02 회전 자계 이론을 기반으로 한 단상 유도 전동기의 정방향 회전 자계의 속도가 n_0[rpm], 회전자의 정방향 회전 속도가 n[rpm]일 때 역방향 회전 자계에 대한 슬립[pu]은?

① $\dfrac{n_0 - n}{n_0}$
② $\dfrac{2n_0 - n}{n_0}$
③ $\dfrac{n_0 + n}{n_0}$
④ $\dfrac{2n_0 + n}{n_0}$

해설

유도 전동기의 슬립(s)
$s = \dfrac{N_s - N}{N_s}$ (N_s : 동기 속도(회전 자계 속도), N : 회전자 속도)

역방향 회전 자계를 묻고 있으므로

$s = \dfrac{n_0 - (-n)}{n_0} = \dfrac{n_0 + n}{n_0}$

03 단자 전압 150[V], 전기자 전류 10[A], 전기자 저항 2[Ω], 회전 속도 1,800[rpm]인 직류 전동기의 역기전력[V]은?

① 100
② 110
③ 120
④ 130

해설

직류 전동기의 역기전력(E)
$E = V - I_a R_a$에서 $E = 150 - 10 \times 2 = 130$[V]
(E : 역기전력, V : 단자 전압, I_a : 전기자 전류, R_a : 전기자 저항)

04 권선형 유도 전동기의 2차측 단자에 외부저항 R을 삽입하였다. 이 저항 R을 증가시킨 경우의 설명으로 옳지 않은 것은?

① 최대 토크 발생 슬립이 증가한다.
② 최대 토크가 감소한다.
③ 기동 토크가 증가한다.
④ 기동 전류가 감소한다.

해설

권선형 유도 전동기의 비례추이(Proportional Shifting)
• 권선형 유도 전동기의 2차측 저항을 r, $2r$, $3r$로 증가시킴에 따라, 토크의 최댓값이 곡선의 왼쪽($s=1$)으로 이동하는 현상을 권선형 유도 전동기의 토크 비례추이 곡선이라고 한다.
• 기동 시 토크를 높이기 위해서 권선형 유도 전동기 2차 저항을 증가시키고(기동 전류 감소), 속도 증가에 따라 토크의 최댓값을 일정하게 유지하기 위해 2차 저항을 감소시켜 속도 변화에 따라 2차 저항을 조절한다(최대 토크 시 슬립 증가).
• 2차 저항으로 임의의 최대, 최소 토크를 선택할 수 있지만 운전 시에 손실이 크고 효율이 떨어진다.

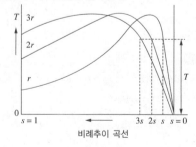

비례추이 곡선

1 ④ 2 ③ 3 ④ 4 ② **정답**

05 정격 출력 5,000[kVA], 정격 전압 6,600[V]인 3상 동기 발전기가 있다. 무부하 시에 정격 전압을 발생시키는 여자 전류에 대한 3상 단락 전류(지속 단락 전류)는 500[A]이다. 이 동기 발전기의 단락비[pu]는?

① $\dfrac{0.66}{\sqrt{3}}$

② $\dfrac{0.66}{3}$

③ $\sqrt{3} \times 0.66$

④ 3×0.66

해설

동기 발전기의 단락비(K)

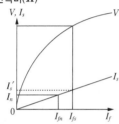

• 단락비(Short Circuit Ratio) : 지속 단락 전류 $I_s{}'$ 과 정격 전류 I_n 의 비로서, 무부하 포화 곡선과 3상 단락 곡선으로 표현한다.

• 단락 시의 단락 전류 $I_s{}'$ 의 위험에 대하여 정격 전류 I_n 을 유지할 수 있는 최소한의 허용 계자 전류 I_{fn} 과 정격 전압 유지에 필요한 계자 전류 I_{fs} 의 비 $\dfrac{I_{fs}}{I_{fn}}$ 를 단락비라고 한다.

$$K = \frac{I_{fs}}{I_{fn}} = \frac{I_{fs}}{\dfrac{P}{\sqrt{3}\,V}} = \frac{500}{\dfrac{5,000 \times 10^3}{\sqrt{3} \times 6,600}} = \sqrt{3} \times 0.66$$

06 지상 역률 0.6의 부하 300[kW]에 100[kW]를 소비하는 동기 전동기를 병렬로 접속하여 합성 부하 역률을 지상 0.8로 하기 위해 필요한 동기 전동기의 진상 무효 전력[kVar]은?

① 100   ② 150

③ 200   ④ 250

해설

동기 전동기의 진상 무효 전력(Q_C)

• 전체 소비 전력 $P' = 300 + 100 = 400[\text{kW}]$

• 부하의 무효 전력

$$Q = P\tan\theta = P\frac{\sin\theta}{\cos\theta} = 300 \times \frac{\sqrt{1-0.6^2}}{0.6}$$
$$= 300 \times \frac{0.8}{0.6} = 400[\text{kVar}]$$

• 역률 0.8일 때 무효 전력

$$Q' = P'\tan\theta' = P\frac{\sin\theta'}{\cos\theta'} = 400 \times \frac{\sqrt{1-0.8^2}}{0.8}$$
$$= 400 \times \frac{0.6}{0.8} = 300[\text{kVar}]$$

∴ 진상 무효 전력 $Q_C = Q - Q' = 400 - 300 = 100[\text{kVar}]$

07 변압기의 정수산정을 위한 개방 회로 시험과 단락 회로 시험에 관한 설명으로 옳지 않은 것은?

① 개방 회로 시험에서는 변압기의 한쪽 권선을 정격 부하에, 다른쪽 권선을 정격 선간 전압에 연결한다.

② 단락 회로 시험에서는 변압기의 저전압 단자를 단락시키고 고전압 단자를 가변 전압원에 연결한다.

③ 개방 회로 시험을 통해 여자 어드미턴스의 크기와 각을 결정할 수 있다.

④ 단락 회로 시험에서는 입력 전압이 정격 전압보다 매우 낮기 때문에 여자 전류를 무시할 수 있다.

해설

변압기 특성 시험(개방 회로 시험, 단락 회로 시험)

개방 회로 시험은 2차측을 개방하여 부하가 없는 상태에서 진행한다.

08 220[V], 4극, 60[Hz]의 3상 권선형 유도 전동기가 1,710[rpm]으로 운전되고 있다. 동일한 토크에서 회전 속도를 1,620[rpm]으로 운전하기 위해 2차측에 삽입해야 하는 상당 저항[Ω]은?(단, 이 전동기 2차 회로의 상당 권선 저항은 0.5[Ω]이다)

① 0.5 ② 1.0
③ 1.5 ④ 2.0

해설

권선형 유도 전동기의 비례추이(Proportional Shifting)

• 동기 속도 $N_s = \dfrac{120 \times f}{p}$ 에서 $N_s = \dfrac{120 \times 60}{4} = 1,800 [\mathrm{rpm}]$

• 슬립 $S_1 = \dfrac{1,800 - 1,710}{1,800} = 0.05$,

 슬립 $S_2 = \dfrac{1,800 - 1,620}{1,800} = 0.1$

따라서, 비례추이 $\dfrac{r_2}{S_1} = \dfrac{r_2 + R}{S_2}$ 에서 $0.1 \times r_2 = 0.05(r_2 + R)$

이고, $2r_2 = r_2 + R$

∴ $r_2 = R = 0.5[\Omega]$

09 무부하 포화 곡선이 $V_0 = \dfrac{730 I_f}{25 + I_f}$ 로 주어지는 직류 분권 발전기가 있다. 계자 회로저항이 20[Ω]이면 발전기의 단자 전압[V]은?(단, I_f는 계자 전류, V_0는 무부하 전압이다)

① 200 ② 210
③ 220 ④ 230

해설

직류 분권 발전기의 단자 전압

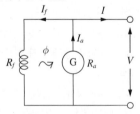

$I_f = \dfrac{V}{R_f}$ 에서 $V = R_f I_f = 20 \times I_f$, $V_0 = \dfrac{730 I_f}{25 + I_f}$ 에서 $V = V_0$

이므로 $V = V_0 \rightarrow 20 \times I_f = \dfrac{730 I_f}{25 + I_f}$, $I_f = 11.5[\mathrm{A}]$ 이다.

따라서 $V = 20 \times 11.5 = 230[\mathrm{V}]$

10 전압비 10,000/220[V]인 △-Y 배전 변압기가 1[%]의 저항과 5[%]의 리액턴스를 가진다. 고압측으로 환산한 임피던스가 $Z = 100 + j500[\Omega]$인 경우 이 변압기의 정격 용량[kVA]은?

① 30 ② 35
③ 40 ④ 45

해설

변압기의 정격 용량(퍼센트 임피던스)

• 퍼센트 임피던스 강하의 크기 $\%z = \sqrt{p^2 + q^2} = \sqrt{1^2 + 5^2} \fallingdotseq 5.1$

• 고압측으로 환산한 임피던스의 크기
 $|Z| = \sqrt{100^2 + 500^2} \fallingdotseq 509.9[\Omega]$

$\%z = \dfrac{P_3 Z}{10 V^2}$ 이므로

$P_3 = \dfrac{10 V^2}{Z} \times \%z = \dfrac{10 \times (\sqrt{3} \times 10)^2}{509.9} \times 5.1 \fallingdotseq 30[\mathrm{kVA}]$

(V : 선간 전압[kV], P_3 : 3상 변압기의 정격 용량[kVA])

11 BLDC 전동기에서 직류기의 정류 작용을 위한 정류자와 브러시의 역할을 하는 구성요소는?

① 전류 센서와 다이오드 정류기
② 전류 센서와 인버터
③ 홀센서와 다이오드 정류기
④ 홀센서와 인버터

해설

브러시리스 DC 모터(BrushLess DC Motor)

• 브러시리스 직류 전동기(BLDC)는 정류자와 브러시를 사용하지 않는 직류 모터로서, BLDC의 동작은 자기센서(홀센서)를 모터에 내장하여 회전자가 만드는 회전 자계를 검출하고, 이 전기 신호를 고정자의 코일에 전하여 모터의 회전을 제어한다.

• DC 전압을 구동축 위치에 따라 넣어주기 위해 인버터에서 구형파(사각 파형)로 된 유사 정현파를 가하여 회전자를 회전시킨다.

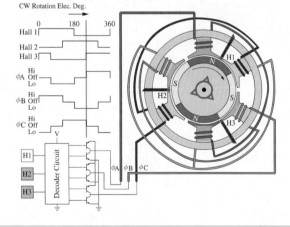

12 변압기의 3상 결선법에서 병렬 운전이 불가능한 경우는?

① △-Y와 △-Y

② △-Y와 △-△

③ Y-Y와 △-△

④ △-△와 △-△

해설

변압기의 병렬 운전 조건

각 변위가 △-Y는 30°, Y-Y는 0°이므로 순환 전류가 흘러 병렬 운전이 불가능하다.

(Y의 개수나 △의 개수가 짝수일 경우 병렬 운전 가능, 홀수일 경우 병렬 운전 불가능)

13 직류 전원 전압 E, 스위칭 주기 T, on 시간 T_{on}인 직류 초퍼의 평균 출력 전압 V_d에 관한 설명으로 옳지 않은 것은?

① 강압 초퍼의 경우 V_d는 이론적으로는 0~E의 범위 내에서 연속적으로 제어할 수 있다.

② 강압 초퍼에서는 $\frac{T_{on}}{T}$이 $\frac{1}{2}$일 때, V_d는 $\frac{1}{4}E$가 된다.

③ 승압 초퍼의 경우 V_d는 직류 전원 전압 E보다 낮은 값에서는 제어할 수 없다.

④ 승압 초퍼에서는 $\frac{T_{on}}{T}$이 $\frac{1}{2}$일 때, V_d는 $2E$가 된다.

해설

강압 초퍼에서 $\frac{T_{on}}{T}$가 $\frac{1}{2}$일 때, V_d도 $\frac{1}{2}E$가 된다.

직류/직류 변환기 종류

• 벅 컨버터(Buck Converter) : 강압형(입력 전압 > 출력 전압),

$V_d = DV_i = \frac{T_{on}}{T} V_i$

• 부스터 컨버터(Boost Converter) : 승압형(입력 전압 < 출력 전압),

$V_d = \frac{1}{1-D} V_i$

14 지하철에서 트랙션(Traction) 전동기에 남아 있는 에너지를 지하철 객차 내의 히터로 보내 열에너지로 소모시키는 제동 방법은?

① 회생 제동

② 역상 제동

③ 발전 제동

④ 마찰 제동

해설

전동기의 제동 방법

전동기가 즉시 정지하는 것을 제동이라고 하며, 직류 전동기의 제동 방법에는 기계적 방법과 전기적 방법이 있다. 기계적 방법은 자전거나 자동차와 같이 브레이크를 이용하여 회전장치와 마찰시켜 회전력을 감소시킨다.

회전하고 있는 전동기는 전원을 차단시켜도 즉시 정지하지 않고 관성에 의해 일정시간 회전하게 되며 이를 이용하는 전기적 방법에는 발전 제동, 회생 제동, 역전 제동 방법이 있다.

• 발전 제동 : 운전 중인 전동기를 전원에서 분리한 후에 발전기로 작용시켜 회전체의 운동 에너지를 전기 에너지로 변환하고, 저항체에서 줄열로 소비시켜 제동하는 방법이다.

• 회생 제동 : 전동기를 발전기처럼 사용하여 발생되는 전력을 전원에 반환하여 제동하는 방법이다. 엘리베이터의 하강과 전기 기관차가 언덕을 내려가는 경우에 사용한다.

• 역전(상) 제동(플러깅) : 전동기를 전원에 접속시킨 상태에서 전동기의 전기자 접속을 반대로 바꾸어 원래 회전하던 방향과 반대인 토크를 발생시켜 전동기를 급속히 정지시키는 방법이다.

15 SCR을 이용한 인버터 회로에서 SCR이 도통 상태에 있을 때 부하 전류가 20[A]이다. 이 상태에서 게이트 전류를 $\frac{1}{4}$ 배로 감소시킨 경우 부하 전류[A]는?

① 0   ② 5

③ 10   ④ 20

해설

SCR(Silicon Controlled Rectifier)

SCR은 pnpn접합의 4층 구조 실리콘 제어 정류 소자를 말하며, 사이리스터(Thyristor)라고도 한다. 순방향 전압을 인가하여도 제어 신호를 주지 않으면 턴-온되지 않고, 한번 턴-온되면 계속 온 상태를 유지하는 래치형 소자로서 게이트의 전류가 감소되어도 부하 전류는 그대로 유지한다(애노드가 캐소드에 대하여 플러스인 경우, 게이트에 적당한 전류를 흘리면 도통하고, 일단 도통하면 애노드 전압을 0으로 하지 않으면 Off로 되지 않는다).

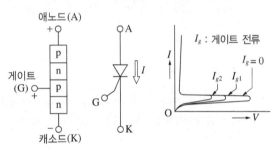

16 그림과 같이 일정 전압으로 부하를 구동 중인 직류 직권 전동기와 직류 분권 전동기에 같은 크기의 전류가 공급되고 있다. 각각의 전동기에 인가된 부하 토크가 4배로 증가할 때 I_{series}, I_{shunt} 및 I_{total}의 변화는?(단, 자기 포화 및 전기자 반작용은 무시한다)

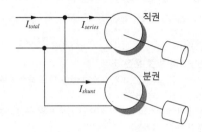

	I_{series}	I_{shunt}	I_{total}
①	4배로 증가	2배로 증가	3배로 증가
②	4배로 증가	2배로 증가	6배로 증가
③	2배로 증가	4배로 증가	3배로 증가
④	2배로 증가	4배로 증가	6배로 증가

해설

직류 직권 전동기와 직류 분권 전동기의 특징

구 분	I_{series} : 직권	I_{shunt} : 분권	I_{total}' : 전체
토크(T) 특성	$T \propto I_{series}^2$	$T \propto I_{shunt}$	$I_{series} + I_{shunt} = 2I$
토크 4배 증가 시	I_{series} =2배	I_{shunt} =4배	처음 $I_{total} = I_{series} + I_{shunt} = 2I$ 나중 $I_{total}' = 2I_{series} + 4I_{shunt} = 6I$ 따라서, 3배 증가

17 다음 중 변압기의 손실에 대한 설명으로 옳지 않은 것은?

① 동손은 변압기의 1차 및 2차 권선에서 열로 발생하는 저항 손실이며, 권선에 흐르는 전류의 크기에 비례한다.

② 와전류손은 변압기의 철심에서 발생하는 와전류로 인한 손실이며, 변압기에 인가되는 전압의 제곱에 비례한다.

③ 히스테리시스손은 철심 내에 있는 자구들의 재배열로 인해 발생한다.

④ 변압기의 최대 효율은 무부하손과 부하손이 같을 때 나타난다.

해설

변압기의 손실

동손 $P_c = I_{1n}^2 r_{12} [\text{W}]$ 이므로 전류의 제곱에 비례한다(I_{1n} : 1차측 정격 전압, r_{12} : 1차측 환산 저항).

18 정격 전압을 인가한 직류 분권 전동기의 무부하 회전 속도는 1,200[rpm]이다. 이 전동기의 계자 전류만을 1.2배로 조정했을 때, 전동기의 무부하 회전 속도[rpm]는?(단, 자기 포화는 무시한다)

① 800
② 900
③ 1,000
④ 1,100

해설

직류 분권 전동기의 회전 속도

역기전력식 $E = \dfrac{p}{a} Z\phi \dfrac{N}{60}$과 $K_1 \phi N$과 $E = V - I_a R_a$에서

$N = K\dfrac{E}{\phi} = K\dfrac{V - I_a R_a}{\phi} [\text{rpm}]$

$N \propto \dfrac{1}{\phi} \propto \dfrac{1}{I_f}$ 이므로 $1,200 : \dfrac{1}{I_f} = N_0 : \dfrac{1}{1.2 \times I_f}$ 에서

무부하 회전 속도 $N_0 = 1,200 \times \dfrac{1}{1.2} = 1,000 [\text{rpm}]$

19 그림 (a)와 같은 Buck 컨버터가 정상 상태로 동작하고 있다. 스위치 양단 전압 V_{sw}가 그림 (b)와 같을 때 부하로 출력되는 전압[V]은?(단, 모든 소자는 이상적으로 동작한다)

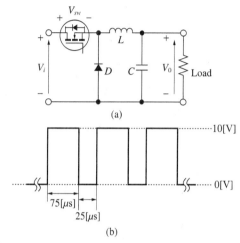

(a)

(b)

① 10.0
② 7.5
③ 5.0
④ 2.5

해설

벅 컨버터(Buck Converter) : 강압형(입력 전압 > 출력 전압)

$V_d = DV_i = \dfrac{T_{on}}{T} V_i$ 에서 스위치 양단의 전압 V_{sw}가 10[V]로 나온다는 것은 스위치가 개방되어 있음을 말하는 것으로, 스위치가 인가(단락)되었을 때(즉, $V_{sw} = 0[\text{V}]$)의 동작 시간 $T_{on} = 25[\text{ms}]$ 이다.

따라서, $V_d = \dfrac{25[\text{ms}]}{100[\text{ms}]} \times 10[\text{V}] = 2.5[\text{V}]$

20 60[Hz], 200[V], 7.5[kW]인 3상 유도 전동기의 전부하 슬립[%]은?(단, 회전자 동손은 0.4[kW], 기계손은 0.1[kW]이다)

① 4.0
② 4.5
③ 5.0
④ 5.5

해설

유도 전동기의 손실

- 2차 입력 $P_2 = P_o + P_m + P_{c2}$ 에서 $P_2 = 7.5 + 0.1 + 0.4 = 8[\text{kW}]$ 이다.
- P_2(2차 입력) : P_{c2}(2차 동손) : P_m(2차 출력(기계 출력))
  $= 1 : s : (1-s)$이므로

슬립 $s = \dfrac{P_{c2}}{P_2} = \dfrac{0.4}{8} = 0.05$, 즉 5[%]이다.

2018년 국가직 전기기기

01 주권선과 전기적으로 90°의 위치에 보조 권선을 설치하고, 두 권선의 전류 위상차를 이용하여 기동 토크를 발생시키는 단상 유도 전동기는?

① 반발 기동형 단상 유도 전동기
② 반발 유도형 단상 유도 전동기
③ 분상 기동형 단상 유도 전동기
④ 셰이딩 코일형 단상 유도 전동기

해설

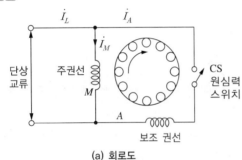

(a) 회로도

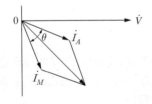

(b) 벡터도

분상 기동형 유도 전동기에서 주권선과 보조 권선은 공간적으로 90°의 위상차를 갖도록 권선되어 있다.

분상(Split-phase) 유도 전동기
• 분상 유도 전동기는 상을 분리하여 기동 특성을 얻어내는 방식의 단상 유도 전동기이다.
• 가장 많이 사용되는 형태로서 냉장고, 세탁기, 송풍기, 선풍기, 원심펌프 등에 사용된다.
• 구조 : 고정자 철심에는 두 개의 코일이 병렬로 연결되어 있으며, 하나는 주권선, 다른 하나는 보조 권선이라고 한다. 회전자는 농형으로 되어 있다.

• 원리 : 주권선과 보조 권선은 공간적으로 90°의 위상차를 갖도록 권선되어 있으며, 공간적으로 90°의 위상차를 갖고 있더라도 전기적인 위상차가 없이는 기동 토크를 얻을 수 없다.
  – 두 개의 권선에 흐르는 전류의 위상차를 갖게 하는 것이 중요하며 분상에서는 주권선과 보조 권선 간에 전류의 위상차를 갖게 하기 위하여 주권선은 굵은 선을 사용하고, 보조 권선은 가는 선을 사용한다.
  – 권선 저항을 크게 하고 리액턴스를 작게 하여 기동 순간에 두 권선의 전류 사이에 30°의 위상차를 만들어 회전 자기장을 얻게 된다.

02 전기자 반작용이 발생하는 전기기기에 해당하지 않는 것은?

① 동기 발전기   ② 직류 전동기
③ 동기 전동기   ④ 3권선 변압기

해설

전기자 반작용이란 전기자 권선의 자속이 계자 권선의 자속에 영향을 주는 현상으로, 발전기나 전동기와 같은 회전기에 발생하는 현상이다. 3권선 변압기(Y-Y-△ 변압기)는 Y-Y 결선의 단점을 개선하기 위해 사용한다.

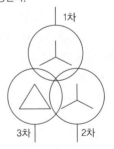

• Y-Y결선의 장점
  – 1, 2차측 모두 접지 가능하여 이상전압이 경감된다.
  – 1, 2차측 모두 전압 전류 간 위상 변위가 없다.
  – 변압비와 권선 임피던스의 차가 있어도 순환 전류는 흐르지 않는다.
• Y-Y결선의 단점
  – 제3조파를 흘릴 수 없으므로 중성점 전위가 이동한다.
  – 고조파분이 인접 통신선에 전자 유도 장해를 일으킨다.
  – 2차측 중성점 접지 시 직렬 공진에 의한 이상전압이 생긴다.
  – 제3고조파의 영상 전압에 따른 중성점 전위가 변동된다.

03 다이오드를 이용한 정류 회로에서 출력 전압의 맥동률이 가장 작은 정류 회로는?(단, 부하는 순저항 부하이다)

① 단상 반파 정류

② 단상 전파 정류

③ 성형 3상 반파 정류

④ 성형 6상 반파 정류

해설

전원의 상의 수가 많을수록 맥동률이 작으며, 반파보다는 전파 정류일 때 맥동률이 작다(맥동률은 반파 정류 회로에서는 121[%]이나 전파 정류 회로에서는 48[%] 정도이다).

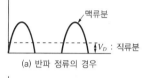

(a) 반파 정류의 경우

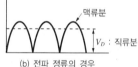

(b) 전파 정류의 경우

맥동률(Ripple Factor)

• 정류된 직류(전압) 속에 포함되어 있는 교류 성분의 정도

$$맥동률 \ r = \frac{출력 \ 파형에 \ 포함된 \ 교류분의 \ 실횻값}{출력 \ 파형의 \ 평균값(직류 \ 성분)}$$

• 실제 정류기의 출력은 순수한 직류 성분만이 있지 않고 약간의 교류 성분이 존재한다. 이것을 리플(Ripple)이라고 하는데, 좋은 정류기일수록 리플이 작다.

• 맥동률을 줄이는 방법

– 콘덴서를 저항과 병렬로 연결 : 저항과 병렬로 연결된 콘덴서는 교류 성분을 건너뛴다.

– C를 크게 함 : 커패시터 용량이 클수록 리플 전압이 작아진다. 이론적으로는 콘덴서가 클수록 좋지만, 콘덴서가 클수록 고조파 발생이 많아져 정류 효율을 떨어뜨리므로 실용적인 면에서는 1[A]당 1,000 ~ 2,000[μF] 정도가 좋다.

– 충전 구간을 늘림 : 충전과 방전 구간이 작아질수록 리플이 작아져 직류 출력 전압이 피크 전압에 더욱 접근한다.

– 코일을 저항과 직렬로 연결 : 저항과 직렬로 연결된 코일은 교류 성분에 대하여 큰 임피던스를 나타낸다.

04 이상적인 단상 변압기의 1차측 권선수는 200, 2차측 권선수는 400이다. 1차측 권선은 220[V], 50[Hz] 전원에, 2차측 권선은 2[A], 지상 역률 0.8의 부하에 연결될 때, 부하에서 소비되는 전력[W]은?

① 600

② 654

③ 704

④ 734

해설

변압기의 권수비 $a = \dfrac{V_1}{V_2} = \dfrac{I_2}{I_1} = \dfrac{N_1}{N_2}$ 에서

$\dfrac{N_1}{N_2} = \dfrac{V_1}{V_2} \rightarrow \dfrac{200}{400} = \dfrac{220}{V_2}$ 이므로, $V_2 = 440[V]$

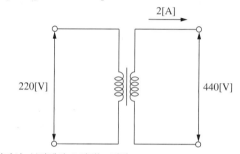

따라서, 부하에서 소비되는 전력

$P = VI\cos\theta = 440 \times 2 \times 0.8 = 704[W]$

05 심구형 및 2중 농형 3상 유도 전동기의 회전자에 대한 설명으로 옳지 않은 것은?

① 적절한 회전자 도체의 형상과 배치를 이용하여 기동 시 실효 저항이 직류 저항의 수배가 되도록 하는 것이다.

② 2중 농형 회전자의 경우 슬롯의 외측 도체는 내측 도체보다 저항이 낮다.

③ 심구형 회전자의 경우 고정자 측으로 환산된 실효 저항과 누설 리액턴스는 회전자 속도에 따라 변한다.

④ 심구형 회전자의 경우 슬롯 안의 도체에 전류가 흐르면 슬롯 아랫부분에 가까운 도체일수록 많은 누설 자속과 쇄교된다.

해설

2중 농형 유도 전동기의 외측 도체는 내측 도체보다 저항이 높은 도체를 사용한다.

2중 농형 유도 전동기

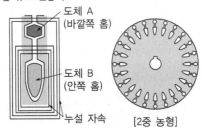

도체 A (바깥쪽 홈)
도체 B (안쪽 홈)
누설 자속
[2중 농형]

• 회전자의 농형 권선을 내외 2중으로 설치한 것
• 도 체
 – 외측 도체 : 저항이 높은 황동 또는 동니켈 합금의 도체를 사용
 – 내측 도체 : 저항이 낮은 전기동 사용
• 기동 시에는 저항이 높은 외측 도체로 흐르는 전류에 의해 큰 기동 토크를 얻고 기동 완료 후에는 저항이 작은 내측 도체로 전류가 흘러 우수한 운전 특성을 얻는 전동기
• 보통 농형 유도 전동기에 비해 기동 토크는 크고, 기동 전류는 작다.

딥슬롯 농형 유도 전동기(심구형)

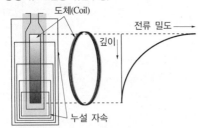

도체(Coil)
전류 밀도
깊이
누설 자속

• 기동 시 : 슬롯 밑 부분에 가까운 도체 부분은 누설 리액턴스가 커 전류는 회전자 표면 부분의 도체에 집중되어(표피 효과) 기동 특성이 향상된다.
• 기동 완료 후 : 전류 분포는 전 도체에 균일하게 분포
• 2중 농형에 비해 냉각 효과가 크다.
• 2중 농형에 비해 기동 특성은 떨어지나 운전 특성은 우수하다.

06 다음 그림과 같은 타여자 직류 전동기의 토크–속도 특성 곡선에서 기울기는?(단, K_a는 상수, R_a는 전기자 저항, ϕ는 계자 자속이다)

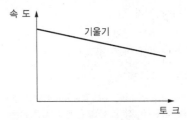

속도
기울기
토크

① $-\dfrac{R_a}{(K_a\phi)^2}$ ② $-\dfrac{K_a\phi}{R_a}$

③ $-\dfrac{(K_a\phi)^2}{R_a}$ ④ $-\dfrac{R_a}{K_a\phi}$

해설

주어진 그래프는 속도(N)와 토크(T)에 관한 내용이므로, 타여자 직류 전동기의 속도와 토크식으로 수식을 정리한다.

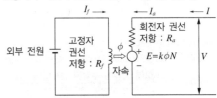

외부 전원
고정자 권선 저항 : R_f
I_f
ϕ 자속
회전자 권선 저항 : R_a
$E=k\phi N$
I_a
I
V

$E=\dfrac{PZ}{60a}\phi N = V - I_a R_a[\mathrm{V}]$ 이고, $E \cdot I_a = \omega T$에서

$T=\dfrac{1}{\omega}E \cdot I_a = \dfrac{60}{2\pi N} \cdot \dfrac{PZ}{60a}\phi N I_a = \dfrac{PZ}{2\pi a}\phi I_a$

$= k_T \phi I_a [\mathrm{N} \cdot \mathrm{m}] \cdots \left(k_T = \dfrac{PZ}{2\pi a}\right)$

이때, $I_a = \dfrac{T}{k_T\phi}[\mathrm{A}]$로 표현할 수 있다.

$E=V-I_a R_a = V - \dfrac{T}{k_T\phi}R_a[\mathrm{V}]$

회전 속도식 $N = k\dfrac{V-I_a R_a}{\phi}$ 에서

$k_1 = \dfrac{1}{k}$일 때 $I_a = \dfrac{T}{k_T\phi}[\mathrm{A}]$를 대입하면,

$N = \dfrac{V}{k_1\phi} - \dfrac{Ra}{k_1\phi} \cdot \dfrac{1}{k_T\phi}T$이다.

따라서, 그래프의 기울기는 $-\dfrac{R_a}{k_1 k_T\phi^2}$ 이고, $k_a = k_1 = k_T$일 때,

$-\dfrac{R_a}{(k_a\phi)^2}$ 로 표현이 가능하다.

07 8극, 50[Hz] 3상 유도 전동기가 600[rpm]의 속도로 운전될 때 토크가 500[N · m]이라면 기계적 출력[kW]은?

① 5π

② 10π

③ 100π

④ 300π

해설

전동기의 기계적 출력(P)

$$P = \omega T = 2\pi N \cdot T = 2\pi \times \frac{600}{60} \times 500 = 10,000\pi = 10\pi[\text{kW}]$$

08 권선형 3상 유도 전동기의 2차 저항 속도 제어 방법의 특징으로 옳은 것은?

① 부하에 대한 속도 변동이 작다.

② 최대 토크가 발생하는 슬립을 제어할 수 있다.

③ 역률이 좋고 운전 효율이 양호하다.

④ 전부하로 장시간 운전하여도 온도 상승이 작다.

해설

2차 저항 속도 제어는 권선형 유도 전동기에만 적용할 수 있는 방법으로, 비례추이의 원리를 이용하여 권선형 유도 전동기의 2차 축에 접속한 외부 저항값을 조정하여 슬립을 변화시킴으로서 최대 토크가 발생하는 슬립을 제어함으로써 속도를 제어하는 방법이다.

권선형 유도 전동기 토크의 비례추이 곡선

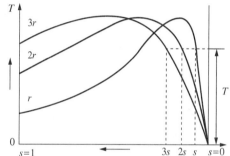

유도 전동기의 회전자에 저항을 외부에서 접속하여 증가시킬 때 전동기의 최대 토크가 낮은 쪽으로 이동하는 것을 비례추이 (Proportional Shifting)라고 한다. 회전자 1상의 저항이 r_2인 전동기가 슬립 s에서 토크 T를 내면서 운전될 때 회전자 저항을 m배하여 mr_2 값으로 운전하면, 슬립 s도 슬립 ms로 높아져 낮은 속도가 되지만 토크는 똑같이 T가 된다. 위의 그림을 예를 들어 설명하면, 토크 T를 일정하게 유지시키면서 2차 저항 r_2를 2배로 증가시켜 $2r_2$가 되게 하면, 그때의 전동기 슬립은 $2s$가 되며, 또 r_2를 3배하여 $3r_2$로 증가시키면 슬립도 $3s$가 된다.

이를 관계식으로 나타내면,

$$\frac{r_2}{s} = \frac{2r_2}{2s} = \frac{3r_2}{3s} = \dots = \frac{mr_2}{ms} \text{이다.}$$

유도 전동기는 2차 저항을 조절함으로써, 우리가 원하는 기동 토크 Ts를 발생하도록 할 수 있고, 원하는 속도가 되도록 속도 제어를 할 수도 있다. 즉, 2차 회로의 합성 저항($r_2 + R$)을 가변 저항기로 조정할 수 있는 권선형 유도 전동기는 비례추이의 성질을 이용하여 기동 토크를 크게 하거나 속도 제어를 할 수 있다.

09 타여자 직류 전동기의 속도 제어에서 정격 속도 이하에서는 전기자 전압 제어, 정격 속도 이상에서는 계자 전류 제어를 나타낸 특성 곡선은?

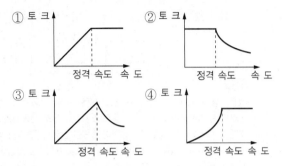

① 토크 / 정격 속도 속도
② 토크 / 정격 속도 속도
③ 토크 / 정격 속도 속도
④ 토크 / 정격 속도 속도

해설

직류 전동기의 속도 제어 방법

직류 전동기의 회전 속도에 관한 식 $N = k\dfrac{V - I_a R_a}{\phi}$ 에서 알 수 있듯이 직류 전동기의 속도 제어 방법에는 다음과 같은 두 가지 방법이 있다.

- 전기자 전압 제어법(정토크형)
  - 전기자 전압을 조정하여 속도를 제어한다.
  - 속도 제어 범위는 일반적으로 1 : 20 정도이다.
  - 정토크형 제어에 이용된다.
- 계자 전류 제어법(정출력형)
  - 계자 전류를 조정하여 자속을 변화시킴으로써 속도를 제어한다.
  - 속도 제어 범위는 일반적으로 1 : 3 정도이다.
  - 정출력형 제어에 이용된다.

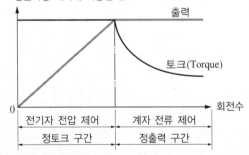

정토크형과 정출력형을 비교하면, 정토크형은 0에서 정격 회전수(기저 속도, BASE R.P.M)까지 전기자 전압에 의하여 속도를 제어하며, 부하가 일정하다는 조건하에서 발생 토크가 일정하다는 것이다. 이때 출력은 속도에 비례한다.

또한, 정출력형은 정출력 속도 범위가 정해져야만 하고, 그 범위 내에서만 정출력 특성을 가지며 0에서 정출력 특성 초기 회전수(기저 속도)까지는 정토크 특성을 갖는다. 정출력 속도 범위 내에서는 속도에 따라서 토크가 현저히 떨어지고 있음을 위 그림에서 알 수 있다. 즉, 초기 부하가 많이 걸림으로써 큰 힘이 요구되며 일단 가속이 된 후에는 힘이 별로 필요하지 않은 부하 조건에서 이 출력의 전동기가 이용되어야 한다.

10 스테핑 전동기에 대한 설명으로 옳지 않은 것은?

① 기동, 정지, 정역회전이 용이하고, 신호에 대한 응답성이 좋다.
② 일반적으로 엔코더를 사용하지 않고 오픈 루프(Open Loop)로 속도 제어한다.
③ 고속 시에 발생하기 쉬운 미스 스텝(Miss Step)이 누적되지 않는다.
④ 회전 속도는 단위 시간 동안에 가해진 입력 펄스수에 반비례한다.

해설

단위 시간 동안에 가해진 입력 펄스수에 비례하여 회전 속도가 결정된다.

스테핑 모터의 원리

펄스(Pulse)가 입력될 때마다 일정한 각도씩 모터가 회전하도록 제어(Control)된 것으로, 이때의 회전각을 스텝각이라고 한다. 스텝각(Degree Of Step)을 작게 하면, 모터의 위치를 결정하는 정밀도를 향상시킬 수 있고 펄스 속도를 빠르게 입력하면, 스테핑 모터의 회전 속도가 빨라진다. 스테핑 전동기는 스테핑 모터(Stepping Motor)와 컨트롤러에서 받은 펄스 신호로 스테핑 모터의 상을 여자해 주는 구동 드라이버(Stepping Motor Drive) 그리고 펄스(Pulse)를 발생시켜 펄스를 드라이버에 전달하여 수행하게 하는 컨트롤러로 구성된다.

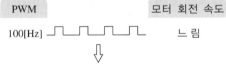

PWM	모터 회전 속도
100[Hz] ⎍⎍⎍⎍	느 림
⇩	
2,000[Hz] ⎍⎍⎍⎍⎍⎍	빠 름

- 장 점
  - 모터의 총회전각은 입력 펄스수의 총수에 비례하고, 모터의 속도는 1초당 입력 펄스수에 비례한다.
  - 1스텝당 각도 오차가 5[%] 이내이며 회전각 오차는 스텝마다 누적되지 않는다.
  - 회전각 검출을 위한 피드백이 불필요하며, 제어계가 간단해서 가격이 상대적으로 저렴하다.
  - DC 모터처럼 브러시 교환 등과 같은 보수를 필요로 하지 않고 신뢰성이 높다.
  - 모터축에 직결함으로써 초저속 동기 회전이 가능하다.
  - 기동 및 정지 응답성이 양호하므로 서브 모터로서 사용 가능하다.
- 단 점
  - 어느 주파수에서는 진동, 공진 현상이 발생하기 쉽고, 관성이 있는 부하에 약하다.
  - 고속운전 시에 탈조하기 쉽다.
  - 보통의 드라이버도 구동 시에는 권선의 인덕턴스 영향으로 인하여 권선에 충분한 전류를 흘리게 할 수 없으므로, 펄스비가 상승함에 따라 토크가 저하하며 DC 모터에 비해 효율이 떨어진다.

11 단상 배전선 전압 200[V]를 220[V]로 승압하는 단권 변압기의 자기 용량[kVA]은?(단, 부하 용량은 110[kVA]이다)

① 90   ② 100

③ 9   ④ 10

해설

단권 변압기의 자기 용량

$$P = \frac{V_H - V_L}{V_H} \times 부하\ 용량 = \frac{220 - 200}{220} \times 110 = 10[\text{kVA}]$$

13 단상 반파 정류 회로에서 출력 직류 전압 135[V]를 얻는 데 필요한 입력 교류 전압의 실횻값[V]은?(단, 정류 소자의 전압 강하는 무시한다)

① 150   ② 300

③ 380   ④ 405

해설

단상 반파 정류

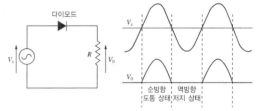

직류 출력

$$E_d = \frac{E_m}{\pi} = \frac{\sqrt{2}}{\pi} E_{rms} = 0.45 E_{rms}\ 이므로(이때,\ E_{rms}은\ 교류$$

실효치)

$$E_s = \frac{E_d}{0.45} = \frac{135}{0.45} = 300[\text{V}]$$

- 단상 반파의 출력 전압 : $E_d = 0.45 E_{rms}$
- 단상 전파의 출력 전압 : $E_d = 0.9 E_{rms}$
- 3상 반파의 출력 전압 : $E_d = 1.17 E_{rms}$
- 3상 전파의 출력 전압 : $E_d = 1.35 E_{rms}$

12 전압을 일정하게 유지하는 정전압 특성이 있는 다이오드는?

① 쇼트키 다이오드   ② 바리스터 다이오드

③ 정류 다이오드   ④ 제너 다이오드

해설

제너 다이오드

정전압 회로
서지 전류 및 정전기로부터 IC 등을 보호하는 보호 디바이스로 역방향의 전압이 가해질 때 정전압을 발생시킨다.

- 전류가 변화되어도 전압이 일정하다는 특징을 이용하여 정전압 회로에 사용되거나 서지 전류 및 정전기로부터 IC 등을 보호하는 보호소자로써 사용된다.
- 반도체 다이오드의 일종으로, 정전압 다이오드라고도 한다. 일반적인 다이오드와 유사한 PN 접합 구조이나, 매우 낮고 일정한 항복 전압 특성을 갖고 있어 역방향으로 어느 일정값 이상의 항복 전압이 가해졌을 때 전류가 흐른다는 점이 다르다.
- 일반적인 다이오드는 순방향으로 사용되는 것에 반해, 제너 다이오드는 역방향으로 사용된다는 특징이 있으며, 역방향에서의 항복 전압을 제너 전압(V_Z), 이때의 전류치를 제너 전류(I_Z)라고 한다.

14 6극, 슬롯수 90인 3상 동기 발전기에서 전기자 코일을 감을 때, 상 유기 기전력의 제5고조파를 제거하기 위해 전기자 코일의 두 변이 1번 슬롯과 몇 번 슬롯에 감겨야 하는가?

① 10번
② 11번
③ 12번
④ 13번

해설

n고조파의 단절 계수 $K_p = \sin\dfrac{n\beta\pi}{2}$ 이므로, 5고조파는 $K_p = \sin\dfrac{5\beta\pi}{2}$ 으로 표현되며 문제에서 5고조파를 제거($K_p = 0$)한다고 하므로 $\dfrac{n\beta\pi}{2} = \pi,\ 2\pi,\ 3\pi\cdots$ 가 되는 $\beta = \dfrac{2}{5},\ \dfrac{4}{5}\cdots$이다.

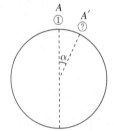

$\beta = \dfrac{\text{권선 피치}}{\text{자극 피치}} = \dfrac{\text{인출 슬롯 번호}(A') - \text{인입 슬롯 번호}(A)}{\text{매극당 슬롯수}}$

$= \dfrac{A' - A}{\dfrac{90}{6}} = \dfrac{A' - 1}{15}$ 이므로, $\dfrac{A' - 1}{15} = \dfrac{4}{5}$ 에서 인출되는 슬롯번호 $A' = 12 + 1 = 13$번이 된다(여기서, β값은 1을 넘길 수 없으며(전절권보다 크게 됨), $\beta = \dfrac{2}{5}$ 일 경우 $A' = 6 + 1 = 7$이 되나 문제의 선택지에 없다).

매극당 슬롯수가 15개이고, 슬롯 간격 $\alpha = 15 \times \dfrac{4}{5} = 12$[개]의 슬롯 간격을 가지고 있으므로 $A = 1$번, $A' = 13$번이 된다.

동기 발전기의 권선법(단절권)
동기 발전기에서 사용하는 단절권은 단위 권선의 인입 권선과 인출 권선의 기계적 각도를 180°보다 짧게 하여 권선하는 방법으로, 단절 권으로 권선하는 경우에는 단위 권선 내에서도 유기되는 전압이 약간의 상차를 갖게 된다. 인출선에는 예상되는 전압보다 약간 앞선 전압이 유기되고 결과적으로 인입선과 인출선에 유기되는 전압은 약간의 상차를 갖고 중첩된다. 단위 권선에서 상차가 나므로 이것의 총합은 180° 위상 차이일 때보다 작은 전압이 유기되며, 분포권과 마찬가지로 총유기 전압의 크기는 작아지지만 특정 고조파를 제거하여 전체적으로 파형을 개선할 수 있다. 또한, 코일 끝부분의 길이가 단축되어 기계 전체의 길이가 축소되고, 구리의 양이 적게 드는 장점이 있다.

단절 계수(피치 계수)를 구하는 방법

$K_p = \sin\dfrac{\beta\pi}{2}$ (기본파)

$K_p = \sin\dfrac{n\beta\pi}{2}$ (고조파)

$\left(\beta = \dfrac{\text{권선 피치}}{\text{자극 피치}} = \dfrac{\text{슬롯 번호} - 1}{\text{매극당 슬롯수}}\right)$

도체에서 유기되는 기전력의 파형은 기본파와 여러 가지 고조파의 합으로 표시할 수 있는데, 여기서 고조파 성분을 제거하면 유기 기전력의 파형이 개선이 된다. 단절권은 전기자 선륜의 간격이 180°(전기각)보다 작을 경우이며, 선륜의 간격을 극 간격의 1/n로 줄이면 n고조파를 제거할 수 있다. 예를 들어, 전기자 선륜의 간격을 극 간격의 1/3으로 하면 위상차는 60°가 생기게 되며, 유기 기전력의 파형이 기본파와 3고조파 및 5고조파로 구성되어 있는 왜형파라고 하면, 3고조파는 기본파가 1주기의 파형을 이룰 때 3배의 주기를 되풀이하므로 기본파에 대한 선륜의 위상차 60°는 3고조파에서는 180°가 되므로 3고조파는 상쇄된다. 즉, 코일 한 변의 3고조파 성분은 다른 선륜의 3고조파와 180°의 위상차를 갖게 되므로 서로 상쇄되며 단절권 방식을 사용하였을 때의 파형 개선의 결과를 확인할 수 있다.

15 3상 동기 발전기에 대한 설명으로 옳은 것은?

① 무한대 모선에 동기 발전기를 병렬 운전하기 위해서는 발전기들의 전압, 주파수가 같아야 하며 상 회전 방향과는 무관하다.
② 12극 동기 발전기의 출력 전압 주파수를 60[Hz]로 하면 회전자 속도는 600[rpm]이 된다.
③ 돌극형 회전자보다 원통형 회전자가 저속용에 더 적합하다.
④ 회전자 계자 권선에는 교류 전류가 흐른다.

해설

① 동기 발전기를 병렬 운전하기 위해서는 각 발전기의 전압, 주파수, 상 회전 방향이 같아야 한다.
② $N_s = \dfrac{120f}{p} = \dfrac{120 \times 60}{12} = 600[\text{rpm}]$
③ 돌극기는 외부로 자극이 나와 있어서 회전 저항을 받게 되므로 원통형보다 저속에 적합하다.
④ 동기 발전기의 회전 계자는 항상 직류 전류가 흐른다.

16 Y결선 3상 원통형 동기 발전기의 정격 출력이 9,000 [kW], 상 정격 전류가 500[A], 역률이 0.75일 때, 1상의 동기 리액턴스[Ω]는?(단, 권선 저항은 무시하며, 1상의 동기 리액턴스는 0.9[pu]이다)

① 10.8   ② 12.0

③ 14.4   ④ 15.2

해설

$P_Y = \sqrt{3}\, V_l I_l \cos\theta = 9,000 [\text{kW}]$ 에서

$I_l = 500[\text{A}]$, $\cos\theta = 0.75 = \dfrac{3}{4}$ 이므로,

$V_l = \dfrac{9,000}{\sqrt{3} \times 500 \times \dfrac{3}{4}} = 8\sqrt{3}\,[\text{kV}]$, $V_p = \dfrac{V_l}{\sqrt{3}} = \dfrac{8\sqrt{3}}{\sqrt{3}} = 8[\text{kV}]$

$I_p = I_l = 500[\text{A}]$, 전체의 동기 리액턴스 $x_s = \dfrac{8,000}{500} = 16[\Omega]$

이다.

문제에서 1상의 동기 리액턴스가 0.9[pu]이므로,

$16[\Omega] \times 0.9 = 14.4[\Omega]$ 이다.

17 1차 공급 전압과 주파수가 일정한 변압기에서 1차 코일의 권수만 $\dfrac{1}{3}$배로 줄였을 때, 여자 전류와 최대 자속은 몇 배로 변화하는가?(단, 권수 변화에 따른 1차 저항 및 1차 누설 리액턴스는 동일하게 설계하며, 변압기 철심은 포화되지 않는다)

	여자 전류	최대 자속
①	9배	3배
②	$\dfrac{1}{9}$배	$\dfrac{1}{3}$배
③	9배	$\dfrac{1}{3}$배
④	$\dfrac{1}{9}$배	3배

해설

유기되는 기전력과 주파수가 일정하고, 권수가 $\dfrac{1}{3}$으로 줄었을 경우

$E = 4.44 f N \phi_m [\text{V}]$ 에서 최대 자속 ϕ_m 은 3배가 되며, $NI = R_m \phi_m$

에서 $I = \dfrac{R_m \phi_m}{N}$ 에서 $N = \dfrac{1}{3}$ 배 줄고, ϕ_m 은 3배 늘어났으므로,

여자 전류 I 는 9배가 된다.

변압기의 유기 기전력

$E_1 = 4.44 f N_1 \phi_m [\text{V}]$, $E_2 = 4.44 f N_2 \phi_m [\text{V}]$

(ϕ_m : 최대 자속[Wb])

18 변압기의 철심을 비자성체인 플라스틱으로 교체한 경우 발생하는 현상으로 옳지 않은 것은?

① 2차측 유기 기전력에는 변화가 없다.

② 1차측 입력 전류의 고조파 성분이 감소한다.

③ 1차측 입력 전류가 크게 증가한다.

④ 변압기 코일에서의 발열은 증가하나 플라스틱에는 직접적인 발열이 없다.

해설

투자율(Magnetic Permeability)

• 투자율은 자기적 성질을 가지는 비율을 말하며, 철심을 대체하여 자기적 성질이 낮은 비투자율 1 미만인 플라스틱을 사용할 경우 자속 발생이 매우 낮아져 2차측의 유기 기전력 $E_2 = 4.44 f N_2 \phi_m$ [V]에 의해 2차측에는 유기 기전력이 매우 낮아지게 된다.

• 투자율은 매질의 두께에 반비례하고, 자속 밀도에 비례하며, 비투자율은 진공 투자율에 대한 매질 투자율의 비를 나타낸 것이다.

• 진공 상태의 투자율 $\mu_0 = 4\pi \times 10^{-7}$ [H/m], 매질의 투자율 $\mu = \mu_s \mu_0$ [H/m], 비투자율 $\mu_s = \dfrac{\mu}{\mu_0}$

물 질	비투자율	물 질	비투자율
구 리	0.99991	선 철	60
비스무트	0.9999986	코발트	60
파라핀	0.99999942	철 분	100
나 무	0.9999995	페라이트	1,000
은	0.99999981	퍼멀로이 45	2,500
진 공	1	변압기 용철	3,000
알루미늄	1.00000065	규소강	4,000
베릴륨	1.00000079	순 철	4,000
공 기	1.0000004	뮤메탈	20,000
염화니켈	1.00004	센더스트	20,000
유화망간	1.0001	초합금	1,000,000

② 철심으로 인해 발생하는 히스테리시스 현상이 줄어들게 되어 고조파 성분이 감소한다.

③ $i(t) = \dfrac{V_m}{L\omega}\sin\omega t = \dfrac{l\, V_m}{\mu S N}\sin\omega t \cdots \left(L = \dfrac{\mu S}{l} N^2\right)$ 이므로, 비자성체인 플라스틱을 사용할 경우 투자율 μ 가 낮아져 전류가 증가한다.

④ 변압기 코일의 전류량이 증가함에 따라 발열(줄열, $H = 0.24 I^2 Rt$ [cal])는 증가하며, 자성체가 아닌 플라스틱이므로 와전류나 히스테리시스 현상에 의한 발열은 없다)

19 40[kW], 200[V], 1,700[rpm] 정격의 보상 권선이 있는 타여자 직류 발전기가 있다. 전기자 저항은 0.05 [Ω], 보상 권선 저항은 0.01[Ω], 계자 권선 저항은 100[Ω]일 때, 정격 운전 시 유기 기전력[V]은?(단, 전기자 반작용과 브러시의 전압 강하는 무시한다)

① 208 　　　　　　② 210
③ 212 　　　　　　④ 214

해설

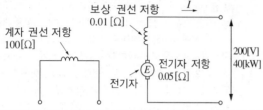

타여자 발전기의 결선도에서 정격 전압이 200[V]이고, 정격 용량이 40[kW]이므로, 발전기의 회전자측 전류 $I = \dfrac{40,000[W]}{200[V]} = 200[A]$ 이다.

보상 권선 저항과 전기자 저항의 합이 0.01[Ω] + 0.05[Ω] = 0.06[Ω]이므로, 발전기의 저항 성분에서 발생하는 전압 강하는 200[A] × 0.06[Ω] = 12[V]이다.

따라서, 보상 권선 설치 후 정격 운전 시 유기 기전력 E = 200[V] + 12[V] = 212[V]이다.

타여자 직류 발전기의 보상 권선
• 보상 권선 : 주자극의 표면에 파인 슬롯 안에 설치
　– 보상 권선에 의한 기자력은 전기자 기자력과 반대 방향으로 발생하도록 배열
　– 보상 권선에 의한 기자력이 전기자 기자력에 비례하도록 전기자 권선과 직렬 연결

[보상 권선 펼친 그림]

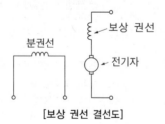

[보상 권선 결선도]

20 2중 중권 6극 직류기의 전기자 권선의 병렬 회로수는?

① 2 　　　　　　② 4
③ 6 　　　　　　④ 12

해설

단중 중권일 경우 병렬 회로수는 극수와 같다. 따라서 2중으로 권선을 감을 경우 병렬 회로수는 2 × 6 = 12개이다.

전기자 권선법 : 고상권, 폐로권, 이층권(중권, 파권)

구 분	중 권	파 권
전기자 병렬 회로수	p(극수)	2
브러시수	p(극수)	2
용 도	저전압, 대전류	고전압, 소전류
균압 접속	4극 이상 균압환 필요	불필요

13 2019년 국가직 전기기기

01 그림과 같이 인덕턴스만의 부하로 운전하는 동기 발전기에서 나타나는 전기자 반작용에 대한 설명으로 옳은 것은?

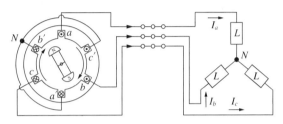

① 유도 기전력보다 $\dfrac{\pi}{2}$[rad] 만큼 앞선 전기자 전류가 흐른다.

② 교차 자화 작용을 한다.

③ 직축 반작용을 한다.

④ 증자 작용을 한다.

[해설]

동기 발전기에서 나타나는 전기자 반작용

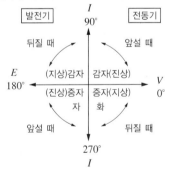

동기 발전기에 부하를 걸면 전기자 권선에 전류가 흘러 자속을 발생하게 되는데, 그 자속은 권선에만 쇄교하는 자속(누설 리액턴스)과 계자 자속에 영향을 주는 자속(전기자 반작용)으로 나뉜다. 동기 발전기의 전기자 반작용은 횡축 반작용(교차 자화 작용)의 경우에는 유기 기전력과 전기자 전류가 동상일 때($\cos\theta = 1$) 발생하며 계자 자속이 약간 감소하며, 파형도 다소 찌그러진다. 직축 반작용의 경우에는 감자 작용은 전기자 전류가 유기 기전력보다 90° 뒤질 때($\cos\theta = 0$, 뒤진 역률) 발생하며, 증자 작용은 전기자 전류가 유기 기전력보다 90° 앞설 때($\cos\theta = 0$, 앞선 역률) 발생한다.

• 직축 반작용(발전기 : 전동기는 반대) : 자극 축의 방향으로 자계가 형성
  – 감자 작용 : L 부하, 지상 전류, 전기자 전류가 유기 기전력보다 위상이 $\dfrac{\pi}{2}$ 뒤질 때
  – 증자 작용 : C 부하, 진상 전류, 전기자 전류가 유기 기전력보다 위상이 $\dfrac{\pi}{2}$ 앞설 때

• 횡축 반작용(교차 자화 작용) : R 부하, 전기자 전류가 유기 기전력과 동위상

02 단상 유도 전동기의 기동을 위한 기동 장치에 해당하지 않는 것은?

① 셰이딩 코일형   ② 분상 기동형

③ 콘덴서 기동형   ④ Y-△ 기동형

[해설]

단상 유도 전동기의 기동 방식

• 분상 기동형 단상 유도 전동기(Split Phase Induction Motor)는 전동기의 원활한 기동을 위하여 전기각을 $p/2$의 차이를 두고 주 권선과 기동 권선을 설치한 전동기이다.

• 콘덴서 기동형 단상 유도 전동기(Capacitor Start Induction Motor)는 교류 전동기로 그 용도가 다양하다. 냉장고, 공기 압축기, 중유 원소기, 전기 세탁기, 펌프, 에어컨 등에 사용된다. 구조 면에서는 분상 기동형 전동기와 비슷하나 기동용 콘덴서가 기동 권선과 직렬로 연결된 점이 다르다.

• 콘덴서 기동 콘덴서 운전 단상 유도 전동기(Single-value Capacitor-run Motor)는 기동 시에는 큰 정전 용량의 콘덴서를 사용하고 기동 후에는 적은 용량의 콘덴서를 계속 사용하는 전동기이다. 특징은 운전 콘덴서와 기동 권선은 언제나 회로에 접속되어 있다. 이 전동기는 비교적 낮은 기동 토크에서도 소음 없이 부드럽게 작동한다.

• 셰이딩 코일형 단상 유도 전동기(Shaded-pole Type Single Phase Induction Motor)는 회전자가 농형의 구조이고, 고정자의 주극을 돌극(Salient Pole)으로 하고 끝 부분에서 세돌극을 둔다. 세돌극에는 굵은 구리선으로 두 번 정도 감아 단락시킨 셰이딩 코일(Shading Coil)을 설치하여 계속적으로 변화하는 자기력선속을 회전자에 통과시킨다.

03 단상 변압기의 3상 결선 방식 중, 여자 전류의 3고조파가 순환 전류로 흐를 수 있으므로 기전력이 정현파이고 유도 장애가 없으며, 발전소 저전압을 송전 전압으로 승압할 때 주로 사용되는 결선 방식은?

① Y-Y

② Y-△

③ △-△

④ △-Y

해설

변압기 결선 방식별 특징

- △-Y 결선 : 이 결선은 △결선의 장점에 Y결선의 장점을 채용한 결선으로서, 주로 발전소의 승압 변압기로서 이용되고 있다.
- Y-△ 결선 : △-Y결선과 같은 장점을 가지고 있으며, 일반적으로 강압 변압기의 결선으로 이용되나, 국내에서는 154[kV]/66[kV]와 같은 곳에 이용된다.
- △-△ 결선 : 1상의 권선에 고장이 발생하더라도 출력은 감소하나 V결선으로 운전이 가능하며, 이때에도 △결선 정격 용량의 57[%]의 출력을 송전할 수 있다. 또한 여자 전류 중에 제3고조파가 포함되므로 자속은 정현파가 되고, 1차, 2차 유기 전압도 정현파가 되어 선로에 제3고조파 전압이 나타나지 않는 장점이 있다.
- Y-Y 결선 : 1차, 2차측 모두 중성점을 접지하지 않은 경우로 각상 권선에는 제3고조파를 포함한 첨두파형의 전압이 유기되어 층간 절연에 좋지 않은 영향을 미치며, 발전기 권선에 제3고조파 전류가 흘러서 발전기 권선을 가열시킨다. 또한 중성점의 전압은 영이 아니고 대지에 대하여 3배 주파수의 진동 전위를 갖게 되며, 선로와 대지 사이의 정전 용량에 의하여 제3고조파 충전 전류가 흘러 부근의 통신선에 유도 장해를 준다.

04 1차측 권수가 1,500인 변압기에서 2차측에 접속한 32[Ω]의 저항을 1차측으로 환산했을 때 800[Ω]으로 되었다면, 2차측 권수는?

① 100

② 150

③ 300

④ 600

해설

변압기의 등가 회로

변압기의 실제 회로는 1차쪽의 회로와 2차쪽의 회로가 서로 분리된 두 개의 회로로 구성되어 있지만, 전자 유도 작용에 의하여 1차쪽의 전력이 2차쪽으로 전달되므로 2개의 서로 독립된 회로로 생각하는 것보다 하나의 전기 회로로 변환시키면 회로가 간단해지며 특성 계산을 쉽게 할 수 있다. 이와 같이, 두 개의 독립된 회로를 하나의 전기 회로로 변환시킨 것을 등가 회로(Equivalent Circuit)라고 한다.

- 1차쪽에서 본 등가 회로 : 2차쪽의 전압, 전류, 임피던스를 1차쪽으로 환산

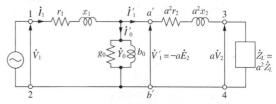

[변압기의 등가 회로(1차쪽으로 환산)]

이 식에 의하여, 2차쪽의 임피던스 $\dot{Z}_2$와 $\dot{Z}_L$을 a^2배하여 1차쪽에 접속하여도 무방하다고 생각할 수 있으며, a^2를 변압기의 환산 계수(Reduction Factor)라고 한다. 이 경우에 1차쪽의 전압, 전류, 임피던스, 어드미턴스는 그대로 두고, 2차쪽의 전압을 $\frac{1}{a}$배, 전류를 a배, 임피던스는 a^2배로 한다.

따라서, 2차 회로를 1차 회로로 환산한 값은 다음과 같다.

- $\dot{Z}_L{}' = \dot{Z}_{12} = a^2 \dot{Z}_L$, $r_2{}' = r_{12} = a^2 r_2$, $x_2{}' = x_{12} = a^2 x_2$
- $\dot{I}_1{}' = \frac{1}{a}\dot{I}_2$, $\dot{V}_1{}' = a\dot{E}_2$, $\dot{V}_1 = a\dot{V}_2$

- 변압기의 권수비 $a = \dfrac{E_1}{E_2} = \dfrac{V_1}{V_2} = \dfrac{I_2}{I_1} = \dfrac{N_1}{N_2} = \sqrt{\dfrac{Z_1}{Z_2}} = \sqrt{\dfrac{R_1}{R_2}}$

이고, $\dot{Z}_L{}' = \dot{Z}_{12} = a^2 \dot{Z}_L$이므로, $\dot{Z}_{12} = a^2 \times 32[\Omega] = 800[\Omega]$에서,

권수비 $a = \sqrt{\dfrac{800}{32}} = \sqrt{25} = 5$이다.

따라서, 2차측 권수 $N_2 = \dfrac{N_1}{a} = \dfrac{1,500}{5} = 300$회

05 타여자 직류 전동기의 현재 속도가 1,000[rpm]이다. 동일한 부하에서 계자 전류, 단자 전압, 전기자 저항을 모두 2배로 증가시키는 경우 전동기의 회전 속도[rpm]는?(단, 계자 전류와 자속은 선형 관계이며, 전기자 반작용 및 브러시 접촉에 의한 전압 강하는 무시한다)

① 500 　　　　　　　② 1,000

③ 2,000 　　　　　　④ 4,000

해설

타여자 직류 전동기의 속도

타여자 직류 전동기의 속도 $N = \dfrac{E}{K\phi} = K\dfrac{V - I_a R_a}{\phi}$[rpm]이고,

문제에서 계자 전류, 단자 전압, 전기자 저항을 모두 2배로 증가시켰다고 했으므로, (계자 전류가 2배 증가 시 자속도 2배 증가, $\phi \propto I_f$)

$N_{2배} = K\dfrac{2V - I_a 2R_a}{2\phi} = K\dfrac{2(V - I_a R_a)}{2\phi} = K\dfrac{V - I_a R_a}{\phi}$[rpm]

이다. 따라서, 계자 전류, 단자 전압, 전기자 저항을 모두 2배로 증가시켰을 때는 속도 변화가 없다.

06 직류 분권 발전기의 정격 전압이 220[V], 정격 출력이 11[kW], 계자 전류는 2[A]이다. 발전기의 유기 기전력[V]은?(단, 전기자 저항은 0.5[Ω]이고, 전기자 반작용 및 브러시 접촉에 의한 전압 강하는 무시한다)

① 174 　　　　　　　② 194

③ 226 　　　　　　　④ 246

해설

직류 분권 발전기의 유기 기전력

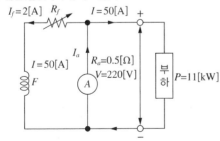

부하에서의 출력이 11[kW]이고, 단자 전압 $V = 220$[V]이므로,

정격 출력 $P = VI$에서 부하 전류 $I = \dfrac{P}{V} = \dfrac{11,000}{220} = 50$[A]이다.

위의 회로에서 $I_a = I + I_f = 50 + 2 = 52$[A]이므로,

분권 발전기의 유기 기전력

$E = V + I_a R_a = 220 + 52 \times 0.5 = 220 + 26 = 246$[V]

07 동기 발전기의 병렬 운전 조건에 대한 설명으로 옳은 것만을 모두 고르면?

> ㄱ. 기전력의 크기가 같을 것
> ㄴ. 기전력의 위상이 같을 것
> ㄷ. 기전력의 파형이 같을 것
> ㄹ. 기전력의 주파수가 같을 것

① ㄱ, ㄷ 　　　　　　② ㄱ, ㄴ, ㄹ

③ ㄴ, ㄷ, ㄹ 　　　　④ ㄱ, ㄴ, ㄷ, ㄹ

해설

- 동기 발전기의 병렬 운전 조건
  - 기전력의 파형이 같을 것 → 다르면 고조파 무효 순환 전류가 흘러 권선의 저항손이 증가 과열된다.
  - 기전력의 크기가 같을 것 → 다르면 무효 순환 전류가 흐른다.
  - 기전력의 주파수가 같을 것 → 다르면 난조 발생
  - 기전력의 위상이 같을 것 → 다르면 동기화 전류(유효 횡류)가 흐른다.
- 기전력의 크기(전압)가 같지 않을 경우

  발전기 G_1, G_2가 모선에 병렬로 접속되어 있는 경우로 가정하면 두 발전기의 유기 기전력을 각각 E_1, E_2로 모선에 대해서는 같은 위상이 있으나, 내부 회로에서의 위상은 π만큼 다르다. 이때 E_1, E_2이면 합성 기전력 $E_r = 0$이고, 전기자 내부 회로에 순환 전류는 없다. 기전력의 크기가 다른, 즉 $E_1 > E_2$일 때 합성 기전력 $E_r = E_1 - E_2$가 전기자 내부 회로에 작용하여 두 발전기 사이에 횡류 I_C가 흐른다.

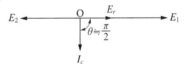

[기전력이 같지 않을 경우 무부하 시 Vector]

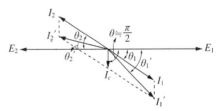

[기전력이 같지 않을 경우 부하 시 Vector]

- 기전력의 위상이 다를 경우

  G_1, G_2의 두 발전기가 유기 기전력이 같고, 동위상으로 병렬 중 G_1의 속도가 조금 상승하는 경우 E_1은 δ만큼 앞서서 E_1으로 되며 E_2와 E_2의 합성 기전력 E_r로 인하여 약 $\pi/2$ 뒤진 I_S가 흐른다. 이 I_S는 E_1와 거의 동위상에 있으므로 G_1의 부하는 $E_1 I_S$ [W]만큼 증가하여 회전 속도는 감소하게 된다. I_S와 E_2는 거의 π만큼의 위상차가 있으므로 G_2에 전력을 공급하여 자동적으로 E_1, E_2를 동일한 위상으로 유지토록 작용하는 데, 이 유효 전류를

동기화 전류라 하고 위상각 δ의 변화를 0이 되도록 작용하는 I_S에 의한 전력을 동기화력이라 한다.

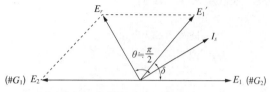

[유기 기전력의 위상이 다를 경우 Vector]

• 주파수가 같지 않을 경우

기전력의 주파수가 같지 않으면 기전력의 위상이 일치되지 않는 시간이 발생되어 동기화 전류가 두 발전기 사이에 교대로 주기적으로 흐르게 되며, 심하면 병렬 운전이 어렵다.

• 기전력의 파형이 같지 않을 경우

파형이 다르면 각 순시에 기전력의 크기가 같지 않기 때문에 고조파 무효 순환 전류가 흐른다. 이 순환 전류가 크면 전기자 권선의 저항손이 증가하여 과열의 원인이 될 수 있다.

08 0.5[Ω]의 전기자 저항을 가지는 직류 분권 전동기가 220[V] 전원에 연결되어 있다. 이 전동기에서 계자 전류는 고정되어 여자되며, 전부하 시 1,200[rpm]으로 운전하고 40[A]의 전기자 전류를 가진다. 전기자 회로에서 1[Ω]의 전기자 저항을 추가로 접속시켰을 때의 전동기 회전 속도[rpm]는?(단, 부하 토크는 일정한 값으로 유지하고 있고, 전기자 반작용 및 브러시 접촉에 의한 전압 강하는 무시한다)

① 800

② 960

③ 1,400

④ 1,500

해설

분권 전동기의 속도 특성

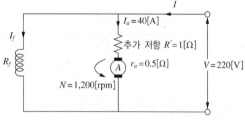

• $E = V - I_a R_a = 220 - 40 \times 0.5 = 220 - 20 = 200[V]$ 이고,

• $E_{(추가\ 저항)} = V - I_a(R_a = 추가\ 저항) = 220 - 40 \times (0.5 + 1) = 220 - 60 = 160[V]$이다. 역기전력과 속도와의 관계는 $E = k\phi N$ [rpm]에서 $E \propto N$이므로, $E : E_{(추가\ 저항)} = N : N_{(추가\ 저항)}$이고, $200 : 160 = 1,200 : N_{(추가\ 저항)}$이다.

따라서, 전기자 저항을 추가로 접속시켰을 때의 전동기 회전 속도

$$N_{(추가\ 저항)} = \frac{160 \times 1,200}{200} = 960[rpm]$$

09 풍력 발전기에서 사용되는 영구 자석형 동기 발전기에 대한 설명으로 옳지 않은 것은?

① 증속 기어 없이 사용할 수 있다.

② 컨버터를 이용하여 유효 전력과 무효 전력을 모두 제어할 수 있다.

③ 브러시가 필요하기 때문에 지속적인 유지 보수가 필요하다.

④ 유도기에 비해 발전효율이 높다.

해설

영구 자석형 동기 발전기(PMSG ; Permanent Magnet Synchronous Generator)

회전자는 영구 자석으로 감겨 있어서 자속을 발생시키며, 회전자가 회전하면 전기자 권선의 자속이 변화하여 전기자가 유도 전압을 발생시키는 원리를 가지고 있으며, 직류 발전기에서와 같이 회전자에 권선을 사용할 경우 브러시 사용이 필수이나, 영구 자석형 동기 발전기인 경우에는 회전자를 영구 자석으로 사용하여 브러시 사용이 필요 없다. 또한 회전할 때 무거운 전기자를 회전시키는 것보다 구조가 더 간단하고 튼튼한 계자 권선을 회전시키는 것이 더 유리하므로 효율이 높다.

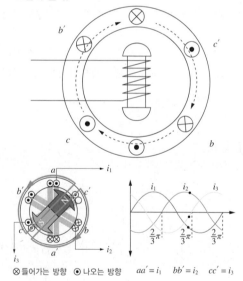

⊗ 들어가는 방향 ⊙ 나오는 방향 $aa' = i_1$ $bb' = i_2$ $cc' = i_3$

10 정격 200[V], 5[kW]인 평복권(외분권) 직류 발전기의 분권 계자 저항이 100[Ω]이며, 직권 계자 및 전기자 저항이 각각 0.4[Ω] 및 0.6[Ω]이다. 이 발전기의 무부하 시 전기자 유기 기전력[V]은?(단, 전기자 반작용 및 브러시 접촉에 의한 전압 강하는 무시한다)

① 174 ② 198

③ 202 ④ 227

해설

복권 발전기의 유기 기전력

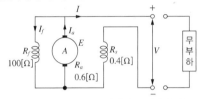

무부하 상태이므로 부하 전류 $I = 0$[A]이고, 전기자 전류 I_a는 모두 계자 전류 I_f가 된다.

따라서, $I_a = I_f = \dfrac{V}{R_f} = \dfrac{200}{100} = 2$[A]이고, 전기자 유기 기전력

$E = V + I_a(R_a + R_s) = 200 + 2 \times (0.6 + 0.4) = 202$[V]이다.

11 1차 및 2차 정격 전압이 같은 A, B 2대의 단상 변압기가 있다. 그 용량 및 임피던스 강하가 A기는 25[kVA], 4[%], B기는 20[kVA], 3[%]일 때, 이 2대의 변압기를 병렬 운전하는 경우 A, B 변압기의 부하 분담비 $S_A : S_B$는?

① 15 : 16 ② 21 : 13

③ 5 : 4 ④ 3 : 4

해설

각 변압기에 흐르는 부하 전류는 두 변압기의 임피던스 값에 반비례한다. 다시 말해서 변압기가 그 용량에 비례하여 부하(부하 전류)를 분담하기 위해서는 각 변압기의 임피던스가 정격 용량에 반비례해야 한다. 문제에서 용량 및 임피던스 강하가 A기는 25[kVA], 4[%], B기는 20[kVA], 3[%]라고 주어졌으므로,

A, B 변압기의 부하 분담비 $S_A : S_B$

$S_A : S_B =$ 변압기 A의 정격 용량×변압기 B의 임피던스 강하 : 변압기 B의 정격 용량×변압기 A의 임피던스 강하

따라서, $S_A : S_B = 25[\text{kVA}] \times 0.03 : 20[\text{kVA}] \times 0.04 = 750 : 800 = 15 : 16$이다.

12 정격 출력이 200[kVA]인 단상 변압기의 철손이 1[kW], 전부하 동손이 4[kW]이다. 이 변압기 최대 효율 시의 부하[kVA]는?

① 20 ② 40

③ 70 ④ 100

해설

변압기는 동손과 철손이 같은 부하일 때의 효율이 최대가 된다.

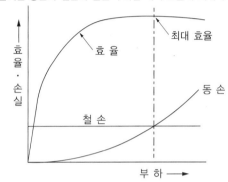

- $\dfrac{1}{m}$ 부하에서,

$$\eta_{\frac{1}{m}} = \dfrac{\frac{1}{m} V_{2n} I_{2n} \cos\theta}{\frac{1}{m} V_{2n} I_{2n} \cos\theta + P_i + \left(\frac{1}{m}\right)^2 P_c} \times 100[\%] \text{ 이고,}$$

손실 전체 $P_l = P_i(\text{철손}) + P_c(\text{동손}) = P_i + \left(\dfrac{1}{m}\right)^2 P_c$이다.

- 최대 효율 조건은 $P_i(\text{철손}) = P_c(\text{동손})$이므로,

$$P_i = \left(\dfrac{1}{m}\right)^2 P_c, \quad \dfrac{1}{m} = \sqrt{\dfrac{P_i}{P_c}} \text{ 이고, } \dfrac{1}{m} = \sqrt{\dfrac{P_i}{P_c}} = \sqrt{\dfrac{1}{4}} = \dfrac{1}{2}$$

이다.

따라서, 최대 효율 조건에서의 부하는 정격 부하의 $\dfrac{1}{m}$이므로,

$200 \times \dfrac{1}{2} = 100[\text{kVA}]$이다.

13 단상 반파 위상 제어 정류 회로를 이용하여 200[V], 60[Hz]의 교류를 정류하고자 한다. 위상각 0[rad]에서의 직류 전압의 평균치를 E_0라고 할 때, 위상각을 $\frac{\pi}{3}$[rad]으로 바꾼다면 직류 전압의 평균치는?

① $\frac{3}{4}E_0$ ② $\frac{2+\sqrt{2}}{4}E_0$

③ $\frac{2+\sqrt{3}}{4}E_0$ ④ E_0

해설

단상 반파 위상 제어(Thyristor)회로

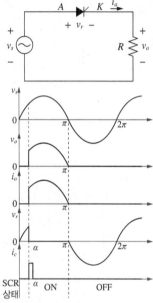

위의 회로와 같은 저항 부하 회로에서 교류 전압 $v_s = \sqrt{2}E\sin\omega t$[V]로 하고 사이리스터 게이트에 신호를 주는 위치가 α[rad]와 같다면, 교류 전원도 α[rad]만큼 지연시키는데 이때의 α[rad]를 제어 점호각 또는 위상각이라고 한다.
정류된 전압의 평균값

$$V_d = \frac{1}{2\pi}\int_0^{\pi}\sqrt{2}\,V\sin\theta d\theta = \frac{\sqrt{2}\,V}{2\pi}(1+\cos\alpha) \text{이다.}\cdots(\theta=\omega t)$$

문제에서 위상각 0[rad]일 때의 직류 전압의 평균치가 $E_0(=V_d)$이므로

$$E_0 = \frac{\sqrt{2}E}{2\pi}(1+\cos0°) = \frac{\sqrt{2}E}{2\pi}(1+1) = \frac{\sqrt{2}E}{\pi} \fallingdotseq 0.45E[\text{V}]$$

이고, 위상각 α[rad]$=\frac{\pi}{3}$[rad]일 때의 직류 전압의 평균치를 $E_{\frac{\pi}{3}}$이라고 하면,

$$E_{\frac{\pi}{3}} = \frac{\sqrt{2}E}{2\pi}\left(1+\cos\frac{\pi}{3}\right) = \frac{\sqrt{2}E}{2\pi}\left(1+\frac{1}{2}\right)$$

$$= \frac{3}{4}\frac{\sqrt{2}E}{\pi} = \frac{3}{4}E_0[\text{V}]\text{이다.}$$

14 200[V], 10[kW], 6극, 3상 유도 전동기를 정격 전압으로 기동하면 기동 전류는 정격 전류의 400[%], 기동 토크는 전부하 토크의 250[%]이다. 이 전동기의 기동 전류를 정격 전류의 200[%]로 제한하는 단자 전압[V]은 얼마이며, 이때의 기동 토크는 전부하 토크의 몇 [%]인가?

	단자 전압[V]	기동 토크[%]
①	100	62.5
②	100	125
③	50	62.5
④	50	125

해설

유도 전동기를 정격 전압으로 기동할 때 기동 전류가 정격 전류의 400[%]에서 200[%]로 절반으로 줄여서 기동한다는 것은 가해준 전압을 절반으로 줄여서 공급했다는 의미이므로, 정격 전압 200[V]의 절반인 100[V]로 제한하여 공급한다는 뜻이다. 유도 전동기의 토크는 전압의 제곱에 비례($\tau\propto V^2$)하므로, 토크는 절반으로 감소한 전압의 제곱에 비례하여 발생한다.

따라서, 기동 토크는 전부하 토크 250[%]의 $\frac{1}{4}$배인 $\frac{1}{4}\times250[\%]$ $=62.5[\%]$가 발생한다.

15 전력 변환 장치에 대한 설명으로 옳지 않은 것은?

① AC-DC 컨버터로 쓰이는 회로는 일반적으로 정류기라고 부르며, 다이오드 정류기를 이용할 경우 전원 전압의 최댓값에 의하여 평균 출력 전압의 크기가 고정된다.
② DC-DC 컨버터는 직류 전원을 반도체 소자와 수동 소자들을 이용하여 출력 전압을 변환하는 장치이다.
③ DC-AC 컨버터(인버터)는 교류의 크기는 임의로 변환 가능하지만 그 주파수는 변환할 수 없다.
④ 직접적으로 AC를 AC로 변환하는 컨버터는 주파수를 변경할 수 없는 장치도 있지만 주파수 변환이 필요할 경우에는 사이클로 컨버터를 사용한다.

해설

파워 인버터 또는 인버터(Power Inverter 또는 Inverter)
직류(DC)를 교류(AC)로 바꾸기 위한 전기적 장치이다. 적절한 변환 방법이나 스위칭 소자, 제어 회로를 통해 원하는 전압과 주파수를 얻는다.

16 유도 전동기의 벡터 제어에 대한 설명으로 옳지 않은 것은?

① 대표적 방법으로는 V/f 일정 제어가 있다.
② $d-q$변환에 의한 가상의 좌표계에서 제어한다.
③ 자속의 순시 위치 정보가 필요하다.
④ 스칼라 제어에 비하여 응답성이 빠르고, 속도 및 위치 오차가 작다.

해설

유도 전동기의 속도 제어 방법

• 벡터 제어

벡터 제어란 유도 전동기의 고정자에 이입되는 전류를 토크분 전류(i_q)와 자속분 전류(i_d)로 나누어 제어하는 방식으로 시시각각 자속의 순시 위치 정보를 통하여 유도 전동기를 제어하는 것을 말한다. 벡터 제어는 전류를 제어할 수 있으며, 스칼라 제어에 비해 속도 제어의 정밀도가 높고 강력한 토크 특성을 얻을 수 있다.

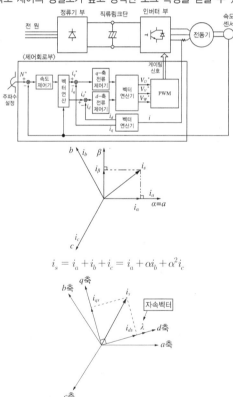

$$i_s = i_a + i_b + i_c = i_a + \alpha i_b + \alpha^2 i_c$$

[자속벡터 λ와 일치시킨 $d-q$축]

유도 전동기의 축 안으로 바라 본 단면은 위와 같이 $120°$ 간격으로 배치된 실제의 3개의 상 혹은 권선 a, b, c로 나타낼 수 있으며, 각 상(권선)에 흐르는 전류는 i_a, i_b, i_c는 전체 $i_s = i_a + i_b + i_c$로 나타낼 수 있다. 여기서 전류는 위상을 가진 값으로 복소수 형태로 나타낼 수 있으며, 각 상의 전류는 벡터로 방향이 오직 a축, b축 그리고 c축 상에서만 움직이는 값을 갖게 된다. 따라서 권선 전체

i_s는 각 전류 벡터의 합으로 시간에 따라 변하는 일정한 크기와 방향을 갖는 공간 벡터(Space Vector)가 되며, 유도 전동기의 순시 토크를 제어하기 위해서는 3상 전류 i_{as}, i_{bs}, i_{cs}가 고정자 권선에 흐를 때 자속 성분 전류, 토크 성분 전류가 얼마나 되는지 알아야 한다. 즉, 3개의 abc상 전류를 $90°$ 위상차를 갖는 2개의 $d-q$축 성분으로 변환하는 좌표 변환을 이용하면 된다.

• 주파수 제어 ($\frac{V}{f}$ 일정 제어, 스칼라 제어)

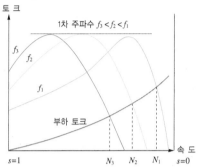

유도 전동기의 속도는 1차 주파수에 비례하기 때문에 이것을 이용하면 속도 제어를 할 수 있다. 1차 유기 기전력 E_1을 구하는 식에서

회전 자계의 자속의 크기 $\phi = \dfrac{E_1}{4.44 k_1 f_1 N_1}$ 이며,

(여기서, E_1 : 1차 유기 기전력, k_1 : 1차 권선 계수, N_1 : 1차 권선수, f_1 : 1차 주파수)

이 식을 통해 자속 μ는 1차 유기 기전력 $E_1 (= V_1$, 1차 입력 전압)과 비례하고, 1차 주파수 f_1과는 반비례함을 알 수 있다. 그러므로 주파수 제어법은 자속 ϕ를 일정하게 유지한 상태에서 f_1을 이용하여 속도를 조절함으로써 $\dfrac{V_1}{f_1}$ 이 일정하도록 V_1의 값도 변동시키면서 주파수 제어를 한다. $\dfrac{V_1}{f_1}$ 이 일정하도록 주파수와 전압을 변화시키면 최대 토크값은 f_1에 따라 거의 일정하게 속도가 제어된다.

17 유도 전동기가 정지할 때 2차 1상의 전압이 220[V]이고, 6극 60[Hz]인 유도 전동기가 1,080[rpm]으로 회전할 경우 2차 전압[V]과 슬립 주파수[Hz]는?

	2차 전압[V]	슬립 주파수[Hz]
①	22	6
②	33	9
③	44	12
④	66	18

해설

유도 전동기가 회전하고 있는 경우

회전자가 N[rpm]의 속도로 회전하고 있을 때에는 동기 속도와 회전자 속도와의 차이는 $N_s - N = sN_s$이다. 이 속도는 상대 속도로 회전자가 정지하고 있을 때의 상대 속도 N_s에 비하면 s배가 되므로, 2차 권선에 유도되는 기전력의 주파수 f_{2s}[Hz]와 실횻값 E_{2s}[V]는 회전자가 정지하고 있을 때에 비해 s배가 되고 이 값의 관계는 다음과 같다.

$f_{2s} = sf_1$[Hz]

$E_{2s} = sE_2$[V]

따라서, 동기 회전 속도

$N_s = \dfrac{120f}{p} = \dfrac{120 \times 60}{6} = 1,200$[rpm]이고,

이때의 슬립 $s = \dfrac{N_s - N}{N_s} = \dfrac{1,200 - 1,080}{1,200} = 0.1$이므로,

2차 권선에 유도된 전압 $E_{2s} = sE_2 = 0.1 \times 220 = 22$[V]이고,

2차 권선에 유도되는 기전력의 주파수

$f_{2s} = sf_1 = 0.1 \times 60 = 6$[Hz]가 된다.

18 동기 발전기에서 단락비가 큰 기계에 대한 설명으로 옳은 것만을 모두 고르면?

> ㄱ. 동기 임피던스가 크다.
> ㄴ. 철손이 증가하여 효율이 떨어진다.
> ㄷ. 전압 변동률이 작으며 안정도가 향상된다.
> ㄹ. 과부하 내량이 크고 장거리 송전선의 충전 용량이 크다.
> ㅁ. 전기자 전류의 기자력에 비해 상대적으로 계자 기자력이 작아서 전기자 반작용에 의한 영향이 작게 된다.

① ㄱ, ㄴ, ㄹ   ② ㄱ, ㄷ, ㅁ
③ ㄴ, ㄷ, ㄹ   ④ ㄷ, ㄹ, ㅁ

해설

단락비가 큰 동기기의 특징

단락비(K_s)란, 부하 단락 시의 단락 전류의 위험에 대하여 정격 전류(I_n)를 유지할 수 있는 최소한의 허용 계자 전류(I_{fn})와 정격 전압(V_n) 유지에 필요한 계자 전류와의 비(I_{fs})를 말한다.

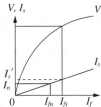

$K_s = \dfrac{I_{fs}}{I_{fn}} = \dfrac{I_s'}{I_n} = \dfrac{1}{Z_s}$ (I_n' : 단락 전류, Z_s : 동기 임피던스)

따라서, 단락비가 크다는 것은 정격 전압을 유도하는데 계자 전류를 많이 흘려줘야 함을 의미하므로 기계가 커져서(철 성분이 많아져 철손 증가) 가격이 비싸지고 공극이 커지며 효율이 나빠진다. 반면에 과부하에 잘 견디고(과부하 내량이 크다) 전기자 반작용이 작아지며 동기 임피던스가 작아지고 전압 변동률이 작아진다(단락비가 작은 경우는 큰 경우의 반대 성질을 갖는다).

19 전력용 반도체 소자 중 IGBT(Insulated Gate Bipolar Transistor)에 대한 설명으로 옳지 않은 것은?

① IGBT는 PNPN 층으로 만들어져 있다.

② IGBT는 게이트 전류에 의해 제어되는 전류 제어형 소자이다.

③ IGBT는 전력용 MOSFET와 전력용 BJT의 장점을 가지는 고전압 대전류용 전력용 반도체 소자이다.

④ IGBT는 게이트의 턴 온 및 턴 오프 동작을 위해서 정(+), 부(−) 전압을 인가하는 구동 회로를 사용한다.

해설

IGBT는 게이트(G)−이미터(E) 간의 전압을 조절하여 제어하는 전력용 반도체이다.

IGBT(Insulated Gate Bipolar Transistor, 절연 게이트 양극성 트랜지스터)

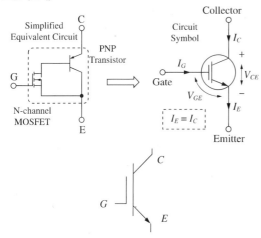

금속 산화막 반도체 전계 효과 트랜지스터(MOSFET)를 게이트부에 넣은 접합형 트랜지스터로 게이트(G)−이미터(E) 간의 전압이 구동되어 입력 신호에 의해서 온/오프가 생기는 자기 소호형이다. MOSFET과 비교하면 대전력의 저속 스위칭이 가능한 반도체 소자이며, 게이트가 '일단' 절연되어 있기 때문에 회로상 분리에도 유리하여 개별 모듈 하나가 [kV] 단위의 내전압에 500[A] 이상의 드레인 전류를 소화할 수 있다. 실제로 등가 회로로 나타낼 때는 MOSFET과 BJT의 결합 모델로 설명한다. N채널 종형 MOSFET의 드레인 측에 P 컬렉터를 추가한 구조이다. P 컬렉터로부터 정공(正孔, Hole)의 주입에 의해, N 베이스 층의 도전율 변조(導電率變調)가 일어나 저항이 저하한다. 그 때문에 MOSFET과 비교하면 고전압용에 적합하다. 한편, 주입한 캐리어의 소멸에 시간이 걸리기 때문에 턴 오프 시간이 길어진다. IGBT의 구동단은 트랜스를 이용해 절연할 뿐만 아니라, 구동 전압 역시 게이트 전압이 −15~+15[V]로 움직여야 해서 복잡한 편이다.

• MOSFET(Metal−Oxide−Semiconductor Field−Effect Transistor, 금속 산화막 반도체 전계 효과 트랜지스터)
디지털 회로와 아날로그 회로에서 가장 일반적인 전계 효과 트랜지스터(FET)로, 게이트의 전압으로 소스와 드레인 사이의 전류를 제어하는 것이 MOSFET의 기본 원리이다(N형의 경우 상대적으로 전압이 더 낮은 곳이 소스(S)가 되고, 전압이 더 높은 곳이 드레인(D)이 된다).

• SCR(Silicon Controlled Rectifier, 실리콘 제어 정류기)
Thyristor(사이리스터)라고 불리며, 제어단자(G)로부터 음극(K)에 전류를 흘리는 것으로, 양극(A)과 음극(K) 사이를 도통시킬 수 있는 3단자의 반도체 소자이다. PNPN의 4중 구조를 하고 있으며, 게이트에 일정한 전류를 통과시키면 양극과 음극 간이 도통(導通, Turn on)한다. 도통을 정지(턴 오프)하기 위해서는, 양극과 음극 간의 전류를 일정치 이하로 할 필요가 있다. 이러한 특징으로 한 번 도통시키면 통과 전류가 0이 될 때까지 도통 상태를 유지해야 하는 곳에 사용된다.

구 분	MOSFET	BIPOLAR	IGBT
기본 구조	소 스 / 게이트 / N+ / P+ / N− / N+ / 드레인	이미터 / 베이스 / N+ / P+ / N− / N+ / 컬렉터	이미터 / 게이트 / N+ / P+ / N− / P+ / 컬렉터
제 어	게이트 전압	베이스 전류	게이트 전압
허용 전류	×	△	○
스위칭	○	×	△
ON 저항	×	△	○

20 이중 농형 유도 전동기에 대한 설명으로 옳지 않은 것은?

① 기동 토크가 크고 운전 효율이 좋다.

② 내부 도체는 외부 도체에 비해 낮은 저항의 도체 바로 구성된다.

③ 기동 시 내부 도체의 리액턴스가 바깥쪽 도체의 리액턴스보다 크다.

④ 기동 시 표피 효과로 인하여 내부 도체로 전류가 대부분 흐른다.

해설

기동 시에는 내측 도체에 누설 리액턴스가 커서, 저항이 큰 외측 도체에 전류가 흐른다.

이중 농형 유도 전동기(Squirrel-cage Roter)

이중 농형은 유도 전동기의 고정자 슬롯이 2중 구조로 되어 있는 방식을 의미한다. 이중 농형은 상부 슬롯에 저항이 높은 고저항 도체를 삽입하고, 하부 슬롯에 저항이 낮은 저저항 도체를 삽입하는 유도 전동기 구조다. 초기 기동 시의 전류는 저항이 높은 상부 도체로 흐르므로, 기동 토크가 증가하고 동시에 기동 전류가 작다. 반면, 정상 상태에서는 저항이 낮은 하부 도체 전류가 흐르므로 우수한 운전특성을 보이는 기술적 특징이 있다. 또한, 심구 농형은 유도 전동기에서 회전자 슬롯이 폭에 비해 현저하게 깊은 방식으로, 유도 전동기의 기동 및 정지가 자주 되풀이되는 경우에 적합하다. 특히 냉각 특성이 우수한 것이 장점이다.

• 유도 전동기 회전자 슬롯(Slot) 단면

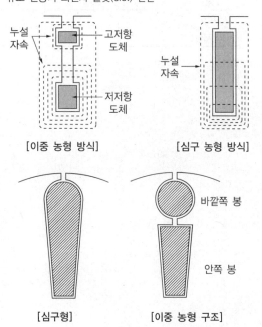

[이중 농형 방식]   [심구 농형 방식]

[심구형]   [이중 농형 구조]

바깥쪽 봉
안쪽 봉

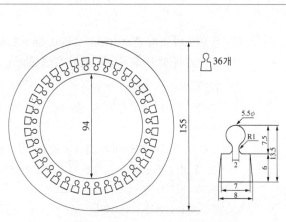

36개

[이중 농형 방식의 유도 전동기 구조]

• 회전자의 농형 권선을 외측/내측 2중으로 설치한 구조
• 외측 권선(도체) : 저항 높고, 누설 리액턴스 작고(구조적 영향)
• 내측 권선(도체) : 저항 작고, 누설 리액턴스 크고(구조적 영향)
• 기동 시에는 내측 도체에 누설 리액턴스가 커서, 저항이 큰 외측 도체에 전류가 흐르고(우수한 기동 특성),
• 운전 시에는 주파수가 작아, 누설 리액턴스가 작아져 저항이 작은 내측 도체에 전류가 흐른다(우수한 운전 특성).
• 보통 농형 유도 전동기에 비해 기동 토크는 크고 기동 전류는 작다.

SECTION 14

2020년 국가직 전기기기

01 정격 전압 6,600[V], 정격 전류 300[A]인 3상 동기 발전기에서 계자 전류 180[A]일 때 무부하 시험에 의한 무부하 단자 전압은 6,600[V]이고, 단락 시험에 의한 3상 단락 전류가 300[A]일 때 계자 전류는 120[A]이다. 이 발전기의 단락비는?

① $\frac{3}{5}$ ② $\frac{5}{3}$

③ $\frac{2}{3}$ ④ $\frac{3}{2}$

해설
단락비

$$k_s = \frac{\text{무부하 시 정격 전압 } V_n \text{을 유기시키는데 필요한 계자 전류 } I_f}{\text{단락 시 정격 전류와 같은 단락 전류를 흘리는데 필요한 계자 전류 } I_f}$$

$$= \frac{I_s}{I_n} = \frac{180}{120} = \frac{3}{2}$$

02 단상 반파 정류 회로 정류기에서 입력 교류 전압의 실횻값을 E[V]라고 할 때, 직류 전류 평균값[A]은?(단, 정류기의 전압 강하는 e[V]이고, 부하 저항은 R[Ω]이다)

① $\left(\frac{\sqrt{2}}{\pi} E - e \right) \times \frac{1}{R}$ ② $\left(\frac{2}{\pi} E - e \right) \times \frac{1}{R}$

③ $\left(\frac{2\sqrt{2}}{\pi} E - e \right) \times \frac{1}{R}$ ④ $\left(\frac{1}{\pi} E - e \right) \times \frac{1}{R}$

해설
단상 반파 정류 회로 출력 전압 $\frac{\sqrt{2}}{\pi} E$에서 정류자(다이오드) 전압 강하 e를 빼 준 값이 부하 저항 양단에 걸리게 되며, 그 저항을 나누어 주면 옴의 법칙에 의해 전류값이 나오게 된다.

$$\frac{\left(\frac{\sqrt{2}}{\pi} E - e \right)}{R}$$

03 직류 발전기의 구성 요소에 대한 설명으로 옳지 않은 것은?

① 계자(Field) : 전기자가 쇄교하는 자속을 만드는 부분

② 브러시(Brush) : 정류자면에 접촉하여 전기자 권선과 외부 회로를 연결하는 부분

③ 전기자(Armature) : 원동기로 회전시켜 자속을 끊으면서 기전력을 유도하는 부분

④ 정류자(Commutator) : 브러시와 접촉하여 전기자 권선에 유도되는 기전력을 교류로 변환하는 부분

해설
정류자(Commutator)는 브러시와 접촉하여 전기자 권선에 유도되는 기전력을 직류로 변환하는 부분이다.

04 60[Hz] 8극인 3상 유도 전동기의 전부하에서 슬립이 5[%]일 때 회전자의 속도[rpm]는?

① 855

② 870

③ 885

④ 900

해설
$$s = \frac{N_s - N}{N_s} \rightarrow N = (1-s)N_s$$

$$= (1-s)\frac{120f}{p} = 0.95\frac{120 \cdot 60}{8} = 855[\text{rpm}]$$

05 그림과 같은 속도 특성과 토크 특성 곡선을 나타내는 직류 전동기는?(단, 자속의 포화는 무시한다)

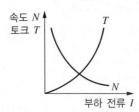

① 직권 전동기
② 분권 전동기
③ 가동 복권 전동기
④ 차동 복권 전동기

해설

직권 전동기 토크 $T = K \cdot \phi \cdot I_a$, $I_a = I_f = I$, $I_f \propto \phi$이므로

$T = K \cdot I_a^2 [\mathrm{N \cdot m}]$ → 부하 전류와 제곱에 비례

직권 전동기 속도 $N \propto \dfrac{V}{\phi} \propto \dfrac{V}{I_a}$ → 부하 전류와 반비례

06 단권 변압기(Auto-transformer)에 대한 설명으로 옳지 않은 것은?

① 1차측과 2차측이 절연되어 있지 않아 저압측도 고압측과 같은 절연을 시행하여야 한다.
② 동일 출력에서 일반 변압기에 비해 소형이 가능하며 경제적이다.
③ 권수비가 1에 가까울수록 동손이 적고 누설 자속이 없어 전압 변동률이 작다.
④ 3상 결선에는 사용할 수 없다.

해설

단권 변압기의 특징
• 장 점
 - 여자 전류가 작다.
 - 가격이 저렴하고 소형이다(1차와 2차의 전압비가 1에 가까울수록 단권 변압기를 사용하는 것이 경제적이다).
 - 효율이 좋다.
 - 전압 변동률이 작다.
 - %Z가 10[%]일 때 극히 소형으로 설계할 수 있다.
• 단 점
 - 1차, 2차 회로가 전기적으로 완전히 절연되지 않음으로 적절한 절연 설계가 필요하다.
 - 단락 전류가 크게 되므로 열적, 기계적 강도가 커야 된다.
 - 1, 2차가 직접 계통이어야 한다.
 - 충격 전압은 거의 직렬 권선에 가해짐으로 적절한 절연 설계가 필요하다.

07 그림과 같이 3상 220[V], 60[Hz] 전원에서 슬립 0.1로 운전되고 있는 2극 유도 전동기에 4극 동기 발전기가 연결되어 있을 때, 동기 발전기의 출력 전압 주파수 [Hz]는?(단, 기어 1과 기어 2의 기어비는 1 : 2이다)

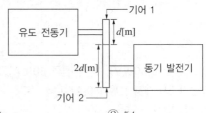

① 50
② 54
③ 98
④ 108

해설

유도 전동기의 회전 속도 $N = (1-s)\dfrac{120f}{p}[\mathrm{rpm}]$, 동기 발전기 회

전 속도 $N_s = \dfrac{120f_s}{p_s}[\mathrm{rpm}]$, 기어비(1 : 2)이므로 발전기가 1바퀴

회전할 때 유도 전동기는 2바퀴 회전한다. 즉, 유도 전동기의 회전 속도는 동기 발전기의 회전 속도의 2배와 같다. 따라서, 다음과 같은 식을 만들 수 있다.

$$1 \cdot (1-s)\frac{120f}{p} = 2 \cdot \frac{120f_s}{p_s} \rightarrow 1 \cdot (1-0.1)\frac{120 \cdot 60}{2}$$

$$= 2 \cdot \frac{120 \cdot f_s}{4} \rightarrow f_s = 54[\mathrm{Hz}]$$

08 농형 유도 전동기의 기동법에 대한 설명으로 옳지 않은 것은?

① 전전압 기동은 5[kW] 이하의 소용량 전동기에 정격 전압을 직접 가하여 기동하는 방법이다.
② $Y-\triangle$ 기동은 기동 시에는 고정자 권선을 Y 결선하여 기동하고 운전상태에서는 고정자 권선을 $\triangle$ 결선으로 변경하는 방법이다.
③ 워드 레오나드(Ward Leonard) 기동은 전동기의 2차 회로에 기동 저항을 접속하여 기동 전류를 제한하여 기동하고 서서히 기동 저항을 변경하는 방법이다.
④ 리액터 기동은 전동기의 1차측에 가변 리액터를 접속하여 기동 전류를 제한하고 가속 후 가변 리액터를 단락하는 방법이다.

해설

워드 레오나드(Ward Leonard)는 직류 전동기 속도 제어 방식 중 하나이다.
농형 유도 전동기 기동법은 전전압 기동법, $Y-\triangle$ 기동법, 리액터 기동법, 기동 보상기법이 있다.

09 단자 전압 150[V], 단자 전류 11[A], 정격 회전 속도 2,500[rpm]으로 전부하 운전되는 직류 분권 전동기의 전기자 권선에 저항 $R_S[\Omega]$를 삽입하여 회전 속도를 1,500[rpm]으로 조정하려고 할 때, 저항 $R_S[\Omega]$는? (단, 토크는 일정하며, 전기자 저항은 0.5[Ω], 계자 저항은 150[Ω]이다)

① 5.1 ② 5.5

③ 5.8 ④ 6.1

해설

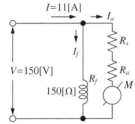

계자 전류 $I_f = \dfrac{150}{150} = 1[A]$, 전기자 전류 $I_a = I - I_f = 11 - 1$

$= 10[A]$이며, 2,500[rpm]일 때 전동기의 역기전력은 $E = V - I_a R_a$

$= 150 - 10 \cdot 0.5 = 145[V]$이며, $E = K \cdot \phi \cdot N \rightarrow E \propto N$이므로

$2,500 : 145 = 1,500 : E' \rightarrow E' = \dfrac{1,500}{2,500} \cdot 145 = 87[V]$

1,500[rpm]일 때 전동기의 역기전력은

$E' = V - I_a(R_a + R_s) = 150 - 10(0.5 + R_s) = 87[V]$

$\therefore R_s = 5.8[\Omega]$

10 정격 용량이 10[kVA]이고 철손과 전부하 동손이 각각 160[W], 640[W]인 변압기가 있다. 이 변압기는 부하 역률 72[%]에서 전부하 효율이 A[%]이며, 전부하의 $\dfrac{1}{B}$에서 최대 효율이 나타날 때, A[%]와 B는?

	A[%]	B
①	90	2
②	92	2
③	90	4
④	92	4

해설

전부하의 일 때

출력(P) $P = m \cdot P_n \cdot \cos\theta = 1 \cdot 10 \cdot 0.72 = 7.2[\text{kW}]$,

철손 0.16[kW], 동손 0.64[kW]

효율(η) $\eta = \dfrac{P_n\cos\theta}{P_n\cos\theta + P_i + P_c} \times 100[\%]$

$= \dfrac{7.2}{7.2 + 0.16 + 0.64} \times 100[\%] = 90[\%]$

최대 효율은 '철손 = 동손' $\rightarrow P_i = m^2 P_c \rightarrow m$

$= \sqrt{\dfrac{P_i}{P_c}} = \sqrt{\dfrac{160}{640}} = \dfrac{1}{2}$

$\therefore B = 2$

11 SCR를 이용한 인버터 회로가 있다. SCR가 도통상태에서 20[A]의 부하 전류가 흐를 때, 게이트 동작 범위 내에서 게이트 전류를 $\dfrac{1}{2}$배로 감소하면 부하 전류[A]는?

① 0

② 10

③ 20

④ 40

해설

SCR은 게이트 동작 범위 내에서 게이트 전류는 스위치의 역할만 할 뿐 부하 전류의 크기와는 상관이 없다.

12 6극, 60[Hz], 200[V], 7.5[kW]인 3상 유도 전동기가 960[rpm]으로 회전하고 있을 때, 2차 주파수[Hz]는?

① 6

② 8

③ 10

④ 12

해설

$$N_s = \frac{120f}{p} = \frac{120 \cdot 60}{6} = 1{,}200\,[\text{rpm}]$$

$$f_2 = sf_1 = \frac{N_s - N}{N_s} \cdot f_1 = \frac{1{,}200 - 960}{1{,}200} \cdot 60 = 12\,[\text{Hz}]$$

13 직류 전동기의 속도 제어법으로 옳은 것만을 모두 고르면?

ㄱ. 저항 제어법
ㄴ. 전압 제어법
ㄷ. 계자 제어법
ㄹ. 주파수 제어법

① ㄱ, ㄴ

② ㄷ, ㄹ

③ ㄱ, ㄴ, ㄷ

④ ㄱ, ㄴ, ㄷ, ㄹ

해설

ㄱ. 저항 제어법 : 전기자 저항을 조절하는 방법으로 전력 손실률과 속도 변동률이 커서 운전 효율이 나쁘다.

ㄴ. 전압 제어법 : 효율이 좋고 광범위한 속도 제어가 가능하며 정토크 제어를 한다.

ㄷ. 계자 제어법 : 자속을 변화시키는 방법으로 전기자 전류가 작아 손실이 적은 정출력 제어 방식이다.

14 단상 반파 정류 회로와 단상 전파 정류 회로의 정류 효율비(단상 반파 정류 효율/단상 전파 정류 효율)는?

① $\dfrac{1}{\sqrt{2}}$

② $\dfrac{1}{2}$

③ $\sqrt{2}$

④ 2

해설

정류 효율비 $= \dfrac{\text{단상 반파 정류 효율}}{\text{단상 전파 정류 효율}} = \dfrac{0.40528}{0.81056} = \dfrac{1}{2}$

구 분	평균값	실홋값	파형률	맥동률	정류 효율
단상 반파	$\dfrac{\sqrt{2}}{\pi}E$	$\dfrac{E}{\sqrt{2}}$	$\dfrac{\pi}{2}$	1.213	0.40528
단상 전파	$\dfrac{2\sqrt{2}}{\pi}E$	E	$\dfrac{\pi}{2\sqrt{2}}$	0.484	0.81056
3상 반파	$\dfrac{3\sqrt{6}}{2\pi}E$	$\sqrt{1+\dfrac{3\sqrt{3}}{4\pi}}\,E$	1.01655	0.182	0.96769
3상 전파	$\dfrac{3\sqrt{6}}{\pi}E$	$\sqrt{3+\dfrac{9\sqrt{3}}{2\pi}}\,E$	1.00088	0.042	0.99824

파형률 $= \dfrac{\text{실홋값}}{\text{평균값}}$

맥동률 $= \dfrac{\sqrt{\text{실홋값}^2 - \text{평균값}^2}}{\text{평균값}}$

정류 효율 $= \dfrac{\text{출력}}{\text{입력}} = \left(\dfrac{\text{평균값}}{\text{실홋값}}\right)^2 = \left(\dfrac{1}{\text{파형률}}\right)^2$

15 3상 동기 발전기가 540[kVA]의 전력을 역률 0.85의 부하에 공급하고 있다. 발전기의 효율이 0.9이며 발전기 운전용 원동기의 효율이 0.85일 때, 원동기의 입력[kW]은?

① 540

② 600

③ 635

④ 706

해설

원동기 입력 $= \dfrac{\text{부하의 소비 전력}}{\text{발전기 효율} \times \text{원동기 효율}}$

$= \dfrac{540 \times 0.85}{0.9 \times 0.85} = 600\,[\text{kW}]$

16 그림과 같이 단상 변압기 3대를 이용한 3상 결선 방식에 대한 설명으로 옳은 것은?

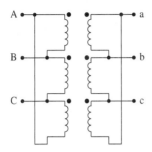

① 상전압이 선간 전압의 $\dfrac{1}{\sqrt{3}}$ 배이므로 절연이 용이하다.

② 1차측 선간 전압과 2차측 선간 전압 사이에 30° 위상차가 발생한다.

③ 접지선을 통해 제3고조파가 흐르므로 통신선에 유도 장해가 발생한다.

④ 변압기 한대가 고장이 나도 $V-V$ 결선으로 운전을 계속할 수 있다.

해설

변압기 $\triangle-\triangle$ 결선 특징
- 선간 전압(V_l)는 상전압(V_p)와 크기가 같고, 위상은 동상이다.
  $V_l = V_p \angle 0°$
- 선전류(I_l)는 상전류(I_p)에 비해 크기가 $\sqrt{3}$ 배이고, 위상은 30° 뒤진다. $I_l = \sqrt{3}\,I_p \angle -30°$
- 1, 2차 전압의 위상차가 없다.
- 제3고조파 여자 전류 통로를 가지게 됨으로 기전력의 파형이 왜곡되지 않는다.
- 변압기 외부에 제3고조파가 발생하지 않아 통신 장애가 없다.
- 변압기 1대가 고장이 나도 $V-V$ 결선으로 운전이 가능하다.
- 중성점 접지가 안 되어 사고 시 보호가 곤란하다.
- 상부하가 불평형일 때 순환 전류가 흐른다. 또한 선간 전압과 상전압이 동일함으로 고압인 경우 절연에 문제가 있기 때문에 60[kV] 이하의 저전압, 대전류용인 배전용 변압기에 주로 사용된다.

17 5[kVA], 3,300/200[V]인 단상 변압기의 %저항 강하와 %리액턴스 강하가 각각 3[%], 4[%]이다. 이 변압기에 지상 역률 0.8의 정격 부하를 걸었을 때, 전압 변동률[%]은?(단, 소수점 첫째 자리까지만 구할 것)

① 0.1
② 4.8
③ 5.0
④ 5.6

해설

변압기 전압 변동률

$\varepsilon = p\cos\theta + q\sin\theta = 3 \times 0.8 + 4 \times 0.6 = 4.8 [\%]$

※ 진상 부하일 경우 $\varepsilon = p\cos\theta - q\sin\theta$

18 자극 피치(Pole Pitch)를 T_d, 전원 주파수를 f 라고 할 때, 리니어 전동기(Linear Motor)의 동기 속도에 대한 설명으로 옳은 것은?

① T_d와 f에 비례한다.

② T_d에 비례하고 f에 반비례한다.

③ T_d에 반비례하고 f에 비례한다.

④ T_d와 f에 반비례한다.

해설

선형 유도 전동기의 동기 속도는 $V_s = 2T_d f [\text{m/s}]$으로
$V_s \propto T_d$, $V_s \propto f$

19 6극, 회전 속도 1,000[rpm]인 3상 동기 발전기가 Y결선으로 운전하고 있을 때, 발전기 단자 전압의 실횻값 [V]은?(단, 발전기의 극당 자속 0.2[Wb], 권선수 100, 권선계수는 0.65이다)

① $650\sqrt{2}\,\pi$ ② $650\sqrt{3}\,\pi$

③ $650\sqrt{6}\,\pi$ ④ $1,300\pi$

해설

동기 발전기 유기 기전력

$$E = 4.44fN\phi K_\omega = \frac{2\pi}{\sqrt{2}}fN\phi K_\omega$$

$$= \frac{2\pi}{\sqrt{2}} \times 50 \times 100 \times 0.2 \times 0.65$$

$$= 650\sqrt{2}\,\pi \left(\because f = \frac{1,000 \times 6}{120} = 50 \right)$$

Y결선의 단자 전압은 상전압의 $\sqrt{3}$ 배이므로

$650\sqrt{2}\,\pi \times \sqrt{3} = 650\sqrt{6}\,\pi[\text{V}]$

20 극수 6, 전기자 도체수 300, 극당 자속 0.04[Wb], 회전 속도 1,200[rpm]인 직류 분권 발전기가 있다. 전기자 권선 방법이 단중 중권일 때 유기 기전력 E_A[V]와 단중 파권일 때 유기 기전력 E_B[V]는?

	E_A[V]	E_B[V]
①	240	720
②	120	360
③	720	240
④	360	120

해설

직류 분권 발전기 유기 기전력 $E = \dfrac{pz}{60a} \cdot \phi \cdot N[\text{V}]$ 이며,

중권 $a = p$, 파권 $a = 2$, a(전기자 병렬 회로수)

중권일 경우 $E_A = \dfrac{pz}{60a} \cdot \phi \cdot N[\text{V}]$

$$= \frac{6 \times 300}{60 \times 6} \times 0.04 \times 1,200 = 240[\text{V}]$$

파권일 경우 $E_B = \dfrac{pz}{60a} \cdot \phi \cdot N[\text{V}]$

$$= \frac{6 \times 300}{60 \times 2} \times 0.04 \times 1,200 = 720[\text{V}]$$

15 2021년 국가직 전기기기

01 직권 직류 전동기에 대한 설명으로 옳지 않은 것은?

① 자속이 포화되기 전까지 토크는 전기자 전류의 제곱에 비례한다.

② 크레인용 전동기와 같이 매우 큰 토크가 필요한 곳에 적합하다.

③ 무부하 상태로 연결하여 동작하는 것을 피해야 한다.

④ 토크가 커질수록 높은 속도를 얻을 수 있다.

해설

직권 전동기

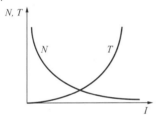

[직권 전동기의 속도-토크 특성 곡선]

• 토크가 커지면 속도가 낮아진다.

• $T = K\phi I_a = K I_a^2 (\because I_a = I_f = I, \phi \propto I_f)$

• 기동 토크가 크기 때문에 전차, 크레인 등에 사용된다.

• 무부하 운전, 벨트 운전을 해서는 안 된다.

02 V–V 결선에 대한 설명으로 옳지 않은 것은?

① 소용량 3상 부하에 사용할 수 있다.

② △-△ 결선에서 1대의 변압기가 고장 나면 V-V 결선으로 운전할 수 있다.

③ △-△ 결선의 출력에 비하여 부하용량은 86.6[%], 이용률은 57.7[%]로 줄어든다.

④ 부하의 상태에 따라 2차 단자 전압이 불평형이 될 수 있다.

해설

V결선으로 3상 전원을 공급하는 경우 출력률은 57.7[%], 이용률은 86.6[%]로 감소한다.

03 다음 그림의 DC–DC 컨버터 명칭과 정상 상태에서의 입출력 전압의 관계는?(단, T_D는 SW의 Duty Ratio이다)

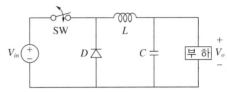

① 벅 컨버터, $V_o = T_D \times V_{in}$

② 벅 컨버터, $V_o = \dfrac{1}{(1 - T_D)} \times V_{in}$

③ 부스트 컨버터, $V_o = T_D \times V_{in}$

④ 부스트 컨버터, $V_o = \dfrac{1}{(1 - T_D)} \times V_{in}$

해설

직류 초퍼

• 듀티비 $T_D = \dfrac{T_{on}}{T}$

• 강압형 초퍼(벅 컨버터) : $V_o = T_D \times V_i$

• 승압형 초퍼(부스트 컨버터) : $V_o = \dfrac{1}{(1 - T_D)} \times V_i$

• 강압-승압형 초퍼(벅-부스트 컨버터) : $V_o = \dfrac{T_D}{(1 - T_D)} \times V_i$

04 8극, 60[Hz], 12[kW]인 3상 유도 전동기가 전부하 시 720[rpm]으로 회전할 때, 옳은 것은?(단, 기계손은 무시한다)

① 회전자 전류의 주파수는 12[Hz]이다.
② 회전자 효율은 90[%]이다.
③ 공극 전력(회전자 입력 전력)은 13.3[kW]이다.
④ 회전자 동손은 1.3[kW]이다.

해설
① 회전자 전류의 주파수 $f_2 = sf_1$

• 동기속도 $N_s = \dfrac{120f}{p} = \dfrac{120 \times 60}{8} = 900[\mathrm{rpm}]$

• 슬립 $s = \dfrac{N_s - N}{N_s} = \dfrac{900 - 720}{900} = 0.2$

∴ $f_2 = 0.2 \times 60 = 12[\mathrm{Hz}]$

② 회전자 효율
$\eta_2 = (1-s) \times 100 = (1-0.2) \times 100 = 80[\%]$

③ 공극 전력(회전자 입력 전력)
$P_2 = \dfrac{P}{1-s} = \dfrac{12[\mathrm{kW}]}{1-0.2} = 15[\mathrm{kW}]$

④ 회전자 동손
$P_{c2} = sP_2 = 0.2 \times 15[\mathrm{kW}] = 3[\mathrm{kW}]$

05 다음의 동기기 등가 회로와 벡터도에 대한 설명으로 옳지 않은 것은?(단, X_s는 동기 리액턴스이다)

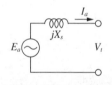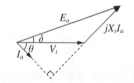

① 전동기로 동작하고 있다.
② 전류 I_a의 위상이 단자 전압 V_t의 위상보다 뒤진다.
③ 무효 전력이 발생한다.
④ 전류 I_a가 줄어들면 유기 기전력 E_a와 단자 전압 V_t의 크기 차이는 감소한다.

해설
등가식
$E_a = V_t + jX_s I_a$
① 발전된 전압(E_a)에서 단자 전압(V_t)쪽으로 전류가 흘러 들어가고 있다(발전기).
② 전류(I_a)가 전압(V_t)보다 θ만큼 느린 상태이다.
③ 전압과 전류의 위상 차이(θ)가 있어 무효 전력이 발생한다.
④ $E_a - V_t = jX_s I_a$이므로 I_a가 감소하면 $E_a - V_t$도 감소한다.

06 다음은 전력 변환 시스템의 전력단을 역할에 따라 블록으로 구분한 그림이다. 각 블록에 대한 설명으로 옳은 것은?

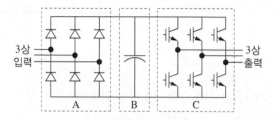

① A블록은 3상 교류 입력 전압을 정류하는 3상 다이오드 반파 정류기이다.
② B블록은 A블록의 출력 전압을 평활화하기 위한 목적으로 사용된다.
③ C블록은 교류 신호를 직류 신호로 변환하는 인버터를 나타낸다.
④ 선형 변조 시 C블록의 PWM 스위칭 주파수가 출력 전압의 주파수보다 높을수록 출력 전압의 고조파 제거가 어렵다.

해설
①·②·③ A블록은 3상 전파 정류기(컨버터), B블록은 전압을 평활화하는 역할을 하는 콘덴서, C블록은 직류를 교류로 변환하는 인버터 역할을 한다.
④ PWM 스위칭 주파수가 출력 전압의 주파수보다 높을수록 출력 전압에 포함되어 있는 고조파를 제거하기 쉽다.

07 유도 전동기에 대한 설명으로 옳지 않은 것은?

① 회전자에 흐르는 전류는 지상 전류이다.
② 정격 속도로 운전할 때보다 기동 시의 2차측 누설 리액턴스가 크다.
③ 슬립 s에서 유도 전동기의 이론적인 최고 효율은 $1-s$이다.
④ 변압기에 비하여 일반적으로 누설 리액턴스가 작다.

해설
① 유도 전동기에는 유도성 리액턴스 성분이 많이 포함되어 있기 때문에 지상 전류가 흐른다.
②·③ 유도 전동기의 2차 누설 리액턴스(sX_l)는 기동 시($s=1$)가 운전 시($0 < s < 1$)보다 더 크며, 최대 효율은 $\eta_2 = 1-s$이다.
④ 변압기는 자속이 이동하는 경로가 철심(투자율 大)으로 되어 있지만 유도 전동기는 공극(투자율 小)으로 되어 있기 때문에 변압기보다 누설 리액턴스가 더 크다.

08 직류 전동기의 기동 방법에 대한 설명으로 옳은 것은?

① 전기자 저항은 크게 하고 계자 저항은 최소로 한다.
② 전기자 저항은 크게 하고 계자 저항은 최대로 한다.
③ 전기자 저항은 작게 하고 계자 저항은 최소로 한다.
④ 전기자 저항은 작게 하고 계자 저항은 최대로 한다.

해설
- 직류 전동기 기동 시 전기자 저항은 크게 하여 기동 전류를 낮추고, 계자 저항은 최소로 하여 기동 토크를 크게 한다.
- $I_a \downarrow$, $T = K\phi I_a (T \propto \phi \propto I_f \uparrow)$

09 15,000/200[V], 10[kVA]인 변압기의 등가 회로는 다음과 같다. 변압기의 출력 전압이 정격 전압이라 가정하고 0.8 지상 역률 정격부하에서 운전되고 있을 때, 전압 변동률[%]은?(단, 1차측 권선 저항과 누설 리액턴스는 무시한다)

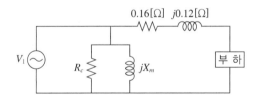

① 5
② −5
③ 6
④ −6

해설
- $\%R = \dfrac{PR}{10 V^2} = \dfrac{10 \times 0.16}{10 \times 0.2^2} = 4$
- $\%X = \dfrac{PX}{10 V^2} = \dfrac{10 \times 0.12}{10 \times 0.2^2} = 3$
- $\cos\theta = 0.8$, $\sin\theta = 0.6$
- ∴ 전압 변동률(ε) = $\%R \cdot \cos\theta + \%X \cdot \sin\theta$
  $= 4 \times 0.8 + 3 \times 0.6 = 5[\%]$

10 타여자 직류 발전기 A와 B가 병렬 운전으로 130[A]의 부하 전류를 공급하고 있다. 전기자 저항이 $R_A = 0.2$[Ω]와 $R_B = 0.3$[Ω]일 때, 각 발전기의 분담 전류 I_A[A]와 I_B[A]는?(단, A와 B의 유기 기전력은 같다)

	I_A	I_B
①	40	90
②	90	40
③	52	78
④	78	52

해설

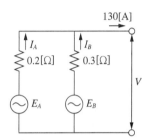

- $I_A + I_B = 130[A] \cdots \text{㉠}$
- $E - 0.2 I_A = E - 0.3 I_B = V \cdots \text{㉡}$ ($\because E_A = E_B = E$)
- ∴ ㉠과 ㉡을 연립하여 계산하면 $I_A = 78[A]$, $I_B = 52[A]$이다.

11 그림과 같은 3상 유도 전동기의 토크 속도 특성 곡선에서 정상 운전 범위로 옳은 것은?

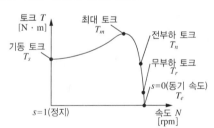

① $T_s - T_m$ 구간 ② $T_m - T_n$ 구간
③ $T_n - T_r$ 구간 ④ $T_r - T_e$ 구간

해설

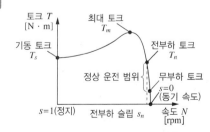

[유도 전동기의 속도−토크 특성]

12 변압기유에 대한 설명으로 옳지 않은 것은?

① 절연 내력이 커야 한다.

② 인화점이 낮아야 한다.

③ 절연 재료 및 금속과 접하여도 화학 작용을 일으키지 않아야 한다.

④ 유동성이 풍부하고 비열이 커서 냉각 효과가 커야 한다.

해설

변압기유(절연유)의 구비 조건

• 절연 내력이 클 것

• 인화점이 높을 것

• 응고점이 낮을 것

• 고온에서 화학적으로 안정할 것(절연 재료와 접촉 시 산화하지 않을 것)

• 점도가 낮고 냉각 효과가 클 것

• 침전물이 생기지 않을 것

13 유도기의 기동 및 운전에 대한 설명으로 옳지 않은 것은?

① 농형 유도 전동기의 속도 제어 방법에는 주파수 제어, 극수 변환, 2차 저항법, 전압 제어 등이 있다.

② 유도 전동기를 신속히 정지시키기 위해서 역상 제동법을 사용할 수 있다.

③ 농형 유도 전동기의 기동 특성과 운전 특성을 조정하기 위해 이중농형, 심구형 회전자가 사용된다.

④ 순수한 단상 유도 전동기는 기동 토크가 없어 기동 보조 장치가 필요하다.

해설

• 2차 저항법은 권선형 유도 전동기의 속도 제어 방법이다.

• 단상 유도 전동기는 기동을 위하여 별도의 보조 장치가 필요하며, 종류별 기동 토크의 크기는 반발 기동형 > 반발 유도형 > 콘덴서 기동형 > 분상 기동형 > 셰이딩 코일형 순이다.

14 변압기의 1차측 전압은 220[V]이다. 다음의 변압기 등가 회로에서 무부하 전류가 0.5[A]이고 철손이 66[W]일 때, 자화 전류[A]는?(단, 1차측 권선 저항과 누설 리액턴스는 무시한다)

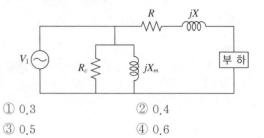

① 0.3

② 0.4

③ 0.5

④ 0.6

해설

무부하 상태의 회로에는 병렬로 연결된 부분에 무부하 전류만 흐르게 된다.

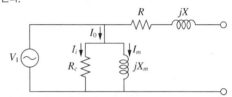

여기서, R_c : 철손 저항, jX_m : 자화 리액턴스,

R : 등가 저항, jX : 등가 리액턴스

$P_i = VI_i$

$66 = 220 \cdot I_i$

$I_i = 0.3$

$\therefore I_0^2 = I_i^2 + I_m^2$

$0.5^2 = 0.3^2 + I_m^2$

$I_m = 0.4$

15 동기 발전기의 권선법에 대한 설명으로 옳은 것은?

① 분포권은 집중권에 비하여 합성 유기 기전력이 크다.
② 단절권은 전절권에 비하여 합성 유기 기전력이 크다.
③ 단절권은 전절권에 비하여 고조파 성분이 감소한다.
④ 분포권은 집중권에 비하여 코일에서 발생하는 열이 일부분에 집중된다.

해설

전절권보다 단절권이, 집중권보다 분포권이 유기 기전력이 작지만 다른 장점들로 인해 선호되는 권선법이다.
• 단절권의 장점
  − 고조파를 제거하여 기전력의 파형을 좋게 한다.
  − 코일 끝부분의 길이가 단축되어 기계 전체의 길이가 축소된다.
  − 구리의 양이 적게 든다.
• 분포권의 장점
  − 기전력의 고조파가 감소하여 파형이 좋아진다.
  − 권선의 누설 리액턴스가 감소한다.
  − 전기자 권선에 의한 열을 고르게 분포시켜 과열을 방지한다.

16 브러시리스 직류 전동기의 특징으로 옳지 않은 것은?

① 수명이 길고 잡음이 적다.
② 전기자가 회전하는 구조를 가진다.
③ 구동 전류는 구형파 또는 준구형파 형태이다.
④ 회전자 위치 검출 용도로 홀 센서가 사용된다.

해설

브러시형, 브러시리스형 직류 전동기의 비교

항 목	브러시형	브러시리스형
회전자	회전 전기자형	회전 계자형
권선법	중권, 파권 등	단상, 2상, 3상, 4상 권선 등
회전자 위치 검출	불필요	홀 센서
정 류	브러시, 정류자	인버터
특 징	유지보수 비용 大, 기계적 소음 발생, 소형화 어려움, 짧은 수명	유지보수 비용 小, 기계적 소음 없음, 소형화 가능, 긴 수명

17 마그네틱 토크와 릴럭턴스 토크 모두 사용 가능한 전동기는?

① 스위치드 릴럭턴스 전동기
② 릴럭턴스 동기 전동기
③ 표면 부착형 영구 자석 동기 전동기
④ 매입형 영구 자석 동기 전동기

해설

• 마그네틱 토크(Magnetic Torque)
  − SPMSM(Surface Permanent Magnet Synchronous Motor) : 표면 부착형 영구 자석 동기 전동기
• 마그네틱/릴럭턴스 토크(Magnetic/Reluctance Torque)
  − ISPMSM(Inserted Surface Permanent Magnet Synchronous Motor) : 표면 삽입형 영구 자석 동기 전동기
  − IPMSM(Interior Permanent Magnet Synchronous Motor) : 매입형 영구 자석 동기 전동기
  − PMaSynRM(Permanent Magnet assisted Synchronous Reluctance Motor) : 영구 자석 보조 릴럭턴스 전동기
• 릴럭턴스 토크(Reluctance Torque)
  − SynRM(Synchronous Reluctance Motor) : 릴럭턴스 동기 전동기
  − SRM(Switched Reluctance Motor) : 스위치드 릴럭턴스 전동기

18 무부하 상태에서 분권 직류 발전기의 계자 저항이 80[Ω], 계자 전류가 1.5[A], 전기자 저항이 2[Ω]일 때, 단자 전압 V_t[V]와 유기 기전력 E[V]는?

	V_t	E
①	80	120
②	120	120
③	120	123
④	160	123

해설

$E = V_t + I_a R_a = 120 + 1.5 \times 2 = 123[\text{V}]$
• $V_t = I_f R_f = 1.5 \times 80 = 120[\text{V}]$
• $I_a = I_f = 1.5[\text{A}]$

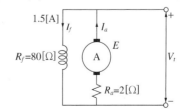

19 그림과 같은 단상 다이오드 정류 회로에 대한 설명으로 옳지 않은 것은?(단, 정류 회로는 정상 상태이며 시정수 $\frac{L}{R}$은 충분히 크다)

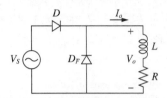

① 유도성 부하에 축적된 에너지 소모를 위한 경로가 있다.
② D_F는 부하 전류 I_o를 평활화하는 역할을 한다.
③ D_F를 제거 시 출력 전압 V_o의 평균값이 증가한다.
④ 교류 전압 한 주기 동안의 인덕터 전압의 평균값은 0이다.

해설

환류 다이오드가 삽입된 단상 반파 정류 회로

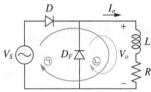

• 전원이 공급되면 ㉠의 경로로 전류가 흐르며, 전원이 끊기면 인덕터에 저장되어 있던 에너지의 전류가 ㉡의 경로를 통해 연속적으로 흐를 수 있도록 해 준다. 이것은 전류의 통전시간을 길어지게 하며, 전원 차단 시 발생하는 인덕터의 큰 역기전력으로 인한 전류의 통로를 만들어 준다.
• 전류의 통전시간이 길어지면 부하전류의 맥동률이 감소한다.
• 환류 다이오드가 없는 경우 인덕터의 역기전력 영향으로 인해 출력 전압 V_o의 평균값은 감소한다.

20 동기 전동기가 동기 속도로 운전되기 위한 기동법으로 옳지 않은 것은?(단, 계자 권선에는 전원이 인가되어 있다)

① 주파수 제어에 의한 기동법
② 원동기에 의한 기동법
③ 제동 권선에 의한 기동법
④ 전압 증가에 의한 기동법

해설

동기 전동기 기동법
• 자기기동법 : 제동 권선을 설치한다.
  – 회전자 자극 N, S의 표면에 설치한 기동 권선(제동 권선)에 의하여 발생하는 토크를 이용한다.
• 유도 전동기법 : 기동용 전동기(원동기)를 사용한다(유도 전동기, 직류 전동기).
• 주파수 변환에 의한 기동법 : 동기화 장치를 사용하여 공급되는 전력의 주파수를 낮추어 고정자의 회전자기장 속도를 줄이는 방법이다.

2022년 국가직 전기기기

01 이상적인 변압기의 특징에 대한 설명으로 옳지 않은 것은?

① 누설 자속은 0이다.
② 권선의 저항은 0이다.
③ 철심의 히스테리시스 현상이 있다.
④ 철심의 자속을 발생시키기 위한 자화 전류는 0이다.

해설

이상적인 변압기는 실제 변압기와 다르게 철손(와류손, 히스테리시스손)이 없다고 가정하므로, 히스테리시스 현상이 일어나지 않는다.

이상적인 변압기의 특징
• 여자 전류(자화 전류 + 철손 전류)가 없다.
• 권선의 저항이 없다.
• 누설 자속이 없다.
• 철손이 없다.

02 변압기의 유도 기전력과 비례하지 않는 것은?

① 권선수
② 철손 저항
③ 쇄교 자속의 최댓값
④ 전원 주파수

해설

변압기의 유도 기전력 $E = 4.44 f \phi_m N [\mathrm{V}]$ 이므로 전원 주파수(f), 쇄교 자속의 최댓값(ϕ_m), 권선수(N)에 비례한다.

03 정격 출력 50[MVA]인 3상 동기 발전기의 주파수가 50[Hz]일 때, 동기 속도는 1,000[rpm]이다. 이 발전기의 주파수가 60[Hz]일 때, 동기 속도[rpm]는?

① 900
② 1,000
③ 1,200
④ 1,500

해설

동기 속도 $N_s = \dfrac{120 f}{p}$[rpm]이므로 $N_s \propto f$이다.

$50[\mathrm{Hz}] : 1,000[\mathrm{rpm}] = 60[\mathrm{Hz}] : x$

$\therefore \ x = \dfrac{1,000[\mathrm{rpm}] \times 60[\mathrm{Hz}]}{50[\mathrm{Hz}]} = 1,200[\mathrm{rpm}]$

04 유도기에 대한 설명으로 옳은 것은?

① 회전자가 정지하면 슬립은 0이다.
② 유도 발전기에서 슬립은 양수이다.
③ 회전자 주파수는 슬립에 비례한다.
④ 회전 자계의 속도와 동일하게 회전하는 속도를 비동기 속도라 한다.

해설

슬립 $s = \dfrac{N_s - N}{N_s}$

① 회전자가 정지 상태일 때 $N = 0$이므로 슬립 s는 1이고, 회전자가 동기 속도일 때 $N = N_s$이므로 슬립 s는 0이다.
② 유도 발전기의 경우 $N > N_s$이므로, 슬립 s는 음수이다.
③ 회전자 주파수 $f_2 = s f_1$이므로, 슬립 s에 비례한다.
④ 회전자의 속도가 고정자의 회전 자계 속도와 동일할 때의 속도를 동기 속도(Synchronous Speed)라 한다.

정답 1 ③ 2 ② 3 ③ 4 ③

05 아라고 원판의 원리가 적용되는 전기기기는?

① 변압기
② 직류 전동기
③ 동기 전동기
④ 유도 전동기

해설
유도 전동기는 아라고 원판의 원리를 이용한 것이다.

06 여자 전류와 철손을 구할 수 있는 변압기 시험은?

① 극성 시험
② 단락 시험
③ 무부하 시험
④ 온도 상승 시험

해설
변압기의 무부하 시험(개방 시험)과 단락 시험으로 알 수 있는 사항
• 무부하 시험(개방 시험) : 여자 전류, 철손 전류, 자화 전류, 여자 어드미턴스, 철손 등
• 단락 시험 : 변압기 임피던스, 동손, 임피던스 전압, 단락 전류, 전압 변동률 등

07 2극 직류 전동기가 60[N·m]의 토크를 발생하고 500 [rpm]의 속도로 부하를 구동 중일 때, 실제 부하로 공급되는 전력이 4[hp]라고 하면 기계적 손실[W]은?(단, 1[hp]는 746[W]이고, 다른 손실은 무시하며, π는 3.14 이다)

① 118
② 139
③ 156
④ 172

해설
• 실제 부하로 공급되는 전력[W]
$P = 4 \times 746[\mathrm{W}] = 2,984[\mathrm{W}]$
• 2극 직류 전동기에서 500[rpm]의 속도로 60[N·m]의 토크를 발생시키는데 필요한 전력[W]
$P = \omega T = 2\pi n T = 2\pi \dfrac{N}{60} T = 2 \times 3.14 \times \dfrac{500}{60} \times 60 = 3,140[\mathrm{W}]$
∴ 기계적 손실[W] $= 3,140[\mathrm{W}] - 2,984[\mathrm{W}] = 156[\mathrm{W}]$

08 4극, 20[kW], 200[V]의 직류 분권 발전기에서 계자 권선의 동손이 출력의 2[%]일 때, 전부하에서 전기자 전류[A]는?

① 96
② 98
③ 100
④ 102

해설
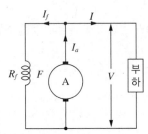
직류 분권 발전기의 전기자 전류
$I_a = I + I_f$
$= \dfrac{P}{V} + \dfrac{P \times 0.02}{V}$
$= \dfrac{20 \times 10^3}{200} + \dfrac{20 \times 10^3 \times 0.02}{200}$
$= \dfrac{20,000}{200} + \dfrac{400}{200}$
$= 102[\mathrm{A}]$

09 1펄스의 스텝 각도가 1°, 입력 펄스의 주파수가 60[Hz] 일 때, 스테핑 모터의 회전 속도[rpm]는?

① 1
② 10
③ 60
④ 360

해설
스테핑 모터의 회전 속도
$N[\mathrm{rpm}] = \dfrac{60f}{s} = \dfrac{60f}{\dfrac{360°}{\text{스텝각(°)}}} = \dfrac{60 \times 60[\mathrm{Hz}]}{\dfrac{360°}{1°}} = \dfrac{3,600}{360} = 10$
※ 스텝각이 θ°인 스테핑 모터에 입력 펄스의 주파수가 f[Hz]인 펄스를 공급할 때 해당 모터의 분당 회전수 N[rpm]은 다음과 같다.
$N = \dfrac{60f}{\dfrac{360}{\theta}}[\mathrm{rpm}]$

10 그림은 단상 인버터의 회로도와 출력 파형이다. 출력 파형의 A구간에서 On되는 트랜지스터만을 모두 고르면?

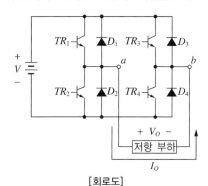

[회로도]

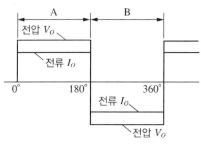

[출력 파형]

① TR_1, TR_2　　　　② TR_1, TR_4

③ TR_2, TR_3　　　　④ TR_2, TR_4

해설

단상 인버터 출력 파형의 구간별 On되는 트랜지스터
- A구간 : TR_1, TR_4
- B구간 : TR_2, TR_3

11 2극, 220[V], 전기자 총도체수 500, 회전 속도 4,400[rpm]인 직류 발전기에서 전기자 권선법이 단중 중권일 때, 극당 자속[mWb]은?

① 6　　　　　② 12

③ 18　　　　　④ 24

해설

유기 기전력 $E = \dfrac{pZ\phi N}{60a}$

여기서, 직류 발전기의 전기자 권선법이 단중 중권이므로 병렬 회로수 a와 극수 p가 같다.

∴ $\phi = \dfrac{60aE}{pZN} = \dfrac{60 \times 2 \times 220}{2 \times 500 \times 4,400} = 6 \times 10^{-3}\,[\mathrm{Wb}] = 6\,[\mathrm{mWb}]$

12 직류기의 손실에 대한 설명으로 옳지 않은 것은?

① 기계손에는 마찰손과 풍손이 있다.
② 철손은 히스테리시스손과 와전류손의 합이다.
③ 동손은 부하 저항의 제곱에 비례하여 변화한다.
④ 브러시손은 브러시의 접촉 전위에 의한 전력손이다.

해설

동손 $P_c = I^2 R$이므로, 부하 저항 R에 비례하고 부하 전류 I의 제곱에 비례한다.

13 1차측 유도 기전력 E_1 = 1,000[V], 2차측 유도 기전력 E_2 = 100[V]인 단상 변압기의 2차측 저항 2[Ω]을 1차측으로 환산한 저항[Ω]은?

① 20 ② 50
③ 100 ④ 200

해설

변압기 등가 회로의 1, 2차 환산표

구 분	2차를 1차로 환산	1차를 2차로 환산
저 항	$r_1' = a^2 r_2$	$r_2' = \dfrac{1}{a^2} r_1$
리액턴스	$x_1' = a^2 x_2$	$x_2' = \dfrac{1}{a^2} x_1$
임피던스	$Z_1' = a^2 Z_2$	$Z_2' = \dfrac{1}{a^2} Z_1$
전 류	$I_1' = \dfrac{1}{a} I_2$	$I_2' = a I_1$
전 압	$E_1' = a E_2$	$E_2' = \dfrac{1}{a} E_1$

$$\therefore r_1' = a^2 r_2 = \left(\frac{E_1}{E_2}\right)^2 r_2 = \left(\frac{1,000}{100}\right)^2 \times 2 = 10^2 \times 2 = 200[\Omega]$$

14 동기기의 구성 요소가 될 수 없는 것은?

① 슬립링
② 브러시
③ 영구 자석
④ 단락환

해설

회전자 권선을 단락시킨 단락환은 농형 유도 전동기에 사용된다.

15 권선형 유도 전동기의 회전자에 외부 저항($R_1 < R_2 < R_3$)을 연결하였을 때, 토크-속도 특성 곡선으로 옳은 것은?

①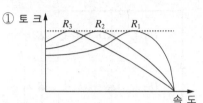

②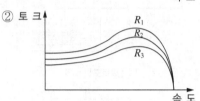

③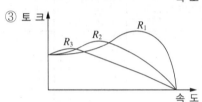

④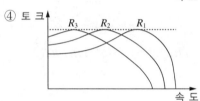

해설

비례추이

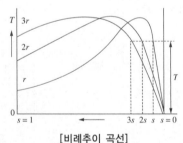

[비례추이 곡선]

권선형 유도 전동기의 회전자에 외부 저항을 연결한 후 외부 저항을 r, $2r$, $3r$로 증가시키면 최대 토크는 일정하게 유지하면서 높은 기동 토크를 얻을 수 있다. 이러한 특성은 동일한 토크(T)일 때 다음과 같은 식이 성립하며, 이를 비례추이라 한다.

$$일정 = \frac{r}{s} = \frac{2r}{2s} = \frac{3r}{3s}$$

즉, 외부 저항을 증가시키면 기동 토크는 증가하고 기동 전류 및 속도는 감소하나 운전 토크와 최대 토크의 크기는 일정하다.

16 60[Hz], 900[rpm]의 동기 전동기를 유도 전동기로 기동할 때, 유도 전동기의 극수는?

① 6   ② 8

③ 10   ④ 12

해설

• 동기 전동기의 회전 속도 $N_s = \dfrac{120f}{p}$[rpm]

• 유도 전동기의 회전 속도 $N = (1-s)N_s = N_s - sN_s$

유도기가 동기기보다 속도가 sN_s만큼 느리므로, 동기 전동기를 유도 전동기로 기동시키는 경우 유도 전동기의 극수를 동기 전동기에 비해 통상 2극 정도 적게 한다.

동기 전동기의 극수 $p = \dfrac{120f}{N_s} = \dfrac{120 \times 60}{900} = 8$

∴ 유도 전동기의 극수 = 동기 전동기의 극수 − 2 = 8 − 2 = 6

17 펄스폭 변조(PWM)에 대한 설명으로 옳지 않은 것은?

① 듀티비의 최댓값은 100[%]이다.

② 스위치 온 시간이 길어지면 듀티비는 작아진다.

③ 듀티비가 클수록 평균 출력 전압이 커진다.

④ 일정 주파수 삼각파와 일정 크기 기준파를 비교하여 스위치 온−오프 시간을 정하면 듀티비는 일정하다.

해설

듀티비 $D = \dfrac{t_{on}}{T}$ 이므로, 스위치 온 시간이 길어지면 듀티비는 커진다.

18 유도 전동기의 효율 개선 방법으로 옳지 않은 것은?

① 낮은 슬립에서 운전하도록 설계한다.

② 와전류손을 줄이기 위해 두꺼운 강판을 적층한다.

③ 낮은 히스테리시스손을 갖는 강판을 사용하여 철심을 만든다.

④ 회전자 저항 손실을 줄이기 위해 도전율이 높은 도체를 이용한다.

해설

와전류손 $P_e = k_e(fB_m t)^2$ 이므로, 강판 두께 t의 제곱에 비례한다. 따라서 와전류손을 줄이기 위해 얇은 강판을 성층하여 사용한다.

※ 히스테리시스손 $P_h = k_h f B_m^{1.6}$

19 고속 스위칭, 전압 구동 특성과 바이폴라 트랜지스터의 낮은 On 전압 특성을 복합한 전력 변환 소자는?

① IGBT

② IGCT

③ Triac

④ Thyristor

해설

IGBT(Insulated Gate Bipolar Transistor)

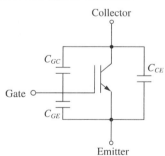

• 전력용 MOSFET와 전력용 BJT의 장점을 가지는 고전압 대전류용 전력용 반도체 소자이다.

• 스위칭 동작 속도는 BJT보다 빠르고 MOSFET보다 느리다.

• 구동, 출력 특성은 BJT보다 유리하다.

• 전압 구동 특성을 가지기 때문에 전류 구동 특성 소자들보다 손실이 적다.

20 다음 그림의 컨버터에 대한 설명으로 옳지 않은 것은?

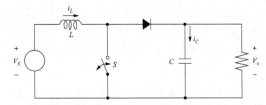

① C를 증가시키면 출력 전압의 리플이 감소한다.

② L을 증가시키면 인덕터 전류의 리플이 감소한다.

③ Boost 컨버터로 DC 전압을 승압하기 위한 컨버터이다.

④ 입력 전압이 10[V]이고 듀티비가 25[%]일 경우 출력 전압은 2.5[V]이다.

해설

승압 컨버터(Boost Converter)

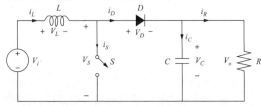

평균 출력 전압 $V_o = \dfrac{1}{1-D}V_i = \dfrac{1}{1-0.25} \times 10 = 13.3[\text{V}]$

제 **2** 장

지방직
기출문제

9급 국가직 · 지방직 · 고졸 채용을 위한

합격 완벽 대비서

TECH
BIBLE

기술직
전기기기

합격의 공식
온라인 강의

잠깐!

혼자 공부하기 힘드시다면 방법이 있습니다.
SD에듀의 동영상강의를 이용하시면 됩니다.
www.sdedu.co.kr ➜ 회원가입(로그인) ➜ 강의 살펴보기

01 2009년 지방직 전기기기

01 회전수 1,800[rpm]으로 회전하는 4극 교류 발전기와 병렬 운전하는 P극의 교류 발전기가 900[rpm]으로 회전할 때, 이 교류 발전기의 극수 P는?

① 2 ② 4
③ 6 ④ 8

해설

$$N_s = \frac{120f}{P} \text{에서 } f = N_s \cdot \frac{P}{120} = 1,800 \times \frac{4}{120} = 60[\text{Hz}]$$

$$N_s' = \frac{120f}{P'} \text{에서 } P' = \frac{120f}{N_s'} = \frac{120 \times 60}{900} = 8$$

02 직류기의 전기자 권선 중 단중 중권의 설명으로 옳은 것은?

① 병렬 회로수는 항상 2이다.
② 브러시수는 극수와 같다.
③ 저전류, 고전압을 얻을 수 있다.
④ 균압 결선이 필요없다.

해설

중권과 파권의 특징

항 목	중권(병렬권)	파권(직렬권)
병렬 회로수	극수(P)와 같다.	2
브러시수	극수(P)와 같다.	2
균압환	필요하다.	필요없다.
용 도	대전류, 저전압	소전류, 고전압
다중도 m인 경우 병렬 회로수	$a = mP$	$a = 2m$

03 정격 출력 10[kW], 정격 전압 100[V]의 직류 타여자 발전기가 전기자 권선 저항 0.1[Ω]을 갖는다면 이 발전기의 전압 변동률[%]은?(단, 전기자 반작용, 브러시 접촉 전압 강하는 무시하고 또한 발전기의 회전수, 여자 전류는 부하의 대소에 관계없이 일정하다)

① 4 ② 6
③ 8 ④ 10

해설

$$E = V + I_a R_a = V + \frac{P}{V}R_a = 100 + \frac{10 \times 10^3}{100} \times 0.1 = 110[\text{V}]$$

$$\text{전압 변동률 } \varepsilon = \frac{E-V}{V} \times 100 = \frac{110-100}{100} \times 100 = 10[\%]$$

04 동기 전동기에서 공급 전압 및 부하를 일정하게 유지하면서 계자 전류를 크게 하면 과여자 상태로 된다. 이 전동기는 과여자 상태에서는 어떤 상태로 운전되고 있는가?

① 유도성 ② 저항성
③ 용량성 ④ 보존성

해설

과여자 상태에서는 용량성이 된다.

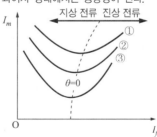

그래프에서 ③은 무부하이고, ② → ①은 부하를 점차 증가한 경우이다. 점선은 역률이 1인 선이고 점선의 오른쪽은 계자의 과여자로 인한 진상 역률이고, 왼쪽은 부족 여자로 인한 지상 역률이다.

05 계자 권선을 갖는 직류 전동기에 비해 영구 자석 직류 전동기의 특징으로 볼 수 없는 것은?

① 계자 권선에서의 동손이 없으므로 효율이 좋다.
② 감자(Demagnetization) 위험으로 전기자 전류가 제한된다.
③ 정격 속도 이상의 속도 제어가 쉽다.
④ 소형화가 가능하여 비교적 저가이다.

해설
영구 자석 직류 전동기는 정속도 운전을 한다.

06 변압기의 병렬 운전 조건으로 옳지 않은 것은?

① 각 변압기의 권선비가 같아야 한다.
② 각 변압기의 1차 및 2차의 정격 전압이 같아야 한다.
③ 각 변압기의 임피던스가 정격 용량에 비례하여야 한다.
④ 각 변압기의 저항과 누설 리액턴스비가 같아야 한다.

해설
변압기의 병렬 운전 조건
• 극성이 같을 것
• 1, 2차 정격 전압 및 권수비가 같을 것
• 저항과 리액턴스의 비가 같을 것
• 퍼센트 임피던스가 같을 것
• 3상에서는 상회전과 위상 변위가 같을 것

07 내부 임피던스가 32[Ω]인 앰프에 8[Ω]의 임피던스를 가진 스피커를 연결하려 할 때, 최대 출력을 얻기 위한 임피던스 정합 변압기의 권선비 a로 옳은 것은?

① 1   ② 2
③ 3   ④ 4

해설
$R_1 = a^2 R_2$
$a = \sqrt{\dfrac{R_1}{R_2}} = \sqrt{\dfrac{32}{8}} = \sqrt{4} = 2$

08 변압기 철심에 자기 포화 현상이 발생되었다면, 변압기가 자기 포화되지 않도록 하는 최적의 설계 방법은?

① 철심의 단면적을 크게 하고, 권선수를 증가시킨다.
② 철심의 단면적을 크게 하고, 권선수를 감소시킨다.
③ 철심의 단면적을 작게 하고, 권선수를 증가시킨다.
④ 철심의 단면적을 작게 하고, 권선수를 감소시킨다.

해설
철심의 면적이 클수록 자기 포화가 늦게 일어나고 권선수를 증가시킨다.

09 토크가 T[N · m]이고 회전수가 N[rpm]인 유도 전동기의 출력[W]은?

① NT ② $\dfrac{NT}{60}$
③ $\dfrac{2\pi NT}{60}$ ④ $\dfrac{60NT}{2\pi}$

해설
$P_0 = \omega T = 2\pi N_s T = \dfrac{2\pi NT}{60}[\text{W}]$

10 브러시를 단락하여 기동하는 단상 유도 전동기는?

① 셰이딩 코일형
② 콘덴서 기동형
③ 분상 기동형
④ 반발 기동형

해설
기동 토크가 큰 것부터
반발 기동형 → 반발 유동형 → 콘덴서 기동형 → 분상 기동형 → 셰이딩 코일형

11 전기자 총도체수 Z, 병렬 회로수 a, 극수 P, 브러시 이동각 θ[rad], 전기자 전류 I_a[A]인 직류 발전기의 교차 기자력[AT/pole]은?

① $\left(\dfrac{ZI_a}{2aP}\right) \cdot \left(\dfrac{\pi - \theta}{\pi}\right)$ ② $\left(\dfrac{ZI_a}{2aP}\right) \cdot \left(\dfrac{\pi - 2\theta}{\pi}\right)$

③ $\left(\dfrac{ZI_a}{2aP}\right) \cdot \left(\dfrac{\theta}{\pi}\right)$ ④ $\left(\dfrac{ZI_a}{2aP}\right) \cdot \left(\dfrac{2\theta}{\pi}\right)$

해설

교차 기자력 $AT_c = \dfrac{Z \cdot I_a}{2aP} \cdot \dfrac{\pi - 2\theta}{\pi}$ [AT/pole]

감자 기자력 $AT_d = \dfrac{Z \cdot I_a}{2aP} \cdot \dfrac{2\theta}{\pi}$ [AT/pole]

12 12[kW]의 직류 분권 발전기가 1,000[rpm]의 속도로 무부하 운전하여 300[V]의 전압을 발생하고 있다. 이 발전기에 부하를 연결하여 전기자 전류 40[A]가 흐르는 경우, 단자 전압[V]은?(단, 전기자 저항은 0.2[Ω], 계자 저항은 100[Ω]이며, 전기자 반작용, 브러시 접촉 전압 강하는 무시한다)

① 290   ② 292

③ 294   ④ 296

해설

$V = E - I_a R_a = 300 - 40 \times 0.2 = 292$[V]

13 병렬 운전 중인 3상 동기 발전기에서 무효 순환 전류가 흐르는 경우는?

① 기전력의 크기가 같을 때
② 기전력의 크기가 다를 때
③ 기전력의 주파수가 같을 때
④ 기전력의 주파수가 다를 때

해설

동기 발전기의 병렬 운전
• 기전력의 크기가 같을 것 : 불일치 시 무효 순환 전류 발생하여 손실 증가, 온도 상승
• 기전력의 위상이 같을 것 : 불일치 시 유효 순환 전류 발생
• 기전력의 주파수가 같을 것 : 불일치 시 동기화 전류가 발생, 난조의 원인
• 기전력의 파형이 같을 것 : 불일치 시 고조파 무효 순환 전류에 의해 동손 증가, 과열 발생
• 기전력의 상회전이 일치할 것

14 전기 철도용으로 적합한 직류 전동기는?

① 직권 전동기   ② 분권 전동기
③ 차동 복권 전동기   ④ 가동 복권 전동기

해설

직권 전동기는 여자 권선과 전기자 권선이 직렬로 연결된 전동기로 사용할 때에 큰 힘을 내며 속도 조절이 쉬우므로 전차용 전동기에 알맞다.

15 펄스폭 변조(PWM)방식의 인버터에 대한 설명 중 옳지 않은 것은?

① 출력 전압의 기본파 크기를 제어할 수 있다.
② 출력 전압의 기본파 주파수를 제어할 수 있다.
③ 출력 전압에 포함된 고조파 성분을 제어할 수 있다.
④ 출력 전압의 크기와 주파수를 동시에 제어할 수는 없다.

해설

PWM 제어는 컨버터부에서 AC 전압을 DC 전압으로 정류시켜 콘덴서로 평활시킨 다음, 인버터부에서 직류 전압을 Chopping하여 펄스폭을 변화시켜서 인버터 출력 전압을 변화시키며, 동시에 주파수를 제어하는 방식이다.

16 2중 농형 유도 전동기가 일반적인 농형 유도 전동기와 다른 점은?

① 기동 전류가 크고, 기동 토크가 크다.
② 기동 전류가 크고, 기동 토크가 작다.
③ 기동 전류가 작고, 기동 토크가 작다.
④ 기동 전류가 작고, 기동 토크가 크다.

해설

2중 농형 유도 전동기
회전자의 철심에 2층의 홈을 만들어 전동기가 기동할 때에는 리액턴스가 매우 큰 안쪽 도체에는 전류가 흐르지 않고 저항이 큰 도체에만 주로 흐른다. 그런데 기동 토크는 2차 저항손에 비례하기 때문에 기동할 때에는 저항이 큰 바깥쪽의 도체로 흐르는 전류에 의하여 큰 기동 토크를 얻는다. 전동기의 속도가 커지면 슬립 s는 작아지고 2차 주파수도 작아져서 도체의 리액턴스도 감소하므로, 전류는 저항이 작은 안쪽 도체에 많이 흐르게 되어, 일반적으로 저저항 농형 유도 전동기와 같이 우수한 운전 특성을 얻을 수 있다.

17 소형 유도 전동기의 슬롯을 사구 슬롯(Skew Slot)으로 하는 이유는?

① 토크 증가
② 게르게스 현상의 방지
③ 크롤링 현상의 방지
④ 제동 토크의 증가

해설

사구 슬롯은 고조파를 제거하여 크롤링 현상을 방지한다.

18 단상 이상변압기의 2차측 100[V] 단자에 4[Ω]의 저항을 연결하여 1차측에 전류 1[A]가 흐르도록 하였을 때, 1차측 공급 전압이 1,600[V]였다. 1차측 단자 전압 V_1 [V]과 2차측 전류 I_2[A]는?

	V_1[V]	I_2[A]
①	2,200	10
②	2,000	20
③	1,800	30
④	1,600	40

해설

$R_1 = \dfrac{V_1}{I_1} = \dfrac{1,600}{1} = 1,600, \ R_2 = 4$

권수비 $a = \sqrt{\dfrac{R_1}{R_2}} = \sqrt{\dfrac{1,600}{4}} = 20$

$\therefore \ V_1 = a \times V_2 = 20 \times 100 = 2,000[\text{V}]$

$\quad I_2 = a \times I_1 = 20 \times 1 = 20[\text{A}]$

19 다음의 3상 반파 정류 회로에서 부하 저항 R에 걸리는 직류 평균값 E_{d0}[V]는?

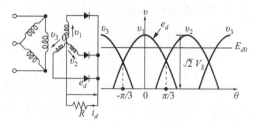

① $\dfrac{3\sqrt{6}}{2\pi} V_S$ ② $\dfrac{3\sqrt{2}}{2\pi} V_S$

③ $\dfrac{3\sqrt{3}}{2\pi} V_S$ ④ $\dfrac{3\sqrt{6}}{\pi} V_S$

해설

• 3상 반파 정류 회로 평균 전압 $V_{dc} = \dfrac{3\sqrt{6}}{2\pi} V_s = 1.17 V_s$

• 3상 전파 정류 회로 평균 전압 $V_{dc} = \dfrac{3\sqrt{2}}{\pi} V_s = 1.35 V_s$

20 전력용 반도체 소자에 대한 설명 중 옳지 않은 것은?

① MOSFET는 게이트 전류에 의해 드레인 전류를 제어하는 반도체 소자이다.
② IGBT는 게이트-이미터 간 전압으로 컬렉터 전류의 흐름을 제어할 수 있다.
③ SCR 사이리스터는 게이트 전류에 의해 트리거 온시킬 수 있다.
④ 바이폴라 트랜지스터는 베이스 전류에 의해 컬렉터 전류를 제어하는 반도체 소자이다.

해설

MOSFET는 게이트 전압을 제어한다.

2010년 지방직 전기기기

01 100[kVA] 단상 변압기의 철손이 1.2[kW], 전부하 동손이 2.4[kW]일 때 변압기의 최대 효율은 몇 배의 전부하에서 나타나는가?

① $\dfrac{1}{2}$

② $\dfrac{1}{\sqrt{2}}$

③ 2

④ $\sqrt{2}$

해설

최대 효율 조건 $P_i = m^2 P_c$

$$m = \sqrt{\dfrac{P_i}{P_c}} = \sqrt{\dfrac{1.2}{2.4}} = \sqrt{\dfrac{1}{2}} = \dfrac{1}{\sqrt{2}}$$

02 유도 전동기에 관한 설명으로 옳지 않은 것은?

① 회전자 저항이 크면 정격 운전 시 슬립이 작다.

② 회전자 저항의 크기는 최대 토크와 무관하다.

③ 이중 농형 유도 전동기의 기동 토크는 범용 유도 전동기의 기동 토크보다 크다.

④ 전원 주파수를 가변하면 유도 전동기의 속도를 가변할 수 있다.

해설

유도 전동기 기동 시 2차 저항을 증가시키면 슬립도 비례하여 증가하기 때문에 기동 시 속도는 작아지고 토크는 증가한다.

03 타여자 직류 전동기의 속도 제어 방식에 관한 설명으로 옳지 않은 것은?

① 전기자 전압 제어를 통해 전동기 속도를 제어한다.

② 전기자에 직렬 삽입된 가변 저항을 통한 속도 제어 방식은 운전 시 효율이 좋다.

③ 계자 제어를 통해 전동기 속도를 제어한다.

④ 전기자 전압을 제어하기 위해 초퍼나 위상 제어 정류기를 사용한다.

해설

• 저항 제어 : 전기자에 가변 직렬 저항을 넣어 전기자 회로의 저항을 변화시킴으로써 제어하는 방법이며, 저항 중의 전력 손실 때문에 효율이 가장 좋지 못하다.

• 계자 제어 : 계자 회로에 저항을 넣어 계자 전류를 제어하는 방법이며, 속도 조정 범위는 전기자 반작용, 정류 불량 및 자기 포화 등에 의해 제약을 받는다.

• 전압 제어 : 전기자에 공급되는 전압을 전원단에서 조절하여 속도를 제어하는 방법으로 단자 전압을 정밀하게 조정할 수 있으므로 저속도부터 고속도까지 광범위에 걸쳐 주전동기와 거의 같은 용량의 전동기와 직류 발전기의 설치가 필요하므로 설치비가 비싼 단점이 있다(워드 레오나드 방식, 일그너 방식).

04 외분권 가동 복권 발전기의 전기자 권선 저항은 0.08[Ω], 직권 계자 권선 저항은 0.02[Ω], 분권 계자 권선 저항은 200[Ω]이다. 부하 전류가 48.5[A]이고, 단자 전압이 300[V]일 때, 유도 기전력[V]은?(단, 전기자 반작용에 의한 전압 강하와 브러시의 접촉에 의한 전압 강하는 무시한다)

① 295

② 297

③ 303

④ 305

해설

$I_a = I + I_f$ 에서 $I_f = \dfrac{V}{R_f} = \dfrac{300}{200} = 1.5$ 이고

부하 전류 $I = 48.5$ 이므로

$I_a = 48.5 + 1.5 = 50$[A]

$E = V + I_a(r_a + r_f) = 300 + 50(0.08 + 0.02) = 305$[V]

05 동기 전동기를 역률 1인 상태에서 운전하고 있다. 이때 계자 전류를 변동시킴에 따른 전기자 전류와 무효 전력에 대한 설명으로 옳지 않은 것은?

① 계자 전류를 증가시키면 진상 무효 전력이 증가한다.
② 계자 전류를 증가시키면 전기자 전류가 증가한다.
③ 계자 전류를 감소시키면 지상 무효 전력이 증가한다.
④ 계자 전류를 감소시키면 전기자 전류가 감소한다.

해설

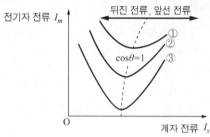

역률 1인 상태에서 계자 전류를 증가시키면 전기자 전류의 크기는 증가하고 전기자 전류의 위상은 전압 위상보다 앞서게 된다.

06 일정 토크 부하를 구동하고 있는 분권 전동기의 분권 계자 회로에 직렬로 저항을 삽입하여 전동기의 과도적 변화를 나타낸 다음 그림 중 전기자 전류의 변화를 나타내는 것은?(단, t_1은 저항 입력 시점, t_2는 정상 상태 시점이다)

①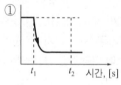
②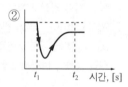
③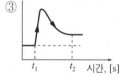
④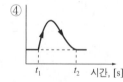

해설

분권 전동기의 부하 전류 $I = I_a + I_f$에서 계자 저항 R_f가 증가하면 계자 전류가 작게 흐르고 상대적으로 전기자 전류 I_a는 커진다.

07 단자 전압 300[V], 전기자 저항 0.5[Ω]의 직류 분권 전동기가 있다. 전부하일 경우 전기자 전류 50[A]가 흐른다. 이 전동기의 기동 전류를 정격 전류의 200[%]로 제한하려면 기동 저항[Ω]은?

① 2　　　　　　　② 2.5
③ 3　　　　　　　④ 3.5

해설

기동 전류 $I = 50 \times 2 = 100[\mathrm{A}]$이고
$V = IR$에서 $300 = 100 \times (0.5 + r)$
∴ $R = 2.5[\Omega]$

08 회전자 입력 10[kW], 슬립 4[%]인 3상 유도 전동기의 2차 동손[kW]은?

① 8　　　　　　　② 0.8
③ 4　　　　　　　④ 0.4

해설

$P_{c2} = s P_2 = 0.04 \times 10 = 0.4[\mathrm{kW}]$

09 60[Hz], 12극, 회전자 주변의 속도가 125[m/s]인 동기기의 회전자 직경[m]은?

① 3　　　　　　　② 4
③ 5　　　　　　　④ 6

해설

속도 $V = \pi D \cdot \dfrac{N}{60}$, $N = \dfrac{120f}{P} = \dfrac{120 \times 60}{12} = 600[\mathrm{rpm}]$
$125 = \pi \times D \times \dfrac{600}{60}$ ∴ $D = 4[\mathrm{m}]$

10 단상 변압기의 2차 무부하 전압이 220[V]이고 정격 부하 시의 2차 단자 전압이 210[V]이다. 전압 변동률[%]은?

① 4.34　　　　　　② 4.54
③ 4.76　　　　　　④ 4.96

해설

$\varepsilon = \dfrac{220 - 210}{210} \times 100 = 4.76[\%]$

11 다음 그림과 같은 단권 변압기에서 부하에 인가되는 교류 전압[V]은?

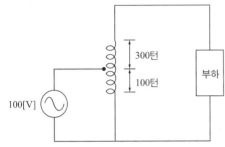

① 100
② 200
③ 300
④ 400

해설

단권 변압기 $a = \dfrac{V_1}{V_2} = \dfrac{N_1}{N_1 + N_2}$ 에서

$$V_2 = \frac{100 + 300}{100} \times 100 = 400[\text{V}]$$

12 2차 저항이 0.02[Ω]이고 슬립 $s = 1$에서 2차 리액턴스가 0.05[Ω]인 3상 유도 전동기가 있다. 슬립 $s = 0.05$일 때 10[A]의 1차 부하 전류가 흐른다면 기계적 출력[kW]은?(단, 권수비는 10, 상수비는 1이다)

① 9.2
② 11.4
③ 13.6
④ 15.8

해설

$r_2{}' = a^2 \cdot r_2 = 100 \times 0.02 = 2$

$P_{1\phi} = \left(\dfrac{1-s}{s}\right) \cdot I^2 \cdot r_2{}' = \left(\dfrac{1-0.05}{0.05}\right) \times 10^2 \times 2 = 3,800$

$P_{3\phi} = 3 \times 3,800 = 11.4[\text{kW}]$

13 220[V], 50[Hz], 8극, 정격 출력 480[kW]인 3상 유도 전동기의 회전수가 720[rpm]일 때 2차 입력[kW]은? (단, 마찰손은 무시한다)

① 468
② 472
③ 500
④ 520

해설

동기 속도 $N_s = \dfrac{120f}{P} = \dfrac{120 \times 50}{8} = 750[\text{rpm}]$

슬립 $s = \dfrac{N_s - N}{N_s} = \dfrac{750 - 720}{750} = 0.04$

$\therefore$ 2차 입력 $P_2 = \dfrac{P_0}{1-s} = \dfrac{480}{1-0.04} = 500[\text{kW}]$

14 발전소에서 권선비가 $a : 1$인 3대의 단상 변압기를 $Y - \triangle$로 결선하여 송전하려고 한다. 1차 단자 전압을 (선간) V_1, 1차 선전류를 I_1이라 할 때, 2차 단자 전압 V_2와 2차 선전류 I_2는?

① $V_2 = \dfrac{\sqrt{3}\,V_1}{a}$, $I_2 = \dfrac{I_1 a}{\sqrt{3}}$

② $V_2 = \dfrac{V_1}{\sqrt{3}\,a}$, $I_2 = \sqrt{3}\,a I_1$

③ $V_2 = \dfrac{V_1}{\sqrt{3}\,a}$, $I_2 = \dfrac{\sqrt{3}\,I_1}{a}$

④ $V_2 = \dfrac{V_1}{\sqrt{3}\,a}$, $I_2 = a I_1$

해설

1차측 상전압 $V_{1p} = \dfrac{V_1}{\sqrt{3}}$, 2차측 상전압 $V_{2p} = \dfrac{V_1}{\sqrt{3}\,a}$

$\therefore$ 2차측 선간 전압 $V_{2l} = \dfrac{V_1}{\sqrt{3}\,a}$

1차측 선전류 $I_{1l} = I_{1p}$, 2차측 상전류 $I_{2p} = a I_1$

$\therefore$ 2차측 선전류 $I_{2l} = \sqrt{3}\,I_{2p} = \sqrt{3}\,a I_1$

15 60[Hz], 4극 권선형 유도 전동기가 전부하로 운전 중일 때 전부하 속도는 1,600[rpm]이다. 2차 회로의 저항을 2배로 할 경우 전부하 속도[rpm]는?

① 1,400   ② 1,500

③ 1,600   ④ 1,700

해설

동기 속도 $N_s = \dfrac{120f}{P} = \dfrac{120 \times 60}{4} = 1,800[\text{rpm}]$

슬립 $s = \dfrac{N_s - N}{N_s} = \dfrac{1,800 - 1,600}{1,800} = 0.11$

$\dfrac{r_2}{0.11} = \dfrac{2r_2}{s'},\ s' = 2 \times 0.11 = 0.22$

$N' = (1 - s')N_s = (1 - 0.22) \times 1,800 = 1,404[\text{rpm}]$

16 동기기의 전기자 저항을 r, 반작용 리액턴스를 X_a, 누설 리액턴스를 X_l이라 하면 동기 임피던스는?

① $\sqrt{r^2 + \left(\dfrac{X_a}{X_l}\right)^2}$ ② $\sqrt{r^2 + X_l^2}$

③ $\sqrt{r^2 + X_a^2}$ ④ $\sqrt{r^2 + (X_a + X_l)^2}$

해설

$Z_s = \sqrt{r^2 + (X_a + X_l)^2}$

17 전동기 구동 시스템에 대한 설명으로 옳지 않은 것은?

① 펌프(Pump)를 구동하는 전동기 출력은 회전 속도의 제곱에 비례한다.

② 회전형 전동기의 출력은 토크와 각속도의 곱으로 표현된다.

③ 선형 전동기(Linear Motor)의 출력은 추진력과 속도의 곱으로 표현된다.

④ 고속 엘리베이터, 전기 자동차를 구동하는 전동기는 4상한 운전이 가능하다.

해설

유도 전동기의 출력은 회전수에 비례한다.

$P = 1.026 N T[\text{W}]$

18 IGBT와 MOSFET에 대한 설명으로 옳지 않은 것은?

① IGBT와 MOSFET의 게이트 신호는 모두 전류형이다.

② IGBT와 MOSFET은 게이트 신호로 소자를 직접 온/오프할 수 있다.

③ IGBT와 MOSFET은 전압원 인버터, 초퍼 등에 사용된다.

④ MOSFET은 IGBT보다 스위칭 동작 속도가 빠르다.

해설

IGBT와 MOSFET의 게이트 전압으로 출력 전압을 조정한다.

19 단상 다이오드 전파 정류 회로에서 직류 전압 200[V]를 얻는 데 필요한 입력 교류 전압[V]은?(단, 부하는 순저항이고, 정류기의 전압 강하는 20[V]로 한다)

① $\dfrac{55\sqrt{2}}{\pi}$ ② $\dfrac{110\sqrt{2}}{\pi}$

③ $55\sqrt{2}\,\pi$ ④ $110\sqrt{2}\,\pi$

해설

$E_d = \dfrac{2\sqrt{2}}{\pi}E - 20$에서 $E = \dfrac{220}{2\sqrt{2}} \times \pi = 55\sqrt{2}\,\pi$

20 스위칭 주파수 1[kHz], DC 입력 전압이 200[V]인 초퍼로, 정격 전압 150[V]인 전동기를 구동하려고 한다. 온-타임[ms]과 오프-타임[ms]을 구하면?

	온-타임[ms]	오프-타임[ms]
①	1.0	1.0
②	0.5	0.5
③	0.5	0.75
④	0.75	0.25

해설

평균 출력 전압 $V_o = DV_i$에서

듀티비 $D = \dfrac{V_o}{V_i} = \dfrac{150}{200} = 0.75,\ T = \dfrac{1}{f} = \dfrac{1}{1 \times 10^3} = 1[\text{ms}]$

온-타임 $DT = 0.75 \times 1 = 0.75[\text{ms}]$

오프-타임 $(1-D)T = (1-0.75) \times 1 = 0.25[\text{ms}]$

15 ①   16 ④   17 ①   18 ①   19 ③   20 ④   **정답**

03 2011년 지방직 전기기기

01 직류기에서 양호한 정류를 얻을 수 있는 조건이 아닌 것은?

① 정류 주기를 크게 한다.
② 브러시의 접촉 저항을 크게 한다.
③ 리액턴스 전압을 크게 한다.
④ 전기자 코일의 자기 인덕턴스를 작게 한다.

해설

직류기에서 양호한 정류를 얻을 수 있는 조건
• 정류 주기를 크게 한다.
• 저항정류 : 접촉 저항이 큰 탄소 브러시를 설치한다.
• 전압정류 : 보극을 설치한다.
• 전기자 코일의 자기 인덕턴스를 작게 한다(단절권).
• 리액턴스 전압을 작게 한다.

02 동기 발전기의 단락비가 큰 경우에 대한 설명으로 옳지 않은 것은?

① 백분율 동기 임피던스가 작다.
② 단락비가 크다는 것은 철기계를 말한다.
③ 전기자 반작용이 크다.
④ 과부하 내량이 크고 안정도가 높다.

해설

동기 발전기의 단락비가 큰 기기의 특징
• 전기자 반작용이 적다.
• 계자 자속과 계자 전류가 크다.
• 기계 중량이 무겁다.
• 가격이 비싸고 효율이 나쁘다.
• 전압 변동률이 좋다.
• 과부하에 잘 견딘다.
• 장거리 송전 선로의 송전에 적합하다.

03 전기자 저항 0.8[Ω], 계자 저항 110[Ω]인 직류 분권 전동기에 정격 전압 220[V]를 인가하였을 때 역기전력은 200[V]이다. 이때 전기자 전류[A]와 계자 전류[A]는?(단, 전기자 반작용과 브러시에 의한 전압 강하는 무시한다)

	전기자 전류	계자 전류
①	25	2
②	25	1.8
③	38.5	2
④	38.5	1.8

해설

$V = E + I_a R_a$ 에서 $I_a = \dfrac{V-E}{R_a} = \dfrac{220-200}{0.8} = 25[\text{A}]$

$I_f = \dfrac{V}{R_f} = \dfrac{220}{110} = 2[\text{A}]$

04 병렬로 운전하고 있는 두 대의 3상 동기 발전기 사이에 동기화 전류가 교대로 주기적으로 흘러 난조가 발생하였다. 이와 같은 현상을 발생시키는 경우는?

① 기전력 크기가 다를 경우
② 기전력 주파수가 다를 경우
③ 두 발전기의 역률이 다를 경우
④ 두 발전기의 용량이 다를 경우

해설

동기 발전기의 병렬 운전
• 기전력의 크기가 같을 것 : 불일치 시 무효 순환 전류가 발생하여 손실 증가, 온도 상승
• 기전력의 위상이 같을 것 : 불일치 시 유효 순환 전류 발생
• 기전력의 주파수가 같을 것 : 불일치 시 동기화 전류가 발생, 난조의 원인
• 기전력의 파형이 같을 것 : 불일치 시 고조파 무효 순환 전류에 의해 동손 증가, 과열 발생
• 기전력의 상회전이 일치할 것

05 동기 전동기가 무부하 상태에서 동기 속도로 운전하고 있다. 여자 전류 변동에 따른 현상에 대한 설명으로 옳지 않은 것은?

① 여자 전류를 조정하면 송전 계통의 전압 제어와 역률 개선이 가능하다.
② 무부하 상태이므로 여자 전류 변동에 따른 전기자 전류는 변동하지 않는다.
③ 부족 여자 전류 상태에서 동기 전동기는 인덕터처럼 동작한다.
④ 과여자 전류 상태에서 동기 전동기는 커패시터처럼 동작한다.

해설
V곡선에서 여자 전류 조절로 전기자 전류는 변화한다.

06 정류 회로에서 전류 중복 현상이 발생될 경우 나타나는 현상으로 옳지 않은 것은?

① 정류기의 출력 전압이 저하된다.
② 중복 현상은 정류 소자의 게이트 신호 불량 시 나타난다.
③ 출력 전압 및 교류 전원측의 전압 순시 파형에 왜곡이 발생한다.
④ 중복 현상은 전류가 크고 정류기의 상수가 높아질수록 심해진다.

해설
코일 부하 양측에 존재하는 인덕턴스 성분은 입력 전원에 전류의 변화를 급격하게 억제한다. 이때 입력과 출력측에서 바라봤을 때, 입력측에 흐르는 전류 및 출력측에서 역기전력이 발생하는데 이를 전류 중복 현상이라 한다. 이것은 위상 제어 정류기의 소손과 함께, 시스템에 큰 피해를 줄 수 있다.

07 권수비가 1 : 4인 이상적 단상 변압기에 실횻값 110[V]의 교류 전압을 입력하여 전파 정류하면 출력 전압의 평균값[V]은?

① $\dfrac{110\sqrt{2}}{\pi}$
② $\dfrac{220\sqrt{2}}{\pi}$
③ $\dfrac{440\sqrt{2}}{\pi}$
④ $\dfrac{880\sqrt{2}}{\pi}$

해설
$$E_{dc} = \frac{2\sqrt{2}}{\pi}E = \frac{2\sqrt{2}}{\pi} \times 440 = \frac{880\sqrt{2}}{\pi}[\text{V}]$$

08 반도체 전력 변환 장치에 적용되고 있는 전력용 반도체에 대한 설명으로 옳지 않은 것은?

① Power BJT는 전류 구동형 소자로 베이스 전류에 의해 턴-온과 턴-오프 동작을 수행한다.
② Power MOSFET는 전압 구동형 소자로 게이트-소스 간 전압에 의해 턴-온과 턴-오프 동작을 수행한다.
③ SCR은 전류 구동형 소자로 게이트 전류에 의해 턴-온과 턴-오프 동작을 수행한다.
④ IGBT는 전압 구동형 소자로 게이트-이미터 간 전압에 의해 턴-온과 턴-오프 동작을 수행한다.

해설
SCR은 게이트 전류 조작으로 턴-온은 가능하나 턴-오프가 불가능하다.

09 직류 직권 전동기가 불포화 영역에서 운전되고 있다. 회전 속도를 반으로 줄이면 토크는 몇 배인가?(단, 전기자 권선 저항과 직권 계자 권선 저항에 의한 전압 강하는 무시한다)

① $\dfrac{1}{4}$
② $\dfrac{1}{2}$
③ 2
④ 4

해설
직류 전동기의 토크 $T \propto \dfrac{1}{N^2} = \dfrac{1}{\left(\dfrac{1}{2}\right)^2} = 4$

10 정격 전압이 200[V], 정격 출력이 5[kW]인 직류 분권 발전기의 전기자 및 분권계자의 저항은 각각 0.1[Ω], 50[Ω]이다. 이때 전압 변동률[%]은?(단, 전기자 반작용과 브러시에 의한 전압 강하는 무시한다)

① 1.45
② 3.45
③ 5.45
④ 7.45

해설

부하 전류 $I = \dfrac{P}{V} = \dfrac{5,000}{200} = 25[\mathrm{A}]$

계자 전류 $I_f = \dfrac{V}{R_f} = \dfrac{200}{50} = 4[\mathrm{A}]$

$I_a = I + I_f = 25 + 4 = 29[\mathrm{A}]$

$E = V + I_a R_a = 200 + 29 \times 0.1 = 202.9[\mathrm{V}]$

전압 변동률 $\varepsilon = \dfrac{E-V}{V} \times 100 = \dfrac{202.9-200}{200} \times 100 = 1.45[\%]$

11 단상 유도 전동기의 기동 방식이 아닌 것은?

① 콘덴서 기동
② 분상 기동
③ 자기 기동
④ 반발 기동

해설

단상 유도 전동기 기동 방식
분상 기동형, 콘덴서 기동형, 셰이딩 코일형, 반발 기동형, 반발 유도형, 모노사이클형

12 3,300[V], 60[Hz]용 변압기의 와류손이 450[W]이다. 이 변압기를 2,200[V], 50[Hz]에서 사용할 때 와류손[W]은?(단, 와류손은 전압의 제곱에 비례한다)

① 375
② 312
③ 240
④ 200

해설

$P_e{}' = \left(\dfrac{2,200}{3,300}\right)^2 \times 450 = 200[\mathrm{W}]$

13 다음 그림은 3상 유도 전동기의 원선도이다. P점이 임의의 동작점이라면, 이 전동기의 2차 동손은?(단, $\overline{ON}$은 무부하 전류이다)

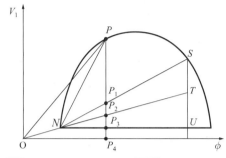

① $\overline{PP_1}$
② $\overline{P_1 P_2}$
③ $\overline{P_2 P_3}$
④ $\overline{P_3 P_4}$

해설

② $\overline{P_1 P_2}$: 2차 동손
① $\overline{PP_1}$: 2차 출력
③ $\overline{P_2 P_3}$: 1차 동손
④ $\overline{P_3 P_4}$: 철손

14 60[Hz], 220[V], 5.5[kW]인 3상 유도 전동기의 전부하 시의 회전자 동손이 300[W], 기계손이 200[W]일 때 슬립[%]은?

① 5
② 4
③ 3
④ 2.5

해설

2차 입력 $P_2 = P_0 + P_n + P_{c2} = 5.5 + 0.2 + 0.3 = 6[\mathrm{kW}]$

슬립 $s = \dfrac{P_{c2}}{P_2} = \dfrac{0.3}{6} = 0.05 = 5[\%]$

15 다음의 측정 데이터는 변압기의 권선비를 산정하기 위한 것이다. 이 변압기의 권선비와 1차측에 220[V]의 입력 전압을 인가할 때 2차측 출력 전압[V]은?

측정 항목	측정값
1차측 저항	1.6[Ω]
2차측 저항	0.4[Ω]

	권선비	출력 전압
①	0.5	440
②	1.0	220
③	2.0	220
④	2.0	110

해설

권선비 $a = \sqrt{\dfrac{R_1}{R_2}} = \sqrt{\dfrac{1.6}{0.4}} = 2$

2차 출력 전압 $E_2 = \dfrac{1}{a} E_1 = \dfrac{1}{2} \times 220 = 110[\text{V}]$

16 변압기에 대한 설명으로 옳지 않은 것은?

① 사용 주파수가 증가하면 전압 변동률은 감소한다.
② 50[Hz]의 변압기를 60[Hz]의 전원에 접속하면 철손은 감소하고, 누설 리액턴스는 증가한다.
③ 변압기의 동손과 철손이 같을 때 효율이 최대가 된다.
④ 변압기의 정격 2차 전압은 명판에 기록된 2차 권선의 단자 전압의 실횻값이다.

해설

$V = \omega L I = 2\pi f L I$에서 f가 증가하면 전압도 커지고 전압 변동률도 커진다.

17 3상 6극 유도 전동기를 60[Hz]의 전원에 접속하고 전부하로 운전할 때, 2차 회로의 주파수가 1.5[Hz]였다. 이 때의 2차 동손이 200[W]였다면 기계적 출력 [kW]은?

① 0.2
② 7.8
③ 8.0
④ 8.2

해설

슬립 $s = \dfrac{f_2}{f_1} = \dfrac{1.5}{60} = 0.025$

2차 출력 $P_0 = \dfrac{1-s}{s} P_{c2} = \dfrac{1-0.025}{0.025} \times 0.2 = 7.8[\text{kW}]$

18 엘리베이터를 전동기로 구동할 경우 4상한 운전에 대한 설명으로 옳은 것은?

① 승객이 탑승한 카(Car)가 밸런스 추(Counterweight)보다 무거운 상태에서 카를 상승시킬 경우 전동기는 토크와 회전 방향이 같고 전동기로 작용한다.
② 승객이 탑승한 카(Car)가 밸런스 추(Counterweight)보다 무거운 상태에서 카를 하강시킬 경우 전동기는 토크와 회전 방향이 같고 발전기로 작용한다.
③ 승객이 탑승한 카(Car)가 밸런스 추(Counterweight)보다 가벼운 상태에서 카를 상승시킬 경우 전동기는 토크와 회전 방향이 다르고 전동기로 작용한다.
④ 승객이 탑승한 카(Car)가 밸런스 추(Counterweight)보다 가벼운 상태에서 카를 하강시킬 경우 전동기는 토크와 회전 방향이 같고 발전기로 작용한다.

해설

승객이 탑승한 카(Car)가 밸런스 추(Counterweight)보다 무거운 상태에서 카를 상승시킬 경우 전동기는 토크와 회전 방향이 같고 전동기로 작용한다.

19 다음 그림은 유도 전동기의 속도-토크 특성과 부하의 속도-토크 특성을 나타내고 있다. 교점에서 안정적으로 운전되는 것은?(단, 전동기의 토크를 T_M, 부하의 토크를 T_L, 전동기의 속도를 ω라 한다)

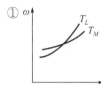
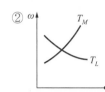

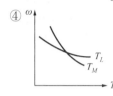

해설

교점을 중심으로

$$\frac{dT_M}{dn} < \frac{dT_L}{dn} : 안정, \quad \frac{dT_M}{dn} > \frac{dT_L}{dn} : 불안정$$

20 정격 용량 10[kVA] 변압기가 있다. 부하율이 $\frac{1}{2}$이고 역률이 1인 전동 부하로 6시간, 부하율이 $\frac{3}{4}$이고 역률이 0.8인 전동기 부하로 12시간, 그리고 무부하로 6시간 운전하였을 때 전일 효율[%]은?(단, 전부하 동손은 500[W]이며, 철손은 200[W]이다)

① 80.9 　　② 85.9
③ 88.9 　　④ 91.9

해설

$$P = \frac{1}{2} \times 10 \times 1 \times 6 + \frac{3}{4} \times 10 \times 0.8 \times 12 = 102[\text{kWh}]$$

$$P_i = 0.2 \times 24 = 4.8[\text{kWh}]$$

$$P_c = \left(\frac{1}{2}\right)^2 \times 0.5 \times 6 + \left(\frac{3}{4}\right)^2 \times 0.5 \times 12 = 4.125[\text{kWh}]$$

$$\eta = \frac{P}{P + P_i + P_c} \times 100 = \frac{102}{102 + 4.8 + 4.125} \times 100 = 91.95[\%]$$

2012년 지방직 전기기기

01 단상 변압기 2대로 V−V결선하여 3상에서 사용하는 경우, V−V결선의 특징으로 옳지 않은 것은?

① 변압기의 이용률이 86.6[%]로 저하된다.
② 유효 출력 용량은 △−△결선일 경우의 57.7[%]로 된다.
③ 부하측에 대칭 3상 전압을 공급할 수 있다.
④ 다른 결선에 비해 설치 방법이 복잡하다.

해설
V결선은 다른 결선에 비하여 설치 방법이 간단하다.

02 직류기의 전기자 반작용에 대한 설명으로 옳지 않은 것은?

① 전기자 전류값이 매우 큰 경우는 반작용에 대한 보상을 할 필요가 없다.
② 전기자 반작용으로 정류자와 브러시의 조기 마모를 가져올 수 있다.
③ 발전기의 경우 유효 공극 자속을 감소시켜 출력 전압의 크기를 저하하는 원인이 된다.
④ 전기자 반작용을 보상하기 위하여 보상 권선과 보극을 설치한다.

해설
전기자 반작용은 전기자 전류에 의한 자속이 주자속에 영향을 주는 현상으로 전기자 전류가 크면 전기자 반작용이 커지므로 보상 권선이나 보극을 설치하여 보상한다.

03 50[Hz]에 사용되도록 한 변압기를 60[Hz]의 전원 환경에서 사용한다면 자속 밀도는 50[Hz]일 때의 몇 배인가?(단, 주파수를 제외한 모든 조건은 동일하다)

① $\dfrac{6}{5}$ ② $\dfrac{5}{6}$

③ $\left(\dfrac{6}{5}\right)^2$ ④ $\left(\dfrac{5}{6}\right)^3$

해설
$E = 4.44\phi Nf$, $\phi = BS$에서 $E = 4.44\,BSNf$로 주파수 f와 자속 밀도 B는 반비례한다.

04 변압기의 여자 전류와 철손을 측정하기 위하여 실시하는 시험은?

① 무부하 시험 ② 단락 시험
③ 가압 시험 ④ 유도 시험

해설
무부하 시험(개방 시험)으로 측정할 수 있는 사항 : 철손, 여자 전류, 히스테리시스손, 여자 어드미턴스 등

05 동기기의 안정도를 개선하기 위해 설치하는 것은?

① 슬립링과 브러시 ② 브러시와 전기자 권선
③ 제동 권선 ④ 계자 권선

해설
제동 권선의 역할
• 난조방지
• 기동 토크 발생
• 불평형 부하 시 전류 전압 파형 개선

1 ④ 2 ① 3 ② 4 ① 5 ③ 정답

06 4[kVA], 2,000[V]/200[V]의 단상 변압기를 2차측으로 환산했을 때 등가 저항은 0.2[Ω], 등가 리액턴스는 0.3[Ω]이다. 이 변압기에 역률 0.8(뒤짐)의 전부하를 걸었을 때, 전압 변동률[%]은?

① 0.2
② 1.6
③ 2.8
④ 3.4

해설

$\varepsilon = p\cos\theta + q\sin\theta = 2 \times 0.8 + 3 \times 0.6 = 3.4[\%]$

07 전기자 저항이 0.1[Ω]인 직류 분권 발전기의 단자에 부하를 연결하였더니, 단자 전압이 200[V], 부하 전류가 90[A], 계자 전류가 10[A]로 각각 측정되었다. 이 분권 발전기의 유기 기전력[V]은?

① 190
② 199
③ 201
④ 210

해설

$I_a = I + I_f = 90 + 10 = 100[\text{A}]$

$\therefore E = V + I_a R_a = 200 + 100 \times 0.1 = 210[\text{V}]$

08 교류기에서 고정자 권선의 유기 기전력에 대한 설명으로 옳지 않은 것은?

① 유기 기전력은 고정자 주파수에 비례한다.
② 유기 기전력은 회전 자계의 동기 속도에 비례한다.
③ 유기 기전력은 고정자 극수에 반비례한다.
④ 유기 기전력은 공극 자속에 비례한다.

해설

유기 기전력 $E = 4.44fN\phi_m[\text{V}]$에서 주파수, 동기 속도, 자속에 비례한다.

09 정격 출력 1,732[kVA], 정격 전압 1,000[V]인 3상 동기 발전기가 계자 전류 500[A]에서 무부하 단자 전압 1,000[V]로 측정되었고, 단락 전류는 1,250[A]라고 한다. 이 발전기의 백분율 동기 임피던스[%]는?

① 60
② 70
③ 80
④ 90

해설

정격 전류 $I_n = \dfrac{P}{\sqrt{3}\,V} = \dfrac{1,732 \times 10^3}{\sqrt{3} \times 1,000} = 1,000[\text{A}]$

단락비 $K = \dfrac{I_s}{I_n} = \dfrac{1,250}{1,000} = 1.25$

$\%Z = \dfrac{100}{K} = \dfrac{100}{1.25} = 80[\%]$

10 정지 상태에서 2차측 권선에 400[V], 60[Hz]의 상전압이 나타나는 3상 유도 전동기가 있다. 이 유도 전동기가 어떤 부하 조건에서 회전하고 있을 때 2차측 권선에서는 8[V]의 전압이 측정되었다. 이때 2차측 전압이 갖는 주파수[Hz]는?

① 1.2
② 6.0
③ 12
④ 60

해설

정지 시 2차 전압 $E_2 = 400[\text{V}]$, 운전 시 2차 전압 $E_{2s} = 8[\text{V}]$

$E_{2s} = sE_2$

$\therefore s = \dfrac{E_{2s}}{E_2} = \dfrac{8}{400} = 0.02$, $f_2 = sf_1 = 0.02 \times 60 = 1.2[\text{Hz}]$

11 380[V]의 입력 전압을 갖는 직류 초퍼 회로가 저항 부하에 전력을 공급하기 위해 일정한 스위칭 주파수로 작동되고 있다. 스위치의 온-시간이 15[ms], 오프-시간이 5[ms]일 때, 출력 전압의 평균값[V]은?

① 95
② 285
③ 320
④ 507

해설

주기 $T = t_{on} + t_{off} = 15 + 5 = 20[\text{ms}]$

듀티비 $D = \dfrac{t_{on}}{T} = \dfrac{15}{20} = 0.75$

출력 전압 $V_o = DV_i = 0.75 \times 380 = 285[\text{V}]$

12 60[Hz], 6극의 3상 유도 전동기가 전부하에서 1,140 [rpm]으로 회전하고 있다. 이때 전동기의 슬립[%]은?

① 2.5 ② 3.5
③ 5.0 ④ 7.0

해설

동기 속도 $N_s = \dfrac{120f}{P} = \dfrac{120 \times 60}{6} = 1,200[\text{rpm}]$

슬립 $s = \dfrac{N_s - N}{N_s} = \dfrac{1,200 - 1,140}{1,200} = 0.05 = 5[\%]$

14 다음은 전동기의 전류와 회전수의 관계를 나타내고 있다. 이 중 직류 직권 전동기의 특성을 나타내는 곡선은?

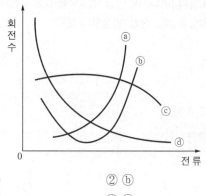

① ⓐ ② ⓑ
③ ⓒ ④ ⓓ

해설

회전 속도 N은 전기자 전류 I_a에 반비례하고, 토크 T는 I^2에 비례한다.

13 동기 전동기를 유도 전동기로 기동시키는 경우 유도 전동기의 극수를 동기 전동기에 비해 통상 2극 정도 적게 한다. 동일 극수로 하면 안 되는 이유로 옳은 것은?(단, N_s는 동기 속도, s는 슬립이다)

① 유도기가 동기기보다 속도가 sN_s만큼 느리므로
② 유도기가 동기기보다 속도가 $(1-s)N_s$만큼 느리므로
③ 유도기가 동기기보다 속도가 sN_s만큼 빠르므로
④ 유도기가 동기기보다 속도가 $(1-s)N_s$만큼 빠르므로

해설

유도 전동기의 속도 $N = (1-s)N_s = N_s - sN_s$
동기 전동기의 속도 N_s
∴ 유도기가 동기기보다 sN_s만큼 느리다.

15 직류 타여자 전동기에서 토크 T를 나타낸 관계로 옳은 것은?(단, 자속은 ϕ, 전기자 전류는 I_a, 회전 속도는 N이다)

① $T \propto I_a \phi N$
② $T \propto I_a N$
③ $T \propto \phi N$
④ $T \propto I_a \phi$

해설

토크 $T = \dfrac{Pz}{60a}\phi I_a = K\phi I_a$

16 정격 용량 30[kW], 6극, 60[Hz]의 3상 권선형 유도 전동기가 1,164[rpm]에서 어떤 2차 총저항으로 운전 중에 있다. 부하 토크를 일정하게 유지한 상태에서 2차 총저항을 5배로 증가시켰을 때 가장 근접한 회전수 [rpm]는?

① 960
② 1,020
③ 1,080
④ 1,140

해설

$$N_s = \frac{120f}{P} = \frac{120 \times 60}{6} = 1,200[\mathrm{rpm}]$$

$$s = \frac{N_s - N}{N_s} = \frac{1,200 - 1,164}{1,200} = 0.03$$

비례추이 $\frac{r_2}{s} = \frac{r_2 + R}{s'}$ 에서 $\frac{r_2}{0.03} = \frac{5r_2}{s'}$ 이고,

$$s' = 5 \times 0.03 = 0.15$$

$$N_2 = (1 - s')N_s = (1 - 0.15) \times 1,200 = 1,020[\mathrm{rpm}]$$

17 다음과 같은 교류전동기의 가변속 구동 시스템에서 전력회로에 대한 설명으로 옳지 않은 것은?

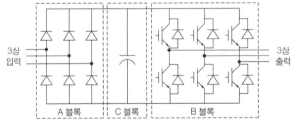

① A 블록은 전파 정류기로서 직류측 리플성분의 주파수는 전원 주파수의 2배이다.
② B 블록은 직류 입력을 교류로 변환 출력하는 인버터를 나타낸다.
③ C 블록은 정류기 출력 전압을 평활화하기 위한 필터를 나타낸다.
④ B 블록은 구형파 구동 방식 및 PWM 방식 등의 방법으로 제어할 수 있다.

해설
A블록은 3상 전파 정류기로서 직류측 리플 성분의 전원 주파수의 6배이다.

18 가변 전압-가변 주파수 인버터(Variable Voltage-Variable Frequency Inverter)를 사용하여 가변속 운전이 가능하지 않은 전동기는?

① 농형 유도 전동기
② 권선형 유도 전동기
③ 직류 전동기
④ 동기 전동기

해설
직류 전동기는 주파수가 없다.

19 60[Hz]의 교류 전압 또는 일정한 직류 전압의 어느 조건에서도 전전압 기동 방식으로 기동이 불가능한 전동기는?

① 영구 자석형 동기 전동기
② 3상 유도 전동기
③ 직류 분권 전동기
④ 직류 직권 전동기

해설
영구 자석형 동기 전동기는 자체 기동 토크가 없으므로 외부 기동 방식을 사용해야 한다.

20 동기기에 대한 설명으로 옳지 않은 것은?

① 회전자에는 저속용 돌극형과 고속용 원통형의 유형이 있다.
② 동기기는 회전자와 고정자가 모두 여자되는 기기이다.
③ 동기기의 계자는 교류로 여자해야 한다.
④ 역률 개선을 위하여 동기 전동기를 사용할 수 있다.

해설
동기기의 계자는 직류로 여자해야 한다.

2016년 지방직 전기기기

01 보극이 없는 직류 전동기의 브러시 위치를 무부하 중성점으로부터 이동시키는 이유와 이동 방향은?

① 정류 작용이 잘되게 하기 위하여 전동기 회전 방향으로 브러시를 이동한다.

② 정류 작용이 잘되게 하기 위하여 전동기 회전 반대 방향으로 브러시를 이동한다.

③ 유기 기전력을 증가시키기 위하여 전동기 회전 방향으로 브러시를 이동한다.

④ 유기 기전력을 증가시키기 위하여 전동기 회전 반대 방향으로 브러시를 이동한다.

해설
정류 작용이 잘되게 하기 위해서 전동기 회전 반대 방향으로 브러시를 이동한다.
전기자 반작용의 영향
• 발전기
　－ 주자속이 감소 : 유기 기전력의 감소
　－ 중성축이 이동 : 회전 방향이 같음
　－ 정류자 편과 브러시 사이에 불꽃이 발생 : 정류 불량
• 전동기
　－ 주자속이 감소 : 토크 감소, 속도 증가
　－ 중성축이 이동 : 회전 방향과 반대
　－ 정류자 편과 브러시 사이에 불꽃이 발생 : 정류 불량
※ 보극이 없는 직류 전동기는 정류 작용이 잘되게 하기 위해서 전동기 회전 반대 방향으로 브러시를 이동하고 직류 발전기는 브러시를 회전 방향으로 이동한다.

02 직류기 손실 중 기계손이 아닌 것은?

① 베어링손　　　　② 와전류손
③ 브러시 마찰손　　④ 풍 손

해설
직류기 손실 및 효율
• 고정손(무부하손)
　－ 철손 : 히스테리시스손, 와류손
　－ 기계손 : 마찰손(베어링, 브러시), 풍손
• 가변손(부하손)
　－ 동 손
　－ 표유부하손
　－ 총손실 = 철손 + 동손 + 기계손 + 표유부하손

03 무부하로 회전하고 있는 3상 동기 전동기를 과여자로 운전하는 경우에 발생하는 현상으로 옳은 것은?(단, 전동기의 손실은 무시한다)

① 증자 작용이 일어난다.

② 공급 전압보다 위상이 90° 앞선 전류가 흐른다.

③ 탈조가 발생한다.

④ 유효 전력이 증가한다.

해설
동기 전동기의 전기자 반작용
• I와 V가 동상인 경우 : 교차 자화 작용

• I가 V보다 $\dfrac{\pi}{2}$ 뒤지는 경우 : 증자 작용

• I가 V보다 $\dfrac{\pi}{2}$ 앞서는 경우 : 감자 작용

04 변압기에 대한 설명으로 옳지 않은 것은?

① 전압 변동률은 누설 리액턴스와 권선 저항에 의해 영향을 받으며, 일반적으로 클수록 좋다.

② 변압기의 동손은 전류의 제곱에 비례하고, 철손은 전압의 제곱에 거의 비례한다.

③ 자화 전류는 인가된 전압과 90° 위상차를 가지고, 철손 전류는 인가된 전압과 동상이다.

④ 철심의 저항률을 높이고 적층된 철심을 사용하면 와전류손을 줄일 수 있다.

해설

일반적으로 전력용 변압기에는 리액턴스가 저항보다 크므로 전압과 전류는 임피던스에 대하여 역률이 나쁘고 전압 변동이 크게 된다. 전압 변동률은 작을수록 좋으나 임피던스에 관련되므로 무리하게 작게 하는 것은 임피던스가 작게 되므로 비경제적이다.

05 다음 ㉠, ㉡, ㉢에 들어갈 용어를 바르게 나열한 것은?

변압기의 무부하 전류를 (㉠) 전류라 한다. 이 무부하 전류는 변압기 철심에 자속을 생성하는 데 사용되는 (㉡) 전류와 히스테리시스 손실과 와전류 손실에 사용되는 (㉢) 전류의 합이다.

	㉠	㉡	㉢
①	자 화	여 자	철 손
②	여 자	자 화	철 손
③	자 화	철 손	동 손
④	동 손	자 화	철 손

해설

무부하 전류(여자 전류)
여자 전류는 2차 권선에 기전력을 유도하는 자속을 생성하는 전류이다. 그러나 자기 포화와 히스테리시스 곡선 및 맴돌이 전류로 인해 에너지 손실이 생기며, 이를 총괄해서 철손이라 한다.

06 85[%] 부하에서 최대 효율을 가지는 직류 발전기가 전부하로 운전될 때, 고정손과 부하손의 비율은?

고정손 : 부하손

① 1.19 : 1
② 1 : 1
③ 0.81 : 1
④ 0.72 : 1

해설

최대 효율이 되는 조건은 고정손과 부하손이 같을 때이므로
$aI^2 = b$
여기서, 부하 전류 I 가 0.85이므로 $I^2 = 0.72$

07 10,000[kVA], 8,000[V]의 Y결선 3상 동기 발전기가 있다. 1상의 동기 임피던스가 4[Ω]이면 이 발전기의 단락비는?

① 1.2
② 1.4
③ 1.6
④ 1.8

해설

단락 전류 $I_s = \dfrac{E}{\sqrt{3}\,Z_s} = \dfrac{8,000}{\sqrt{3} \times 4}$

정격 전류 $I_n = \dfrac{P}{\sqrt{3}\,V} = \dfrac{10,000 \times 10^3}{\sqrt{3} \times 8,000}$

단락비 $K_s = \dfrac{\text{단락 전류}}{\text{정격 전류}} = \dfrac{\dfrac{8,000}{\sqrt{3} \times 4}}{\dfrac{10,000 \times 10^3}{\sqrt{3} \times 8,000}} = 1.6$

08 20극인 권선형 유도 전동기를 60[Hz]의 전원에 접속하고 전부하로 운전할 때, 2차 회로의 주파수가 6[Hz]이다. 이때 2차 동손이 600[W]라면 기계적 출력[kW]은?

① 3.4
② 4.4
③ 5.4
④ 6.4

해설

$f_{2s} = sf_1$ 에서 $s = \dfrac{f_{2s}}{f_1} = \dfrac{6}{60} = 0.1$

$\therefore P_0 = \left(\dfrac{1}{s} - 1\right)P_{c2} = \left(\dfrac{1}{0.1} - 1\right) \times 600 = 5,400[\text{W}] = 5.4[\text{kW}]$

09 내부 임피던스가 8[Ω]인 앰프에 32[Ω]의 임피던스를 가진 스피커를 연결할 때 임피던스 정합용 변압기를 사용하여 최대 전력을 전달하고자 한다. 이 정합용 변압기의 앰프측 권선수가 200이라면 스피커 측 권선수는?

① 50
② 100
③ 200
④ 400

해설

권수비 $a = \dfrac{E_1}{E_2} = \dfrac{N_1}{N_2} = \dfrac{I_2}{I_1} = \sqrt{\dfrac{Z_1}{Z_2}}$

$\dfrac{200}{N_2} = \sqrt{\dfrac{8}{32}}$ 에서 $N_2 = 400$

10 그림과 같은 부하 특성을 갖는 팬을 전동기로 운전하고 있다. 부하의 속도가 현재 속도보다 2배 빨라진 경우, 부하를 운전하는 데 요구되는 전동기의 전력은?(단, 전동기의 손실은 무시한다)

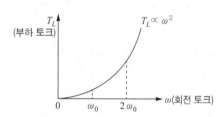

① $\dfrac{1}{2}$ 배가 된다.
② 동일하게 유지된다.
③ 4배가 된다.
④ 8배가 된다.

해설

토크 $T = \dfrac{P}{\omega} = \dfrac{P}{2\pi \dfrac{N}{60}} = \dfrac{60P}{2\pi N}$

$P = \dfrac{2\pi N \cdot T}{60}$ 이다.

여기서, 속도 N이 2배, 그래프의 토크 $T = \omega^2$ 이므로
∴ 유도 전동기의 출력 $P \propto N \times \omega^2 = 2 \times 2^2 = 8$배이다.

11 분권 직류 전동기의 속도 특성에 대한 설명으로 옳지 않은 것은?

① 단자 전압을 증가시키면 속도가 증가한다.
② 전기자 회로의 직렬 저항을 감소시키면 속도가 증가한다.
③ 계자 회로의 저항을 감소시키면 속도가 증가한다.
④ 무부하 운전을 하더라도 탈주(Runaway)하지 않고, 최대 속도에서 안정적으로 운전된다.

해설

$N = k\dfrac{E}{\phi} = k\dfrac{V - I_a R_a}{\phi}$ [rpm]에서 계자 저항을 감소시키면 계자 전류가 증가하고 자속이 증가하므로 회전수는 감소한다.

12 무한 모선(Infinite Bus)과 병렬로 연결된 동기 발전기에서 유효 전력 분담을 늘리기 위한 방법은?

① 동기 발전기의 계자 전류를 증가시킨다.
② 동기 발전기의 계자 전류를 감소시킨다.
③ 동기 발전기의 원동기 속도를 증가시킨다.
④ 동기 발전기의 원동기 속도를 감소시킨다.

해설

동기 발전기 병렬 운전의 부하분담에서의 유효 전력
병렬 운전하고 있는 두 발전기 G_1, G_2에서 G_2 발전기의 원동기의 조속기를 조정하여 G_2 발전기의 기계적 입력을 증가시키면 G_2의 유기 전압의 위상은 G_1에 비하여 위상이 앞서려고 하므로, 두 발전기 사이에 동기화력이 발생해서 G_2 발전기의 부하는 증가하게 되고, G_1 발전기의 부하는 감소하게 되어 부하 분담이 변하게 된다. 이 경우 선로의 주파수 및 전압을 일정하게 유지하기 위해서는 G_2 발전기에 주어진 기계적 입력만큼 G_1 발전기의 기계적 입력을 G_1 발전기의 조속기로 증가시켜야 한다. 즉, 병렬 운전에서 발전기 원동기의 기계적 출력을 변화시키면, 유효 전력의 분담을 조정할 수 있게 된다.

13 3상 권선형 유도 전동기에 대한 설명으로 옳지 않은 것은?

① 높은 회전자 저항은 유도 전동기의 기동 토크를 감소 시킨다.
② 유도 전동기에서 최대 토크가 발생하는 슬립과 속도는 회전자 저항으로 제어할 수 있다.
③ 유도 전동기는 기기의 극수나 주파수 또는 단자 전압을 변화시킴으로써 속도를 변화시킬 수 있다.
④ 유도 전동기의 최대 토크값은 회전자 저항과는 무관하다.

해설
토크의 비례추이
권선형 유도 전동기의 회전자에 외부에서 저항을 접속한 후 변화시키면 토크는 그대로 유지하면서 저항에 비례하여 슬립(속도)이 이동하는데 이를 비례추이라 한다. 외부 저항을 증가시키면 기동 토크는 증가하고 기동 전류 및 속도는 감소하나 운전 토크는 일정하다.
권선형 유도 전동기의 장단점
• 작은 기동 전류에서 높은 기동 토크를 얻을 수 있다.
• 외부 저항 가변으로 속도 조절이 용이하다.
• 부하 관성이 커 가속 시간이 오래 걸리는 부하에 적합하다.
• 가격이 비싸다.

14 입력 펄스 신호에 대하여 일정한 각도만큼 회전하며 회전 속도는 입력 펄스의 주파수에 비례하는 전동기는?

① 스테핑 전동기
② 타여자 직류 전동기
③ 유도 전동기
④ 동기 전동기

해설
스테핑 모터
• 하나의 입력 펄스 신호에 대하여 일정한 각도만큼 회전하는 모터이다.
• 스테핑 모터의 총입력 각도는 입력 펄스 신호수에 비례하고 회전 속도는 펄스 주파수에 비례한다.
• 펄스 신호수와 주파수를 제어함으로써 오픈 루프 제어만으로도 회전각 및 위치제어가 가능하므로 모터 제어가 간단하다.
• 디지털 제어 회로와의 조합이 용이하다.

15 부하 전류와 입력 전압이 일정하게 운전되고 있는 변압기의 주파수가 60[Hz]에서 50[Hz]로 낮아질 경우 발생하는 현상으로 옳은 것은?

① 철손 증가
② 철손 감소
③ 동손 증가
④ 동손 감소

해설
변압기의 주파수가 60[Hz]인 변압기를 50[Hz] 변압기에 사용하면
• 자속 밀도와 주파수는 반비례 관계에 있으므로 자속 밀도가 증가한다.
• 자속 밀도 증가에 따른 특성 변화는 무부하손(철손)의 증가
• 무부하손(철손)의 증가에 따른 온도 상승 증가, 자속 밀도 증가에 따라 소음이 커지게 된다.
• 용량 : 83.5[%]로 감소
• 철손(무부하손) : 1.25~1.35배 증가
• 임피던스 : 83.3[%]로 감소(임피던스는 주파수와 비례관계)

16 다이오드 1개를 이용한 반파 정류 회로에 부하 저항 R이 연결되어 있다. 이때 교류 입력 전압의 실횻값을 E[V]라 할 때 전류 I[A]의 평균값은?(단, 정류기의 전압 강하는 무시한다)

① $\dfrac{E}{2R}$ ② $\dfrac{\sqrt{2}\,E}{\pi R}$
③ $\dfrac{\sqrt{3}\,E}{6\pi R}$ ④ $\dfrac{4\sqrt{2}\,E}{\pi R}$

해설
반파 정류 회로의 평균값 $E_{av}=\dfrac{E_p}{\pi}=\dfrac{\sqrt{2}\,E}{\pi}$ 와
옴의 법칙 $I=\dfrac{V}{R}$ 에서
평균값 $I=\dfrac{\frac{\sqrt{2}\,E}{\pi}}{R}=\dfrac{\sqrt{2}\,E}{\pi R}$

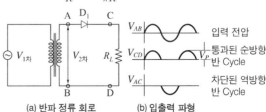

(a) 반파 정류 회로 (b) 입출력 파형
[반파 정류 회로]

17 교류 전원으로부터 전력 변환 장치를 사용하여 교류 전동기를 가변속 운전하려 한다. 이를 위해 필요한 전력 변환 장치의 종류와 그 연결순서가 바르게 나열된 것은?

① 인버터 → 다이오드 정류기
② DC/DC 컨버터 → 인버터
③ 다이오드 정류기 → 인버터
④ 인버터 → 위상제어 정류기

해설
유도 전동기의 속도 조절에 주로 사용하며 교류 전원을 다이오드로 정류된 교류측 변환기 출력의 맥동을 줄이기 위하여 LC필터를 사용하고 이것을 인버터측으로 연결한다. 주로 전압형 인버터라 한다. 제어방식은 PAM 제어인 경우 컨버터부에서 전압이 제어되고, 인버터부에서 주파수가 제어되며, PWM 제어인 경우 컨버터부에서 정류된 DC 전압을 인버터부에서 전압과 주파수를 동시에 제어한다.

18 다음 회로에서 교류 전압 V_0의 파형이 보기와 같을 때, 저항 R에서 측정되는 전압 V_R의 파형은?

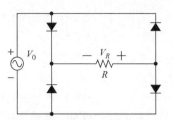

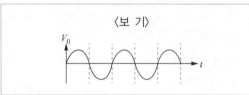

〈보 기〉

①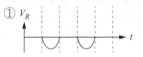

② V_R

③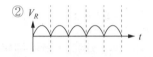

④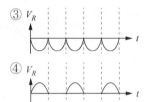

해설
부하의 연결 방향(−, +)이 반대로 되어 아래쪽으로 파형이 나타난다.

19 3상 460[V], 100[kW], 60[Hz], 4극 유도 전동기가 0.05의 슬립으로 운전되고 있다. 회전자 및 고정자에 대한 회전자 자계의 상대속도[rpm]는?

	회전자에 대한 회전자 자계의 상대 속도	고정자에 대한 회전자 자계의 상대 속도
①	90	1,800
②	0	1,800
③	90	0
④	1,710	0

해설

• 고정차에 대한 회전자 자계의 상대 속도
$$N_s = \frac{120f}{p} = \frac{120 \times 60}{4} = 1,800[\mathrm{rpm}]$$

• 회전자에 대한 회전자 자계의 상대 속도
$$sN_s = 0.05 \times 1,800 = 90$$

20 4극, 60[Hz]인 3상 유도 전동기가 1,750[rpm]으로 회전하고 있을 때, 전원의 a상, b상, c상 중에서 a상과 c상을 서로 바꾸어 접속하면 이때의 슬립은?

① 0.028 ② 1.028
③ 1.972 ④ 2.029

해설

전원 3상 중 2상을 바꾸어 역방향으로 회전력을 발생시키면 회전자의 회전 방향이 자계의 회전 방향과 반대로 되어 제동기로 작용한다.

유도 제동기의 슬립 범위 : $1 < s < 2$

동기 속도 $N_s = \dfrac{120f}{p} = \dfrac{120 \times 60}{4} = 1,800[\mathrm{rpm}]$

슬립 $s = \dfrac{N_s - N}{N_s} = \dfrac{1,800 - 1,750}{1,800} = 0.028$

∴ 역상 제동 슬립 $s = 2 - s = 2 - 0.028 = 1.972$

2017년 지방직 전기기기

01 직류 발전기에서 정류를 좋게 하는 방법으로 옳지 않은 것은?

① 브러시 접촉 저항을 크게 한다.
② 리액턴스 전압을 크게 한다.
③ 보극을 설치한다.
④ 정류 주기를 길게 한다.

해설
직류 발전기의 정류를 좋게 하는 방법
• 자속 변화를 줄이기 위해 자극편의 모양을 좋게 하고 전기자 교차 기자력에 대한 자기 저항을 크게 하여 반작용 자속을 줄인다.
• 보상 권선을 설치하여 반작용을 보상한다.
• 보극을 설치하여 정류 전압을 얻어 리액턴스 전압을 보상한다.
• 저항 정류를 위하여 브러시의 접촉 저항이 큰 것을 선정한다.
• 브러시의 접촉 저항이 작으면 리액턴스 전압이 커지고 직선 정류가 되지 않아 정류 불량이 된다. 브러시의 선정과 브러시의 접촉 불량, 압력 부적당, 진동, 위치 변동, 정류자 편심 등에 유의하여 정류자와 브러시의 접촉면의 전류 밀도를 고르게 분포시킨다.

02 5[kW] 이하의 3상 농형 유도 전동기에 정격 전압을 직접 인가하는 방법으로 가속 토크가 커서 기동 시간이 짧은 특성을 갖는 기동 방법은?

① Y-△ 기동
② 리액터 기동
③ 전전압 기동
④ 1차 저항 기동

해설
유도 전동기의 전전압 기동
기동 전류가 4~6배로 커서 권선이 탈 염려가 있고, 계통 전압 강하가 크지만, 기동이 잘 되어 5[kW] 이하의 소형에서 사용한다.

03 변압기유가 갖추어야 할 조건으로 옳지 않은 것은?

① 인화의 위험성이 없고 인화점이 높아야 한다.
② 절연 저항 및 절연 내력이 높아야 한다.
③ 비열과 열전도도가 크며 점성도가 낮아야 한다.
④ 응고점이 높고, 투명하여야 한다.

해설
변압기 기름 구비조건
• 절연 내력이 크고, 인화점이 높고 응고점이 낮을 것
• 점도가 작고 냉각 효과가 클 것
• 화학 작용, 석출물, 산화 현상이 없을 것

04 3상 유도 전동기의 출력이 10[kW], 슬립이 5[%]일 때, 2차 동손[kW]은?(단, 기계적 손실은 무시한다)

① 0.326
② 0.426
③ 0.526
④ 0.626

해설
유도 전동기의 2차측 특성
• 2차 입력 : $P_2 = P_{c2} + P_0$
• 2차 구리손 : $P_{c2} = sP_2$
• 출력 : $P_0 = P_2 - P_{c2} = P_2 - sP_2 = (1-s)P_2$
2차 구리손 $P_{c2} = sP_2 = s\dfrac{P_0}{(1-s)} = 0.05 \times \dfrac{10}{1-0.05} ≒ 0.526$

05 전동기의 기계적 출력을 구하는 방법 중 토크를 이용하는 방법이 있다. 토크는 가상 변위법에 의해 전기기계에 저장된 에너지를 회전 방향으로 편미분하면 얻어진다. 이를 이용한 기계적 출력은?

① 분당 회전수×토크

② 전기적 각속도×토크

③ 회전자 권선 선속도×토크

④ 기계적 각속도×토크

해설

출력 $P = \omega T$ 에서 기계적 출력은 기계적 각속도(ω)와 토크(T)의 곱으로 나타낸다.

가상 변위의 원리(Principle of Virtual Displacement)

역학에서 일정한 구속 조건을 어기지 않고, 즉 역학계에 작용하는 힘은 불변이라 가정한 상태에서 별도로 작은 임의의 힘을 가할 때 일어나는 미소 변위를 가상 변위라고 한다.

06 정현파 교류 전압원을 부하 저항 R인 단상 브리지 전파 정류 회로에 연결했다. 부하 저항에서 소비하는 평균 전력 P_1과 전파 정류 회로 없이 정현파 교류 전압원에 부하 저항을 직접 연결했을 때 부하 저항에서 소비하는 평균 전력 P_2와의 비 $\left(\dfrac{P_1}{P_2}\right)$는?(단, 전파 정류 회로의 손실은 없다)

① 0.5

② 0.7

③ 1.0

④ 1.4

해설

전파 정류된 전원이나 교류 전원이 부하 저항 R에 가하는 평균 전력은 같기 때문에 $\dfrac{P_1}{P_2}$의 값은 1이다.

07 단자 전압 210[V], 부하 전류 50[A]일 때 회전수가 1,500[rpm]인 직류 직권 전동기가 있다. 단자 전압을 106[V]로 하는 경우 부하 전류가 30[A]이면 회전수[rpm]는? (단, 전기자 권선과 계자 권선의 합성 저항은 0.2[Ω]이며, 자기 회로는 불포화 상태이다)

① 900

② 1,250

③ 1,800

④ 2,500

해설

직류 직권 전동기의 속도 특성

직류 직권 전동기는 자여자 전동기로서 계자 권선과 전기자 권선에 공급되는 전원이 동일한 전원을 사용하며, 계자 권선과 전기자 권선이 전원에 대하여 직렬로 연결된 구조를 가지고 있다.

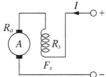

A : 전기자

F_s : 직권 계자 권선

I : 전동기 전류

직권 전동기

$$E = V - I_a(R_a + R_f) = 210 - 50 \times 0.2 = 200[V]$$
$$E' = V_{106} - I'_a(R_a + R_f) = 106 - 30 \times 0.2 = 100[V]$$

단자 전압이 210[V]에서 106[V]로 되면서 역기전력은 200[V]에서 100[V]로 $\dfrac{1}{2}$ 감소하며, 부하 전류가 50[A]에서 30[A]로 되면서 $\phi \propto I$ 이므로, 자속은 $\dfrac{3}{5}$ 감소한다.

또한, $E = k\phi N$ 에서 $N = k'\dfrac{E}{\phi}$ 이므로,

속도는 $N = k'\dfrac{\dfrac{1}{2}}{\dfrac{3}{5}} = k'\dfrac{5}{6}$ 에서 $\dfrac{5}{6}$ 만큼 감소한다.

$$\therefore \ 1,500 \times \dfrac{5}{6} = 1,250[rpm]$$

08 변압기의 여자 전류를 줄이기 위한 방법으로 옳지 않은 것은?

① 1차측 입력 전압의 크기를 줄인다.
② 변압기의 권선수를 줄인다.
③ 투자율이 높은 철심을 사용한다.
④ 1차측 입력 전압의 주파수를 증가시킨다.

해설

변압기의 여자 전류

변압기에서 1차 전류(I_1)는 1차 부하 전류(I_1')와 여자 전류(I_0)의 합($\dot{I_1} = \dot{I_0} + \dot{I_1'}$)으로 표현하며, 이때 변압기의 여자 전류 I_0는 자화 전류 I_ϕ와 철손 전류 I_i로 표현할 수 있다($I_0 = I_\phi + I_i$).

• 기자력 $F = N_1 I_1 = \phi_m R_m$이고, $\phi = \phi_m \sin\omega t$에서

$$e(= V_1) = N_1 \frac{\Delta\phi}{\Delta t} = \omega N_1 \phi_m$$

• 리액턴스 $X_1 = \dfrac{V_1}{I_1} = \dfrac{\omega N_1 \phi_m}{\dfrac{\phi_m R_m}{N_1}} = \dfrac{N_1^2}{R_m}\omega = \omega L = 2\pi f L$이다.

따라서, 권선수 N을 줄이면 리액턴스값이 작아져서 1차측 전류값이 커지게 되어 여자 전류가 늘어나게 된다.

09 동기 전동기가 전력 계통에 접속되어 일정 단자 전압과 일정 출력으로 운전하고 있을 때, 동기 전동기의 여자 전류를 증가시키면 일어나는 현상으로 옳은 것은?(단, 동기 전동기의 운전 속도는 일정하다)

① 토크가 증가한다.
② 난조가 발생한다.
③ 동기 발전기로 동작하게 된다.
④ 전기자 전류의 위상이 달라진다.

해설

위상 특성 곡선(Phase Characteristic Curve)

• 공급 전압과 부하를 일정히 하고 여자(계자) 전류 I_f를 변화시킬 때 전기자 전류 I_a의 변화 곡선을 V–곡선 또는 위상 특성 곡선이라 하며, 역률 1에서 전기자 전류가 최소이다.
• 역률 1을 기준으로 왼쪽, 즉 I_f가 줄어들면 뒤진 역률이고 오른쪽, 즉 I_f가 증가하면 앞선 역률이다.
• 따라서 여자 전류를 변화시키면 전기자 전류의 위상(진상, 지상)이 변화한다.

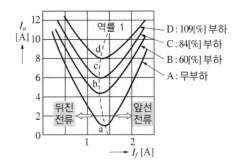

10 1차 정격 전압과 2차 정격 전압이 동일한 2대의 변압기가 있다. 정격 용량 및 %임피던스 강하가 A변압기는 150[kVA], 5[%]이고, B변압기는 300[kVA], 3[%]라고 한다. 두 대의 변압기를 병렬 운전할 때, 두 대의 변압기에 접속할 수 있는 최대 합성부하 용량[kVA]은?

① 240
② 360
③ 390
④ 450

해설

병렬 연결된 변압기의 부하 분담
- A변압기의 150[kVA], 5[%]를 B변압기의 300[kVA]로 환산하면
  $150 : 5 = 300 : Z_A$
  $$\therefore Z_A = \frac{5 \times 300}{150} = 10[\%]$$
- 변압기의 부하 분담은 %임피던스에 반비례하므로, 용량 300[kVA]를 기준으로 하면 B변압기의 %임피던스가 작아져서 300[kVA]를 분담한다($P_B = 300[\text{kVA}]$).
- 부하를 P라고 하면, $P_B = P \times \dfrac{Z_A}{Z_A + Z_B}$ 에서
  $$P = \frac{Z_A + Z_B}{Z_A} \times P_B = \frac{10+3}{10} \times 300 = 390$$
  $$P_A = P - P_B = 390 - 300 = 90[\text{kVA}]$$
  총부하 $P = P_A + P_B = 90 + 300 = 390[\text{kVA}]$

11 동기기의 안정도를 향상시키는 대책으로 옳지 않은 것은?

① 회전부의 관성을 작게 한다.
② 속응 여자방식을 채용한다.
③ 동기 리액턴스를 작게 한다.
④ 역상 및 영상 임피던스를 크게 한다.

해설

동기기의 안정도 증진방법
- 속응 여자방식(여자기의 전압을 높이고, 전압 상승률을 높인 것)을 채용한다.
- 역상 임피던스를 크게 한다.
- 동기 화력을 높이기 위해 리액턴스(임피던스)를 작게 한다.
- 발전기의 조속기 동작을 신속하게 한다.
- 동기 탈조 계전기를 사용한다.
- 전기자 저항을 감소시키고, 회전부의 관성을 크게 하여 회전력을 유지시킨다.

12 부하 역률이 1일 때의 전압 변동률은 3[%]이고 부하 역률이 0일 때의 전압 변동률은 4[%]인 변압기가 있다. 부하 역률이 0.8(지상)일 때, 전압 변동률[%]은?

① 3.0
② 4.0
③ 4.8
④ 7.0

해설

변압기의 전압 변동률
$\varepsilon = p\cos\theta + q\sin\theta$ (p : %저항 강하, q : %리액턴스 강하)
- 부하 역률이 1일 때($\cos\theta = 1$, $\sin\theta = 0$) : $\varepsilon = p = 3$
- 부하 역률이 0일 때($\cos\theta = 0$, $\sin\theta = 1$) : $\varepsilon = q = 4$
$\therefore \varepsilon = p\cos\theta + q\sin\theta = 3 \times 0.8 + 4 \times 0.6 = 4.8[\%]$

13 2대의 동기 발전기가 병렬 운전하고 있다. 한쪽 발전기의 계자 전류가 증가했을 때 두 발전기 사이에 일어나는 현상으로 옳은 것은?

① 무효 순환 전류가 흐른다.
② 기전력의 위상이 변한다.
③ 동기화 전류가 흐른다.
④ 속도 조정률이 변한다.

해설

한쪽 발전기의 계자를 변화시키면 전압이 변하여 두 발전기 사이의 기전력이 달라지게 되며, 이로 인해 무효 순환 전류가 흘러 권선이 과열된다. 또한 전압이 높은 쪽은 무효 전류에 의한 감자 작용이 일어난다.

14 동기 발전기의 전기자 권선을 Y결선하는 이유로 옳지 않은 것은?

① 중성점을 접지할 수 있어서 이상전압에 대한 대책이 용이하다.
② 상전압은 선간 전압의 $\dfrac{1}{\sqrt{3}}$ 이 되므로 코일의 절연이 용이하다.
③ 제3고조파 전류에 의한 순환 전류가 흐르지 않는다.
④ 전기자 반작용이 감소하여 출력이 향상된다.

해설

동기기의 상간 접속이 Y결선으로 하면 선간에 제3고조파가 없어지게 되고, 선간 전압이 상전압의 $\sqrt{3}$ 배로 절연이 용이해진다. 또한 중성점 접지로 이상전압을 방지한다.

15 2극 3상 유도 전동기에서 회전자의 기계적 각속도가 동기 각속도보다 큰 경우, 관계식으로 옳은 것은?(단, P_g는 공극 전력, P_m은 기계적 출력, P_r은 회전자 동손이다)

① $P_g < 0,\ P_m < 0,\ P_r > 0$

② $P_g > 0,\ P_m < 0,\ P_r > 0$

③ $P_g < 0,\ P_m > 0,\ P_r < 0$

④ $P_g > 0,\ P_m > 0,\ P_r > 0$

해설

유도 전동기에서 회전자의 기계적 각속도가 동기 각속도보다 클 경우 유도 발전기로 동작하므로, 전동기로 동작할 때 양으로 표시한 전력값과 출력값은 발전기에서는 반대의 값으로 표현하며, 회전자 동손은 손실로서 항상 양의 출력으로 나오게 된다.

3가지 동작 모드에서의 전력 흐름

유도기는 3가지 모드로서 동작하며, 3모드에는 전동기 작용(Motoring), 발전기 작용(Generating), 플러깅 작용(Plugging)이 있다. 유도기에서의 전력 흐름은 동작 모드에 따라 결정되며, 이러한 동작 모드는 유도기의 동작 특성에서 설명한 여러 가지 전력 관계에 대해 유도한 수식들에 의해 쉽게 설명할 수 있다. 이러한 표현식에서 슬립 s의 기호는 실제적으로 전력 흐름을 표시한다. 예를 들어, 발전기 동작모드에서 슬립은 부(−)이다. 그러므로 공극 전력도 부(−)가 된다(회전자 회로의 동손 P_2는 항상 정(+)이다). 이는 발전기 동작 모드에서 실제적으로 공극을 통과하는 전력은 회전자에서 고정자로 흐른다. 다음의 그림에서는 3가지 동작 모드를 전력 흐름 다이어그램으로 표시하고 있다. 철손, 풍손 및 마찰손은 일정한 회전 손실 P_{rot}로 합쳐서 표현하였다.

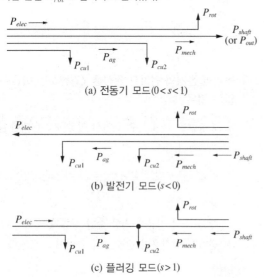

(a) 전동기 모드($0 < s < 1$)

(b) 발전기 모드($s < 0$)

(c) 플러깅 모드($s > 1$)

16 직류 전동기의 발전 제동에 대한 설명으로 옳지 않은 것은?

① 전동기를 전원에서 분리하고 단자 사이에 저항을 연결하여 전류를 흐르게 해서 운동 에너지를 열에너지로 소비하는 방법이다.

② 분권 전동기의 경우 계자를 전원에 접속한 상태에서 전기자 회로를 분리하여 양단에 저항을 접속하면 열에너지로 소비된다.

③ 복권전동기의 경우 전기자를 반대로 접속하면 전기자 전류가 반대로 되어 회전 방향과 역방향의 토크를 발생시키는 방법이다.

④ 직권 전동기의 경우 전동기를 전원에서 분리함과 동시에 계자 권선과 전기자의 접속을 반대로 하고 전기자에 저항을 접속하면 열에너지로 소비된다.

해설

전동기의 제동 방법

전동기가 즉시 정지하는 것을 제동이라고 하며, 직류 전동기의 제동 방법에는 기계적 방법과 전기적 방법이 있다. 기계적 방법은 자전거나 자동차와 같이 브레이크를 이용하여 회전 장치와 마찰시켜 회전력을 감소시킨다.

회전하고 있는 전동기는 전원을 차단시켜도 즉시 정지하지 않고 관성에 의해 일정시간 회전하게 되며 이를 이용하는 전기적 방법에는 발전 제동, 회생 제동, 역전 제동 방법이 있다.

• 발전 제동 : 운전 중인 전동기를 전원에서 분리한 후에 발전기로 작용시켜 회전체의 운동 에너지를 전기 에너지로 변환하고, 저항체에서 줄열로 소비시켜 제동하는 방법이다.

• 회생 제동 : 전동기를 발전기처럼 사용하여 발생되는 전력을 전원에 반환하여 제동하는 방법이다. 엘리베이터의 하강과 전기기관차가 언덕을 내려가는 경우에 사용한다.

• 역전(상) 제동(플러깅) : 전동기를 전원에 접속시킨 상태에서 전동기의 전기자 접속을 반대로 바꾸어 원래 회전하던 방향과 반대인 토크를 발생시켜 전동기를 급속히 정지시키는 방법이다.

17 분권 직류 발전기가 개방 회로에서 유도 전압은 240 [V]이며, 부하가 연결되었을 때 단자 전압이 230[V]이다. 계자 저항이 50[Ω], 전기자 저항이 0.05[Ω]일 때 부하 전류[A]는?(단, 전기자 반작용과 브러시 전압 강하는 무시한다)

① 180.4   ② 190.6

③ 195.4   ④ 204.6

해설
직류 분권 발전기

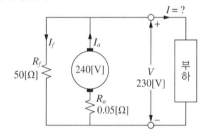

$$I_f = \frac{V}{R_f} = \frac{230}{50} = 4.6[\text{A}]$$

$E = V + I_a R_a[\text{V}]$ 에서 $I_a = \dfrac{E-V}{R_a} = \dfrac{240-230}{0.05} = 200[\text{A}]$

$I_a = I + I_f[\text{A}]$ 이므로 $I = I_a - I_f = 200 - 4.6 = 195.4[\text{A}]$

18 소형 유도 전동기의 슬롯을 사구(Skew Slot)로 하는 이유로 옳은 것은?

① 회전자의 발열 방지

② 크롤링(Crawling) 현상 방지

③ 자기여자 현상 방지

④ 게르게스(Gorges) 현상 방지

해설
• 크롤링(Crawling) 현상 : 농형 유도 전동기에서 일어나는 현상으로 농형 유도 전동기 계자에 고조파가 유기되거나 공극이 일정하지 않을 때 전동기 회전자가 정격 속도에 이르지 못하고 도중에 멈추는 현상을 말하며, 사구 슬롯(Skew Slot)을 채용하여 방지한다. 사구 슬롯을 적용함으로써 저속에서 토크가 맥동하는 코깅(Cogging) 현상을 방지하고 균일한 회전력을 얻으며, 회전자의 저항을 크게 하고, 고조파의 영향을 최소화할 수 있다.

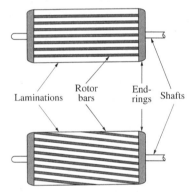

Laminations   Rotor bars   End-rings   Shafts

• 게르게스(Gorges) 현상 : 권선형 유도 전동기에서 전동기가 무부하 또는 경부하로 운전 중 회전자 한 상이 결상되어도 전동기가 소손되지 않고 정격 속도의 1/2배의 속도에서 운전되는 현상을 말한다.

19 3상 전파 정류 회로의 출력측에 부하 저항을 연결할 때, 출력 전압의 기본 주파수는 입력 전압의 기본 주파수의 몇 배인가?

① 3 ② 6

③ 9 ④ 12

해설
- 단상 반파 정류 출력 전압의 기본주파수 = 입력 전압 기본 주파수의 1배
- 단상 전파 정류 출력 전압의 기본주파수 = 입력 전압 기본 주파수의 2배
- 3상 반파 정류 출력 전압의 기본주파수 = 입력 전압 기본 주파수의 3배
- 3상 전파 정류 출력 전압의 기본주파수 = 입력 전압 기본 주파수의 6배

20 그림과 같은 회로에서 스위치 S를 $t = 0$일 때 닫고 정상 상태 후 $t = t_1$일 때 열었다. 환류 다이오드 D_f에 흐르는 전류 i_f의 파형은?(단, R과 L은 0이 아닌 유한한 값이고, 모든 소자는 이상적이다)

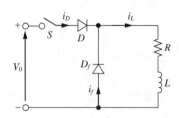

①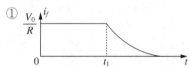

②

③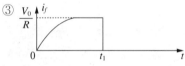

④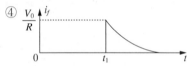

해설
주어진 회로에서
- i_L의 그래프(②)

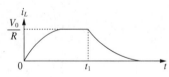

- i_D의 그래프(③)

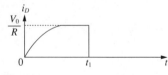

따라서, $i_L = i_D + i_f$에서 $i_f = i_L - i_D$이므로
i_L의 그래프에서 i_D의 그래프를 제외하면 i_f의 그래프는

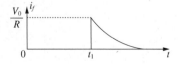

2017년 서울시 전기기기

01 유도 전동기의 속도를 결정하는 직접적인 요소가 아닌 것은?

① 온 도   ② 극 수
③ 전 압   ④ 주파수

해설
유도 전동기의 속도

$$N=(1-s)N_s=(1-s)\frac{120f}{p}, \ s\propto\frac{1}{V^2}$$

(s : 슬립, p : 극수, f : 주파수, N_s : 동기 속도, N : 회전자 속도)

02 1차 전압 4,000[V], 2차 전압 200[V], 정격 20[kVA]인 주상 변압기의 %임피던스 강하가 2.5[%]이다. 이 변압기의 2차를 단락하고 1차에 정격 전압을 가하였을 때 1차, 2차의 단락 전류(I_{1s}, I_{2s})는?

① $I_{1s}=200[A]$, $I_{2s}=2,000[A]$
② $I_{1s}=400[A]$, $I_{2s}=2,000[A]$
③ $I_{1s}=200[A]$, $I_{2s}=4,000[A]$
④ $I_{1s}=400[A]$, $I_{2s}=4,000[A]$

해설
변압기

• 권수비 $a=\dfrac{E_1}{E_2}=\dfrac{V_1}{V_2}=\dfrac{I_2}{I_1}=\dfrac{N_1}{N_2}=\sqrt{\dfrac{Z_1}{Z_2}}=\sqrt{\dfrac{R_1}{R_2}}$ 에서

$\dfrac{E_1}{E_2}=\dfrac{4,000}{200}=20$

• 단락비 $K_{1s}=\dfrac{I_{1s}}{I_{1n}}=\dfrac{100}{\%Z}$ 에서

$I_{1s}=\dfrac{100}{\%Z}\times I_{1n}=\dfrac{100}{\%Z}\times\dfrac{P_{1n}}{V_{1n}}=\dfrac{100}{2.5}\times\dfrac{20\times10^3}{4,000}=200[A]$

∴ 권수비 $a=20=\dfrac{I_{2s}}{I_{1s}}=\dfrac{I_{2s}}{200}$ 이므로 $I_{2s}=4,000[A]$

03 3,000[V], 1,500[kVA], 동기 임피던스 3[Ω]인 동일 정격의 두 동기 발전기를 병렬 운전하던 중 한쪽 여자 전류가 증가해서 각 상의 유도 기전력 사이에 480[V]의 전압차가 발생했다면 두 발전기 사이에 흐르는 무효 횡류[A]는 얼마인가?

① 50
② 60
③ 70
④ 80

해설
동기 발전기의 무효 횡류
기전력의 크기가 다르면 두 발전기 사이에 순환 전류 I가 흘러 전압 평형을 이루며 권선을 가열하게 되는데 이때 무효 순환 전류의

크기 $I=\dfrac{E_1-E_2}{2Z_S}=\dfrac{480}{2\times3}=\dfrac{480}{6}=80[A]$

04 12회 감은 권선에 5초 동안 25[Wb]의 자속이 지나갈 때, 권선에 유도되는 기전력[V]은 얼마인가?

① 25
② 50
③ 60
④ 75

해설
유도 기전력의 크기

$$e=N\dfrac{d\phi}{dt}=12\times\dfrac{25}{5}=60[V]$$

05 직권 발전기에 대한 설명으로 옳지 않은 것은?

① 직권 발전기는 부하 변동에도 단자 전압이 거의 변하지 않는다.
② 계자 권선이 전기자와 직렬로 연결된 발전기이다.
③ 계자 권선의 저항은 가능한 한 작게 설계해야 한다.
④ 무부하일 때 계자 전류가 흐르지 않으므로 발전할 수 없다.

설

직권 발전기의 특징

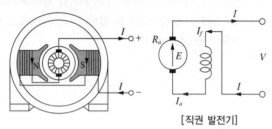

[직권 발전기]

- 직권(Series) 발전기는 계자 권선과 전기자 권선이 직렬로 연결되어 있어서 계자 권선에 흐르는 전류의 세기가 크기 때문에 계자 권선은 지름이 굵은 것을 사용하며 감는 횟수는 적게 해야 하며, 계자 권선의 저항은 가능한 작은 것으로 해야 한다.
- 부하 저항이 과대해지면 운전이 곤란하며, $I_a = I_f$이고 무부하일 때 $I_a = I_f = 0$이므로 자여자 되지 않아 발전할 수 없다.

06 정격 전압 6,000[V], 정격 전류 450[A]인 3상 동기 발전기가 있다. 이 발전기의 계자 전류가 200[A]일 때 무부하 단자 전압이 6,600[V]이고 3상 단락 전류는 600[A]이면, 단락비는 얼마인가?

① $\dfrac{1}{3}$ ② $\dfrac{3}{4}$

③ $\dfrac{4}{3}$ ④ 3

설

동기 발전기의 단락비

단락비 $K_s = \dfrac{I_s}{I_n} = \dfrac{100}{\%Z}$ 에서 $K_s = \dfrac{600[A]}{450[A]} = \dfrac{4}{3}$

07 부하 전류 50[A]일 때, 단자 전압이 100[V]인 직류 직권 발전기의 부하 전류가 80[A]로 되면 단자 전압[V]은 얼마인가?(단, 전기자 저항 및 직권 계자 저항은 각 0.1[Ω]이고, 전기자 반작용과 브러시의 접촉 저항 및 자기 포화는 모두 무시한다)

① 100 ② 120
③ 140 ④ 160

설

직류 직권 발전기의 단자 전압

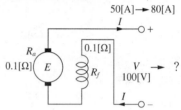

- 부하 전류 50[A]와 80[A]에서의 유도 기전력을 각각 E_{50}, E_{80}이라고 하면 $E_{50} = V + I_a(R_f + R_a)$ 에서
  $E_{50} = 100 + 50 \times (0.1 + 0.1) = 110[V]$
- 직류 직권 발전기는 $I_a = I = I_f(= I_s)$이고 $I_f \propto \phi$이므로, $E = k\phi N$에서 $I_f \propto E$

  $E_{50} : E_{80} = 50 : 80$, $E_{80} = \dfrac{80}{50}E_{50} = \dfrac{80}{50} \times 110 = 176[V]$

- ∴ 부하 전류 80[A]일 때의 단자 전압
  $V_{80} = E_{80} - I_{80}(R_f + R_a)$
  $= 176 - 80 \times (0.1 + 0.1) = 176 - 16 = 160[V]$

08 출력 전압이 직류 전압인 것은?

① 단상 인버터 ② 초퍼형 컨버터
③ 사이클로 컨버터 ④ 3상 인버터

설

전력 변환 장치

- 초퍼형 컨버터(Chopper Converter) : 전류의 On-Off를 반복하는 것을 통해 직류 또는 교류의 전원으로부터 직류형태의 임의의 전압이나 전류를 인위적으로 만들어 내는 장치이다.
- 인버터(Inverter) : 직류를 교류로 바꾸어 장비에 전원을 공급하는 장치로, 역변환 장치라고도 한다. 스위치의 온(On)·오프(Off)에 따라 직류를 단속(斷續)시킴으로써 교류를 얻으며, 직류의 단속 동작 및 동작의 메커니즘 차이에 따라 단상 인버터, 3상 인버터, PWM 인버터 등으로 구별된다.
- 사이클로 컨버터(Cyclo Converter) : 교류 전원으로 전류(轉流) 동작하는 사이리스터를 써서 교류 전력의 주파수 변환을 하는 전력 변환 장치이다.

09 3상 유도 전동기의 전전압 기동 토크는 전부하 시의 1.6배이다. 전전압의 $\frac{1}{2}$로 기동할 때 기동 토크는 전부하 시의 몇 배인가?

① 0.4   ② 0.5

③ 0.6   ④ 0.8

해설

유도 전동기의 토크

토크식 $T_s = \dfrac{60}{2\pi n_s} \times \dfrac{V_1^2 r_2'}{(r_1 + r_2') + (x_1 + x_2')^2} = kV_1'[\text{N} \cdot \text{m}]$

에서, 슬립이 일정할 경우 토크는 전압의 제곱에 비례하므로, 전압이 $\frac{1}{2}$로 줄어든 상태로 기동할 경우 기동 토크는 전부하 시의 $\frac{1}{4}$가 된다.

$\therefore\ 1.6배 \times \dfrac{1}{4} = 0.4배$

10 변압기의 손실, 효율과 전일 효율(All-day Efficiency)에 대한 설명으로 옳은 것은?

① 동손과 철손이 같을 때 효율이 최소가 된다.

② 하루 중 전부하로 운전되는 시간이 짧을수록 전일 효율을 높이기 위해서는 전체 손실 중 철손의 비중이 작도록 설계해야 한다.

③ $\frac{1}{2}$ 정격 부하 시의 철손은 전부하 시 철손의 50[%]이다.

④ $\frac{1}{2}$ 정격 부하 시의 동손은 전부하 시 동손의 50[%]이다.

해설

변압기의 전일 효율

전일 효율(All-day Efficiency)은 하루 동안의 에너지 효율을 이르는 것으로, 24시간 중의 출력에 상당한 전력량을 그 전력량과 그 날의 손실 전력량의 합으로 나눈 것을 말한다.

• 전부하 시 $P_i = P_c$(철손 : 동손 = 1 : 1)

• $\frac{1}{m}$ 부하 시 $P_i = \left(\dfrac{1}{m}\right)^2 P_c$, $\dfrac{1}{m} = \sqrt{\dfrac{P_i}{P_c}}$ (철손 : 동손 = 1 : 2)

• 최대 효율 $\eta_{\max} = \dfrac{\frac{1}{m} P_n \cos\theta}{\frac{1}{m} P_n \cos\theta + 2P_i} \times 100[\%]$

• 전일 효율

$$\eta_{\text{day}} = \dfrac{T \times \frac{1}{m} P_n \cos\theta}{\frac{1}{m} \times T \times P_n \cos\theta + 24P_i + T \times \left(\frac{1}{m}\right)^2 P_c} \times 100[\%]$$

전일 효율을 높이기 위해서는 철손(P_i)의 비율을 낮춰야 한다.

11 3상 동기 발전기에서 권선계수 k_ω, 주파수 f[Hz], 극당 자속 ϕ[Wb], 코일 턴수 ω인 경우 Y결선으로 하였을 때의 선간 전압의 실효치[V]는?

① $4.44k_\omega f\omega\phi$

② $\sqrt{3}\times4.44k_\omega f\omega\phi$

③ $3\times4.44k_\omega f\omega\phi$

④ $\dfrac{4.44k_\omega f\omega\phi}{\sqrt{3}}$

해설

동기 발전기의 유도 기전력

• 동기 발전기의 유도 기전력 $E=4.44f\phi\omega k_\omega$[V]

  (f : 주파수, ϕ : 자속수, ω : 각속도, k_ω : 권선계수)

• 선간 전압 $=\sqrt{3}$ 상전압

∴ $V_{rms}=\sqrt{3}\times4.44k_\omega f\omega\phi$[V]

12 전압 변동률 10[%]인 직류 발전기의 정격 전압이 100[V]일 때 무부하 전압[V]은?

① 10

② 90

③ 100

④ 110

해설

직류기의 전압 변동률

$\varepsilon=\dfrac{V_0-V_n}{V_n}\times100$[%] 이므로 $10=\dfrac{V_0-100}{100}\times100$

∴ $V_0=110$[V]

13 출력 22[kW], 4극 60[Hz]인 권선형 3상 유도 전동기의 전부하 회전 속도가 1,710[rpm]으로 운전되고 있다. 같은 부하 토크에서 유도 전동기의 2차 저항을 2배로 하면 회전 속도[rpm]는?

① 1,620   ② 1,650

③ 1,680   ④ 1,740

해설

유도 전동기의 속도 특성

• 동기 속도 $N_s=\dfrac{120f}{p}$[rpm]이므로

  $N_s=\dfrac{120\times60}{4}=1,800$[rpm]

• 유도 전동기의 슬립 $s=\dfrac{N_s-N}{N_s}$ 에서

  $s=\dfrac{1,800-1,710}{1,800}=0.05$

• 2차 저항을 2배로 넣으면 저항은 2배, 슬립도 2배가 된다.

  $s'=2s=\dfrac{N_s-N'}{N_s}$

∴ $N'=(1-2s)N_s$ 에서

  $N'=(1-2\times0.05)\times1,800=1,620$[rpm]

14 전기기기의 운전 안정성을 위해 K-SC-4004로 규정된 절연등급에 따른 최대 허용온도 등급이 온도의 오름차순으로 표현된 것은?

① F-E-B-H   ② E-B-F-H

③ H-F-E-B   ④ H-E-F-B

해설

절연물의 허용온도와 종류

전기기기의 절연물은 그 내열온도에 따라 Y종, A종, E종, F종, H종 및 C종으로 구분된다. 각 등급에 해당되는 허용 최고 온도는 다음과 같다.

절연의 종류(종)	허용 최고 온도[℃]
Y	90
A	105
E	120
B	130
F	155
H	180
C	180 초과

※ 현재 KS C 4004 '전기기기 절연의 종류'는 폐지되었으며, 대체표준으로 KS C IEC 60085 '전기 절연 – 내열성 등급'이 사용되고 있다.

15 유도 전동기의 명판에 표기되는 항목으로서 이를 정격 용량에 곱한 값은 전압과 주파수가 명판에 지시된 값으로 유지되고 있을 때 전동기에 허용 가능한 최대의 부하량을 나타내는 것은?

① 설계 유형 문자(Design Letter)
② 공칭 효율(Nominal Efficiency)
③ 절연 계급(Insulation Class)
④ 서비스율(Service Factor)

[해설]
서비스율(S.F. ; Service Factor)
서비스율은 정격 전압과 정격 주파수 및 허용 온도(Max. Ambient Temperature) 아래서 허용할 수 있는 과부하 용량(Overload Capacity)을 얻기 위해서 정격 출력에 곱하는 계수를 말하며, SF가 1 이상이면 전동기 명판에 표시하도록 NEMA에 규정되어 있다. SF값 1.15나 1.25의 전동기는 흔히 있으며, 1.4나 이보다 더 큰 값의 전동기도 있다. 서비스율은 전동기 명판에 표시되는 용어 중에서 가장 이해하기 힘든 용어 중의 하나이다.

16 변압기의 1차측 권선이 240회이고 1차측 유도 기전력의 실효치 240[V]을 발생시키는 50[Hz] 전원에 접속되어 있다고 할 때 철심 내의 정현파 자속의 최대치의 근삿값은?

① 4.5×10^{-3}[Wb]
② 3.2×10^{-2}[Wb]
③ 7.1×10^{-5}[Wb]
④ 3.2×10^{-1}[Wb]

[해설]
변압기의 유도 기전력 $E = 4.44 f N \phi_m$ [V]에서 $\phi_m = \dfrac{E}{4.44 f N}$[Wb]

이므로 $\phi_m = \dfrac{240}{4.44 \times 50 \times 240} \fallingdotseq 0.0045 = 4.5 \times 10^{-3}$[Wb]

(f : 주파수, ϕ_m : 자속수, N : 권선수)

17 동기 발전기에서 출력 전압의 주파수는 어떻게 결정되는가?(단, f_e = 전기적 주파수[Hz], n_m = 동기기 회전자의 기계적 속도[rpm], P = 극수)

① $f_e = \dfrac{n_m}{120P}$
② $f_e = \dfrac{n_m P}{60}$
③ $f_e = \dfrac{n_m P}{120}$
④ $f_e = \dfrac{n_m}{60P}$

[해설]
동기 발전기의 동기 속도 $N_s = \dfrac{120 f}{P}$[rpm]에서 $f = \dfrac{N_s \times P}{120}$[Hz]

18 보극이 없는 직류 발전기는 부하의 증가에 따라 브러시의 위치를 어떻게 변화시켜 주어야 전기자 반작용에 의한 현상을 최소화할 수 있는가?

① 회전 방향과 반대로 이동시킨다.
② 그대로 둔다.
③ 극의 중간에 놓는다.
④ 회전 방향으로 이동시킨다.

[해설]
직류기의 전기자 반작용 감소방법
• 중성축에는 자속 분포(유도 전압)가 0이므로, 브러시의 위치가 항상 중성축에 있어야 브러시와 정류자 사이에 불꽃이 일어나지 않고 좋은 정류가 된다.
• 발전기에서 전기자 반작용 자속이 회전 방향으로 90° 늦게 분포하므로 중성축도 회전 방향으로 이동시켜야 한다.
• 전동기의 전기자 반작용은 중성축을 회전 방향과 반대로 이동시키므로 브러시도 따라서 회전 방향과 반대 방향으로 이동시켜 브러시의 위치가 중성점에 오도록 해야 한다.

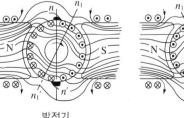

발전기   전동기

19 자성 재료가 가진 특성을 나타내는 용어로서 자화(Magnetization)시킬 수 있는 정도를 비교할 수 있는 기준으로 사용할 수 있는 것은?

① 도전율
② 비유전율
③ 비투자율
④ 저항률

해설
- 투자율(Magnetic Permeability) : 자성체가 자기화하는 정도를 나타내는 물질 상수
- 비투자율(Relative Permeability) : 진공의 투자율에 대한 비율로, 특정 물질의 투자율 μ과 진공의 투자율 μ_0과의 비, 즉 $\mu_r (= \mu / \mu_0)$이다. 여기서 $\mu_0 = 4\pi \times 10^{-7} [\text{H/m}]$이며, 비자성체의 μ_r은 1에 가까운 값이고 자성체에서는 1보다 아주 크게 된다.

20 동기 전동기의 여자 전류를 변경하는 경우에 대한 설명으로 옳지 않은 것은?

① 역률 1로 운전되고 있을 때 여자 전류를 감소시키는 경우 전원측에서 보면 동기 전동기는 유도성 부하이다.
② 역률 1로 운전되고 있을 때 여자 전류를 증가시키는 경우 동기 전동기에는 앞선 전류가 흐른다.
③ 부하가 일정할 때 여자 전류와 단자 전압과의 관계를 그린 것을 동기 전동기의 V곡선이라 한다.
④ 여자 전류 변경을 통해 동기 전동기의 역률 제어가 가능하다.

해설
위상 특성 곡선(Phase Characteristic Curve)
- 공급 전압과 부하를 일정히 하고 여자(계자) 전류 I_f를 변화시킬 때 전기자 전류 I_a의 변화 곡선을 V-곡선, 또는 위상 특성 곡선이라 하며, 역률 1에서 전기자 전류가 최소이다.
- 역률 1을 기준으로 왼쪽, 즉 I_f가 줄어들면 뒤진 역률이며 오른쪽, 즉 I_f가 증가하면 앞선 역률이다.
- 따라서, 여자 전류를 변화시키면 전기자 전류의 위상(진상, 지상)이 변화한다.

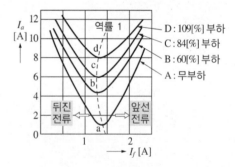

2017년 지방직 고졸경채 전기기기

01 변압기 시험 중 여자 어드미턴스를 구하기 위한 시험 방법은?

① 충격 전압 시험 ② 유전 정접 시험
③ 무부하 시험 ④ 단락 시험

해설

무부하손 측정(무부하 시험)
고압쪽을 개방하고 저압쪽에 정격 주파수의 정격 전압 V_{2n}를 가한 뒤, 입력 P_i(철손, 무부하손)과 여자 전류 I_0를 측정하고 여자 어드미턴스 Y_0를 구한다.

이때, $Y_0 = \dfrac{I_o}{V_{2n}}[\text{℧}]$, $\cos\theta_0 = \dfrac{P_i}{V_{2n}I_0}$, $g_0 = \dfrac{P_i}{V_{2n}^2}[\text{℧}]$,

$b_0 = \sqrt{\left(\dfrac{I_0}{V_{2n}}\right)^2 - \left(\dfrac{P_i}{V_{2n}^2}\right)^2}[\text{℧}]$ 이다.

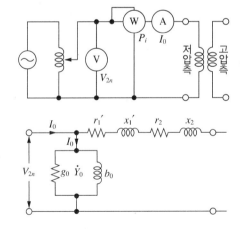

02 다음 설명에 해당하는 전력용 반도체 소자는?

전력용 스위칭을 목적으로 사용되며 스위칭 시 발생하는 손실을 줄이기 위하여 포화영역에서 On, 차단 영역에서 Off가 되도록 하고 활성 영역은 사용하지 않는다. 충분한 베이스 전류를 흘려 동작시키며 각종 서보 모터 드라이버, 초퍼 회로에 사용한다.

① 사이리스터(SCR)
② 트라이액(TRIAC)
③ 전력용 트랜지스터(바이폴러형)
④ 전력용 MOSFET

해설

전력용 트랜지스터(Electric Transistor)
전력용으로서 사용되는 대출력 트랜지스터를 말하며, 일반 트랜지스터와 원리적으로는 다르지 않다. 트랜지스터의 동작은 전기적으로 포화 영역과 활성 영역으로 구분되는데 증폭 작용은 포화 영역, 논리 회로에서와 같이 스위칭 작용은 활성화 영역에서 동작시킴으로서 가능하다. 초기의 트랜지스터는 바이폴라 트랜지스터(BJT)를 지칭하는 용어였으며, 전계 효과형 트랜지스터(FET)의 등장으로 그 용어구사에 변화가 생겼다. 지금은 전계 효과형 트랜지스터의 종류만도 JFET, MOSFET, SIT, IGBT를 비롯하여 수많은 종류의 트랜지스터가 있다. 전력용으로 사용되는 대부분의 트랜지스터는 증폭 작용보다는 대부분의 경우 스위칭을 목적으로 사용된다.

03 전동기의 위치 제어용으로 증분형 엔코더(Increment Encoder)를 사용한다. 엔코더의 분해능이 16[pulse/rev]인 경우 1펄스당 회전각[°]은?

① 12.5

② 22.5

③ 45

④ 90

해설

엔코더의 분해능(Encoder Resolution)

로타리 엔코더의 축(Shaft)이 1회전하는 동안 출력되는 펄스수를 분해능이라고 하며, 16[pulse/rev]인 경우 1펄스당 회전각[°]은 $\dfrac{360°}{16[\text{pulse/rev}]} = 22.5°$이다.

04 동기 발전기를 병렬 운전할 때 발생하는 난조를 방지하기 위하여 설치하는 것은?

① 보극 권선

② 보상 권선

③ 분로 권선

④ 제동 권선

해설

동기기의 난조

부하가 변하면 속도가 변하고, 부하각이 변하여 회전자의 관성으로 부하각이 진동하여 속도가 동기 속도 전후로 진동하는 현상으로서 전류계, 전력계 등의 지침이 흔들리며, 심하면 동기 속도를 벗어나 탈조(동기 이탈)가 된다.

• 원인 : 조속기 감도가 예민하거나 전기자 저항 및 계통의 저항이 클 때, 계통에 고조파가 생겨서 동기 화력이 약해질 때 발생한다.

• 방지대책 : 관성 모멘트를 늘리고 제동 권선을 설치한다.

• 제동 권선 : 자극면에 홈을 파고 농형 권선을 설치하여 속도가 변화할 때, 자속을 끊어 제동력을 발생시킨다.

05 3상 유도 전동기의 고정자 권선의 자기장이 매초 60회 전하고 있다. 이 때 회전자는 매초 45회전하고 있다면, 회전자에 유기되는 유도 기전력의 주파수[Hz]는?

① 15

② 30

③ 45

④ 60

해설

회전 시 유도 기전력과 주파수

• 유도 전동기의 고정자 권선의 자기장이 매초 60회전하므로 전원 (1차) 주파수 $f = 60[\text{Hz}]$이다.

• 주파수와 회전수는 비례하므로 상대 속도 $n_s - n$이 회전자 회전 자기장의 속도이므로 $n_s - n = sn_s$에서 $60 - 45 = s \times 60$, $s = \dfrac{15}{60} = \dfrac{1}{4}$이다.

• 회전자 주파수(슬립 주파수) f_2는 전원(1차)주파수 f일 때, $f : f_2 = n_s : sn_s$의 관계를 가진다.

따라서, $f_2 = sf[\text{Hz}]$이므로 $f_2 = \dfrac{1}{4} \times 60 = 15[\text{Hz}]$이다.

06 두 대의 직류 분권 발전기 A, B를 병렬로 연결하여 운전하는 경우, 부하에 흐르는 전류가 50[A]이고 각 발전기의 유도 기전력과 전기자 저항이 각각 220[V], 0.04[Ω] 및 222[V], 0.06[Ω]이다. A발전기의 단자 전압[V]은?(단, A, B발전기의 계자 전류는 무시한다)

① 218.6

② 219.6

③ 220.6

④ 221.6

해설

직류 분권 발전기의 병렬 운전

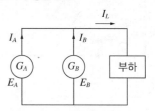

I_f가 무시될 때, 병렬 운전하는 분권 발전기 A, B의 단자 전압은 $V = E - I_a R_a$에서 $V_A = 220 - 0.04 \times I_A$, $V_B = 222 - 0.06 \times I_B$, $V_A = V_B$, 부하 전류 $I_L = I_A + I_B = 50[\text{A}]$이다.

따라서, $220 - 0.04 I_A = 222 - 0.06(50 - I_A)$이므로 $I_A = 10[\text{A}]$, $I_B = 40[\text{A}]$

∴ 단자 전압 $V_A = 220 - 0.04 \times 10 = 219.6[\text{V}]$

07 무부하 상태의 전동기를 송전 계통에 접속하여 전력 계통의 전압 조정 및 역률 개선에 사용할 수 있는 것은?

① 히스테리시스 전동기
② 스테핑 전동기
③ 유도 전동기
④ 동기 조상기

해설

동기 조상기(Synchronous Phase Modifier)

동기 전동기는 위상 특성 곡선(V곡선)을 이용하여 역률을 임의로 조정하고, 진상 및 지상 전류를 흘릴 수 있다. 이 특징을 이용하여 무부하 운전의 동기 전동기를 송전선의 수전단에 접속하여 여자 전류를 조정하면, 송전선 계통의 전류의 위상과 크기가 변화하여 계통 전압을 조정할 수 있어서 정전압 송전이 된다. 이 전동기를 동기 조상기라고 하며, 앞선 무효 전력은 물론 뒤진 무효 전력도 변화시킬 수 있어서 정전 콘덴서에 비하여 특성이 우수하다.

08 자기 용량 20[kVA]인 단권 변압기의 1차 전압이 4,000[V]이고, 2차 전압이 4,400[V]이다. 부하 역률이 0.8일 때 공급할 수 있는 전력[kW]은?(단, 변압기의 손실은 무시한다)

① 176   ② 220
③ 380   ④ 440

해설

승압용 단권 변압기의 특성

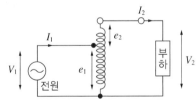

- $P_1 = V_1 I_1 = 20[\text{kVA}]$ 에서 $V_1 = 4,000[\text{V}]$ 이므로 $I_1 = \dfrac{P_1}{V_1} = \dfrac{20,000}{4,000} = 5[\text{A}]$ 이다.

- 단권 변압기의 권수비 $a = \dfrac{V_1}{V_2 - V_1} = \dfrac{4,000}{4,400 - 4,000} = 10$ 이므로 $I_2 = a I_1 = 10 \times 5 = 50[\text{A}]$ 이다.

따라서, $V_2 = 4,400[\text{V}]$, $\cos\theta = 0.8$ 이므로

$P_2 = V_2 I_2 \cos\theta = 4,400 \times 50 \times 0.8 = 176,000[\text{W}] = 176[\text{kW}]$

09 직류 분권 전동기의 정격 전압은 200[V], 전부하 시 전기자 전류는 40[A], 전기자 저항은 0.3[Ω]이다. 이 전동기의 기동 시 전기자 전류를 전부하 시 전기자 전류의 125[%]로 제한하기 위한 전기자 회로에 삽입할 기동 저항[Ω]은?

① 3.7
② 3.8
③ 3.9
④ 4.0

해설

직류 분권 전동기의 기동 저항

계자 전류(I_f)를 무시하면 $I_s = \dfrac{V}{R_a + R} = 1.25 I_a$ 이므로

$1.25 \times 40 = \dfrac{200}{0.3 + R}$

$\therefore R = 3.7[\Omega]$

10 직류 전동기의 속도 제어에 대한 설명으로 옳지 않은 것은?

① 전압 제어는 단자 전압을 가감하는 방법으로 광범위한 속도 제어가 가능하다.
② 계자 제어는 분권 전동기에서 제어하는 전류가 작으므로 손실이 적다.
③ 저항 제어는 효율이 좋고 부하 변화에 따른 회전 속도의 변동이 작다.
④ 워드 레오나드 방식과 일그너 방식은 전압 제어의 일종이다.

해설

저항에 의한 속도 제어

직류 전동기의 속도 $N = \dfrac{V - I_a R_a}{k\phi}[\text{rpm}]$ 에서 전기자 저항값을 속도조절의 목적으로 증가시킬 경우 저항에 흐르는 전류에 의하여 필연적으로 동손이 발생하게 되어 전체적인 손실을 증가시키게 되는 근본적인 문제점을 가지고 있다.

11 변압기에서 최대 효율의 조건이 정격 부하의 70[%]일 때, 철손(P_i)과 동손(P_c)의 비는?

① $P_i : P_c = 1 : 1$ ② $P_i : P_c = 1 : 2$

③ $P_i : P_c = 2 : 1$ ④ $P_i : P_c = 3 : 1$

해설

변압기의 전일 효율

최대 효율조건은 철손＝동손이므로, 곧 $\dfrac{1}{m}$ 부하에서 $P_i = \left(\dfrac{1}{m}\right)^2 P_c$

이다. 철손은 부하에 관계없이 일정하고 동손은 부하의 제곱에 비례한다. 따라서, 70[%] 정도에서 효율이 최대가 되도록 되어 있으므로

$P_i = \left(\dfrac{1}{m}\right)^2 P_c = 0.7^2 P_c ≒ 0.5 P_c$ 에서 $P_i : P_c = 1 : 2$ 이다.

12 정현파 교류 전압을 입력하여 그림과 같은 출력 전압 파형을 만들 경우 사용할 수 있는 전력용 반도체 소자는?

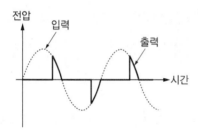

① 다이오드   ② 트라이액

③ 슬립링   ④ 제너 다이오드

해설

트라이액(TRIAC)

양방향성의 전류(교류) 제어가 행하여지는 반도체 제어 부품으로, 규소의 5층 pn접합으로 구성된다. 2개의 주전극과 1개의 게이트(제어전극)가 있으며, 게이트 신호가 없으면 어느 방향으로도 Off이지만 게이트 신호가 있으면 주전극의 극성에 관계없이 턴-온(Turn-on)할 수 있다.

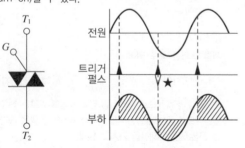

13 단상 유도 전동기의 주요 구성 부품에 대한 설명으로 옳지 않은 것은?

① 원심력 스위치는 전동기가 일정한 속도에 도달하였을 때 기동 권선을 전원으로부터 분리시킨다.

② 회전자의 철심은 자속 밀도가 높은 규소 강판을 성층하여 제작한다.

③ 브래킷은 고정자를 프레임에 고정시키는 역할을 한다.

④ 고정자는 철심, 프레임, 정류자로 구성되어 있다.

해설

유도 전동기의 구조

[단상 유도 전동기의 외형과 내부 단면 구조도]

고정자 : 프레임, 철심, 권선으로 구성되어 있다.

• 프레임 : 외피로서 소형은 주철, 대형은 압연 강판으로 만든다.

• 철심 : 두께 0.35~0.5[mm]의 규소 강판(규소 함량 1~3.5[%])을 성층한다.

• 권선 : 2층권, 중권, Y결선, 단절권, 분포권이고 소형은 4극 24홈(또는 36홈)이다.

14 동기 발전기 병렬 운전 중 유도 기전력의 위상이 다른 경우 발생하는 현상은?

① 교차 자화 작용   ② 영구 단락 전류
③ 동기화 전력   ④ 무효 순환 전류

해설

동기 발전기의 병렬 운전(위상이 다를 경우 발생하는 현상)
두 대의 발전기 G_1, G_2의 유도 기전력 E_1, E_2의 크기가 같고, 모선에 대하여 같은 위상으로 병렬 운전을 하고 있다가 만약 G_1의 속도가 상승하였을 경우

• 기전력 E_1은 그림과 같이 진위상의 E_1'으로 되어 그 차이인 E_s만큼 기전력이 발생한다.

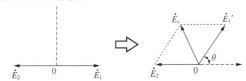

• 따라서, 기전력 E_s에 의하여 I_s가 흐르고 출력 $E_1'I_1'$가 증가하므로 G_1의 회전 속도는 감소한다. 이때, G_2쪽의 출력은 E_2I_s만큼 출력 부담이 감소되므로 회전 속도는 상승한다. 즉, G_1이 G_2에 전력을 공급하게 되며, 이때의 I_s를 동기화 전류(Synchronizing Current)라고 하며, 전력을 동기화 전력(Synchronizing Power)이라고 한다.

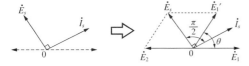

15 유도 전동기가 정지할 때 회전자의 임피던스가 $1+j5$ $[\Omega]$이다. 이 전동기가 슬립 0.2로 운전할 경우 회전자의 임피던스 크기$[\Omega]$는?

① 1   ② $\sqrt{2}$
③ 2   ④ $2\sqrt{2}$

해설

유도 전동기의 등가 회로

• 정지할 때 $s=1$이므로 2차측 전류 $I_2=\dfrac{E_2}{\sqrt{r_2^2+x_2^2}}$[A]

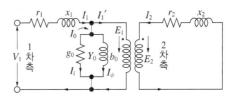

[정지 중인 유도 전동기 회로]

• 슬립 s로 회전중인 유도 전동기의 2차 유도 기전력은 sE_2, 2차 리액턴스는 sx_2이고, 2차 저항은 r_2이다.

(이때 2차 전류 $I_2=\dfrac{sE_2}{\sqrt{r_2^2+(sx_2)^2}}=\dfrac{E_2}{\sqrt{\left(\dfrac{r_2}{s}\right)^2+x_2^2}}$[A]이다)

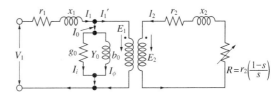

[운전 중인 유도 전동기 회로]

따라서, 슬립 0.2로 운전할 경우 회전자의 임피던스 $Z=r_2+jsx_2=1+j0.2\times5=1+j1[\Omega]$이며, 임피던스의 크기 $|Z|=\sqrt{1^2+1^2}=\sqrt{2}$이다.

16 4극, 전기자 도체수가 50, 1극당 자속은 0.01[Wb], 회전수 600[rpm], 전기자 병렬 회로수가 2인 직류 발전기의 유도 기전력[V]은?

① 10　　　　　② 12
③ 16　　　　　④ 20

해설

직류 발전기의 유도 기전력

$E = \dfrac{pZ}{60a}\phi N = k_e \phi N[\text{V}]$

(Z : 전기자 도체의 수, a : 병렬 회로의 수, p : 극수, ϕ : 매극당의 자속[Wb], N : 회전수[rpm], $k_e = \dfrac{pZ}{60a}$: 유도 기전력 상수)

∴ $E = \dfrac{4 \times 50}{60 \times 2} \times 0.01 \times 600 = 10[\text{V}]$

17 전기기기에 적용되는 물리법칙에 대한 설명으로 옳지 않은 것은?

① 아라고의 원판에서 플레밍의 오른손 법칙으로 기전력 방향을, 플레밍의 왼손 법칙으로 힘의 방향을 결정한다.
② 렌츠 법칙에서 시간의 변화에 따른 자속 변화량은 자속의 변화와 같은 방향으로 유도 기전력을 발생시킨다.
③ 플레밍의 오른손 법칙은 발전기 원리에 적용되고, 플레밍의 왼손 법칙은 전동기 원리에 적용된다.
④ 플레밍의 왼손 및 오른손 법칙에서 힘과 자속의 방향이 동일한 경우, 두 법칙에서 나타나는 각각의 전류 방향은 다르다.

해설

렌츠(Lenz)의 법칙

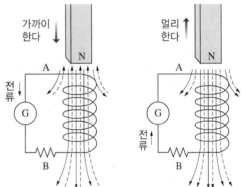

패러데이의 전자기 유도법칙에 방향을 고려하여 발표한 법칙이다. 자속이란 '어떤 면을 지나는 자기력선의 수'로서, 코일을 향하여 자석을 움직이면 코일 속을 지나는 자속은 증가한다. 이때 코일에 유도되는 전류는 자속의 증가를 방해하는 방향으로 흐르며, 전자기 유도에 의해 만들어지는 전류는 자속의 변화를 방해하는 방향으로 흐른다.

18 권수비가 30인 변압기의 1차측에 3,300[V]의 전압을 인가하고, 2차측에 33[kW]의 저항 부하를 연결하였다. 이 변압기의 2차측 전류[A]는?(단, 변압기의 손실은 무시한다)

① 100   ② 200

③ 300   ④ 400

해설

변압기의 전압, 전류

• 권수비 $a = \dfrac{V_1}{V_2}$ 에서 $30 = \dfrac{3,300}{V_2}$, $V_2 = 110[\text{V}]$

• $P_2 = V_2 I_2$ 에서 $33 \times 10^3 = 110 \times I_2$, $I_2 = 300[\text{A}]$

19 △결선으로 운전하는 유도 전동기를 기동하기 위하여 Y결선으로 바꾸었을 때, 전전압 기동 시에 비하여 1차 전류와 토크의 변화량은?

① 1차 전류는 $\dfrac{1}{\sqrt{3}}$ 로 감소하고 토크는 $\dfrac{1}{\sqrt{3}}$ 로 감소한다.

② 1차 전류는 $\dfrac{1}{\sqrt{3}}$ 로 감소하고 토크는 $\dfrac{1}{3}$ 로 감소한다.

③ 1차 전류는 $\dfrac{1}{3}$ 로 감소하고 토크는 $\dfrac{1}{\sqrt{3}}$ 로 감소한다.

④ 1차 전류는 $\dfrac{1}{3}$ 로 감소하고 토크는 $\dfrac{1}{3}$ 로 감소한다.

해설

유도 전동기의 Y-△기동 특성

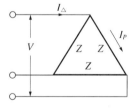 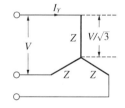

한 상 임피던스 Z, 선간 전압 V일 때, 기동 전류는 선전류 I_Y이므로 전전압 기동 전류 $I_\triangle$ 에 비하여

$I_\triangle = \sqrt{3} I_P = \sqrt{3}\dfrac{V}{Z}$, $I_Y = \dfrac{\dfrac{V}{\sqrt{3}}}{Z} = \dfrac{V}{\sqrt{3}\,Z}$, $\dfrac{V}{Z} = \dfrac{I_\triangle}{\sqrt{3}} = \sqrt{3}\,I_Y$

$\therefore I_Y = \dfrac{1}{3} I_\triangle$

기동 전류는 $\dfrac{1}{3}$ 이 되며 $T \propto I \propto V^2$ 이므로 토크도 $\dfrac{1}{3}$ 이 된다.

20 전력용 반도체 스위치의 온-오프 특성에 대한 설명으로 옳은 것은?

① GTO는 음의 게이트 전류 펄스에 의하여 턴오프가 가능하다.

② SCR은 게이트에 트리거 전압 이상의 충분한 전압을 인가해 주면 턴온된다.

③ MOSFET는 드레인 전류로 제어하고, 스위칭 속도가 느리며 수백 [Hz] 이하이다.

④ IGBT는 전류 제어 소자로서 게이트와 이미터 사이의 전류 크기로 컬렉터 전류를 스위칭한다.

해설

전력용 반도체

• GTO(Gate Turn-off Thyristor) : SCR에서 음의 게이트 펄스로 SCR을 턴오프시키는 자기 소호 기능을 갖도록 양극측 N층을 양극과 단락시키는 이미터 단락구조이며, 역방향 전압과 순방향 전압이 모두 낮고 누설전류가 작으며, 턴오프 특성, 온도 특성이 좋다.

• SCR(Silicon Controlled Rectifier, 실리콘 제어 정류기) : Thyristor(사이리스터)라고 불리며, 제어 단자(G)로부터 음극(K)에 전류를 흘리는 것으로, 양극(A)과 음극(K) 사이를 도통시킬 수 있는 3단자의 반도체 소자이다. PNPN의 4중 구조를 하고 있으며, 게이트에 일정한 전류를 통과시키면 양극과 음극 간이 도통(導通, Turn on)한다. 도통을 정지(턴오프)하기 위해서는, 양극과 음극 간의 전류를 일정치 이하로 할 필요가 있다. 이러한 특징으로 한 번 도통시키면 통과 전류가 0이 될 때까지 도통 상태를 유지해야 하는 곳에 사용된다.

• MOSFET(Metal-Oxide-Semiconductor Field-Effect Transistor, 금속 산화막 반도체 전계 효과 트랜지스터) : 디지털 회로와 아날로그 회로에서 가장 일반적인 전계 효과 트랜지스터(FET)로, 게이트의 전압으로 소스와 드레인 사이의 전류를 제어하는 것이 MOSFET의 기본 원리이다(N형의 경우 상대적으로 전압이 더 낮은 곳이 소스(S)가 되고, 전압이 더 높은 곳이 드레인(D)이 된다).

• IGBT(Insulated Gate Bipolar Transistor, 절연 게이트 양극성 트랜지스터) : 금속 산화막 반도체 전계 효과 트랜지스터(MOSFET)를 게이트부에 넣은 접합형 트랜지스터로 게이트-이미터 간의 전압이 구동되어 입력신호에 의해서 온/오프가 생기는 자기 소호형이므로, MOSFET과 비교하면 대전력의 저속 스위칭이 가능한 반도체 소자이다.

2018년 지방직 전기기기

01 3상 변압기의 결선방법 중 수전단 변전소용 변압기와 같이 고전압을 저전압으로 강압할 때, 주로 사용되는 것은?

① △-△ 결선　　　② Y-Y 결선
③ Y-△ 결선　　　④ △-Y 결선

해설
- △-Y 결선 : 이 결선은 △결선의 장점에 Y결선의 장점을 채용한 결선으로서, 주로 발전소의 승압 변압기로 이용되고 있다.
- Y-△ 결선 : △-Y 결선과 같은 장점을 가지고 있으며, 일반적으로 강압 변압기의 결선으로 이용되나, 국내에서는 154[kV]/66[kV]와 같은 곳에 이용된다.
- △-△ 결선 : 1상의 권선에 고장이 발생하더라도 출력은 감소하나 V결선으로 운전이 가능하며, 이때에도 △결선 정격 용량의 57[%]의 출력을 송전할 수 있다. 또한 여자 전류 중에 제3고조파가 포함되므로 자속은 정현파가 되고 1차, 2차 유기 전압도 정현파가 되어 선로에 제3고조파 전압이 나타나지 않는다는 장점이 있다.
- Y-Y 결선 : 1차, 2차측 모두 중성점을 접지하지 않은 경우로, 각 상 권선에는 제3고조파를 포함한 첨두 파형의 전압이 유기되어 층간 절연에 좋지 않은 영향을 미치며, 발전기 권선에 제3고조파 전류가 흘러서 발전기 권선을 가열시킨다. 또한, 중성점의 전압은 영이 아니고 대지에 대하여 3배 주파수의 진동 전위를 갖게 되며, 선로와 대지 사이의 정전 용량에 의하여 제3고조파 충전 전류가 흘러 부근의 통신선에 유도 장해를 준다.

02 3상 농형 유도 전동기에서 고정자 권선의 결선을 △에서 Y로 바꾸면 기동 전류의 변화로 옳은 것은?

① 3배로 증가
② $\sqrt{3}$ 배로 증가
③ $\dfrac{1}{\sqrt{3}}$ 배로 감소
④ $\dfrac{1}{3}$ 배로 감소

해설
한상의 임피던스 Z, 선간 전압 V일 때, 기동 전류는 선전류 I_Y이므로 전전압 기동 전류 $I_\triangle$ 에 비하여,

- $I_\triangle = \sqrt{3}\,I_p = \sqrt{3}\,\dfrac{V}{Z}$,　$I_Y = \dfrac{V/\sqrt{3}}{Z} = \dfrac{V}{\sqrt{3}\,Z}$
- $\dfrac{V}{Z} = \dfrac{I_\triangle}{\sqrt{3}} = \sqrt{3}\,I_Y$

∴ $I_Y = \dfrac{1}{3}I_\triangle$ (기동 전류는 $\dfrac{1}{3}$ 이 된다)

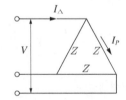 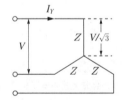

03 극수 8, 동기 속도 3,000[rpm]인 동기 발전기와 병렬 운전하는 극수가 6인 동기 발전기의 회전수[rpm]는?

① 3,600　　　② 3,800
③ 4,000　　　④ 4,200

해설
$N_s = \dfrac{120f}{p}$ 에서, 회전 속도 N_s와 극수 p는 서로 반비례 관계이므로 극수가 8에서 6으로 변했다면 8극일 때의 회전 속도는
$3,000[\mathrm{rpm}] \times \dfrac{8}{6} = 4,000[\mathrm{rpm}]$

04 동기 발전기의 전기자 권선을 단절권으로 하는 이유는?

① 절연 증가 　　　　② 유효 자속 증가

③ 역률 개선 　　　　④ 고조파 개선

해설

전기자 권선을 단절권으로 했을 때의 장점은 고조파 제거를 통한 파형 개선과 짧은 권선 피치로 인한 구리선 사용량의 감소이다.

05 100[W], 220/22[V]의 2권선 변압기를 승압 단권 변압기로 결선을 변경하고 저압측에 전압 220[V]를 공급할 때, 고압측 전압[V]은?

① 242 　　　　② 264

③ 2,200 　　　　④ 2,420

해설

단권 변압기는 변압기의 1차, 2차 권선의 어느 하나가 반드시 공통으로 되어 있다. 분로 권선의 권수를 N_1, 직렬 권선의 권수를 N_2라고 하면, 분로 권선에 가해지는 전압 V_1[V]과 전체 권선에 유도되는 전압 V_2[V]와 권선수 N_1, N_2 사이에는 다음과 같은 관계가 성립한다.

$$\frac{V_1}{V_2} = \frac{N_1}{N_1 + N_2} = a$$

(변압비 $a > 1$이면 강압(Step Down) 변압기가 되고, $a < 1$이면 승압 (Step Up) 변압기가 된다)

문제에서 220/22[V]의 단권 변압기이므로, $N_1 = 220$, $N_2 = 220$이고 회로는 다음과 같다.

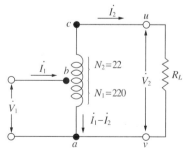

이때, 저압측 $V_1 = 220$[V]에 가해질 때 N_1에는 220[V]가, N_2에는 22[V]가 가해진다.

따라서, $V_2 = 220$[V] + 22[V] = 242[V]

06 그림과 같은 컨버터에서 입력 전압 V_{in}은 200[V], 스위치(S/W)의 듀티비는 0.5, 부하 저항 R은 10[Ω]이다. 이 컨버터의 부하 저항에 흐르는 전류 i_R의 평균치 [A]는?(단, 커패시턴스 C와 인덕턴스 L은 충분히 크다고 가정한다)

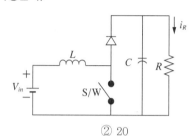

① 10 　　　　② 20

③ 30 　　　　④ 40

해설

주어진 회로는 부스트 컨버터(Boost Converter)로, 입력된 전압을 높이는 승압 회로에 사용된다(입력 전압(V_{in}) < 출력 전압(V_{out})).

이때 $V_{out} = \dfrac{1}{1-D} V_{in}$ 이므로, $V_{out} = \dfrac{200}{1-0.5} = 400$[V] 이다.

따라서, $i_R = \dfrac{400}{10} = 40$[A]

직류/직류 변환기 종류

• 벅 컨버터(Buck Converter) : 강압형(입력 전압 > 출력 전압),

　$V_{out} = D V_{in} = \dfrac{T_{on}}{T} V_{in}$

• 부스트 컨버터(Boost Converter) : 승압형(입력 전압 > 출력 전압),

　$V_{out} = \dfrac{1}{1-D} V_{in}$

07 변압기의 각종 전류에 대한 설명으로 옳지 않은 것은?

① 1차측 전류는 자속 생성을 위한 여자 전류와 2차측으로 공급되는 부하 전류로 구성된다.

② 무부하 전류는 철손 전류와 자화 전류로 구성되며, 두 전류의 위상은 같다.

③ 정현파 전압을 인가하더라도 무부하 전류는 고조파 성분을 갖는 경우가 많다.

④ 1차측 전류에서 여자 전류를 제외한다면, 1차측과 2차측 권선 기자력의 크기는 동일하다.

해설

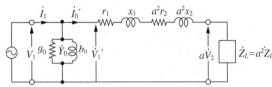

변압기 간이 등가 회로

• 여자 전류(I_0') : 무부하 전류는 변압기에 필요한 자속을 만드는 데 소요되는 여자 전류이며, 부하와는 관계가 없고 전압에 따라 변화한다.

• 자화 전류(g_0) : 여자 전류 중 순수한 자속을 만드는 것에만 소요되는 전류이고, 자속과 동위상의 무효 전류이다.

• 철손 전류(b_0) : 여자 전류 중 손실(히스테리시스 및 맴돌이 전류 손실)에 해당하는 전류이며, 전원 전압과 거의 동상이다.

무부하 상태일 경우 부하가 없으므로 여자 전류만 흐르게 되며, 여자 전류는 철손 전류와 자화 전류의 합성 전류로 구성된다. 따라서 철손 전류는 저항에 흐르고, 자화 전류는 리액턴스에 흐르는 전류이므로, 위상이 서로 다르다(자화 전류에 흐르는 전류의 위상이 철손 전류의 위상보다 90° 늦다).

08 1,200[rpm]에서 정격 출력 16[kW]인 전동기에 축 반경 40[cm]인 벨트가 연결되어 있을 때 정격 조건에서 이 벨트에 작용하는 힘[N]은?

① $1,000/\pi$ ② $1,200/\pi$
③ $1,400/\pi$ ④ $1,600/\pi$

해설

토크 $T = F \cdot r[\text{N} \cdot \text{m}]$이고, 출력 $P = \omega \cdot T[\text{W}]$이므로,
$P = 2\pi f \cdot F \cdot r[\text{W}]$이다.

벨트에 작용하는 힘

$$F = \frac{P}{2\pi \frac{N}{60} \cdot r} = \frac{16 \times 1,000}{2 \times \pi \times \frac{1,200}{60} \times 0.4} = \frac{1,000}{\pi}[\text{N}]$$

09 3,300[V], 60[Hz], 10극, 170[kW]의 3상 유도 전동기가 전부하에서 회전자 동손이 5[kW], 기계손이 5[kW]일 때 회전수[rpm]는?

① 694 ② 700
③ 706 ④ 712

해설

• 2차 입력 $P_2 = P_0 + P_m + P_{c2} = 170 + 5 + 5 = 180[\text{kW}]$
(P_{c2} : 동손(구리손), P_m : 기계손)

• 슬립 $s = \dfrac{P_{c2}}{P_2} = \dfrac{5}{180}$

따라서, 회전수

$$N = N_s(1-s) = \frac{120f}{p}(1-s) = \frac{120 \times 60}{10} \times \left(1 - \frac{5}{180}\right)$$

$$= 720 \times \frac{175}{180} = 700[\text{rpm}]$$

10 그림은 직류 분권 전동기의 속도와 토크의 관계를 나타낸다. 점선으로 나타낸 기준 특성으로부터 ㉠과 ㉡의 속도-토크 특성으로 변경하려고 할 때, 각각의 제어 방법으로 옳은 것은?

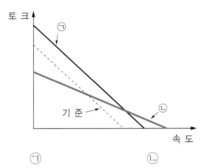

	㉠	㉡
①	전기자 전압 증가	계자 저항 감소
②	전기자 전압 감소	계자 저항 감소
③	전기자 전압 증가	계자 저항 증가
④	전기자 전압 감소	계자 저항 증가

해설

분권 전동기 접속도

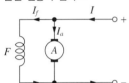

여기서, A : 전기자, F : 분권 계자 권선, I : 전동기 전류, I_a : 전기자 전류, I_f : 분권 전류

직류 분권 전동기의 역기전력 $E = k\phi N[\text{V}]$ 이고, 전기자 전류 $I_a = \dfrac{V-E}{R_a} = \dfrac{V-k\phi N}{R_a}[\text{A}]$, 토크 $T = k\phi I_a[\text{N} \cdot \text{m}]$ 이다.

• 기준에 비해 회전하고자 하는 힘인 토크(T)가 높아진 상태이므로, $T = k\phi I_a[\text{N} \cdot \text{m}]$ 에서와 같이 전기자 전류(I_a)를 높임으로써 토크를 높일 수 있으며, 전기자에 걸리는 전압을 증가시킴으로써 전기자 전류(I_a)를 늘릴 수 있다.

• 그래프처럼 속도가 커지고, 토크가 낮아지게 할 경우, 속도식 $N = \dfrac{V - I_a R_a}{k\phi}[\text{rpm}]$ 에서 속도 $N[\text{rpm}]$이 커지기 위해서는 자속 $\phi[\text{Wb}]$가 줄어들어야 한다. 자속이 줄어듦에 따라 줄어든 계자 전류(I_f)에 의해 계자 저항(R_f)은 증가하게 된다$\left(I_f = \dfrac{V}{R_f}[\text{A}]\right)$.

11 정격에서 백분율 저항 강하 2[%], 백분율 리액턴스 강하 4[%]의 단상 변압기를 역률 80[%]의 전부하로 운전할 때, 전압 변동률[%]은?

① 3.2
② 4.0
③ 4.8
④ 5.4

해설

전압 변동률 $\varepsilon = p\cos\theta + q\sin\theta = 2 \times 0.8 + 4 \times 0.6 = 4[\%]$
(p : 백분율 저항 강하[%], q : 백분율 리액턴스 강하[%])

12 다음 직류 발전기의 종류 중 정전압 특성이 가장 좋은 것은?

① 직권 발전기
② 분권 발전기
③ 타여자 발전기
④ 차동 복권 발전기

해설

타여자 발전기는 계자 전류를 일정하게 유지하면 부하에 의한 전압의 변화가 작기 때문에 단자 전압이 광범위하면서 안정되게 변화시킬 필요가 있을 때에 사용한다. 주로 전기화학공업의 저전압 대전류용 전원, 실험실용 전원, 대형 직류기와 교류 발전기의 여자 등에 사용한다.

13 6극, 60[Hz]의 3상 권선형 유도 전동기의 회전자 저항이 r_2이고 전부하 슬립이 5[%]일 때, 1,080[rpm]에서 전부하와 동일한 토크로 운전하려면, 회전자에 직렬로 추가해야 할 저항은?

① $0.5r_2$ ② r_2
③ $1.5r_2$ ④ $2r_2$

해설

권선형 유도 전동기 토크의 비례추이 곡선

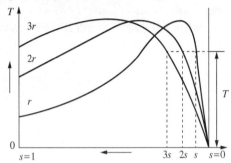

유도 전동기의 회전자에 저항을 외부에서 접속하여 증가시킬 때 전동기의 최대 토크가 낮은 쪽으로 이동하는 것을 비례추이 (Proportional Shifting)라고 한다. 회전자 1상의 저항이 r_2인 전동기가 슬립 s에서 토크 T를 내면서 운전될 때 회전자 저항을 m배하여 mr_2 값으로 운전하면, 슬립 s도 슬립 ms로 높아져 낮은 속도가 되지만 토크는 똑같이 T가 된다. 위의 그림을 예로 설명하면, 토크 T를 일정하게 유지시키면서 2차 저항 r_2를 2배로 증가시켜 $2r_2$가 되게 하면, 그 때의 전동기 슬립은 $2s$가 되며, 또 r_2를 3배하여 $3r_2$로 증가시키면 슬립도 $3s$가 된다.

이를 관계식으로 나타내면,

$\frac{r_2}{s} = \frac{2r_2}{2s} = \frac{3r_2}{3s} = \cdots = \frac{mr_2}{ms}$ 이다.

유도 전동기는 2차 저항을 조절함으로써, 우리가 원하는 기동 토크 T_S를 발생하도록 할 수 있고, 원하는 속도가 되도록 속도 제어를 할 수도 있다. 즉, 2차 회로의 합성 저항($r_2 + R$)을 가변 저항기로 조정할 수 있는 권선형 유도 전동기는 비례추이의 성질을 이용하여 기동 토크를 크게 하거나 속도 제어를 할 수 있다.

• 유도 전동기의 동기 속도 $N_s = \frac{120f}{p} = \frac{120 \times 60}{6} = 1,200[\text{rpm}]$

• 1,080[rpm]일 때의 슬립 $ms = \frac{N_s - N}{N_s} = \frac{1,200 - 1,080}{1,200} = 0.1$

따라서, 전부하 슬립 $s = 0.05$이므로,

비례추이 $\frac{r_2}{s} = \frac{mr_2}{ms} = \frac{r_2 + R}{ms}$ 에서(m은 배수)

$\frac{r_2}{0.05} = \frac{r_2 + R}{0.1}$

2차 저항 증가분 $R = r_2$이다.

14 태양 전지(Solar-cell)를 이용한 태양광 발전으로부터 얻은 전력으로 220[V]의 유도 전동기를 사용한 펌프를 운전하려고 할 때, 필요한 전력 변환 장치를 순서대로 바르게 나열한 것은?

① 태양 전지 → 인버터 → 다이오드 정류기 → 유도 전동기
② 태양 전지 → DC/DC 컨버터 → 다이오드 정류기 → 유도 전동기
③ 태양 전지 → 다이오드 정류기 → DC/DC 컨버터 → 유도 전동기
④ 태양 전지 → DC/DC 컨버터 → 인버터 → 유도 전동기

해설

태양광 셀에서 나오는 전기는 직류(DC)이며, 부하의 동작 전압을 고려하여 DC출력을 조절(강압 또는 승압)하기 위해 컨버터 (Converter)를 거친다. 조절된 직류 전압을 교류인 유도 전동기에 입력하기 위하여 직류를 교류로 변환하는 인버터(Inverter)를 거친 후 유도 전동기에 연결한다.

15 전기자 저항 0.2[Ω], 단자 전압 100[V]인 타여자 직류 발전기의 전부하 전류가 100[A]일 때, 전압 변동률 [%]은?(단, 브러시의 전압 강하와 전기자 반작용은 무시한다)

① 15
② 20
③ 25
④ 30

해설

• 직류 발전기식 $V = E - R_a I[\text{V}]$ 에서 단자 전압이 100[V], 부하 전류 $I = 100[\text{A}]$, 전기자 저항이 0.2[Ω]이므로,
기전력 $E = V + R_a I = 100 + 0.2 \times 100 = 120[\text{V}]$

• 전압 변동률 $\varepsilon = \frac{V_0 - V_n}{V_n} \times 100 = \frac{120 - 100}{100} \times 100 = 20[\%]$

16 전기자 저항이 0.2[Ω]인 타여자 직류 발전기가 속도 1,000[rpm], 단자 전압 480[V]로 100[A]의 부하 전류를 공급하고 있다. 이 발전기가 500[rpm]에서 100[A]의 부하 전류를 공급한다면 단자 전압[V]은?(단, 계자 전류는 동일하고, 브러시의 전압 강하와 전기자 반작용은 무시한다)

① 220

② 230

③ 240

④ 250

해설

- 직류 발전기식 $V = E - R_a I[\text{V}]$ 에서,
  회전 속도 1,000[rpm]일 때, 단자 전압 480[V], 부하 전류 $I = 100[\text{A}]$, 전기자 저항이 0.2[Ω]이므로, 기전력 $E_{1,000}[\text{rpm}] = V + R_a I = 480 + 0.2 \times 100 = 500[\text{V}]$ 이다.
- 유기 기전력은 회전수에 비례하므로($E = k\phi N$), 회전 속도 500[rpm]일 때, 유기 기전력 $E_{500}[\text{rpm}] = 250[\text{V}]$ 이다.

따라서,
$V_{500}[\text{rpm}] = E_{500}[\text{rpm}] - R_a I = 250 - 0.2 \times 100 = 230[\text{V}]$

17 직류 전원으로 직류 전동기의 속도와 회전 방향을 제어하기 위해 가장 적합한 회로는?

① H브리지 초퍼 회로　　② 휘트스톤 브리지 회로

③ 3상 인버터 회로　　④ 전파 정류 회로

해설

H브리지 제어 회로

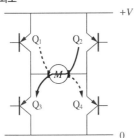

단일 전원으로 모터에 가하는 전압의 방향을 바꿀 수 있는 회로로 고안된 것이 "H브리지 회로"이다. 기본 동작은 Q₁과 Q₄의 트랜지스터만 동시에 On으로 하면 점선과 같이 전류가 흐르고, 모터는 정회전한다. 반대로 Q₂와 Q₃만 On으로 하면 실선과 같이 전류가 흐르고, 모터는 역회전하게 된다. 그리고, Q₃과 Q₄만 동시에 On으로 하면 모터에 브레이크를 거는 동작으로 된다.

18 그림과 같이 30°의 경사면으로 벨트를 이용하여 500[kg]의 물체를 0.1[m/s]의 속력으로 끌어올리는 전동기를 설계할 때, 요구되는 전동기의 최소한의 출력[W]은?(단, 전동기-벨트 연결부의 효율은 70[%]로 가정하고, 경사면의 마찰은 무시한다)

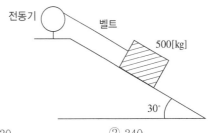

① 330　　　　② 340

③ 350　　　　④ 360

해설

$$P = \frac{W}{t} = \frac{F \cdot s}{t} = F \cdot v = mg \cdot v' \sin 30°$$

$$= 500 \times 9.8 \times 0.1 \times \frac{1}{2} = 245$$

$$P' = \frac{P}{\eta} = \frac{245}{0.7} = 350[\text{W}]$$

19 효율 90[%]인 3상 동기 발전기가 200[kVA], 역률 90[%]의 전력을 부하에 공급할 때, 이 발전기를 운전하기 위한 원동기의 입력[kW]은?(단, 원동기의 효율은 80[%]이다)

① 220　　　　② 230

③ 240　　　　④ 250

해설

효율식 $\eta = \dfrac{입력}{출력}$ 에서,

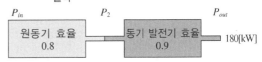

동기 발전기의 효율이 90[%]이므로
발전기의 출력 $P_{out} = 200 \times 0.9 = 180[\text{kW}]$ 이다.

원동기의 출력(= 발전기의 입력) $P_2 = \dfrac{P_{out}}{\eta_{발전기}} = \dfrac{180}{0.9} = 200[\text{kW}]$

따라서, 원동기의 입력 $P_{in} = \dfrac{P_2}{\eta_{원동기}} = \dfrac{200}{0.8} = 250[\text{kW}]$

20 3상 유도 전동기로 직류 분권 발전기를 운전하고 있다. 운전을 멈추고 유도 전동기의 고정자 두 상의 결선을 서로 바꿔 운전할 때 발전기의 출력 전압은?

① 출력 전압이 발생하지 않는다.
② 출력 전압의 극성은 반대가 되지만, 크기는 상승한다.
③ 출력 전압의 극성은 반대가 되지만, 크기는 동일하다.
④ 출력 전압의 극성과 크기는 모두 동일하다.

해설

3상 유도 전동기의 고정자 두 상의 결선을 서로 바꾸면 역회전 운전을 한다. 따라서 유도 전동기에 연결된 직류 분권 발전기가 역회전을 하게 되면, 잔류 자기 소멸로 인해 발전을 하지 못한다(직류 분권 발전기는 잔류 자속과 계자 전류에 의해 전압이 확립되어 가는데, 이때 역회전 시 잔류 자속이 0이 되어 전압이 확립되지 않는다).

2018년 서울시 제1회 전기기기

01 1차측 권선이 50회, 전압 444[V], 주파수 50[Hz], 정격 용량이 50[kVA]인 변압기가 정현파 전원에 연결되어 있다. 철심에서 교번하는 정현파 자속의 최댓값은?

① 0.03[Wb]

② 0.04[Wb]

③ 0.05[Wb]

④ 0.06[Wb]

해설

$E = 4.44fN\phi_m$ [V] 에서 $\phi_m = \dfrac{E}{4.44fN}$ [Wb] 이므로,

$\phi_m = \dfrac{444}{4.44 \times 50 \times 50} = 0.04$ [Wb]

02 직류 분권 발전기의 전기자 저항이 0.2[Ω], 계자 저항이 50[Ω], 전기자 전류가 50[A], 유도 기전력이 210[V]일 때 부하 출력은?

① 8.6[kW]

② 9.2[kW]

③ 9.8[kW]

④ 10.4[kW]

해설

• $V = E - I_a R_a = 210 - 50 \times 0.2 = 210 - 10 = 200$ [V]

• $I_a = I + I_f$ 에서, $I = I_a - I_f = 50 - 4 = 46$ [A]

분권 발전기 회로

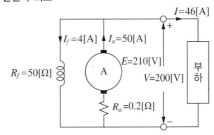

따라서, 부하 출력
$P = VI = 200 \times 46 = 9,200$ [W] $= 9.2$ [kW]

03 농형 유도 전동기와 권선형 유도 전동기에 대한 설명으로 가장 옳지 않은 것은?

① 권선형 유도 전동기는 소형 및 중형에 널리 사용된다.
② 농형 유도 전동기는 취급이 쉽고 효율이 좋다.
③ 농형 유도 전동기는 구조가 간단하다.
④ 권선형 유도 전동기는 속도 조절이 용이하다.

해설
• 농형은 알루미늄(구리)봉을 단락 고리로 단락(병렬 연결)시킨 것으로, 동손이 적고 효율 및 능력이 좋으며 구조가 간단하고 튼튼하며 운전이 쉬우나 기동 특성과 속도 제어가 좋지 않다. 브러시나 슬립 링과 같은 마모·접촉 통전 부분이 없기 때문에 보수가 간단하고 견고하다. 반면, 시동 토크가 작고 회전 속도의 조정 범위가 좁으며, 권선형 유도 전동기에 비해 시동 토크가 작아 중소형 기기에 사용되며, 대형 기기에서는 시동 시의 돌입 전류를 억제하기 위한 시동 장치가 필요하다.
• 권선형은 둥근 구리선 또는 평가 구리선의 3상 Y결선 권선이고 슬립링과 브러시를 통하여 외부 저항을 연결하는 구조이다. 구조가 복잡하고 효율이 떨어지며 운전이 까다로우나 비례추이를 이용하기 때문에 특성이 좋고 속도 제어가 용이하여 대형 기기에 사용한다.

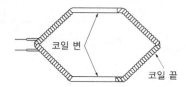

코일 변

코일 끝

04 극수가 8극이고 회전수가 900[rpm]인 동기 발전기와 병렬 운전하는 동기 발전기의 극수가 12극이라면 회전수는?

① 400[rpm]　　② 500[rpm]
③ 600[rpm]　　④ 700[rpm]

해설
동기 속도 $N_s = \dfrac{120f}{p}$[rpm]이므로 극수는 속도(회전수)와 반비례관계이다. 문제에서 극수가 8극에서 12극으로 1.5배 증가하였으므로, 회전수는 1.5배로 줄어든 $\dfrac{900}{1.5} = 600$[rpm]이다.

05 60[Hz], 6극, 15[kW]인 3상 유도 전동기가 1,080[rpm]으로 회전할 때 회전자 효율은?(단, 기계손은 무시한다)

① 80[%]　　② 85[%]
③ 90[%]　　④ 95[%]

해설
3상 유도 전동기의 출력과 효율
• (기계적)출력 = 2차 입력 × 효율
　　　　　　　 = 2차 입력 × (1 - 슬립)
• $P_2 : P_{c2} : P_{om} = 1 : s : (1-s)$ …
　(P_2 : 입력(2차), P_{c2} : 손실(동손), P_{om} : 출력(기계))
• $P_2 = \dfrac{P_{om}}{\eta} = \dfrac{P_{om}}{1-s}$
　$N_s = \dfrac{120f}{p} = \dfrac{120 \times 60}{6} = 1,200$[rpm]이고,
　효율 $\eta = 1 - s = \dfrac{P_{om}}{P_2} = \dfrac{N}{N_s}$이므로,
　회전자 효율 $\eta = \dfrac{1,080}{1,200} = 0.9 = 90$[%]이다.

06 3상 권선에 의한 회전 자계의 고조파 성분 중 제7고조파에 대한 설명으로 가장 옳은 것은?

① 기본파와 반대 방향으로 7배의 속도로 회전한다.
② 기본파와 같은 방향으로 7배의 속도로 회전한다.
③ 기본파와 반대 방향으로 1/7배의 속도로 회전한다.
④ 기본파와 같은 방향으로 1/7배의 속도로 회전한다.

해설

고조파 성분에 대한 회전 자계

- 고조파(高調波, Higher Harmonics) : 주기적인 파형은 그것이 정현파 이외의 것이라도 다른 주파수를 갖는 여러 개의 정현파로 분석할 수 있다. 이 중 주파수가 가장 낮은 것이 기본파이고, 다른 것은 그 주파수가 기본파 주파수의 정수배가 되므로 고조파라고 한다.
- 이 중 홀수 배의 것을 홀수 고조파, 짝수 배의 것을 짝수 고조파라고 하며, 교류 전동기의 고조파 회전 자계 중 제3차 고조파는 회전 자계가 생기지 않으나, 제5차 고조파는 기본파와 반대 방향으로 1/5배로 회전하고 제7차 고조파는 기본파와 같은 방향으로 1/7배로 회전한다.

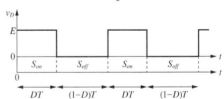

$n=1$
기본파 전류

$n=3$
제3차
고조파 전류

$n=5$
제5차
고조파 전류

$1+3+5$
일그러진
전류

- 고조파는 공급 계통의 기본 주파수의 정수배 주파수를 갖는 사인파의 전압 또는 전류를 말한다. 전원의 형태가 정현파에서 심하게 일그러지게 되면 변압기나 전선에서 열이 나거나 연결된 전기기기의 오작동이나 빠른 수명 감퇴, 심지어 전기 사고의 원인이 되기 때문에 고조파는 전기의 공급과 사용에 있어 효율과 안전면에서 필수적으로 제거하여야 할 성분이다. 또한, 고조파는 전류 파형의 찌그러짐뿐만 아니라 전력 계통의 임피던스에 작용하여 전압 파형의 왜곡을 일으키게 된다.

07 보기와 같이 DC-DC 컨버터의 듀티비가 D일 때, 출력 전압은?(단, 인덕터 전류는 일정하며, 커패시터의 값은 출력 전압의 리플을 무시할 수 있을 정도로 크다고 가정한다)

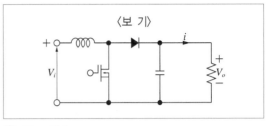

〈보 기〉

① $V_o = DV_i$

② $V_o = \dfrac{1}{1-D} V_i$

③ $V_o = \dfrac{D}{1-D} V_i$

④ $V_o = \dfrac{1}{D} V_i$

해설

- 보기 그림은 DC 전압을 승압시키는 부스트 컨버터(Boost Converter)의 회로이다.
- 부스트 컨버터 : 승압형(입력 전압 V_i < 출력 전압 V_o),

$$V_o = \frac{1}{1-D} V_i$$

  ※ 벅 컨버터(Buck Converter) : 강압형(입력 전압 V_i > 출력 전압 V_o), $V_o = DV_i = \dfrac{T_{on}}{T} V_i$

직류/직류 변환기(초퍼)

- 임의의 직류 전압 → 부하가 요구하는 형태의 직류 전압으로 변환
- 일정 직류 전압 ↔ 가변 직류 전압
- 직류/직류 변환기 종류
  - 벅 컨버터(Buck Converter) : 강압형(입력 전압 > 출력 전압)
  - 부스트 컨버터(Boost Converter) : 승압형(입력 전압 < 출력 전압)
  - 벅 - 부스트 컨버터(Buck-boost Converter) : 강압 - 승압형

08 △결선 변압기 중 단상 변압기 1개가 고장 나 V결선으로 운전되고 있다. 이때 V결선된 변압기의 이용률과 △결선 변압기에 대한 V결선 변압기의 2차 출력비는? (단, 부하에 의한 역률은 1이다)

변압기 이용률　　2차 출력비

① $\dfrac{\sqrt{3}}{2}$　　$\dfrac{1}{\sqrt{3}}$

② $\dfrac{1}{\sqrt{3}}$　　$\dfrac{\sqrt{3}}{2}$

③ $\sqrt{\dfrac{2}{3}}$　　$\dfrac{1}{\sqrt{3}}$

④ $\dfrac{\sqrt{3}}{2}$　　$\sqrt{\dfrac{2}{3}}$

해설

V결선한 변압기의 출력 $P_V = \sqrt{3}\,V_{2n}I_{2n}$ [VA]이므로,

• 2차 출력비 : $\dfrac{P_V}{3P_1} = \dfrac{\sqrt{3}\,V_{2n}I_{2n}}{3\,V_{2n}I_{2n}} = \dfrac{\sqrt{3}}{3} = 0.577\cdots$

（P_1는 변압기 한 대의 용량）

• 변압기 이용률 : $A = \dfrac{P_V}{2P_1} = \dfrac{\sqrt{3}\,V_{2n}I_{2n}}{2\,V_{2n}I_{2n}} = \dfrac{\sqrt{3}}{2} = 0.866\cdots$

（P_1는 변압기 한 대의 용량）

V–V결선(V–V Connection)

• △－△결선방식에 의하여 3상 변압을 하는 경우에 한 대의 변압기가 고장 나면 그 고장 난 변압기를 제거하고, 남은 두 대의 변압기를 이용하여 3상 전력을 변압하여 3상 부하에 전력을 계속 공급하는 결선방식이다.

• 출력 P_V는 △－△결선의 출력 $P_\triangle$에 비하여 $\dfrac{1}{\sqrt{3}}$로 작아져 부하 용량이 57.7[%]로 줄어들고, 변압기의 이용률도 $\dfrac{\sqrt{3}}{2}$로 작아져 86.6[%]로 줄어든다.

• 특 징
  – 장점 : 설치방법이 간단하고, 소용량이면서 가격이 저렴하여 3상 부하에 널리 이용된다.
  – 단점 : 이용률이 86.6[%], 출력이 57.7[%]밖에 안 되고, 부하의 상태에 따라 2차 단자 전압이 불평형이 될 수 있다.

09 동기 발전기 출력이 400[kVA]이고 발전기의 운전용 원동기의 입력이 500[kW]인 경우 동기 발전기의 효율은?(단, 동기 발전기의 역률은 0.9이며, 원동기의 효율은 0.8이다)

① 0.72　　② 0.81
③ 0.90　　④ 0.92

해설

원동기의 효율이 0.8이므로, 원동기에서 나오는 출력(동기 발전기에 들어가는 입력)은 500[kW] × 0.8 = 400[kW]이다.

동기 발전기에서 나오는 출력은 400[kVA]로 역률을 고려할 때 400[kVA] × 0.9 = 360[kW]이므로,

∴ 동기 발전기의 효율 $\eta = \dfrac{360[\text{kW}]}{400[\text{kW}]} = 0.9$

10 계기용 변성기에 대한 설명으로 가장 옳은 것은?

① 계기용 변성기는 고전압이나 대전류를 측정하기 위하여 1차 권선과 2차 권선의 임피던스 강하를 최대한 높여야 한다.

② 계기용 변성기는 변압비와 변류비를 정확하게 하기 위하여 철심 재료의 투자율이 큰 강판을 사용해 여자전류를 적게 한다.

③ 계기용 변성기 중 P.T는 1차측을 측정하려는 회로에 병렬로 접속하고 2차측을 단락하여 피측정 회로의 전압을 측정한다.

④ 계기용 변성기 중 C.T는 1차측을 측정하려는 회로에 직렬로 접속하고 2차측을 개방하여 피측정 회로의 전류를 측정한다.

해설

계기용 변성기(Instrument Transformer)

- 고전압, 대전류의 1차적인 전기량을 측정계기, 전력계 또는 보호 계전기 등의 접속 장치에 적합한 2차적인 전압 및 전류로 바꾸어 주는 전기기기로서, 계기용 변류기(Current Transformer, CT), 계기용 변압기(Potential Transformer, PT) 및 계기용 변압 변류기(Combined Voltage and Current Transformer, PCT)로 나누어진다.

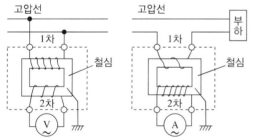

(a) 계기용 변압기   (b) 계기용 변류기

- 투자율이 높은 철심 재료를 사용하여 측정 정확도가 향상된다(여자 전류를 적게 흘림).
- 고압 대전류의 교류 회로에서 변압기의 전압비나 전류비를 적당히 이용하여 계측기를 고전압 회로에서 절연한다.
- 측정계기나 계기 취급자를 고전압으로부터 보호하기 위하여 절연이 용이한 변압기를 교류 고압회로와 계기 사이에 넣는다.

계기용 변류기(전류 변성기, CT)

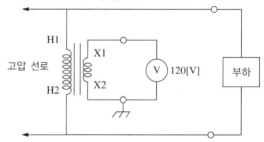

- 1차 권선을 측정하고자 하는 회로에 직렬로 접속하고 2차측을 단락하여 2차 권선에 전류계 또는 전력계를 부착시킨다.
- 사용할 때 주의해야 할 사항은 운전 중에는 절대로 2차측(전류계가 부착된 회로)을 개방해서는 안 된다.
- 2차측이 개방되면 매우 큰 1차 전류의 대부분이 무부하 전류(여자 전류)가 되어 2차측에 매우 큰 유도 기전력을 발생시켜 변류기를 소손시키게 되므로, 개방하려면 반드시 2차측을 단락한 다음 전류계를 제거해야 한다.

계기용 변압기(전압 변성기, PT)

- 1차측을 측정하려는 회로에 병렬로 접속하고, 2차측을 개방하여 2차 회로에 표준 전압계 및 전력계를 연결하여 사용하거나 릴레이와 같은 제어용 기기들을 연결하여 사용한다.
- 전압 변성기는 전력량이 매우 적다는 점을 제외하고는 일반 전력용 변압기와 다른 점이 없다.

11 직류 발전기의 전기자 반작용에 대한 설명으로 가장 옳지 않은 것은?(단, 무부하 시의 중성축을 기하학적 중성축이라 한다)

① 전기자 반작용 자속은 기하학적 중성축을 회전 방향으로 이동시키고 부하 전류가 증가함에 따라 이동 각도가 증가한다.

② 전기자 반작용에 의하여 기하학적 중성축에 위치한 브러시에 불꽃이 발생한다.

③ 전기자 반작용에 의하여 공극자속이 감소하기 때문에 유도 기전력이 감소한다.

④ 전기자 반작용에 의한 기자력과 같은 크기로 전기적으로 90° 위상이 되도록 보상 권선의 기자력을 만들면 전기자 반작용은 상쇄된다.

해설

직류 발전기의 전기자 반작용

- 직류 발전기의 전기자 전류가 흐를 때 발생한 자기력이 계자의 자기력선속 분포에 영향을 주는 것을 전기자 반작용이라고 한다. 전기자 반작용은 자기력선속의 분포를 찌그러뜨려 중성축을 이동시키고, 브러시와 정류자 사이에 불꽃을 발생시킨다. 또, 계자의 자기력선속을 감소시켜 기전력을 감소시킨다.
- 전기자 반작용 방지대책
  - 브러시의 위치를 전기적 중성점(자기력선속 밀도가 0이 되는 위치)으로 이동한다. 중성축은 자속 분포(유도 전압)가 0이므로, 브러시의 위치가 항상 중성축에 있어야 브러시와 정류자 사이에 불꽃이 일어나지 않고 좋은 정류가 된다.
  - 보극(Interpole) 설치 : 주자극 중간에 작은 소자극(Interpole)을 설치하여 전기자 반작용을 국부적으로 없애 준다. 보극은 전기자 자속의 반대 방향으로 설치한다.
  - 보상 권선(Compensating Winding) 적용 : 주자극 표면 슬롯에 전기자 전류 반대 방향(180° 위상차)으로 코일을 감아 전기자 기자력을 상쇄시킨다.
- 발전기에서 전기자 반작용 자속이 회전 방향으로 90° 늦게 분포하므로 중성축도 회전 방향으로 이동시켜야 한다. 전동기의 전기자 반작용은 중성축을 회전 방향과 반대로 이동시키므로 브러시도 따라서 회전 방향과 반대 방향으로 이동시켜 브러시의 위치가 중성점에 오도록 해야 한다.

12 3상 12극 동기 발전기의 총슬롯수가 72개일 때, 권선의 기본파에 대한 분포권 계수는?(단, $\sin\frac{\pi}{12}=0.26$, $\sin\frac{\pi}{6}=0.5$)

① 0.86　　　　② 0.90

③ 0.96　　　　④ 1.00

해설

분포계수

- 1극 1상의 슬롯수가 2개 이상으로 되어 있고, 이것에 1상분의 코일을 고르게 분포시켜 감은 권선을 분포권이라고 하고, 1극 1상의 슬롯이 하나만 있어 1상분의 코일이 모두 모이게 감는 것을 집중권이라고 한다. 이 집중권과 분포권의 비율을 분포 계수라고 하며, 1극 1상의 홈(슬롯)수를 q, 상수를 m이라고 할 때,

$$분포\ 계수\ k_d = \frac{\sin\frac{\pi}{2m}}{q\sin\frac{\pi}{2mq}}\ 으로\ 표현한다.$$

- 매극 매상에 대한 슬롯의 수 $q = \frac{슬롯수}{매극 \times 매상} = \frac{72}{12 \times 3} = 2$이다.

  따라서,

$$k_d = \frac{\sin\frac{\pi}{2m}}{q\sin\frac{\pi}{2mq}} = \frac{\sin\frac{\pi}{2 \times 3}}{2 \times \sin\frac{\pi}{2 \times 3 \times 2}} = \frac{\sin\frac{\pi}{6}}{2\sin\frac{\pi}{12}}$$

$$\fallingdotseq \frac{0.5}{2 \times 0.26} \fallingdotseq 0.961$$

- 동기기의 전기자 권선법은 고조파를 줄여 파형을 개선하기 위하여 전절권이 아닌 코일 양변 간의 피치가 1자극 피치보다 짧은 코일을 사용하는 단절권을 적용한다.
  - 2층권(Double-layer Winding, 二層捲) : 슬롯(Slot)이 붙은 전기기기의 권선의 하나로, 각 슬롯에 상하 2층으로 코일변을 감는다. 교류기의 쇄권(鎖捲) 이외는 전부 2층권이다.
  - 분포권(Distributed Winding, 分布捲) : 슬롯이 붙은 전기기기에 있어서 1상대(一相帶)의 코일을 2개 이상의 슬롯으로 나누어 감는 권선 방식으로, 직류기의 전기자 권선도 분포권의 일종이다.
  - 전절권(Full Pitch Winding, 全節捲) : 각 코일이 자극 피치와 같은 폭을 갖는 권선으로, 권선 피치가 100[%]이다.

13 4극, 800[W], 220[V], 60[Hz], 1,530[rpm]의 정격을 갖는 3상 유도 전동기가 축에 연결된 부하에 정격 출력을 전달하고 있다. 이때 공극을 통하여 회전자에 전달되는 2차측 입력은?(단, 전동기의 풍손과 마찰손의 합은 50[W]이며, 2차 철손과 표유부하손은 무시한다)

① 950[W]

② 1,000[W]

③ 1,050[W]

④ 1,100[W]

해설

• 전기적인 출력 $P_o = 800[\text{W}] + 50[\text{W}] = 850[\text{W}]$ 이고,

회전 속도 $N_s = \dfrac{120f}{p} = \dfrac{120 \times 60}{4} = 1,800[\text{rpm}]$ 이며,

슬립 $s = \dfrac{N_s - N}{N_s} = \dfrac{1,800 - 1,530}{1,800} = 0.15$ 이다.

• 2차 입력 $P_2 = P_{c2} + P_o$ 에서

$P_o = P_2 - P_{c2} = P_2 - sP_2 = (1-s)P_2$ 이므로,

$P_2 = \dfrac{P_o}{(1-s)} = \dfrac{850}{(1-0.15)} = \dfrac{850}{0.85} = 1,000[\text{W}]$

14 보기와 같이 돌극형 회전기기에서 회전자가 1회전하였을 때 코일의 상호 인덕턴스 변화는?(단, 그림의 회전자 위치에서 회전을 시작한다)

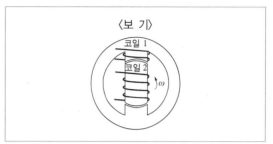

〈보 기〉

해설

보기에서 돌극형 회전기기는 고정자에 감겨 있는 코일 1과 회전자에 감겨 있는 코일 2의 양끝에서 나오는 자속이 서로 쇄교할 때 가장 큰 상호 인덕턴스가 발생하기 때문에 그래프의 0°에서 가장 큰 값을 가지며, 회전자의 코일 2가 회전하며 고정자에 감긴 코일 1과 90°로 벌어질 경우 서로 쇄교하는 값은 0이 된다. 이후에 더욱 회전하여 코일 1과 코일 2가 초기와 반대 방향으로 위치할 경우(180°) 처음의 값과 반대 방향으로 가장 큰 값을 갖게 된다.

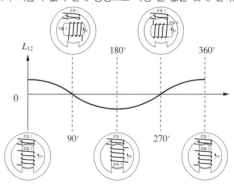

15 보기는 계자 저항 2.5[Ω], 전기자 저항 5[Ω]의 직류 분권 발전기의 무부하 특성 곡선에서 전압 확립 과정을 나타낸다. 초기 전기자의 잔류 자속에 의한 유도 기전력 E_r이 15[V]라면, 그림에서 계자 전류 I_{f2}는?(단, 계자의 턴수는 100턴, 계자 전류 I_{f1}에 의한 계자 자속 시간 변화율은 0.075[Wb/s]이다)

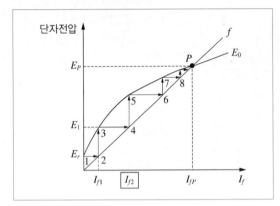

① 2.1[A]　　　　② 2.5[A]

③ 3.0[A]　　　　④ 4.0[A]

해설

직류 분권 발전기의 전압 확립

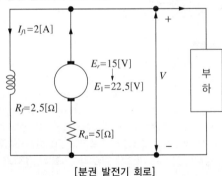

[분권 발전기 회로]

- 초기에 전기자 잔류 자속에 의한 유도 기전력은 $E_r = 15[\text{V}]$이고, 전기자 저항 $R_a = 5[\Omega]$, 계자 저항 $R_f = 2.5[\Omega]$이므로, 이때 계자측에 흐르는 전류 $I_{f1} = \dfrac{E_r}{R_f + R_a} = \dfrac{15}{2.5 + 5} = 2[\text{A}]$가 된다.

- 따라서, 초기 잔류 자속에 의한 기전력 $E_r = 15[\text{V}]$에 I_{f1}로 인해 발생한 새로운 자속으로 유기된 기전력 $E = N \cdot \dfrac{d\phi}{dt} = 100 \times 0.075 = 7.5[\text{V}]$가 추가되어 $E_1 = 15 + 7.5 = 22.5[\text{V}]$가 되며, E_1에 의해 흐르는 계자 전류 $I_{f2} = \dfrac{E_1}{R_a + R_f} = \dfrac{22.5}{7.5} = 3[\text{A}]$가 된다.

분권 직류 발전기의 특징

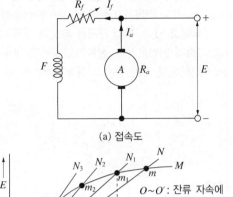

(a) 접속도

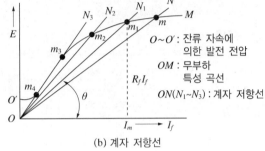

$O \sim O'$: 잔류 자속에 의한 발전 전압
OM : 무부하 특성 곡선
$ON(N_1 \sim N_3)$: 계자 저항선

(b) 계자 저항선

- 무부하 특성

전압의 확립(무부하 특성 곡선) : 분권 발전기가 자기 여자를 이용하여 발전할 수 있는 것은 계자에 남아 있는 잔류 자속 때문이다. 잔류 자속에 의한 발전 전압의 크기는 그림 (b)에서 OO'에 해당하는 것으로 정격 전압의 5[%] 정도이다. 이 전압에 의하여 계자 전류 $I_f[\text{A}]$가 흘러서 계자가 여자된다. 계자 전류 $I_f[\text{A}]$가 잔류 자기력선속을 증가시키는 방향으로 흐르면 발전기에서 발전되는 유도 기전력도 증가하며, 이로 인하여 계자 전류 $I_f[\text{A}]$도 더욱 증가하여 그림 (b)의 $O'M$과 같은 상태가 된다.

16 보기는 3상 4극 60[Hz] 유도 전동기의 1상에 대한 등가 회로이다. 2차 저항 r_2는 0.02[Ω], 2차 리액턴스 x_2는 0.1[Ω]이고 회전자의 회전 속도가 1,710[rpm]일 때, 등가 부하 저항 $R_L{'}$은?(단, 권선비 $\alpha = 4$, 상수비 $\beta = 10$이다)

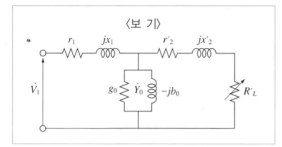

〈보 기〉

① 0.38[Ω] ② 1.52[Ω]
③ 5.12[Ω] ④ 6.08[Ω]

해설

유도 전동기의 등가 회로

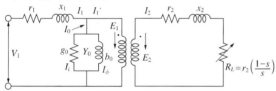

[운전 중인 유도 전동기 회로]

• $N_s = \dfrac{120f}{p} = \dfrac{120 \times 60}{4} = 1,800[\mathrm{rpm}]$ 이고,

문제에서 회전자 회전 속도가 1,710[rpm]으로 주어졌으므로,

슬립 $s = \dfrac{N_s - N}{N_s} = \dfrac{1,800 - 1,710}{1,800} = \dfrac{90}{1,800} = 0.05$가 된다.

• 2차 저항 $r_2 = 0.02[\Omega]$ 이므로

부하측 $R_L = r_2\left(\dfrac{1-s}{s}\right) = 0.02 \times \dfrac{(1-0.05)}{0.05} = 0.38[\Omega]$ 이다.

따라서, 2차측을 1차측으로 환산한 등가 부하 저항

$R_L{'} = \alpha^2 R_L = 4^2 \times 0.38 = 6.08[\Omega]$ 이 된다.

17 변압기의 결선 방법 중 △-△ 결선의 특징으로 가장 옳지 않은 것은?

① 고장 시 V-V결선으로 송전을 지속할 수 있다.
② 상에는 제3고조파 전류를 순환하여 정현파 기전력을 유도한다.
③ 중성점을 접지할 수 없다.
④ 고전압 계통의 송전 선로에 유리하다.

해설

△-△ 결선(Delta-delta Connection)

• 변압기의 1차쪽과 2차쪽을 모두 △결선으로 접속한 3상 결선 방식이다. 변압기의 1차 권선의 단자에는 선간 전압 $V_{UV} = V_{VW} = V_{WU} = V_1[V]$가 그대로 가해지고, 1차 유도 기전력 $E_U = E_V = E_W = E_1[V]$ 가 발생한다. 이때, 권선 중의 상전류는 선전류의 $\dfrac{1}{\sqrt{3}}$ 배가 된다.

• 2차 권선에는 각각 크기가 1차 유도 기전력의 $\dfrac{1}{a}$ 배인 2차 유도 기전력 $E_U = E_V = E_W = \dfrac{1}{a}E_1[V]$ 이 발생하고, 이 전압이 직접 부하에 공급된다.

장 점	단 점
• 1, 2차의 전압은 위상차가 없고, 상전류는 선전류의 $\dfrac{1}{\sqrt{3}}$ 이다. • 제3고조파 여자 전류 통로를 가지게 되므로 사인파 전압을 유기한다. • 변압기 외부에 제3고조파가 발생하지 않아 통신 장애가 없다. • 변압기 세 대 중에서 한 대가 고장이 나도 V-V결선으로 운전하여 정격 출력의 57.7[%]가 되는 3상 전력을 사용할 수 있다.	• 중성점 접지가 안 되어 저전압 단거리 선로에 사용되며, 지락 사고 시 보호가 곤란하다. • 상부하 불평형일 때에 순환 전류가 흐른다. 선간 전압과 상전압이 서로 같기 때문에 고압인 경우에 절연이 어려워 60[kV] 이하의 저전압, 대전류용인 배전용 변압기에만 주로 사용된다.

18 보기는 4극, 정격 200[V], 60[Hz]인 3상 유도 전동기의 원선도이다. 이 전동기가 P점에서 운전 중일 때 슬립과 동기 와트 각각의 값은?(단, $\overline{Pa}$ = 80[mm], $\overline{ab}$ = 20[mm], $\overline{bc}$ = 12[mm], $\overline{cd}$ = 18[mm]이며, 전류 척도 1[A]는 10[mm]이다)

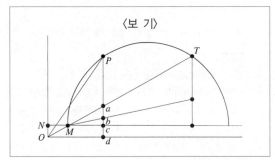

〈보 기〉

① 0.2, $2\sqrt{3}$ [kW]　　② 0.02, $20\sqrt{3}$ [kW]

③ 0.02, $2\sqrt{3}$ [kW]　　④ 0.2, $20\sqrt{3}$ [kW]

해설

헤일랜드 원선도(Hayland Circuit Diagram)

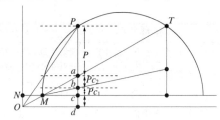

2차 구리손 : $P_{c2} = sP_2$일 때,

$$s = \frac{P_{c2}}{P_2} = \frac{P_{c2}}{P + P_{c2}} = \frac{\overline{ab}}{\overline{Pa} + \overline{ab}}$$

$$= \frac{20[\text{mm}]}{80[\text{mm}] + 20[\text{mm}]} = \frac{20[\text{mm}]}{100[\text{mm}]} = 0.2 \text{이고},$$

전류 척도가 1[A]당 10[mm]이므로, 유도 전동기의 P_2가 100[mm] 이므로, 전류 $I = 10[\text{A}]$

따라서, $P_2 = \sqrt{3}\ VI = \sqrt{3} \times 200 \times 10 \times 10^{-3} = 2\sqrt{3}\,[\text{kW}]$

유도 전동기의 1차 부하 전류의 벡터 선단이 부하의 증감과 더불어 그리는 자취가 항상 반원주상에 있는 것을 이용하여 간이 등가 회로의 해석에 이용한 것으로, 유도 전동기의 실부하 시험을 하지 않고 전동기의 특성을 쉽게 구할 수 있는 방법이다.

• 원선도 지름 : 전압에 비례, 리액턴스에 반비례
• 원선도 작성에 필요한 시험
  - 저항 측정시험 및 구속 시험 : 1차 동손 및 2차 동손
  - 무부하 시험 : 여자 전류, 철손
• 원선도에서 알 수 있는 것 : 1차 동손, 2차 동손, 1차 입력, 철손, 여자 전류

19 3상 4극, 380[V], 50[Hz]인 유도 전동기가 정격 속도의 90[%]로 운전할 때 동기 속도는?

① 1,350[rpm]
② 1,400[rpm]
③ 1,450[rpm]
④ 1,500[rpm]

해설

$$N_s = \frac{120f}{p} = \frac{120 \times 50}{4} = 1,500[\text{rpm}] \text{이며, 정격 속도의 90[%]}$$

로 운전하므로, $1,500[\text{rpm}] \times 0.9 = 1,350[\text{rpm}]$

20 보기의 설명에 해당되는 전동기는?

〈보 기〉
이 전동기는 3상 중 1상만 통전되는 방식을 사용하고, 영구 자석을 사용하지 않는 간단한 돌극 회전자 구조를 가지고 있다. 회전 시 토크 리플이 크고 진동 및 소음이 크다는 단점이 있다.

① 스위치드 릴럭턴스 전동기(Switched Reluctance Motor)

② 동기형 릴럭턴스 전동기(Synchronous Reluctance Motor)

③ 브러시리스 직류 전동기(Brushless DC Motor)

④ 단상 유도 전동기(Single Phase Induction Motor)

해설
보기의 설명은 스위치드 릴럭턴스 전동기(Switched Reluctance Motor, SRM)에 대한 설명이다.

릴럭턴스 전동기 기술
릴럭턴스 전동기와 영구 자석 전동기는 구조와 토크 발생 원리에서 상당한 차이를 보이며, 회전자에 영구 자석이 있어야만 토크가 발생되는 영구 자석 전동기와 달리 릴럭턴스 전동기는 회전자에 영구 자석이나 코일과 같은 어떠한 여자 장치도 없는 간단한 구조를 갖는다. 영구 자석 전동기의 토크는 회전자의 영구 자석 극성과 고정자의 권선으로 구성된 전자석의 극성이 일치되는 방향으로 발생하는데 이를 뮤추얼 토크(Mutual Torque)라고 하며, 이와 달리 릴럭턴스 전동기는 적층된 철심으로만 구성된 회전자의 돌극(Saliency)에 의해 고정자 전자석의 흡입력으로 자기 회로의 저항이 최소가 되는 방향으로 토크가 발생하게 되는데 이를 릴럭턴스 토크(Reluctance Torque)라고 한다.
이러한 릴럭턴스 전동기는 크게 동기 릴럭턴스 전동기(Synchronous Reluctance Motor, SynRM)와 스위치드 릴럭턴스 전동기(Switched Reluctance Motor, SRM)로 구분된다.

• 동기 릴럭턴스 전동기
일반적으로 동기 릴럭턴스 전동기(SynRM)의 고정자는 분포권(Distributed Winding)을 갖는 유도 전동기와 유사하여 돌극이 없지만, 회전자는 영구 자석이나 권선이 없이 빗살 형태의 자속 장벽(Flux Barrier)을 통해 돌극을 갖는 간단한 구조로 이루어져 있다. 가변속 구동이 가능하고 고정자 권선에 의해 정현파에 가까운 기자력을 발생시킴으로써 스위치드 릴럭턴스 전동기에 비해 소음이나 토크 맥동 등에 유리한 장점이 있으며, 넓은 범위의 정출력 운전 특성을 가지고 있으나 영구 자석이 매입된 타 전동기에 비해 출력 및 효율 특성이 떨어지기 때문에 이를 개선하기 위해 많은 연구가 진행되고 있다.

• 스위치드 릴럭턴스 전동기의 연구 및 개발
스위치드 릴럭턴스 전동기(SRM)는 고정자와 회전자가 모두 돌극을 갖는 이중 돌극형 전동기로서 고정자는 각 자극에 집중권(Concentrated Winding)의 코일이 감겨져 있고, 회전자는 동기 릴럭턴스 전동기와 동일하게 영구 자석이나 권선이 없이 적층된 철심만을 갖는다. 하지만 동기 릴럭턴스 전동기의 자속 장벽 대신 철심 자체의 모양을 원에서 멀어지도록 설계하여 돌극을 형성한다. 유도 전동기는 회전자의 발열이 문제가 되나 스위치드 릴럭턴스 전동기는 회전자에서 발열은 적고, 대부분의 열이 고정자에서 발생하므로 외부 방출과 냉각이 상대적으로 용이한 장점이 있다. 영구 자석과 권선이 없이 돌극된 회전자의 구조 덕분으로 기계적으로 견고하고 고속 운전에 유리하나 출력밀도, 효율, 토크 리플 등의 문제가 있어서 이를 개선하기 위해 연구가 활발히 진행되고 있다.

2018년 서울시 제2회 전기기기

01 자극수 8, 전체 도체수 200, 극당 자속수 0.01[Wb], 1,200[rpm]으로 회전하는 단중 파권 직류 타여자 발전기의 기계적 출력이 0.8[kW]일 때, 전동기의 토크[N·m] 값은?

① 1.6   ② 3.2

③ 4.8   ④ 6.4

해설

발전기의 기계적 출력 $P = \omega T = 2\pi f T = 2\pi n T$[W] 이므로,

전동기의 토크 $T = \dfrac{P}{2\pi n} = \dfrac{800}{2 \times 3.14 \times \dfrac{1,200}{60}} \fallingdotseq 6.37$[N·m]

02 전기기기에서 철심의 재료로 주로 사용되는 강자성체에 대한 설명으로 가장 옳지 않은 것은?

① 강자성체는 높은 투자율을 갖고 있다.

② 강자성체의 내부에서 발생하는 자계 밀도는 포화 현상을 갖는다.

③ 자성체에 가해지는 외부 자속의 변화에 따라 자화 곡선이 달라지는 히스테리시스 현상이 존재한다.

④ 강자성체는 일반적으로 잔류 자속과 보자력이 큰 경자성체(경철)를 사용한다.

해설

경자성체는 영구 자석을 말하는 것으로, 전기기기의 철심 재료로는 연자성체를 사용한다.

• 자성체 성질의 강약을 표현하는 단위 : 비투자율 μ_r

  – 상자성체 : $\mu_r \geq 1$

  – 반자성체 : $\mu_r \leq 1$

  – 강자성체 : $\mu_r \gg 1$(자유 공간보다 6,000배 이상)

구 분	반자성체	상자성체	강자성체
영구 자기 쌍극자 모멘트	없 음	있으나 약함	있으며 강함
외부 자기장에 대한 유도 자기장 방향	반대 방향	같은 방향	히스테리시스를 갖음
외부 자기장 영향	전자궤도 자기 모멘트 형성	전자스핀 자기 모멘트 형성 (약간의 자기 모멘트 있음)	영구 자기 모멘트 (영구 자석, 자구)
자화율(X_m)	$\fallingdotseq -10^{-5}$	-10^{-5} ~ 10^{-2}	$\fallingdotseq 10^6$ $H \ll M$, $B \fallingdotseq \mu_0 M$
투자율(μ_r)	≤ 1	≥ 1	$\gg 1$
물질의 예	구리, 금, 은 등 거의 모든 물질에서 발견됨	알루미늄, 칼슘, 마그네슘, 텅스텐 등	철, 니켈, 코발트, 일부 희토류 등

비자기적 재료   자기적 재료

- 자기적 · 비자기적 재료
  - 비자기적 재료 : 상자성체, 반자성체
  - 자기적 재료 : 강자성체
- 자기 응용 재료(주로 보자력 크기로서 구분된 강자성체)
  - 연자성 재료(Soft Magnetic Material) : 작은 보자력
    예 규소 강판 철심 등(자화, 비자화하는데 에너지 손실이 작으며, 높은 초기 투자율을 가진다)
  - 경자성 재료(Hard Magnetic Material) : 큰 보자력
    예 영구 자석 등(비자화에 대한 높은 저항성을 가지며, 낮은 초기 투자율을 가진다)

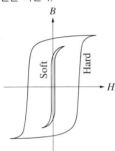

03 동기 전동기의 기동 방법으로 가장 옳지 않은 것은?

① 주파수 제어를 이용한 기동
② 원동기를 이용한 기동
③ 제동 권선을 이용한 기동
④ 저항 제어를 이용한 기동

해설
④ 저항 제어를 이용한 기동은 유도 전동기에 적합하다.
① 저주파 기동법 : 저주파, 저전압 전원으로 기동하고 동기화한 후에 그 전원의 전압 주파수를 서서히 올려 동기 속도로하여 병렬로 운전하는 방법이다.
② 기동 전동기법 : 기계적으로 직렬한 기동용 전동기(원동기)에 의해서 동기 속도로 하여 병렬로 운전하는 방법이다.
③ 자기 기동법 : 동기 전동기를 유도 전동기로 기동하는 방법으로, 기동 권선(제동 권선)을 회전자에 권선해 기동 토크를 발생시키며 전전압 기동, 리액터 기동, 보상기 기동 등 많은 방식으로 세분되지만 전전압 기동을 제외하고는 모두 기동 시 기동 전류를 경감시키기 위하여 공급 전압을 낮춘다.

04 변압기의 단위 체적당 와전류손이 1[W/m³]일 때, 이 변압기의 적층 길이를 2배로 하면, 단위 체적당 와전류손[W/m³]의 값은?

① 0.5
② 1
③ 2
④ 4

해설
- 와류손(와전류, Eddy Current) : 와류손은 와류 전류에 의해 발생하는 손실로, 회전자와 같은 철판에 유기되는 자기장이 시간에 따라 변화하여 전류가 발생하는 것이다.
- 와전류손 $P_e = K_e (B_{최대} \times t \times f)^2 [\mathrm{W/m^3}] \cdots (K_e$: 재료 상수, t : 두께)이므로, 문제에서 적층 길이를 2배로 했다는 것은 두께를 두 배, 즉 $t = 2$가 된다. 따라서, 증가된 와전류손 값은 4배이다.

05 유도 전동기의 NEMA 표준 설계 등급에 따른 토크 – 속도 특성이 보기와 같을 때 펀치 프레스, 전단기와 같이 빨리 가속해야 하거나 큰 충격이 필요한 간헐적인 부하에 사용되는 설계 등급은?

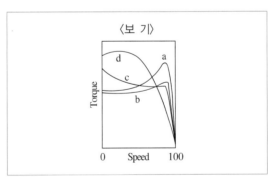

① a
② b
③ c
④ d

해설
펀치 프레스, 전단기와 같이 빨리 가속하여 큰 충격을 만들어야 하는 경우에는 짧은 시간 내에 큰 힘(토크)을 내야 하므로, d에 해당된다.

06 이상적인 단상 변압기의 2차 단자를 개방하고 1차 단자에 60[Hz], 200[V]의 전압을 가하였을 때, 2차 단자 전압은 100[V]이며, 철심의 자속 밀도는 1[T]이다. 이 변압기의 1차 단자 전압이 120[Hz], 400[V]로 되었을 때, 철심의 자속 밀도[T] 값은?

① 0.5
② 1
③ 2
④ 4

해설

변압기의 유도 기전력식 $E = 4.44 f N \phi_m [\mathrm{V}]$ 에서 1차 단자에 주파수가 60[Hz] → 120[Hz]로 2배 증가하고, 단자 전압도 200[V]로 2배 증가하였으므로, 자속 밀도 ϕ_m 은 변함이 없다. 따라서 철심의 자속 밀도 $\phi_m = 1[\mathrm{T}]$ 이다.

07 유도 전동기의 속도 제어법에 대한 설명으로 가장 옳지 않은 것은?

① 전압 제어법은 토크 변동이 크고, 좁은 범위에서 속도 제어가 가능하다.
② 일정 자속 제어법은 주파수와 전압의 비를 일정하게 함으로써 자속을 일정하게 유지하여 전압 제한 범위까지 속도 제어가 가능하다.
③ 2차 저항 제어법은 권선형 유도기에서 회전자 권선 저항을 제어하여 속도 제어가 가능하지만 2차 저항이 커지면 효율이 나빠진다.
④ 농형 유도기의 극수 절환법을 사용하기 위해서는 회전자의 극수도 고정자의 극수 변화에 따라 맞추어 바꿔 줘야 한다.

해설

유도 전동기 속도 제어법

④ 극수 변환(Pole Changing)법 : 부하의 종류나 주위환경의 변화에 따라 외부기기 부착 없이 극수를 변화시켜 전동기의 회전 속도를 제어할 수 있는데, $N_s = \dfrac{120f}{p}$ 에서와 같이 f(주파수)를 일정하게 할 때 극수 p를 변화시키면 동기 속도가 변화함에 따라 회전자의 속도도 변화하는 원리를 이용하여, 속도를 변화시킨다. 이때 속도를 변화시킬 수 있는 것은 4단계 정도이고 그 이상은 사용하지 않는다. 극수 변경에 의한 속도 변화에는 동일 철심에 극수가 다른 2개의 독립된 권선을 넣는 것과 단일 권선을 사용하는 두 가지 방법이 있으며, 전자는 주로 다단속도에, 후자는 2 : 1의 경우에 사용하는 경우가 많다. 따라서 극수 변환에 의한 속도 제어를 위해서는 농형인 회전자에 고정자 권선을 코일 연결을 바꾸어 극을 바꿀 수 있도록 구성하여야 하며, 극수 변화에 따라 바뀌지 않는다.

① 1차 전압 제어법 : 사이리스터(Thyristor) 회로 등을 이용해서 1차 전압을 증감시키면 토크가 변화하는 것을 이용해 슬립을 변화시켜 속도를 제어하는 방법이다. 유도 전동기의 발생 토크는 1차 전압(고정자 권선 전압)의 2승에 비례하므로, 토크 변동률이 크고 좁은 범위에서 속도 제어가 가능하다.

② 일정 자속 제어법(일정 V/f 제어법) : 주파수 변동에 따라 자속, 전류 및 토크가 변동하므로, 주파수 변동에 관계없이 자속을 일정하게 제어하여야 한다. 따라서 속도와 관계없이 자속을 일정하게 제어하려면 주파수 증가에 따라 고정자 전압을 증가시켜야 하는데, 이를 일정 V/f 제어라고 한다. 일정 V/f 제어 시 전류와 토크는 주파수에 독립적이며, 낮은 슬립으로 운전되므로 효율이 높고, 최대 토크로 기동시킬 수 있다.

③ 2차 저항 제어법 : 권선형 유도 전동기에만 적용할 수 있는 방법으로, 비례추이의 원리를 이용하여 권선형 유도 전동기의 2차측에 접속한 외부 저항값을 조정하여 슬립을 변화시킴으로써 속도를 제어하는 방법이나, 2차측에 접속한 저항값이 커지면서 손실도 증가하여 효율이 나빠진다.

08 직류기의 보상 권선에 대한 설명으로 가장 옳지 않은 것은?

① 정류를 원활하게 한다.
② 보극을 설치하는 방법에 비해 전기자 반작용 상쇄 효과가 작다.
③ 전기자 반작용에 의한 기자력과 전기적으로 180° 위상이 되도록 설치한다.
④ 주로 대형 직류기에 많이 사용된다.

해설

직류기의 보상 권선(Compensation Winding)
전기자 반작용의 문제점으로, 주자속 감소(효율 감소)와 중성축 이동으로 인한 편자 작용과 불꽃 발생, 정류 불량 등이 있으며, 전기자 반작용을 없애기 위해 보상 권선 설치, 보극 설치, 브러시 이동을 한다. 이 중에 보상 권선은 전기자 반작용을 감소시키는 가장 좋은 방법으로, 주자극편의 표면에 전기자 도체와 평행으로 홈을 만들어 도체를 넣고, 전기자 전류와 반대 방향의 전류(180° 위상차)가 흐르도록 전기자 권선과 직렬로 접속 권선하여 부하 변동에 따른 전기자 반작용 기자력을 상쇄시킨다.

직류 발전기의 정류를 좋게 하는 방법
• 자속 변화를 줄이기 위해 자극편의 모양을 좋게 하고 전기자 교차 기자력에 대한 자기 저항을 크게 하여 반작용 자속을 줄인다.
• 보상 권선을 설치하여 반작용을 보상한다.
• 보극을 설치하여 정류 전압을 얻어 리액턴스 전압을 보상한다.
• 저항 정류를 위하여 브러시의 접촉 저항이 큰 것을 선정한다.
• 브러시의 접촉 저항이 작으면 리액턴스 전압이 커지고 직선 정류가 되지 않아 정류 불량이 된다. 브러시의 선정과 브러시의 접촉 불량, 압력 부적당, 진동, 위치 변동, 정류자 편심 등에 유의하여 정류자와 브러시의 접촉면의 전류 밀도를 고르게 분포시킨다.

09 전기기기에 대한 설명으로 가장 옳지 않은 것은?

① 전기 에너지-전기 에너지의 상호 변환 및 전기 에너지-기계 에너지의 상호 변환을 하는 기기를 지칭한다.
② 전기기기의 에너지 변환은 전계 또는 자계를 이용하며, 보통 에너지 밀도가 큰 전계를 에너지 변환의 매개로 사용한다.
③ 일반적인 전기기기의 전자계는 시변계이며, 전자계 지배 방정식으로 맥스웰 방정식이 적용된다.
④ 전기기기에서 발생되는 유도 기전력은 플레밍의 오른손 법칙을 이용하여 구할 수 있다.

해설

전기기기는 전계가 아닌 에너지 밀도가 큰 자계를 이용하여 전기 에너지 상호 변환 및 전기–기계 에너지 상호 변환을 하는 기기를 지칭한다.

10 3상 동기 발전기의 정격 전압은 6,600[V], 정격 전류는 240[A]이다. 이 발전기의 계자 전류가 100[A]일 때, 무부하 단자 전압은 6,600[V]이고, 3상 단락 전류는 300[A]이다. 이 발전기에 정격 전류와 같은 단락 전류를 흘리는 데 필요한 계자 전류[A]의 값은?

① 40
② 60
③ 80
④ 100

해설

동기 발전기의 단락비(Short Circuit Ratio)

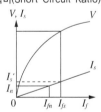

단락비(K_s)란, 지속 단락 전류 $I_s{}'$ 과 정격 전류 I_n 의 비로서, 무부하 포화곡선과 3상 단락 곡선으로 표현한다. 단락 시의 단락 전류 $I_s{}'$ 의 위험에 대하여 정격 전류 I_n 을 유지할 수 있는 최소한의 허용 계자 전류 I_{fn} 과 정격 전압 V_n 유지에 필요한 계자 전류 I_{fs} 의 비 $\dfrac{I_{fs}}{I_{fn}}$ 를 단락비라고 한다.

$$K_s = \frac{I_{fs}}{I_{fn}} = \frac{I_s{}'}{I_n} = \frac{1}{Z_s} \cdots$$

($I_n{}'$: 단락 전류, Z_n : 동기 임피던스)이므로,

$$K = \frac{100}{I_{fn}} = \frac{300}{240} \quad \therefore \ I_{fn} = 80[\text{A}]$$

11 4극 3상인 원통형 회전자 동기 발전기가 있다. Y결선, 60[Hz], 공극 길이 g = 4[cm], 계자 권선수 N_f = 60, 권선계수 K_f = 1.0, 계자 전류 I_f = 400[A]일 때 극당 공극 자속 밀도 기본파 최댓값$(B_{ag1})_{peak}$[T]의 값은?

① $\frac{\mu_0}{\pi} 5.5 \times 10^5$ ② $\frac{\mu_0}{\pi} 6.0 \times 10^5$

③ $\frac{\mu_0}{\pi} 6.5 \times 10^5$ ④ $\frac{\mu_0}{\pi} 7.0 \times 10^5$

해설

$F = N \cdot I = \phi \cdot R_m$ 에서

$\phi = B \cdot S$이고, $R_m = \dfrac{l}{\mu_0 \cdot S}$ 이므로

$NI = B \cdot S \cdot \dfrac{l}{\mu_0 \cdot S} = \dfrac{B \cdot l}{\mu_0}$ 에서 $B = \dfrac{\mu_0 \cdot N \cdot I}{l}$ 이다.

권선 계수(K_f)를 고려한 자속 밀도 $B = \dfrac{\mu_0 \cdot K_f \cdot N_f \cdot I_f}{l}$

l은 공극의 원호 길이로, $l = 2\pi r$[m]에서 $r = \dfrac{g(공극 \ 길이)}{2}$

관계에 의해서 $r = \dfrac{4 \times 10^{-2}}{2} = 2 \times 10^{-2}$[m]

따라서, $B = \dfrac{\mu_0 \cdot 1 \cdot 60 \cdot 400}{2\pi \cdot 2 \times 10^{-2}} = \dfrac{\mu_0 \cdot 600,000}{\pi}$

$\therefore \dfrac{\mu_0}{\pi} \times 6 \times 10^5$[T]

12 일반 농형 전동기와 비교하여 보기와 같은 2중 농형 유도 전동기의 특징에 대한 설명으로 가장 옳지 않은 것은?

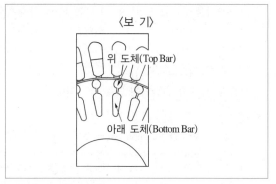

〈보 기〉

위 도체(Top Bar)

아래 도체(Bottom Bar)

① 위쪽 도체는 아래쪽 도체에 비해 높은 저항률을 갖는다.
② 위쪽 도체는 아래쪽 도체에 비해 누설 인덕턴스가 작다.
③ 저슬립 운전 영역에서는 2차측 임피던스에서 저항이 차지하는 비중이 작아지게 된다.
④ 기동 시에는 2차측 전류가 위쪽 도체에 집중적으로 흐른다.

해설

2중 농형 유도 전동기(Double-squirrel Cage Motor)
회전자 슬롯은 회전자 도체를 이중으로 하여 도체 저항이 큰 외측 슬롯과 도체 저항이 작은 내측 슬롯을 병렬 연결한 것이다. 2차측(회전자) 주파수는 운전 시에는 낮고, 기동 시에는 높기 때문에 슬롯 내측은 누설 자속에 의해 누설 리액턴스가 증가하여 기동 시 대부분의 회전자 전류(2차측 전류)는 외측, 즉 고저항측으로 흐르고, 정격 회전수에 이르면 회전자 전류는 저항이 작은 내측 도체로 흐르게 된다. 따라서 기동 시는 권선형 회전자에 기동 저항을 연결한 상태가 되고, 정격 회전수에는 농형 회전자의 상태가 되어 고효율, 고역률로 동작하게 된다. 따라서 운전 시(저슬립) 2차측 임피던스에서 리액턴스가 차지하는 비율은 상대적으로 작아진다.

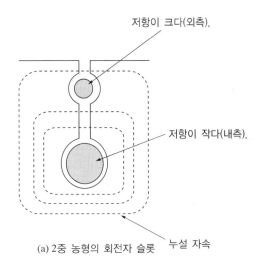

저항이 크다(외측).

저항이 작다(내측).

누설 자속

(a) 2중 농형의 회전자 슬롯

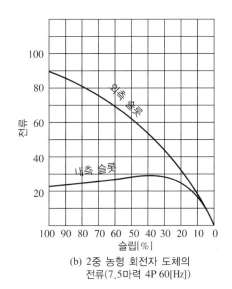

(b) 2중 농형 회전자 도체의
전류(7.5마력 4P 60[Hz])

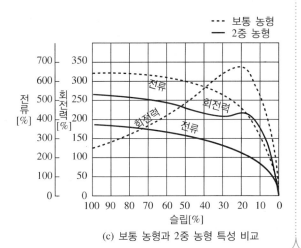

---- 보통 농형
—— 2중 농형

(c) 보통 농형과 2중 농형 특성 비교

13 변압기의 표유 부하손을 설명한 것으로 가장 옳은 것은?

① 동손, 철손
② 부하 전류 중 누전에 의한 손실
③ 권선 이외 부분의 누설 자속에 의한 손실
④ 무부하 시 여자 전류에 의한 동손

해설

변압기에서 부하손(Load Loss, 負荷損)이란 부하 전류로 인하여 기기 내에 생기는 동손, 철손 등으로, 변압기의 부하손에는 동손(저항손)과 누설 자속에 의한 표유 부하손이 있다.

변압기의 손실

변압기에는 회전 부분이 없기 때문에 기계적 손실이 발생하지 않으며, 회전기기에 비하여 효율이 높아 소형인 경우 96[%], 대형인 경우 99[%]의 효율을 보이는 것도 있다. 변압기 손실의 대부분은 철손(Iron Loss)과 구리 손(Copper Loss)에 의하여 발생한다. 변압기가 1차쪽에서 2차쪽으로 전력을 전달할 때 변압기 내부에는 전력의 손실이 발생한다. 이때 발생하는 손실을 변압기 손실이라고 하며, 부하손(Load Loss)과 무부하손(No-load Loss)이 있다.

• 부하손은 2차쪽에 부하가 있을 경우에 부하 전류의 흐름으로 인하여 발생하는 구리손과 누설 자기력선속과 관련되는 권선 내의 손실, 외함, 볼트 등에 생기는 손실로 계산하기 어려운 표유 부하손(Stray Load Loss)이 있다.

• 무부하손은 변압기가 무부하 상태에 있을 때 발생하는 손실로 주로 철손이고 여자 전류에 의한 동손과 절연물의 유전체손 그리고 표유 부하손이 있다. 철손은 철심에 생기는 손실로 히스테리시스손과 맴돌이 전류손으로 이루어진다. 철손의 대부분을 차지하는 히스테리시스손을 줄이기 위하여 히스테리시스 정수가 작은 규소 강판을 사용하며, 맴돌이 전류손을 줄이기 위하여 얇은 강판을 적층하여 사용한다.

14 선형 유도 전동기에 대한 설명으로 가장 옳지 않은 것은?

① 속도가 낮을수록 단부 효과가 증가한다.
② 이동파의 동기 속도는 주파수와 극피치에 비례한다.
③ 전동기의 입구 모서리에서 발생하는 자속 밀도는 전동기 중간 지점에서 발생하는 자속 밀도보다 낮다.
④ 회전형 유도 전동기에 비하여 일반적으로 공극이 크다.

해설

단부 효과란 선형 유도 전동기(리니어 모터)가 가지고 있는 구조적인 문제점으로, 밀어내는 힘의 맥동을 크게 만드는 요소이다. 고속으로 운전할 경우 단부효과가 커진다.

리니어 모터
• 개념 : 리니어 모터는 일반 회전형 모터를 축방향으로 잘라서 펼쳐 놓은 형태로 기존의 일반 모터가 회전형의 운동력을 발생시킨다는 것에 비해 직선 방향으로 미는 힘인 추력을 발생시킨다는 점이 다르나 그 구동 원리는 근본적으로 같다.
• 동작원리 : 1차측에 의하여 시간적·공간적으로 이동하는 자속이 발생하여 공극을 가로질러 2차측에 도착하게 되면 변압기 기전력과 속도 기전력이 발생하여 도체판에 과전류를 발생하여 분포하게 되는데, 이 와전류와 공극 자속이 로렌츠의 힘 방정식으로 표현되는 상호 작용에 의하여 1차와 2차측 간에 미는 힘인 추력이 발생하게 된다.
• 단부 효과와 모서리 효과 : 회전형 모터는 회전 방향으로 무한 연속 운동을 하지만 리니어 모터는 구조적으로 길이가 유한하여 길이 방향으로 길이가 유한하며 입구단(Entry End)과 출구단(Exit End)이 구조적으로 존재하므로 누설 자속과 에너지의 왜곡 및 손실을 유발시켜 특성을 악화시킨다. 이러한 효과를 길이 방향으로의 단부 효과(Longitudinal End Effect)라고 한다. 또한, 측면 모서리 방향으로도 에너지 누설이 발생하는데, 이를 횡방향 모서리 효과(Transverse Edge Effect)라고 하며, 이것에 의한 모터의 추력 및 수직력 등의 손실은 물론 그 분포를 왜곡시켜 운전 특성을 나쁘게 하는 등의 큰 영향이 있다.

15 단자 전압이 200[V]에 4[kW]인 직류 분권 발전기의 유기 기전력이 210[V]이고 계자 저항이 1,000[Ω]이면 전기자 저항[Ω]의 근삿값은?

① 0.3 ② 0.5
③ 0.7 ④ 0.9

해설

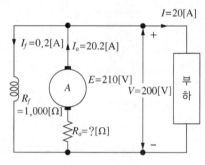

[분권 발전기 회로]

부하측에 흐르는 전류 $I_L = \dfrac{4[\text{kW}]}{200[\text{V}]} = 20[\text{A}]$

계자 전류 $I_f = \dfrac{V}{R_f} = \dfrac{200[\text{V}]}{1,000[\Omega]} = 0.2[\text{A}]$

전기자 전류 $I_a = I + I_f = 20 + 0.2 = 20.2[\text{A}]$

따라서, 전기자 저항 $R_a = \dfrac{10}{20.2} ≒ 0.5[\Omega]$ 이다.

16 실제 변압기 등가 회로의 1차측이 보기와 같을 때, 등가 회로의 회로 상수 중 누설 자속에 의한 영향을 가장 많이 받는 것은?(단, V_1, I_1, I_2, I_0는 각각 입력 전압, 1차측 전류, 1차측 부하 전류, 여자 전류이다)

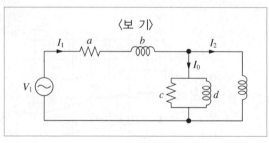

〈보 기〉

① a ② b
③ c ④ d

해설

변압기의 1차측 등가 회로에서 누설 자속에 의한 영향을 가장 많이 받는 것은 누설 리액턴스 b요소(x_L)이다.

17 정격 속도로 회전하는 분권 발전기의 자여자에 의한 전압 확립이 실패하는 이유로 가장 옳지 않은 것은?

① 발전기 내부의 잔류 자속이 부족한 경우
② 발전기를 반대 방향으로 회전시키는 경우
③ 계자 저항값이 임계 저항값보다 작은 경우
④ 계자 권선의 극성을 바꾸어 연결하는 경우

해설
• 임계 저항(R_a)>계자 저항(R_f)일 경우, 자여자에 의한 전압 확립에 성공한다.

직류 분권 발전기 전압의 확립

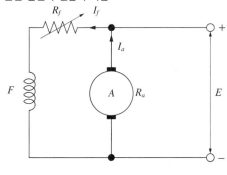

(a) 접속도

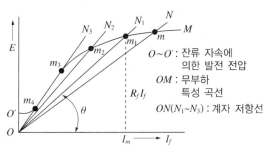

(b) 계자 저항선

$O \sim O'$: 잔류 자속에 의한 발전 전압
OM : 무부하 특성 곡선
$ON(N_1 \sim N_3)$: 계자 저항선

• 전압의 확립(무부하 특성 곡선) : 분권 발전기가 자기 여자를 이용하여 발전을 할 수 있는 것은 계자에 남아 있는 잔류 자속 때문이다. 잔류 자속에 의한 발전 전압의 크기는 그림 (b)에서 OO'에 해당하는 것으로 정격 전압의 5[%] 정도이다. 이 전압에 의하여 계자 전류 I_f[A]가 흘러서 계자가 여자된다. 계자 전류 I_f[A]가 잔류 자기력선속을 증가시키는 방향으로 흐르면 발전기에서 발전되는 유도 기전력도 증가하며, 이로 인하여 계자 전류 I_f[A]도 더욱 증가하여 그림 (b)의 $O'M$과 같은 상태가 된다.
• 전압 확립의 조건
  - 잔류 자속이 존재할 것
  - 잔류 자속과 계자 자속의 방향이 일치할 것 : 불일치(역회전) 시 잔류 자속이 소멸되어 발전되지 않음(분권 발전기는 역회전 금지)
  - 임계 저항(R_a)>계자 저항(R_f)

18 3상 동기 발전기에 무부하 전압보다 90° 뒤진 전기자 전류가 흐를 때 전기자 반작용으로 가장 옳은 것은?

① 감자 작용을 받는다.
② 증자 작용을 받는다.
③ 교차 자화 작용을 받는다.
④ 자기 여자 작용을 받는다.

해설
동기 발전기의 부하를 $Z_L = \omega L$의 인덕턴스 부하로 접속하였을 경우, 전기자 전류는 유도 기전력 E에 대하여 90° 지상이므로 감자 작용을 한다.

동기기의 전기자 반작용
• 개념 : 동기 속도로 회전하는 회전자에 의한 자기력선속 ϕ_f와 전기자(고정자) 회전 자기력선속 ϕ_a는 같은 속도로 회전한다. ϕ_a는 유도 기전력 E와 전류 I의 위상차에 의하여 약간 늦게 일정한 관계를 유지하면서 회전한다. 이때 부하 전류에 따라 변하는 유도 기전력 E와 전류 I의 위상차에 의하여 전기자쪽 ϕ_a는 회전자 계자쪽 ϕ_f에 일정한 크기의 영향을 주게 되므로, 출력되는 유도 기전력을 변화시키게 된다. 이와 같은 현상을 전기자 반작용(Armature Reaction)이라고 하고, 교차 자화 작용, 감자 작용, 증자 작용으로 분류된다.
  - 교차 자화 작용 : 부하가 순저항 부하로서 $Z_R = R$일 때는 E와 I가 동위상 $\theta = 0$일 때
  - 감자 작용 : 동기 발전기의 부하를 $Z_L = \omega L$의 인덕턴스 부하로 접속하였을 경우 전기자 전류는 유도 기전력 E에 대하여 90° 지상이므로 $i_\otimes$가 N극보다 90° 왼쪽의 위치에 있게 된다. 전기자 전류에 의한 유도 자기력선속 ϕ_a가 회전자 자기력선속 ϕ_f에 대하여 반대 방향으로 N극과 S극의 양쪽으로 흐르게 되어 서로 감자 작용을 한다.
  - 증자 작용 : $Z_C = \dfrac{1}{\omega C}$인 커패시턴스 부하를 접속하였을 경우, 전기자의 부하 전류 i는 90° 진상 전류가 된다. 이때 ϕ_f에 대하여 i에 의한 유도 자기력선속 ϕ_a가 90° 앞서게 되어 증자 작용을 한다.

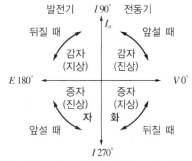

구 분	동기 발전기	동기 모터
R(동상)	교차 자화	교차 자화
L(지상)	감자 작용	증자 작용
C(진상)	증자 작용	감자 작용

19 유도 전동기의 특성에서 토크와 2차 입력, 동기 속도의 관계는?

① 토크는 2차 입력과 동기 속도의 자승에 비례한다.
② 토크는 2차 입력에 반비례하고, 동기 속도에 비례한다.
③ 토크는 2차 입력에 비례하고, 동기 속도에 반비례한다.
④ 토크는 2차 입력과 동기 속도의 곱에 비례한다.

해설

유도 전동기의 토크

유도 전동기의 출력이 P_o[W]일 때, $P_o = \omega T = 2\pi \dfrac{N}{60} T$[W]이다.

(이때, 각속도 $\omega = 2\pi f = 2\pi n = \dfrac{2\pi N}{60}$[rad/s]이다)

따라서, 기계적 출력 $P_{om} = \omega T$이고, $\omega = \dfrac{2\pi}{60} N$에서

출력 토크 $T = \dfrac{60 P_{om}}{2\pi N}$[N·m], 전기적 토크 $T = \dfrac{P_{2s}}{2\pi N_s}$ 이므로,

토크는 2차 입력에 비례하고, 동기 속도에 반비례한다.

20 마그네틱 토크만을 발생시키는 전동기는?

① 표면 부착형 영구 자석 전동기
② 매입형 영구 자석 전동기
③ 릴럭턴스 동기 전동기
④ 스위치드 릴럭턴스 전동기

해설

순수하게 마그네틱 토크만을 이용하는 전동기는 표면 부착형 영구 자석 전동기이다.

영구 자석 동기 전동기 PMSM(Permanent Magnet Synchronous Motor)의 분류

표면 부착형 영구 자석 전동기는 순수하게 마그네틱 토크만을 이용하는 전동기이고, 릴럭턴스 동기 전동기(Synchronous Reluctance Motor, SynRM)와 스위치드 릴럭턴스 전동기(Switched Reluctance Motor, SRM)는 순수하게 릴럭턴스 토크만을 이용하는 전동기이다. 마그네틱 토크와 릴럭턴스 토크를 모두 사용하는 전동기는 전체 토크 중에서 마그네틱 토크와 릴럭턴스 토크의 크기 비중에 따라 표면 삽입형 영구 자석 전동기(Surface-mounted Permanent Magnet Synchronous Motor, SPMSM), 매입형 영구 자석 전동기(Interior Permanent Magnet Synchronous Motor, IPMSM), 영구 자석 보조형 릴럭턴스 동기 전동기로 나눌 수 있다.

SPMSM은 영구 자석이 회전자 주변으로 일정한 두께로 배치되어 있어 축별 인덕턴스가 동일한 반면에 IPMSM은 영구 자석이 회전자 주변으로 자석이 균일하지 않아 축별 인덕턴스가 다르다. PMSM은 설계 시 원호 형태의 자석이 필요하고, 표면에 부착하기 때문에 원심력에 의해 튕겨져 나갈 수 있어 곤란하다. 하지만 IPMSM은 자석의 형태가 단순하고, 매입해서 부착하기 때문에 내부에 고정되고 공극을 작게 설계할 수 있다. 따라서 원가도 SPMSM이 더 높아지게 되고, SPMSM은 자기 회로가 간단하여 비교적 간단한 제어 알고리즘으로 토크/속도 제어를 수행할 수 있다. 반면 IPMSM은 릴럭턴스 토크를 사용할 수 있기 때문에 약자속 제어를 이용하여 표면 부착형에 비해 더 고속에서 운전을 할 수 있으나, 릴럭턴스 변화는 고조파로 인한 진동 및 소음이 발생할 수 있다.

SECTION

12

2018년 지방직 고졸경채 전기기기

01 관계식 $e = Blv$를 설명하는 법칙은?(단, e는 유도 기전력, B는 자속 밀도, l은 자기장 내 도체의 길이, v는 도체 이동 속도이다)

① 렌츠의 법칙
② 플레밍의 왼손 법칙
③ 플레밍의 오른손 법칙
④ 패러데이의 법칙

해설

플레밍의 오른손 법칙

N극에서 S극 방향으로 자기력선속이 발생하고 있는 자기장 공간에서 자기력선속의 진행 방향에 대하여 도체를 직각으로 움직이면 도체에는 기전력이 발생한다. 이때 발생하는 기전력의 방향은 오른손을 이용하여 엄지를 도체가 움직이는 방향으로, 검지를 자기장의 방향으로 향하게 하면 중지는 유도 전압의 방향을 나타낸다. 이러한 법칙을 플레밍의 오른손 법칙이라고 한다.

기전력을 $e[V]$, 자석의 자기력선속 밀도를 $B[Wb/m^2]$, 도체의 길이를 $l[m]$, 도체의 운동 속도를 $v[m/s]$라고 할 때 플레밍의 오른손 법칙에 의해 발생되는 기전력의 세기는 다음과 같다.

$e = Blv[V]$

여기서, B : 자속 밀도의 크기$[Wb/m^2]$
　　　　V : 도체의 운동 속도$[m/s]$
　　　　l : 도체 길이$[m]$

02 직류 전동기의 속도 제어법이 아닌 것은?

① 저항 제어
② 계자 제어
③ 전압 제어
④ 정류자 제어

해설

직류 전동기의 속도 제어

$$N = \frac{V - I_a R_a}{k\phi}[\text{rpm}]$$

여기서, V : 단자 전압[V]　　　I_a : 전기자 전류[A]
　　　　R_a : 전기자 저항[Ω]　ϕ : 자속[Wb]

• 저항에 의한 속도 제어 : 전기자 저항의 값을 조절하는 방법으로, 저항의 값을 속도 조절의 목적으로 증가시킬 경우 저항에 흐르는 전류가 증가하게 되어 동손이 커져 열손실이 증가되어 효율이 떨어진다.

• 계자에 의한 속도 제어(정출력 제어) : 계자에 형성된 자속의 값을 제어하는 방법으로, 자속의 값은 타여자의 경우 타여자 전원의 값을 조절하여 자속의 수를 증감할 수 있다. 자속의 수가 증가하면 전동기의 속도가 감소하고, 자속의 수가 감소하면 전동기의 속도는 증가한다.

• 전압에 의한 속도 제어 : 전압의 값 V가 증가하면 속도는 이에 비례하여 증가한다. 단자 전압을 증가시키는 방법은 기본적으로 전원을 조작해야 하는데, 이 방법은 제어의 범위가 넓고 손실이 거의 없어 효율이 좋으며 주전동기의 속도와 회전 방향을 쉽게 조절할 수 있다.

– 워드 레오나드 방식 : 부하의 변동이 거의 없을 경우(정부하)에 사용하는 방법

– 일그너 방식 : 부하의 변동이 심할 경우에 사용하며 부하의 변동에 영향을 받지 않기 위해 무거운 쇠 추(플라이 휠)를 설치하여 사용하는 방식. 부하의 변동이 심한 대용량 압연기나 승강기 등에 사용

– 직병렬 제어법 : 정격이 같은 전동기를 직병렬로 접속하여 전동기에 인가되는 전압을 단계적으로 나누어 속도를 제어하는 방법. 직류 직권 전동기의 속도 제어를 위해 사용

– 초퍼 제어법 : 반도체 사이리스터를 이용하여 직류 전압을 직접 제어하는 방식. 전기 철도의 속도를 제어할 때 많이 사용

03 다음은 무부하일 때 변압기 벡터도이다. 이때 $\dot{I}_1$은?
(단, $\dot{\phi}$ 는 자속, $\dot{E}_1$은 1차 유도 기전력이다)

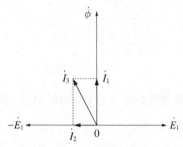

① 철손 전류   ② 자화 전류
③ 여자 전류   ④ 부하 전류

해설

문제에서 제시된 무부하 상태의 변압기 벡터에서 $\dot{I}_1[\mathrm{A}]$는 자화 전류 $\dot{I}_m[\mathrm{A}]$에 해당한다. $\dot{I}_2[\mathrm{A}]$는 철손 전류 $\dot{I}_c[\mathrm{A}]$이며, $\dot{I}_3[\mathrm{A}]$는 여자 전류 $\dot{I}_0[\mathrm{A}]$이다.

무부하 상태의 변압기 벡터

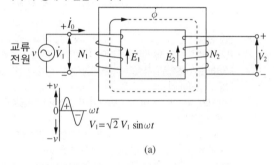

(a)

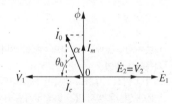

θ_0 : $\dot{V}_1$, $\dot{V}_2$ 의 위상차
α : 철손각

(b)

• 2차 권선에 부하를 연결하지 않고, 1차 권선에 교류 전원의 순시 전압 $v[\mathrm{V}]$를 벡터로 나타낸 교류 전원 전압 $\dot{V}_1[\mathrm{V}]$를 가해 주면 1차 권선에는 $\dot{V}_1[\mathrm{V}]$보다 위상이 90° 뒤진 여자 전류(Exciting Current) $\dot{I}_0[\mathrm{A}]$가 흐른다.

• 여자 전류는 자기력선속을 발생하는 자화 전류 $\dot{I}_m[\mathrm{A}]$와 철손을 공급하는 철손 전류 $\dot{I}_c[\mathrm{A}]$로 나뉘어진다. 1차 권선이 코일 회로이므로 인덕턴스 $L[\mathrm{H}]$의 작용에 의하여 자화 전류가 전원 전압보다 90° 위상이 뒤지게 된다. 이때, 자기력선속 $\dot{\phi}[\mathrm{Wb}]$는 자화 전류 $\dot{I}_m[\mathrm{A}]$과 동상이다. 자화 전류 $\dot{I}_m[\mathrm{A}]$가 발생시킨 자기력선속 $\dot{\phi}[\mathrm{Wb}]$는 철심을 통해서 1차 권선과 2차 권선을 통과하게 되므로 1차, 2차 권선에는 벡터로 나타낸 1차 유도 기전력 $\dot{E}_1[\mathrm{V}]$, 2차 유도 기전력 $\dot{E}_2[\mathrm{V}]$가 동상으로 발생한다. 그리고 유도 기전력 $\dot{E}_1[\mathrm{V}]$과 $\dot{E}_2[\mathrm{V}]$의 위상은 공급 전압 $\dot{V}_1[\mathrm{V}]$보다 $\pi[\mathrm{rad}]$만큼 뒤진다.

• 무부하일 때 변압기의 전원 전압, 1차 유도 기전력, 2차 유도 기전력 및 여자 전류의 벡터값 $\dot{V}_1[\mathrm{V}]$, $\dot{E}_1[\mathrm{V}]$, $\dot{E}_2[\mathrm{V}]$및 여자 전류 $\dot{I}_a[\mathrm{A}]$와 자기력선속 벡터 $\dot{\phi}[\mathrm{Wb}]$의 관계를 벡터도로 나타내면 위의 그림 (b)와 같다.

04 다음 보기에서 설명하는 전동기는?

〈보 기〉
- 회전자가 영구 자석이고 고정자에 권선이 설치된 전동기이다.
- 구조가 간단하고 보수 비용이 적다.
- 홀센서를 부착하여 회전자의 위치를 검출할 수 있다.

① 농형 유도 전동기
② 직류 직권 전동기
③ 권선형 유도 전동기
④ 브러시리스 DC 전동기

해설

브러시리스 모터(Brushless Direct Current motor, BLDC motor)
- 브러시리스 직류 전동기(BLDC)는 기존 모터에서 사용되는 기계 정류자를 제거하고 장치의 신뢰성과 내구성을 향상시키는 전자 장치로 교체한 브러시를 사용하지 않는 직류 모터이다.
- 일반적으로 고정자 권선은 단상, 2상, 3상, 4상 권선 등이 사용되고 있고, 효율면에서 3상 권선 방식이 주류를 이루고 있다. 또한, 브러시가 없기 때문에 스파크가 발생하지 않아 일반 DC모터에 비해 수명이 길다.
- BLDC 모터는 브러시를 없애고 대신 '전자 정류자'를 사용하므로 이러한 마모의 근원 및 전력 손실을 제거함으로써 모터의 신뢰성 및 효율성을 향상시킨다. 또한, BLDC 모터는 향상된 속도와 토크 특성, 보다 빠른 동적 응답, 무잡음 작동 및 더 높은 속도 범위를 비롯하여 브러시 DC모터와 유도모터에 비해 여러 다른 이점이 있다.
- 회전자의 종류로는 권선형과 영구 자석형이 있으나, 권선형은 대용량에서 가끔 사용되지만, 최근에는 브러시 부착, 가격 상승, 유지 보수 등의 문제가 있어 거의 사용되지 않고 영구 자석형이 주류를 이루고 있다.
- BLDC의 동작은 자기 센서(홀센서)를 모터에 내장하여 회전자가 만드는 회전 자계를 검출하고, 이 전기 신호를 고정자의 코일에 전하여 모터의 회전을 제어할 수 있게 한 것으로, 레코드 플레이어나 테이프 레코더 등의 음향기기 구동용 모터를 비롯하여 정밀 회전 제어를 요하는 분야에서 널리 이용되고 있다.

05 전력용 MOSFET에 대한 설명으로 옳지 않은 것은?

① N채널과 P채널 구조로 분류된다.
② 게이트와 소스 간 전압에 의해 도통과 차단 상태가 결정된다.
③ 스위칭 주파수가 높은 제어에 적합하다.
④ 도통 상태에서 게이트 신호를 제거하여도 도통 상태가 유지된다.

해설

게이트 G(Gate) – 소스 S(Source) 간 제어 전압에 의해 드레인 D(Drain) 전류를 제어하므로, 게이트에 신호를 제거하면 동작하지 않는다.

전력용 금속산화물 전계 효과 트랜지스터(Metal Oxide Semiconductor Field Effect Transistor, MOSFET)

- MOSFET의 구조 및 특징
  - 채널 Type에 따라 N채널 및 P채널이 있다.
  - 게이트 G(Gate) – 소스 S(Source) 간 제어 전압에 의해 드레인 D(Drain) 전류를 제어한다.
  - 비교적 낮은 전압에서 스위칭 속도가 매우 빨라서 고주파 스위칭이 가능하다.
  - 입력 임피던스가 높아서 전력 이득이 크고 사용하기 편리하다.
  - 열적으로 안정하다.
  - 병렬 접속 동작이 쉽다.
  - 안정 동작 영역(Safe Operating Area, SOA)이 넓다.
  - 중소 용량 부하의 전력 제어 소자로서 폭넓게 사용한다.
- 전력용 MOSFET 기호

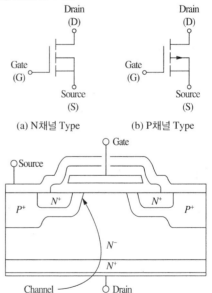

(a) N채널 Type (b) P채널 Type

06 인버터 PWM 제어에 대한 설명으로 옳지 않은 것은?

① 펄스폭을 조정하여 출력 전압의 크기를 변화시킬 수 있다.
② 스위칭 주기를 일정하게 하면서 스위치 도통 시간을 조정한다.
③ 출력 전압의 주파수를 조정할 수 있다.
④ 입력 전압의 위상각을 조정하는 방식이다.

해설
④ 입력 전압의 위상각을 조정하는 방식은 SCR 제어 방식이다.
- 인버터(Inverter)란, 교류의 전압과 주파수를 가변하여 전동기의 속도를 제어하는 장치를 말하며, 주파수를 변환하는 동시에 전압도 비례해서 변화시키는 가변 주파수 인버터 방식(Variable Voltage Variable Frequency, VVVF)과 같은 뜻으로 사용한다.
- PWM방식의 전압형 인버터는 크게 컨버터부, 평활 회로부, 인버터부, 제어 회로부로 구성되어 있으며, 컨버터부에서 AC전압을 DC전압으로 정류시켜 콘덴서로 평활시킨 다음, 인버터부에서 직류 전압을 Chopping하여 펄스폭을 변화시켜서 인버터 출력 전압을 변화시키며, 동시에 주파수를 제어한다.
- PWM이란 Pulse Width Modulation(펄스폭 변조)의 약칭으로 평활된 직류 전압의 크기는 변화시키지 않고, 펄스상의 전압의 출력 시간을 변화시켜 등가인 전압을 변화시킨다. 모터에 흐르는 전류가 정현파에 가까워지도록 출력 펄스의 폭을 차례로 변환시키는 방식을 정현파 PWM이라고 한다.

PWM(Pulse Width Modulation)
- PWM은 펄스폭 변조를 말한다. 모터에 전원이 공급되는 t_1 시간 동안은 스위치를 On, t_2 시간 동안은 스위치를 Off하여 On되는 시간과 Off되는 시간의 비율을 가변하여 전압을 조절하는 방식이다. 이 비율을 도통비 또는 듀티비라고 한다.

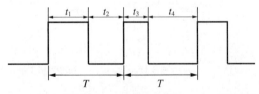

t_1, t_2일 때 앞의 주기와 t_3, t_4일 때 뒤의 주기는 같으나 도통비는 다르게 된다. $t_1 + t_2$의 주기에서 On 시간이 $t_3 + t_4$의 주기보다 더 길기 때문에 $t_1 + t_2$ 주기에서의 전압이 높고, $t_3 + t_4$ 주기에서는 전압이 낮아진다.

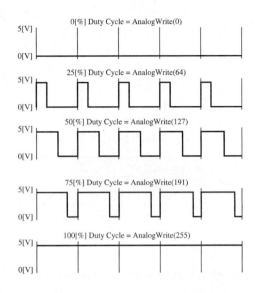

07 직류 발전기의 병렬 운전 조건에 대한 설명으로 옳지 않은 것은?

① 발전기의 전압 크기를 일치시킨다.
② 발전기의 극성을 같은 극성끼리 연결한다.
③ 발전기의 용량이 항상 같아야 한다.
④ 직권 발전기인 경우 균압선을 이용하여 부하를 균등하게 분담시킨다.

해설
직류 발전기의 병렬 운전
한 대의 발전기로 부하에 공급하는 전력 용량이 부족하거나, 발전기가 갖고 있는 용량 이상으로 부하가 걸릴 때에는 또 다른 발전기를 동일한 모선에 병렬로 접속하여 공통 부하에 전력을 공급하는 방법

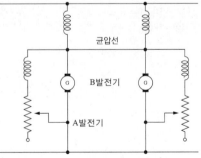

- 병렬 운전을 위한 조건
  - 발전기의 전압 크기를 일치시켜야 한다.
  - 발전기의 극성을 구분하여 같은 극성끼리 연결하여 준다.
  - 두 대의 발전기 직권 계자를 병렬로 접속하는 균압선을 설치한다.

08 단상 반파 정류기에 순수 저항 부하가 연결되어 있고 입력 교류 전압의 실횻값이 100[V]일 때 평균 출력 전압[V]은?(단, 정류기의 손실은 없다)

① $\dfrac{100\sqrt{2}}{\pi}$

② $\dfrac{100}{\pi}$

③ $\dfrac{100}{\pi\sqrt{2}}$

④ $\dfrac{200}{\pi}$

해설

단상 반파 정류

입력 교류 전압의 실횻값이 100[V]이므로,

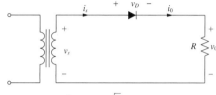

$$V_a = \frac{1}{\pi} V_m = \frac{\sqrt{2}}{\pi} V \fallingdotseq 0.45\,V[\text{V}]$$

(a) 기본 회로

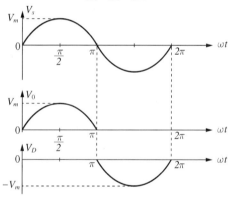

(b) 입출력 파형

직류 출력 $V_d = \dfrac{V_m}{\pi} = \dfrac{\sqrt{2}}{\pi} V_{rms} = 0.45\,V_{rms}$ 이므로,

(이때, E_{rms}은 교류 실효치)

$$V_d = \frac{V_m}{\pi} = \frac{100\sqrt{2}}{\pi}[\text{V}]$$

다이오드를 사용한 정류 회로

• 중간 탭 전파 정류

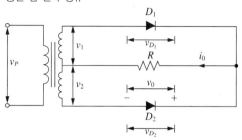

$$V_0 = \frac{2}{\pi} V_m = \frac{2\sqrt{2}}{\pi} V \fallingdotseq 0.9[\text{V}]$$

(a) 기본 회로

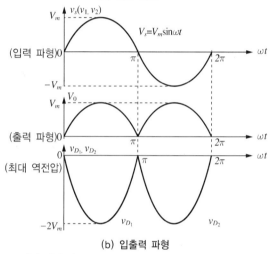

(b) 입출력 파형

• 브리지 전파 정류

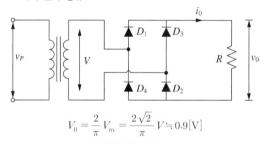

$$V_0 = \frac{2}{\pi} V_m = \frac{2\sqrt{2}}{\pi} V \fallingdotseq 0.9[\text{V}]$$

(a) 기본 회로

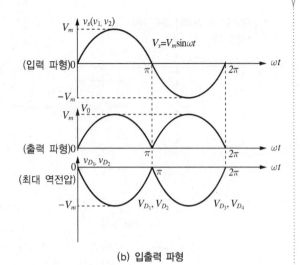

(b) 입출력 파형

09 4극 60[Hz] 20[Hp] 유도 전동기의 단자 전압이 일정한 상태에서 회전 속도가 1,782[rpm]에서 1,764[rpm]으로 감소했을 때 토크의 변화는?

① 약 $\frac{1}{2}$로 감소한다. ② 변화없다.

③ 0이 된다. ④ 약 2배 증가한다.

해설

• 동기 속도 $N_s = \frac{120f}{p}$ 이므로,

$$N_s = \frac{120 \times 60}{4} = 1,800[\text{rpm}]\text{ 이다.}$$

• 회전 속도가 1,782[rpm]일 경우

슬립 $S = \frac{N_s - N_{1,782}}{N_s}$ 에서 $S = \frac{1,800 - 1,782}{1,800} = 0.01$ 이고,

• 회전 속도가 1,764[rpm]일 경우

슬립 $S' = \frac{N_s - N_{1,764}}{N_s}$ 에서, $S' = \frac{1,800 - 1,764}{1,800} = 0.02$ 이다.

• 회전 속도가 줄어들면서 슬립이 2배 증가하였으므로, $t \propto S$에 따라 토크도 약 2배 증가한다.

유도 전동기의 속도와 출력 특성

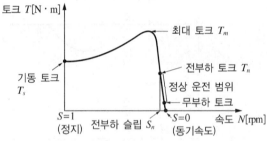

• 1차 전류, 2차 전류, 토크, 출력, 역률 등은 모두 슬립에 의해서 표현될 수 있다. 속도 특성 곡선을 통해 1차 전압을 정격 전압으로 일정하게 유지한 상태에서 슬립의 변동이 다른 요소에 어떠한 영향을 미치는지 확인할 수 있다.

• 슬립 $S = 1$일 때 유도 전동기가 정지 상태이므로, 이때 나타나는 토크값은 기동 토크 T_s 이다. 속도를 점점 높이면 토크도 점점 높아져 최대 토크점 T_m을 지나 전 부하(Full Load) 토크 T_n에 도달한다. 유도 전동기의 속도는 전 부하 토크 T_n과 만나는 점에서 일정해지고, 동기 속도보다는 낮은 값을 갖는다.

• 기동 이후 운전 중일 경우 회전 속도가 상승함에 따라 슬립 S가 매우 작아지므로 $(Sx_2)^2 \ll r_2^2$가 되어 $(Sx_2)^2$를 무시하면 토크

$$T = \frac{60}{2\pi N_s} \times \left(\frac{SE_2^2}{r_2} \right)$$ 가 되어 $t \propto S$, 즉 슬립 S에 비례한다.

10 다음 그림은 PWM방식으로 제어되는 DC-DC 컨버터와 저항 부하의 출력 전압 파형이다. 스위칭 주파수 10[kHz], 스위치 도통 시간 0.04[ms], 입력 전압 $V_i = $ 100[V]라면, 평균 출력 전압[V]은?(단, 컨버터의 손실은 없다)

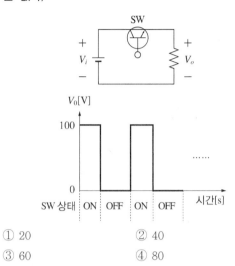

① 20
② 40
③ 60
④ 80

해설

직류/직류 변환(초퍼) 회로

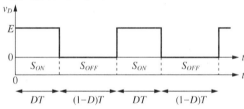

• 문제에서 제시된 회로는 강압형 컨버터인 벅 컨버터 형태로, 듀티 사이클(Duty Cycle), 듀티비(통류율, 시비율, Duty Ratio)로 출력 전압을 조정할 수 있다.

• 이때, 듀티비 $D = \dfrac{t_{on}}{T}$ (t_{on} : 스위치 S의 On 상태 지속 시간, T : 주기, $0 \le D \le 1$)이므로,
강압 초퍼의 듀티비(시비율)

$D = \dfrac{t_{on}}{T} = t_{on} \times f = (0.04 \times 10^{-3}) \times (10 \times 10^3) = 0.4$ 이다.

따라서, 출력 전압 $V_{out} = DV_{in} = 0.4 \times 100 = 40$[V] 이다.

• 직류/직류 변환기 종류
– 벅 컨버터(Buck Converter) : 강압형(입력 전압 > 출력 전압)
– 부스트 컨버터(Boost Converter) : 승압형(입력 전압 < 출력 전압)
– 벅-부스트 컨버터(Buck-boost Converter) : 강압 – 승압형
– 축 컨버터(Cuk Converter) : 강압 – 승압형

11 유도 전동기 속도 제어법이 아닌 것은?

① 극수 변환
② 리플 제어
③ 1차 전압 제어
④ 2차 저항 제어

해설

일반적으로 리플(Ripple)은 교류 전원을 정류하여 직류로 만들 때 완벽하게 직류가 되지 않고, 교류 신호가 일부 남아 있는데 이 신호를 리플 전압이라고 하며, 리플 제어는 이러한 요소를 줄이는 제어법이다.

유도 전동기 속도 제어법
• 1차 주파수 제어 : 가변 주파수 전원을 이용하여 속도를 제어하는 방법으로 Inverter(전압형, 전류형)나 Cycle Converter 등이 있다.
• 극수 변환
– 1차 권선(고정자 권선)의 접속 변경(단자대 내의 결선 변경)에 의해 극수를 1 : 2로 전환하여 2단계의 속도를 얻는 방법
– 1차 권선(고정자 권선)에 2조의 극수가 다른 권선을 만들어 2단계 또는 3단계의 속도를 얻는 방법이다.
• 1차 전압 제어 : 유도 전동기의 발생 토크는 1차 전압(고정자 권선 전압)의 2승에 비례한다. Thyristor(사이리스터) 회로 등을 이용해서 1차 전압을 증감시키면 토크가 변화하는 것을 이용해 슬립을 변화시켜 속도를 제어하는 방법이다.
• 2차 저항 제어 : 권선형 유도 전동기에만 적용할 수 있는 방법으로, 비례추이의 원리를 이용하여 권선형 유도 전동기의 2차축에 접속한 외부 저항값을 조정하여 슬립을 변화시킴으로서 속도를 제어하는 방법이다.
• 2차 여자 제어 : 2차 저항 제어 방식에서 저항값을 조정하는 대신에 슬립 주파수의 2차 여자 전압을 제어하여 속도를 제어하는 방법이다. Kramer(크레이머) 방식과 Scherbius(셀비우스) 방식이 있다.

12 다음 괄호 안에 들어갈 말로 옳은 것은?

동기 발전기의 동기 임피던스는 (㉠)과 (㉡)을 통해 구할 수 있다. (㉠)은 개방 회로 시험이라고도 하며 무부하 상태에서 계자 전류를 증가시키면서 계자 전류에 대한 무부하 유도 기전력을 측정한다. (㉡)은 부하측을 단락시키고 계자 전류의 변화에 따라 단락 전류를 측정하는 시험이다.

	㉠	㉡
①	무부하 시험	단락 시험
②	단락 시험	무부하 시험
③	유도 기전력 측정 시험	전류 측정 시험
④	무부하 시험	병렬 운전 시험

해설

동기 발전기의 동기 임피던스는 무부하 시험과 단락 시험을 통해 구할 수 있다. 무부하 시험은 개방 회로 시험이라고도 하며, 무부하 상태에서 계자 전류를 증가시키면서 계자 전류에 대한 무부하 유도 기전력을 측정할 수 있다. 단락 시험은 부하측을 단락시키고 계자 전류의 변화에 따라 단락 전류를 측정하는 시험이다.

동기 발전기의 시험
• 무부하 시험 : 무부하 시험은 개방 회로 시험이라고도 하며, 무부하 손실(무부하 철손 + 무부하 마찰손 + 풍손)과 무부하 포화 곡선을 구하는 데 유용하다.

　– 원동기의 속도를 동기 발전기의 정격 회전 속도로 회전시킨 다음, 단자는 모든 부하로부터 분리시켜 놓아 계자 전류를 0으로 한다. 무부하 상태에서 계자 회로의 가변 저항 $R_f[\Omega]$을 최대로 놓고 직류 전원의 스위치 SW를 닫은 뒤 계자 전류 I_f[A]를 점차 증가시키면서 I_f와 단자 전압 V[V]를 확인한다. 이때 무부하 유도 기전력과 계자 전류의 관계를 나타낸 것이 동기 발전기의 무부하 포화 곡선(No-load Saturation Curve)이다.

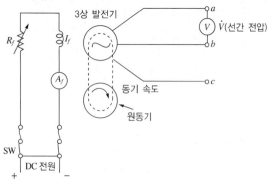

[무부하 시험]

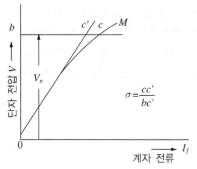

[무부하 포화 곡선]

$$\sigma = \frac{cc'}{bc'}$$

• 단락 시험

동기 발전기의 출력 단자 중 a, b 단자 사이에 전류계를 연결한 다음, 동기 발전기의 출력 단자 a, b, c의 3단자를 접속하여 단락시킨 상태에서 발전기를 정격 속도로 회전시킨다. 이때, 계자 전류를 점차 증가시키면서 전기자에 흐르는 단락 전류를 측정하면 단락 전류와 계자 전류의 관계를 나타내는 곡선을 그릴 수 있는데 이를 단락 곡선(Short Circuit Curve)이라 하고, 단락 전류가 과대한 값이 되지 않도록 하기 위해 작은 범위의 계자 전류에 대해서만 측정하기 때문에 자기 회로는 미포화 상태이다. 그래서 단락 전류는 계자 전류에 비례하게 되어 거의 직선으로 나타난다.

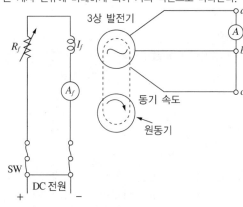

[단락 시험 회로]

[단락 곡선]

13 교류 전압을 직류 전압으로 변환시키는 전력 변환기는?

① 인버터
② DC-DC 컨버터
③ 전파 정류기
④ 사이클로 컨버터

해설

• 교류-직류 변환 : 정류기(반파, 전파)

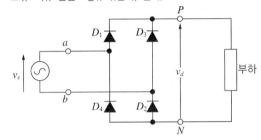

[단상 전파 다이오드 정류 회로]

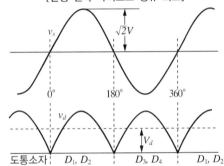

[단상 전파 정류 회로의 입력 및 출력 전압 파형]

• 사이클로 컨버터((교류-교류, Cyclo Converter) : 교류 전원으로 전류(轉流) 동작하는 사이리스터를 써서 교류 전력의 주파수 변환을 하는 전력 변환 장치
• 초퍼형 컨버터(Chopper Converter) : 전류의 On - Off를 반복하는 것을 통해 직류 또는 교류의 전원으로부터 직류 형태의 임의의 전압이나 전류를 인위적으로 만들어 내는 장치
• 인버터(Inverter) : 직류를 교류로 바꾸어 기상 관측 장비에 전원을 공급하는 장치로, 역변환 장치라고도 한다. 스위치의 On, Off에 따라 직류를 단속(斷續)시킴으로써 교류를 얻으며, 직류의 단속 동작 및 동작의 메커니즘 차이에 따라 단상 인버터, 3상 인버터, PWM 인버터 등으로 구별됨

14 동기 전동기가 공급 전압과 부하가 일정한 상태에서 역률 1로 운전되고 있다. 계자 전류를 증가시킬 때 전동기 역률에 대한 설명으로 옳은 것은?

① 진상 역률이 된다.
② 지상 역률이 된다.
③ 변화 없다.
④ 진상과 지상 역률 간을 교번한다.

해설

위상 특성 곡선에서 계자 전류를 증가시키면 앞선 역률인 진상 역률이 된다.
위상 특성 곡선(Phase Characteristic Curve)
공급 전압과 부하를 일정하게 하고 여자(계자) 전류 I_f를 변화시킬 때 전기자 전류 I_a의 변화 곡선을 V - 곡선, 또는 위상 특성 곡선이라고 하며, 역률 1에서 전기자 전류는 최소이다.
• 역률 1을 기준으로 왼쪽, 즉 I_f가 줄어들면 뒤진 역률, 오른쪽, 즉 I_f가 증가하면 앞선 역률이다.
• 따라서, 여자 전류를 변화시키면 전기자 전류의 위상(진상, 지상)이 변화한다.

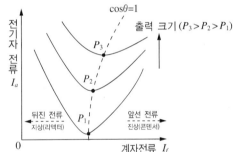

부족 여자	성 질	과여자
L	작 용	C
뒤진(지상) 전류	작 용	앞선(진상) 전류
감 소	I_f	증 가
증 가	I_a	증 가
지상(뒤짐)	역 률	진상(앞섬)
(-)	전압 변동률	(+)
	$P_1 > P_2 > P_3$	

15 직류 직권 발전기가 정격 전압 $V = 400$[V], 출력 $P = 10$[kW]로 운전되고 전기자 저항 R_a와 직권 계자 저항 R_s가 모두 0.1[Ω]일 경우, 유도 기전력[V]은?(단, 정류자의 접촉 저항은 무시한다)

① 393　　　　　　② 405

③ 415　　　　　　④ 423

해설

전기자 전류 $I_a = \dfrac{P}{V} = \dfrac{10 \times 10^3}{400} = 25$[A] 이므로,

$E = V + I_a(R_a + R_s)$ 에서

유도 기전력 $E = 400 + 25(0.1 + 0.1) = 405$[V] 이다.

직류 직권 발전기

직류 직권 전동기는 자여자 전동기로서 계자 권선과 전기자 권선에 공급되는 전원이 동일한 전원을 사용하며, 계자 권선과 전기자 권선이 전원에 대하여 직렬로 연결된 구조를 가지고 있다.

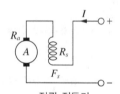

A : 전기자
F_s : 직권 계자 권선
I : 전동기 전류

직권 전동기

16 변압기에 대한 설명으로 옳지 않은 것은?

① 정상적인 병렬 운전을 위해서 각 변압기의 저항과 리액턴스의 비가 같아야 한다.

② 기본 원리를 패러데이의 법칙과 렌츠의 법칙으로 설명할 수 있다.

③ 최대 효율 조건은 부하손과 무부하손이 같을 때다.

④ 변압기 철심재료는 히스테리시스손을 줄이기 위하여 철심을 적층하여 사용한다.

해설

무부하손은 변압기가 무부하 상태에 있을 때 발생하는 손실로 주로 철손이고 여자 전류에 의한 동손과 절연물의 유전체손 그리고 표유 부하손이 있다. 철손은 철심에 생기는 손실로 히스테리시스손과 맴돌이 전류손으로 이루어진다. 철손의 대부분을 차지하는 히스테리시스손을 줄이기 위하여 히스테리시스 정수가 작은 규소 강판을 사용하며, 맴돌이 전류손을 줄이기 위하여 얇은 강판을 적층하여 사용한다.

17 다음 중 유도 전동기의 슬립이 증가하면 값이 커지는 것은?

① 2차 주파수

② 회전자 속도

③ 동기 속도

④ 2차 효율

해설

슬립(Slip)

3상 유도 전동기는 항상 동기 속도(자석의 속도)와 회전자의 속도 사이에 차이가 생기게 되며 이 차이($N_s - N$)와 동기 속도와의 비를 슬립(S)이라고 한다. 슬립이 커지면 회전자의 속도는 감소하고, 작아지면 회전자의 속도는 증가한다.

① 주파수는 슬립에 비례하므로, 슬립이 증가하면 값이 커진다.
  ($f_s = sf_1$[Hz])

② 슬립(동기 속도와의 차이)이 증가하면 회전자 속도는 감소한다.

③ 동기 속도 자체는 $N_S = \dfrac{120f}{p}$ 이므로, 슬립과는 무관하다.

④ 슬립이 클수록 2차 효율은 작아진다.

$$\eta_2 = \frac{P_0}{P_2} = 1 - s \cdots (P_o : \text{출력}, \ P_2 : \text{2차 입력})$$

18 변압기 1차측에 3.3[kV]를 연결하고, 2차측에 소비 전력 16.5[kW]의 저항 부하를 연결하였다. 이때 변압기 2차측 전류가 250[A]일 때 권수비는?(단, 변압기 손실은 무시한다)

① 20　　　　　　② 30

③ 40　　　　　　④ 50

해설

1차측 $E_1 = 3.3$[kV] 이고, 2차측 $E_2 = \dfrac{P_2}{I_2} = \dfrac{16.5 \times 10^3}{250} = 66$[V]

이다. 따라서, 권수비 $a = \dfrac{E_1}{E_2} = \dfrac{3,300}{66} = 50$ 이다.

변압기의 권수비

$$a = \frac{E_1}{E_2} = \frac{V_1}{V_2} = \frac{I_2}{I_1} = \frac{N_1}{N_2} = \sqrt{\frac{Z_1}{Z_2}} = \sqrt{\frac{R_1}{R_2}}$$

19 6극 3상 유도 전동기가 60[Hz]에서 슬립 3.5[%]로 운전될 때 회전수[rpm]는?

① 1,125

② 1,158

③ 1,178

④ 1,195

해설

슬립 $S = \dfrac{N_s - N}{N_s}$ 이고 $N_s = \dfrac{120f}{p}$ 이므로,

$N = (1-S)N_s = (1-S)\dfrac{120f}{p} = (1-0.035) \times \dfrac{120 \times 60}{6}$

$\quad = 0.965 \times 1,200 = 1,158[\text{rpm}]$

20 정격 용량이 20[kVA], 1차 유도 기전력 $E_1 = 2,000$[V], 2차 유도 기전력 $E_2 = 200$[V]인 단상 변압기에서 2차 부하 전류가 $30+j10$[A], 여자 전류가 $1+j3$[A]이다. 이때 1차 전류의 크기 [A]는?

① 3

② 4

③ $4\sqrt{2}$

④ $3\sqrt{2}$

해설

2차측을 1차측으로 환산한 등가 회로에서

변압기의 권수비 $a = \dfrac{E_1}{E_2} = \dfrac{2,000[\text{V}]}{200[\text{V}]} = 10$이고,

I_1(1차 부하 전류)$= \dfrac{\dot{I}_2(\text{2차 부하 전류})}{a(\text{권수비})}$이므로,

$\dot{I}_1{}' = \dfrac{30+j10}{10} = 3+j1[\text{A}]$ 이다.

1차 전류($\dot{I}_1$) = 여자 전류($\dot{I}_0$) + 1차 부하 전류($\dot{I}_1{}'$)이므로,

$\dot{I}_1 = \dot{I}_0 + \dot{I}_1{}' = (1+j3)+(3+j1) = 4+j4[\text{A}]$ 이다.

따라서, 1차 전류의 크기 $|\dot{I}_1| = \sqrt{4^2+4^2} = 4\sqrt{2}[\text{A}]$ 이다.

변압기의 등가 회로

변압기의 실제 회로는 1차쪽의 회로와 2차쪽의 회로가 서로 분리된 두 개의 회로로 구성되어 있지만, 전자 유도 작용에 의하여 1차쪽의 전력이 2차쪽으로 전달되므로 2개의 서로 독립된 회로로 생각하는 것보다 하나의 전기 회로로 변환시키면 회로가 간단해지며 특성 계산을 쉽게 할 수 있다. 이와 같이 두 개의 독립된 회로를 하나의 전기 회로로 변환시킨 것을 등가 회로(Equivalent Circuit)라고 한다.

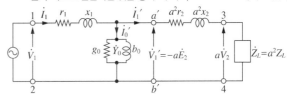

[변압기의 등가 회로(1차쪽으로 환산)]

- 1차쪽에서 본 등가 회로 : 2차쪽의 전압, 전류, 임피던스를 1차쪽으로 환산의 식에 의하여, 2차쪽의 임피던스 $\dot{Z}_2$와 $\dot{Z}_L$을 a^2 배하여 1차쪽에 접속하여도 무방하다고 생각할 수 있으며, a^2를 변압기의 환산 계수(Reduction Factor)라고 한다. 이 경우에 1차쪽의 전압, 전류, 임피던스, 어드미턴스는 그대로 두고, 2차쪽의 전압을 $\dfrac{1}{a}$ 배, 전류를 a배, 임피던스는 a^2 배로 한다.

- 2차 회로를 1차 회로로 환산한 값은 다음과 같다.

  − $r_2{}' = r_{12} = a^2 r_2,\ \dot{Z}_L{}' = \dot{Z}_{12} = a^2 \dot{Z}_L,\ x_2{}' = x_{12} = a^2 x_2$

  − $\dot{I}_1{}' = \dfrac{1}{a}\dot{I}_2{}',\ \dot{V}_1{}' = a\dot{E}_2,\ \dot{V}_1 = a\dot{V}_2$

2019년 지방직 전기기기

01 %저항 강하 및 %리액턴스 강하가 각각 3[%] 및 4[%]인 변압기의 전압 변동률 최댓값 ε_m[%]과 이때의 역률 $\cos\theta_m$[pu]은?

	ε_m	$\cos\theta_m$
①	3.5	0.6
②	3.5	0.8
③	5.0	0.6
④	5.0	0.8

해설

• %저항 강하(p) : 3[%]
• %리액턴스 강하(q) : 4[%]
변압기의 전압 변동률 최댓값 ε_m[%]
$\varepsilon_{\max} = \sqrt{p^2 + q^2} = \sqrt{3^2 + 4^2} = 5[\%]$
역률 $\cos\theta = \dfrac{r}{z} = \dfrac{3}{5} = 0.6$

02 변압기의 효율이 최대인 경우는?

① 철손과 동손이 동일
② 철손이 동손의 $\dfrac{1}{\sqrt{2}}$ 배
③ 철손이 동손의 $\sqrt{2}$ 배
④ 철손이 동손의 $\sqrt{3}$ 배

해설

변압기의 손실 중 철손(무부하손) = 동손(부하손)일 때 최대 효율을 나타낸다.

03 유도 전동기 원선도를 그리기 위해 실행하는 시험으로 옳지 않은 것은?

① 무부하 시험
② 부하 시험
③ 구속 시험
④ 저항 측정

해설

유도 전동기의 시험법 – 헤일랜드 원선도(Hayland Circle Diagram)
• 원선도의 지름은 전압에 비례, 리액턴스에 반비례
• 원선도 작성 시 필요한 시험 : 저항 측정, 무부하 시험, 구속 시험

04 자기 저항(Reluctance)에 대한 설명으로 옳지 않은 것은?

① 공극이 증가하는 경우 자기 저항은 증가한다.
② 일정 기자력에 대해 자속이 감소하는 경우 자기 저항은 감소한다.
③ 자기 저항은 인덕턴스와 반비례 관계이다.
④ 자기 회로의 투자율이 증가하는 경우 자기 저항은 감소한다.

해설

① 자기 저항 $R_m = \dfrac{l(\text{자로의 길이})}{\mu(\text{투자율}) \cdot A(\text{자성체 단면적})} \cdots (R_m \propto l)$

② 기자력 $F = NI = \phi R_m \cdots \left(F \text{ 일정}, \ \phi(\text{자속}) \propto \dfrac{1}{R_m} \right)$

③ 자기 저항 $R_m = \dfrac{N^2}{L(\text{인덕턴스})} \cdots \left(R_m \propto \dfrac{1}{L} \right)$

④ 자기 저항 $R_m = \dfrac{l}{\mu A} \cdots \left(R_m \propto \dfrac{1}{\mu} \right)$

05 일정 전압으로 운전 중인 분권 및 직권 직류 전동기에서 기계적 각속도가 증가할 때 토크의 변화로 옳은 것은? (단, 전기자 반작용과 자기 포화는 무시한다)

① 분권 : 속도의 제곱에 반비례하여 감소
  직권 : 일정한 기울기로 감소

② 분권 : 속도의 제곱에 반비례하여 감소
  직권 : 속도의 제곱에 반비례하여 감소

③ 분권 : 일정한 기울기로 감소
  직권 : 일정한 기울기로 감소

④ 분권 : 일정한 기울기로 감소
  직권 : 속도의 제곱에 반비례하여 감소

해설

- 직류 전동기에서의 속도(N)와 토크(τ)의 관계
  - 분권 전동기 $\tau \propto \dfrac{1}{N}$
  - 직권 전동기 $\tau \propto \dfrac{1}{N^2}$
- 각속도 $\omega = 2\pi f = 2\pi n$
  (f : 초당 진동수[Hz](한주기 파형수), n : 초당 회전수[rps])
  따라서, 각속도가 증가하면 속도가 증가함에 따라 분권에서는 반비례하여 감소하며 $\left(\tau \propto \dfrac{1}{N} \right)$, 직권에서는 속도의 제곱에 반비례하여 감소한다 $\left(\tau \propto \dfrac{1}{N^2} \right)$.

06 1차 전압 4,400[V]인 단상 변압기가 전등 부하에 10[A]를 공급할 때의 입력이 2.2[kW]이면 이 변압기의 권수비 $\dfrac{N_1}{N_2}$ 은?(단, 변압기의 손실은 무시한다)

① 10　　　　② 20
③ 30　　　　④ 40

해설

권수비 $a = \dfrac{N_1}{N_2} = \dfrac{V_1}{V_2} = \dfrac{I_2}{I_1}$ 이고, 부하측(2차측)에 흐르는 전류 $I_2 = 10[A]$ 에 입력이 2.2[kW] 이므로
$P_2 = V_2 I_2$ 에서 $V_2 = 220[V]$
따라서, 권수비 $= \dfrac{N_1}{N_2} = \dfrac{V_1}{V_2} = \dfrac{4,400}{220} = 20$

07 2중 농형 회전자를 갖는 유도 전동기의 특징으로 옳지 않은 것은?

① 유도 전동기의 비례추이 특성을 이용한 기동 및 운전을 한다.

② 기동 상태에서 2차 저항이 작아진다.

③ 저슬립에서 회전자 바의 누설 리액턴스가 작아진다.

④ 구조가 복잡하여 일반적 형태의 농형 회전자보다 가격이 비싸다.

해설

2중 농형 회전자를 갖는 유도 전동기는 기동상태 시 2차 저항을 증가시켜 기동 전류를 줄이고 회전력을 증가시킨다. 이처럼 기동 전류를 줄이는 방식은 비례추이를 이용하여 2차 저항을 줄이는 방식과 같다. 운전상태 시 누설 리액턴스는 줄어들며 2중으로 구성되어 있으므로 구조는 복잡하여 유지 보수가 곤란하며 가격이 고가이다.

08 3상 동기 발전기가 무부하 유기 기전력 150[V], 부하각 45°로 운전되고 있다. 부하에 공급하는 전력을 일정하게 유지시키면서 계자 전류를 조정하여 부하각을 30°로 한 경우의 무부하 유기 기전력[V]은?

① $150\sqrt{2}$　　　　② $150\sqrt{3}$
③ $300\sqrt{2}$　　　　④ $300\sqrt{3}$

해설

3상 동기 발전기의 3상 전력

$$P_{s_3} = \sqrt{3}\, V_l I_l \cos\theta = 3VI\cos\theta = 3\frac{E \cdot V}{x_s}\sin\delta$$
$$= \frac{E_l \cdot V_l}{x_s}\sin\delta[\text{W}] \ (\text{부하각} \ \delta = 90° \text{에서 최대 전력을 갖음})$$

※ 부하각 : 유도 기전력(E)과 부하 단자 전압(V)과의 위상차 ($20° \leq \delta(\text{실제}) \leq 45°$)

따라서, $P_{s_3} = \dfrac{E_l \cdot V_l}{x_s}\sin\delta$ 에서

- $P_{s_3}(\delta = 45°) = 150 \cdot \dfrac{V_l}{x_s} \cdot \sin45°$
  $= 150 \cdot \dfrac{V_l}{x_s} \cdot \dfrac{\sqrt{2}}{2}$
- $P_{s_3}(\delta = 30°) = E_l{}' \cdot \dfrac{V_l}{x_s} \cdot \sin30°$
  $= E_l{}' \cdot \dfrac{V_l}{x_s} \cdot \dfrac{1}{2}$　　$\times \dfrac{1}{\sqrt{2}}$

$\delta = 45°$에서 $\delta = 30°$가 되면서 $\dfrac{1}{\sqrt{2}}$ 배 되었으므로 $\delta = 30°$일 때의 유도 기전력은 P_{s_3}이 일정한 상태에서 $E_l{}' = E_l \cdot \sqrt{2}$ 배가 된다.
따라서 $E_l{}' = 150\sqrt{2}[\text{V}]$

09 정격 용량 20[kVA] 변압기가 있다. 철손은 500[W], 정격 용량으로 운전 시 동손은 800[W]이다. 이 변압기를 하루에 10시간씩 정격 용량으로 운전할 경우 전일 효율[%]은?(단, 정격 용량 운전 시 부하 역률은 0.9이다)

① 85.2　　　　　　② 88.1
③ 90.0　　　　　　④ 93.2

해설
- 철손 $P_i = 500[\text{W}](0.5[\text{kW}])$
- 정격 용량 $P_{2n} = 20[\text{kVA}]$
- 동손 $P_c = 800[\text{W}](0.8[\text{kW}])$
- 역률 $\cos\theta = 0.9$
- 시간 $T = 10$
- 전일 효율(η)

$$\eta = \frac{P_{2n} \cdot \cos\theta \cdot T}{P_{2n} \cdot \cos\theta \cdot T + 24P_i + P_c \cdot T} \times 100[\%]$$

$$= \frac{20 \cdot 0.9 \cdot 10}{20 \cdot 0.9 \cdot 10 + 24 \cdot 0.5 + 0.8 \cdot 10} \times 100$$

$$= \frac{180[\text{kW}]}{(180 + 12 + 8)[\text{kW}]} \times 100 = 90[\%]$$

10 기동 토크 24[Nm], 무부하 속도 1,200[rpm]인 타여자 직류 전동기에 부하 토크 τ_L[Nm]과 속도 N[rpm] 사이의 관계가 $\tau_L = 0.02N$인 부하를 연결시켜 구동할 때의 전동기 출력[W]은?(단, 전기자 반작용과 자기 포화는 무시한다)

① 200π　　　　② 220π
③ 240π　　　　④ 260π

해설
타여자 전동기에서, 전압 및 전류가 일정하면

속도 $N = \dfrac{V - I_a R_a}{K_E \cdot \phi}$ 에서 $\phi \propto \dfrac{1}{N}$ 이고, 토크 $\tau = K_\tau \phi I = K' \dfrac{1}{N}$

이다(즉, 토크는 속도에 반비례 하므로 $\tau \propto \dfrac{1}{N}$). 문제에서 부하 토크의 속도와의 관계식 $\tau_L = 0.02N$으로부터 전동기 토크는 속도와는 반비례하고, 기울기는 -0.02 가 되는 값을 가지며, 기동 토크 값이 24인 $\tau = -0.02 \cdot N + 24$가 된다.

따라서,

$\tau_L = 0.02N$,

$\tau = -0.02N + 24$

$\tau_L = \tau$ 이므로,

$0.02N = -0.02N + 24 \rightarrow 0.04N = 24$

$N = 600[\text{rpm}]$, $\tau = 12[\text{N} \cdot \text{m}]$

전동기 출력 $P = 2\pi n[\text{rps}] \cdot \tau$ 에서

$P = 2\pi \cdot \dfrac{600}{60} \cdot 12 = 240\pi[\text{W}]$

11 전압이 일정한 모선에 접속되어 역률 1로 운전하고 있는 동기 전동기의 계자 전류를 감소시킨 경우 이 전동기의 역률과 전기자 전류의 변화는?

① 역률은 앞서게 되고 전기자 전류는 증가한다.
② 역률은 앞서게 되고 전기자 전류는 감소한다.
③ 역률은 뒤지게 되고 전기자 전류는 증가한다.
④ 역률은 뒤지게 되고 전기자 전류는 감소한다.

해설
동기 전동기의 위상 특성 곡선(V곡선)

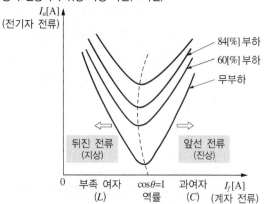

위 그래프에서 I_f를 줄이면, 부족 여자인 상태로 I_f가 줄어듦에 따라 역률은 지상으로 뒤지게 되고 전기자 전류 I_a는 증가하게 된다.

12 동기 발전기에서 단락비에 대한 설명으로 옳지 않은 것은?

① 단락비가 크면 동기 임피던스가 작다.
② 단락비가 크면 전기자 반작용이 작다.
③ 단락비가 작으면 전압 변동률이 크다.
④ 단락비가 작으면 과부하 내량이 크다.

해설
단락비(K)가 크면

- 동기 임피던스 ↓ ··· ($K = \dfrac{100}{Z_s}$)
- 전기자 반작용 ↓
- 전압 변동률 ↓
- 과부하에 견디는 정도(내량) ↑

13 3상 반파 다이오드 정류 회로의 저항 부하 시 맥동률
[%]은?

① 4.04

② 17.7

③ 48.2

④ 121

해설

맥동률이란 교류분을 포함한 직류에서 그 평균값에 대한 교류분의

실횻값의 비를 말한다(맥동률 $= \dfrac{\text{교류분}}{\text{직류분}}$).

• 단상 정류 회로

(E_d : 직류 평균 전압)

반 파	전 파
$E_d = \dfrac{E_m}{\pi} = \dfrac{\sqrt{2}\,E}{\pi} = 0.45E[\mathrm{V}]$	$E_d = \dfrac{2\sqrt{2}\,E}{\pi} = 0.9E[\mathrm{V}]$
정류 효율 : $\eta = 40.6[\%]$	$\eta = 81.2[\%]$
f 기본	$2f$ 기본
맥동률 : 121[%]	맥동률 : 48[%]

• 3상 정류 회로

반 파	전 파
$E_d = 1.17E$	$E_d = 1.35E$
$3f$ 기본	$6f$ 기본
맥동률 : 17[%]	맥동률 : 4[%]

14 220[V], 1,500[rpm], 50[A]에서 정격 토크를 발생하는 직류 직권 전동기의 전기자 저항과 직권계자 저항의 합이 0.2[Ω]이다. 같은 전압으로 이 전동기가 1,000[rpm]에서 정격 토크를 발생하기 위해 전기자에 직렬로 삽입해야 할 외부 저항[Ω]은?

① 1.2　　　　　② 1.4

③ 1.6　　　　　④ 1.8

해설

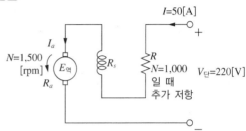

$V_단 = E_역 + I_a(R_a + R_s)$

$220 = E_역 + 50 \cdot 0.2,$

∴ $E_역 = 210[\mathrm{V}]$

$N = 1,500 \to N' = 1,000$으로 줄어들면

역기전력 $E = \dfrac{P}{a}Z\phi\dfrac{N}{60}$ 에서 $E \propto N$이므로

$N : N' = E : E' \to 1,500 : 1,000 = 210 : E'$

$E' = \dfrac{1,000 \cdot 210}{1,500} = 140[\mathrm{V}]$

$V = E' + I_a R$

$220 = 140 + 50 \cdot R$ ∴ $R = 1.6[\Omega]$

따라서, 문제에서 R_a와 R_s의 저항 합이 $0.2[\Omega]$이라고 했으므로 $R - (R_a + R_s) = 1.4[\Omega]$만큼의 저항을 추가해야 한다.

15 스테핑 전동기에서 1펄스의 스텝 각도가 1.8°, 입력 펄스의 주기가 0.02[s]이면, 전동기의 회전 속도[rpm]는?

① 12　　　　　② 15

③ 18　　　　　④ 21

해설

스텝 각도가 1.8°/pulse이므로 한 바퀴를 회전하려면 200번의 펄스가 필요하다. 또한 펄스 입력 주기가 0.02초에 한 번씩 입력되므로 1분에는 3,000번의 펄스가 입력된다.

따라서, $\left(\dfrac{3,000}{200}\right)$ 회전/분이므로 15[rpm]이다.

16 6극, 60[Hz], 3상 권선형 유도 전동기의 전부하 시의 회전수는 1,152[rpm]이다. 이때 전부하 토크와 같은 크기로 기동하려고 할 때 회전자 회로의 각 상에 삽입해야 할 저항[Ω]은?(단, 회전자 1상의 저항은 0.03[Ω]이다)

① 0.34　　　　　② 0.57

③ 0.72　　　　　④ 1.47

해설

동기 속도 $N_s = \dfrac{120f}{P} = \dfrac{120 \cdot 60}{6} = 1,200$

슬립 $s = \dfrac{N_s - N}{N_s} = \dfrac{1,200 - 1,152}{1,200} = 0.04$

유도 전동기의 2차 저항이 r_2이고, 슬립 s일 때, 기계적 출력(부하)에 상응하는 등가 저항 R은

$I_2 = \dfrac{E_2}{\sqrt{\left(\dfrac{r_2}{s}\right)^2 + x_2^2}} = \dfrac{E_2}{\sqrt{(r_2 + R)^2 + x_2^2}}$ 에서

$r_2 + R = \dfrac{r_2}{s}$ 이므로

$R = \dfrac{r_2}{s} - r_2 = \dfrac{1-s}{s} r_2$ 이다.

따라서, 각 상에 삽입해야 할 저항

$R = \dfrac{1-s}{s} r_2 = \dfrac{1 - 0.04}{0.04} \times 0.03 = 0.72[\Omega]$

17 8극, 60[Hz], 53[kW]인 3상 유도 전동기의 전부하 시 기계손이 3[kW]이고 2차 동손이 4[kW]일 때, 회전 속도[rpm]는?

① 780　　　　　② 800

③ 820　　　　　④ 840

해설

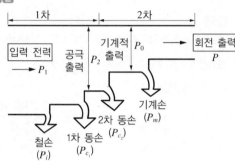

$P_2 = P_{c_2} + P_0 = sP_2 + (1-s)P_2 = \dfrac{N_s - N}{N_s} P_2 + \dfrac{N}{N_s} P_2$

$P_0 = P + P_m$

따라서,

동기 속도 $N_s = \dfrac{120 \cdot f}{P} = \dfrac{120 \cdot 60}{8} = 900[\text{rpm}]$

회전 속도 $N = (1-s)N_s = \dfrac{P_0}{P_2} N_s$

$\qquad = \dfrac{P + P_m}{P_{c_2} + P_0} N_s = \dfrac{53 + 3}{4 + 56} \cdot 900 = 840[\text{rpm}]$

18 단상 반파 정류 회로로 교류 실횻값 100[V]를 정류하면 직류 평균 전압[V]은?(단, 정류기 전압 강하는 무시한다)

① 45　　　　　② 90

③ 117　　　　　④ 135

해설

(문제 13번 해설 참조)

단상 반파 정류 회로에서 직류 평균 전압 E_d는

$E_d = \dfrac{E_m}{\pi} = \dfrac{\sqrt{2}\,E}{\pi} = 0.45E$ 이므로

∴ $E_d = 0.45 \times 100 = 45[\text{V}]$

19 정격 전압 200[V], 정격 전류 50[A], 전기자 권선 저항 0.3[Ω]인 타여자 직류 발전기가 있다. 이것을 전동기로 사용하여 전부하에서 발전기일 때와 같은 속도로 회전시키기 위해 인가해야 하는 단자 전압[V]은?(단, 전기자 반작용은 무시한다)

① 185   ② 200

③ 215   ④ 230

해설

• 발전기의 유도 기전력($E_유$)

$E_유 = V + I_a R_a = 200 + 50 \cdot 0.3 = 215[\text{V}]$

• 전동기의 역기전력($E_역$)

$E_역 = V' - I_a R_a = V' - 50 \cdot 0.3$

발전기를 전동기로 사용한다고 하였으므로 $E_유 = E_역$

따라서, $215 = V' - 50 \cdot 0.3$

$V' = 215 + 15 = 230[\text{V}]$

20 그림은 3상 BLDC의 2상 통전 회로와 각 상의 역기전력, 상전류 파형을 나타내고 있다. 구간 Ⓐ에서 도통되어야 할 스위치는?

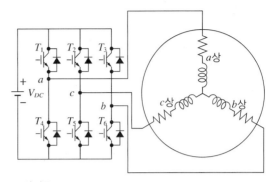

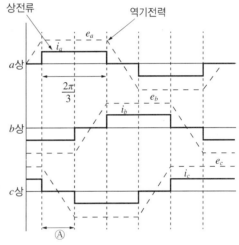

① T_1, T_4 ② T_1, T_5

③ T_1, T_6 ④ T_3, T_6

해설

문제에서 Ⓐ 구간에 a, b, c 각 상에 흐르는 상전류는 각각 a상(+전류), b상(−전류), c상(변화 없음)이다. 이는 a상을 통해서 b상으로 전류가 흘러가는 것으로 이때의 BLDC 통전 회로의 스위치는 각각 T_1과 T_6으로 전원 V_{DC}와 폐회로를 구성한다.

14 2019년 서울시 전기기기

01 마그네틱 토크와 릴럭턴스 토크를 모두 발생시키는 전동기는?

① 스위치드 릴럭턴스 전동기
② 표면 부착형 영구 자석 전동기
③ 매입형 영구 자석 전동기
④ 동기형 릴럭턴스 전동기

해설

③ 매입형 영구 자석 전동기는 마그네틱과 릴럭턴스 토크를 모두 발생시킨다.

영구 자석 동기 전동기, PMSM(Permanent Magnet Synchronous Motor)은 영구 자석의 부착 형태에 따라 표면 부착형(SPMSM ; Surface Mounted Permanent Magnet Synchronous Motor)과 매입형(IPMSM ; Interior Permanent Magnet Synchronous Motor)으로 분류할 수 있다.

영구 자석

[표면 부착형]   [원주 매입형]   [방사 매입형]

SPMSM은 영구 자석이 회전자 주변으로 일정한 두께로 배치되어 있어 d축, q축 인덕턴스가 동일하다. 반면에 IPMSM은 영구 자석이 회전자 주변으로 자석이 균일하지 않아 d축, q축 인덕턴스가 다르다. d축으로 봤을 때는 자석과 Air Gap이 동시에 존재하지만, q축으로 봤을 때는 Air Gap만 존재하는 것을 확인할 수 있다.

 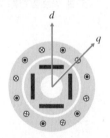

따라서 SPMSM의 토크는 마그네틱 토크만 고려하면 되지만, IPMSM은 마그네틱 토크와 회전자 위치에 따라 발생하는 릴럭턴스 토크까지 고려해야 한다. 그리고 IPMSM은 릴럭턴스 토크로 인해 SPMSM에 비해 고토크를 발생시킬 수 있다. SPMSM은 설계 시 원호 형태의 자석이 필요하고, 표면에 부착하기 때문에 원심력에 의해 튕겨져 나갈 수 있어 어려움이 많지만 IPMSM은 자석의 형태가 단순하고, 매입해서 부착하기 때문에 내부에 고정되고 공극을 작게 설계할 수 있어 원가도 SPMSM이 더 높아지게 된다. SPMSM은 자기 회로가 간단하여 비교적 간단한 제어 알고리즘으로 토크/속도 제어를 수행할 수 있으며, 반면 IPMSM은 릴럭턴스 토크를 사용할 수 있기 때문에 약자속 제어를 이용하여 표면 부착형에 비해 더 고속에서 운전을 할 수 있다. 하지만, 릴럭턴스 변화는 고조파로 인한 진동 및 소음이 발생할 수 있다.

02 직류 전동기에서 전기자 총도체수를 Z로, 극수를 p로, 전기자 병렬 회로수를 a로, 1극당 자속을 ϕ로, 전기자 전류를 I_A로 나타낼 때, 토크 T[N·m]를 나타내는 것은?

① $\dfrac{Za}{2\pi p}\phi I_A$ ② $\dfrac{Zp}{2\pi a}\phi I_A$

③ $\dfrac{Zp}{2\pi \phi}a I_A$ ④ $\dfrac{Zp}{2\pi I_A}a\phi$

해설

전동기의 역기전력 $E=\dfrac{p}{a}Z\phi \cdot \dfrac{N}{60}=K_E\phi N$[V]에서

속도 N은 $N=\dfrac{E}{K_E\phi}=K\dfrac{E}{\phi}=K\dfrac{V-I_aR_a}{\phi}$[rpm]

전기자 반지름 r[m], 공극 자속 밀도 B[Wb/m²], 도체 길이 l[m], 병렬 회로수 a개, 전기자 전류 I_A[A], 1극당 자속 ϕ[Wb], 자극수 p개, 전기자 도체수 Z개, 전자력 $F=BIl$, 토크 $T=F_r$, 전기자 표면적 $2\pi r \cdot l$[m²], 전체 자속 $p \cdot \phi$[Wb]에서

$T=Z \cdot F \cdot r=Z \cdot B \cdot l \cdot \dfrac{I_A}{a} \cdot r=Z \cdot \dfrac{p\phi}{2\pi r \cdot l} \cdot l \cdot \dfrac{I_A}{a} \cdot r$

$=\dfrac{pZ}{2\pi a}\phi I_A=K_T\phi I_A$

$\therefore\ T=K_T\phi I_A$[N·m] $\cdots \left(K_T=\dfrac{pZ}{2\pi a}\right)$

03 3상 권선형 유도 전동기에서 회전자 회로의 저항(회전자 저항과 외부 저항의 합)을 2배로 하였을 때 나타나는 최대 토크 $T_{max}[\text{N} \cdot \text{m}]$에 대한 설명으로 가장 옳은 것은?

① 최대 토크는 2배가 된다.

② 최대 토크는 1/2배가 된다.

③ 최대 토크는 4배가 된다.

④ 최대 토크는 변하지 않는다.

[해설]

비례추이(Proportional Shift)

권선형 유도 전동기 토크 속도 특성이 2차 합성 저항의 변화에 비례하여 이동하는 것을 말하며, 전동기의 토크 값은 변하지 않으나, 같은 토크에서 슬립과 2차 저항은 서로 비례한다. 따라서 회전자 회로의 저항(회전자 저항 + 외부 저항)의 값을 2배 했을 경우, 토크는 일정하게 되며 슬립은 2배가 된다.

04 3상 6극, 50[Hz] Y결선인 원통형 동기 발전기의 극당 자속이 0.1[Wb], 1상의 권선수 10[turns], 3상 단락 전류는 2[A]일 때 동기 임피던스의 값[Ω]은?(단, 권선 계수는 1이다)

① 25[Ω]

② 100[Ω]

③ 111[Ω]

④ 222[Ω]

[해설]

$$E = 4.44 f \cdot \phi \cdot N \cdot K_\omega$$
$$= 4.44 \cdot 50 \cdot 0.1 \cdot 10 \cdot 1$$
$$= 222[\text{V}]$$
$$Z_S = \frac{E}{I_S} = \frac{222}{2} = 111[\Omega]$$

- $f[\text{Hz}]$: 주파수
- $\phi[\text{Wb}]$: 자속수
- $N[\text{turns}]$: 권선수
- K_ω : 권선 계수

05 그림과 같은 유도 전동기의 속도-토크 특성 곡선에서 점선으로 표시된 영역의 특징으로 가장 옳지 않은 것은?

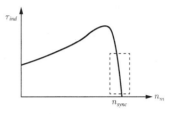

① 회전자 전류의 증가율은 무시할 정도로 작다.

② 슬립은 부하를 증가시킴에 따라 선형으로 증가한다.

③ 기계적 회전 속도는 부하 증가 시 선형으로 감소한다.

④ 회전자의 역률은 거의 1에 가깝다.

[해설]

3상 유도 전동기는 1차 전압이 일정할 때 회전 속도, 즉 슬립 s의 변화에 따라 I_1, P_0, η, T, $\cos\theta$가 그림 (b)와 같이 변화하는데, 이를 속도 특성이라 한다.

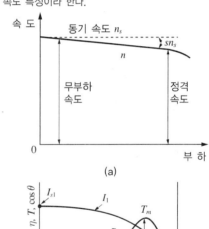

(a)

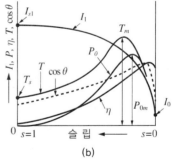

(b)

- 그림 (b)의 그래프에서 볼 수 있듯이 문제에서 주어진 점선 표시 구간은 전류가 줄어드는 구간으로 그 변화폭이 크다.

- 유도 전동기에 부하를 걸면 슬립이 생기고, 부하가 증가하면 2차 전류가 증가하며, $I_2 = \dfrac{sE_2}{\sqrt{r_2^2 + (sx)^2}}$, $n = n_s(1-s)$에서 유도 기전력 sE_2가 증가해야 하므로 슬립 s가 증가하게 되며 슬립이 증가하면 속도는 그림 (a)와 같이 떨어진다.

06 3상 4극 60[Hz] 유도 전동기가 1,746[rpm]으로 운전되고 있다. 2차측 등가 저항이 0.6[Ω]이고 출력이 5,820[W]일 때, 2차측 전류의 값[A]은?(단, 기계손은 무시한다)

① 8[A] ② 10[A]
③ 12[A] ④ 14[A]

해설

$$N_s = \frac{120f}{p} = \frac{120 \cdot 60}{4} = 1,800[\text{rpm}]$$

$$s = \frac{N_s - N}{N_s} = \frac{1,800 - 1,746}{1,800} = \frac{54}{1,800} = 0.03$$

유도 전동기의 2차 저항이 r_2이고, 슬립 s일 때 기계적 출력(부하)에 상응하는 2차 등가 저항 R은

$$I_2 = \frac{E_2}{\sqrt{\left(\dfrac{r_2}{s}\right)^2 + x_2^2}} = \frac{E_2}{\sqrt{(r_s + R)^2 + x_2^2}} \text{에서}$$

$r_2 + R = \dfrac{r_2}{s}$ 이므로 $R = \dfrac{r_2}{s} - r_2 = \dfrac{1-s}{s}r_2$ 이므로

$$R = \frac{1-s}{s}r_2 = \frac{1-0.03}{0.03} \cdot 0.6 = 19.4[\Omega]$$

3상 출력 $P_3 = 3 \cdot I_2^2 R$에서

$$I_2 = \sqrt{\frac{P_3}{3R}} = \sqrt{\frac{5,820}{3 \cdot 19.4}} = \sqrt{\frac{300}{3}} = \sqrt{100} = 10[\text{A}]$$

07 어떤 단상 변압기의 1차측의 권선수는 1,800[turns]이다. 이 변압기의 등가 회로 해석을 위해 2차측의 4[Ω] 임피던스를 1차측으로 등가 환산하였더니 2.5[kΩ]으로 계산되었다. 이 변압기의 2차측 권선수의 값[turns]은?

① 63[turns] ② 72[turns]
③ 81[turns] ④ 90[turns]

해설

권수비 $a = \dfrac{N_1}{N_2} = \dfrac{I_2}{I_1} = \dfrac{V_1}{V_2} = \sqrt{\dfrac{Z_1}{Z_2}}$ 에서

$$a = \sqrt{\frac{Z_1}{Z_2}} = \sqrt{\frac{2,500}{4}} = \frac{50}{2} = 25$$

2차측 권선수 $N_2 = \dfrac{N_1}{a} = \dfrac{1,800}{25} = 72$회[turns]

08 그림에서 나타내는 다상 유도 전동기의 속도 제어법에 해당하는 것은?

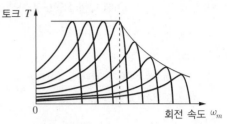

① V/f 일정 제어법과 약자속 제어법
② 2차 저항 제어법
③ V/f 일정 제어법
④ 주파수 제어법

해설

문제의 그래프에서 토크가 일정한 구간은 정토크 구간으로, 회전 속도를 높이면서 최대 토크를 유지하기 위해서는 공급 주파수와 함께 전압도 함께 높이는 V/f 일정 제어법을 사용하며, 정출력 구간에는 계자(자속) 제어법을 사용하여 속도를 제어한다.

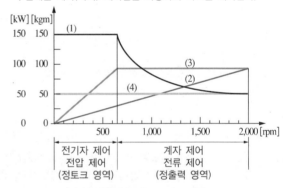

(1) 정출력일 때 Torque 곡선
(2) 정토크일 때 Torque 곡선
(3) 정출력일 때 출력[kW] 곡선
(4) 정토크일 때 출력[kW] 곡선

• 정출력형(Power Constant) : 정출력형은 정출력 속도 범위가 정해져야 하고, 그 범위 내에서만 정출력 특성을 가지며, '0'에서 정출력 특성 초기 회전수까지는 정토크 특성을 갖는다. 정출력 속도 범위 내에서는 속도에 따라서 토크가 현저히 떨어진다. 초기 부하가 많이 걸림으로써 큰 힘이 요구되며, 일단 가속이 된 후에는 힘이 별로 필요하지 않는 부하 조건에는 정출력형의 Motor가 이용되어야 한다(용도 : 압연기, 선반, 원심 주조기 등).
• 정토크형(Torque Constant) : 정토크형은 '0'에서 정격 회전수까지 전기자 전압에 의하여 속도를 제어하며, 부하가 일정하다는 조건하에 발생 Torque가 일정하다는 것이다. 이때 출력은 속도에 비례한다(용도 : Press, 압출기, 인쇄기, 컨베이어, 권양기).

09 단상 변압기의 2차측을 개방할 경우, 1차측 단자에 60 [Hz], 300[V]의 전압을 인가하면 2차측 단자에 150[V] 가 유기되는 변압기가 존재한다. 1차측에 50[Hz], 2,000[V]를 인가하였을 경우, 2차측 무부하 단자 전압 의 값[V]은?

① 900[V]　　　　　　② 950[V]

③ 1,000[V]　　　　　④ 1,050[V]

해설

$a = \dfrac{V_1}{V_2} = \dfrac{300}{150}$ 이므로, $V_1 : V_2 = 2 : 1$

따라서,

$2 : 1 = V_1' : V_2'$ 에서 $V_1' = 2,000$[V]이므로 $V_2' = 1,000$[V]

10 유도 전동기의 구속 시험에 대한 설명으로 가장 옳지 않은 것은?

① 구속 시험으로 철손 저항과 자화 리액턴스 계산이 가능하다.

② 정격에서의 자기 포화 현상 고려를 위해 주파수를 조정한다.

③ 구속 시험에서는 정격 전류가 흐르는 전압에서 공극 자속 밀도가 낮다.

④ 변압기의 단락 시험과 비슷한 특성을 갖는다.

해설

구속 회전자 시험

구속 회전자 시험은 회전자를 돌지 못하도록 구속하고 시행하는데 회전자가 회전하지 못하므로 슬립은 1이고 회전 속도는 0이다. 회전 자가 멈춰 있으므로 회전자의 등가 저항분인 R_r/s의 값이 R_r이 되며, 자화 리액턴스값을 무시하면 고정자 저항, 고정자 리액턴스, 정지 시 회전자 등가 저항, 정지 시 회전자 등가 리액턴스값을 알 수 있다.

11 3상 유도 전동기의 출력이 95[W], 전부하 시의 슬립이 5[%]이면, 이때 2차 입력의 값[W]과 2차 동손의 값[W] 은?(단, 기계손은 무시한다)

① 90[W], 5[W]　　　　② 85[W], 10[W]

③ 100[W], 5[W]　　　　④ 105[W], 10[W]

해설

회전자 입력 $P_2 = \dfrac{P_0}{1-s} = \dfrac{95}{1-0.05} = 100$[W]

2차 동손 $P_{c2} = sP_2 = 0.05 \cdot 100 = 5$[W]

12 그림과 같이 110[VA], 110/11[V] 변압기를 승압 단권 변압기 형태로 결선하였다. 이 동작 조건에서 1차측 단 자 전압이 110[V]일 때 변압기의 2차측 단자 전압의 크기[V]와 출력측의 최대 피상 전력의 값[VA]은?(단, 권선비 $N_{SE}/N_C = 1/10$이다)

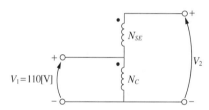

① 121[V], 1,210[VA]　　② 121[V], 1,320[VA]

③ 132[V], 1,210[VA]　　④ 132[V], 1,320[VA]

해설

권선비 $N_{SE} : N_C = 1 : 10$이고, 변압기 회로에서 권선 N_C에 걸린 전압이 $V_1 = 110$[V]이므로 N_{SE}에 걸리는 전압은 N_C에 걸린 전압 의 $\dfrac{1}{10}$의 전압이 걸린다. 따라서 권선 N_{SE}에 걸린 전압은

$V_1 \times \dfrac{1}{10} = 11$[V]

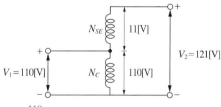

$I_2 = \dfrac{110}{11} = 10$[A]

$P_2 = V_2 \cdot I_2 = 121 \times 10 = 1,210$[W]

13 직류 전동기의 역기전력이 150[V]이며 600[rpm]으로 회전하면서 15[N·m]의 토크를 발생하고 있을 때의 전기자 전류의 값[A]은?(단, π=3.14이고 계산값은 소수 둘째 자리에서 반올림한다)

① 3.3[A] ② 4.3[A]
③ 5.3[A] ④ 6.3[A]

해설

$P = E \cdot I_a = \omega \cdot T = 2\pi f \cdot T = 2\pi n \cdot T$

$I_a = \dfrac{2\pi n \cdot T}{E} = \dfrac{2\pi \dfrac{N}{60} \cdot T}{E} = \dfrac{2\pi \cdot \dfrac{600}{60} \cdot 15}{150} = 2\pi[A]$

문제에서 $\pi = 3.14$에 소수 둘째자리 반올림이므로
$2 \times 3.14 = 6.28 \rightarrow 6.3[A]$

14 어떤 비돌극형 동기 발전기가 1상의 단자 전압 V는 280[V], 유도 기전력 E는 288[V], 부하각 60°로 운전 중에 있다. 이 발전기의 동기 리액턴스 X_s는 1.2[Ω]일 때, 이 발전기가 가질 수 있는 1상의 최대 출력의 값[kW]은?(단, 전기자 저항은 무시한다)

① 67.2[kW]
② 58.2[kW]
③ 33.6[kW]
④ 25.4[kW]

해설

동기 발전기 출력 $P_s = VI\cos\theta = \dfrac{E \cdot V}{x_s}\sin\delta$[W]에서

• 운전 중일 때 출력($\delta = 60°$)

$P_s = \dfrac{E \cdot V}{x_s}\sin\delta = \dfrac{288 \cdot 280}{1.2} \cdot \sin60° \fallingdotseq 58.2[kW]$

• 최대 출력일 때($\delta = 90°$)

$P_s = \dfrac{E \cdot V}{x_s}\sin\delta = \dfrac{288 \cdot 280}{1.2} \cdot \sin90° = 67,200[W]$

$= 67.2[kW]$

15 동기기의 제동 권선의 역할로 가장 옳지 않은 것은?

① 동기 전동기의 기동 토크 발생에 기여한다.
② 동기기의 증속 또는 감속 시에 동기 속도를 유지하는 데 기여한다.
③ 전력과 토크의 과도 상태의 크기를 감소시킨다.
④ 동기 전동기 기동에서 일정한 크기와 방향의 토크를 발생시킨다.

해설

동기 전동기의 기동 시 회전 속도의 변화가 발생하므로 ④번의 기동에서 일정한 크기의 토크를 발생시키는 것은 옳지 않다.

• 동기기 제동 권선
제동 권선(Damper Winding)은 동기기 회전자에 있는 권선으로 유도기의 회전자 권선과 비슷하다. 회전자 속도의 급한 변화가 있을 때 제동 권선에 전류가 흘러 회전자 속도가 속도를 부드럽게 변하도록 한다.

• 제동 권선 효과
 – 난조(Hunting) 방지
 – 기동 토크 발생
 – 불평형 부하 시 파형 개선
 – 불평형 단락 시 이상전압 방지

16 그림은 광범위한 속도 영역에서의 운전을 위한 제어 방법을 적용한 타여자 직류 전동기의 속도-토크 특성 곡선을 나타낸다. 이에 대한 설명으로 가장 옳지 않은 것은?

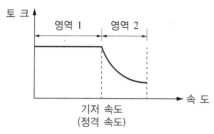

① 영역 1은 전압 제어에 의해 이루어진다.
② 영역 2는 계자 자속 제어에 의해 이루어진다.
③ 영역 1에서는 출력이 일정하다.
④ 영역 2에서는 전류가 일정하다.

해설

영역 1은 정토크 영역, 영역 2는 정출력 영역으로 영역 1에서는 토크가 일정하다.

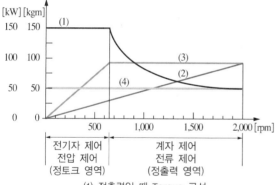

(1) 정출력일 때 Torque 곡선
(2) 정토크일 때 Torque 곡선
(3) 정출력일 때 출력(kW) 곡선
(4) 정토크일 때 출력(kW) 곡선

- 정출력형(Power Constant)
  정출력형은 정출력 속도 범위가 정해져야 하고, 그 범위 내에서만 정출력 특성을 가지며, '0'에서 정출력 특성 초기 회전수까지는 정토크 특성을 갖는다.
- 정토크형(Torque Constant) 정토크형은 '0'에서 정격 회전수까지 전기자 전압에 의하여 속도를 제어하며, 부하가 일정하다는 조건하에 발생 Torque가 일정하다.

17 단상 변압기의 권수비가 20일 때, 전부하에서 2차측 단자 전압은 220[V]이고 전압 변동률이 5[%]인 경우 1차측 무부하 단자 전압의 값[V]은?

① 4,000[V] ② 4,180[V]
③ 4,400[V] ④ 4,620[V]

해설

- 변동률 $\varepsilon = \dfrac{V_{20} - V_{2n}}{V_{2n}} \times 100[\%]$

- 권수비 $a = \dfrac{V_{1n}}{V_{2n}}$ 에서

$V_{20} = V_{2n}(1+\varepsilon) = 220 \cdot (1+0.05) = 231[V]$

$\therefore V_{1n} = a \cdot V_{20} = 20 \cdot 231 = 4,620[V]$

18 지상 역률로 동작하고 있는 동기 전동기가 일정 출력을 발생시키고 있다. 이때 계자 자속을 증가시킴에 따라 일어나는 현상으로 가장 옳지 않은 것은?

① 계자 자속 제어를 통해 역률 제어가 가능하다.
② 전동기는 유도성 부하 동작에서 용량성 부하 동작으로 바뀐다.
③ 동기 전동기의 V특성으로 설명된다.
④ 일정한 부하각을 유지할 수 있다.

해설

④번의 부하각 δ와는 무관하다.
동기 전동기의 위상 특성 곡선(V곡선)

계자 자속 제어로 계자 전류 제어를 통한 역률 제어가 가능하며, I_f가 증가함에 따라 유도성에서 용량성 부하 동작으로 변화한다.

19 유도기의 슬립이 0보다 작은 경우의 설명으로 가장 옳은 것은?

① 유도기는 전동기로 동작한다.

② 유도기 구동 시스템의 운동 에너지가 전원에 공급된다.

③ 유도기는 회전자의 회전 방향으로 토크를 발생시킨다.

④ 유도기 회전자의 회전 속도가 회전 자계의 회전 속도보다 느리다.

해설

슬립(Slip)이란, 전동기에 부하를 걸 때 전동기 회전 속도 n이 동기 속도 n_s보다 느린 정도를 말하며,

$$s = \frac{n_s - n}{n_s} = \frac{\text{동기 속도} - \text{회전자 속도}}{\text{동기 속도}} \times 100$$

• 무부하 시 $s = 0$ • 유도 전동기 $0 < s < 1$

• 전부하 시 $s = 5[\%]$ 정도   • 유도 발전기 $-1 < s < 0$

• 기동 시 $s = 1$ • 유도 제동기 $1 < s < 2$

따라서, $s < 0$일 때 유도 발전기로 동작하며, 운동 에너지가 전기 에너지로 변환되어 전원에 공급한다($n_s < n$).

20 스위치드 릴럭턴스 전동기(Switched Reluctance Motor ; SRM)에 대한 설명으로 가장 옳지 않은 것은?

① 회전자 구조가 간단하여 기계적으로 강건하다.

② 영구 자석을 사용하므로 더 높은 출력을 얻을 수 있다.

③ 이중 돌극 구조를 가지므로 토크 맥동이 크다.

④ 회전자가 회전함에 따라 자기 인덕턴스가 변한다.

해설

스위치드 릴럭턴스 전동기는 어떠한 형태의 권선이나 영구 자석도 존재하지 않는 간단한 구조이다.

스위치드 릴럭턴스 전동기(Switched Reluctance Motor)

회전자의 구조가 권선이나 영구 자석이 없는 간단한 구조의 규소 강판으로 되어 있고, 기계적으로 견고하여 유지 보수성이 매우 좋다. 또한 고정자 부분에만 권선이 감겨져 있고 회전자 부분에는 어떠한 형태의 권선이나 영구 자석도 존재하지 않는 간단한 구조의 특성을 가짐으로서 제작비 절감에 따른 경제적인 면에서 장점을 가지고 있다. 광범위한 속도 변화가 요구되는 응용 분야의 경우, SRM 구동 시스템은 기존의 인버터-유도 전동기 구동시스템에 비해 제어가 간단하다는 장점을 가지고 있다.

2019년 지방직 고졸경채 전기기기

01 인버터, AC서보 드라이버, UPS, 스위칭 전원 등 산업 분야와 전자 레인지, 전기 밥솥 등 가전 분야에서 사용되며, 컬렉터, 이미터, 게이트 단자를 갖는 전력용 반도체 소자는?

① IGBT   ② GTO
③ TRIAC   ④ SCR

해설

IGBT(Insulated Gate Bipolar Transistor, 절연 게이트 양극성 트랜지스터)는 게이트(G)–이미터(E) 간의 전압을 조절하여 제어하는 전력용 반도체이다. 금속 산화막 반도체 전계효과 트랜지스터(MOSFET)를 게이트부에 넣은 접합형 트랜지스터로 게이트(G)–이미터(E) 간의 전압이 구동되어 입력 신호에 의해서 온/오프가 생기는 자기 소호형이다. MOSFET과 비교하면 대전력의 저속 스위칭이 가능한 반도체 소자이며, 게이트가 '일단' 절연되어 있기 때문에 회로 상 분리에도 유리하여 개별 모듈 하나가 [kV] 단위의 내전압에 500[A] 이상의 드레인 전류를 소화할 수 있다. 실제로 등가 회로로 나타낼 때는 MOSFET과 BJT의 결합 모델로 설명한다.

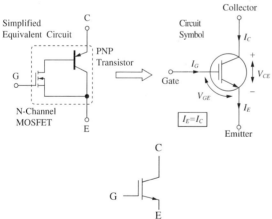

02 변압기유가 갖춰야 할 조건으로 옳은 것은?

① 절연 내력이 커야 한다.
② 인화점이 낮아야 한다.
③ 응고점이 높아야 한다.
④ 비열과 열 전도도가 낮아야 한다.

해설
절연유의 구비 조건
• 절연 내력이 클 것
• 인화점이 높을 것
• 응고점이 낮을 것
• 고온에서 화학적으로 안정할 것(절연 재료와 접촉 시 산화하지 않을 것)
• 점도가 낮고 냉각 효과가 클 것
• 침전물이 생기지 않을 것

03 인버터를 이용한 유도 전동기의 속도 제어 방법이 아닌 것은?

① 극수 제어　　　　② 1차 저항 제어
③ 주파수 제어　　　④ 슬립 제어

해설
유도 전동기의 속도 제어

• 회전수 공식 : $N = \dfrac{120f}{P}(1-s)$

(여기서, N : 회전수[rpm], f : 주파수[Hz], P : 극수, s : Slip률)
• 주파수(f)
 - 1차 주파수 제어
 - 광범위한 속도 제어가 가능하다.
 - 속도 제어의 전영역에서 고효율 운전이 가능하다.
• 극수(P)
 - 극수 변환
 - 단계적인 속도 제어가 된다.
 - 다단기는 대형으로 된다.
• Slip률(s)
 - 1차 전압 제어, 2차 저항 제어, 2차 여자 제어
 - 저속 시의 효율이 나쁘다.
 - 속도 변동이 크다.
 - 장치가 간단하다.
 - 효율이 좋다.
 - 속도 제어 범위가 좁다.

04 스테핑 모터를 자기 회로의 형식에 따라 분류한 것이 아닌 것은?

① PM형(Permanent Magnet Type)
② AF형(Axial Flux Type)
③ VR형(Variable Reluctance Type)
④ HB형(Hybrid Type)

해설
스테핑 모터(Stepping Motor)

• 스테핑 전동기는 하나의 입력 펄스 신호에 대하여 일정한 각도만큼 회전하는 전동기이다. 스테핑 전동기의 총회전 각도는 입력 펄스의 수에 비례하고, 따라서 회전 속도는 펄스 주파수에 비례한다(펄스의 수와 주파수를 제어함으로써 회전각 및 회전 속도를 제어).
• 구 조
 - PM형 스테핑 모터 : 원주 방향으로 자화된 원통형 영구 자석의 회전자와, 90° 간격으로 떨어진 네 개의 돌극 철심에 권선을 감은 고정자로 구성
 - VR형 스테핑 모터 : 연철 또는 성층 규소 강판을 사용한 회전자로 기어 모양으로 가공한 원통형의 구조
 - HB형 스테핑 모터 : 기어 모양의 규소 강판을 겹친 회전자 블록 두 개 사이에 축 방향으로 자화된 영구 자석을 삽입하여 PM, VR 복합형의 회전자로 구성
• 특 징
 - 기동, 정지, 정역회전이 용이하고 신호에 대한 응답성이 좋다.
 - 브러시 등의 접촉 부분이 없어 수명이 길고 신뢰성이 좋다.
 - 제어가 간단하고 정밀한 운전이 가능하다.
 - 고속 회전 시에 발생하기 쉬운 미스 스텝(Miss Step)도 누적되지는 않는다.
• 활용 : 공작 기계, 수치 제어 장치, 로봇 등의 서보 기구 등에 사용하는 대형 스테핑 전동기에서 프린터, 플로터와 같은 소형 사무기기 등
• 종 류
 - 권선의 상수 : 2상, 3상, 4상……
 - 자기 회로 형식 : PM형(영구 자석형), VR형(가변 릴럭턴스형), HB형(복합형)
 - 기계적 구조 : 다층형, 단층형
• 속도 제어 : 스테핑 전동기의 회전 속도는 입력 펄스의 주파수에 비례

$N = \dfrac{\theta}{360} \times 60 f\,[\mathrm{rpm}] \cdots$

(N[rpm] : 전동기 회전 속도, θ[°] : 1펄스 스텝 각도, f[Hz] : 입력 펄스 주파수)

05 단상 변압기 3대를 이용하여 △-△ 결선으로 3상 전력을 얻을 때, 이에 대한 설명으로 옳은 것은?

① 1, 2차 전압은 위상차가 없고, 상전류는 선전류의 $\frac{1}{\sqrt{3}}$ 배이다.

② 중성점 접지를 하여 지락 사고 시 기기를 보호할 수 있다.

③ 변압기 외부에 제3고조파가 발생하여 통신 장애가 있다.

④ 변압기 한 대가 고장이 나면 3상 전력을 사용할 수 있는 방법이 없다.

해설

△-△ 결선(Delta-delta Connection)은 변압기의 1차쪽과 2차쪽을 모두 △결선으로 접속한 3상 결선 방식이다.

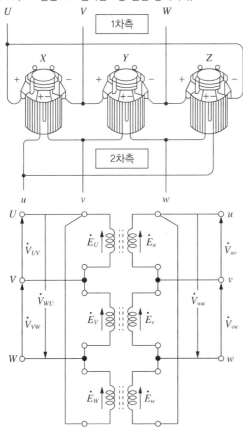

• 장 점

- 1, 2차의 전압은 위상차가 없고, 상전류는 선전류의 $\frac{1}{\sqrt{3}}$ 이다.

- 제3고조파 여자 전류 통로를 가지게 되므로 사인파 전압을 유기한다.

- 변압기 외부에 제3고조파가 발생하지 않아 통신 장애가 없다.

- 변압기 세 대 중에서 한 대가 고장이 나도 V-V 결선으로 운전하여 정격 출력의 57.7[%]가 되는 3상 전력을 사용할 수 있다.

• 단 점

- 중성점 접지가 안 되어 지락 사고 시 보호가 곤란하다.

- 상부하 불평형일 때에 순환 전류가 흐른다. 선간 전압과 상전압이 서로 같기 때문에 고압인 경우에 절연이 어려워 60[kV] 이하의 저전압, 대전류용인 배전용 변압기에만 주로 사용된다.

06 극수 4, 회전수 1,800[rpm]인 동기 발전기와 병렬 운전하는 극수 6인 동기 발전기의 회전수[rpm]는?

① 900

② 1,200

③ 1,800

④ 3,600

해설

동기 발전기의 회전수

$$N_{s,\,4극} = \frac{120f}{p} = \frac{120 \times f}{4} = 1{,}800[\text{rpm}]$$ 에서 주파수 $f = 60[\text{Hz}]$

이다.

병렬 운전 시 같은 주파수이어야 하므로, 병렬 운전하는 6극 동기 발전기의 회전수

$$N_{s,\,6극} = \frac{120f}{p} = \frac{120 \times 60}{6} = 1{,}200[\text{rpm}]$$ 이다.

07 변압기의 병렬 운전에 대한 설명으로 옳지 않은 것은?

① 정격 전압이 같지 않을 경우 순환 전류가 흘러 권선이 가열된다.

② 저항과 리액턴스의 비가 같지 않으면 위상차가 생겨 동손이 증가한다.

③ 각 변압기의 전압 극성은 같아야 한다.

④ 각 변압기의 임피던스는 정격 용량에 비례하여야 한다.

해설

변압기의 부하 분담은 용량에 비례하고 누설 임피던스(%임피던스)에 반비례한다.

변압기 병렬 운전 조건

• 변압기의 권수비가 같고, 1/2차 정격 전압이 같을 것

　→ 불일치 시 : 순환 전류 발생, 변압기 소손

• 변압기 극성이 일치할 것

　→ 불일치 시 : 큰 순환 전류가 발생, 변압기 2차 권선 소손

• 내부 저항과 누설 리액턴스 비가 같을 것

　→ 불일치 시 : 위상차가 발생, 부하 분담 불균형 발생

　→ 동손의 증가, 두 변압기의 용량 100[%] 사용 불가

• %임피던스가 되도록 같을 것

　→ 불일치 시 : 부하 분담 불균형 발생

　→ 두 변압기의 용량 100[%] 사용 불가, 되도록이면 같을 것

• 상회전 방향이 같을 것(3상)

• 위상 변위(위상각)가 같을 것(3상)

　→ 불일치 시 : 순환 전류(단락 현상, 과대 전류) 발생, 위험

　→ △-△/△-Y, △-Y/Y-Y로 결선 금지

08 정격 220[V], 60[Hz], 6.5[kW]인 3상 유도 전동기가 전부하 상태로 운전할 때, 회전자 동손은 0.35[kW]이고 기계손은 0.15[kW]이다. 이때 유도 전동기의 슬립[%]은?

① 2　　　　　　　② 2.5

③ 3.5　　　　　　④ 5

해설

3상 유도 전동기의 출력과 효율

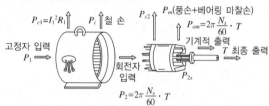

문제에서 유도 전동기의 2차측 특성이 출력 $P_o = 6.5[\mathrm{kW}]$, 동손 (구리손) $P_{c2} = 0.35[\mathrm{kW}]$, 기계손 $P_m = 0.15[\mathrm{kW}]$ 이다.

2차측 입력 = 최종 출력 + 손실(동손 + 기계손)이므로,

$P_2 = 6.5 + 0.35 + 0.15 = 7[\mathrm{kW}]$ 이다.

이때, 2차 구리손 $P_{c2} = sP_2$ 이므로, 슬립 $s = \dfrac{P_{c2}}{P_2} = \dfrac{0.35}{7} = 0.05$,

5[%]이다.

• (기계적)출력 = 2차 입력 × 효율 = 2차 입력 × (1 − 슬립)

• $P_2 : P_{c2} : P_{om} = 1 : s : (1-s)\cdots$

　$(P_2$: 입력(2차), P_{c2} : 손실(동손), P_{om} : 출력(기계))

• $P_2 = \dfrac{P_{om}}{\eta} = \dfrac{P_{om}}{1-s}$ 이고, 효율 $\eta = 1-s = \dfrac{P_{om}}{P_2} = \dfrac{N}{N_s}$

　이다.

• 2차 입력 $P_2 = P_{c2} + P_o$ 에서 2차 구리손 $P_{c2} = sP_2$ 이므로,

• 출력 $P_o = P_2 - P_{c2} = P_2 - sP_2 = (1-s)P_2$ 이고,

　$P_2 = \dfrac{P_o}{(1-s)}$ 이다.

09 극수 6, 전기자 도체수 400, 각 극의 자속 0.01[Wb], 회전수 15[rps]로 운전되고 있는 직류 분권 발전기가 있다. 이 발전기의 전기자 권선 방법이 중권인 경우 유도 기전력[V]은?(단, 전기자 반작용 및 브러시에 의한 전압 강하는 무시한다)

① 1   ② 60

③ 80   ④ 100

해설

분권 발전기의 유도 기전력

주어진 문제에서 극수 $p = 6$개, 전기자 도체수 $Z = 400$개, 자속 $\phi = 0.01[\text{Wb}]$, 회전수 $15[\text{rps}] = 15 \times 60[\text{rpm}]$, 중권이므로 병렬 회로수는 극수와 같다($p = a = 6$).

따라서,

$$E = \frac{p}{a} Z \Phi \frac{N}{60} = \frac{6}{6} \times 400 \times 0.01 \times \frac{15 \times 60}{60} = 60[\text{V}]$$

10 동기기에 대한 설명으로 옳지 않은 것은?

① 동기 발전기에서 동기 이탈을 방지하기 위하여 제동 권선을 설치한다.

② 동기 전동기는 무부하 조건에서 기동 토크가 없으므로 기동 장치가 필요하다.

③ 영구 자석 동기 전동기는 릴럭턴스 전동기에 비해서 역률과 효율이 낮다.

④ 원통형 3상 동기 발전기에서 부하각이 90°일 때 출력이 최대가 된다.

해설

- 동기 전동기의 특징

  주로 화학 공장과 시멘트 공장 등 대형 전동기용으로 쓰이는 모터로 역률이 좋고, 대용량 전동기에 적합하며, 계통의 역률 조정을 할 수 있다.

  - 교류 전원의 주파수와 극수로 결정되는 동기 속도에 완전히 동기 되어 일정한 속도로 회전한다.
  - 일정한 범위 내에서의 부하 증감으로 속도가 변하지 않는다.
  - 회전 계자에 인가하는 직류 전류를 가감하여 역률을 조정할 수 있고 효율이 좋다.
  - 일정 범위 이상으로 부하가 올라가면 동기 속도를 이탈하게 되어 큰 전류가 흐르고 권선이 소손 될 가능성이 크다.
  - 동기 전동기는 구조가 복잡하고 유지 보수의 비용 상승으로 이어질 수가 있고 고가이다.
  - 시동 전류가 크기 때문에 시동 장치가 없으면 운전을 개시할 수 없다.
  - 동기 전동기는 허용 이상의 부하가 커지면 동기화 속도가 유지하지 못하고, 중지 '동기 이탈(탈조)' 현상이 발생하여 제동 권선을 설치한다.

- 소형 동기 전동기

  - 릴럭턴스 전동기(반작용 전동기, 리액션 전동기)
    ⓐ 고정자는 원리적으로 단상 동기 전동기와 같고 구조 간단
    ⓑ 역률과 효율이 나쁘고 토크가 작다.
    ⓒ 반작용을 이용하기 때문에 직류 여자가 없어도 된다.
    ⓓ 시계, 타이머, 컴퓨터 주변기기에 사용
  - 영구 자석 전동기
    ⓐ 구조 간단, 릴럭턴스 전동기에 비해 역률과 효율 좋음
    ⓑ 음향기기, 컴퓨터 주변기기, 의료기기 등 일정 회전 속도를 필요로 하는 곳에 사용

11 직류 직권 전동기의 특성에 대한 설명으로 옳지 않은 것은?

① 계자의 자속과 부하 전류는 비례한다.
② 회전 속도와 전기자 전류는 반비례한다.
③ 가변 속도 전동기로서 기동 토크가 작고 입력이 크다.
④ 무부하 상태에서는 회전 속도가 매우 빠르다.

해설

직류 직권 전동기의 특성

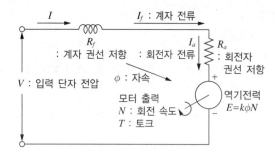

- 직류 직권 전동기는 속도를 조절할 수 있는 전동기로서 기동 토크가 크기 때문에 전동차, 권상기, 크레인 등과 같이 기동이 빈번하고 토크의 변동이 심한 부하에 많이 사용한다(저속에서 큰 토크가 발생함).
- 직권 전동기의 속도 $N = \dfrac{E}{K\phi} = K\dfrac{V - I_a(R_a + R_f)}{\phi}[\text{rpm}]$에서, 회전 속도($N$)과 전기자 전류($I_a$)는 반비례한다.
- $N = K_1\dfrac{V - I_a R_a}{\phi}[\text{rpm}]$에서 계자 전류($I_f$) = 전기자 전류($I_a$) = 부하 전류($I$)이고, 계자에서 발생되는 자기력선속 $\phi[\text{Wb}]$는 부하에 흐르는 전류 $I[\text{A}]$에 비례하므로, $N = K_2\dfrac{V - I_a R_a}{I_a}[\text{rpm}]$이다(이때 역기전력 $E = I_a R_a[\text{V}]$는 단자 전압 V에 비해 매우 작아서 무시할 경우 전동기 속도는 $N = \dfrac{KV}{I_a}[\text{rpm}]$으로 표현할 수 있다). 전기자 전류 I_a와 부하 전류 I가 같기 때문에 직권 전동기의 속도는 부하 전류의 크기에 따라 변하게 되어 부하 전류가 증가하면 속도는 감소하고 부하 전류가 감소하면 속도는 증가하게 된다.
- 무부하 시에 I_f가 작아져 자속 ϕ가 0에 가까워지는데, 이때 속도 N은 매우 커지기 때문에 위험 속도에 도달하여 무부하 운전을 금지한다(직권 전동기에 부하와의 연결을 벨트로 사용할 경우, 풀어지는 사고로 무부하가 될 수 있으므로 톱니나 체인을 사용).
- $I = I_f = I_a$에서, 토크 $T = K\phi I_a = KI_a^2[\text{N} \cdot \text{m}] \cdots (\phi \propto I_f, T \propto I^2 \propto \dfrac{1}{N^2})$이므로, 토크는 전류 I_a의 제곱에 비례하고, 속도 N의 제곱에 반비례한다. 낮은 속도(기동)에서 토크가 매우 크나, 속도의 증감에 따라 토크의 변동률이 크다.

12 직류 발전기의 전기자 반작용을 방지하기 위한 방법에 대한 설명으로 옳지 않은 것은?

① 계자 주자극 사이에 별도의 소자극인 보극을 설치한다.
② 계자에 보상 권선을 설치한다.
③ 브러시의 위치를 자속 밀도가 0이 되는 위치로 이동시킨다.
④ 계자에 의한 기자력과 같은 위상을 가지는 기자력이 발생되도록 추가 권선을 설치한다.

해설

전기자 반작용(Armature Reaction) 방지대책

발전기의 전기자 도체에 전류가 흐를 때 발생한 자속이 계자의 자속에 영향을 주는 현상으로 전기적 중성축이 회전 방향으로 이동하여 발전 전압을 감소시키게 된다. 이를 방지하기 위해 다음과 같은 대책을 적용한다.

- 보상 권선(Compensating Winding) 적용 : 주자극 표면 슬롯에 전기자 전류 반대 방향으로 코일을 감아 전기자 기자력 상쇄
- 보극(Interpole) 설치 : 주자극 중간에 작은 소자극(Interpole)을 설치, 전기자 반작용을 국부적으로 없애줌(보극은 전기자 자속의 반대 방향으로 설치)
- 브러시를 이동하여 중성축을 이동

13 극수 8, 출력 10[HP]의 3상 유도 전동기에 주파수가 60[Hz]인 전원을 공급할 때, 이 전동기의 회전 속도가 810[rpm]이면 2차 효율[%]은?

① 55   ② 70
③ 81   ④ 90

해설

유도 전동기의 효율

극수가 8이고, 주파수가 60[Hz]이므로,

동기 속도 $N_s = \dfrac{120f}{p} = \dfrac{120 \times 60}{8} = 900[\text{rpm}]$이다.

회전 속도 $N = 810[\text{rpm}]$이므로

슬립 $s = \dfrac{N_s - N}{N_s} = \dfrac{900 - 810}{900} = 0.1$이다.

따라서, 효율 $\eta = 1 - s = \dfrac{P_{om}}{P_2} = \dfrac{N}{N_s}$이므로,

효율 $\eta = 1 - 0.1 = 0.9$, 90[%]이다.

14 다음 접속 회로도와 보기의 특성을 갖는 단상 유도 전동기는?

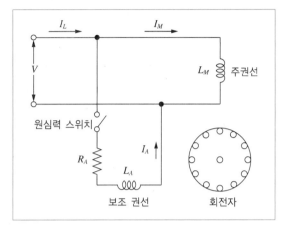

〈보 기〉
- 주권선과 보조 권선에 위상차를 주어 기동 토크를 발생시키는 전동기이다.
- 보조 권선은 주권선보다 가는 선을 사용하며 고저항, 저리액턴스의 특성을 가진다.
- 기동 후 일정 속도에 달하면 원심력 스위치가 작동하여 보조 권선은 전원에서 자동으로 분리된다.
- 냉장고, 세탁기 등 가정용 전기 제품에 많이 채택되고 있다.

① 반발 기동형
② 셰이딩 코일형
③ 콘덴서 기동형
④ 분상 기동형

해설
단상 유도 전동기의 기동 방식
- 분상 기동형 단상 유도 전동기(Split Phase Induction Motor)는 전동기의 원활한 기동을 위하여 전기각을 $p/2$의 차이를 두고 주 권선과 기동 권선을 설치한 전동기이다.
- 콘덴서 기동형 단상 유도 전동기(Capacitor Start Induction Motor)는 교류 전동기로 그 용도가 다양하다. 냉장고, 공기 압축기, 중유 원소기, 전기 세탁기, 펌프, 에어컨 등에 사용된다. 구조 면에서는 분상 기동형 전동기와 비슷하나 기동용 콘덴서가 기동 권선과 직렬로 연결된 점이 다르다.
- 콘덴서 기동 콘덴서 운전 단상 유도 전동기(Single-value Capacitor-run Motor)는 기동 시에는 큰 정전 용량의 콘덴서를 사용하고 기동 후에는 적은 용량의 콘덴서를 계속 사용하는 전동기이다. 특징은 운전 콘덴서와 기동 권선은 언제나 회로에 접속되어 있다. 이 전동기는 비교적 낮은 기동 토크에서도 소음 없이 부드럽게 작동한다.

- 셰이딩 코일형 단상 유도 전동기(Shaded-pole Type Single Phase Induction Motor)는 회전자가 농형의 구조이고, 고정자의 주극을 돌극(Salient Pole)으로 하고 끝 부분에서 세돌극을 둔다. 세돌극에는 굵은 구리선으로 두 번 정도 감아 단락시킨 셰이딩 코일(Shading Coil)을 설치하여 계속적으로 변화하는 자기력선속을 회전자에 통과시킨다.

15 1차 전압 3,000[V], 2차 전압 150[V]인 변압기의 부하 전류가 30[A]일 때, 권수비와 1차 전류[A]는?(단, 변압기의 손실은 무시하고, 권수비는 $\dfrac{1차\ 권수}{2차\ 권수}$이다)

	권수비	1차 전류
①	20	0.67
②	20	1.5
③	30	0.67
④	30	1.5

해설
변압기의 권수비
$a = \dfrac{E_1}{E_2} = \dfrac{V_1}{V_2} = \dfrac{I_2}{I_1} = \dfrac{N_1}{N_2} = \sqrt{\dfrac{Z_1}{Z_2}} = \sqrt{\dfrac{R_1}{R_2}}$ 이다(즉, 1차측과 2차측의 소비 전력을 P_1과 P_2라고 할 때, 각각의 소비 전력은 $P_1 = V_1 I_2$, $P_2 = V_2 I_1$으로 1차측 소비 전력은 2차측 소비 전력과 동일하다).
주어진 조건에서 $V_1 = 3,000[V]$, $V_2 = 150[V]$, $I_2 = 30[A]$일 때,
권수비 $a = \dfrac{3,000}{150} = \dfrac{30}{I_2} = 20$이므로, 2차측 부하 전류 $I_2 = 1.5[A]$이다.

16 사이리스터에 대한 설명으로 옳지 않은 것은?

① 직류 회로로 동작시킬 경우 양극(Anode)에 (+), 음극(Cathode)에 (−) 전압을 인가한다.

② 직류 회로에서 사이리스터를 Off 상태로 하려면 부하 전류를 0으로 하든가, 양극−음극 간에 역전압을 인가한다.

③ 교류 회로에 사용할 때 역방향으로 전압이 인가되고 있는 경우 게이트 전류를 흘리면 On 상태가 된다.

④ 교류 회로에 사용할 때 교류의 위상에 맞추어 게이트 전류를 인가하면 위상에 비례한 전력을 제어할 수 있다.

해설

교류 회로에 사용할 때 역방향으로 전압이 인가되고 있는 경우 게이트 전류를 흘리면 Off 상태가 된다.

SCR(Silicon Controlled Rectifier, 실리콘 제어 정류기)

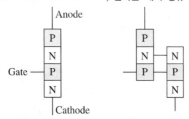

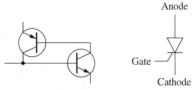

사이리스터란 P−N−P−N접합의 4층 구조 반도체 소자의 총칭으로서, 역저지 사이리스터, 역도통 사이리스터, 트라이액이 있으나 일반적으로는 SCR(Silicon−Controlled Rectifier Thyristor)이라고 불리는 역저지 3단자 사이리스터를 가리킨다. 사이리스터는 3개 이상의 P−N접합을 1개의 반도체 기판 내에 형성함으로서 전류가 흐르지 않는 오프 상태와 전류가 흐를 수 있는 온 상태의 2개의 안정된 상태가 있고, 또한 오프 상태에서 온 상태로 또는 온 상태에서 오프 상태로 이행이 가능한 반도체 소자이다. 사이리스터는 일반적으로 전력용 트랜지스터에 비해 고내압에서 우수한 특성을 나타낸다.

• 사이리스터의 장점
  - 고전압 대전류의 제어가 용이하다.
  - 제어 이득이 높고, 게이트 신호가 소멸하여도 온 상태를 유지할 수 있다.
  - 수명은 반영구적으로 신뢰성이 높다. 또 서지 전압 전류에도 강하다.
  - 소형, 경량으로 기기나 장치에의 설치가 용이하다.

• SCR을 오프 상태로 만들기 위한 방법
  - 양극 전류 차단법은 직렬 스위치를 개방시키는 방법과 병렬 스위치를 단락시키는 방법이 있으며, 두 가지 모두 애노드 전류가 0이 되어 SCR이 오프 상태로 된다.
  - 강제 전환법은 강제로 SCR 내의 순방향 전류의 반대 방향으로 전류가 흐르도록 하는 방법이다. 스위치가 개방되어 있으면 SCR은 도통 상태에 있게 되며 이때 스위치를 닫아 순방향 전류와 반대 방향으로 전류가 흐르게 되면 SCR은 오프 상태로 된다.

17 단락비가 큰 동기 발전기에 대한 설명으로 옳은 것은?

① 전압 변동률이 크다.
② 동기 임피던스가 크다.
③ 기계의 중량이 가볍고 가격이 싸다.
④ 공극이 크고 계자 자속이 크다.

해설

단락비가 큰 동기기의 특징

단락비(K_s)란, 부하 단락 시의 단락 전류의 위험에 대하여 정격 전류(I_n)를 유지할 수 있는 최소한의 허용 계자 전류(I_{fn})와 정격 전압(V_n) 유지에 필요한 계자 전류와의 비(I_{fs})를 말한다.

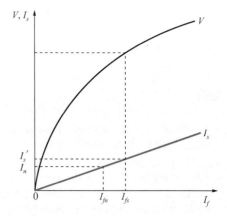

$$K_s = \frac{I_{fs}}{I_{ns}} = \frac{I_s{}'}{I_n} = \frac{1}{Z_s}\,(I_n{}' : \text{단락 전류, } Z_n : \text{동기 임피던스})$$

따라서, 단락비가 크다는 것은 정격 전압을 유도하는데 계자 전류를 많이 흘려줘야 함을 의미하므로 기계가 커져서(철 성분이 많아져 철손 증가) 가격이 비싸지고 공극이 커지며 효율이 나빠진다. 반면에 과부하에 잘 견디고(과부하 내량이 크다), 전기자 반작용이 작아지며 동기 임피던스가 작아지고 전압 변동률이 작아진다(단락비가 작은 경우는 큰 경우의 반대 성질을 갖는다).

18 직류 분권 전동기에 단자 전압 220[V]를 인가할 때, 전기자에 20[A]의 전류가 흐르고 1,800[rpm]으로 회전한다. 이때 전동기에서 발생하는 토크[N · m]는? (단, 전기자 저항은 0.2[Ω]이며, 전기자 반작용 및 브러시에 의한 전압 강하는 무시한다)

① $\dfrac{9}{\pi}$ ② $\dfrac{18}{\pi}$

③ $\dfrac{36}{\pi}$ ④ $\dfrac{72}{\pi}$

해설

직류 분권 전동기의 토크 특성

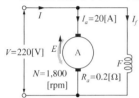 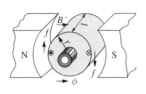

전기자 반지름 $r[\mathrm{m}]$, 공극의 평균 자속 밀도 $B[\mathrm{Wb/m^2}]$, 도체 1개의 유효 길이 $l[\mathrm{m}]$, 병렬 수 a, 전기자 전류 I_a, 도체수 z, 1극당 자속 $\phi[\mathrm{Wb}]$, 자극수 p이면 전자력 $F=BIl$, 토크 $T=Fr$ 및 전기자 표면적 $2\pi rl[\mathrm{m^2}]$, 전체 자속 $p\phi[\mathrm{Wb}]$에서

$$T=z\times F\times r=z\times B\times l\times \frac{I_a}{a}\times r=z\times \frac{p\phi}{2\pi rl}\times l\times \frac{I_a}{a}\times r$$

$$=\frac{pz}{2\pi a}\times \phi I_a=k_T\phi I_a$$

따라서, $T=k_T\phi I_a[\mathrm{N\cdot m}]\cdots\left(k_T=\dfrac{pz}{2\pi a}\right)$이다.

• 문제에서 $V=220[\mathrm{V}]$, $I_a=20[\mathrm{A}]$, $R_a=0.2[\Omega]$, $N=1,800[\mathrm{rpm}]$이므로, $V=E+I_aR_a[\mathrm{V}]$에서 $220=E+20\times 0.2$, ∴ 역기전력 $E=216[\mathrm{V}]$이다.

• $E=\dfrac{p}{a}z\phi\dfrac{N}{60}=k_e\phi N[\mathrm{V}]$에서 $E=\dfrac{pz\phi}{a}\dfrac{N}{60}[\mathrm{V}]$이므로,

$216=\dfrac{pz\phi}{a}\times \dfrac{1,800}{60}$이고,

$\dfrac{pz}{a}\phi=\dfrac{216}{30}=7.2$이다.

• 전동기의 토크 $T=k_T\phi I_a[\mathrm{N\cdot m}]\cdots\left(k_T=\dfrac{pz}{2\pi a}\right)$에서

$T=\dfrac{pz}{2\pi a}\phi I_a=\dfrac{1}{2\pi}\dfrac{pz}{a}\phi I_a[\mathrm{N\cdot m}]$이므로,

$T=\dfrac{pz}{2\pi a}\phi I_a=\dfrac{1}{2\pi}\left(\dfrac{pz}{a}\phi\right)I_a$

$=\dfrac{1}{2\pi}\times (7.2)\times 20=\dfrac{72}{\pi}[\mathrm{N\cdot m}]$

19 극수 8, 주파수 50[Hz]일 때, 회전자 속도가 735[rpm]인 단상 유도 전동기의 동기 속도[rpm]와 슬립[%]은?

	동기 속도	슬 립
①	750	2
②	750	8
③	800	2
④	800	8

해설

유도 전동기의 동기 속도와 슬립

극수 8, 주파수 50[Hz]일 때, 유도 전동기의 동기 속도는

$N_s=\dfrac{120f}{p}=\dfrac{120\times 50}{8}=750[\mathrm{rpm}]$이다.

회전자 속도가 735[rpm]이므로,

이때의 슬립 $s=\dfrac{N_s-N}{N_s}=\dfrac{750-735}{750}=0.02$, 2[%]이다.

20 다음 회로에 대한 설명으로 옳지 않은 것은?(단, 다이오드의 전압 강하는 무시한다)

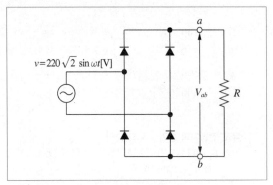

① 교류를 직류로 변환하는 전파 정류 회로이다.

② P형과 N형 반도체를 접합한 소자를 사용한다.

③ V_{ab}의 평균값은 $\dfrac{110\sqrt{2}}{\pi}$[V]이다.

④ 단자 a와 단자 b 사이에 콘덴서를 연결하면 리플이 작은 V_{ab}를 얻을 수 있다.

해설

전파 정류 회로의 평균 전압

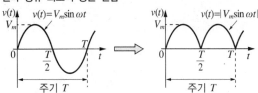

전원의 순시값 $v(t) = V_m \sin \omega t$[V]에서 정류 회로를 거쳐 출력되는 평균값 V_{av}는 $V_{av} = \dfrac{1}{T}\displaystyle\int_0^T |v(t)| dt$ 이므로,

$V_{av} = \dfrac{1}{T}\displaystyle\int_0^T |V_m \sin \omega t| dt$ 이고, $\therefore\ V_{av} = \dfrac{2}{\pi} V_m$ 이다.

$V_m = 220\sqrt{2}$[V]이므로, V_{ab}의 평균값은 $\dfrac{440\sqrt{2}}{\pi}$[V]이다.

SECTION 16

2020년 지방직 전기기기

01 동기 전동기의 위상 특성 곡선에 대한 설명으로 옳지 않은 것은?

① 역률 1에서 전기자 전류는 최소가 된다.

② 전기자 전류가 일정할 때 부하와 계자 전류의 변화를 나타낸 곡선이다.

③ 계자 전류가 증가하여 동기 전동기가 과여자 상태로 운전되면 전기자 전류는 진상 전류가 된다.

④ 계자 전류가 감소하여 동기 전동기가 부족 여자 상태로 운전되면 전기자 전류는 지상 전류가 된다.

해설

동기 전동기 위상 특성 곡선이란 공급 전압과 부하를 일정하게 유지할 때 계자 전류와 전기자 전류의 관계를 나타내는 곡선이다.

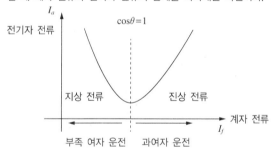

02 동기 전동기에 설치된 제동 권선의 역할에 대한 설명으로 옳은 것은?

① 역률을 개선한다.　② 난조를 방지한다.

③ 효율을 좋게 한다.　④ 슬립을 1로 한다.

해설

제동 권선의 역할

• 동기 전동기가 기동 토크를 얻을 수 있도록 한다.

• 회전자의 난조(Hunting)를 방지한다.

• 전력 계통의 안정도를 향상시킨다.

03 변압기에서 2차측 정격 전압이 200[V]이고 무부하 전압이 210[V]이면 전압 변동률[%]은?

① 3　　　　　　　　② 4.7

③ 5　　　　　　　　④ 15.5

해설

$$\varepsilon = \frac{V_{20} - V_{2n}}{V_{2n}} \times 100[\%] = \frac{210 - 200}{200} \times 100[\%] = 5[\%]$$

04 권수비 $\frac{N_1}{N_2}$이 60인 변압기의 1차측에 교류 전압 6,000[V]를 인가하고, 2차측에 저항 0.5[Ω]을 연결하였을 때, 변압기 2차측 전류[A]는?(단, 1차측 권선수는 N_1, 2차측 권선수는 N_2이고, 변압기의 손실은 무시한다)

① 100　　　　　　　② 110

③ 200　　　　　　　④ 220

해설

권수비 $a = \dfrac{N_1}{N_2} = \dfrac{V_1}{V_2} = \dfrac{I_2}{I_1} = \sqrt{\dfrac{Z_1}{Z_2}}$ 에서

$I_2 = aI_1,\ I_1 = \dfrac{V_1}{Z_1},\ Z_1 = a^2 Z_2$ 이므로

$I_2 = a\left(\dfrac{V_1}{a^2 Z_2}\right) = \dfrac{V_1}{a Z_2} = \dfrac{6,000}{60 \cdot 0.5} = 200$

05 일정한 속도로 운전 중인 3상 유도 전동기를 제동하기 위하여 고정자 a상, b상, c상 권선 중 b상과 c상의 두 권선을 서로 바꾸어 전원에 연결하였다. 이 경우 발생하는 현상으로 옳지 않은 것은?

① 역 토크가 발생하여 감속한다.
② 발생된 전력을 전원으로 반환한다.
③ 회전 자계의 방향이 역전된다.
④ 농형은 회전자에서 열이 발생한다.

해설
회생 제동 : 유도 전동기를 유도 발전기로 동작시켜 그 발생 전력을 전원으로 반환하여 제동하는 방식
역상 제동 : 1차 권선의 3단자 중 2단자의 접속을 바꾸어 역방향의 토크를 발생시켜 제동하는 방식

06 전동기에서 히스테리시스손과 자기 히스테리시스 루프 면적의 관계는?

① 비례한다.   ② 반비례한다.
③ 제곱에 비례한다.   ④ 제곱에 반비례한다.

해설
히스테리시스 곡선은 일주할 때마다 곡선 면적에 해당하는 단위 체적당 에너지가 자성체의 온도를 상승시키는 열적 손실로 이어지며, 루프의 면적은 손실과 비례한다.

07 직류기에서 계자와 전기자 권선에 흐르는 전류에 의한 줄(Joule) 열로 발생하는 손실은?

① 히스테리시스손   ② 기계손
③ 표유부하손   ④ 동 손

해설
전손실 P_l
• 무부하손(고정손) P_o
  – 철손 P_i : 히스테리시스손 P_n, 와류손 P_e
  – 기계손 P_m : 베어링 마찰손, 풍손, 브러시 마찰손
• 부하손(가변손) P_c
  – 동손 P_c : 전기자 저항손($I_a^2 R$), 계자 저항손($I_f^2 R$)
  – 표류 부하손 : 전기자 반작용, 누설 자속

08 스테핑 전동기의 특성이 아닌 것은?

① 슬립 제어를 통해 광범위한 속도 제어가 가능하다.
② 입력 펄스의 제어를 통해 정밀한 운전이 가능하다.
③ 정류자, 브러시 등의 접촉 부분이 없어 수명이 길다.
④ 기동, 정지, 정역회전이 이루어지는 제어에 적합하다.

해설
슬립 제어는 유도 전동기의 특징이다.

09 단상 반파 다이오드 정류 회로에서 정현파 교류 전압을 인가하여 직류 전압 100[V]를 얻으려 한다. 다이오드에 인가되는 역방향 최대 전압[V]은?(단, 부하는 무유도 저항이고, 다이오드의 전압 강하는 무시한다)

① 100
② $100\sqrt{2}$
③ $100\sqrt{3}$
④ 100π

해설
역방향 최대 전압 $PIV = \pi \cdot E_d = 100 \cdot \pi$

10 전동기의 토크를 크게 하는 방법이 아닌 것은?

① 자속 밀도를 증가시킨다.
② 전류를 증가시킨다.
③ 코일의 턴수를 증가시킨다.
④ 공극을 증가시킨다.

해설
전동기 토크 $T = K \cdot \phi \cdot I[\mathrm{N \cdot m}]$
자속 밀도(코일의 턴수)를 높이고, 전류를 크게 하면 토크는 증가한다. 공극을 증가시키면 자기 저항이 증가하여 자속이 감소한다.

11 이상적인 변압기에 대한 설명으로 옳지 않은 것은?

① 1차측 주파수와 2차측 주파수는 같다.
② 직류 전원을 공급하면 교번 자기력선속이 발생하지 않는다.
③ 부하에 무효 전력을 공급할 수 없다.
④ 철심의 투자율이 무한대이다.

해설

이상적인 변압기의 조건
• 변압기의 결합 계수(k)는 1이다. 즉, $M^2 = L_1 L_2$
• 전력을 발생시키지도 않고, 소비하지도 않는다.
• 철손, 누설 자속, 권선의 저항, 여자 전류가 없다.

12 영구 자석을 사용하여 자속을 발생시키는 전동기가 아닌 것은?

① BLDC 전동기
② PM형 스테핑 전동기
③ 유도 전동기
④ PMSM 전동기

해설

유도 전동기는 고정자에서 발생하는 회전 자계에 의해 회전자에 유기되는 기전력으로 흐르는 전류를 통해 토크를 얻어 동작하는 전동기다.

13 6극 동기 발전기의 회전자 둘레가 2[m]이고, 60[Hz]로 운전할 때 회전자 주변 속도[m/s]는?

① 10
② 20
③ 30
④ 40

해설

동기 속도 : $N_s = \dfrac{2f}{p} = \dfrac{2 \cdot 60}{6} = 20[\mathrm{rps}]$

회전자 둘레 : $\pi D = 2[\mathrm{m}]$

주변 속도 : $\pi D \cdot N_s = 2 \cdot 20 = 40[\mathrm{m/s}]$

14 전력용 반도체 소자 중 3단자 소자가 아닌 것은?

① DIAC
② SCR
③ GTO
④ LASCR

해설

2단자 소자 : DIAC
3단자 소자 : SCR, GTO, TRIAC
※ LASCR는 2단자이나, 빛을 받아들이는 단자를 하나의 단자로 볼 수 있기 때문에 3단자로 볼 수 있다. 하지만 DIAC는 완벽한 2단자 소자이다.

15 이상적인 변압기의 2차측에서 전압 200[V]와 전류 2[A]를 얻었다. 2차 회로 임피던스를 1차 회로측으로 환산한 임피던스가 400[Ω]일 때, 변압기의 권수비 $\dfrac{N_1}{N_2}$와 1차측 전압[V]은?(단, 1차측 권선수는 N_1, 2차측 권선수는 N_2이다)

	권수비	1차측 전압
①	2	100
②	2	400
③	4	100
④	4	400

해설

$V_2 = 200[\mathrm{V}]$, $I_2 = 2[\mathrm{A}]$, $Z_2 = \dfrac{200}{2} = 100[\mathrm{A}]$, $Z_1 = 400[\mathrm{A}]$

권수비 $a = \sqrt{\dfrac{Z_1}{Z_2}} = \sqrt{\dfrac{400}{100}} = \dfrac{20}{10} = 2$

1차측 전압 $V_1 = a \cdot V_2 = 2 \cdot 200 = 400[\mathrm{V}]$

16 유도 전동기에서 회전자가 동기 속도로 운전할 때, 슬립 s는?

① $s = 0$
② $0 < s < 1$
③ $s = 1$
④ $1 < s$

해설

슬립 $s = \dfrac{N_s - N}{N_s}$으로 동기 속도(N_s)와 회전 속도(N) 같을 때, 슬립은 0이 된다.

17 4극 직류 발전기가 1,000[rpm]으로 회전하면 유기 기전력이 100[V]이다. 회전 속도가 80[%]로 감소하고, 자속이 두 배가 되었을 때 유기 기전력[V]은?

① 40 ② 62.5
③ 160 ④ 250

해설

유기 기전력 $e = \dfrac{PZ}{60a} \cdot \phi \cdot N = K \cdot \phi \cdot N\,[\mathrm{V}]$

$100 = K \cdot \phi \cdot 1{,}000 \rightarrow K = \dfrac{100}{\phi \cdot 1{,}000} = \dfrac{1}{10 \cdot \phi}$

회전 속도를 80%로 낮추고, 자속이 2배가 되면

$e = K \cdot \phi \cdot N = \dfrac{1}{10 \cdot \phi} \cdot 2\phi \cdot 800 = 160\,[\mathrm{V}]$

18 정격 출력 9[kW], 60[Hz] 4극 3상 유도 전동기의 전부하 회전수가 1,620[rpm]이다. 전부하로 운전할 때 2차 동손[W]은?(단, 기계손은 무시한다)

① 800 ② 1,000
③ 1,200 ④ 1,400

해설

동기 속도 $N_s = \dfrac{120 \cdot f}{p} = \dfrac{120 \cdot 60}{4} = 1{,}800\,[\mathrm{rpm}]$

슬립 $s = \dfrac{N_s - N}{N_s} = \dfrac{1{,}800 - 1{,}620}{1{,}800} = 0.1$

2차 입력(P_2) : 동손(P_{2c}) : 2차 출력(P_0) = 1 : s : 1−s

$P_{2c} = \dfrac{P_0 \cdot s}{1 - s} = \dfrac{9 \cdot 10^3 \cdot 0.1}{1 - 0.1} = 1{,}000\,[\mathrm{W}]$

19 8극 선형 유도 전동기의 극 간격(Pole Pitch)은 0.5[m]이고 전원 주파수는 60[Hz]이다. 가동부의 속도가 48[m/s]일 때 슬립 s는?

① 0.01 ② 0.1
③ 0.15 ④ 0.2

해설

가동부속도(n) $= \pi DN = 48\,[\mathrm{m/s}]$
회전자 둘레 = 극간격 · 극수 = 0.5 · 8 = 4[m]

회전 속도(N) $= \dfrac{\text{가동부 속도}}{\text{회전자 둘레}} = \dfrac{n}{\pi D} = \dfrac{48}{4} = 12\,[\mathrm{rps}]$

동기 속도(N_s) $= \dfrac{2 \cdot f}{p} = \dfrac{2 \cdot 60}{8} = 15\,[\mathrm{rps}]$

슬립 $s = \dfrac{N_s - N}{N_s} = \dfrac{15 - 12}{15} = 0.2$

20 그림과 같은 단상 전파 위상 제어 정류 회로에서 전원 전압 V_s의 실횻값은 220[V], 전원 주파수는 60[Hz]이다. 부하단에 연결되어 있는 저항 R은 20[Ω]이고 사이리스터의 지연각(점호각) $\alpha = 60°$라 할 때, 저항 R에 흐르는 전류의 평균값[A]은?(단, 부하에 연결된 인덕턴스 L은 $L \gg R$로 충분히 큰 값을 가진다)

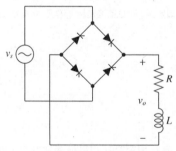

① 22 ② $11\sqrt{2}$
③ $\dfrac{22}{\pi}$ ④ $\dfrac{11\sqrt{2}}{\pi}$

해설

단상 전파 정류 회로 $R - L$

평균 전압 $E_d = \dfrac{2\sqrt{2}\,E}{\pi}\cos\alpha$

평균 전류 $I_d = \dfrac{2\sqrt{2}\,E}{\pi R}\cos\alpha = \dfrac{2\sqrt{2} \cdot 220}{\pi \cdot 20} \cdot \cos 60° = \dfrac{11\sqrt{2}}{\pi}$

2020년 지방직 고졸경채 전기기기

01 직류 발전기의 회전수를 4배 증가시킬 때 유도 기전력을 이전과 같은 값으로 유지하려고 한다. 이때 필요한 계자 자속은 이전 자속의 몇 배인가?

① $\frac{1}{2}$ 배   ② 2배

③ $\frac{1}{4}$ 배   ④ 4배

해설
유기 기전력 $E = K \cdot \Phi \cdot N$, 유기 기전력을 일정하게 유지할 경우 $\Phi \propto \frac{1}{N}$ 이므로 속도가 4배 증가하면, 속도는 4배 감소한다.

02 전동기의 토크(T)가 전기자 전류(I_a)의 제곱에 비례 ($T \propto I_a^2$)하는 토크 특성을 갖는 직류 전동기는?

① 복권 전동기   ② 분권 전동기
③ 직권 전동기   ④ 타여자 전동기

해설
직권 전동기 토크 $T = K \cdot \Phi \cdot I_a$, $I_a = I_f = I$, $I_f \propto \Phi$이므로 $T = K \cdot I_a^2 [\text{N} \cdot \text{m}]$

03 변압기의 1차측 전압과 주파수가 일정한 상태에서 1차측 코일의 권수를 1.5배 증가시키면 코일을 쇄교하는 자속은 이전 자속의 몇 배가 되는가?

① $\frac{3}{2}$ 배   ② $\frac{2}{3}$ 배

③ $\frac{3}{4}$ 배   ④ $\frac{4}{3}$ 배

해설
변압기 자속 $\phi = \frac{V_1}{\omega N_1} = \frac{V_1}{2\pi f N_1}$ 이므로 $\phi \propto \frac{1}{N}$

04 유도 전동기의 슬립에 대한 설명으로 옳지 않은 것은? (단, 동기 속도는 N_s이고, 회전자 속도는 N이다)

① $N = 0$으로 정지 상태일 때의 슬립은 −1이다.

② $N = \frac{1}{2} N_s$로 정회전할 때의 슬립은 0.5이다.

③ $N = N_s$로 정회전할 때의 슬립은 0이다.

④ $N = -N_s$로 역회전할 때의 슬립은 2이다.

해설
슬립 $s = \frac{N_s - N}{N_s}$ 로 회전 속도(N)이 0일 때 슬립은 1이 된다.

05 60[Hz], 6극 3상 권선형 유도 전동기가 960[rpm]으로 회전하고 있다. 이때 전동기의 토크를 일정하게 유지하면서 전동기의 2차 회로 저항을 가감하여 전동기 회전수를 600[rpm]으로 하려면 2차 회로 저항은 이전 저항의 몇 배가 되는가?

① 0.5배   ② 1.5배
③ 2배   ④ 2.5배

해설
동기 속도 $N_s = \frac{120 \cdot f}{p} = \frac{120 \cdot 60}{6} = 1,200[\text{rpm}]$,

$s = \frac{1,200 - 960}{1,200} = 0.2$, $s' = \frac{1,200 - 600}{1,200} = 0.5$

비례추이의 특성에 따라 $\frac{r_2}{s} = \frac{r_2'}{s}$ 이며, $\frac{r_2}{0.2} = \frac{r_2'}{0.5} \Rightarrow r_2' = 2.5 r_2$

06 1차 전압 22,000[V], 2차 전압 220[V]인 단상 변압기 2차측에 순수한 저항 부하를 연결했을 때 부하에 30[A]의 전류가 흐른다면 변압기의 입력 전력[kW]은?(단, 변압기의 손실은 무시한다)

① 3.3   ② 6.6
③ 66   ④ 666

해설
1차측 전력($P_1 = V_1 I_1$) = 2차측 전력($P_2 = V_2 I_2$)
$P_2 = 220 \cdot 30 = 6.6[\text{kW}]$

07 유도 전동기의 부하가 증가할 때 발생하는 현상으로 옳은 것은?

① 슬립이 감소한다.
② 회전자 전류(2차 전류)가 감소한다.
③ 회전자 전압(2차 전압)이 감소한다.
④ 회전자의 회전 속도가 감소한다.

해설
유도 전동기의 부하가 증가하면 속도 감소로 인해 슬립은 증가하며, 부하에 토크를 발생시키기 위한 유효 전력이 발생하면서 회전자의 전압과 전류가 상승 한다. 또한 유효 전력이 증가하면서 역률은 커지게 된다.

08 60[Hz] 4극, 4.7[kW] 3상 유도 전동기를 전부하로 운전할 때 슬립이 6[%]라면 이 전동기의 2차 입력 전력[W]은?(단, 기계손은 무시한다)

① 4,952
② 4,982
③ 5,000
④ 5,018

해설
2차 입력과 2차 출력과의 관계에서
2차 입력(P_2) : 2차 출력(P_0) = $1 : 1 - s$
$$P_2 = \frac{P_o}{1-s} = \frac{4.7 \cdot 10^3}{1-0.06} = 5,000[\text{W}]$$

09 타여자 직류 전동기의 인가 전압이 50[V]이고 역기전력이 30[V], 회전 속도가 300[rpm], 전기자 권선 저항이 2[Ω]일 때 타여자 직류 전동기의 토크[N·m]는?(단, 브러시 전압 강하는 무시한다)

① 1   ② $\dfrac{30}{\pi}$

③ 2   ④ $\dfrac{60}{\pi}$

해설
출력 $P = E_c I_a = 2\pi n T[\text{W}]$
(E_c : 역기전력, I_a : 전기자 전류, $n[\text{rps}]$, T : 토크)
$I_a = \dfrac{V-E_c}{R_a} = \dfrac{50-30}{2} = 10[\text{A}]$, $300[\text{rpm}] \div 60 = 5[\text{rps}]$
$T = \dfrac{E_c I_a}{2\pi n} = \dfrac{30 \cdot 10}{2\pi \cdot 5} = \dfrac{30}{\pi}[\text{N·m}]$

10 3상 동기 발전기에 대한 설명으로 옳은 것만을 모두 고르면?

> ㄱ. 회전자 형식을 회전 계자형으로 하면 회전 전기자형보다 전기자 권선 절연이 용이하다.
> ㄴ. 50[Hz] 16극 발전기의 경우 동기 속도는 450[rpm]이 된다.
> ㄷ. 전기자 결선을 Y결선 방식으로 하면 △결선 방식보다 절연이 용이하다.
> ㄹ. 수력, 화력, 원자력 등의 발전소에서 교류 전력을 발생하기 위해 사용된다.

① ㄱ, ㄴ
② ㄴ, ㄷ
③ ㄱ, ㄷ, ㄹ
④ ㄱ, ㄴ, ㄷ, ㄹ

해설
ㄱ. 회전 계자형을 사용하면 전기자를 고정할 수 있기 때문에 기계적으로 견고하고, 절연에 용이하다.
ㄴ. $N_s = \dfrac{120f}{p} = \dfrac{120 \cdot 50}{16} = 375[\text{rpm}]$
ㄷ. Y결선을 사용하면 상전압이 선간 전압보다 $\dfrac{1}{\sqrt{3}}$ 배 낮아지므로 절연 비용이 절감된다.
ㄹ. 발전소의 발전기는 대부분 3상 동기 발전기가 사용되고 있다.

11 동기 발전기의 병렬 운전 조건에 대한 설명으로 옳지 않은 것은?

① 유도 기전력의 위상이 동일해야 한다.
② 유도 기전력의 주파수가 동일해야 한다.
③ 유도 기전력의 파형이 동일해야 한다.
④ 유도 기전력의 크기가 다르면 동기화 전류가 흐른다.

[해설]
동기 발전기 병렬 운전 조건
• 기전력의 크기가 같을 것
• 기전력의 위상이 같을 것
• 기전력의 주파수가 같을 것
• 기전력의 파형이 같을 것
※ 유기 기전력의 크기가 다르면 무효 순환 전류(무효 횡류)로 인한 손실이 발생하며, 여자 전류를 조정하여 기전력의 크기가 동일하도록 조정해야 한다.

12 변압기가 1차측에서 2차측으로 전력을 전달할 때 변압기 내부에 발생하는 손실에 대한 설명으로 옳은 것은?

① 맴돌이 전류손을 줄이기 위하여 얇은 강판을 적층하여 사용한다.
② 동손은 철심에 생기는 손실로 주로 히스테리시스손이다.
③ 부하손은 2차측에 부하가 있을 때 발생하는 손실로 주로 철손이다.
④ 무부하손은 변압기가 무부하 상태에 있을 때 발생하는 손실로 주로 동손이다.

[해설]
변압기 손실
① 맴돌이 전류(와류전류)에 의한 손실을 줄이기 위해 얇은 규소 강판을 성층하여 제작한다.
② 동손은 부하 전류에 의한 동선에서 발생하는 열적 손실이다. 철심에서 발생하는 대표적인 손실은 와류손과 히스테리시스손이 있다.
③ 부하손은 2차측에 부하가 있을 때 부하 전류에 의한 동선에서 발생하는 열적 손실로 동손이라 한다.
④ 무부하손은 변압기가 무부하 상태에서 발생하는 손실로 철손(와류손 + 히스테리시스손)이다.

13 동기 발전기에서 동기 속도(N_s)와 극수(p)와의 관계를 나타낸 그래프는?(단, 주파수는 일정하다)

①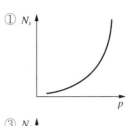
②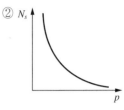
③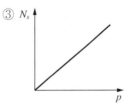
④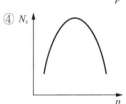

[해설]
$$N_s = \frac{120f}{p}, \quad N_s \propto \frac{1}{p}$$

14 철심 단면적이 0.1[m²], 최대 자속 밀도가 2.0[Wb/m²], 1차 권수가 10회, 2차 권수가 100회인 단상 변압기의 2차측 교류 전압이 8,880[V]가 되기 위한 인가 전압의 주파수[Hz]는?(단, 철심 내에서 자속 밀도는 균일하고, $\frac{2\pi}{\sqrt{2}} = 4.44$ 이다)

① 600
② 100
③ 60
④ 10

[해설]
변압기 유기 기전력 $E_2 = 4.44fN_2\phi$, $\phi = B \cdot S$
$$f = \frac{E_2}{4.44N_2\phi} = \frac{8,880}{4.44 \cdot 100 \cdot 0.1 \cdot 2.0} = 100[\text{Hz}]$$

15 유도 전동기의 속도 제어 방법 중 인버터를 사용한 PWM 제어에 대한 설명으로 옳은 것은?

① 주파수만 제어할 수 있고, 전압은 제어할 수 없다.
② 전압만 제어할 수 있고, 주파수는 제어할 수 없다.
③ 전압과 주파수를 함께 제어할 수 있다.
④ 전동기 극수를 직접 변화시켜 속도를 제어한다.

해설

PWM 제어는 컨버터부에서 AC 전압을 DC 전압으로 정류시켜 콘덴서로 평활시킨 후, 인버터부에서 직류 전압을 Chopping하여 펄스폭을 변화시켜서 인버터 출력 전압을 변화시키며, 동시에 주파수를 제어하는 방식이다.

16 그림과 같이 3상 전파 정류 회로에서 3상 전원이

$v_{an} = V_m \sin \omega t [V]$, $v_{bn} = V_m \sin\left(\omega t - \frac{2\pi}{3}\right)[V]$,

$v_{cn} = V_m \sin\left(\omega t - \frac{4\pi}{3}\right)[V]$일 때, 출력 전압 v_{out}의

평균값[V]은?(단, V_m은 상전압 최댓값이다)

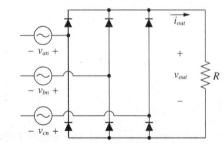

① $\dfrac{3\sqrt{2}\,V_m}{\pi}$

② $\dfrac{3V_m}{\pi}$

③ $\dfrac{3\sqrt{6}\,V_m}{\pi}$

④ $\dfrac{3\sqrt{3}\,V_m}{\pi}$

해설

다이오드 3상 전파 정류 회로에서 출력 전압의 평균은 $E_d = \dfrac{3\sqrt{2}}{\pi}E$

$= 1.35E[V]$에서 E는 선간 전압이며, 실횻값이다. V_m은 상전압이

며, 최댓값으로 주어졌으니, 위 식에서 $E = \sqrt{3} \cdot \left(\dfrac{V_m}{\sqrt{2}}\right)$으로 변환

하면 $E_d = \dfrac{3\sqrt{3}\,V_m}{\pi}[V]$

17 다음 중 제어 신호를 인가하여 도통(Turn On) 상태로 점호(또는 트리거)한 후, 제어 신호를 제거해도 도통 상태를 계속 유지할 수 있는 래치형 반도체 소자만을 모두 고르면?

| ㄱ. IGBT | ㄴ. 트라이액(TRIAC) |
| ㄷ. 사이리스터(Thyristor) | ㄹ. MOSFET |

① ㄱ
② ㄱ, ㄴ
③ ㄴ, ㄷ
④ ㄱ, ㄴ, ㄷ, ㄹ

해설

SCR과 TRIAC은 Off 제어가 불가하다. 즉, 도통되면 제어 신호를 제거해도 도통 상태를 유지한다.

명 칭	기 호	이상적인 동작 극성	특 성
Diode (1955)	A ▶ K		• On/Off 제어 불가 • 매우 작은 On 방향 전압 강하 • 단방향 전압 저지, 단방향 전류 소자
Thyristor (1958)	A ▶ K, G		• Off 제어 불가 • Gate의 전류 펄스에 의하여 On 제어 • 양방향 전압 저지, 단방향 전류 소자
TRIAC (1958)	T₂ ▷◁ T₁, G		• Off 제어 불가 • SCR보다 Gate 전류에 대한 민감도가 떨어져서 CE시간이 길다. • 양방향 전압 저지, 양방향 전류 소자
GTO (1980)	A ▶ K, G		• On/Off 제어 가능 • On 유지를 위한 Gate 전류가 낮음 • 음의 Gate 전류로 Off 가능 • 양방향 전압 저지, 단방향 전류 소자
BJT (1975)	B, C, E		• Base 전류에 의하여 On 결정 • Base 전류 크기에 따라 도통전류 최대치 결정 • 단방향 전압 저지, 단방향 전류 소자

명 칭	기 호	이상적인 동작 극성	특 성
MOSFET (1975)	$G \dashv \begin{array}{c} D \\ S \end{array}$	i On / Off v	• Gate와 Source 사이에 전압을 인가하여 On/Off 결정 • On 시 도통 전류에 따라 전압 강하 변동 • 단방향 전압 저지, 단방향 전류 소자
IGBT (1985)	$G \dashv \begin{array}{c} C \\ E \end{array}$	i On Off / Off v	• Gate와 Emitter 사이에 전압을 인가하여 구동하는 전압 구동형 • On 시 전압 강하는 거의 일정 • 양방향 전압 저지, 단방향 전류 소자
IGCT (1996)	$A \blacktriangleright\!\!\!-\!\! K$ $+G$	i On Off / Off v	• Gate에 도통 전류와 크기가 같고 음의 전류를 흘러서 빠른 Off 가능 • IGBT보다 도통 시 전압 강하가 낮다. • 양방향 전압 저지, 단방향 전류 소자

18 동기 전동기의 특징에 대한 설명으로 옳지 않은 것은?

① 유도 전동기에 비해 구조가 단순하고 보수가 쉬우며 가격이 저렴하다.
② 회전자의 자극이 회전 자계에 이끌려 회전 자계와 일정한 각도를 유지하면서 동기 속도로 회전한다.
③ 회전자는 영구 자석이나 전자석으로 구성할 수 있다.
④ 기동 토크는 0이다.

해설
동기 전동기의 특징
① 유도 전동기는 다양한 전동기 중에서도 가장 구조가 간단하고 보수가 쉽고 저렴한 특징이 있다.
② 유도 전동기는 슬립(동기 속도와 회전 속도 차이)이 반드시 필요한 반면, 동기 전동기는 슬립이 필요 없기 때문에 동기 속도로 회전할 수 있는 특징이 있다.
③ 동기 전동기의 경우 특수한 목적 또는 소형에는 영구 자석을 사용하며, 대부분 회전자는 전자석으로 구성된다.
④ 동기 전동기는 기동 토크가 0이므로 제동 권선을 단락시켜 기동 토크를 발생시키는 자기 기동법과 유도 전동기를 사용하여 기동하는 유도 전동기 기동법 등의 방법으로 기동한다.

19 직류 스테핑 전동기(DC Stepping Motor)에 대한 설명으로 옳지 않은 것은?

① 펄스 한 개당 회전 각도가 2°인 스테핑 전동기에 주파수 60[Hz]의 입력 펄스를 인가하면 회전 속도는 20[rpm]이 된다.
② 브러시 등의 접촉 부분이 없어 수명이 길다.
③ 기동, 정지, 정역회전이 용이하며, 공작 기계 및 로봇 등의 정밀 제어용으로 사용이 가능하다.
④ 회전각 및 속도를 제어하기 위한 검출기가 필요하다.

해설
스테핑 모터
① $N = \dfrac{60f}{s}[\text{rpm}]$, $\left(s = \dfrac{360°}{\text{스텝각}°} \right)$으로 회전 속도는 20[rpm]
④ 스테핑 전동기는 입력되는 펄스의 값에 의해 일정한 각도만큼 회전하도록 만든 전동기로서 정밀한 서보 기구에 많이 사용되며, 검출기가 필요하지 않기 때문에 제어계가 아주 단순하다.

20 다음 중 회전자의 기계적 회전을 이용하여 별도의 전원 없이 발전기로 사용할 수 있는 전동기만을 모두 고르면?

ㄱ. 영구 자석형 동기 전동기 ㄴ. 권선형 유도 전동기 ㄷ. 타여자식 직류 전동기 ㄹ. 농형 유도 전동기

① ㄱ
② ㄱ, ㄷ
③ ㄴ, ㄷ, ㄹ
④ ㄱ, ㄴ, ㄷ, ㄹ

해설
영구 자석형 동기 전동기는 기계적 회전축을 회전자와 연결하면 별도의 전원이 없어도 영구 자석으로 계자의 변화를 만들 수 있으므로 고정자인 전기자로부터 유기 기전력을 만들 수 있다. 하지만 보기의 다른 전동기들은 별도의 전원 없이 계자의 변화를 만들 수 없기 때문에 발전이 불가하다.

2021년 지방직 전기기기

01 두 대의 동기 발전기가 병렬로 운전하고 있을 때 동기화 전류가 흐르는 경우는?

① 상회전 방향이 다를 때
② 기전력의 위상에 차이가 있을 때
③ 기전력의 크기에 차이가 있을 때
④ 기전력의 파형에 차이가 있을 때

해설

동기 발전기 병렬 운전 조건 불충족 상태별 현상

병렬 운전 조건	불충족 시 현상
기전력의 파형이 같을 것	발전기 간 순시 기전력이 같지 않기 때문에 고조파 무효 순환 전류가 발생하며, 무효 순환 전류가 크면 전기자 권선의 저항손이 증가하여 가열된다.
기전력의 크기가 같을 것	발전기 간 무효 순환 전류가 발생한다.
기전력의 주파수가 같을 것	위상이 불일치하는 구간이 주기적으로 발생하여 동기화 전류가 발전기 간 교대로 흐르게 되어 난조가 발생하고 심하면 탈조에 이르게 된다.
기전력의 위상이 같을 것	위상이 불일치하는 경우 발전기 간에 흐르게 되는 동기화 전류는 동기 화력을 발생시킨다.
상회전 방향이 같을 것	상회전 방향이 일치하지 않으면 단락 전류와 같은 큰 전류로 인하여 발전기가 소손될 위험이 있다.

02 3상 유도 전동기의 회생 제동에 대한 설명으로 옳은 것은?

① 슬립이 0보다 크다.
② 유도 발전기로 작동한다.
③ 회전 자계가 반대 방향으로 된다.
④ 기계적인 마찰이나 발열이 발생해 위험하다.

해설

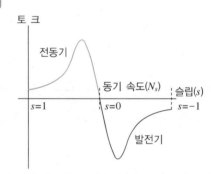

회생 제동에서 전동기는 발전기로 작용하기 때문에 슬립은 음수이다. 회생 제동이 시작되면 고정자의 회전 자계 방향은 동일하고, 회전자는 기존 회전 방향과 반대 방향으로 작용하는 힘(제동력)을 받게 된다. 이 방법을 이용하면 기계적인 제동으로 인해 발생하는 마찰열이나 마모 등이 발생하지 않는다.

03 직류 직권 전동기에서 직류 인가전원의 극성을 반대로 연결하면 발생되는 현상을 바르게 연결한 것은?

	속 도	회전 방향
①	불 변	반 대
②	불 변	불 변
③	증 가	반 대
④	증 가	불 변

해설

직류 직권 전동기의 속도 특성 $N = \dfrac{E}{k\phi} = \dfrac{V - I_a(R_a + R_f)}{k\phi}$ [rpm]

으로, 전원의 극성을 반대로 연결해도 속도는 변하지 않는다.

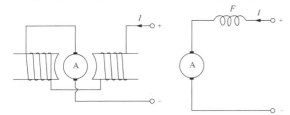

위의 회로와 같이 전원의 극성을 반대로 연결하면 전기자와 계자 모두 방향이 바뀌게 되어 회전 방향은 변하지 않는다. 회전 방향을 바꾸기 위해서는 전기자 또는 계자 중 하나만 바뀌면 된다.

04 사이리스터(SCR) 2개를 역병렬로 접속한 것과 등가인 반도체로, 양방향으로 전류가 흐르기 때문에 교류위상 제어를 위한 스위치로 주로 사용되는 것은?

① GTO
② IGBT
③ TRIAC
④ MOSFET

해설

TRIAC(TRIelectrode AC switch)
SCR, GTO 사이리스터는 한 방향으로만 도통할 수 있으나 TRIAC 사이리스터는 양방향으로도 도통할 수 있어 애노드, 캐소드의 극 구분이 없다. 구조는 SCR을 등가 역병렬한 형태이다.

05 유도기에 대한 설명으로 옳지 않은 것은?

① 셰이딩 코일형 단상 유도기에는 콘덴서가 필요하다.
② 단상 유도 전동기는 기동 토크가 0이므로 기동 장치가 필요하다.
③ 무부하로 운전되는 3상 유도 전동기에서 한 상을 제거해도 전동기는 계속 회전한다.
④ 단상 유도 전동기 토크 발생 원리는 이중 회전 자계 또는 교번 자계 이론으로 설명할 수 있다.

해설

셰이딩 코일형 단상 유도 전동기는 콘덴서 기동형과는 달리 콘덴서가 필요하지 않다.
단상 유도 전동기의 기동 방식
• 분상 기동형 단상 유도 전동기(Split Phase Induction Motor)는 전동기의 원활한 기동을 위하여 전기각을 $p/2$의 차이를 두고 주권선과 기동 권선을 설치한 전동기이다.
• 콘덴서 기동형 단상 유도 전동기(Capacitor Start Induction Motor)는 교류 전동기로 그 용도가 다양하다. 냉장고, 공기 압축기, 중유 원소기, 전기 세탁기, 펌프, 에어컨 등에 사용된다. 구조 면에서는 분상 기동형 전동기와 비슷하나 기동용 콘덴서가 기동 권선과 직렬로 연결된 점이 다르다.
• 콘덴서 기동 콘덴서 운전 단상 유도 전동기(Single-value Capacitor-run Motor)는 기동 시에는 큰 정전 용량의 콘덴서를 사용하고, 기동 후에는 작은 용량의 콘덴서를 계속 사용하는 전동기이다. 특징은 운전 콘덴서와 기동 권선은 언제나 회로에 접속되어 있다. 이 전동기는 비교적 낮은 기동 토크에서도 소음 없이 부드럽게 작동한다.
• 셰이딩 코일형 단상 유도 전동기(Shaded-pole Type Single Phase Induction Motor)는 회전자가 농형 구조이고, 고정자의 주극을 돌극(Salient Pole)으로 하고 끝부분에 세돌극을 둔다. 세돌극에는 굵은 구리선으로 두 번 정도 감아 단락시킨 셰이딩 코일(Shading Coil)을 설치하여 계속적으로 변화하는 자기력선 속을 회전자에 통과시킨다.

06 전력 변환 회로와 제어 신호에 대한 설명으로 옳지 않은 것은?

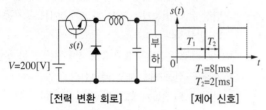

[전력 변환 회로]　　　[제어 신호]

① 제어 신호의 듀티비는 0.25이다.
② 직류 전압을 낮추는 강압 초퍼 회로이다.
③ 바이폴러 트랜지스터, 환류 다이오드를 사용하였다.
④ 인덕터 전류가 연속이고 소자의 전압 강하를 무시하면, 부하 전압의 평균값은 160[V]이다.

해설

• 듀티비 $D = \dfrac{\text{스위치 On 상태}}{\text{주기}} = \dfrac{8}{10} = 0.8$

• 평균 출력 전압 $V_o = DV_i = 0.8 \times 200 = 160[V]$

07 6,000/600[V], 5[kVA]인 단상 변압기를 승압용 단권 변압기로 변경하여 사용하고자 한다. 1차측에 6,000[V]를 인가할 때, 과부하 없이 2차측에 공급할 수 있는 최대 부하 용량[kVA]은?

① 0.5　　　　② 5
③ 50　　　　④ 55

해설

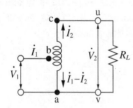

• 권수비 $a = \dfrac{V_1}{V_2} = \dfrac{N_1}{N_1 + N_2} = \dfrac{6,000}{6,600} = \dfrac{10}{11}$

• 자기 용량 $= (V_2 - V_1)I_2 = (V_2 I_2 - V_1 I_2) \times \dfrac{V_2}{V_2}$

$\qquad = V_2 I_2 \left(1 - \dfrac{V_1}{V_2}\right) = V_2 I_2 (1 - a)$

• 부하 용량 $= V_2 I_2$

• $\dfrac{\text{부하 용량}}{\text{자기 용량}} = \dfrac{V_2 I_2}{V_2 I_2 (1 - a)} = \dfrac{1}{1-a} = 11$

∴ $11 \times 5[kVA] = 55[kVA]$

08 A, B 두 대의 직류 발전기를 병렬 운전하여 부하에 60[A] 전류를 공급하고 있다. A발전기의 유도 기전력은 240[V], 내부 저항은 2[Ω]이고, B발전기의 유도 기전력은 220[V], 내부 저항은 0.5[Ω]이다. 이 경우 B발전기가 부담하는 전류[A]는?

① 20　　　　② 30
③ 40　　　　④ 50

해설

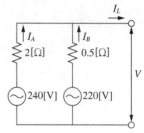

• $I_A + I_B = 60[A] \cdots \text{㉠}$
• $240 - 2I_A = 220 - 0.5I_B = V \cdots \text{㉡}$
∴ ㉠과 ㉡을 연립하여 계산하면 $I_A = 20[A]$, $I_B = 40[A]$이다.

09 직류 서보 모터에 대한 설명으로 옳지 않은 것은?

① 정밀한 속도 제어 및 위치 제어에 주로 사용된다.
② 많은 수의 정류자편을 가지고 있기 때문에 토크 리플이 크다.
③ 전동기 구동 방식으로는 전력용 반도체 소자를 이용한 PWM 방식이 주로 사용된다.
④ 직류 전동기에 비해 저속에서는 큰 토크를 발생시키고, 고속에서는 작은 토크를 발생시킨다.

해설

• 직류 서보 모터의 정류자편이 많을수록 토크 리플은 작아진다.
• PWM 제어는 컨버터부에서 AC 전압을 DC 전압으로 정류시켜 콘덴서로 평활시킨 후 인버터부에서 직류 전압을 Chopping하여 펄스폭을 변화시켜서 인버터 출력 전압을 변화시키며, 동시에 주파수를 제어하는 방식이다.

10 3상 변압에서 단상 변압기 3대를 사용하는 것보다 3상 변압기 한 대를 사용했을 때의 장점으로 옳지 않은 것은?

① 부하 시에 탭 절환 장치를 채용하는 데 유리하다.
② 사용 철량이 적어 철손도 적게 되므로 효율이 좋다.
③ Y 또는 △의 고전압 결선이 외함 내에서 되므로 부싱을 절약할 수 있다.
④ 한 상에 고장이 발생해도 변압기를 V결선으로 하여 운전을 계속할 수 있다.

해설
3상 변압기에서 한 상이 고장 나면 3상 변압기 전체를 수리 또는 교체해야 한다. 그러나 단상 변압기 3대를 이용하여 3상 변압기를 구성하면 한 상이 고장났을 때 V결선으로 3상 전원을 공급할 수 있다.

11 직류 발전기의 전기자 반작용을 방지하기 위한 방법으로 옳지 않은 것은?

① 보극을 설치한다.
② 보상 권선을 설치한다.
③ 철심을 성층하여 사용한다.
④ 브러시의 위치를 발전기의 이동된 자기 중성축에 일치시킨다.

해설
• 보상 권선의 설치, 보극의 설치, 브러시의 위치 조정 등의 조치는 전기자 반작용에 대한 대책이다.
• 철심을 성층하는 이유는 철손 중에서도 와류 손실을 감소시키기 위함이다.

12 직류 발전기의 회전수가 2배로 증가하였을 때, 발생 기전력을 이전과 같은 값으로 유지하려면 속도 변화 전에 비해 여자는 몇 배가 되어야 하는가?(단, 자기 포화는 무시한다)

① $\dfrac{1}{4}$ ② $\dfrac{1}{2}$
③ 2 ④ 4

해설
$E = K\phi N[\text{V}]$로, 회전수를 2배 증가시켜도 동일한 기전력을 유지하기 위해서는 자속이 1/2배 감소되어야 한다.

13 동기기의 난조 방지에 대한 대책으로 옳지 않은 것은?

① 제동 권선을 설치한다.
② 플라이 휠을 설치한다.
③ 전기자 저항을 크게 한다.
④ 조속기의 감도를 적당히 조정한다.

해설
동기기의 난조
부하가 변하면 속도가 변하고 부하각이 변하여, 회전자의 관성으로 부하각이 진동하여 속도가 동기 속도 전후로 진동하는 현상으로서 전류계, 전력계 등의 지침이 흔들리며, 심하면 동기 속도를 벗어나 탈조(동기 이탈)가 된다.
• 원인 : 조속기 감도가 예민하거나 전기자 저항 및 계통의 저항이 클 때, 계통에 고조파가 생겨서 동기화력이 약해질 때 발생한다.
• 방지 대책 : 관성 모멘트를 늘리기 위해 플라이 휠을 설치하고, 조속기의 감도를 조정하며, 제동 권선을 설치한다.

14 다음 회로도는 유도 전동기 운전 시 2차측 등가 회로를 나타낸다. A회로와 B회로가 등가 회로인 경우 R로 옳은 것은?

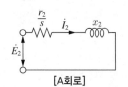 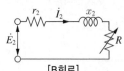

[A회로]　　　　[B회로]

① $\left(\dfrac{1-s}{s}\right)r_2$　　② $\left(\dfrac{1-s^2}{s}\right)r_2$

③ $\left(\dfrac{s}{1-s}\right)r_2$　　④ $\left(\dfrac{s^2}{1-s}\right)r_2$

해설

A회로와 B회로가 등가 회로이므로 다음과 같은 식이 성립한다.

$$\frac{r_2}{s} = r_2 + R$$

$$\therefore R = \left(\frac{1-s}{s}\right)r_2$$

16 동기 전동기의 V곡선에 대한 설명으로 옳지 않은 것은?

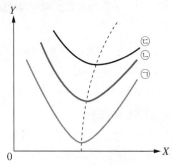

① 각 곡선의 최저점은 역률 1에 해당하는 점들이다.
② 곡선 ㉠, ㉡, ㉢으로 갈수록 부하가 증가하는 경우의 곡선이다.
③ X축은 계자 전류, Y축은 전기자 전류의 관계를 나타낸 그래프이다.
④ 점선의 왼쪽은 콘덴서처럼 앞선 역률이 되고, 점선의 오른쪽은 리액터처럼 뒤진 역률이 된다.

해설

동기 전동기의 V곡선

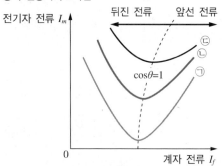

• 부하의 크기 : ㉠ < ㉡ < ㉢
• 점선의 왼쪽은 리액터처럼 뒤진 역률이 되고, 오른쪽은 콘덴서처럼 앞선 역률이 된다.

15 정격 전압 6,600[V], 정격 전류 480[A]의 3상 동기 발전기에서 계자 전류가 200[A]일 때, 정격 속도에서 무부하 단자 전압이 6,600[V]이고 3상 단락 전류가 600[A]이면, 이 발전기의 단락비는?

① 0.8　　　　② 1.1
③ 1.25　　　　④ 3

해설

$$\text{단락비}(K_s) = \frac{\text{단락 전류}}{\text{정격 전류}} = \frac{600}{480} = 1.25$$

17 변압기 손실에 대한 설명으로 옳지 않은 것은?

① 효율은 고정손과 부하손이 같을 때 가장 높다.

② 철손과 동손은 부하가 증가함에 따라 같이 증가한다.

③ 부하손은 부하 전류로 인해 발생하는 동손과 누설 자속에 의한 표류부하손이 있다.

④ 철손은 철심 중의 자속이 변화하여 발생하는 손실로, 히스테리시스손과 와류손이 있다.

해설

철손(히스테리시스손, 와류손)은 부하의 유무에 상관없이 발생하는 손실로서, '무부하손'이라고도 한다. 반면 동손은 부하 전류가 흘러야만 발생하므로 '부하손'이라고도 한다.

18 스테핑 모터에 대한 설명으로 옳지 않은 것은?

① 회전각은 입력 펄스수에 비례한다.

② 분당 회전수는 분당 펄스수에 비례한다.

③ 피드백이 필요치 않아 제어계가 간단하다.

④ 극수를 줄이면 스테핑 모터의 정밀도가 높아진다.

해설

극수를 늘리면 모터의 스텝수가 증가하여 더 정밀한 제어가 가능하다.

19 출력 11.5[kW], 6극 60[Hz]인 3상 유도 전동기가 있다. 전부하 운전에서 2차 동손이 500[W]일 때, 전동기의 전부하 시 토크[N · m]는?(단, 기계손은 무시하고 π는 3.14로 계산하며, 최종값은 소수 셋째 자리에서 반올림한다)

① 23   ② 87.58

③ 91.59   ④ 95.54

해설

- $P_2 = P + P_{c2} = 11.5 + 0.5 = 12[\text{kW}]$

- $N_s = \dfrac{120 \times f}{p} = \dfrac{120 \times 60}{6} = 1,200[\text{rpm}]$

- $T = \dfrac{P}{\omega} = \dfrac{P}{2\pi n} = \dfrac{P}{2\pi \dfrac{N}{60}} = \dfrac{P}{2 \times 3.14 \times \dfrac{N}{60}} \fallingdotseq 9.55 \dfrac{P}{N}[\text{N} \cdot \text{m}]$

  여기서, n[rps] : 초당 회전수, N[rpm] : 분당 회전수

  $\therefore\ T = 9.55 \dfrac{P}{N} = 9.55 \dfrac{(1-s)P_2}{(1-s)N_2} = 9.55 \dfrac{12,000}{1,200} = 95.5[\text{N} \cdot \text{m}]$

  ※ $9.55 \dfrac{P}{N}[\text{kg} \cdot \text{m}] \times \dfrac{1}{9.8} \fallingdotseq 0.975 \dfrac{P}{N}[\text{kg} \cdot \text{m}]$

  $\left(\because\ 1[\text{N}] = \dfrac{1}{9.8}[\text{kgf}] \right)$

20 100[kVA]의 변압기에서 무부하손이 36[W]이고, 전부하 동손이 100[W]이다. 이 변압기의 최대 효율은 전부하의 몇 [%]에서 나타나는가?

① 40   ② 50

③ 60   ④ 70

해설

변압기의 최대 효율 조건

$P_i = m^2 P_c$

$\therefore\ m = \sqrt{\dfrac{P_i}{P_c}} = \sqrt{\dfrac{36}{100}} = 0.6 = 60[\%]$

SECTION

19 2021년 지방직 고졸경채 전기기기

01 변압기의 1차측 권선이 250회, 2차측 권선이 100회, 1차측 전압의 크기가 100[V]일 때, 2차측 전압의 크기 [V]는?(단, 변압기는 이상적으로 동작한다)

① 20   ② 40

③ 60   ④ 80

해설

권수비 $a = \dfrac{N_1}{N_2} = \dfrac{V_1}{V_2} = \dfrac{I_2}{I_1} = \sqrt{\dfrac{Z_1}{Z_2}}$

$\dfrac{250}{100} = \dfrac{100}{V_2}$

$\therefore \; V_2 = 40[\mathrm{V}]$

02 직류 발전기를 전기자 권선과 계자 권선의 접속 방법에 따라 분류할 때, 직류 분권 발전기의 특징으로 옳은 것만을 모두 고르면?

> ㄱ. 계자에 잔류 자기가 없어도 발전이 가능하다.
> ㄴ. 전압 변동률이 낮고, 계자의 세기는 부하에 관계없이 일정하다.
> ㄷ. 계자 저항기를 사용하여 폭넓은 범위의 전압 조정이 가능하다.
> ㄹ. 부하 전류에 비례하여 전압이 상승하는 특성을 이용하면 승압기로 사용된다.

① ㄱ, ㄷ   ② ㄱ, ㄹ

③ ㄴ, ㄷ   ④ ㄴ, ㄹ

해설

직류 분권 발전기의 특징
- 계자에 잔류 자기가 존재해야 발전이 가능하다.
- 전압 변동률이 낮고, 계자의 세기는 부하에 상관없이 거의 일정하다.
- 부하가 증가하면 단자 전압이 낮아지며, 부하 전류가 감소되어 전류가 일정하게 유지된다.
- 계자 저항을 가변하여 계자 전류를 조정하면 단자 전압의 조정이 가능하다.
- 부하 전류가 증가하면 전기자에 의한 전압 강하도 증가하여 단자 전압이 낮아진다.

03 다음 동기 전동기의 V곡선에 대한 설명으로 옳지 않은 것은?

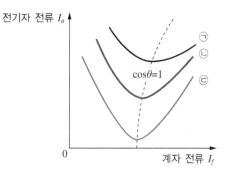

① 위상 특성 곡선이라고도 한다.

② 곡선의 최저점은 역률이 1에 해당하는 지점이다.

③ 점선의 왼쪽은 진상 역률이고, 오른쪽은 지상 역률이다.

④ ㉢은 무부하인 경우의 곡선이고, 곡선 ㉡과 ㉠은 부하를 점차 증가시켰을 경우의 곡선이다.

해설

동기 전동기의 V곡선

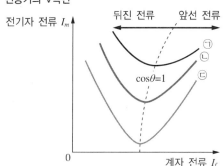

• 부하의 크기 : ㉢ < ㉡ < ㉠

• 점선의 왼쪽은 리액터처럼 뒤진 역률이 되고, 오른쪽은 콘덴서처럼 앞선 역률이 된다.

04 동기 임피던스에 대한 설명으로 옳은 것만을 모두 고르면?

> ㄱ. 동기 임피던스는 1상의 유도 기전력에 비례하고, 단락 전류에 반비례한다.
>
> ㄴ. 동기 임피던스는 전기자 권선 저항과 동기 리액턴스의 벡터합으로 구할 수 있다.
>
> ㄷ. 동기 임피던스가 커지면 단락비가 커지고, 과부하로부터 견딜 수 있는 능력도 커진다.
>
> ㄹ. 동기 임피던스가 작아지면 정격 전압 유도에 계자 전류를 적게 흘려줄 수 있어 기계를 작게 할 수 있다.

① ㄱ, ㄴ   ② ㄱ, ㄴ, ㄷ

③ ㄱ, ㄷ, ㄹ   ④ ㄴ, ㄷ, ㄹ

해설

동기 발전기의 등가 회로

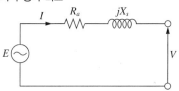

• 동기 임피던스(Z_s) = 전기자 권선 저항(R_a) + 동기 리액턴스 (jX_s)

• 단락전류 $I_s = \dfrac{E}{Z_s} \rightarrow Z_s \propto \dfrac{E}{I_s}$

• 단락비 $K_s = \dfrac{I_s}{I_n} = \dfrac{1}{Z_s[\text{pu}]} \rightarrow Z_s \propto \dfrac{1}{K_s}$

05 용량 100[kVA]의 단상 변압기 3대를 △결선으로 사용 중 고장이 발생하여 V결선으로 전환할 때, 최대 공급 용량[kVA]은?

① 50   ② $50\sqrt{3}$

③ 100   ④ $100\sqrt{3}$

해설

V결선 최대 공급 용량 $P_V = \sqrt{3}\, P_1 = 100\sqrt{3}\,[\text{kVA}]$

06 다음은 변압기의 특성 시험을 위한 회로도와 등가 회로다. 저압측을 단락하고 1차 회로에 흐르는 전류가 정격 1차 전류 I_{1n}이 되도록 전압을 조정한 후, 전력 P_s[W]와 전압 V_s[V]를 측정하였다. 시험에 대한 설명으로 옳지 않은 것은?

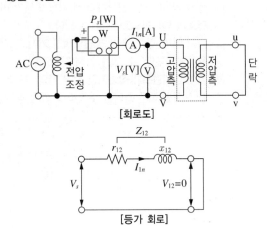

[회로도]

[등가 회로]

① 변압기의 단락 시험으로 부하손을 측정하기 위한 회로이다.

② 전력계에 나타나는 전력 P_s는 임피던스 와트로 부하손이 된다.

③ 전압계에 나타나는 전압 V_s는 임피던스 전압이다.

④ $V_s = I_{1n} r_{12}$이고, $P_s = I_{1n}^2 Z_{12}$이다.

해설

$V_s = I_{1n} Z_{12}$로, 정격 전류와 등가 임피던스에 의한 전압 강하를 나타내는 임피던스 전압이다.

변압기 단락 시험으로 알 수 있는 사항

• 동손($P_s = I_{1n}^2 Z_{12}$)

• 등가 저항(r_{12})

• 등가 리액턴스(x_{12})

• 등가 임피던스($Z_{12} = r_{12} + j x_{12}$)

07 다음과 같이 직류 분권 전동기를 기동하려고 할 때, 계자 저항기 R_f와 기동 저항기 R_s는 어떻게 조정하여야 하는가?

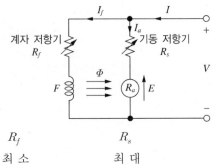

	R_f	R_s
①	최 소	최 대
②	최 소	최 소
③	최 대	최 대
④	최 대	최 소

해설

• 분권 전동기 기동 시 : R_f를 최소, R_s를 최대로 한다.

　$I_f \uparrow \Rightarrow \Phi \uparrow \Rightarrow E \uparrow \Rightarrow$ 속도↓, 토크↑

• 분권 발전기 기동 시 : R_f를 최대로 한다.

　$I_f \downarrow \Rightarrow \Phi \downarrow \Rightarrow E \downarrow \Rightarrow$ 속도↑, 토크↓

08 회전자의 속도가 3,420[rpm]이고, 슬립이 5[%], 주파수가 60[Hz]인 유도 전동기의 극수는?

① 2　　　　　　　　② 4

③ 6　　　　　　　　④ 8

해설

$$N = (1-s)N_s = (1-0.05)\frac{120 \times 60}{p} = \frac{6,840}{p}$$

$$\therefore \ p = \frac{6,840}{3,420} = 2극$$

09 원통형 회전자를 가진 Y결선 동기 발전기의 동기 임피던스가 5[Ω], 1상의 단자 전압이 2,000[V], 유기 기전력이 3,000[V], 부하각이 30°일 때, 3상 동기 발전기의 출력[kW]은?

① 1,200 ② 1,800
③ 2,545.6 ④ 3,117.6

해설

$$P_1 = \frac{V_s V_r}{X_s}\sin\delta = \frac{3,000 \times 2,000}{5} \times \frac{1}{2} = 600[\text{kW}]$$
$$\therefore P_3 = 3P_1 = 1,800[\text{kW}]$$

11 다음은 아라고 원판을 이용하여 3상 유도 전동기의 동작 원리를 설명한 것이다. (가)와 (나)에 들어갈 말을 옳게 짝 지은 것은?

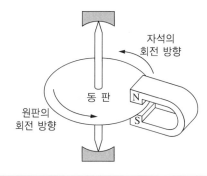

• 말굽 자석을 회전시키면 원판에 (가) 법칙에 의해 기전력 발생
• 기전력에 의한 와전류(맴돌이전류)에 의해 원판에 (나) 법칙에 따라 전자력이 작용하여 회전력 발생

	(가)	(나)
①	플레밍의 왼손	패러데이
②	플레밍의 왼손	플레밍의 오른손
③	플레밍의 오른손	패러데이
④	플레밍의 오른손	플레밍의 왼손

해설
• 플레밍의 오른손 법칙 : 힘과 자속에 의한 기전력의 방향을 결정하는 법칙이다(발전기).

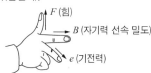

• 플레밍의 왼손 법칙 : 기전력의 방향과 자속에 의한 힘의 방향을 결정하는 법칙이다(전동기).

10 4극, 중권, 직류 전동기의 전기자 전류가 100[A], 1극당 자속이 $\frac{\pi}{100}$[Wb], 1극당 전기자 도체수가 180일 때, 직류 전동기의 토크[N·m]는?

① 90 ② 180
③ 360 ④ 720

해설

$$T = \frac{PZ}{2\pi a}\phi I_a = \frac{4 \times (4 \times 180)}{2\pi \times 4} \times \frac{\pi}{100} \times 100 = 360[\text{N·m}]$$

12 다음 설명에 해당하는 전력용 반도체 소자는?

> • 단방향 전류 소자이다.
> • 게이트와 이미터 사이에 전압을 인가하여 구동한다.

① GTO
② MOSFET
③ IGBT
④ TRIAC

해설

전력 변환용 반도체 소자

명 칭	기 호	이상적인 동작 극성	특 성
Diode (1955)			• On/Off 제어 불가 • 매우 작은 On 방향 전압 강하 • 단방향 전압 저지, 단방향 전류 소자
SCR Thyristor (1958)			• Off 제어 불가 • Gate의 전류 펄스에 의하여 On 제어 • 양방향 전압 저지, 단방향 전류 소자
TRIAC (1958)			• Off 제어 불가 • SCR보다 Gate 전류에 대한 민감도가 떨어져서 Off 시간이 길다. • 양방향 전압 저지, 양방향 전류 소자
GTO (1980)			• On/Off 제어 가능 • On 유지를 위한 Gate 전류가 낮음 • 음의 Gate 전류로 Off 가능 • 양방향 전압 저지, 단방향 전류 소자
BJT (1975)			• Base 전류에 의하여 On 결정 • Base 전류 크기에 따라 도통 전류 최대치 결정 • 단방향 전압 저지, 단방향 전류 소자
MOSFET (1975)			• Gate와 Source 사이에 전압을 인가하여 On/Off 결정 • On 시 도통 전류에 따라 전압 강하 변동 • 단방향 전압 저지, 단방향 전류 소자
IGBT (1985)			• Gate와 Emitter 사이에 전압을 인가하여 구동하는 전압 구동형 • On 시 전압 강하는 거의 일정 • 양방향 전압 저지, 단방향 전류 소자
IGCT (1996)			• Gate에 도통 전류와 크기가 같고 음의 전류를 흘려서 빠른 Off 가능 • IGBT보다 도통 시 전압 강하가 낮다. • 양방향 전압 저지, 단방향 전류 소자

13 인버터를 이용한 속도 제어 방법 중 PWM 방식에 대한 설명으로 옳지 않은 것은?

① 전압형 인버터에 주로 이용된다.
② 펄스의 진폭을 변조하는 방식이다.
③ 전압과 주파수를 제어하여 효율을 높일 수 있다.
④ 다른 방식에 비해 경제적이기 때문에 범용 인버터는 대부분 PWM 방식을 사용한다.

해설

PWM 제어는 컨버터부에서 AC 전압을 DC 전압으로 정류시켜 콘덴서로 평활시킨 후 인버터부에서 직류 전압을 Chopping하여 펄스폭을 변화시켜서 인버터 출력 전압을 변화시키며, 동시에 주파수를 제어하는 방식이다.

14 동기 전동기의 특징에 대한 설명으로 옳지 않은 것은?

① 직류 전원이 필요하다.

② 난조를 일으킬 염려가 없다.

③ 항상 역률 1로 운전할 수 있다.

④ 회전 속도가 동기 속도로 일정하게 유지된다.

해설

- 동기 전동기는 여자기에 공급하는 직류 전원이 필요하며, 회전 속도가 일정하고 역률이 1에 가깝다.
- 동기기의 난조 : 부하가 변하면 속도가 변하고 부하각이 변하여, 회전자의 관성으로 부하각이 진동하여 속도가 동기 속도 전후로 진동하는 현상으로서 전류계, 전력계 등의 지침이 흔들리며, 심하면 동기 속도를 벗어나 탈조(동기 이탈)가 된다.
  - 원인 : 조속기 감도가 예민하거나 전기자 저항 및 계통의 저항이 클 때, 계통에 고조파가 생겨서 동기화력이 약해질 때 발생한다.
  - 방지 대책 : 관성 모멘트를 늘리고 제동 권선을 설치한다.

15 전기자 저항이 0.02[Ω]인 직류 분권 발전기가 1,000[rpm]의 속도로 회전할 때 단자 전압이 198[V]이고, 전기자 전류가 100[A]를 나타내었다. 이 발전기를 전동기로 전환해서 198[V]의 단자 전압을 공급하여 100[A]의 전기자 전류가 흐를 때 전동기의 회전수 [rpm]는?(단, 전기자 반작용은 무시한다)

① 954

② 976

③ 980

④ 988

해설

- $E = V + I_a R_a = K\phi N$

$$K\phi = \frac{V + I_a R_a}{N} = \frac{198 + 100 \times 0.02}{1,000} = 0.2$$

- $E' = V - I_a R_a = K\phi N$

$$N' = \frac{V - I_a R_a}{K\phi} = \frac{198 - 100 \times 0.02}{0.2} = 980[\text{rpm}]$$

16 회전자가 슬립 s로 회전하고 있을 때 고정자와 회전자의 권수비를 a라고 하면, 1차 유도 기전력 E_1과 2차 유도 기전력 E_{2s}의 비는?

① sa

② $\dfrac{a}{s}$

③ $(1-s)a$

④ $\dfrac{a}{1-s}$

해설

회전자가 슬립 s로 회전하고 있을 때의 상대 속도는 회전자가 정지하고 있을 때의 s배이다.

2차 주파수 $f' = sf$, 2차 유도 기전력 $E_{2s} = sE_2$이므로

$$\therefore \ \frac{E_1}{E_{2s}} = \frac{E_1}{sE_2} = \frac{a}{s}$$

17 다음과 같은 3상 전파 정류 회로에서 A~D의 구간과 각 구간별 도통 다이오드를 옳게 짝지은 것은?

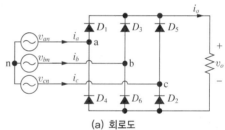

(a) 회로도

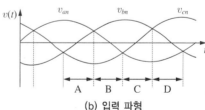

(b) 입력 파형

① A구간 : D_1, D_2

② B구간 : D_3, D_4

③ C구간 : D_4, D_5

④ D구간 : D_6, D_1

해설

- A구간에서 v_{an}의 전압이 가장 높고, v_{cn}의 전압이 가장 낮으며, $v_{ac}(v_{an} - v_{cn})$의 전압이 출력(v_o)된다. 따라서 D_1, D_2의 다이오드가 도통된다.
- B구간에서는 v_{bn}의 전압이 가장 높고, v_{cn}의 전압이 가장 낮으며, $v_{bc}(v_{bn} - v_{cn})$의 전압이 출력(v_o)된다. 따라서 D_3, D_2의 다이오드가 도통된다.
- ※ 동일한 방법으로 다른 구간도 해석이 가능하다.

18 다음과 같은 정류 회로에서 사인파 입력 전압 v_i의 실횻값이 200[V]일 때, 출력 전압 v_o의 평균값[V]은?(단, 다이오드는 이상적으로 동작한다)

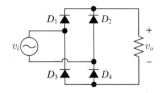

① 140
② 160
③ 180
④ 200

해설

단상 전파 정류 회로

- 직류 전압 $E_d = \dfrac{2\sqrt{2}}{\pi}E = 0.9E = 0.9 \times 200 = 180[V]$

- 직류 전류 $I_d = \dfrac{2\sqrt{2}}{\pi}I = 0.9I$

19 다음과 같은 단상 변압기 3대를 이용한 3상 결선 방식에 대한 설명으로 옳지 않은 것은?

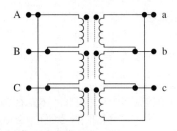

① 중성점 접지가 용이하지 않아 사고 시 보호가 어려울 수 있다.
② 변압기 외부에 제3고조파가 발생하지 않으므로 통신 장애가 없다.
③ 제3고조파 여자 전류 통로를 가지게 되므로 사인파 전압을 유기한다.
④ 변압기 3대 중 1대가 고장 나더라도 정격 출력의 87.6[%]가 되는 3상 전력을 사용할 수 있다.

해설

△-△결선

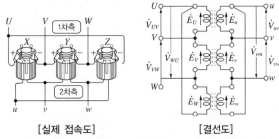

[실제 접속도]   [결선도]

△결선은 변압기 1대가 고장 나더라도 V결선으로 3상 전원을 공급할 수 있으며, 이때 출력률은 57.7[%], 이용률은 86.6[%]이다.

20 380[V], 10[kW] 3상 유도 전동기를 전전압 기동법으로 운전하였을 때, 기동 전류는 180[A]로 측정되었다. 이 전동기를 Y−△로 기동했을 때, 측정될 기동 전류[A]는?

① 40   ② 60

③ 90   ④ 120

해설

유도 전동기의 Y−△기동 특성

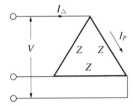 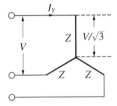

한 상 임피던스 Z, 선간 전압 V일 때 기동 전류는 선전류 I_Y이므로, 전전압 기동 전류 $I_\triangle$ 보다 $\frac{1}{3}$ 배 작아진다.

$$I_\triangle = \sqrt{3}\,I_P = \sqrt{3}\,\frac{V}{Z}, \ I_Y = \frac{\frac{V}{\sqrt{3}}}{Z} = \frac{V}{\sqrt{3}\,Z'}$$

$$\frac{V}{Z} = \frac{I_\triangle}{\sqrt{3}} = \sqrt{3}\,I_Y$$

$$I_Y = \frac{1}{3}\,I_\triangle$$

$$\therefore \ 180[A] \times \frac{1}{3} = 60[A]$$

2022년 지방직 전기기기

01 자기 저항에 대한 설명으로 옳지 않은 것은?

① 투자율에 비례한다.
② 전기 회로의 전기 저항에 대응한다.
③ 자기 저항이 클수록 동일 기자력을 인가할 경우 발생하는 자속은 감소한다.
④ 직렬 연결된 자기 저항들의 등가 자기 저항값은 개개의 자기 저항을 모두 합한 값과 같다.

해설

① 자기 저항$(R_m) = \dfrac{\text{자로의 길이}(l)}{\text{투자율}(\mu) \times \text{자성체 단면적}(A)}$

→ 자기 저항 $\propto \dfrac{1}{\text{투자율}}$

② 자기 회로 : 기자력(F) = 자속(ϕ) × 자기 저항(R_m)

$\updownarrow$ $\updownarrow$ $\updownarrow$

전기 회로 : 기전력(V) = 전류(I) × 전기 저항(R_e)

③ 자기 저항$(R_m) = \dfrac{\text{기자력}(F)}{\text{자속}(\phi)}$ → 자기 저항 $\propto \dfrac{1}{\text{자속}}$

④ 직렬 연결된 자기 저항(R_m)들의 등가 자기 저항값(R_{meq})
     $= R_{m1} + R_{m2} + R_{m3} + \cdots + R_{mN}$

02 회전자 위치에 따른 자속의 변화를 측정하여 회전자 위치를 검출하기 위한 센서는?

① 광 센서
② 압력 센서
③ 홀(Hall) 센서
④ 적외선(IR) 센서

03 12극 동기 발전기의 회전자가 터빈에 의해 300[rpm]으로 회전할 때, 발전 전압 주파수[Hz]는?

① 20   ② 30
③ 40   ④ 50

해설

동기 발전기의 동기 속도

$N_s = \dfrac{120f}{p}\,[\mathrm{rpm}]$

$\therefore f = \dfrac{N_s \times p}{120} = \dfrac{300 \times 12}{120} = 30\,[\mathrm{Hz}]$

04 단상 유도 전동기의 기동 방식에 따른 종류가 아닌 것은?

① 분상 기동형
② 영구 자석형
③ 셰이딩 코일형
④ 커패시터 기동형

해설

일반적으로 영구 자석형은 동기 전동기(발전기)에 사용된다.
유도 전동기의 분류

• 3상 유도 전동기 : 농형, 권선형
• 단상 유도 전동기 : 반발 기동형, 콘덴서 기동형, 분상 기동형, 셰이딩 코일형, 영구 콘덴서형, 콘덴서 기동-콘덴서 운전형

05 단상 변압기를 병렬 운전할 때, 반드시 지켜야 할 사항으로 옳지 않은 것은?

① 각 변압기 극성의 일치
② 각 변압기 용량의 일치
③ 각 변압기 백분율 임피던스 강하의 일치
④ 각 변압기 권수비 및 1차와 2차 정격 전압의 일치

해설

단상 변압기를 병렬 운전할 때 다음과 같은 조건을 만족하지 않으면 문제가 발생된다.
• 극성이 같을 것 → 단락 전류와 같은 큰 순환 전류가 발생하여 소손될 수 있다.
• 권수비 및 1, 2차 정격 전압이 같을 것 → 변압기 간 전위차로 순환 전류가 발생하여 소손될 수 있다.
• R(저항)과 X(리액턴스)의 비가 같을 것 → 무효 순환 전류가 발생하여 동손이 증가한다.
• %Z(퍼센트 임피던스)가 같을 것 → 부하 분담이 균형을 이루지 못한다.

06 변압기에서 발생하는 손실에 대한 설명으로 옳지 않은 것은?

① 동손은 부하손이다.
② 일반적으로 철손은 히스테리시스 손실과 와전류 손실로 구분된다.
③ 히스테리시스 손실은 재질의 히스테리시스 루프 면적에 비례한다.
④ 적층한 자성체 두께만 1/2로 줄이면 와전류 손실은 1/2로 감소한다.

해설

④ 와전류 손실은 강판 두께 t의 제곱에 비례하므로, 두께를 1/2로 줄이면 와전류 손실은 1/4로 감소한다.

변압기의 손실
• 무부하손
  – 히스테리시스손 $P_h = k_h f B_m^{1.6}$
  – 와전류손 $P_e = k_e (f B_m t)^2$
  – 동손과 표유 부하손은 매우 작아서 무시할 수 있다.
• 부하손
  – 동손 $P_c = I^2 R$
  – 와전류손과 표유 부하손은 매우 작아서 무시하거나 동손에 포함할 수 있다.

07 직렬 $R-L$ 부하에 연결된 사이리스터 단상 전파 정류 회로의 위상각을 30°에서 60°로 변경하면 출력 평균 전압은 몇 배가 되는가?(단, 출력 전류는 연속적이고 환류 다이오드는 사용하지 않는다)

① $\dfrac{1}{\sqrt{3}}$ ② $\dfrac{1}{\sqrt{2}}$

③ $\dfrac{1}{2}$ ④ $\dfrac{\sqrt{3}}{2}$

해설

단상 전파 정류 회로의 위상 제어($R-L$ 부하)

직류 전압의 평균값 $E_d = \dfrac{2\sqrt{2} E_{rms}}{\pi} \cos\alpha$

• 위상각이 30°일 때

$$E_d = \dfrac{2\sqrt{2} E_{rms}}{\pi} \cos 30° = \dfrac{2\sqrt{2} E_{rms}}{\pi} \times \dfrac{\sqrt{3}}{2}$$

• 위상각이 60°일 때

$$E_d = \dfrac{2\sqrt{2} E_{rms}}{\pi} \cos 60° = \dfrac{2\sqrt{2} E_{rms}}{\pi} \times \dfrac{1}{2}$$

∴ 위상각을 30°에서 60°로 변경하면 출력 평균 전압은 $\dfrac{1}{\sqrt{3}}$ 배가 된다.

※ 단상 전파 정류 회로의 위상 제어(저항 부하)

직류 전압의 평균값 $E_d = \dfrac{\sqrt{2} E_{rms}}{\pi} (1 + \cos\alpha)$
$= 0.45 E_{rms} (1 + \cos\alpha)$

08 3상 유도 전동기의 공급 전압과 발생 토크에 대한 설명으로 옳은 것은?

① 토크 크기는 공급 전압에 비례한다.
② 토크 크기는 공급 전압에 반비례한다.
③ 토크 크기는 공급 전압의 제곱에 비례한다.
④ 토크 크기는 공급 전압의 제곱에 반비례한다.

해설

$E_1 \propto E_2$, $T = \dfrac{P}{\omega}$, $P = \dfrac{E_2^2}{Z}$

∴ $T \propto E_1^2$

09 그림과 같은 이상적인 변압기 회로에서 부하 저항 R_L 에 최대 전력을 공급하기 위한 a값은?(단, V_P는 전원 전압, R_P는 전원의 내부 저항이다)

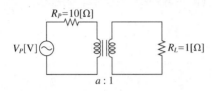

① $\sqrt{5}$ ② 5
③ $\sqrt{10}$ ④ 10

해설

부하 저항(변압기의 2차 저항) R_L에 최대 전력을 공급하기 위해서는 변압기의 2차 저항 R_L을 1차 저항으로 환산했을 때 전원의 내부 저항 R_P와 동일해야 한다.

$a^2 \times R_L = R_P$
$a^2 \times 1 = 10$
$\therefore a = \sqrt{10}$

변압기 등가 회로의 1, 2차 환산표

구 분	2차(r_2)를 1차($r_1{}'$)로 환산	1차(r_1)를 2차($r_2{}'$)로 환산
저 항	$r_1{}' = a^2 r_2$	$r_2{}' = \dfrac{1}{a^2} r_1$

10 200[V], 60[Hz], 6극, 15[kW]인 3상 유도 전동기의 2차 효율이 95[%]일 때, 회전수[rpm]는?(단, 기계적 손실은 무시한다)

① 60 ② 1,140
③ 1,200 ④ 1,260

해설

유도 전동기의 2차 효율 $\eta_2 = (1-s) \times 100 = \dfrac{P_0}{P_2} \times 100$

$\qquad = \dfrac{N}{N_s} \times 100$

$\therefore N = \dfrac{N_s \times \eta_2}{100} = \dfrac{\dfrac{120 \times f}{p} \times \eta_2}{100} = \dfrac{\dfrac{120 \times 60}{6} \times 95}{100}$

$\qquad = 1,140[\mathrm{rpm}]$

11 직류 복권 발전기에 대한 설명으로 옳은 것은?

① 무부하 특성은 분권 발전기의 것과는 많이 다르다.
② 가동 복권에서는 부하가 증가하면 전기자 전류는 감소한다.
③ 전기자 전류가 증가하면 직권 계자의 기자력은 감소한다.
④ 과복권에서는 전부하 단자 전압이 무부하 단자 전압보다 크다.

해설

과복권에서는 전부하 단자전압이 무부하 단자전압(V_o)보다 크다.

복권 발전기의 외부 특성 곡선

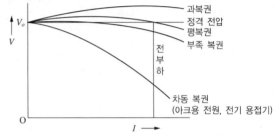

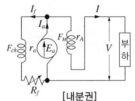 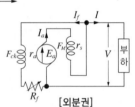

[내분권] [외분권]

① 무부하 시 전기자 전류 I가 0이므로 직권 계자로 흐르는 전류가 없기 때문에 여자되지 않는다. 따라서 무부하 특성은 분권 발전기와 동일하다.
② 부하가 증가하면 부하 쪽으로 흐르는 전기자 전류 I가 증가한다.
③ 전기자 전류 I가 증가하면 직권 계자의 전류도 증가하므로 기자력 F가 증가한다($F = NI$).

12 직류기의 효율에 대한 설명으로 옳지 않은 것은?

① 직류기의 최대 효율은 무부하손과 부하손이 일치할 때 얻어진다.

② 직류 발전기의 규약 효율은 $\eta_G = \dfrac{입력 - 손실}{입력} \times 100[\%]$으로 나타낸다.

③ 직류기에 부하를 걸고 입력과 출력을 직접 측정하여 입·출력의 비를 백분율로 나타낸 것을 실측 효율이라고 한다.

④ 직류기의 기계적인 동력을 전력과 손실로부터 구하여 효율을 정의한 것을 규약 효율이라고 한다.

해설

규약 효율

• 직류 발전기, 변압기

$$\eta_G = \frac{출력}{출력 + 손실} \times 100[\%]$$

• 직류 전동기

$$\eta_M = \frac{입력 - 손실}{입력} \times 100[\%]$$

13 직류 입력 전압이 V_{dc}[V]인 6−스텝 제어 3상 인버터가 3상 Y결선 평형 부하에 인가할 수 있는 선간전압 기본파의 최댓값[V]은?

① $\dfrac{\sqrt{2}}{\pi} V_{dc}$

② $\dfrac{\sqrt{6}}{\pi} V_{dc}$

③ $\dfrac{2\sqrt{3}}{\pi} V_{dc}$

④ $\dfrac{4}{\pi} V_{dc}$

해설

3상 인버터가 3상 Y결선 평형 부하일 때, 출력 파형 기본파의 실횻값

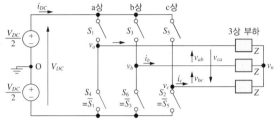

• 출력 상전압 $= \dfrac{\sqrt{2}}{\pi} V_{DC}$

• 출력 선간전압 $= \dfrac{\sqrt{6}}{\pi} V_{DC}$

∴ 선간전압 기본파의 최댓값 $= \dfrac{\sqrt{6}}{\pi} V_{DC} \times \sqrt{2} = \dfrac{2\sqrt{3}}{\pi} V_{DC}$

14 동기 발전기의 단락비에 대한 설명으로 옳지 않은 것은?

① 발전기의 공극과 단락비는 반비례한다.

② 단락비는 pu 동기 임피던스의 역수이다.

③ 단락비는 정격 전압 상태인 개방 단자를 단락시켜 측정된 단락 전류(I_s)와 정격 전류(I_n)의 비율인 $\dfrac{I_s}{I_n}$이다.

④ 단락비는 개방 전압이 정격 전압 상태일 때의 계자 전류(I_{f1})와 단락 전류가 정격 전류 상태일 때의 계자 전류(I_{f2})의 비율인 $\dfrac{I_{f1}}{I_{f2}}$이다.

해설

동기 발전기에서 단락비가 큰 기계(철기계)의 특징

• 동기 임피던스가 작으며, 전압 강하와 전압 변동률이 작다.

• 전기자 반작용이 작고, 안정도가 향상되며, 출력이 증가한다.

• 과부하 내량이 증가하여 선로의 충전 용량이 증가한다.

• 철손의 증가하여 효율이 떨어지고, 철이 많이 사용되어 철기계라고 한다.

• 공극이 크며, 기계의 형태 및 중량이 커진다.

15 60[Hz], 4극 권선형 유도 전동기가 전부하 조건에서 1,575[rpm]로 회전할 때 2차 회로의 상당 저항은 1[Ω]이다. 동일 부하에서 2차 회로의 상당 저항을 2[Ω]로 증가시켰을 때, 회전 속도[rpm]는?

① 900　　　　　　② 1,350

③ 1,575　　　　　④ 1,800

해설

- 동기 속도 $N_s = \dfrac{120f}{p} = \dfrac{120 \times 60}{4} = 1,800 [\mathrm{rpm}]$

- 슬립 $s_1 = \dfrac{N_s - N}{N_s} = \dfrac{1,800 - 1,575}{1,800} = \dfrac{225}{1,800} = 0.125$

- $\dfrac{r_1}{s_1} = \dfrac{r_2}{s_2}$, $\dfrac{1}{0.125} = \dfrac{2}{s_2}$, 슬립 $s_2 = 0.25$

∴ 회전 속도 $N = (1 - s_2)N_s = (1 - 0.25) \times 1,800$
$= 1,350 [\mathrm{rpm}]$

16 무부하 상태인 이상적인 단상 변압기의 1차 단자 전원을 50[Hz], 110[V]에서 60[Hz], 220[V]으로 변경하였을 때, 철심 내부의 자속 변화는?

① $\dfrac{5}{3}$ 배 감소　　　② $\dfrac{5}{3}$ 배 증가

③ $\dfrac{10}{3}$ 배 감소　　　④ $\dfrac{10}{3}$ 배 증가

해설

변압기의 유기 기전력 $E = 4.44 f \phi N [\mathrm{V}]$ → 자속 $\phi \propto \dfrac{E}{f}$

유기 기전력 E는 110[V]에서 220[V]로 변경했으므로 2배가 되고, 주파수 f는 50[Hz]에서 60[Hz]로 변경했으므로 $\dfrac{6}{5}$ 배가 된다.

∴ 철심 내부의 자속 $\phi \propto \dfrac{E}{f} = \dfrac{2}{\frac{6}{5}} = \dfrac{10}{6} = \dfrac{5}{3}$ 배 증가한다.

17 직류기에 대한 설명으로 옳지 않은 것은?

① 단절권의 코일은 180°보다 작은 전기각을 가진다.

② 직류기는 같은 속도라 하더라도 극수가 다를 수 있다.

③ 전기자 반작용을 상쇄하기 위해 보상 권선을 사용할 수 있다.

④ 발전기로 동작할 때 부하가 증가하면 전기자 반작용에 의해 중성축은 회전 반대 방향으로 이동한다.

해설

발전기와 전동기 모두 회전을 하게 되면, 전기자 반작용에 의해 중성축이 이동하게 된다.

- 발전기의 경우 회전 방향과 동일한 방향으로 이동한다.
- 전동기의 경우 회전 방향과 반대인 방향으로 이동한다.

18 손실이 없는 정상상태의 벅(Buck) 컨버터가 출력 평균 전압을 유지하면서 출력 전압 리플을 줄이는 방법으로 옳은 것은?(단, 출력 인덕터 전류는 연속적이고, 입력 전압은 출력 평균 전압보다 크며 일정하다)

① 듀티비를 증가시킨다.

② 듀티비를 감소시킨다.

③ 출력 커패시터의 용량을 감소시킨다.

④ 듀티비를 유지하며 스위칭 주파수를 증가시킨다.

해설

- 출력 전압 $V_o = DV_i$: 출력 전압을 일정하게 유지하기 위해 듀티비 D는 일정해야 한다.
- 출력 전압의 맥동성분 첨두값

$$\Delta V_o = \frac{1}{C}(I_{\max} - I_{\min})\frac{T}{8} = \frac{1}{LC} \times \frac{(1-D)T^2 V_o}{8}$$

　– 출력 전압의 리플을 줄이는 방법 : $L \uparrow$, $C \uparrow$, $(1-D) \downarrow$, $T^2 \downarrow$, $V_o \downarrow$

　– $f \propto \dfrac{1}{T}$ 이므로 스위칭 주파수를 증가시키면 T^2 이 감소하므로 리플이 줄어든다.

19 3상 비돌극형 동기 전동기의 부하각이 30°, 한 상의 유도 기전력이 120[V], 동기 리액턴스가 3[Ω], 전기자 전류가 40[A]일 때, 동기 전동기의 역률각은?(단, 전기자 저항과 기계적 손실은 무시한다)

① 30°　　　　　　　　② 45°

③ 60°　　　　　　　　④ 90°

해설

3상 동기 전동기의 한 상에 대한 등가 회로는 다음과 같다(전기자 저항 무시).

• 등가 회로

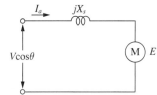

• 벡터도

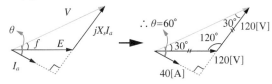

여기서, V : 전동기 단자 전압

E : 유도 기전력

I_a : 전기자 전류

X_s : 동기 리액턴스

θ : 역률각(V와 I_a의 위상차)

f : 부하각(V와 E의 위상차)

20 정격 속도로 무부하 운전 중인 손실이 없는 타여자 직류 전동기의 속도를 증가시켰을 때, 자속, 역기전력 및 전기자 전류의 변화로 옳은 것은?(단, 공급 전압과 전기자 저항은 일정하고, 속도는 정상상태로 가정한다)

	자 속	역기전력	전기자 전류
①	감 소	일 정	일 정
②	감 소	감 소	감 소
③	증 가	일 정	일 정
④	증 가	증 가	증 가

해설

무부하 운전 중인 타여자 직류 전동기의 속도, 자속, 역기전력, 전기자 전류의 관계

역기전력 $E = V - I_a R_a = k\phi N$

여기서, 무부하이므로 전기자 전류 $I_a = 0$이다.

∴ $E = V = k\phi N$

• 전동기의 속도를 증가시키면 회전수 N이 증가하고, 공급 전압 V가 일정하므로 자속 ϕ는 감소한다.

• 공급 전압 V가 일정하므로 역기전력 E는 일정하다.

• 무부하이므로 전기자 전류 I_a는 0으로 일정하다.

참 / 고 / 문 / 헌

- 전기기기, 교육부, 대한교과서주식회사, 2000

- 전기기기, 교육과학기술부, 두산동아, 2011

- 전기기기 이론과정, 노동부, 한국직업훈련관리공단, 1985

- 전기기기 전문과정, 노동부, 한국직업훈련관리공단, 1985

- 고등학교 전기기기, 김종오 외, 서울교과서, 2019

- 전기기기, 김양배, 북두출판사, 2015

- 2020 전기기사3 시리즈 전기기기, 검정연구회, 동일출판사, 2020

- 전기기기, Stephen D. Umans, 퍼스트북, 2015

- 그림으로 해설한 전기기기 마스터북, 노구치 쇼스케, 성안당, 2018

좋은 책을 만드는 길
독자님과 함께하겠습니다.

도서나 동영상에 궁금한 점, 아쉬운 점, 만족스러운 점이
있으시다면 어떤 의견이라도 말씀해 주세요.
SD에듀는 독자님의 의견을 모아 더 좋은 책으로 보답하겠습니다.

www.sdedu.co.kr

기술직 전기기기 한권으로 끝내기

개정2판1쇄 발행	2023년 01월 05일 (인쇄 2022년 10월 20일)
초 판 발 행	2021년 03월 05일 (인쇄 2021년 01월 27일)
발 행 인	박영일
책 임 편 집	이해욱
편 저	안성호
편 집 진 행	윤진영 · 이새록
표 지 디 자 인	권은경 · 길전홍선
편 집 디 자 인	심혜림 · 이현진
발 행 처	(주)시대고시기획
출 판 등 록	제10-1521호
주 소	서울시 마포구 큰우물로 75 [도화동 538 성지 B/D] 9F
전 화	1600-3600
팩 스	02-701-8823
홈 페 이 지	www.sdedu.co.kr
I S B N	979-11-383-3507-2(13350)
정 가	23,000원

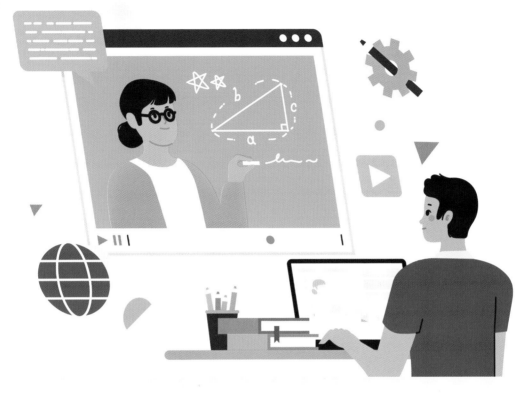

TECH BIBLE

한눈에 이해할 수 있도록
체계적으로 정리한 **핵심이론**

철저한 시험유형 파악으로
만든 **필수확인문제**

국가직 · 지방직 등
최신 기출문제와 상세 해설

기술직 공무원 기계일반
별판 | 22,000원

기술직 공무원 기계설계
별판 | 22,000원

기술직 공무원 물리
별판 | 21,000원

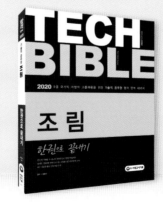

기술직 공무원 임업경영
별판 | 20,000원

기술직 공무원 조림
별판 | 20,000원

※도서의 이미지와 가격은 변경될 수 있습니다.

나는 이렇게 합격했다

여러분의 힘든 노력이 기억될 수 있도록
당신의 합격 스토리를 들려주세요.

합격생 인터뷰
상품권 증정

추첨을 통해
선물 증정

베스트 리뷰자 1등
아이패드 증정

베스트 리뷰자 2등
에어팟 증정

SD에듀 합격생이 전하는 합격 노하우

"기초 없는 저도 합격했어요
여러분도 가능해요."

검정고시 합격생 이*주

"불안하시다고요?
시대에듀와 나 자신을 믿으세요."

소방직 합격생 이*화

"강의를 듣다 보니
자연스럽게 합격했어요."

사회복지직 합격생 곽*수

"선생님 감사합니다.
제 인생의 최고의 선생님입니다."

G-TELP 합격생 김*진

"시험에 꼭 필요한 것만 딱딱!
시대에듀 인강 추천합니다."

물류관리사 합격생 이*환

"시작과 끝은 시대에듀와 함께!
시대에듀를 선택한 건 최고의 선택 "

경비지도사 합격생 박*억

합격을 진심으로 축하드립니다!
합격수기 작성 / 인터뷰 신청

QR코드 스캔하고 ▷ ▷ ▷
이벤트 참여하여 푸짐한 경품받자!

합격의 공식 시대에듀
SD에듀